Über dieses Buch

»Real« ist das Schlüsselwort der Janovschen Schreitherapie. Denn fast alles, was wir tun, ist nicht real, sondern ein symbolischer Kampf um die Liebe unserer Eltern, die diese uns nie zu geben vermochten, da auch sie nicht real waren. Im Gegensatz zu Sigmund Freud geht Janov davon aus, daß wir real, d.h. ohne Neurose und Abwehrsystem, geboren werden. Doch im Laufe der Zeit erfährt das Kind, daß seine realen Bedürfnisse und Gefühle zumeist im Widerspruch zu den Erwartungen der Eltern stehen. Diese (unbewußte) Erkenntnis verursacht Schmerz, und die Summierung dieser Schmerzen durch zahlreiche, vielleicht ganz banale Erlebnisse bildet nach Janov den »Urschmerz«, jene ursprüngliche, frühe Verletzung, auf der sich die spätere Neurose aufbaut. Diese mag sich auf mannigfaltige Weise äußern: in Rauchen, Überessen, einem permanenten Redezwang, der Sucht nach Drogen, Kleidern, Geld, Erfolg, in sexueller Besessenheit und Abartigkeit. All diese Verhaltensweisen sind irreal, Resultat einer Spaltung des Ichs, da das Kind sein reales Ich mit den Urschmerzen abkapselte, um auf irreale Weise überleben zu können. Das reale Ich ruht gleichsam in einer Art »Urschmerzbehälter«, zu dem die Neurose den Deckel bildet. Die Janov-Therapie ist die methodische Entleerung dieses Urschmerzbehälters. Doch wie der Weg in die Neurose mit Schmerzen verbunden war, so auch der Weg aus ihr heraus: Sie entladen sich im »Urschrei«, jenem Schrei, den das Kind einst nicht auszustoßen wagte, um die Liebe der Eltern nicht völlig zu verlieren.

Die Erfolgsquote der Janov-Therapie ist sensationell. Mehr als 600 Patienten, die zum großen Teil vorher oft jahrelang vergeblich eine traditionelle Therapie oder Analyse gemacht hatten, zeigen inzwischen eine totale Heilung ihrer Neurose einschließlich psychosomatischer Symptome, wie permanente Kopfschmerzen, Magenkrämpfe, Atembeschwerden, Kreislaufstörungen etc. Sie berichten von einem völlig neuen Lebensgefühl. Untersuchungen an der Universität von Los Angeles bestätigen dieses Ergebnis.

Der Autor

Arthur Janov – Doktor der Psychologie – machte 1967 nach siebzehnjähriger Praxis als Therapeut Freudscher Richtung an verschiedenen psychiatrischen Kliniken und als Berater verhaltensgestörter Kinder die revolutionäre Entdeckung der in diesem Buch dargelegten »Urschreitheorie«. Nach eingehenden Forschungen gründete er 1970 das »Primal Institute« in Los Angeles, das mittlerweile auf die erfolgreiche Heilung von 600 psychisch Kranken zurückblicken kann. Janov beabsichtigt, weitere Institute auf dem europäischen Kontinent aufzubauen; es gibt inzwischen eines in Paris.

Im Fischer Taschenbuch Verlag erschienen außerdem: *Anatomie einer Neurose* (Bd. 6322) und *Das befreite Kind* (Bd. 6345). Im S. Fischer Verlag sind *Die Revolution der Psyche; Gefangen im Schmerz* und *Das neue Bewußtsein* (mit Michael Holden) lieferbar.

Arthur Janov

Der Urschrei

Ein neuer Weg der Psychotherapie

Fischer
Taschenbuch
Verlag

Fischer Taschenbuch Verlag
1.–25. Tausend: September 1975
26.–40. Tausend: April 1976
41.–55. Tausend: Mai 1977
56.–65. Tausend: Februar 1979
66.–70. Tausend: Juni 1980
71.–77. Tausend: April 1981
78.–82. Tausend: August 1982
83.–87. Tausend: November 1983

Umschlagentwurf: Jan Buchholz / Reni Hinsch

Die Originalausgabe erschien 1970 unter dem Titel
›The Primal Scream‹ bei G. P. Putnam's Sons, New York N. Y.
Aus dem Amerikanischen übersetzt von Margaret Carroux
Die deutsche Ausgabe ist mit Zustimmung des Autors
gegenüber dem amerikanischen Original geringfügig gekürzt

Fischer Taschenbuch Verlag GmbH, Frankfurt am Main
Lizenzausgabe mit freundlicher Genehmigung
der S. Fischer Verlag GmbH, Frankfurt am Main

Gesamtherstellung: Hanseatische Druckanstalt GmbH, Hamburg
Printed in Germany
1180-ISBN-3-596-26286-0

Dieses Buch ist meinen Patienten gewidmet, die real genug waren, ihre Krankheit zu erkennen, und den Kampf beenden wollten, und es ist der Jugend der Welt gewidmet – der wahren Hoffnung der Menschheit.

Inhalt

ANHANG

Die Entdeckung des Urschmerzes

Vor einigen Jahren hörte ich etwas, das den Verlauf meines Berufslebens und des Lebens meiner Patienten verändern sollte. Was ich hörte, mag auch das Wesen der Psychotherapie, wie sie jetzt bekannt ist, verändern – ein unheimlicher Schrei, der aus dem Tiefinneren eines jungen Menschen hervorbrach, der während einer therapeutischen Sitzung auf dem Fußboden lag. Ich kann den Schrei nur damit vergleichen, was man vielleicht von einem Menschen hören würde, der ermordet wird. Dieses Buch handelt von dem Schrei und seiner Bedeutung für die Enthüllung der Geheimnisse der Neurose.

Den jungen Mann, der ihn ausstieß, will ich Danny Wilson nennen. Er war weder psychotisch noch das, was man als hysterisch bezeichnet; er war ein armer Student, zweiundzwanzig Jahre alt, introvertiert, sensibel und zurückhaltend. Während einer ruhigen Phase in unserer Gruppentherapie erzählte er uns von einem Mann namens Ortiz, der damals auf einer Londoner Bühne auftrat. Er stolzierte in Windeln einher und trank aus der Milchflasche. Während seiner ganzen Nummer schrie er aus Leibeskräften: »Mammi! Pappi! Mammi! Pappi!« Am Schluß seiner Vorstellung übergab er sich. Es wurden Plastiktüten im Publikum verteilt und die Zuschauer wurden aufgefordert, seinem Beispiel zu folgen.

Dieser Auftritt hatte eine solche Faszination auf Danny ausgeübt, daß es mich drängte, etwas Grundlegendes zu versuchen, auf das ich früher nicht gekommen war. Ich forderte ihn auf, laut »Mammi! Pappi!« zu rufen. Danny weigerte sich und sagte, er sehe nicht ein, was ein so kindisches Verhalten für einen Sinn haben solle, und ich sah es, ehrlich gesagt, auch nicht ein. Aber ich bestand darauf, und schließlich gab er nach. Als er begann, wurde er merklich unruhiger. Plötzlich krümmte er sich in heftiger Erregung auf dem Fußboden. Sein Atem ging rasch, krampfhaft. »Mammi! Pappi!« kam es fast unwillkürlich und laut und schrill aus seinem Mund. Er schien in einem Koma oder hypnotischen Zustand zu sein. Das Sich-Krümmen ging in kleine Zuckungen über, und schließlich stieß er einen durchdringenden Todesschrei aus, der die Wände meines Sprechzimmers erzittern ließ. Die ganze Episode hatte nur ein paar Minuten gedauert, und weder Danny noch ich hatten eine Ahnung, was geschehen war. Alles, was er mir später sagen konnte, war: »Ich hab's geschafft! Was, weiß ich nicht, aber ich kann *fühlen*!«

Was Danny widerfahren war, blieb für mich monatelang ein Rätsel. Seit siebzehn Jahren hatte ich als psychiatrischer Sozialarbeiter und Psychologe die übliche Gesprächstherapie praktiziert. Meine Ausbildung hatte ich in einer Freudianischen psychiatrischen Klinik und einer nicht so sehr Freudianischen Abteilung der Kriegsteilnehmerfürsorge erhalten. Mehrere Jahre gehörte ich zum ärztlichen Personal der psychiatrischen Abteilung des Kinderkrankenhauses in Los Angeles. In dieser ganzen Zeit hatte ich niemals etwas Vergleichbares erlebt. Da ich die Gruppensitzung an jenem Abend auf Band aufgenommen hatte, spielte ich das Band in den nächsten Monaten mehrmals ab und bemühte mich zu begreifen, was geschehen war. Aber erfolglos.

Doch bald hatte ich Gelegenheit, mehr darüber zu erfahren. Ein dreißigjähriger Mann, den ich Gary Hillard nennen will, berichtete mit großem Gefühlsaufwand, daß seine Eltern ihn immer kritisiert, nie geliebt und sein Leben im großen und ganzen verpfuscht hatten. Ich drängte ihn, er solle nach ihnen rufen; er erhob Einwände. Er ›wisse‹ ja, daß sie ihn nicht liebten, was hätte das also für einen Zweck? Ich bat ihn, auf meinen Einfall einzugehen. Gleichgültig begann er, Mammi und Pappi zu rufen. Bald merkte ich, daß er schneller und tiefer atmete. Sein Rufen wurde zu einem unfreiwilligen Akt, der dazu führte, daß er sich fast in Krämpfen wand und einen Schrei ausstieß.

Wir waren beide entsetzt. Was ich für einen Zufall gehalten hatte, für eine idiosynkratische Reaktion *eines* Patienten, hatte sich auf fast dieselbe Weise wiederholt.

Nachher, als er sich beruhigt hatte, wurde Gary von Einsichten überschwemmt. Er sagte mir, sein ganzes Leben scheine plötzlich keine Schwierigkeiten mehr zu bieten. Dieser im allgemeinen schlichte Mann begann sich vor meinen Augen praktisch in einen anderen Menschen zu verwandeln. Er wurde hellwach; sein Sensorium erweiterte sich; er schien sich selbst zu begreifen.

Wegen der Gleichartigkeit der beiden Reaktionen begann ich noch aufmerksamer die Bänder abzuhören, die ich von Dannys und Garys Sitzungen aufgenommen hatte. Ich versuchte zu analysieren, welche gemeinsamen Faktoren oder Methoden die Reaktionen hervorgerufen hatten. Allmählich ergab sich ein Sinn. Im Lauf der nächsten Monate versuchte ich es mit verschiedenen Modifikationen und Ansätzen, wenn ich einen Patienten aufforderte, nach seinen Eltern zu rufen. Jedesmal kam es zu denselben dramatischen Ergebnissen.

Mittlerweile sehe ich diesen Schrei als das Produkt der zentralen und universellen Schmerzen an, die bei allen Neurotikern vorhanden sind. Ich nenne sie Urschmerzen, weil sie die ursprüngliche frühe Verletzung sind, auf der sich jede spätere Neurose aufbaut. Ich behaupte, daß diese Schmerzen bei jedem Neurotiker in jeder Minute seines späteren Lebens, ungeachtet der Form seiner

Neurose, vorhanden sind. Diese Schmerzen werden oft gar nicht bewußt verspürt, weil sie sich auf das ganze System ausbreiten, wo sie auf Körperorgane, Muskeln, das Blut- und Lymphsystem und schließlich auf unsere verzerrte Verhaltensweise einwirken.

Die Primärtherapie zielt darauf ab, diese Schmerzen von Grund auf zu heilen. Sie ist revolutionär, denn sie schließt ein, das neurotische System durch eine gewaltsame Umwälzung zu zerstören. Genau das ist meiner Ansicht nach nötig, um eine Neurose zu beseitigen.

Die Primärtherapie ist das natürliche Ergebnis meiner Beobachtungen, nachdem ich mir die Frage vorgelegt hatte, warum bestimmte Veränderungen eintreten. Die Theorie, das muß ich betonen, ging der klinischen Erfahrung nicht voraus. Als ich mit ansah, wie sich Danny und Gary in Krämpfen des Urschmerzes wanden, hatte ich keine Ahnung, wie ich es nennen sollte. Durch die einander folgenden Berichte eines Patienten nach dem anderen, die von ihrer Neurose geheilt waren, wurde die Theorie ausgeweitet und vertieft.

Dieses Buch ist eine Aufforderung, die Revolution zu erforschen, die durch diese Berichte ausgelöst wurde.

DER URSCHREI

Primärtherapie: Die Heilung der Neurose

1. Das Problem

Eine Theorie ist die Bedeutung, die wir bestimmten beobachteten Abläufen in der Realität zuschreiben. Je näher die Theorie der Realität kommt, um so stichhaltiger ist sie. Stichhaltig ist eine Theorie, die uns in die Lage versetzt, Voraussagen zu machen, weil sie mit der Natur dessen, was beobachtet wird, übereinstimmt.

Seit den Tagen von Freud müssen wir uns auf nachträglich aufgestellte Theorien stützen, das heißt, wir haben uns unserer theoretischen Systeme bedient, um zu erklären, was vorher geschehen war. Da die zu beobachtenden Daten immer komplexer wurden, haben uns unsere Beobachtungen in ein Labyrinth verschiedener theoretischer Systeme oder Schulen geführt. Heute ist die Psychotherapie zersplittert und spezialisiert; die Neurose hat sich im Lauf des letzten halben Jahrhunderts in so vielen Formen entwickelt, daß nicht nur das Wort ›Heilung‹ unter Psychologen nicht mehr erwähnt wird, sondern das Wort ›Neurose‹ selbst in eine Reihe von Problembereichen zerlegt wurde. So gibt es Bücher über Empfindung, Wahrnehmung, Lernen, kognitive Vorgänge usw., aber keines darüber, was getan werden kann, um den Neurotiker zu heilen. Neurose scheint das zu sein, was jeder, der einen Hang zur Theorie hat, darunter versteht – Phobien, Depressionen, psychosomatische Symptome, Funktionsuntüchtigkeit, Unentschlossenheit. Seit Freud haben sich die Psychologen mit Symptomen befaßt, nicht mit Ursachen. Was uns fehlt, ist eine einheitliche Struktur, die konkrete Richtlinien dafür bietet, wie Stunde um Stunde in der Therapie mit Patienten zu verfahren ist.

Ehe ich auf das kam, was sich zur Primärtherapie auswuchs, wußte ich im großen und ganzen, was ich von meinen Patienten erwartete. Dennoch störte mich der Mangel an Kontinuität zwischen den einzelnen Sitzungen, der auch einige meiner Kollegen stört. Es schien Flickwerk zu sein, was ich tat. Wann immer sich eine undichte Stelle im Abwehrsystem eines Patienten zeigte, war ich da und legte den Finger auf die Wunde. Einmal analysierte ich vielleicht einen Traum; an einem anderen Tag ermunterte ich zu freiem Assoziieren; in der nächsten Woche konzentrierte ich die Aufmerksamkeit auf frühere Geschehnisse; und zu anderen Zeiten hielt ich den Patienten im ›hier und jetzt‹.

Wie viele meiner Kollegen war ich verblüfft über die Komplexität der Probleme, die ein leidender Patient bietet. Die Voraussagbarkeit, dieser Eckstein einer stichhaltigen theoretischen Betrachtungsweise, wich oft einer Art erleuchteter Zuversicht. Mein unausgesprochenes Glaubensbekenntnis war: mit genügend Einsicht wird der Patient früher oder später sich selbst gut genug kennen, um sein neurotisches Verhalten unter Kontrolle zu bekommen. Jetzt glaube ich indes, daß die Neurose wenig mit Wissen an sich und mit Wissen von ihr zu tun hat.

Neurose ist eine Krankheit des Gefühls. Ihr Kernpunkt ist die Unterdrückung des Gefühls und seine Umwandlung in einen ausgedehnten Bereich neurotischen Verhaltens.

Die verwirrende Vielfältigkeit neurotischer Symptome, von Schlaflosigkeit bis zur sexuellen Perversion, hat uns annehmen lassen, daß es mehrere Arten von Neurose gebe. Aber unterschiedliche Symptome sind nicht unterschiedliche Krankheitseinheiten; *alle* Neurosen gehen auf dieselbe spezifische Ursache zurück und sprechen auf dieselbe spezifische Behandlung an.

Genial, wie er war, hinterließ uns Freud zwei höchst verhängnisvolle Vorstellungen, die wir als absolut wahr ansahen. Die eine ist, daß es kein Anfangsstadium der Neurose gebe – mit anderen Worten, als Mensch geboren zu werden heißt, neurotisch geboren zu werden. Die andere Vorstellung ist, daß der Mensch mit dem stärksten Abwehrsystem notwendigerweise derjenige ist, der in der Gesellschaft am besten funktionieren kann.

Die Primärtherapie baut auf der Annahme auf, daß wir nur als wir selbst geboren werden. Wir werden nicht neurotisch oder psychotisch geboren. Wir werden einfach geboren.

Die Primärtherapie hat den Abbau der Spannungsursachen, des Abwehrsystems und der Neurose zu Folge. So zeigt die Primärtherapie, daß die gesündesten Menschen jene sind, die abwehrfrei sind. *Alles, was ein stärkeres Abwehrsystem aufbaut, verstärkt die Neurose*. Und zwar geschieht das durch die Einschließung der neurotischen Spannung in Schichten von Abwehrmechanismen, die es dem Betreffenden vielleicht ermöglichen, äußerlich besser zu funktionieren, aber bewirken, daß er von innerer Spannung heimgesucht wird.

Ich tröste mich nicht mit der Rationalisierung, daß wir in einem Zeitalter der Neurose (oder Angst) leben, so daß damit zu rechnen ist, daß die Menschen neurotisch sind. Ich meine vielmehr, daß es noch etwas über das verbesserte Funktionieren in sozial annehmbarer Weise, über eine Linderung der Symptome und ein gründlicheres Verständnis der eigenen Motivationen hinaus gibt.

Es gibt eine Seinsweise, die ganz anders ist als das, was wir uns vorgestellt haben: ein spannungsloses, abwehrfreies Leben, bei dem man ganz und gar man selber ist und tiefes Gefühl und innere Maßstäbe kennenlernt. Das ist die Seinsweise, die durch die Primärtherapie erreicht werden kann. Die Menschen werden sie selber und *bleiben* sie selber.

Das bedeutet nicht, daß Patienten nach einer Primärtherapie nie wieder durcheinander oder unglücklich sein werden. Es bedeutet, daß sie, was immer sie auch durchmachen mögen, trotzdem ihren Problemen in der Gegenwart realistisch gegenübertreten. Sie bemänteln die Realität nicht länger mit Vorwänden; sie leiden nicht unter chronischen, unerklärlichen Spannungen oder Ängsten.

Die Primärtherapie ist auf einem ausgedehnten Bereich von Neurosen einschließlich Heroinsucht erfolgreich angewandt worden. Die Sitzungen in der Primärtherapie stehen zueinander in Beziehung, und meist kann der Therapeut den Verlauf der Therapie voraussagen. Die Implikationen dieser Behauptung werden immer wichtiger werden, denn wenn wir Neurosen auf eine geregelte, systematische Weise heilen können, dann werden wir vielleicht auch imstande sein, jene Faktoren auszumachen, die Neurosen verhindern.

2. Neurose

Wir alle haben Bedürfnisse. Wir kommen schon mit Bedürfnissen auf die Welt, und wenn die überwiegende Mehrheit von uns nach einem Leben voller Kampf stirbt, sind viele dieser Bedürfnisse unbefriedigt geblieben. Diese Bedürfnisse sind nicht unmäßig – gefüttert zu werden, es warm und trocken zu haben, zu wachsen und sich in dem uns angemessenen Rhythmus zu entwickeln, im Arm gehalten und geherzt und angeregt zu werden. Diese primären Bedürfnisse sind die zentrale Realität des Säuglings. Der neurotische Prozeß beginnt, wenn diese Bedürfnisse eine Zeitlang nicht befriedigt werden. Ein Neugeborenes weiß nicht, daß es aufgenommen werden sollte, wenn es schreit, oder daß es nicht zu früh entwöhnt werden dürfte, aber wenn seine Bedürfnisse unbeachtet bleiben, dann leidet es.

Zuerst wird der Säugling alles in seinen Kräften Stehende tun, um Befriedigung seiner Bedürfnisse zu erlangen. Er wird die Arme ausstrecken, wenn er aufgenommen werden will, schreien, wenn er Hunger hat, mit den Beinen strampeln und um sich schlagen, damit seine Bedürfnisse erkannt werden. Bleiben seine Bedürfnisse eine Zeitlang unbefriedigt, wird er nicht in den Arm genommen, bekommt er keine reinen Windeln oder nichts zu essen, dann wird er einen dauernden Schmerz erleiden, entweder bis er seine Eltern dazu bringen kann, daß sie ihn befriedigen, oder bis er den Schmerz dadurch abstellt, daß er das Bedürfnis abstellt. Wenn sein Schmerz stark genug ist, mag der Tod eintreten, wie Untersuchungen von Heimkindern gezeigt haben.

Da der Säugling das Hungergefühl weder selbst zu beseitigen vermag (das heißt, er kann nicht zum Kühlschrank gehen) noch einen Ersatz dafür finden kann, muß er seine Gefühle (Hunger oder den Wunsch, in den Arm genommen zu werden) vom Bewußtsein abtrennen. Dieses Abtrennen der eigenen Bedürfnisse und Gefühle ist ein instinktiver Schachzug, um übermäßigen Schmerz abzustellen. Wir nennen es *Spaltung*. Der Organismus spaltet sich, um seine Kontinuität zu schützen. Indes bedeutet das nicht, daß unbefriedigte Bedürfnisse verschwinden. Im Gegenteil, das ganze Leben hindurch üben sie eine Kraft aus, lenken die Interessen in eine bestimmte Richtung und liefern die Motivation zur Befriedigung dieser Bedürfnisse. Aber wegen des Schmerzes, den sie verursachen, sind die Bedürfnisse im Bewußtsein unterdrückt worden, und so muß der einzelne nach Ersatzbefriedigung trachten. Kurz gesagt, er muß die Befriedigung seiner Bedürfnisse *symbolisch* anstreben. Da er sich nicht artikulieren durfte, mag er vielleicht im späteren Leben versuchen, andere dazu zu bringen, ihm zuzuhören und ihn zu verstehen. Unbefriedigte Bedürfnisse, die geradezu unerträglich werden können, sind nicht nur vom Bewußtsein getrennt, sondern das Gefühl für sie verlagert sich auch auf Bereiche, in denen stärkere Kontrolle oder Erleichterung geboten werden. Gefühle können zum Beispiel durch Urinieren (später durch Sex) erleichtert oder durch die Unterdrückung tiefen Atmens kontrolliert werden. Der unbefriedigte Säugling lernt, seine Bedürfnisse zu tarnen und in symbolische Bedürfnisse zu verwandeln. Als Erwachsener wird er vielleicht nicht, weil er zu plötzlich und zu früh abgestillt wurde, das Bedürfnis verspüren, an der Brust seiner Mutter zu saugen, aber er mag Kettenraucher sein. Sein Rauchbedürfnis ist ein symbolisches Bedürfnis, und der Kern der Neurose ist das Streben nach symbolischen Befriedigungen.

Die Neurose ist ein symbolisches Verhalten als Abwehr von übermäßigem psycho-biologischem Schmerz. Neurose perpetuiert sich selbst, weil symbolische Befriedigungen reale Bedürfnisse nicht befriedigen können. Damit reale Bedürfnisse befriedigt werden, müssen sie empfunden und erlebt werden. Unglücklicherweise hat der Schmerz bewirkt, daß diese Bedürfnisse verschüttet werden. Wenn sie verschüttet sind, gerät der Organismus in einen anhaltenden Zustand des Katastrophenalarms. Dieser Alarmzustand ist Spannung. Er treibt den Säugling und später den Erwachsenen dazu, das Bedürfnis auf jede nur mögliche Weise zu befriedigen. Dieser Katastrophenalarm ist notwendig, um das Überleben des Säuglings zu gewährleisten; würde das Kind die Hoffnung aufgeben, könnte es möglicherweise sterben. Der Organismus lebt um jeden Preis weiter – und dieser Preis ist gewöhnlich die Neurose, die unbefriedigte körperliche Bedürfnisse und Gefühle einfach stillegt, weil der Schmerz zu groß ist, um ihm Widerstand zu leisten.

Alles, was natürlich ist, ist ein reales Bedürfnis – zum Beispiel zu wachsen, sich im angemessenen Rhythmus zu entwickeln. Das bedeutet, als Kind nicht zu früh entwöhnt zu werden; nicht zu früh zum Laufen oder Sprechen gezwungen zu werden; nicht einen Ball auffangen zu müssen, ehe das Nervensystem es mit Leichtigkeit vermag. Neurotische Bedürfnisse sind unnatürliche Bedürfnisse – sie entstehen aus der Nichtbefriedigung realer Bedürfnisse. Wir kommen nicht auf die Welt, um Lob zu hören, aber wenn die realen Anstrengungen eines Kindes praktisch von seiner Geburt an schlechtgemacht werden, wenn es das Gefühl bekommt, daß nichts, was es tut, so gut ist, daß seine Eltern es lieben, dann kann es sein, daß sich bei ihm ein heftiges Verlangen nach Lob entwickelt. Ebenso kann das Bedürfnis, sich als Kind zu artikulieren, unterdrückt werden, allein schon dadurch, daß niemand zuhört. Eine solche Verleugnung kann sich in das Bedürfnis verwandeln, ununterbrochen zu reden.

Ein geliebtes Kind ist eines, dessen natürliche Bedürfnisse befriedigt werden. Ein ungeliebtes Kind ist eines, das leidet, weil es unbefriedigt ist. Ein geliebtes Kind hat kein Bedürfnis nach Lob, weil es nicht schlecht gemacht worden ist. Es wird danach bewertet, *was es ist*, nicht danach, was es tun kann, um die Bedürfnisse seiner Eltern zu befriedigen. Ein geliebtes Kind wird, wenn es erwachsen ist, kein unersättliches Verlangen nach Sex haben. Es ist von seinen Eltern im Arm gehalten und gestreichelt worden und braucht keinen Sex, um dieses frühe Bedürfnis zu befriedigen. Reale Bedürfnisse strömen von innen nach außen, nicht umgekehrt. Das Bedürfnis, im Arm gehalten und geherzt zu werden, ist ein Teil des Bedürfnisses, stimuliert zu werden. Die Haut ist unser größtes Sinnesorgan und braucht mindestens so viel Stimulierung wie andere Sinnesorgane. Verhängnisvolle Folgen können eintreten, wenn die Stimulierung in den ersten Lebensjahren unzureichend ist. Ohne Stimulierung können Organsysteme verkümmern; umgekehrt können sie sich, wie Krech* nachgewiesen hat, bei richtiger Stimulierung entwickeln und wachsen. Eine konstante geistige und physische Stimulierung ist notwendig.

Unbefriedigte Bedürfnisse verdrängen jede andere Aktivität des Menschen, bis sie befriedigt werden. Wenn die Bedürfnisse befriedigt sind, kann das Kind fühlen. Es kann seinen Körper und seine Umwelt erleben. Werden die Bedürfnisse nicht befriedigt, erlebt das Kind nur Spannung, die ein vom Bewußtsein abgetrenntes Fühlen ist. Ohne diese notwendige Verbindung fühlt der Neurotiker nicht. Neurose ist die Krankheit des Gefühls.

Die Neurose beginnt nicht in dem Augenblick, in dem ein Kind sein erstes Fühlen unterdrückt, doch könnte man sagen, daß dann der neurotische *Prozeß* beginnt. Das Kind schließt sich stufenweise ab. Jede Unterdrückung und Verleugnung eines Bedürfnisses verändert das Kind ein wenig mehr. Doch eines Tages kommt es zu einem kritischen Wechsel, bei dem das Kind ganz und gar verändert und mehr irreal als real wird, und an diesem kritischen Punkt können wir es als neurotisch bezeichnen. Von diesem Zeitpunkt an lebt es mit einem gedoppelten Selbst: dem irrealen und dem realen Selbst. Das reale Selbst sind die realen Bedürfnisse und Gefühle des Organismus. Das irreale Selbst ist der Deckmantel dieser Gefühle und wird zu der Fassade, die neurotische Patienten brauchen, um ihre eigenen Bedürfnisse zu befriedigen. Ein Elternteil, der das Gefühl, respektiert zu werden, braucht, weil er von *seinen* Eltern ständig gedemütigt wurde, wird vielleicht unterwürfige und respektvolle Kinder verlangen,

* D. Krech, E. Bennett, M. Diamond und M. Rosenzweig, »Chemical and Anatomical Plasticity of Brain«, *Science*, Bd. 146 (30. Oktober 1964) S. 610–619.

die ihm keine frechen Antworten geben oder nie Nein sagen. Eine kindliche Mutter wird vielleicht verlangen, daß ihr Kind zu schnell groß wird, alle Hausarbeiten übernimmt und in Wirklichkeit schon erwachsen ist, ehe es dafür bereit ist, damit die Mutter weiterhin das umsorgte Kind bleiben kann.

Oft wird nicht explizit gefordert, daß das Kind irreal sein soll. Dennoch wird das elterliche Bedürfnis zu einem impliziten Befehl für das Kind. Das Kind wird hineingeboren in die Bedürfnisse seiner Eltern und beginnt fast von dem Augenblick an, da es lebt, sich abzumühen, sie zufriedenzustellen. Vielleicht wird es dazu angetrieben, zu lächeln (um glücklich zu erscheinen), zu schmusen, Winke-Winke zu machen, später dann sich aufzusetzen und zu laufen, noch später sich mächtig anzustrengen, damit seine Eltern ein Kind haben, das allen anderen voraus ist. Im weiteren Verlauf seiner Entwicklung werden die Anforderungen an das Kind immer komplexer. Es muß ein gutes Zeugnis nach Hause bringen, muß der Mutter helfen und seine kleinen Pflichten erfüllen, still und bescheiden sein, es darf nicht zu viel reden und wenn, dann nur kluge Dinge sagen, und es muß stark und muskulös sein. Es wird alles tun, nur nicht es selbst sein. Die tausenderlei Vorgänge, die sich zwischen Eltern und Kindern abspielen und die die natürlichen primären Bedürfnisse des Kindes verleugnen, bedeuten, daß das Kind leiden wird. Sie bedeuten, daß es nicht sein kann, was es ist, weil es dann nicht geliebt wird. Diese tiefen seelischen Verletzungen nenne ich Urschmerzen oder Urschmerz. Urschmerzen sind die Bedürfnisse und Gefühle, die durch das Bewußtsein unterdrückt oder verleugnet werden. Sie tun weh, weil sie nicht zum Ausdruck kommen oder befriedigt werden dürfen. All diese Schmerzen laufen darauf hinaus: Ich werde nicht geliebt und kann nicht auf Liebe hoffen, wenn ich wirklich ich selber bin.

Jedesmal, wenn ein Kind nicht in den Arm genommen wird, obwohl es das Bedürfnis danach hat, jedesmal wenn ihm der Mund verboten, es ausgelacht, nicht beachtet oder überfordert wird, wird sein ›Fundus‹ an Verletzungen gewichtiger. Diesen Fundus nenne ich den Urfundus. Jede Hinzufügung zu dem Fundus macht das Kind irrealer und neurotischer.

Wenn die Angriffe auf das reale System zunehmen, beginnen sie den realen Menschen zu erdrücken. Eines Tages wird dann ein Ereignis eintreten, das zwar an sich nicht notwendigerweise traumatisch ist – etwa wenn das Kind zum hundertstenmal einem Babysitter überlassen wird –, das aber dennoch das Gleichgewicht zwischen real und irreal verschiebt und das Kind neurotisch macht. Dieses Ereignis nenne ich die große Primärszene. Sie ist eine Zeit im Leben des kleinen Kindes, in der sich alle bisherigen Demütigungen, Ablehnungen und Versagungen zu der beginnenden Erkenntnis summieren: »Es besteht keine Hoffnung, daß ich um dessentwillen, was ich bin, geliebt werde.« Dann wehrt sich das Kind gegen diese katastrophale Erkenntnis, indem es sein Gefühl abspaltet und still und leise in die Neurose hineingleitet. Diese Erkenntnis ist keine bewußte. Vielmehr beginnt sich das Kind seinen Eltern und später auch anderen gegenüber so zu verhalten, wie sie es erwarten. Es spricht *ihre* Worte und tut, was sie tun. Es verhält sich irreal – d. h. nicht in Übereinstimmung mit der Realität seiner eigenen Bedürfnisse und Wünsche. Binnen kurzem wird das neurotische Verhalten automatisch.

Den Versuch des Kindes, seine Eltern zufriedenzustellen, nenne ich Kampf. Der Kampf beginnt zuerst mit den Eltern und wird später ganz allgemein mit der Welt geführt. Er breitet sich über die Familie hinaus aus, weil der Betreffende seine ihm vorenthaltenen Bedürfnisse mit sich schleppt, wo immer er hingeht, und diese Bedürfnisse müssen ausagiert werden. Er wird sich Ersatzeltern suchen, bei denen er sein neurotisches Drama ausspielen wird, oder er wird fast jeden (einschließlich seiner Kinder) zu einer Vatergestalt machen, die seine Bedürfnisse befriedigt. Wenn ein Vater als Kind verbal unterdrückt wurde und nie viel sagen durfte, werden seine Kinder Zuhörer sein. Da sie so viel zuhören müssen, werden sie ihrerseits das unterdrückte Bedürfnis nach jemandem haben, der ihnen zuhört; das werden dann womöglich *ihre* Kinder sein.

Der Ort des Kampfes verlagert sich vom realen Bedürfnis auf das neurotische Bedürfnis, vom Körper auf die Seele, denn seelische Bedürfnisse treten auf, wenn die Grundbedürfnisse verleugnet werden. Aber seelische Bedürfnisse sind keine realen Bedürfnisse. Tatsächlich gibt es gar keine rein psychischen Bedürfnisse. Psychische Bedürfnisse sind neurotische Bedürfnisse, weil sie nicht den realen Erfordernissen des Organismus dienen. Der Mann im Restaurant zum Beispiel, der unbedingt den besten Tisch haben muß, um sich wichtig vorzukommen, handelt so aufgrund eines Bedürfnisses, das sich entwickelte, weil er nicht geliebt wurde, weil seine wirklichen Anstrengungen im Leben entweder nicht beachtet oder unterdrückt wurden. Vielleicht ist es ihm Bedürfnis, daß ihn der Oberkellner mit Namen begrüßt, weil er in jungen Jahren immer nur mit einem Gattungsbegriff bezeichnet wurde: »Sohn«. Das bedeutet, daß er von seinen Eltern nicht als Mensch behandelt wurde und nun versucht, symbolisch durch andere eine menschliche Reaktion zu erhalten. Würde er von seinen Eltern als einmaliges menschliches Wesen behandelt werden, dann würde das sein sogenanntes Bedürfnis, sich wichtig vorzukommen, aus der Welt schaffen. Denn der Neurotiker versieht alte, unbewußte Bedürfnisse (geliebt und geachtet zu werden) mit neuen Etiketten (das Bedürfnis, sich wichtig vorzukommen). Mit der Zeit wird er diese Etiketten vielleicht für reale Gefühle halten und glauben, nach ihnen zu streben, sei notwendig.

Daß es uns so fasziniert, unsere Namen in Leuchtschrift oder gedruckt zu sehen, ist nur ein Hinweis darauf, wie sehr vielen von uns die individuelle Anerkennung versagt ist. Solche Erfolge, wie real sie auch sein mögen, sind ein symbolisches Streben nach elterlicher Liebe. Einem Publikum zu gefallen wird zum Kampf.

Der Kampf bewahrt das Kind davor, seine Hoffnungslosigkeit zu empfinden. Der Kampf ist das übermäßige Arbeiten, das Schuften für die guten Noten, das Schauspielern. Kampf ist die Hoffnung des Neurotikers, geliebt zu werden. Statt er selber zu sein, müht er sich ab, eine andere Version von sich zu werden. Früher oder später glaubt das Kind dann, daß diese Version das wahre Selbst sei. Die ›Schauspielerei‹ ist nicht länger freiwillig und bewußt; sie ist automatisch und unbewußt. Sie ist neurotisch.

Die Primärszenen

Es gibt zwei Arten von Primärszenen – große und kleine. Die große Primärszene ist das einmalige, zutiefst erschütternde Ereignis im Leben des Kindes. Es ist der Augenblick der eisigen, kosmischen Einsamkeit, die bitterste aller Offenbarungen. Es ist die Zeit, da das Kind zu entdecken beginnt, daß es nicht um dessentwillen, was es ist, geliebt wird und auch nie geliebt werden wird.

Vor der großen Primärszene hat das Kind unzählige kleine Erlebnisse gehabt – kleine Primärszenen –, bei denen es verspottet, abgelehnt, vernachlässigt, gedemütigt und angetrieben wurde, sich zu produzieren. Schließlich kommt der Tag, an dem das Kind in all diesen zerstörerischen Ereignissen einen Sinn erkennt. Ein entscheidendes Ereignis scheint den Sinn aller bisherigen Erfahrungen zusammenzufassen: »So, wie ich bin, mögen sie mich nicht.« Diese Erkenntnis ist katastrophal. Sie wird verleugnet und verschüttet. An ihre Stelle tritt der Kampf des irrealen Selbst. Von nun an wird dieser Kampf wie ein Puffer für das Erleben, so daß das Kind es oft gar nicht weiß, wenn es leidet. Sein Kampf verschleiert seinen Schmerz.

Manche Patienten können sich an eine entscheidende Szene erinnern, die die Summe aller vorangegangenen kleinen Szenen war. Bei anderen häuften sich einfach langsam und gleichmäßig kleinere Traumen an, von denen jedes an sich bedeutungslos war, die sich aber eines Tages zu einem größeren Riß entwickeln. Ob der Riß nun dramatisch ist und die Form einer großen Primärszene annimmt, oder ob er einfach das Ergebnis einer Häufung von kleinen Primärszenen ist, jedenfalls kommt ein Tag, an dem das Kind mehr irreal als real ist.

Die bei einer großen Primärszene eingetretene Spaltung bedeutet, daß das Kind aufgehört hat, ein integrierter und harmonischer Mensch zu sein.

Die große Primärszene ereignet sich gewöhnlich im Alter von fünf bis sieben Jahren. Zu dieser Zeit lernt das Kind, konkrete Ereignisse zu verallgemeinern. Damit beginnt es die Bedeutung all der verschiedenen Ereignisse zu verstehen, die ihm bis dahin widerfahren waren.

Objektiv betrachtet, ist die große Szene nicht notwendigerweise traumatisch. Sie braucht nicht ein Autounfall oder Flugzeugabsturz zu sein. Vielmehr ist sie ein Begreifen, ein rasches, erschreckendes Aufblitzen der Wahrheit während eines vielleicht ganz normalen Geschehens. Ein Patient erinnert sich zum Beispiel, daß er, als er noch klein war, nach seiner Mutter rief, aber statt dessen kam sein Vater, vor dem er Angst hatte. Die plötzliche Erkenntnis war: »Meine Mutter wird niemals kommen, wenn ich sie brauche.« Der Grund dafür war, daß er häufig, wenn er abends ins Bett gegangen war, seine Mutter rief, sie möge ihm ein Glas Wasser bringen. Sie kam niemals. Nur sein Vater kam. Eines Tages wurde ihm dann klar, daß seine Mutter nicht kommen würde, wenn er sie brauchte. Es tat sich ein Zwiespalt in ihm auf, denn wenn er seine Mutter wollte, brachte er damit seinen Vater herbei, der ihm einen Klaps gab, weil er gerufen hatte. Wenn er etwas wollte, bedeutete das also, daß er etwas bekam, das er nicht wollte. Er rief nie wieder nach der Mutter und tat so, als brauche er sie nicht – bis zu dem Tag in meinem Sprechzimmer, als er unter Qualen nach seiner ›Mammi‹ rief.

Kleine Szenen sind einfach die unbedeutenden Ereignisse, die das wahre Selbst betreffen – Kritik, Demütigungen –, bis eines Tages bei der großen Szene dieses Selbst unter der Belastung zerbricht.

Eine große Primärszene kann sich schon in den ersten Lebensmonaten ereignen. Das ist der Fall, wenn ein derartig zerstörendes Ereignis eintritt, daß sich das kleine Kind nicht wehren kann und das Erleben abspalten muß. Dieses Ereignis hat einen irreparablen Bruch zur Folge, der bestehen bleibt, bis er in aller Intensität noch einmal erlebt wird. Seinen Eltern entrissen und in den ersten Lebensmonaten in einem Heim untergebracht zu werden ist ein Beispiel dafür.

Schlüssel-Primärszenen sind signifikant, weil sie für viele hundert andere Erfahrungen stehen, von denen jede Schmerz bedeutete. Wenn diese Szenen während der Primärtherapie wiedererlebt werden, bringen sie daher eine Flut von assoziierten Erinnerungen mit sich. Was alle diese Ereignisse miteinander verbindet, ist ein Gefühl (etwa: »Niemand kann mir helfen«).

Wir wollen einige Beispiele von Primärszenen betrachten. Die folgende ist Nicks große Szene. Er war sechs Jahre alt, als der Zweite Weltkrieg gerade zu Ende war und sein Vater aus der Armee entlassen wurde. Jenes Weihnachten, das erste, das seine Familie seit Pearl Harbor zusammen verlebte, sollte ein großes

Fest werden. Nick hatte sich so darauf gefreut, wie sich nur ein kleiner Junge freuen kann. Er kaufte für seinen Vater eine Krawatte, die er so hübsch einwickelte, wie er konnte, und mit einer Weihnachtskarte versah, die er selbst gemalt hatte. Mittags um zwei Uhr waren alle Päckchen ausgepackt, nur nicht seins für seinen Vater. Der gefüllte Puter um drei Uhr schmeckte allen außer Nick. Sein Vater hatte sein Geschenk völlig ignoriert.

Schließlich fand jemand es noch unter dem Weihnachtsbaum liegen und brachte es ins Eßzimmer. Nick berichtete darüber: »Mein Vater war betrunken, und kaum sah er es, da begann er Theater zu spielen. ›Na, was mag das denn sein? Ein Auto? Oder ein Boot, was meint ihr? Nein, es ist ein Flugzeug. Allerdings nicht sehr elegant eingepackt, aber ich merke doch, daß es ein Flugzeug ist.‹ Alle lachten; ich wäre am liebsten unter den Tisch gekrochen. Er brachte es fertig, daß ich mich schämte, ihm überhaupt etwas geschenkt zu haben. Er machte lustig weiter und hetzte das Thema zu Tode. Wenn er betrunken war, konnte er grausam sein. Er tat so, als wisse er nicht, von wem es sei, obwohl auf der Karte, die ich gemalt hatte, ›Pappi‹ stand und ich das einzige Kind bin. Schließlich ließ er sich herbei, das Päckchen aufzumachen, und dann kam er zu mir herüber und knutschte mich von oben bis unten ab. ›Mein ein und alles‹, sagte er, ›unter den zweihundertzehn Krawatten in meinem Kleiderschrank wird von jetzt an und auf immerdar diese meine ganz besondere Lieblingskrawatte sein ...‹ Lauter so verlogener Schmus. Und damit machte er die Sache immer noch schlimmer. Nachdem er ungefähr zum fünftenmal gesagt hatte: ›Du hättest dein Geld nicht an deinen armen alten Vater verschwenden sollen‹, da konnte ich es schließlich nicht mehr aushalten, ich stand vom Tisch auf und rannte weg und dachte: ›Verdammt recht hat er, schade drum!‹

In einer Welt, deren tägliches Brot Atombomben, Konzentrationslager und Völkermord sind, war es, objektiv betrachtet, sehr wenig, was an jenem Weihnachtsnachmittag geschah. Doch wie der Tropfen, der das Faß zum Überlaufen bringt, trug es dazu bei, einen Mann zu fast einem Vierteljahrhundert nervöser Störungen, sexueller Verirrungen und schwerer Anfälle von Depressionen zu verurteilen. Für Nick symbolisierte diese Weihnachtskrawatte das Gefühl, daß »nichts, was ich je tun werde, gut genug sein wird, um dich, Pappi, dazu zu bringen, daß du mich liebst«.

Die große Primärszene rückt dann Hunderte und sogar Tausende von Vorfällen in den Brennpunkt, die für ein Kind Hoffnungslosigkeit bedeuteten. Von dem Tag an werden reale Gefühle das irreale Selbst überziehen, so daß das Kind viele seiner Gefühle nicht mehr erkennt. (So hat Nick nach Erreichen der Pubertät sein Bedürfnis nach einem warmherzigen Vater verborgen und durch homosexuelle Phantasien ersetzt.) Überdies unterdrückt das irreale Selbst eben diese realen Gefühle, so daß sie nicht miteinander in Verbindung gebracht und schließlich aufgelöst werden können. (›Objektiv‹ empfand Nick nur Verachtung für seinen Vater, der Alkoholiker ist.) Die große Primärszene ist ein qualitativer Sprung in die Neurose.

Vor dem Weihnachtstag 1946 war Nick in großer Spannung gewesen. Danach klang seine Spannung nicht ab, ebenso wie seine verleugneten Bedürfnisse und Gefühle nicht einfach vergingen. Sie blieben in ihm, im Gehirn verschlüsselt in Form von verdrängten Erinnerungen, die sich in seinem ganzen Körper ausbreiteten. Sie ließen ihn in Spannung bleiben. Seine Spannung bewirkte, daß es ihm nicht bewußt war, wie er sich verhielt, und sie war der Antrieb zum Kampf, um das Bedürfnis symbolisch (homosexuell) zu befriedigen.

Es ist ohne weiteres ersichtlich, daß der Kern des neurotischen Kampfes *Hoffnung* ist – die Hoffnung, daß das, was der Neurotiker tut, Trost und Liebe erbringen wird. Indes muß die Hoffnung des Neurotikers irreal sein, weil sie ihn zu dem Versuch zwingt, auf dem Weg über den neurotischen Kampf etwas von der Welt zu bekommen, was es einfach nicht gibt: einfühlsame Eltern. Der Neurotiker versucht, die Welt in fürsorgliche, interessierte, warmherzige Eltern zu verwandeln. Wenn sie wirklich gute, mitfühlende Menschen gewesen wären, dann würde der Kampf unnötig sein.

Nach der Krise der großen Primärszene kommt es im Verlauf des Familienlebens noch zu vielen tausend schädlichen Erfahrungen. Jede erweitert die Kluft und vertieft die Neurose; jede macht das Kind irrealer.

Ein weiteres Beispiel für den Beginn der Neurose als einer Seinsweise ist Anne. Eines Tages, als sie sechs Jahre alt war, wurde sie unterwegs vom Regen überrascht. Eine Frau aus der Nachbarschaft fand sie klitschnaß und zitternd. Sie nahm das kleine Mädchen mit nach Haus, ließ es sich an einem offenen Feuer wärmen und liebkoste es. Anne war plötzlich ›seltsam‹ und ›komisch‹ zumute – und ohne ein Wort zu der netten Frau zu sagen, rannte sie hinaus und im Regen bis nach Hause. In ihrem Zimmer schluchzte sie etwa eine Stunde lang. Annes Mutter kam, um zu sehen, was sie hatte, aber das Kind wußte es nicht. Ihr war einfach unbehaglich zumute. Später wischte sie sich die Tränen ab, und ging hinunter, um ihrer Mutter beim Abendessen zu helfen. Weiter war nichts an ihrer großen Primärszene. Dennoch war sie traumatischer als Prügel, weil sie nicht integriert und verstanden werden konnte.

Vor dem Gewittertag war Anne geschlagen worden, weil sie sich schmutzig gemacht oder Kraftausdrücke gebraucht oder ihr Kleid hochgezogen hatte – lauter übliche Dinge, die bei der Mehrzahl von uns vorkommen. Bei alledem hatte sie das Gefühl gehabt, etwas Unrechtes getan zu haben; sie entschuldigte sich gebührend und fuhr fort, ihr Leben zu leben. Aber sie empfand genau, was geschehen war. An dem Regentag hatte sie indes nichts Unrechtes getan; es gab nichts, wofür sie sich hätte entschuldigen, nichts, worauf sie ihre Aufmerksamkeit lenken hätte müssen, um so zu empfinden, wie ihr zumute war.

Die Warmherzigkeit der Nachbarin zeigte die Leere ihres Lebens auf. Sie hatte einen flüchtigen Eindruck von dem erhalten, was sie zu Hause nie bekam: Zeit, die für *sie* aufgewandt wurde, Freundlichkeit, Beruhigung, schlichte Menschlichkeit, und sie erkannte, daß ihre Mutter sie niemals lieben würde, wenn sie so war, wie sie war. Sie rannte nach Hause, um diese Erkenntnis hinwegzuschluchzen, ehe sie mit voller Wucht auf sie einwirkte, ehe dieses verheerende *Niemals* gefühlt werden konnte.

Als sich das kleine Mädchen ausgeweint hatte und hinuntergegangen war, um Mammi zu helfen, hörte ihr reales Leben auf. Äußerlich wurde sie höflich, lieb und hilfsbereit. Innerlich bauten sich Spannungen auf.

Anne versuchte, ihr Unbehagen loszuwerden, indem sie ihrer Mutter ständig half, die fast dauernd krank war. Sie übernahm es freiwillig, für ihren kleinen Bruder zu sorgen. Sie kämpfte; die Spannung verstärkte sich, ebenso ihre Neurose. Sie wollte nicht für den kleinen Bruder sorgen, *sie* wollte umsorgt und in den Arm genommen werden; sie wollte nicht Geschirr spülen, sie wollte *spielen.* Aber bei allem, was Mammi wollte, gab sie nach und verleugnete sich selbst. Ihr Leben lang versuchte sie, ihre Mutter in diese freundliche Nachbarin zu verwandeln, die ihr ohne Gegenleistung Liebe angeboten hatte. Der Kampf verhinderte, daß sie die Wahrheit spürte, nämlich daß ihre Mutter niemals der warmherzige Mensch sein würde, den sie brauchte. Das kleine Mädchen war in der Falle gefangen.

Hätte sie aufgehört, sanftmütig und höflich zu sein, dann hätte sie den Unmut ihrer Mutter darüber, eine Mutter *sein* zu müssen, freigesetzt. Sanftmütig zu sein war Annes Methode, um völlige Ablehnung zu vermeiden, deshalb ließ sie Mammi das kleine Mädchen sein, während sie die Rolle ihrer Mutter im Leben übernahm. Irreale Hoffnung* war der Grund, warum sich Anne diese Last aufbürdete. Eines Tages, so hoffte sie, würde es etwas für sie geben, und so kämpfte sie um die imaginäre Liebe ihrer Mutter, aber alles, was sie je bekam, war der Abwasch.

Die Primärszene ist also ein Geschehnis, das *nicht* voll empfunden wird. Es bleibt zusammenhanglos und unaufgelöst. Das bedeutet nicht, daß es nur einen Zeitpunkt in unserem Leben gibt, der Neurose hervorbringt, sondern daß es einen Zeitpunkt gibt – nämlich die große Primärszene –, der einen unabänderlichen Verlauf festlegt, und jedes neue Trauma erweitert die Kluft zwischen dem realen und dem irrealen Selbst.

* Die Hoffnung ist weitgehend unbewußt und wird gewöhnlich nicht einmal gespürt. Vielmehr wird sie in dem Kampf ausagiert.

Die große Primärszene ist der Zeitpunkt, an dem die Anhäufung kleiner Verletzungen, Zurückweisungen und Unterdrückungen feste Form annimmt und eine neue Seinsweise bildet – die Neurose. Es ist der Zeitpunkt, an dem das Kind begreift, daß es, um zurechtzukommen, auf einen Teil von sich verzichten muß. Dieses Begreifen, das zu schmerzlich ist, um ihm Widerstand zu leisten, geschieht niemals ganz bewußt, so daß das Kind beginnt, sich neurotisch zu verhalten, ohne im geringsten zu ahnen, was ihm widerfahren ist.

Einige Primärszenen können dramatisch sein. Andere brauchen es nicht zu sein – es genügt, wenn Mutter sagt: »Wenn du das nochmal machst, gebe ich dich weg.« Es ist nicht die Szene als solche; es ist ihre *Bedeutung* für das Kind, die sie so verheerend macht. Eine anscheinend belanglose Drohung oder ein Klaps kann subjektiv ebenso traumatisch sein wie in ein Heim zu kommen.

Das reale und das irreale Selbst

Obwohl ich vom realen und irrealen Selbst rede, dürfen wir nicht vergessen, daß sie Aspekte eines einzigen Selbst sind. Das reale Selbst ist das wahre Selbst, das, was wir waren, ehe wir entdeckten, daß es für unsere Eltern nicht akzeptabel war. Wir sind real geboren worden. Real zu sein ist nicht etwas, das wir zu sein versuchen. Die Schale, die wir um das reale Selbst herum aufbauen, ist das, was die Freudianer ein Abwehrsystem nennen würden. Aber die Freudianer glauben, ein Abwehrsystem sei für den Menschen notwendig, und eine ›gesunde, gut integrierte Person‹ sei diejenige mit dem stärksten Abwehrsystem. Ich sehe eine völlig abwehrlose Person als normal an, jemanden ohne ein irreales Selbst. Je stärker die Abwehr eines Menschen, um so kränker ist er – das heißt, um so irrealer.

Ein Beispiel für die buchstäbliche Unterdrückung des realen, fühlenden Selbst ist der Fakir, der auf glühenden Kohlen laufen kann und auf einem Nagelbrett schläft. In meiner therapeutischen Praxis sehe ich tagtäglich Patienten, die es fertiggebracht haben, ihre Gefühle völlig abzuspalten, um den Schmerz abzufangen, und die ihre psychischen Verletzungen ebenso wie der Fakir den körperlichen Schmerz nicht mehr spüren.

Gelegentlich kommt es vor, daß der Neurotiker sich selbst flüchtig zu sehen bekommt. Eine Krankheit oder ein Urlaub lassen ihm nicht viel Möglichkeiten, seinen Kampf weiterzuführen, und er ist ganz auf sich selbst konzentriert. Manchmal führt das zu psychiatrischen Symptomen – er fühlt sich plötzlich ›depersonalisiert‹ und ›entfremdet‹, als habe er immer nur vorgetäuscht zu leben. Diese Depersonalisation ist oft der Beginn der Realität, aber weil der Neurotiker seine Irrealität für Realität hält, hat er dann das Gefühl, sein reales Selbst sei irgendeine fremde Kraft. Im allgemeinen wird er sich in seine gewohnte Irrealität zurückziehen und sich binnen kurzem wieder wie sein ›altes Selbst‹ fühlen. Könnte er einen Schritt weitergehen, könnte er so weit gehen, daß er die Realität seiner Irrealität empfindet, dann könnte er, glaube ich, real werden.

Beim Neurotiker ist also das reale, fühlende Selbst zusammen mit dem ursprünglichen Schmerz verschüttet; darum muß er, um sich zu befreien, diesen Schmerz spüren; den Schmerz fühlen, erschüttert das irreale Selbst auf dieselbe Art, wie das Verleugnen des Schmerzes es schuf.

Weil das irreale Selbst ein auferlegtes System ist, scheint der Körper es abzulehnen, wie er jedes fremde Element ablehnen würde. Es besteht immer die Tendenz, real zu sein. Weil neurotische Eltern uns nicht erlauben, real zu sein, schlagen wir umständliche, d. h. neurotische Umwege ein, um zur Realität zu gelangen. Neurose ist nichts anderes als der Versuch, auf irreale Weise real zu sein.

Es ist das irreale System, das den Körper aus der Form bringt und verkrüppeltes Wachstum und eine verkümmerte Entwicklung zur Folge hat. Es unterdrückt das reale endokrine System oder überreizt es unnötig. Es belastet verschiedene verletzliche Organe übermäßig und verursacht von Zeit zu Zeit ›Pannen‹. Kurz, das irreale System ist total; es ist nicht nur eine Verhaltensweise dann und wann. Neurotisch zu sein bedeutet, nicht völlig real zu sein; deshalb kann kein Teil von uns reibungslos und normal funktionieren. Neurose ist ebenso umfassend wie Normalität; sie ist in allem, was man tut.

Es gibt einen Weg, wie der Neurotiker unter die Oberfläche seines symbolischen Kampfes und zu jenen Urschmerzen gelangen kann, die ihn antreiben. Ich nenne diesen Weg Primärtherapie. Sie ist der systematische Angriff auf das irreale Selbst, der zu guter Letzt eine neue Qualität des Seins hervorbringt – Normalität –, ebenso wie die ursprünglichen Angriffe auf das reale Selbst eine neue Seinsweise hervorgebracht hatten – die Neurose. Der Weg in die Neurose und der Weg heraus sind gleichermaßen mit Schmerzen verbunden.

Zusammenfassung

Die Primärtheorie sieht in der Neurose die Synthese von zwei miteinander in Konflikt befindlichen Selbst oder Systemen. Das irreale System hat die Funktion, das reale zu unterdrücken, aber weil reale Bedürfnisse nicht ausgerottet werden können, nimmt der Konflikt kein Ende. Bei dem Versuch, Befriedigung zu finden, werden diese Bedürfnisse durch das irreale System umgewandelt, so daß sie nur symbolisch befriedigt werden können. Die realen Gefühle, die schmerzhaft geworden sind, weil sie nicht befriedigt werden, müssen unterdrückt werden, damit das Kind nicht vom Urschmerz überwältigt wird. Indes können diese Bedürfnisse paradoxerweise erst befriedigt werden, wenn sie gefühlt worden sind.

Wenn wir uns diese verleugneten Bedürfnisse und Gefühle als eine Kraft vorstellen, die den Organismus antreibt, dann erkennen wir, daß der Neurotiker jemandem sehr ähnlich ist, der seinen Motor auf Lebenszeit angelassen hat. Nichts, was er tut, wird diesen Motor abstellen, bis diese Bedürfnisse und Gefühle mit all ihrer Qual genau als das empfunden werden, was sie sind. Das bedeutet gewissermaßen, daß das irreale System beseitigt werden muß, damit das reale System zum Ausdruck kommen kann.

Ein einfaches Beispiel mag diese Problemstellung erhellen: man darf in jungen Jahren nicht weinen. Wohin gehen diese Tränen? Bei manchen Menschen werden sie abgelenkt in verstopfte Nebenhöhlen und Sekretabsonderung im Nasen-Rachenraum (die verschwindet, wenn der Patient in der Primärtherapie hemmungslos weint). Bei anderen findet man die unterdrückte Traurigkeit in herabgezogenen Mundwinkeln oder einem melancholischen Ausdruck. Das reale Bedürfnis wird jedenfalls nie empfunden, weil es symbolisch ausagiert wird. Und dieses Ausagieren verhindert, daß ein Mensch sein Bedürfnis spürt und schließlich auflöst. So fährt der Neurotiker fort, sich selbst die Befriedigung dessen, was er wirklich braucht, zu verweigern.

Das irreale System verwandelt reale Bedürfnisse in kranke Bedürfnisse. Ein Patient stopft sich vielleicht mit Essen voll, damit er seine Leere nicht spürt. Essen symbolisiert Liebe. Sich überessen ist also ein Beispiel für symbolisches Ausagieren.

Sobald reale Bedürfnisse einmal in kranke pervertiert sind, können sie nicht mehr befriedigt werden. Das bedeutet, daß, sobald bei der großen Primärszene die große Abtrennung stattgefunden hat, zwei Selbst in ständigem dialektischem Widerspruch entstanden sind. Das irreale Selbst wird verhindern, daß das reale Bedürfnis zum Vorschein kommt und befriedigt wird. Das ist der Grund, warum zum Beispiel die Liebe und Zuneigung einer Lehrerin später die Lage nur insofern bessern kann, als das Kind dann nicht leidet, wenn eine liebevolle Lehrerin ihm Aufmerksamkeit schenkt und es streichelt. Aber das Verhalten der Lehrerin kann die Spaltung nicht heilen, die durch die tagtägliche Entbehrung der allmächtigen Eltern in den ersten entscheidenden Lebensjahren des Kindes entstanden war. Sobald die Spaltung da ist, verursacht die Umarmung der Lehrerin oft Schmerz um das, was das Kind nie gehabt hat.

Urschmerzen sind vom Bewußtsein abgetrennt, weil Bewußtsein unerträglichen Schmerz *bedeutet*. Urschmerzen sind das, was das Kind empfindet, wenn es nicht es selber sein kann. Spannung entsteht, wenn Schmerzen vom Bewußtsein abgetrennt sind. Sie ist diffuser Schmerz. Sie ist der Druck von verleugneten, abgetrennten Gefühlen, die nach Befreiung drängen. Spannung erzeugt den unermüdlichen Geschäftsmann, den Rauschgiftsüchtigen, den Homosexuellen, die alle auf ihre Weise leiden, aber einen Lebensstil oder eine ›Persönlichkeit‹ entwickeln, um dieses Leiden auf ein Minimum zu reduzieren und letztlich zu betäuben. Der Süchtige ist oft ehrlicher als die beiden anderen angeführten Beispiele. Er weiß gewöhnlich, daß er am Urschmerz leidet.

Urschmerzen sind ungelöste primäre Bedürfnisse. Spannung ist die Empfindung dieser vom Bewußtsein abgetrennten Bedürfnisse. Spannung wirkt in der Seele als Inkonsequenz, Verwirrtheit und Gedächtnisschwäche und im Körper als verkrampfte Muskulatur und Störungen der viszeralen Prozesse. Spannung ist das Merkmal der Neurose. Sie treibt den Menschen zu ihrer Lösung. Doch kann es keine Lösung geben, ehe die Urschmerzen nicht verspürt, das heißt bewußt empfunden worden sind.

Der neurotische Kampf ist endlos, weil diese frühen Bedürfnisse unaufgelöst bleiben. Der Kampf ist der fortwährende Versuch, den Organismus davon abzuhalten, Bedürfnisse zu haben. Indes ist es eben dieser Kampf, der verhindert, daß wir den großen Schmerz des realen Bedürfnisses empfinden und es so schließlich auflösen. Ein Mensch kann ein Dutzend Liebschaften haben und doch niemals das Bedürfnis nach elterlicher Wärme auflösen. Ein Mann kann Tausenden von Studenten Vorlesungen halten und dennoch das dringende Bedürfnis haben, daß seine Eltern ihm zuhören und ihn verstehen – ein nicht empfundenes Bedürfnis, das ihn dazu treiben wird, immer mehr Vorlesungen zu halten. Der Kampf ist unbefriedigend, eben weil er symbolisch und nicht real ist.

Jedes reale Bedürfnis oder unterdrückte Gefühl, das aus der frühen Beziehung zu den Eltern stammt, muß symbolisch ausagiert werden, solange es nicht auf sie gerichtet ist. Die Aufgabe der Primärtherapie ist es, den Menschen zu helfen, dadurch real zu werden, daß sie das symbolische Tun überwinden und zu ihren realen Gefühlen gelangen. Das bedeutet, dem Patienten dabei zu helfen, daß er will, was er braucht. Ein sich normal entwickelnder Säugling will, was er braucht, weil er die Bedürfnisse empfindet. Wenn er neurotisch wird, spalten sich seine Wünsche und Bedürfnisse (weil er nicht haben kann, was er braucht), so daß er das will, was er nicht braucht. Bei einem Erwachsenen kann sich das in einer Sucht nach Alkohol, Drogen, Kleidern oder Geld zeigen. Nach diesen wird gestrebt, um die Spannung der nicht erkannten realen Bedürfnisse zu mildern. Aber es wird niemals genug Alkohol, Drogen, Kleider oder Geld geben, um die Leere zu füllen.

3. Schmerz

Wie wir auf Schmerz reagieren, ist wichtig zu wissen, um die Primärtheorie und -therapie zu verstehen. Ich will kurz auf die wissenschaftlichen Untersuchungen hinweisen, die mir die Formulierung der Theorie erleichterten.

Bei der Erforschung der Kontraktion und Dilatation der Pupille als Reaktion auf gewisse Reize fand E. H. Hess*, daß sich die Pupille erweitert, wenn der Stimulus erfreulich ist, und sich zusammenzieht, wenn er unerfreulich ist. Als Versuchspersonen Bilder von Folterszenen gezeigt wurden, zogen sich ihre Pupillen zusammen; als die Versuchspersonen aufgefordert wurden, sich an diese quälenden Szenen zu *erinnern*, zogen sich ihre Pupillen automatisch und unwillkürlich zusammen. Ich glaube, dasselbe geschieht, obwohl auf eine allumfassende Weise, wenn ein Kind sich unerfreulichen Szenen gegenübersieht. Das heißt, Rückzug vom Schmerz ist eine totale organismische Reaktion, die Sinnesorgane, zerebrale Prozesse, Muskelsysteme usw. erfaßt – wie es bei den Hess-Experimenten der Fall war.

Ich behaupte, es ist eine menschliche Reflexbewegung, sich von großem Schmerz abzuwenden; diese Reflexbewegung kann vom Zurückziehen der Hand von einem heißen Ofen bis zum Abwenden der Augen bei einer besonders grauslichen Szene in einem Horrorfilm und dem Verbergen quälender Gedanken und Gefühle vor dem Selbst reichen. Ich glaube, dieses Grundprinzip des Schmerzes ist wesentlich für die Entwicklung von Neurose.

Bei der Primärszene verschließt sich also der Organismus des Kindes vor der vollen Erkenntnis und nimmt diese Erkenntnis nicht bewußt auf, so wie auch ein starker physischer Schmerz selbst den Standhaftesten unter uns das Bewußtsein rauben kann. Der Urschmerz ist eine nicht empfundene Verletzung, und unter diesem Gesichtspunkt kann Neurose als ein Reflex angesehen werden: die sofortige Reaktion des gesamten Organismus auf Schmerz.

T. X. Barber hat Versuchspersonen physiologisch untersucht, die unter Hypnose standen**. Die Versuchspersonen, die schein-

* E. H. Hess und J. M. Polt, »Pupil Size in Relation to Interest Value of Visual Stimuli«, *Science*, Bd. 132 (1960) S. 349–350.

** T. X. Barber und J. Coules, »Electrical Skin Conductance and Galvanic Skin Response During Hypnosis«, *International Journal of Clinical and Experimental Hypnosis*, Bd. 7 (1959), S. 79–92.

bar wach waren, denen indes auf hypnotische Weise aufgetragen wurde, nichts zu spüren, erhielten Schmerz-Stimuli; sie erklärten, daß sie keinen Schmerz spürten, obwohl alle physiologischen Messungen darauf hinwiesen, daß sie auf Schmerz reagierten. Bei anderen Experimenten führte Schmerz zu EEG-Veränderungen bei hypnotisierten Versuchspersonen, die ebenfalls erklärten, daß sie nichts spürten.

In bezug auf die Primärtheorie wäre das ein Hinweis darauf, daß Körper und Gehirn ständig auf Schmerz reagieren, während der Betreffende es gar nicht merkt, daß er von Schmerz heimgesucht wird. Physiologische Messungen zeigen, daß Versuchspersonen selbst dann noch körperlich auf schmerzhafte Stimuli reagieren, wenn sie schmerzstillende Mittel erhalten haben. Körperlich auf Schmerz zu reagieren und sich dieses Schmerzes *bewußt* zu sein, können zwei verschiedene Phänomene sein.

Wenn sich der Körper gegen unerträglichen Schmerz abschließt, dann muß etwas dafür sorgen, daß die Urschmerzen verborgen und unterdrückt bleiben. Diese Funktion erfüllt die Neurose. Sie lenkt den Leidenden von seinem Urschmerz ab und verweist ihn auf die Hoffnung – d. h. auf das, was er *tun* kann, um seine Bedürfnisse zu befriedigen. Weil der Neurotiker so dringende, doch unbefriedigte Bedürfnisse hat, müssen seine Wahrnehmungen und sein Erkenntnisvermögen von der Realität abgelenkt werden.

Die Vorstellung von der Absperrung des Schmerzes ist für meine Hypothese wichtig, weil ich glaube, daß das Fühlen zentralistisch ist, ein Gesamtprozeß des Organismus, und wenn wir so umfassende kritische Gefühle wie die Urschmerzen absperren, dann verhindern wir, daß wir überhaupt zu fühlen vermögen.

Urgefühle sind wie ein Riesenbehälter, aus dem wir schöpfen. Die Neurose ist der Deckel dieses Behälters. Sie dient dazu, fast alle Gefühle niederzuhalten, Freude ebenso wie Schmerz. Daher erklären Patienten nach ihrer Primärtherapie übereinstimmend: »Ich kann wieder fühlen.« Sie sprechen davon, daß sie zum erstenmal seit ihrer Kindheit wirklich Freude verspüren.

Diese Vorstellung von einem Urschmerzbehälter im Inneren des Neurotikers ist mehr als eine bloße Metapher; oft ist es genau das, was die Patienten auf die eine oder andere Weise berichten (daß sie einen septischen Behälter voller Wunden mit sich herumschleppen). Zum Beispiel hat das Kind jedesmal, wenn es von Pappi geschlagen wird, das Gefühl: »Pappi, bitte sei nett zu mir! Bitte mach mir nicht solche Angst!« Aber aus einer Reihe von Gründen sagt das Kind das nicht. Gewöhnlich ist es so in den Kampf verstrickt, daß es seine Gefühle gar nicht bemerkt, und würde es sie bemerken, könnte eine solche Ehrlichkeit (»Pappi, ich bekomme Angst vor dir!«) für den Vater so bedrohlich klingen, daß er womöglich zu weiteren Züchtigungen schreitet. Deshalb agiert das Kind aus, was es nicht sagen kann, und wird scheuer, schuldbewußter, weniger aufdringlich, artiger und höflicher sein.

Urschmerzen werden einer nach dem anderen aufgespeichert und in Schichten von Spannung aufgespalten, die nach Befreiung drängen. *Nur* durch das Herstellen der Verbindung mit ihren Ursprüngen können sie befreit werden. Nicht jeder Zwischenfall braucht wiedererlebt und in Verbindung gebracht zu werden, aber das allgemeine Gefühl, das vielen Erlebnissen zugrunde liegt, muß empfunden werden. Wenn in dem obigen Fall das Gefühl mit Pappi in Zusammenhang gebracht wird, wird der Patient von sämtlichen (im ›Behälter‹ gespeicherten) Erinnerungen daran, wie sein Vater ihm Angst machte, bombardiert werden. Das ist ein Beweis für das Vorhandensein von Primärszenen, die für viele mit dem zentralen Gefühl verbundene Erlebnisse repräsentativ sind. Der Prozeß der Primärtherapie ist eine methodische Entleerung des Urschmerzbehälters. Wenn der Behälter leer ist, halte ich den Patienten für real oder gesund.

Das Bedürfnis zu überleben liegt den Urschmerzen zugrunde. Das kleine Kind wird tun, was es muß, um seine Eltern zu erfreuen. Ein Patient drückte das so aus: »Ich beseitigte mich selbst. Ich brachte den kleinen Jimmy um, weil er unmanierlich und wild und lebhaft war und die Eltern ein folgsames und sanftes Kind haben wollten. Ich mußte den kleinen Jimmy loswerden, um mit diesen verrückten Eltern weiterleben zu können. Ich brachte meinen besten Freund um. Es war eine miese Sache, aber das einzige, was ich tun konnte.«

Weil wir ein zusammenhängendes Ganzes gewesen sind, wird das reale Selbst ständig an die Oberfläche drängen und diese geistigen Zusammenhänge herstellen. Wenn es nicht ein echtes Bedürfnis wäre, heil und gesund zu sein, dann könnte das reale Selbst ein für allemal beiseite gelegt werden; es würde dann friedlich in uns ruhen und niemals versuchen, sich in unser Verhalten einzumischen. Was die Neurose vorantreibt, ist das Bedürfnis, wieder heil und gesund zu sein, das Bedürfnis, unser natürliches Selbst zu sein. Das irreale Selbst ist die Absperrung, der Feind, der schließlich vernichtet werden muß.

Es kostet den Primärtherapeuten eine beträchtliche Anstrengung, den Organismus wieder in diese frühen Urschmerzen hineinzuzwingen. Wie sehr der Patient auch gesund werden möchte, es muß immer ein Widerstand überwunden werden, um diese schmerzenden Gefühle zu empfinden. Tatsächlich fürchten die meisten Patienten ›verrückt zu werden‹, wenn sie nahe daran sind, diese Schmerzen zu verspüren

Für unsere Zwecke ist der wichtigste Aspekt des Urschmerzes, daß er ebenso unverfälscht und intensiv, wie er an dem Tag war, an dem er begann, innerlich verkapselt bleibt. Er bleibt unberührt von den Lebensumständen und Erfahrungen des Betreffenden, wie immer sie auch sein mögen. Fünfundvierzigjährige Patienten empfinden diesen frühen Verletzungen mit verheerender Intensität, als ob sie die Erfahrung – die schon vierzig Jahre zurückliegen mag – zum erstenmal machten. Und ich glaube, so ist es tatsächlich. Der Urschmerz war niemals voll empfunden worden; er war abgewürgt und versteckt worden, ehe seine volle Wirkung spürbar werden konnte. Doch ist dieser Schmerz entsetzlich geduldig. An jedem Tag unseres Lebens gibt er uns auf alle mögliche heimliche Weise einen Wink und erinnert uns an sein Vorhandensein. Selten wird er laut rufen, um befreit zu werden.

Häufiger wird der Urschmerz hineinverwoben in das Persönlichkeitssystem, so daß er nicht mehr gespürt wird und weitgehend unerkannt bleibt. Das neurotische System agiert den Urschmerz dann aus.

Das tut es automatisch, weil der Urschmerz eine Befreiung irgendeiner Art haben muß, ob er erkannt ist oder nicht. Die Befreiung mag in dem ständigen Lächeln bestehen, das besagt: »Sei nett zu mir«, oder in dem körperlichen Leiden, das verlangt: »Sorge für mich«. Oder in lautem und aufdringlichem Benehmen als Salonlöwe bei Geselligkeiten, um zu sagen: »Schau mich mal an, Pappi!« Welche Stellung im Leben ein Mann auch errungen haben mag, wie nüchtern oder ›reif‹ seine Abwehr auch ist, wenn man etwas tiefer eindringt, findet man unter der Tünche ein verletztes Kind.

Ich möchte betonen, daß das Empfinden des Urschmerzes nicht bloß das *Wissen* vom Urschmerz ist; es ist das *Sein* des Urschmerzes. Weil wir psychophysische Einheiten sind, glaube ich, daß kein Versuch, diese Einheit zu trennen, gelingen kann. Diätkliniken, Sprachkliniken und sogar *psycho*therapeutische Kliniken sind Beispiele dafür, daß Symptome isoliert und so behandelt werden, als seien sie vom gesamten System getrennt. Neurose ist weder eine Gemüts- noch eine Geisteskrankheit; sie ist beides. Um wieder heil und gesund zu werden, ist es nötig, die Spaltung zu spüren und zu erkennen und den Zusammenhang laut hinauszuschreien, der dem Menschen wieder seine Einheitlichkeit zurückgibt. Je intensiver diese Spaltung verspürt wird, um so intensiver und echter ist die wiedervereinigende Erfahrung.

Die Primärtheorie unterstellt, daß heutzutage alle Verletzungen, die übermäßig oder mit der Realität nicht im Einklang sind, auf den Urschmerzfundus hinweisen. Das Vorhandensein dieses Fundus bewirkt, daß sich ungute Gefühle viel länger halten, als es der Bedeutung einer sonstigen Unannehmlichkeit oder Kritik entsprechen würde.

Wahrscheinlich kennen wir alle einen unfreundlichen oder bösartigen Menschen, der ohne erkennbaren Anlaß jeden Morgen ebenso unfreundlich und bösartig aufwacht wie am Tag zuvor. Woher kommen tagtäglich diese Gefühle? Ich glaube, sie stammen aus dem Urgefühlsreservoir.

Alles, was die irreale Fassade aufreißt, berührt diesen Fundus und ruft aufsteigenden Urschmerz hervor. Zum Beispiel wurde einer Patientin, mit deren Aussehen ihre Mutter offenbar niemals zufrieden gewesen war, einmal ganz beiläufig von ihrem Freund gesagt, ihre hübschen blauen Augen paßten eigentlich nicht zu ihrem tiefschwarzen Haar. Diese eindeutig belanglose Bemerkung erweckte in ihr das Gefühl, völlig abgelehnt zu werden, obwohl sie ›wußte‹, daß ihr Freund es nicht böse gemeint hatte. Eine Erörterung der gegenwärtigen Lage wurde als Mittel angewandt, um sie in ihren Urschmerz zu versetzen. Diesen Urschmerz empfinden nenne ich ein Urerlebnis.

Man kann an einem Abend Dutzende von Komplimenten bekommen, aber eine kleine kritische Bemerkung macht all die Komplimente unwichtig, weil sie die lebenslänglichen Gefühle, man tauge zu nichts, sei untüchtig und unerwünscht, hervortreten läßt. Oft fühlen sich Neurotiker zu kritischen Menschen hingezogen, *eben weil* sie symbolisch mit kritischen Eltern-Surrogaten kämpfen, um endlich die Kritik aufzulösen und zu überwinden. Derselbe dynamische Prozeß findet statt, wenn sich jemand mit einer kühlen, zurückhaltenden Person einläßt, um symbolisch (durch sie) die eigenen Eltern warmherzig zu machen. Das ist der Kernpunkt des neurotischen Kampfes – die ursprüngliche häusliche Situation herzustellen und sie nach Möglichkeit aufzulösen, einen schwachen Mann zu heiraten und zu versuchen, ihn zum Starksein anzustacheln, oder sich einen starken Mann zu suchen und unbarmherzig auf ihm herumzuhacken, so daß er schwach und kraftlos wird. Warum ›heiraten‹ die Menschen symbolisch ihre ›Mammis und Pappis‹? Um aus ihnen reale, liebevolle Menschen zu machen. Da das nicht geschehen kann, wird dadurch nur erreicht, daß der Kampf weitergeht.

An diesem Punkt könnte man fragen: ›Woher wissen wir, daß der Neurotiker wirklich unter irgendeinem großen Schmerz leidet?‹ In allen Fällen, die ich gesehen habe, ist der Urschmerz, ganz unabhängig von der psychiatrischen Diagnose, an die Oberfläche gekommen, nachdem die Abwehr zusammengebrochen war. Der Urschmerz ist immer da; nur ist er in einem allgemein gewordenen Spannungszustand auf den ganzen Körper verteilt.

Eine weitere Frage könnte lauten: ›Woher wissen wir, daß der Patient nicht einfach auf den Schmerz reagiert, den der Therapeut ihm einredet?‹ Erstens redet der Therapeut niemandem einen Schmerz ein. Der Angriff auf die Abwehr macht es dem Patienten *möglich*, sich, seine Bedürfnisse, Wünsche und seelischen Verletzungen zu empfinden. Zweitens, sobald das Hindernis für das

Denken und Fühlen größtenteils beseitigt ist, bricht das Fühlen ständig spontan hervor. Drittens, der Schmerz führt den Patienten sofort in sein Leben zurück und konzentriert sich fast nie auf den Therapeuten.

Durch eine seltsam verzerrte Denkweise sind wir zu der Überzeugung gelangt, daß derjenige, der Schmerz am besten ertragen kann, der stärkste und tugendhafteste sei. Wer schweigend zu leiden vermag, ›ihn aushält‹ ist der ›reale Mensch‹. Dennoch ist es der irreale Mensch, der ihn am ›besten‹ aushält, weil er an Schmerzen gewöhnt ist. Damit wollen wir offenbar sagen, daß derjenige, der sich selbst verleugnet, der am besten leiden kann, der Gewinner des ›neurotischen Wettlaufs‹ ist. Beim westlichen Menschen scheint eine direkte Beziehung zwischen Selbstverleugnung und Tugend zu bestehen, nicht nur in unserem religiösen Leben, wo Entsagung hoch gepriesen wird, sondern auch im Leben des durchschnittlichen Mannes, der schwer arbeitet, um seine Familie zu ernähren, und infolge seiner Aufopferung vielleicht eines frühen Todes stirbt. Wer niemals Zeit für sich selbst gehabt hat, wer sich aufgeopfert hat, opfert zu guter Letzt buchstäblich sich selbst. Allein in diesem Sinne können wir, glaube ich, sagen, daß Irrealität tödlich ist.

4. Schmerz und Erinnerung

Wenn die erste Spaltung beim Neurotiker auftritt, scheint es zu einer Teilung im Erinnerungssystem zu kommen. Es gibt reale Erinnerungen, die zusammen mit dem Urschmerz gespeichert werden, und Erinnerungen, die mit dem irrealen System assoziiert werden. Die Aufgabe des irrealen Systems ist es, Erinnerungen, die zum Urschmerz führen können, zu sichten, zu filtern oder zu blockieren. Jede neue Primärszene zwingt das kleine Kind, mehr von seinem Erleben auszulöschen, so daß jeder große Urschmerz von einer Gruppe von Assoziationen umgeben ist, die vom vollen Bewußtsein abgetrennt sind. Je größer das Trauma, um so wahrscheinlicher wird es sich auf einige Aspekte der Erinnerung auswirken.

Die Hypothese der Primärtheorie lautet, daß diese Erinnerung mit dem Schmerz aufgespeichert wurde und erst wieder hervorgeholt wird, wenn der Schmerz empfunden wird. Primärtherapeutisch behandelte Patienten sind einer wie der andere überrascht, wie die Therapie diese Erinnerungsbank sprengt. Eine Patientin begann die Therapie damit, daß sie das, was sie im Alter von sechs Monaten erlebt hatte, wiedererlebte, und an jedem folgenden Tag der Behandlung erlebte sie das nächste Lebensjahr, bis ihr ganzes Leben vor ihr abgerollt war. Bei jeder dieser Sitzungen erweiterte sich ihre Erinnerung sehr stark, ging aber nicht über das Lebensalter hinaus, mit dem sie sich an jenem Tag beschäftigte. Als sie sich ins Gedächtnis zurückrief, wie sie in ihrem Kinderbettchen allein gelassen wurde, da entsann sie sich auch des Hauses, in dem sie damals lebte, wie ihre Großeltern kamen, um mit ihr zu spielen, und wie ihr Bruder sie kniff, während sie hilflos dalag.

Die Erinnerung ist eng verknüpft mit dem Urschmerz. Es wird leicht vergessen, daß diese Erinnerungen zu schmerzlich sind, um integriert und bewußt akzeptiert zu werden. Deshalb wird der Neurotiker in manchen kritischen Bereichen unvollständige Erinnerungen haben.

Hier seien einige Sitzungen wiedergegeben, bei denen Patienten Primärszenen wiedererlebten. Erste Szene: Eine fünfunddreißigjährige Lehrerin erlebt die Szene in zunehmender Erregung: »Sie wird über den Flur gefahren. Es ist dunkel. Sie wird auf das Bett gelegt. Sie ist allein. Es ist schrecklich ... Oh! (Hier krümmt sie sich zusammen, als ob sie einen Schlag in den Magen bekommen habe.) Mein Gott! *Ich werde* für drei Jahre ins Bett gesteckt. Ich kann's nicht ertragen! Ich kann's nicht ertragen!«

An diese Szene erinnerte sie sich im vierten Monat der Therapie. Als sie an jenem Tag kam, war sie erregt und wußte nicht, warum. Als sie über ihre Gefühle zu sprechen begann, nahm ihre Unruhe zu, und zuerst redete sie in der dritten Person: »Sie wird über den Flur gefahren.« Als sie sich dann plötzlich zusammenkrümmte, ging sie von der dritten Person in die erste über: ›ich‹ – es war der Übergang vom gespaltenen Selbst zum einzigen Selbst. Die Worte: »Ich kann's nicht ertragen!« schrie sie und wand sich dabei im Urschmerz. Der Tag, von dem sie sprach, war der Tag, an dem sie entdeckte, daß sie an einer rheumatischen Herzerkrankung litt und im Alter von fünf Jahren für drei Jahre ins Bett gesteckt wurde. Es war eine so verhängnisvolle Erfahrung, daß sich das Kind spaltete, um sie erträglich zu machen, und seitdem sah es sich selbst so tun, als ob es lebe, als ob es zwei Menschen seien. Es war, als ob es sagte: »Es widerfährt nicht *mir*; es widerfährt *ihr*.«

(Nicht bei jeder Primärszene sind die Eltern *direkt* beteiligt. Aber wenn Eltern liebevoll und freundlich sind, dann glaube ich, wird es zu keiner neurotischen Spaltung kommen, wie immer das Trauma auch sein mag. Ich entsinne mich einer Frau, die sich daran erinnerte, wie Bomben auf ihr Kinderheim an der jugoslawisch-italienischen Grenze fielen. Das wichtigste Gefühl war immer *noch*: »Mamma, ich habe Angst. Wo bist du? Komm her und beschütze mich, bitte!« Nach dem Urerlebnis erörterte sie diesen Punkt und sagte, der Krieg sei so bedrückend für sie gewesen, weil niemand da war, der ihr erklären konnte, was er bedeutete, niemand, der ihr Schutz gewährte und ihr ein Gefühl von Sicherheit gab. Unter diesem frühen Streß konnte sie nicht durchhalten.)

Die Szene, die von der an der rheumatischen Herzerkrankung leidenden Frau beschrieben wurde, war vorher nur eine verschwommene Erinnerung gewesen. Sie entsann sich an Malbücher, daß sie im Bett Milch getrunken hatte usw., aber an nichts Substantielles: Der Urschmerz hatte die tieferen Aspekte der Erinnerung in einen versunkenen Bereich mitgenommen. Nachdem sie diese Szene wiedererlebt hatte, berichtete sie, daß sie ihre Beinmuskeln und Fußknochen spürte. Sie wußte plötzlich, warum sie niemals in ihrem Leben auch nur den Wunsch verspürt hatte, sich körperlich zu betätigen. Nicht nur den bewußten Wunsch hatte sie erfolgreich betäubt, sondern auch die Glieder, die das instinktive Verlangen, zu rennen und zu spielen, in die Tat umsetzen sollten.

Es hatte vier Monate der Therapie bedurft, um diese Erinnerung hervorzuholen. Als es dann so weit war, geschah es fast automatisch, als ob der Körper jetzt für einen noch größeren

Schmerz bereit sei und imstande sein würde, den Stoß aufzufangen. Das Erinnern erfolgte in umgekehrter Reihenfolge zu dem Erleben. Zuerst kam in der Erinnerung die Spaltung zum Ausdruck, so daß die Patientin von ›ihr‹ sprach und von dem, was ›ihr‹ widerfahren war. Dann erinnerte sie sich an Bruchstücke und einzelne Teile des Erlebens: Daß sie über den Flur gefahren und ins Bett gelegt wurde usw. Diese zerstückelten Erinnerungen waren wie eine Zündschnur, eine Erinnerung löste die andere aus bis zu dem einen, vollständigen, explosiven Augenblick, in dem die Spaltung selbst erlebt wurde (als ›sie‹ zu ›ich‹ wurde) und sie wieder *eins* war.

Zweite Szene: Eine dreiundzwanzigjährige Frau erinnert sich in ihrer zweiten Therapiewoche an folgendes: »Ich war sieben. Ich wurde in ein Krankenhaus oder dergleichen gebracht, um meine Mutter zu besuchen. Ich sehe ihren blauen Morgenrock vor mir und die weißen gestärkten Laken. Ich sehe ihr Haar, das so struppelig war, als ob sie sich gar nicht gekämmt hatte. Ich sitze auf dem Bett ... mehr weiß ich nicht. Das ist alles, woran ich mich erinnere.« Ich dränge sie, sie solle sich ihre Gefühle vergegenwärtigen und die Szene wieder vor sich sehen. Sie fährt fort: »Ich glaube, ich saß neben Mutter. Ich sehe sie an ... Oh! Ihre Augen! Sie weiß nicht, wer ich bin. Mutter ist verrückt; sie ist verrückt!«

Diese Erinnerung erschloß sehr viel. Die Patientin hatte immer geglaubt, sie habe nur geträumt, daß ihre Mutter einmal versucht habe, sie zu töten, aber später konnte sie sich erinnern, daß ihre Mutter tatsächlich einen Nervenzusammenbruch hatte und damals versuchte, ihre Kinder umzubringen. Ihre Erinnerung an die Situation erweiterte sich sofort. Sie wußte nun, daß es eine Irrenanstalt war, in der ihre Mutter untergebracht worden war. Sie hatte sich immer an einzelne Aspekte der Szene erinnert – den Weg zum Krankenhaus, daß sie mit dem Fahrstuhl hinauffuhr usw., aber sie hatte sich nie daran erinnern können, daß sie ihre Mutter tatsächlich gesehen und ihren wahren Zustand erkannt hatte.

Die Spaltungen, die bei diesen Szenen eingetreten waren, lassen sich mit Zuständen von Amnesie vergleichen, nicht so dramatischen oder vollständigen wie Gedächtnisverlust, worüber man manchmal liest, aber wenn die Situation absolut unannehmbar ist, zum Beispiel Vergewaltigung durch den Vater (einer unserer primärtherapeutischen Fälle), dann mag es große Bereiche geben, in denen der Urschmerz eine Zeitspanne von ein oder zwei Jahren vor oder nach diesem Ereignis ausgelöscht hat. Manchmal können durch Hypnose einige dieser alten Erinnerungen wieder hervorgeholt werden, weil der Faktor Urschmerz dann unterdrückt wird, aber ich glaube nicht, daß mit Hypnose Bereiche und Erinnerungen erreicht werden können, in denen der Urschmerz überwältigend ist. Die in jungen Jahren von ihrem Vater vergewaltigte Patientin konnte zu dieser Erinnerung erst nach etwa dreißig primärtherapeutischen Sitzungen gelangen.

Ein siebenundzwanzigjähriger Mann entsann sich wieder seiner Kindheit, als er während der Therapie auf eine Erinnerung stieß, die er ganz vergessen hatte, daß er nämlich einmal von einer schwingenden Schaukel verletzt worden war. Die Erinnerung war nicht mit dem Urschmerz vergleichbar, den er damals erlitt. Er erlebte ihn in dieser Reihenfolge: »Ich weiß nicht, warum mir so mies ist. Da ist eine Schaukel, und die wird mich treffen. Tatsächlich haut sie mich um. Nanu? Das kann es doch nicht allein sein. Wo ist Mama? Mama, Mama! Das ist es. Niemand kam. Niemals kam jemand. Ich war immer allein, und niemand kümmerte sich darum, wo ich war. Oh, Mama, Mama, kümmere dich bitte um mich!« Er sagte, der Grund, warum er alles vergessen hatte, was damals und in jener Gegend geschah, war, daß er der Tatsache nie ins Auge sehen wollte, wie allein und verlassen er war: »Deshalb vergaß ich die Sache mit der Schaukel einfach.« Die Erinnerung an die Schaukel, die ihn verletzte, war an sich und als solche nicht wichtig. Der Sinn, der den Vorfall umgab, war katastrophal, und dieser Sinn, daß sich nämlich niemand um ihn kümmerte, wurde verleugnet und sein Leben lang in Versuchen ausagiert, Leute dazu zu bringen, sich um ihn zu kümmern. Als er schließlich der Tatsache ins Auge sehen konnte, daß seiner Mutter, die er sich immer als liebevoll vorgestellt hatte, nichts an ihm lag und nie gelegen hatte, da wurde seine Erinnerung an die Schaukel bewußt, total und real.

Die Erinnerungen des Neurotikers sind oft traumähnlich, und es mag ihm ebenso schwer fallen, sich an seine frühe Kindheit zu erinnern, wie es ihm schwer fällt, sich an manche Träume zu erinnern. Ich glaube, damit es eine konkrete Erinnerung gibt, muß es ein konkretes Erleben geben – das heißt, der Betreffende muß völlig beteiligt sein an seinem Erleben und darf es nicht aus Angst oder Erregung abspalten. Manche Patienten sind durchs Leben gegangen, ohne überhaupt gewahr zu werden, was um sie herum vorging. Sie beklagen sich oft darüber, daß ihnen das Leben ›nicht widerfuhr‹. Es widerfuhr ihrem *irrealen* Selbst. Sie marschierten durchs Leben und waren gar nicht ›ganz da‹. Gewöhnlich lebten sie innerhalb einer Art Schranke, die den Stoß des Erlebens auffing und nur durchließ, was angenehm war. Wenn ein Patient der Primärtherapie unter dieser Schranke nachgräbt, kann er erkennen, was einige seiner Erlebnisse und sein Verhalten, die vorher durch den Urschmerz abgestumpft waren, wirklich bedeuteten.

Ich möchte meinen, daß Erinnerungen in dem Maße unterdrückt werden, in dem sie ein Widerhall von Umständen sind, die den Urschmerzen der Schlüssel-Primärszene ähnlich sind. Wenn eine neuerliche kränkende Bemerkung eine alte, unterdrückte seelische Verletzung – etwa das Gefühl, dumm zu sein – hervortreten läßt, dann wird dieses Geschehnis vielleicht vergessen oder nur verschwommen erinnert. Wieviel erinnert wird, hängt davon ab, wie ähnlich die Situation und das Gefühl der alten seelischen Verletzung einander sind.

Die Vorstellung, daß das irreale Erinnerungssystem bei der ersten großen Primärszene beginnt, hat mehrere Konsequenzen. Zum Beispiel kann ein Neurotiker ein phänomenales Gedächtnis für Daten, Orte, geschichtliche oder auch Ereignisse aus seinem eigenen Leben haben, und doch wird sein Erinnerungsvermögen vielleicht nur dazu dienen, die irreale Fassade zu stützen, die sagt: »Schau, wie intelligent und bewußt ich bin.« Die tieferen Aspekte seiner Erinnerung sind womöglich total blockiert. Die Erinnerungen des irrealen Selbst sind selektiv und bleiben im Gedächtnis, um die Spannung zu mildern, um das ›Ego‹ zu stärken. Das bedeutet, daß ein sogenanntes gutes Gedächtnis eines Neurotikers oft nur eine Abwehr *realer* Erinnerungen ist.

Ein Fall mag dazu beitragen, die Beziehung zwischen Urschmerz und Erinnerung zu klären. Eine junge Frau von Anfang Zwanzig kam in der Primärtherapie gut voran, hatte zwei Urerlebnisse gehabt und war recht einsichtsvoll. Am Ende der zweiten Woche hatte sie einen schweren Autounfall. Sie erlitt mehrere Knochenbrüche, und es wurde eine traumatische Gehirnerschütterung diagnostiziert. Nachdem sie das Bewußtsein wiedererlangt hatte, konnte sie sich an den Unfall nicht erinnern. Ihre Ärzte bezweifelten, ob sie sich je an das Trauma würde erinnern können, und sagten ihr, wenn sie sich in einigen Wochen nicht an den Unfall erinnern würde, bestehe die Wahrscheinlichkeit, daß es nie wieder der Fall sein werde.

Nach mehreren Wochen hatte sie sich so weit erholt, daß sie wieder an der Therapie teilnehmen konnte. Ehe sie kam, hatte sie Magenkrämpfe und drei Tage keinen Stuhlgang gehabt. Nach einem Urerlebnis von einem großen Urschmerz in der frühen Kindheit kam sie automatisch und ohne Anleitung auf ihren neuesten Schmerz – den Autounfall. Das ganze Trauma von Anfang bis Ende erlebte sie in allen Einzelheiten, ohne daß es sie eine bewußte Anstrengung kostete, sich daran zu erinnern. Sie sah den Wagen kommen, hörte den Zusammenstoß, spürte den Schlag auf den Kopf und stieß den schrecklichen Schrei aus, den sie bei dem Unfall nicht auszustoßen vermochte. Über jede Einzelheit des Unfalls konnte sie ohne die geringste Verschwommenheit des Denkens sprechen.

Das ist ein Hinweis darauf, daß die physischen Wirkungen der Gehirnerschütterung vielleicht an dem Gedächtnisverlust gar nicht schuld sind; der begleitende Urschmerz trägt womöglich dazu bei, die Erinnerung an katastrophale Geschehnisse zu unterdrücken. Wenn diese Annahme zutrifft, wird es möglich sein, einen Menschen durch ein Urerlebnis in Zustände von schwerem Trauma, etwa Vergewaltigung, zu versetzen, so daß er die Erinnerung an das Geschehnis wiedergewinnt.

Ich glaube nicht, daß das Erinnerungssystem eines Neurotikers vollständig sein kann, solange er Urschmerzen hat. Sobald er eine Primärtherapie durchgemacht hat, scheint sein Erinnerungsvermögen erheblich zuzunehmen, und den meisten dieser Patienten fällt es leicht, sich in ihre ersten Lebensmonate zurückzuversetzen und sich an einen Vorfall nach dem anderen zu erinnern. Es ist, als ob das ganze Erinnerungssystem durch das Erleben des Urschmerzes plötzlich weit geöffnet worden sei.

5. Das Wesen der Spannung

In der Terminologie der Primärtherapie gibt es keine Neurose ohne Spannung. Damit meine ich unnatürliche Spannung, die beim psychisch normalen Menschen nicht vorkommt, nicht die natürliche Spannung, die jeder von uns braucht, um in Gang zu bleiben. Unnatürliche Spannung ist chronisch, sie ist der Druck verleugneter oder nicht aufgelöster Gefühle und Bedürfnisse. Wenn ich von Spannung spreche, meine ich immer die neurotische Spannung. Was der Neurotiker anstelle von realen Gefühlen empfindet, sind Grade von Spannung. Bei weniger Spannung fühlt man sich gewöhnlich gut; bei mehr Spannung fühlt man sich schlecht. Was der Neurotiker mit seinem Verhalten bezweckt, ist, sich besser zu fühlen.

Woher kommt diese Spannung, und was ist ihre Funktion? Ich glaube, diese Spannung ist als Teil der Neurose ein Überlebensmechanismus, der den Körper zur Bedürfnisbefriedigung antreibt oder den Organismus davor schützt, katastrophale Gefühle zu empfinden. In beiden Fällen versucht er, die Kontinuität und Integrität des Organismus aufrechtzuerhalten. Wenn wir zum Beispiel nichts zu essen bekommen, wird Spannung erzeugt, die uns elektrisiert, so daß wir uns Nahrung suchen und das Bedürfnis befriedigen. Wenn wir nicht im Arm gehalten oder angeregt werden, spornt uns das Bedürfnis zur Tat an. Wenn das Bedürfnis in unseren ersten Monaten und Jahren andauert, wird die Nichtbefriedigung schmerzhaft und unerträglich, und um den Schmerz zu unterdrücken, wird das Bedürfnis unterdrückt – und bleibt als Spannung bestehen. Es wird als Spannung bestehen bleiben, bis die Verbindung mit dem Bewußtsein hergestellt und es aufgelöst wird. Eine unterdrückte Bewegung (aufhören zu rennen, stillzusitzen usw.) wird auch in Form von Spannung bestehen, bis die Beziehung hergestellt und sie aufgelöst wird.

Kurz gesagt, jede kritische Unterdrückung einer Bewegung oder eines Gefühls in jungen Jahren wird ein Bedürfnis, bis es empfunden und artikuliert und dadurch aufgelöst wird.

Die Abtrennung wird aus Furcht beibehalten. Furcht ist ein Zeichen dafür, daß der Urschmerz (das Bedürfnis oder das Gefühl, das Urschmerz hervorrufen kann) dem Bewußtsein nahe ist. Furcht veranlaßt das Abwehrsystem zu handeln und ruft alle möglichen Manöver hervor, um das Bedürfnis fernzuhalten. Furcht ist eine automatische Reaktion, die ein Teil des Überlebensmechanismus ist. Sie macht den Organismus auf dieselbe Weise bereit, den Schlag abzuwehren, wie wir uns verspannen, wenn wir eine Injektion bekommen sollen. Wenn das System den Schmerz nicht erfolgreich abwehren kann, tritt bewußt Furcht auf – das heißt Angst. Auch Furcht wird gewöhnlich nicht bewußt empfunden. Sie wird ein Teil des allgemeinen Spannungsfundus.

Angst ist empfundene, aber nicht richtig und scharf eingestellte Furcht. Angst wird hervorgerufen, wenn das Abwehrsystem geschwächt ist und zuläßt, daß das gefürchtete Gefühl dem Bewußtsein nahekommt. Weil das Gefühl ohne Beziehung ist, ist die Angst oft nicht scharf eingestellt. Die Grundlage der Angst ist die Furcht, nicht geliebt zu werden. Die Mehrzahl von uns wehrt die Angst dadurch ab, daß wir die Art von Persönlichkeit entwickeln, die verhindert zu empfinden, wie ungeliebt wir sind.

Die Persönlichkeit entwickelt sich als ein Schutz. Die Funktion der Persönlichkeit ist es, die Bedürfnisse des Kindes zu befriedigen. Das bedeutet, daß es versuchen wird, das zu sein, was ›sie‹ wollen, damit es schließlich geliebt werden kann. Der Versuch, ›sie‹ zu sein, ist das, was Spannung erzeugt. Man selber zu sein eliminiert die Spannung. Man selber zu sein bedeutet, daß man heil und gesund ist, daß Leib und Seele harmonieren. Nehmen wir an, ein kleiner Junge hat das Bedürfnis, von seinem Vater auf den Arm genommen zu werden, aber der Vater glaubt, daß ›Männer‹ Kinder nicht auf den Arm nehmen und küssen. Der Junge, der seinem Vater zuliebe ein Mann zu sein versucht, verleugnet sein Bedürfnis und legt ein patziges Verhalten an den Tag. Diese patzige Persönlichkeit erzeugt und bindet Spannung gleichermaßen. Dann wächst dieser Junge heran und hat ein Magengeschwür und wird zur Psychotherapie geschickt. Irgendwann zu Beginn der Behandlung bezeichne ich ihn als Schwulen. Jetzt ist er ängstlich. Ich bin ihm auf die Spur gekommen – das heißt, ich habe die Aufmerksamkeit auf sein unterdrücktes Bedürfnis gelenkt, das sich vielleicht in latente homosexuelle Gefühle verwandelt hat. Er wird womöglich wütend sein, weil ich ihn so bezeichnet habe, aber diese Wut ist ein Schutz für die reale seelische Verletzung – eine Abwehr, um das reale Bedürfnis nicht zu empfinden. Seine Wut ist eine Art und Weise, die Spannung loszuwerden. Der Grund, warum der Junge überhaupt patzig wurde, war, daß er von seinem Vater geliebt werden wollte, aber diese Motivation ist schön längst verschüttet. Erlaubt man ihm nicht, patzig zu sein, muß er dem Verlust von Liebe und Zustimmung ins Auge sehen – der ureigenen Hoffnungslosigkeit.

Jedes Verhalten in der Gegenwart, das auf früher verleugneten (unbewußten) Gefühlen beruht, ist *symbolisch.* Der Betreffende versucht dann, durch irgendeine gegenwärtige Konfrontation ein altes Bedürfnis zu befriedigen. Jedes gegenwärtige Verhalten, das auf diesen unbewußten Bedürfnissen beruht, nenne ich symbolisches Ausagieren. In diesem Sinne ist beim Neurotiker das symbolische Ausagieren die Persönlichkeit. Seine Körperhaltung, sein Aussehen und sein Gang sind Verhaltensweisen, mit denen er auf alte, verschüttete Gefühle reagiert.

Allein die Herstellung der Beziehung zwischen Vergangenheit und Gegenwart kann der chronischen, neurotischen Spannung ein Ende bereiten. Andere Aktivitäten *mildern* die Spannung vorübergehend, lösen sie aber nicht auf. Meiner Ansicht nach gibt es keine angeborene oder fundamentale Spannung oder fundamentale Angst. Das sind nur Entwicklungen, die sich aus frühen neurotischen Umständen ergeben. Ein Neurotiker ist in Spannung, ob er sich der Tatsache bewußt ist oder nicht.

Neurose ist kein Synonym für Abwehr. Neurose ist ein umfassenderer Begriff, der darauf hinweist, wie die Abwehrmechanismen miteinander verknüpft sind; neurotische Typen sind einfach die besondere Konstellation der Abwehrmechanismen einer Person. Da ein Neurotiker im täglichen Leben alle möglichen Abwehrmechanismen anwenden mag, kann es keinen reinen Typus geben. Gewöhnlich wird er sich für einen Stil entscheiden (zum Beispiel überintellektuell zu sein), den wir der Bequemlichkeit halber eine bestimmte Art von Neurose nennen können. Jede Neurose bedeutet, daß ein irreales System vorhanden ist, das reale Gefühle in Spannung verwandelt. Die meisten menschlichen Gefühle und Bedürfnisse sind sich ziemlich gleich. Kompliziert wird erst die Art und Weise, wie wir uns gegen sie wehren. Doch brauchen wir uns mit diesen Kompliziertheiten nicht zu befassen, wenn wir an das herankommen können, was darunter liegt.

Solange Urschmerzen vorhanden sind, muß sich der Neurotiker gegen sie verspannen. Seine Persönlichkeit ist die von ihm herausgefundene, mehr oder weniger stabilisierte Art und Weise, wie er sich wehren kann. Die Urschmerzen zu beseitigen heißt, die Persönlichkeit zu ›beseitigen‹.

Stellen wir uns das mit Hilfe der Energie vor. Wir wissen durch das Gesetz von der Erhaltung der Energie, daß Energie nicht vernichtet werden kann; sie kann nur umgewandelt werden. Ich sehe die ursprünglichen Urgefühle als eine im wesentlichen neurochemische Energie an, die in kinetische oder mechanische Energie umgewandelt wird und ständige physische Bewegung oder inneren Druck erzwingt. Das Ziel der Primärtherapie ist, diese umgewandelte Energie wieder in ihren ursprünglichen Zustand zurückzuverwandeln, so daß keine innere Kraft mehr vorhanden ist, die den Menschen zu zwanghaftem Tun antreibt. Dieses Druckgefühl ist der Grund, warum so viele Neurotiker unruhig oder erregt sind, warum sie nicht stillsitzen können, warum sie dauernd *etwas tun* müssen. Wir dürfen nicht vergessen, daß Spannung ein körperliches Phänomen ist. Jedes neue blockierte Gefühl oder unbefriedigte Bedürfnis erhöht den inneren Druck, der sich auf das ganze System auswirkt.

Es ist möglich, Spannung mechanisch abzureagieren – Tennis oder Handball zu spielen oder zu laufen. Die meisten Menschen, die mit ›Nerven‹-Energie laufen, laufen sich ihre Spannung tatsächlich ab. Aber es gibt keine Möglichkeit, diese Urgefühle ›abzulaufen‹, deshalb scheint die Spannung perpetuiert zu sein. Ich vergleiche solche Leute, die eifrig damit beschäftigt sind, Spannung abzulaufen, mit einem Huhn, dem der Kopf abgeschlagen ist und das sich immer noch bewegt. Der Neurotiker ist in einer Beziehung kopflos, bis er die Beziehung zwischen dem, was sein Körper tut, und dem spezifischen Grund für dieses Tun herstellen kann.

Wegen des Ausmaßes der körperlichen Reaktionen auf Spannung gibt es eine Reihe von Möglichkeiten, sie zu messen. Ein Forscher, E. Jacobson, definiert Spannung mit Hilfe von Muskelkontraktur*. Er glaubt, Spannung bereite den Körper auf irgendeine Art Fortbewegung (Flucht) vor, und das führe zu einer Verkürzung von Muskelfasern. Die Veränderungen der Muskelfasern habe eine Erhöhung der Volt- oder elektrischen Spannung zur Folge, die dann durch ein elektronisches Instrument, den Elektromyographen, gemessen werden kann. Allerdings ist der Elektromyograph noch ein ungenaues Instrument, das ganz geringe Veränderungen der Muskelfasern nicht messen kann. Dennoch weist Jacobson nach, daß sich Spannung auf unsere gesamte Muskulatur auswirkt und das Individuum stark beansprucht, ob es wach ist oder schläft. Das trägt zur Erklärung bei, warum der Neurotiker so oft beim Aufwachen erschöpfter ist als beim Schlafengehen.

Spannung ist nicht nur ein totales Phänomen, sondern tendiert auch dazu, sich auf verletzliche Bereiche zu konzentrieren. Bei seinen Untersuchungen fand Malmo, daß bei den meisten Menschen bestimmte Organe Zielgebiete sind, die unter Streß eine Erhöhung des Spannungsniveaus aufweisen**.

Wenn zum Beispiel jemand auf der linken Seite des Nackens chronische Schmerzen hat, würde eine Streßsituation einen viel größeren Spannungszustand auf dieser Seite erzeugen als auf der rechten.

Obwohl Spannung der innere Druck ist, der eine Folge der Verleugnung von Gefühl ist, tritt sie bei jedem von uns anders

* E. Jacobson, »Electrophysiology of Mental Activities«, *American Journal of Psychology*, Bd. 44 (1932), S. 627–694; »Variation of Blood Pressur with Skeletal Muscle Tension and Relaxation«, *Annals of International Medicine*, Bd. 13 (1940), S. 1619; »The Affects and Their Pleasure – Unpleasure Qualities in Relation to Psychic Discharge Processes«, in R. M. Loewenstein (Hg.), *Drives, Affects, and Behavior*, New York 1953.

** R. B. Malmo in A. Bachrach (Hg.), *Experimental Foundations of Clinical Psychology*, New York 1962, S. 416.

auf. Sie kann eine Zitterigkeit sein, eine Knotenbildung der Bauchmuskeln, eine Verhärtung der Skelettmuskulatur, eine Brustbeklemmung, ein Zähneknirschen, ein Unwohlsein, das Gefühl eines drohenden Verhängnisses, ein Anfall von Übelkeit, ein Kloß im Hals und Kribbeln im Magen. Spannung läßt den Mund nicht stillstehen, die Kiefer sich zusammenpressen, die Lider zittern, das Herz hämmern, den Geist dahinrasen, die Füße zappeln, die Augen unruhig werden. Spannung ist unerträglich und zeigt sich auf mannigfache Weise.

So viele von uns stehen unter Spannung, daß wir zu der Überzeugung gelangt sind, das sei nun einmal eine der Mißlichkeiten des menschlichen Daseins. Leider hat indes eine Reihe von psychologischen Theorien ihre Hypothesen auf die Unvermeidbarkeit von Spannung gestützt. Das Freudsche System zum Beispiel setzt eine fundamentale Angst voraus, die wir mit Abwehrmechanismen umgeben müssen, wenn wir gesund bleiben wollen. Ich glaube, diese Angst ist einzig und allein eine Funktion der Irrealität der Person. Eine Reihe von Experimenten, sowohl mit Tieren als auch mit Menschen, ist durchgeführt worden, bei denen ein Summer ertönte, sobald der Versuchsperson oder dem Versuchstier ein leichter elektrischer Schock versetzt wurde. Später rief der Ton des Summers dieselbe Art von vorausempfundener Gefahr und hohem physischen Aktivierungsniveau hervor. Experimente dieser Art nennt man Konditionierung der Versuchsperson auf etwas, das gewöhnlich keine Gefahr bedeutet – einen Summer. Die Versuchspersonen können auch dekonditioniert werden, indem der harmlose Stimulus (Summer) mit einer Belohnung oder Nicht-Schock-Situation gekoppelt wird.

Auch die Primärtheorie befaßt sich mit Schock. Oft ist dieser Schock eine frühe *Erkenntnis*, die katastrophal wäre, wenn sie voll empfunden würde. Der Schock wird verdrängt und ausagiert und ruft noch Jahre nach der Gefahr ein spannungsgeladenes Verhalten hervor. Ein Sechsjähriger, dessen Eltern ihn verachteten (das wird gespürt, denn ein solcher Haß wird selten offen gezeigt), mag physisch und psychisch in großer Gefahr sein, aber ein Sechsunddreißigjähriger, der jetzt begreift, daß seine Eltern ihn verachten, ist tatsächlich nicht mehr in Gefahr – obwohl ein Großteil seines Verhaltens als Erwachsener auf der Furcht vor diesem Gefühl beruht.

Um zu verstehen, warum jemand dreißig Jahre, nachdem er eine schockierende Erkenntnis gehabt hatte, noch darauf reagiert, müssen wir bedenken, daß das kleine Kind sehr reizoffen ist. Es ist abwehrlos, und das bedeutet, daß es auf eine direkte, fühlende Weise wahrnehmen kann. Was es in seinen ersten Monaten oder Jahren wahrnimmt, ist vielleicht unerträglich. Deshalb geht es in Deckung. Es mögen sich Symptome bei ihm zeigen, oder es stumpft seine Sinne ab, doch die schmerzhafte Wahrnehmung ist immer noch da und wartet darauf, empfunden zu werden. In einem Fall sah ein Patient im Alter von zweieinhalb Jahren die Leere im Gesicht seiner Eltern. Er begann die völlige Leblosigkeit des Daseins der Menschen in seiner Umgebung und seines eigenen Daseins wahrzunehmen. Er empfand dieses Gefühl nicht vollständig. Er bekam Asthma. *Diese Leblosigkeit um ihn herum konnte erst später empfunden werden, als er sie hinter sich gebracht hatte.* Denn die Leblosigkeit bedeutete, daß er ›tot‹ sein mußte, um mit seinen Eltern zu überleben. Es bedurfte vieler Urerlebnisse, damit er dieses Gefühl als Ganzes empfinden konnte. Das Empfinden der Leblosigkeit machte ihn lebendig.

Der ursprüngliche psychische Schock rief Furcht hervor. Die Furcht verwandelte das Gefühl in eine generalisierte, vage Spannung. Der oben erwähnte Patient hatte nicht bewußt Angst. Er agierte leblos, und das war ein unbewußtes Mittel, um die Angst zu vermeiden. Seine ›toten‹ Bewegungen und sein ausdrucksloses Gesicht waren die Möglichkeit, die er herausgefunden hatte, um mit seinen Eltern zurechtzukommen. Solange er ›tot‹ war, war er in Spannung, aber nicht voll Angst. Lebendig agieren zu müssen erzeugte Angst. Meist bindet die Neurose (das symbolische Ausagieren) die Spannung, so daß der Neurotiker überhaupt nicht weiß, daß er in Spannung ist*. Der Unterschied zwischen Furcht und Angst ist eine Sache des Kontextes und nicht der Physiologie. Die physiologischen Vorgänge mögen bei Furcht und Angst die gleichen sein, aber mit Furcht reagiert der Mensch auf die gegenwärtige Situation, während er mit Angst auf die Vergangenheit reagiert, *als ob* sie die Gegenwart wäre. An diesem Punkt, wenn Spannung zu empfundener Angst wird, kommen die Menschen gewöhnlich zur Psychotherapie.

Reale Furcht ist das Gefühl, das Leben sei bedroht. Sie tritt ohne Spannung oder Abstumpfung der Sinne und des Verstandes auf. Bei realer Furcht ist der Organismus durchaus bereit, der drohenden Gefahr entgegenzusehen. Urfurcht stumpft ab, weil sie ein katastrophaler Schrecken ist, und sie bleibt erhalten, weil der Urschmerz (»Sie lieben mich nicht«) erhalten bleibt. Das bedeutet, daß die alte Drohung noch in der Gegenwart vorhanden ist und Furcht in Angst verwandelt. Angst ist die alte Furcht, die zusammenhanglos blieb, weil das Herstellen der Beziehung einen kata-

* Wahrscheinlich kann das kleine Kind zwischen physischen und emotionalen Schädigungen noch nicht unterscheiden, weil sein Denkvermögen noch nicht genügend entwickelt ist, um feine Unterschiede zwischen einer psychischen und einer physischen Verletzung zu machen. Bis es zwischen beiden unterscheiden kann, hat es seine Urschmerzen vielleicht schon mit Neurose zugedeckt. Zum Beispiel weiß ein kleines Kind womöglich nicht, daß es gedemütigt wird, und fühlt sich nur unbehaglich, wenn seine Eltern etwas auf eine bestimmte Weise zu ihm sagen. Es empfindet dann einen undifferenzierten Schmerz. Unter Umständen wird der Betreffende erst später in der Primärtherapie diese vagen Schmerzen wieder verspüren und imstande sein, ihren Sinn zu begreifen.

strophalen Schmerz bedeutet. (Das wird ausführlicher in dem Kapitel über Furcht erörtert.) Wenn wir auf einen Lastwagen reagieren, der auf uns zufährt, dann ist das Furcht. Das Gefühl, ein Lastwagen *könnte* auf uns zufahren, ist Angst.

Ein Säugling und ein kleines Kind empfinden Furcht unmittelbar und verhalten sich entsprechend ihren Gefühlen. Doch mit der Zeit werden neurotische Eltern vielleicht sogar das Bekunden von Furcht beanstanden (»Nun hör schon auf zu weinen. Du weißt doch, da ist nichts, wovor man Angst zu haben braucht«), so daß die Furcht verleugnet wird und dann als weitere Spannung ihren Platz im Urfundus einnimmt. Diese verleugnete Furcht bedeutet, daß der Betreffende nicht unmittelbar und *angemessen* seinen Gefühlen entsprechend handeln kann. Er muß Furchtobjekte erfinden (Neger, politische Gegner usw.), um seine Gefühle auf sie zu richten und die Spannung zu mildern.

Wenn wir den neurotischen Patienten zwingen, seine Urängste zu empfinden, statt sie auszuagieren, dann können wir ihm helfen, diese Gefühle, die ihn mit Schrecken erfüllen, zu verstehen. An diesem Punkt, an dem wir ihn in seine Ängste versetzen und ihn darüber hinwegbringen, liefern wir ihn seinen Urschmerzen aus.

Eine Untersuchung, über die Martin Seligman in *Psychology Today* (Juni 1969) berichtete, steht im Zusammenhang mit dieser Auffassung vom frühen Schock. Seligman beschreibt ein Experiment von R. L. Solomon, bei dem Hunden ein Geschirr angelegt wurde; dann wurden sie Elektroschocks ausgesetzt. Später kamen die Hunde in eine Box mit zwei Abteilungen, wo sie lernen sollten, dem Schock dadurch zu entgehen, daß sie aus dem Schockbereich über ein niedriges Gitter in den Nichtschockbereich sprangen. Es stellte sich heraus, daß etwas ›Seltsames‹ geschah, wenn ein Hund zuerst geschockt wurde, während er noch gefesselt war, so daß er dem Schock nicht entgehen konnte. Denn obwohl er bei der späteren Schockausteilung ungefesselt war und über das Gitter hätte springen können, blieb er im Schockbereich, bis er weggezogen wurde. Andere Hunde, die nicht gefesselt (hilflos) waren, als sie zuerst Schocks erhielten, lernten rasch, sich durch einen Sprung in Sicherheit zu bringen. In mancherlei Hinsicht ist das kleine Kind in einer unentrinnbaren traumatischen Situation gefesselt und ebenso hilflos wie die angeschirrten Hunde. Auch das Kind kann nichts Angemessenes tun, um dem unaufhörlichen Urschmerz zu entgehen, und oft vermag es auch später nicht zu lernen, wie man sich in gewissen Situationen verhält, um seelische Verletzungen zu vermeiden. Wenn keine Reaktion eines Kindes eine Änderung seiner Lage bewirken kann, dann bleibt ihm oft nichts anderes übrig, als innerlich abzuschalten, so passiv zu sein und zu leiden wie die angeschirrten Hunde, die dem ersten größeren Schock ihres Lebens nicht hatten entgehen können. Aus Solomons Experiment geht folgendes hervor: Wenn Hunde zuerst in einer Situation geschockt wurden, aus der sie zu entfliehen (oder ihre mißliche Lage zu ändern) vermochten, und erst später gefesselt und dann geschockt wurden, dann lernten sie, wenn sie wiederum geschockt wurden, aber ungehindert reagieren konnten, sich diesem Schock auf normale Weise zu entziehen. Seligman betont, daß, wenn ein Säugling schreit, weil er Hunger hat, und niemand da ist, der ihn füttert, Schreien zu einer irrelevanten Reaktion wird und mit der Zeit einzig und allein deswegen aufgegeben wird, weil durch Schreien eine schmerzhafte oder unbehagliche Situation nicht geändert wurde. Die Primärtheorie weist daraufhin, daß der fortgesetzte Urschmerz, weil die frühesten Bedürfnisse nicht befriedigt werden oder niemals befriedigt wurden, dazu führt, daß die Reaktion unterdrückt wird, bis das Individuum zu seiner Vergangenheit zurückkehrt und wieder zu schreien wagt wie der Säugling.

6. Das Abwehrsystem

Der Begriff Abwehrsystem findet sich in vielen psychologischen Theorien, angefangen mit der Freudschen. Die Primärtheorie weist darauf hin, daß *jede* Abwehr neurotisch ist und es so etwas wie ›gesunde‹ Abwehrmechanismen nicht gibt. Der Glaube an gesunde Abwehrmechanismen beruht auf der Annahme einer fundamentalen Angst, die in Schach gehalten werden müsse – etwas, das allen Menschen inhärent sei. Die Primärtheorie erkennt die Vorstellung von einer fundamentalen Angst bei normalen Individuen nicht an. Das wird später ausführlich erörtert. Eine letzte Meinungsverschiedenheit über Abwehrmechanismen zwischen der Primärtheorie und einigen anderen Theorien ist, daß sie die Abwehrmechanismen als psychobiologische Phänomene und nicht einfach als geistiges Tun ansieht. So kann ein verengtes Blutgefäß ebensosehr eine Abwehr sein wie zwanghaftes Reden*.

In der Terminologie der Primärtheorie ist ein Abwehrmechanismus eine Reihe von Verhaltensweisen, die die Urgefühle automatisch blockieren. Wenn sich der Bauch automatisch strafft, wenn jemand ein Gefühl hinunterschluckt, wenn das Gesicht unter Druck zuckt, dann schreitet der Körper gegen das Fühlen ein.

Es gibt willkürliche und unwillkürliche Abwehrmechanismen. Unwillkürlich sind die automatischen Reaktionen des Geistes und des Körpers auf Urschmerzen – Phantasien, Bettnässen, Würgen, Zwinkern, Verspannen der Muskeln. Das sind gewöhnlich die ersten Abwehrmechanismen, die angewandt werden. Es sind die eingebauten Abwehrmechanismen des Kindes. Ein Verklemmen des Atmungsapparats wird zum Beispiel Ton und Klangfarbe der Stimme beeinflussen. Der Verklemmungsprozeß und die sich daraus ergebende erstickte Stimme werden hineinverwoben in einen Teil des Persönlichkeitssystems. Auf diese Weise baut sich die Persönlichkeit um die Abwehrmechanismen herum auf und wird ein integraler Bestandteil von ihnen.

Es gibt zwei Typen von unwillkürlichen Abwehrmechanismen – Spannung auf- und Spannung abbauende. Das Versteifen der Magenmuskeln unterdrückt die Gefühle, was zu Spannung führt.

* In *Das Ich und die Abwehrmechanismen* (München, o. J.) stellt Anna Freud auf S. 56 fest: »Die Arbeit des kindlichen Ichs zur Unlustvermeidung in direkter Gegenwehr gegen die Eindrücke aus der Außenwelt gehört der *Normal*psychologie an. Ihre Folgen sind vielleicht schwerwiegend für die Ich- und Charakterbildung, aber sie sind nicht *pathogen*.« (Hervorhebungen von mir.)

Nachts (wenn die bewußten Abwehrmechanismen vermindert sind) das Bett naßzumachen ist ein unwillkürliches Ablassen von Spannung. Andere Formen der Freisetzung von Spannung sind Zähneknirschen, Seufzen, Alpträume (darüber später mehr).

Willkürliche Abwehrmechanismen kommen in Gang, wenn die unwillkürlichen Freisetzungsvorrichtungen verabsäumen, die Aufgabe zu erfüllen. Rauchen, trinken, Drogen nehmen und sich überessen sind Beispiele für willkürliche Abwehrmechanismen. Durch Willenskraft können sie abgestellt werden. Willkürliche Abwehrmechanismen werden gebraucht, um übermäßige Spannung abzubauen – ein unfreundliches Wort des Oberkellners im Restaurant kann die liebenswürdige Fassade eines Neurotikers so weit einreißen, daß er das Bedürfnis nach einem Drink verspürt. Der Zweck beider Abwehrformen – der willkürlichen und der unwillkürlichen – ist es, das reale Gefühl zu blockieren.

Abwehrmechanismen sind ununterbrochen in Betrieb, bei Tage wie bei Nacht. Ein weibischer Mann wird nicht plötzlich maskulin, während er schläft. Seine Unmännlichkeit ist ein psychophysischer Vorgang, der vom Schlafen oder Wachsein unabhängig ist; er ist in den Organismus eingebaut. Das bedeutet, daß unnatürliches Tun die Norm wird, weil der Betreffende seine natürlichen Neigungen nicht spüren kann. Er wird nicht imstande sein, sich auf andere Weise zu verhalten, zu gehen oder zu reden, bis er sein natürliches Selbst wiedererlangen kann.

Abwehrmechanismen sind im großen und ganzen das, was die Eltern vom Kind verlangen. Das eine Kind mag ununterbrochen reden und sich hervortun, während ein anderes sich ›doof‹ stellt. Beide reagieren auf ein Verlangen ihrer Eltern, das sie spüren; beide schließen einen Teil von sich ab.

Die Abwehrvorrichtungen werden als anpassungsfähiger Mechanismus plötzlich aktiv, um den Organismus in Gang zu halten. Auf diese Weise betrachtet, ist Neurose ein Teil der ererbten, anpassungsfähigen Ausrüstung, die wir alle besitzen. Weil Neurose anpassungsfähig ist, können wir sie nicht einfach mit einer Schockmaschine wegsprengen. Abwehrmechanismen müssen in der richtigen Reihenfolge Stück für Stück abgebaut werden, bis der Betreffende so weit ist, daß er ganz ohne sie auskommen kann.

Das Kind schließt sich in den ersten Monaten und Jahren ab, weil es gewöhnlich keine andere Wahl hat. Ein lautes und redseliges Kind wird vielleicht nicht lange geduldet von gehemmten Eltern, die ein höfliches, sanftmütiges Kind haben möchten. Sie werden es schlagen oder bestrafen, bis es diese Verhaltensweise abstellt. So muß das Kind einen Teil von sich zum Tode verurteilen, um leben zu können. Es muß das Spiel der Eltern spielen, nicht seins. Dieselbe Art Verhalten mag auch auftreten, wenn Eltern für ihr Kind zu viel tun, so daß es sich überhaupt nicht anzustrengen braucht. Es ist dann an ihrer Freundlichkeit erstickt.

Wenn es mit der irrealen Fassade nicht klappt, wenn sie bei den Eltern keine menschliche Reaktion erwecken kann, dann wird sich das Kind stärkere Abwehrmechanismen zulegen müssen. Vielleicht wird es alles bei sich abschalten müssen, damit es bei den Eltern keinen Anstoß erregt und sie warmherzig und freundlich sind. Womöglich wird es dann auf eine steife, programmierte, computerähnliche Weise reden. Sein Denken wird eingeschnürt und verengt, und es kann niemanden mehr gerade in die Augen sehen. Kurz, bei dem Versuch, seine Eltern menschlich zu machen, hat es sich selbst entmenschlicht. Unter Umständen wird es sich sogar ihnen zuliebe ganz umkrempeln – ein Junge wird ein ›Mädchen‹.

Totale Reaktion ist ein entscheidender Begriff. Das Bedürfnis nach Liebe ist nicht einfach eine Sache des Intellekts, etwas, das durch Veränderung der Gedanken verändert werden kann. Dieses Bedürfnis dringt in das gesamte System ein und verzerrt Körper und Geist. Eben diese Verzerrung ist die Abwehr.

Wenn die Persönlichkeit die Spannung nicht binden kann, werden Symptome die Folge sein. Das Kind wird masturbieren, Daumen lutschen, Nägel knabbern oder bettnässen. Das sind Wege, um mehr Linderung zu erreichen. Allzu oft werden Eltern, die irrtümlich glauben, dem Kind damit zu helfen, diese Abflußkanäle der Spannung sperren, womit sie das Problem nur komplizieren und das Kind zwingen, sich heimlicher Mittel zu bedienen. Ein Patient erzählte mir, er habe ständig Gas abgelassen, weil seine Eltern glaubten, er habe eine Magenverstimmung. »Furzen«, sagte er, »war das einzige, was sie mir durchgehen ließen, weil sie glaubten, es sei unwillkürlich.«

Ein kleines Kind kann nicht verstehen, daß es seine Eltern sind, die Schwierigkeiten haben. Es weiß nicht, daß ihre Probleme unabhängig von dem vorhanden sind, was es tun kann. Es weiß nicht, daß es nicht seine Aufgabe ist, seine Eltern dazu zu bringen, mit Streiten aufzuhören, glücklich, frei oder was immer zu sein. Das Kind tut, was es kann, damit es leben kann. Wenn es fast von Geburt an lächerlich gemacht wird, muß es zu der Überzeugung gelangen, daß etwas mit ihm nicht stimmt. Es wird alles mögliche versuchen, um den Eltern Freude zu machen, aber tragischerweise bleibt das, was es tun müßte, unklar und verworren, weil seine Eltern selbst nicht wissen, was sie tun sollen, um frei und glücklich zu sein. Weil sie es nicht fertigbringen, daß das Kind sich wohler fühlt, ist es auf sich selbst angewiesen. Es wird alles essen, was ihm unter die Augen kommt, wird am Daumen lutschen, wenn niemand hinschaut, masturbieren und sich später Rauschgift spritzen, um das Leiden zu lindern, das kein anderer erträglicher für es macht. Es ist nicht mehr einfach neurotisch; Neurose ist seine Seinsweise.

Der Drogensüchtige ist ein Beispiel für jemanden, der keine

inneren Abwehrmechanismen mehr hat. Gewöhnlich hat er so viel von seinem Gefühl ausgelöscht, daß er fast völlig abgestumpft ist. Weil ihm nicht, wie anderen Neurotikern, eine Abwehr gelingt, entwickelt sich zwischen ihm und der Spritze eine direkte Beziehung: Urschmerz ... Spritze ... Erleichterung. Wird ihm die Spritze entzogen, ist der Urschmerz da. Der Penis erfüllt denselben Zweck für den Homosexuellen. Beide bedeuten Linderung der Spannung: die Herstellung einer äußeren Beziehung anstelle der inneren Beziehung, die nicht hergestellt wurde.

Ungeachtet des Schmerzes, der mit dem Spritzen oder dem Geschlechtsverkehr, wie ihn männliche Homosexuelle praktizieren, verbunden ist, ist das symbolische Gefühl Lust, oder richtiger gesagt, Erleichterung. Der reale, physische Schmerz, der Schmerz, den das reale Selbst verspürt, durchläuft das Abwehrsystem, wo er als Lust gedeutet wird.

Die vielfältige Art und Weise, wie sich der Neurotiker wehrt, ist von den Fachleuten klassifiziert und in Kategorien von charakteristischen Zuständen eingeteilt worden. Ich möchte indes noch einmal betonen, daß das Abwehrsystem nur insofern von Bedeutung ist, als es den Urschmerz verschleiert. Für die Hypothese der Primärtheorie zählt allein der Urschmerz.

Beim Neurotiker muß sich sein ganzes Erleben den Weg durch das Labyrinth seines Abwehrsystems suchen, und dort wird das, was geschieht, nicht gesehen, falsch ausgelegt oder übertrieben. Derselbe verheerende Prozeß beeinflußt seine körperliche Aktivität, so daß er schließlich nicht mehr imstande ist, die Art der Veränderungen, die in seinem Körper vor sich gehen, zu interpretieren oder zu verstehen. Er muß sich dann in die verwirrende Situation begeben, zu einem Fremden (dem Fachmann) zu gehen, damit er ihm behilflich ist zu verstehen, was er in seinem Innern fühlt.

Je nach der Familiensituation werden die Abwehrsysteme des Kindes komplizierter. Wenn die Eltern brutal sind, ist die Abwehr unmittelbar und an der Oberfläche. Ist die Interaktion der Familie subtiler, dann wird auch das Abwehrsystem subtiler.

Diejenigen, die Schichten von subtilen, intellektuellen Abwehrsystemen aufgebaut (also bei ihrem Kopf ›Zuflucht‹ gesucht) haben, sind am schwersten zu heilen. Gesprächstherapie war bisher die Hauptbehandlung der Intellektuellen; doch jede Methode, die den ›Kopf‹ dieser Neurotiker noch stärker einschaltet, trägt nur dazu bei, ihr Problem zu verschlimmern.

Schon vor Jahrzehnten gewährte uns Reich Einblick in die körperlichen Abwehrsysteme: »Wir dürfen sagen: Jede muskuläre Verkrampfung enthält die Geschichte und den Sinn ihrer Entstehung. Nicht in der Weise, als ob wir nun aus Träumen oder Einfällen schließen müßten, in welcher Weise die muskuläre

Panzerung entstand; sie ist vielmehr die Form, in der sich das infantile Erlebnis als Schädigung erhält.«*

Reich erklärte, daß muskuläre Verkrampfung nicht einfach eine Folge von Verdrängung sei, sondern den wesentlichen Teil des Verdrängungsprozesses darstelle. Er wies darauf hin, daß Verdrängung ein dialektischer Prozeß sei, bei dem der Körper nicht nur durch die Neurose in Spannung gerate, sondern die Neurose über die verspannte Muskulatur perpetuiert wird. Er machte nicht klar, was den Körper Jahr um Jahr in Spannung hält, aber er glaubte, daß Neurose durch gewisse Übungen oder Techniken, die die muskuläre Spannung – insbesondere die Spannung im Bauch – mindern sollten, wesentlich beeinflußt werden könne.

Nach Auffassung der Primärtheorie beginnen Bedürfnisse und blockierte Gefühle mit der Geburt und meistens, ehe wir sie formulieren können. Ein Kind, das in den ersten Lebensmonaten nicht genügend im Arm gehalten wird, weiß nicht bewußt, was ihm fehlt, aber es leidet dennoch. Es hat Schmerzen am ganzen Körper, und eben dort ist das Bedürfnis. Das Bedürfnis ist also nicht etwas, das geistig im Gehirn gespeichert wird. Es wird im Körpergewebe verschlüsselt und übt eine beständige Kraft in Richtung auf Befriedigung aus. Diese Kraft wird als Spannung verspürt. Man könnte sagen, der Körper ›erinnert‹ sich seiner Deprivationen und Bedürfnisse ebenso wie das Gehirn. Um sich von der Spannung zu befreien, muß der Betreffende die Bedürfnisse am Kernpunkt dieser Spannungen empfinden – mit anderen Worten, organismisch –, und das ist genau dort, wo diese Bedürfnisse sind. Die Bedürfnisse befinden sich in der Muskulatur, den Organen und dem Blutsystem.

Lediglich die eigenen unbewußten Gefühle und Bedürfnisse zu kennen, reicht nicht aus. Ein Großteil der modernen Psychotherapie geht von der Annahme aus, daß es genüge, unbewußte Gefühle bewußt zu machen, um einen Menschen zu verändern. Ich sehe das anders – ich glaube, Bewußtheit ist das Ergebnis eines organismischen Vorgangs des Fühlens, und der Vorgang des *Fühlens*, nicht einfach das *Wissen*, was für Bedürfnisse es sind, ändert einen. Das Wissen um ein Bedürfnis befreit einen meiner Ansicht nach nicht von ihm. Wir haben unterschätzt, wieviel Deprivation es in den ersten Lebensmonaten gibt und wie sich diese Deprivation für den Rest unseres Lebens auf uns auswirkt. Die Reichianer erkennen, daß bei Gefühlen verbal nicht viel zu machen ist, und versuchen, verdrängte Gefühle durch körperliche Manipulation physisch zu behandeln.

Der Kernpunkt der Primärtheorie ist, die Bedürfnisse des Körpers mit den aufgespeicherten und unbewußten Erinnerungen in Verbindung zu bringen und so die Einheit der Person herzustellen.

* Wilhelm Reich, *Die Entdeckung des Orgons*, Köln und Berlin 1969, S. 259.

Tanztherapie, Yoga, Bewegungstherapie oder Übungen, die den Körper entspannen sollen, werden nichts nützen, weil diese Spannungen (unbewußte frühe Blockierungen und Deprivationen) unentwirrbar mit primären Erinnerungen zu einheitlichen organismischen Geschehnissen verwoben sind. Die Ermunterung zu Einsichten spaltet das Individuum auf eine Weise, und Bewegungstherapie spaltet es auf eine andere. Was wir brauchen, ist etwas Totales – eine *sofortige* Verbindung von Körper und Seele. Es gibt keine Möglichkeit, Erinnerungen von einer verspannten Schulter wegzumassieren, wenn diese Erinnerungen die Schulter unterhalb der Bewußtseinsschwelle innervieren.

Bei der Behandlung der Neurose muß immer das ganze System erfaßt werden. Wir Therapeuten haben Jahrzehnte damit verbracht, mit der irrealen Fassade unserer Patienten zu sprechen, und haben geglaubt, wir könnten diese Fassade dazu überreden, die Bedürfnisse und Schmerzen, die diese Fassade hervorgebracht haben, aufzugeben. Keine Macht auf Erden vermag das.

Man könnte fragen: »Macht das einen Unterschied aus? Kommt es nicht allein darauf an, daß ich mich gut fühle? Muß ich mein Wohlbefinden aufgeben, bloß weil jemand anderes sich einen idealeren Zustand vorstellen kann?« Natürlich ist die Antwort nein. Aber ich glaube, viele Menschen, zum Beispiel Homosexuelle, haben sich nur mit ihren Krankheiten abgefunden, weil sie ehrlich glauben, daß es für sie keine Alternative gibt. Obwohl die meisten Neurotiker unzufrieden sind, leiden sie nur unter einem vagen Unbehagen, solange ihr Abwehrsystem funktioniert. Doch sollte der Neurotiker wissen, daß es eine Alternative gibt, eine Seinsweise, die er sich im Augenblick gar nicht vorstellen kann. Vielleicht hat er einmal in seinem Leben LSD genommen und Gefühle von unglaublicher Großartigkeit erlebt. Vielleicht hat er diese Gefühle der Droge zugeschrieben. Ich bin da anderer Meinung. Drogen fühlen nicht. Menschen fühlen! Das heißt, nicht-neurotische Menschen fühlen, und ich glaube, der beste Dienst, den die Primärtherapie leisten kann, ist, daß sie den Menschen ermöglicht, ihre eigenen Gefühle zu empfinden.

7. Das Wesen des Gefühls

Das zentrale Verlangen des Körpers ist, gefühlt zu werden. Wir beginnen zu fühlen, wenn alle unsere frühen Bedürfnisse befriedigt werden, wenn wir im Arm gehalten und geküßt werden, uns frei artikulieren und frei bewegen dürfen und uns in einem natürlichen Rhythmus entwickeln können. Wenn die Grundbedürfnisse befriedigt werden, ist das Kind bereit, alles zu empfinden, was jeder neue Tag bringt. Werden die Bedürfnisse nicht befriedigt, werden sie alles andere bedeutungslos machen und verhindern, daß das Kind die Gegenwart empfindet. Die Gegenwart ist für den Neurotiker nur ein Auslöser, der alte Bedürfnisse und seelische Verletzungen hervortreten läßt, und ein Versuch, sie aufzulösen.

Es gibt zwei Gründe, warum Bedürfnisse und Gefühle aus der Vergangenheit unbewußt sind. Erstens: Oft hat sich das Gefühl entwickelt, ehe uns Begriffe zur Verfügung standen, so daß es unerkennbar ist. (Ein Säugling weiß zum Beispiel nicht, daß er nicht zu früh entwöhnt werden sollte.) Zweitens: Selbst wenn Gefühle vor der Primärszene einmal erkennbar waren, mag es sein, daß sie durch neurotische Eltern ständig unterdrückt wurden, so daß das Kind mit der Zeit gar nicht mehr weiß, was es fühlt. Wenn ein Kind nicht weinen darf, entweder weil ein übermäßig besorgter Elternteil es nicht ertragen kann, daß sein Kind auch nur einen Augenblick traurig ist, oder weil die Eltern ein weinendes Kind als ›Baby‹ auslachen, wird das Kind vielleicht bald gar nicht mehr wissen, daß es eigentlich weinen will. Mit der Zeit mag es selber sogar Tränen als eine verächtliche Schwäche ansehen.

Die Unterdrückung von Gefühlen braucht nicht unbedingt das direkte Tun eines Elternteils zu sein. Gefühlsverleugnung kann schon im Säuglingsalter vorkommen, ehe das Kind alt genug ist, hinsichtlich seiner Gefühle Kompromisse zu schließen und eine gute Fassade aufzubauen. Allein schon die Tatsache, daß keiner der Eltern da ist, um es in den Arm zu nehmen, kann soviel Urschmerz bereiten, daß das Kind nach einiger Zeit seinen Urschmerz abstellt, indem es sein Bedürfnis abstellt. Es hört auf, sein Bedürfnis zu *empfinden*. Indes besteht das Bedürfnis weiter, Minute um Minute, Jahr um Jahr. Das Bedürfnis bleibt fixiert und kindlich, weil es ein kindliches Bedürfnis *ist*. Ein Neurotiker kann nicht die Gefühle eines Erwachsenen haben, wenn ihn kindliche

Bedürfnisse bedrängen. Später wird er einen unwiderstehlichen sexuellen Drang haben, nicht aus einem echten sexuellen Gefühl heraus, sondern aufgrund eines frühen Bedürfnisses, im Arm gehalten und geliebt zu werden. Wenn er all die alten Bedürfnisse als das, was sie sind, empfunden hat, dann kann er wirklich sexuell empfinden – und das ist ein ganz anderes Gefühl als das, was der Neurotiker für Sexualität hält.

Was der Neurotiker als zwanghaften Sex ausagiert, ist ein altes, möglicherweise unbegriffenes Bedürfnis. Er wird es vielleicht mit einem neuen Etikett versehen (Sex), aber das Bedürfnis ist einfach, in den Arm genommen zu werden. Als diese Tatsache einem Patienten einmal während des Geschlechtsverkehrs plötzlich klar wurde, hörte seine Erektion (sein symbolisches Gefühl) auf, und er bat seine Frau, ihn einfach in den Arm zu nehmen. Als dieser Mann den Sexualakt abbrach, fühlte er wirklich. Er hatte sein reales Bedürfnis begriffen und agierte es nicht mehr symbolisch aus. Wir sehen also, daß Gefühl eine begriffene Empfindung ist. Das heißt, richtig begriffen. Ein nagendes Gefühl im Magen mag die Empfindung der Hohlheit des eigenen Lebens sein. Der Neurotiker wird diese Empfindung vielleicht in ein Hungergefühl umwandeln.

Die Neurose verschleiert schmerzliche körperliche Empfindungen, so daß sie nicht richtig erkannt werden (»Sie lieben mich nicht«) und der Betreffende ständig leidet. Er wird vielleicht versuchen, diese Empfindungen auf die eine oder andere Weise zu lindern (im obigen Beispiel durch Sex), aber die Empfindung kann erst gelindert werden, wenn der richtige Zusammenhang hergestellt wird – *wenn sie ein Gefühl wird**.

Urschmerzen sind die Schmerz*empfindung*. In der Primärtherapie werden sie durch Herstellung des Zusammenhangs zu Gefühlen – durch die Verbindung mit den spezifischen traumatischen Ursprüngen. Erst die hergestellte *Beziehung* verwandelt eine Schmerzempfindung in ein echtes Gefühl. Umgekehrt erzeugte die Abtrennung des Gedankens von seinem Gefühlsinhalt in früher Kindheit anhaltende Empfindungen des Unbehagens – Kopfschmerzen, Allergien, Rückenschmerzen. Sie sind anhaltend, weil die Beziehung nicht hergestellt ist. Es ist, als ob das schmerzliche Gefühl vom Wissen abgeschnitten sei (»Ich bin ganz allein; niemand ist

* Gefühl ist nicht synonym mit Emotion. Emotion mag der Ausdruck des Gefühls sein – wenn man so tut, als ob man fühle. Echtes Gefühl erfordert wenig Emotion. Meistens ist Emotion nur das So-tun, als ob man fühle, aber ohne Gefühl. Leider sehen viele Neurotiker Emotion als ein Zeichen von Gefühl an, und sofern jemand nicht überschwenglich und überempfänglich ist, neigen sie zu der Annahme, der Betreffende fühle nicht wirklich. Neurotische Eltern begnügen sich selten mit einem dankbaren Danke-schön für Geschenke, die sie gemacht haben; sie brauchen eine überreichliche Emotionsentfaltung, um sicher zu sein, daß die Geschenke gewürdigt werden. Auf derart subtile Weise können Kinder nicht sie selber sein und natürlich reagieren; vielmehr müssen sie übertreiben, weil ehrliche Reaktionen allzu oft von den Eltern als ein Zeichen von Ablehnung aufgefaßt werden.

da, der mich versteht«), im Körper ein Eigenleben führe und hier und dort in Form von Gebrechen und Beschwerden auftauche.

Wenn ein Schmerz ein empfundener Urschmerz wird, ist er nicht mehr schmerzhaft, und der Neurotiker kann wieder fühlen. Alles, was bei einem Neurotiker wahres Fühlen hervorlockt, muß Urschmerz hervorrufen. Jedes angeblich tiefe Gefühl, das erlebt wird und keinen Urschmerz mit sich bringt, ist Pseudofühlen – ein beziehungsloses Ausagieren.

Eine Reihe von Patienten berichtete im weiteren Verlauf ihrer Behandlung, daß der Geschlechtsakt oft unwillkürlich zu einem Urerlebnis führe. Ein Mann erklärte es folgendermaßen:

»Vor der Therapie hatte ich alle möglichen unterdrückten Gefühle, denen ich durch Sex Luft machte. Ich glaubte, sexy zu sein. Ich konnte dauernd. Jetzt weiß ich, daß mein starker Sexualdrang nur alle diese anderen Gefühle waren, die auf irgendeine Weise herauszukommen versuchten. Ich schleuderte sie aus dem Penis heraus. Kein Wunder, daß der Orgasmus für mich oft mit Schmerzen verbunden war. Ich hielt es immer für natürlich, daß der Höhepunkt schmerzhaft sei. Ich erreichte den Höhepunkt immer rasch, weil alle diese anderen verborgenen Gefühle schneller, als ich sie unter Kontrolle bekommen konnte, nach Befreiung drängten. In meiner Kindheit hatte das die Form des Bettnässens angenommen. Aber was ich lernen mußte, war nicht, das Bettnässen oder die vorzeitige Ejakulation unter Kontrolle zu bringen. Ich mußte alle diese unterdrückten Gefühle empfinden und mich auf diese Weise von dem entsetzlichen ständigen Druck befreien.«

Als er diese alten Gefühle nicht mehr in sexuelle verwandeln konnte, wurde er viel weniger sexuell motiviert, und sein Sexualtrieb nahm radikal ab. Derselbe Druck könnte ebenso leicht (vorausgesetzt, die entsprechenden Bedingungen sind frühzeitig gegeben) das ständige Redebedürfnis hervorbringen – dann ist der Mund ein Auslaßventil für große Spannung. Der Betreffende redet nicht, weil ihm nach Reden zumute ist; er redet aus Spannung. Man spürt den Unterschied, weil man leicht das Interesse an jemandem verliert, der quasselt, um ein altes, inneres Bedürfnis zu befriedigen, während man schwerlich das Interesse an jemandem verliert, der echt empfindet, was er sagt. Der redende Neurotiker spricht gar nicht mit einem anderen; er spricht mit seinen Bedürfnissen (in Wirklichkeit mit seinen Eltern). Hier sehen wir wieder das grausame Paradoxon. Jemand *muß* reden, weil ihm nie zugehört wurde, und sein neurotisches Gerede entfremdet ihm die Menschen und verstärkt nur sein Bedürfnis (und den Zwang), um so mehr zu reden. Er kann nicht empfinden, was er sagt, bis er aufhören kann, aus dem alten Bedürfnis heraus zu reden, und das kann er erst, wenn er den großen Urschmerz dieses Bedürfnisses *fühlt*.

Der Neurotiker ist an Empfindungen gebunden, bis er fühlen

kann. Entweder wird er nach erfreulichen Empfindungen trachten, um die unbewußten schmerzlichen zu mildern, oder er wird diese schmerzlichen Empfindungen dann und wann in seinem Körper erleiden und glauben, er habe eine wirkliche, physische Krankheit. Diejenigen, die scharfe Sachen trinken, um das, was ihnen schwer im Magen liegt, leichter zu machen, halten damit vielleicht etwas Ernsteres ab (zum Beispiel Magengeschwüre). Wer wenig Möglichkeiten zum Ausagieren hat, um den inneren Schmerz zu lindern, wird diese Schmerzen körperlich erleiden müssen. Der Neurotiker trinkt vielleicht keine scharfen Sachen, sondern nimmt ein schmerzstillendes Mittel. Es läuft alles auf dasselbe hinaus. Es ist deshalb alles dasselbe, weil alle unterdrückten Gefühle der Definition nach schmerzhaft sind. Ob der Neurotiker die Schwerelosigkeit des Tauchens mit der Taucherlunge genießt, die Farben eines Gemäldes, die Euphorie des Alkohols oder die Erleichterung durch die Pille, immer ist er dabei, eine (schmerzhafte) Empfindung gegen eine andere auszutauschen. Solange er die Verbindung zwischen dem gespannten Gefühl im Nacken (das bald genug ein Schmerz wird) und dem tieferen Gefühl nicht herstellt, muß er sein Leben mit dem Austausch von Empfindungen verbringen.

Der Empfindungsaustausch ist weitgehend das, was dem zwanghaften Sex und überhaupt allem Zwanghaftem zugrunde liegt. Für den Neurotiker wird der Orgasmus ein Narkotikum, ein Sedativ. Entzieht man dem Organismus das symbolische Ausagieren (das Sedativ), dann leidet er.

Warum ist der Neurotiker an Empfindungen gebunden? Weil niemand seine Gefühle erkennt. Kinder dürfen unter *erlaubten* Schmerzen leiden. Sie dürfen zum Beispiel Bauchschmerzen haben – aber keine seelischen Schmerzen, also nicht traurig sein. So muß das Kind dort Schmerzen empfinden, wohin es gelenkt wird; es muß symbolisch ausagieren, wenn es eigentlich seinen Eltern nur sagen will: »Ich bin traurig.«

Zur Veranschaulichung meines Gedankens möchte ich einen Vorfall aus dem Leben eines meiner Patienten anführen. Ein junger Mann heiratet. Auf dem Hochzeitsempfang stürzt plötzlich ein älterer Mann auf ihn zu, ein alter Freund, umarmt ihn herzlich und wünscht ihm alles Gute. Unerklärlicherweise wird der junge Mann von tiefer Traurigkeit befallen, er weint hemmungslos und klammert sich an den älteren Mann. Er hat keine Ahnung, was mit ihm los ist.

Nach der Primärtheorie ist anzunehmen, daß die Umarmung des älteren Mannes eine alte Wunde des jüngeren aufplatzen ließ. Der Patient berichtete, daß er niemals einen warmherzigen Vater gehabt habe, der ihn in den Arm nahm und ihm alles Gute wünschte, niemanden, der für ihn sorgte und sich über sein Glück wirklich freute. Diese tiefe Leere hatte der junge Mann mit sich herumgetragen, ohne sie zu spüren, bis die Warmherzigkeit des alten Freundes seinen Urschmerz hervortreten ließ.

Was der junge Mann fühlte, war ein Bruchstück eines totalen Gefühls, das ihn, wenn er es ganz empfunden hätte, mit Urschmerz überschwemmt hätte und nicht nur mit der tiefen Traurigkeit, die er in diesem Augenblick empfand. Obwohl ihm an jenem Tag Warmherzigkeit entgegengebracht wurde, wird der Urschmerz dadurch nicht verändert, bis der Patient so weit ist, daß er sich hinlegen und das Gefühl ganz und gar empfinden und, was noch wichtiger ist, seine seelische Verletzung begreifen kann. Sein Kampf begann, als er zum erstenmal undeutlich erkannte, daß er keinen warmherzigen Pappi hatte. Er begann sich selbständig zu machen, so, als ob er in Wirklichkeit keine Wärme von seinem Vater brauche. Solange er Wärme (also das, was er brauchte) vermeiden konnte, konnte er die Qual vermeiden. Die plötzliche Warmherzigkeit des älteren Mannes traf ihn unvorbereitet in einem Augenblick, da er leicht erregbar und verwundbar war – bei seiner Hochzeit.

Wenn der Neurotiker seinen Urschmerz abspaltet, hört, glaube ich, das vollständige Fühlen auf. Bis der Neurotiker wieder richtig fühlen kann, weiß er nicht, daß er fühlt. Deshalb kann man einen Neurotiker nicht davon überzeugen, daß er gefühllos ist. Wieder zu fühlen scheint der einzig überzeugende Umstand zu sein. Bis das geschieht, könnte der Neurotiker mit Recht behaupten, er habe kürzlich eine tragische Szene in einem Film gesehen, die ihn zu Tränen rührte. »Das ist doch gewiß Fühlen«, wird er sagen. Aber er hat nicht seine eigene, persönliche Traurigkeit gefühlt, und daher ist das nicht als ein vollständiges Gefühl anzusehen. Würde er diese Filmszene genau mit seinen Lebensumständen in Verbindung bringen, dann würde er womöglich gleich im Kino ein Urerlebnis haben. Tatsächlich haben viele Urerlebnisse damit begonnen, daß ein Patient über eine Filmszene sprach, die ihn zum Weinen gebracht hatte. Indes sind das Fühlen im Kino und das spätere Fühlen im Sprechzimmer zwei getrennte Phänomene.

Tränen im Kino sind ein Bruchstück der verleugneten Vergangenheit des Neurotikers. Im allgemeinen sind sie eher die Folge der Befreiung des Gefühls als die Erweiterung zu totalen Urgefühlen. Der Befreiungsprozeß trägt dazu bei, daß das vollständige Gefühl nicht empfunden wird. Er verfälscht das Fühlen. Er läßt es sich nicht entwickeln und mindert damit den Schmerz.

Dieselbe Erklärung gilt für denjenigen, der leicht aus der Haut fährt. Zweifellos empfindet er Ärger und bringt ihn zum Ausdruck. Aber sofern dieser Ärger, der tagtäglich nur stückchenweise gegen *scheinbare* Ziele abgelassen wird, gefühlt und mit seinem ursprünglichen Kontext in Verbindung gebracht wird, kann er nicht im Sinne der Primärtherapie empfunden werden.

Nehmen wir den Menschen, der aus der Haut fährt, nur weil man ihn ein wenig warten läßt. Vielleicht haben ihn seine Eltern als Kind dauernd warten lassen. Bei dem Erwachsenen wird dann alles, was der früheren Unachtsamkeit der Eltern ähnelt, vielleicht einen Ärger auslösen, der in keinem Verhältnis zu der Situation steht. Leider wird ein ähnlicher Mangel an Aufmerksamkeit seitens anderer Leute weiterhin Ärger hervorrufen, bis der Betreffende imstande ist, den richtigen Kontext seines ursprünglichen Ärgergefühls zu empfinden.

Bis dahin kann der Ärger nicht als ein reales Gefühl angesehen werden, denn er richtet sich nur gegen symbolische Ziele, und diese stellen nicht die den Ärger veranlassende Realität dar. Seine Wutanfälle sind daher symbolische, neurotische Akte.

Gefühle befolgen meiner Ansicht nach den Grundsatz des alles oder nichts. Das, was Gefühl hervorruft, wird bewirken, daß es im ganzen Körper gespürt wird. Einem Neurotiker wird die Erotik indes oft in den Genitalien lokalisierte Empfindungen verschaffen anstelle von voll körperlichen sexuellen Gefühlen, die vom Kopf bis zu den Zehen gespürt werden. Die Spaltung des Neurotikers ist der Grund für sein ersticktes Lachen, sein unterdrücktes Niesen und sein Reden, das aus seinem Mund herausströmt ohne Beziehung zu dem übrigen Gesicht. Nicht jeder Neurotiker leidet auf so deutliche Weise, aber der Spaltungsprozeß wird irgendeine Form finden, um zum Ausdruck zu kommen.

Es gibt eine Reihe von Ausdruckserscheinungen, die gemeinhin Gefühle genannt werden, meiner Ansicht nach aber keine sind. Das *Schuld*›gefühl‹ ist eins davon. Ein Neurotiker könnte sagen: »Daß ich gelogen habe, ist mir gräßlich; ich fühle mich so schuldig!« Ich würde Schuldgefühl eher als Flucht vor dem Fühlen (Urschmerz) ansehen, weil es Verhaltensweisen in Gang setzt, die die Spannung mildern sollen. Ein gesunder Mensch, der Unrecht getan hat, spürt die ganze Wirkung dieses Unrechts und versucht, die Sache wiedergutzumachen.

Ich glaube, im Grunde ist Schuldgefühl nicht mehr als die Furcht, die elterliche Liebe zu verlieren. Während eines Urerlebnisses sagte ein Patient, er sei wütend auf seinen Vater, daß er ihn verlassen habe, als er noch so klein war. Er sagte, im Bauch komme er sich wie ein wütender Löwe vor und im Mund wie ein eingeschüchtertes Kätzchen. Das Schuldgefühl, sagte er, halte ihn davon ab, seinen Ärger hinauszuschreien. Als er empfand, was er wirklich war, stellte er fest, daß er Angst hatte, seinem Vater ein für allemal die Meinung zu sagen, weil er fürchtete, der Vater würde nie wieder zu ihm zurückkommen. Eine Schuldmotivation ist also als eine Angstreaktion anzusehen.

Auch *Depression* wird oft für ein Gefühl gehalten. Nach der Primärtherapie berichteten die Patienten nicht von Depressionen. Bei diesem oder jenem Anlaß empfinden sie ein Gefühl von

Traurigkeit, aber diese Gefühle beziehen sich auf eine bestimmte Situation. Nach meinen Beobachtungen ist Depression eine Maske für sehr tiefe und schmerzhafte Gefühle, bei denen der Betreffende die Beziehung nicht herstellen kann. Tatsächlich möchten sich manche Neurotiker lieber umbringen, als diese Gefühle empfinden. Depression ist eine *Stimmung*, die den Urgefühlen nahekommt, aber immer noch als lediglich unbehagliche körperliche Empfindungen erfahren wird (»Ich bin niedergeschlagen. Ich fühle mich mies. Mir liegt ein Zentnergewicht auf der Brust, mir ist die Brust wie zusammengeschnürt« usw.), weil der Zusammenhang mit dem eigentlichen Ursprung der Stimmung nicht hergestellt ist. Die Herstellung der Beziehung verwandelt Stimmungen in Gefühle, und das ist der Grund, warum die postprimären Patienten keine Stimmungen, sondern nur Gefühle haben. Wenn Depressionen mit einem Elektromyographen gemessen werden, weisen sie einen sehr hohen Spannungspegel auf, und das zeigt, daß eine Depression ein *zusammenhangloses* Gefühl ist. Kürzlich hat Dr. Frederick Snyder vom *National Institute of Mental Health* die Schlafkurven depressiver Patienten aufgezeichnet. Depressive beginnen sofort zu träumen, sobald sie eingeschlafen sind, und ihr Schlaf ist verkürzt und unterbrochen. Depressive schlafen weniger als andere, ein weiterer Beweis dafür, daß bei Depression Spannung beteiligt ist.*

Irgendein belangloses Geschehnis kann eine Depression auslösen. Eine Patientin war auf einer Party und ging früh heim, weil sie deprimiert war. Niemand hatte sich mit ihr unterhalten oder schien daran interessiert zu sein, sich mir ihr zusammenzusetzen. Die Depression hielt tagelang an, und es wurde deutlich, daß die Patientin nicht länger auf irgendeinen Vorfall der Party reagierte. Die Party hatte offenbar ein altes, verschüttetes Gefühl ausgelöst, nämlich daß ihre Eltern nie genug an ihr interessiert gewesen waren, um sich mit ihr zusammenzusetzen und zu unterhalten. Als sie ein Urerlebnis hatte und die Eltern bat, es zu tun, verschwand ihre Depression. Manche Leute bringen sich vielleicht über die Depression hinweg, indem sie einkaufen gehen, Pläne für eine Verabredung oder eine Party machen, aber die Depression lauert im Hintergrund und wartet, bis diese Betätigungen vorüber sind. Sie wird den Betreffenden weiter quälen, bis die realen Gefühle, die ihn bedrücken, empfunden werden.

Es gibt noch andere Pseudogefühle. Hier ein Beispiel für ›Ablehnung‹. Während einer Ausbildungsstunde bezeichnete ich den schriftlichen Bericht eines jungen Psychologen als ungenau. Er begann sich wortreich zu verteidigen. »Ich meinte es nicht so, wie Sie es aufgefaßt haben. Außerdem ist der Bericht noch nicht fertig« usw. usw. Als ich ihn fragte, was er empfinde, sagte er: »Ab-

* G. B. Whatmore, »Tension Factors in Schizophrenia and Depression«, in E. Jacobson, (Hg.), *Tension in Medicine*, Springfield, Ill., 1967.

gelehnt!« Was er in Wirklichkeit empfand, waren alte, verschüttete Gefühle der Ablehnung durch seinen Vater (»Nichts, was ich tat, war gut genug, um ihn dazu zu bringen, daß er mich liebte.«). Um indes zu verhindern, daß er diese ganze Schmerzlichkeit empfand, nebelte er sich hinter einer Fülle von Erklärungen, Projektionen und Entschuldigungen ein, um diesen Urschmerz abzuwehren. Auf die Ungenauigkeiten in seinem Bericht ging er gar nicht ein. Diese Fehler bedeuteten für ihn, daß er nichts taugte und nicht geliebt wurde. Das anfängliche Gefühl der Ablehnung wurde aber nicht voll empfunden. Vielmehr setzte es ein Verhalten in Gang, das das Gefühl verhüllen sollte.

In Wirklichkeit verhüllte der junge Psychologe das *alte* Gefühl, das durch die jetzige Kritik ausgelöst worden war. Daß er einen ungenauen Bericht geschrieben hatte, war nicht so inhärent schmerzlich, daß es all dieses Leugnen und diese Entschuldigungen rechtfertigte. Er machte Ausflüchte über seinen Bericht, um den Urschmerz fernzuhalten. Er begann etwas zu fühlen – abgelehnt –, die alte reale Ablehnung, aber er verhüllte das *Gefühl*, und das ist der Grund für meine Behauptung, daß der Neurotiker nicht voll empfinden kann. Er spaltete seine Kindheit und seine Kindheitsgefühle ab, deshalb kann er kein totales Gefühl erleben. Jede neue Kränkung oder Kritik, die ihm als Erwachsener zuteil wird, läßt Bruchstücke des alten Urschmerzes hervortreten. Aber sich wirklich abgelehnt zu fühlen bedeutet, sich während eines Urerlebnisses in Schmerzen zu winden – sich völlig verlassen und unerwünscht zu fühlen wie einst als Kind. Sobald das einmal gefühlt wurde, gibt es keine Gefühle der ›Ablehnung‹ mehr – es wird nur noch gefühlt, was im gegenwärtigen Augenblick vor sich geht. Wenn eine Frau bei einer Geselligkeit einem Mann die kalte Schulter zeigt, wird er das Gefühl haben: »Sie mag mich nicht«, oder: »Heute ist sie aber wirklich zugeknöpft«; er wird sich nicht im neurotischen Sinne des Ausdrucks ›abgelehnt‹ fühlen. Das bedeutet, er hat keine Ablehnungserfahrungen aus der Vergangenheit, die aus einer Bagatelle einen tagelangen Ärger machen.

Scham ist ein weiteres Pseudogefühl. Nehmen wir an, ein erwachsener Mann weint und schämt sich dann deswegen. Er hat wirklich das Gefühl, es werde übel vermerkt, daß er sich ›schwach‹ gezeigt hat. Er versucht sein Verhalten dadurch zu bemänteln, daß er sich für sein schlechtes Betragen entschuldigt (»Ich schäme mich so!«), damit er sich nicht ungeliebt fühlt. In diesem Sinne unterdrückt das irreale Selbst, das die Werte der Eltern (und später der Gesellschaft) in sich aufgenommen hat, das reale Selbst.

Stolz ist das irreale Selbst, das sich durchsetzt. Stolz ist ein Nichtgefühl. Stolz weist auf etwas hin, auf irgendein Tun, das – oft unbewußt – ›sie‹, die anderen, mit Stolz erfüllt. Es ist die Leistung für sie. Fühlende Menschen brauchen keine Leistung, um zu fühlen. Was der Neurotiker tut, um Stolz zu empfinden, ist je nach

Alter verschieden. Mit zwei Jahren versucht er, seine Windeln trockenzuhalten, mit dreißig, einen Elefanten zu erlegen. Für beide Verhaltensweisen ist dasselbe Bedürfnis der Antrieb. Das Bedürfnis bleibt konstant. Wenn wir älter werden, bauen wir immer umfangreichere Abwehrmechanismen um uns auf, bis wir uns in einem Labyrinth symbolischer Aktivitäten verirren.

Wenn der Neurotiker glaubt, er habe in irgendeiner gegenwärtigen Situation seines Lebens unerhört starke Gefühle, dann ist die Intensität dieses Gefühls das erhöhte Gewicht des Urfundus. Wenn dieser Fundus bei der Primärtherapie systematisch entleert wird, entdeckt der Patient, daß seine Gefühle in Wirklichkeit gar nicht intensiv sind. Wenn seine Anzüge in der Reinigung nicht richtig behandelt wurden, wird er vielleicht ärgerlich sein, aber nicht wütend. Der entleerte Neurotiker wird auch lernen, wie wenig menschliche Gefühle es gibt. Von Scham, Schuldgefühl, Ablehnung und allen anderen Pseudogefühlen befreit, wird er begreifen, daß die Pseudogefühle nur Synonyme sind für das verhüllte große Urgefühl, nicht geliebt zu werden.

Selbst wenn ein Neurotiker glaubt, ein großes emotionales Erlebnis zu haben, zum Beispiel in einer normalen Therapiegruppe, hat er keine Vorstellung von der ungeheuren Gewalt und dem Ausmaß des unterdrückten neurotischen Gefühls. Tränen und Schluchzen in der konventionellen Gruppentherapie sind nur winzig kleine Nebenkrater des riesigen, noch untätigen Vulkans im Inneren, der sich aus Tausenden von verleugneten und verdichteten und nach Befreiung drängenden Erlebnissen zusammensetzt. Die Primärtherapie befreit diesen Vulkan stufenweise. Sobald die verleugneten Erfahrungen empfunden sind, gibt es diese großen emotionalen Abgründe nicht mehr, die beim Menschen zu erwarten wir uns angewöhnt haben. Was die Primärtheorie als ein Gefühl ansieht, ist ungefähr das Gegenteil von dem, was der Laie üblicherweise für Gefühl hält. Entsetzlich emotionale Menschen agieren gewöhnlich unterdrückte Gefühle aus der Vergangenheit aus und fühlen die Gegenwart nicht. Normale Menschen, die vergangener Unterdrückung ledig sind, fühlen nur die Gegenwart, und diese Gegenwart ist nicht annähernd so vergänglich wie neurotische Emotionalität, weil keine verdrängte Kraft dahinter steht. So kann der Neurotiker explosiv lachen, weil in ihm wirklich eine Explosion stattfindet. Oder vielleicht vermag er überhaupt nicht spontan zu lachen, weil er immer noch in einer Art Traurigkeit befangen ist. Im ersten Fall hat der Neurotiker ein Gefühl verhüllt und in Gelächter abgelenkt; im zweiten Fall mag das Gelächter (ebenso wie die Traurigkeit) von jemandem unterdrückt worden sein, der *alle* seine Emotionen abgefangen hat. Was der Laie oft als reale Gefühle betrachtet, sind nur starke Reaktionen auf Schmerz – Ärger, Furcht, Eifersucht, Stolz und so weiter.

In der normalen Therapie würde sogar die sitzende Stellung auf einem Stuhl dem Therapeuten gegenüber ein Hindernis für das Erleben dieser erschütternden Gefühle sein. Auch sind diese Gefühle nicht das Ergebnis einer Art therapeutischer Konfrontation zwischen Patient und Therapeut. In der Primärtherapie findet die einzige Konfrontation zwischen dem realen und dem irrealen Selbst statt.

Tatsache ist, daß der Neurotiker ein total fühlender Mensch ist; nur sind seine Gefühle durch Spannung abgesperrt. Er ist ständig erfüllt von diesen alten, unaufgelösten Gefühlen, die danach drängen, daß eine letzte Beziehung hergestellt wird, und die als Spannung auftauchen. Damit der Neurotiker wieder voll fühlen kann, muß er in seine Vergangenheit zurückkehren und sein, was er nicht war. So mag es sein, daß er es in einer therapeutischen Selbsterfahrungsgruppe mit Umarmungen und körperlichen Berührungen versucht und glaubt, er reiße die Schranken zwischen sich und anderen ein oder habe ein warmes Gefühlserlebnis – er »bekomme ein Gefühl für andere«. Aber für einen nichtfühlenden Menschen gibt es keine Möglichkeit, ein Gefühl für andere zu bekommen, wie viele er auch umarmt. Zuerst lernen wir, uns selber zu fühlen; *dann* können wir uns selber fühlen, indem wir andere fühlen. Es wäre vorstellbar, daß ein blockierter Mensch einen ganzen Tag lang einen anderen berührt und nichts fühlt. Nicht eigentlich ›nichts‹ – er wird vielmehr die alte seelische Verletzung spüren, vielleicht, daß er in der Kindheit keine Warmherzigkeit gekannt hat. Nur wird er nicht wissen, daß es das ist, was er fühlt. Sinnlich zu sein, so wie ich das Wort auffasse, heißt, einen für Reize voll aufgeschlossenen Sinnesapparat zu haben. Wenn der fehlt, dann findet man Fälle wie eine frigide Frau, die mit noch so vielen Männern ins Bett gehen kann und trotzdem nichts fühlt.

Der springende Punkt ist, daß Gefühlsschranken gewöhnlich nicht *zwischen* Menschen bestehen, außer auf indirekte Weise; die Schranken sind innerlich. Die Schranke, der Schirm oder die ›Membran‹, hinter der so viele Neurotiker leben, ist das Ergebnis von Tausenden von Erlebnissen, bei denen Gefühle und Reaktionen unterdrückt wurden. Diese Schranke ist jedesmal breiter geworden, wenn ein neues Gefühl ausgeschlossen wurde. Es ist nicht möglich, diese Schranke auf einmal und auf dramatische Weise einzureißen. Man kann nur in die Vergangenheit zurückkehren, jede große verleugnete Verletzung empfinden und auf diese Weise ein Stückchen von dem Staudamm der Verleugnungen abschlagen, bis die Schranke eines Tages fort ist – bis kein irreales Selbst mehr da ist, das das lebendige Erleben filtert und vernebelt. Je näher man sich selber ist, um so näher kann man anderen kommen.

Das symbolische Einreißen der Schranken, die Menschen in

ihrem Inneren errichtet haben, kann keine *realen* Gefühle auslösen. Eine beliebte Methode ist zum Beispiel, daß die Menschen einen Kreis bilden um einen in ihrer Mitte. Er lernt ›auszubrechen‹, indem er sich durch den Kreis von Menschen drängt, die sich untergehakt haben. Ich nehme an, der Betreffende lernt bei diesem Vorgehen theoretisch, wie man frei wird. Oft wird als wissenschaftliche Begründung angeführt, man lerne dabei, wie man sich selber befreit. Das scheint Magie zu sein: »Wenn ich dieses Ritual erfülle, werde ich meine wahren Probleme lösen.« Ich nehme an, das Ritual soll den Betreffenden in die Lage versetzen, sich echt frei zu fühlen. Aber bis er fühlt, was ihn wirklich einengt, glaube ich, daß das Ritual die Neurose fördert, weil es das symbolische Ausagieren fördert. Nicht anders scheint es bei dem Neurotiker zu sein, der Skydiving* betreibt, um sich *frei zu fühlen.* Ich bin überzeugt, daß das symbolische Ritual vorübergehend die Spannung mildert, aber dem starren Abwehrsystem kann es kaum eine Delle zufügen.

All das läuft darauf hinaus, daß die Handlungen eines Neurotikers, welche auch immer, eine Neurose nicht beseitigen können. Der Neurotiker wird vielleicht einen anderen berühren, aber nicht fühlen, ihm zuhören, aber nicht hören, ihn sehen, aber nicht wahrnehmen. Vielleicht wird er auch Sensitivity-Training betreiben, etwa andere streicheln, um seinen Tastsinn zu entwickeln. Aber erst, wenn er diese Empfindungen spüren kann, wird er den wahren Sinn erfassen, und dann braucht er kein besonderes Sensitivity-Training mehr, um fühlen zu können.

Auf dem Gebiet der Psychologie herrscht, glaube ich, seit eh und je ziemlich viel Verwirrung über das, was mit den Gefühlen des Neurotikers geschieht. Manche sagen, er habe nie die volle Empfindungsfähigkeit erlangt. Andere meinen, die frühen Gefühle seien verschüttet und können nicht wiedergewonnen werden. Ich behaupte, die Fähigkeit zu fühlen kann nicht unwiderruflich geschädigt werden. Tatsächlich scheint der Neurotiker insofern ein wandelndes Urerlebnis zu sein, als er seine Gefühle jede Minute des Tages bei sich hat. Sie zeigen sich in hohem Blutdruck, in Allergien, in Kopfschmerzen, in verspannter Skelettmuskulatur, in der Kieferstellung, den zusammengekniffenen Augen, den Gesichtsfalten, dem Klang der Stimme und dem Gang. Bisher haben wir nicht vermocht, diese zerstückelten Gefühle aus den symptomatischen Abflußkanälen herauszuholen und wieder zu einem vollständigen und klaren Gefühl zusammenzusetzen.

Die Primärtherapie, die im nächsten Kapitel besprochen wird, vermag, glaube ich, diese Gefühle wiederherzustellen.

* Absprung aus dem Flugzeug in 2000 m Höhe, wobei erst nach einigem Manövrieren mit dem Körper die Fallschirmleine gezogen wird (Anm. d. Übers.).

8. Die Behandlung

Neue Patienten werden schon im voraus darauf vorbereitet, daß die Primärtherapie kein gewöhnliches Behandlungsverfahren ist. Normalerweise bitten wir den künftigen Patienten vor einem persönlichen Gespräch um eine schriftliche Selbstdarstellung. Haben wir den Eindruck, der Kandidat ist für die Behandlung geeignet (d. h., liegen keine organischen Gehirnschäden oder schwere Psychosen vor), erfolgt ein persönliches Gespräch, dessen Ergebnisse zusammen mit der schriftlichen Selbstdarstellung vom Stab diskutiert werden und darüber entscheiden, ob der Bewerber angenommen oder abgelehnt wird. Wird er angenommen, bitten wir ihn unter Umständen, uns weitere schriftliche Angaben zu machen, und sich einer gründlichen medizinischen Untersuchung von dem Leiter unserer medizinischen Abteilung zu unterziehen. Gelegentlich mag er auch um das Einverständnis gebeten werden, sich über seine Funktion als Patient hinaus unserer wissenschaftlichen Forschung zur Verfügung zu stellen. Erklärt er sich einverstanden, werden im Verlauf der gesamten Behandlung wiederholt Blut- und Urinuntersuchungen sowie Untersuchungen der Hirnwellen vorgenommen. Zudem werden gelegentlich auch psychologische Tests mit einbezogen.

Nachdem der Patient angenommen ist, erhält er von uns zunächst einiges schriftliche Material. Unter anderem ist eine Liste mit Anweisungen, denen er während der Behandlung Folge leisten muß – diese Anweisungen (z. B. striktes Verbot von Zigaretten, Alkohol, Tranquilizern oder Schmerztabletten) sind unter allen Umständen einzuhalten –, ferner einen Fragebogen, der unseren Forschungsarbeiten dient und eine allgemeine Darstellung dessen, was den Patienten bei der Primärtherapie erwartet. Ihm wird mitgeteilt, daß er drei Wochen Einzeltherapie erhält, innerhalb derer ihm täglich so viel Zeit zur Verfügung gestellt wird, wie er benötigt. Dem folgt eine Gruppentherapie, die allerdings weniger Gruppentherapie im strengen Sinne ist, sondern eher »primärtherapeutische Behandlung innerhalb einer Gruppe«. Er wird aufgefordert, in den ersten drei Wochen weder zu arbeiten, noch einer anderen Beschäftigung nachzugehen. Er wird seine ganze Kraft für die Therapie brauchen. Abgesehen davon, daß er kaum das Verlangen haben wird zu arbeiten, würde er zu erregt sein, um es überhaupt zu können. Er ist in diesen drei Wochen der einzige in Einzeltherapie befindliche Patient seines Therapeuten. Ihm wird jeden Tag so viel Zeit zur Verfügung gestellt, wie er braucht; nur seine Gefühle werden das Ende der Sitzung bestimmen. Im allgemeinen dauern die Sitzungen zwischen zwei und drei Stunden; selten bleibt jemand weniger als zwei Stunden oder länger als dreieinhalb Stunden da. Die Primärtherapie ist viel ökonomischer als die konventionelle Gesprächstherapie – nicht nur in finanzieller Hinsicht, sondern auch in bezug auf die aufgewendete Zeit. Die gesamten finanziellen Ausgaben betragen etwa ein Fünftel der Kosten einer Psychoanalyse.

Vierundzwanzig Stunden, ehe wir beginnen, wird der Patient in einem Hotelzimmer isoliert und gebeten, den Raum nicht vor der Therapiestunde am nächsten Tag zu verlassen. Er darf in diesen vierundzwanzig Stunden nicht lesen, nicht fernsehen und nicht telefonieren, aber schreiben. Wenn wir Grund zu der Annahme haben, daß der Patient eine starke Abwehr hat, dann bitten wir ihn, die ganze Nacht aufzubleiben. Diese Methode kann gelegentlich in den beiden ersten Wochen der Einzeltherapie angewandt werden.

Die Isolierung und Schlaflosigkeit sind wichtige Techniken, die die Patienten oft einem Urerlebnis nahebringen. Der Zweck der Isolierung ist, den Patienten all seiner gewöhnlichen Auslaßventile für Spannung zu berauben, während die Schlaflosigkeit seine verbliebenen Abwehrmechanismen schwächen soll; er hat weniger Mittel und Wege, sich seiner Gefühle zu erwehren. Das Ziel ist, dem Patienten keine Möglichkeit zu lassen, von sich selber abgelenkt zu werden. Ein Patient sagte mir: »Mitten in der Nacht machte ich Liegestütz. Jedesmal, wenn ich die Übung unterbrach und aus dem Fenster des Hotelzimmers schaute, begann ich zu schluchzen und wußte nicht, warum.« Eine andere Patientin hatte einen Anfall von Panik und mußte mich um Mitternacht anrufen, damit ich sie darüber beruhigte, daß sie nicht verrückt würde. Alleinsein kann den Neurotiker oft zur Verzweiflung bringen. Für viele Patienten ist die Nacht in dem Hotelzimmer das erste Mal seit Jahren, daß sie ganz allein stillgesessen und über sich nachgedacht haben. Nirgends können sie hingehen und haben nichts zu tun. Sie haben keine Gelegenheit, die Irrealität auszuagieren. Einer der wichtigen Gesichtspunkte, warum der Patient die Nacht über wach bleiben soll, ist, ihn daran zu hindern, seine Irrealität in seinen Träumen auszuagieren. Mangel an Schlaf trägt dazu bei, die Abwehrmechanismen zu zerstören, teilweise, weil schlichte Müdigkeit den Betreffenden unfähiger macht, sein Agieren fortzusetzen, aber hauptsächlich, weil er sich nicht symbolisch durch seine Träume ausagieren kann, so daß er die Spannung nicht zu mildern vermag. Dadurch, daß wir das symbolische Agieren, ob wachend oder schlafend, verhindern, bringen wir den Patienten seinen Gefühlen näher. Außerdem hat eine Reihe von Forschungen ergeben, daß Isolierung an sich schon die Schmerzwelle senkt.

Wenn der Patient kommt, leidet er. Er raucht nicht und nimmt kein Beruhigungsmittel, er ist müde und ängstlich. Er ist nicht sicher, was ihm bevorsteht. Vielleicht lassen wir ihn fünf oder zehn Minuten über die verabredete Zeit hinaus warten, damit sich mehr Spannung aufbaut. Das schallgedämmte Sprechzimmer ist halb dunkel; ein Telefon gibt es nicht. Der Patient liegt auf der Couch. Ihm wird gesagt, er solle die Beine spreizen und die Arme ausbreiten, denn ich möchte, daß der Körper eine möglichst abwehrlose Stellung einnimmt. Die Bedeutung von Stellung und Körperhaltung wurde mir klar, als ich Gefängnisinsassen beobachtete, die die ersten Tage im Gefängnis oft mit gekreuzten Beinen, über dem Bauch zusammengelegten Armen und über die Knie gebeugtem Oberkörper verbringen, als wollten sie sich gegen das Alleinsein, die Verzweiflung und den Schmerz schützen. Was von diesem Punkt an mit dem einzelnen Patienten geschieht, hängt natürlich von ihm ab. Ein typisches Beispiel ist das folgende:

Der Patient spricht über seine Spannung und Probleme; seine Impotenz, Kopfschmerzen, Depression und daß er rundum unglücklich ist. Er könnte etwa sagen: »Was hat das alles für einen Zweck?« Oder: »Alle sind so krank; keiner ist davon verschont.« Oder: »Ich habe es satt, allein zu sein! Ich kann mich mit niemandem anfreunden, und wenn ich doch einmal Freunde finde, habe ich auch sie bald satt!« Der Patient ist also unglücklich und leidet. Wenn er sehr in Spannung ist und Angst hat, werde ich ihn auffordern, sich von diesem Gefühl übermannen zu lassen. Gerät er in Panik, ermuntere ich ihn, seinen Vater oder seine Mutter zu rufen und sie um Hilfe zu bitten. Gelegentlich führt das schon in den ersten fünfzehn Minuten der ersten Sitzung zu einem schmerzlichen Gefühl. Ich fordere ihn dann auf, von seiner Kindheit zu erzählen. Er wird sagen, er könne sich nicht an sehr viel erinnern. Ich dränge ihn zu sagen, an was er sich erinnert. Dann beginnt der Patient von seiner Kindheit zu sprechen.

Während er redet, sammle ich Informationen. Der Patient enthüllt sein Abwehrsystem auf zweierlei Weise. Erstens dadurch, wie er redet. Er gibt sich vielleicht sehr intellektuell, läßt kein Gefühl erkennen, verwendet Abstraktionen und verhält sich im großen und ganzen so, als sei er ein Beobachter seines Lebens und nicht derjenige, der es erlebt hat. Weil er sich seiner ›Persönlichkeit‹ (oder seines irrealen Selbst) bedient, um sein Leben zu beschreiben, passen wir genau auf, was diese Persönlichkeit sagt. Der vorsichtige Mensch, der ausweicht und die Fragen des Therapeuten abwandelt, sagt vielleicht: »Tun Sie mir nicht mehr weh. Ich werde nichts fühlen, wenn Sie nicht aufhören, mir wehzutun.«

Während er redet, sagt uns der Patient auch, wie er sich zu

Hause benahm: »Gewöhnlich hielt ich die Klappe, wenn er das sagte.« – »Ich wollte ihm nicht die Genugtuung verschaffen zu wissen, daß er mich verletzt hatte.« – »Mutter war ein solches Baby, daß ich alles in die Hand nehmen mußte und sozusagen die Mutter war.« – »Pappi war immer so anklagend, daß ich sehr bestimmt antworten mußte.« – »Ich konnte es nie recht machen.« – »Da war keine Liebe.«

Der Patient wird ermuntert, sich in eine frühe Situation zu versetzen, die eine Menge Gefühl in ihm erweckt zu haben scheint. »Ich saß da und ließ zu, daß er meinen Bruder verprügelte, und ... nanu, ich bin so in Spannung ... ich weiß nicht, was das ist.« Er wird wieder ermuntert, sich in das Gefühl zu versetzen. Vielleicht entdeckt er nicht, was für ein Gefühl das ist, oder er sagt: »Ich glaube, ich begann zu empfinden, daß mir das auch passieren könnte, wenn ich freche Antworten geben würde wie mein Bruder ... Oh, ich habe einen Knollen im Magen. Hatte ich damals Angst?« Der Patient beginnt ein wenig zu zucken. Er bewegt Beine und Hände. Seine Lider zittern, und er runzelt die Stirn. Er seufzt oder knirscht mit den Zähnen. Ich dränge ihn: »Fühlen Sie das! Bleiben Sie dabei!« Manchmal sagt er dann: »Es ist vorbei. Das Gefühl ist vergangen.« Dieses Sparring kann Stunden oder Tage dauern, aber ich will hier das Verfahren abkürzen und annehmen, das Gefühl sei dageblieben, so daß wir zum nächsten Stadium übergehen können.

»Ich fühle die Spannung überall. Ja, ich glaube, ich hatte Angst vor dem Alten«, mag die nächste Aussage des Patienten sein. An diesem Punkt, wenn ich sehe, daß er das Gefühl empfindet und daran festhält, fordere ich ihn auf, tief und kräftig vom Bauch aus zu atmen. Ich sage: »Machen Sie den Mund so weit als möglich auf und lassen Sie ihn so! Jetzt ziehen Sie, ziehen Sie das Gefühl aus dem Bauch hervor!« Der Patient fängt tief an zu atmen, sich zu winden und dann zu zittern. Wenn das Atmen automatisch zu sein scheint, dränge ich ihn: »Sagen Sie Pappi, daß Sie Angst haben!« – »Dem Mistkerl sage ich gar nichts!« wird er vielleicht antworten. Ich dränge weiter. »Sagen Sie es! Sagen Sie es!« Wie einfach die Sache auch zu sein scheint, so ist der Patient doch in der ersten Stunde gewöhnlich nicht imstande, es zu sagen. Wenn er es herausschreit, führt es gewöhnlich zu einem Strom von Tränen und magenumdrehendem Keuchen. Es kann sein, daß er gleich danach davon spricht, was für ein Mann sein Vater war. Es besteht auch gute Chance, daß er, während er redet, mehrere Einsichten hat.

Diese Anfangsreaktion wird Vor-Urerlebnis genannt. Die Vor-Urerlebnisse können mehrere Tage oder auch etwa eine Woche lang auftreten. Es ist im wesentlichen ein Abschälungsprozeß, der zum Ziel hat, den Patienten aufgeschlossen und bereit zu machen, sein Abwehrsystem preiszugeben. Niemand kommt daher und läßt das einfach so geschehen. Der Körper gibt die Neurose nur widerwillig auf.

Nach etwa fünfzehn Minuten ist der Patient wieder ruhig und wird vielleicht anfangen zu ›nörgeln‹, sein üblicher Stil der Nicht-Kommunikation: *sein* gefühlloses Gerede. Dann wird er wiederum in eine besonders schmerzliche Situation seiner Vergangenheit versetzt. Der Therapeut fordert den Patienten auch dazu heraus, seine ganze Abwehr zu offenbaren. Redet der Patient zum Beispiel leise, wird er ermahnt, laut zu sprechen. Gibt er sich intellektuell, wird bei jeder Gelegenheit auf seine Intellektualität angespielt. Dem Patienten, der seinen Gefühlen fern ist, der ›in seinem Kopf‹ lebt, ist es gewöhnlich nicht möglich, mehrere Tage hintereinander zu einem Vor-Urerlebnis zu gelangen. Dennoch versuchen wir es bei jeder Sitzung von neuem.

Die erste Stunde des Intellektuellen kann zum Beispiel einer normalen Therapiesitzung sehr ähnlich sein: Diskussion, Krankengeschichte, Fragen und Klarstellung. Über Ideen wird keinesfalls diskutiert. Auch über die Primärtherapie oder ihre Stichhaltigkeit diskutieren wir nicht, was manche Patienten gern täten. Jeden Tag wird ein Versuch unternommen, die Bresche im Abwehrsystem zu erweitern, bis sich der Patient nicht mehr wehren kann. Die ersten Tage der Therapie scheinen den ersten Lebensjahren des Patienten vor dem Auftreten der Primärszene zu entsprechen, die den Patienten dann veranlaßte, sich abzukapseln. Stückchenweise erlebt er isolierte und aus einzelnen Teilen bestehende Geschehnisse. Wenn sich alle Bruchstücke zu einem sinnvollen Ganzen vereinigen, beginnt für den Patienten das Urerlebnis.

Ob der Patient nun intelligent, demütig, höflich, unterwürfig oder feindselig ist, welche Fassade er auch immer darbietet – er wird daran gehindert, es zu sein, damit er sein Abwehrsystem überwinden und in seine Gefühle versetzt werden kann. Wenn der Patient die Knie hebt oder den Kopf dreht, wird ihm gesagt, er solle gerade liegen. Er wird vielleicht kichern oder gähnen, wenn die Gefühle in ihm aufsteigen, und das wird dann sofort unnachsichtig beanstandet. Oder er versucht, das Thema zu wechseln, das wird unterbunden. Oder er verschluckt buchstäblich das Gefühl, was auf viele Patienten zutrifft, die jedesmal schlucken, wenn ein Gefühl aufzusteigen beginnt. Das ist einer der Gründe, warum wir darauf bestehen, daß der Mund offen bleibt.

Wenn der Patient über eine neue, frühe Situation spricht, achten wir darauf, ob sich Anzeichen von Gefühl erkennen lassen. Vielleicht zittert die Stimme ein wenig, als ob sie durch Spannung bedrängt werde. Immer wieder reden wir dem Patienten gut zu, er solle atmen und fühlen. Diesmal, es mag ein oder zwei Stunden später sein, wird der Patient schwach. Er weiß nicht, was für ein Gefühl das ist, er fühlt sich nur in Spannung und ›abgedichtet‹ –

das heißt, gegen das Gefühl abgedichtet. Ich beginne mit dem Prozeß des Ziehens und Atmens. Der Patient schwört, er wisse nicht, was für ein Gefühl das sei. Die Kehle ist ihm zugeschnürt, und es kommt ihm vor, als habe er eine Bandage um die Brust. Er beginnt mit offenem Mund zu würgen. Er sagt: »Ich muß mich übergeben!« Ich erkläre ihm, daß das nur ein Gefühl sei und er nicht brechen werde. (Tatsächlich hat trotz langen Würgens kein Patient jemals sich übergeben.) Ich dränge ihn, das Gefühl auszusprechen, obwohl der Patient nicht weiß, was er fühlt. Kaum beginnt er, ein Wort zu bilden, da schlägt er um sich und windet sich in Schmerzen. Ich dränge ihn, es zu sagen, und er versucht es. Schließlich kommt es heraus – ein Schrei: »Pappi, sei lieb!« – »Mammi, hilf mir!« Oder auch nur ein Wort: »Haß.« – »Ich hasse dich, ich hasse dich!« Das ist der Urschrei. Er äußert sich in zitterndem Keuchen, herausgestoßen durch den Druck der jahrelangen Verdrängung und Verleugnung dieses Gefühls. Manchmal besteht der Schrei auch nur aus »Mammi!« oder »Pappi«. Allein diese Wörter auszusprechen, bringt ganze Sturzbäche von Schmerz mit sich, denn viele ›Mammis‹ erlauben ihren Kindern überhaupt nicht, sie anders als »Mutter« zu nennen. Sich gehen zu lassen und das kleine Kind zu sein, das eine ›Mammi‹ braucht, trägt dazu bei, all das aufgestaute Gefühl freizusetzen.

Der Schrei ist zugleich ein Schrei aus Urschmerz und ein befreiendes Geschehnis, bei dem sich das Abwehrsystem des Patienten auf dramatische Weise öffnet. Er ist die Folge des Drucks, der durch die vielleicht jahrzehntelange Zurückdrängung des realen Selbst entstanden ist. Er ist ein weitgehend unwillkürlicher Akt. Der Schrei wird im ganzen Körper verspürt. Manche Patienten beschreiben ihn als einen Blitz, der die unbewußte Körperbeherrschung zu sprengen scheint. In einem späteren Kapitel werde ich den Schrei und seine Bedeutung ausführlicher besprechen. Hier genügt es festzuhalten, daß der Urschrei sowohl die Ursache als auch das Ergebnis eines abbröckelnden Abwehrsystems ist.

Während der ersten Stunde lasse ich den Patienten manchmal nur seine Eltern anreden. Wenn er mir *von ihnen* erzählt, dann entfernt er sich einen Schritt von seinen Gefühlen, es ist dann etwa so, wie wenn sich zwei Erwachsene miteinander unterhalten. Aber wenn er vielleicht sagt: »Pappi, ich erinnere mich, wie du mich Schwimmen lehren wolltest und mich angeschrieen hast, weil ich Angst hatte, mit dem Kopf unter Wasser zu gehen. Zuletzt hast du mich dann untergetaucht.« An dieser Stelle wendet sich der Patient vielleicht wütend an mich und sagt: »Können Sie sich vorstellen, daß dieser Dummkopf einen Sechsjährigen untergetaucht hat?« Ich erwidere: »Sagen Sie ihm, was Sie fühlen!«, und er tut das, läßt eine lange Rede vom Stapel und schreit seine Angst heraus, die er als Sechsjähriger hatte. Das führt dann zu weiteren Assoziationen, und jetzt kann er etwas fühlen. Er fängt an zu erzählen, wie sein Vater ihm auch andere Dinge beibringen wollte und wie furchterregend er war. »Einmal war da dieses große Pferd, und ich konnte nicht reiten, aber ich mußte trotzdem aufsitzen. Das Pferd bäumte sich auf und ging durch. Der Reiseführer holte uns ein und brachte das Pferd zum Stehen. Mein Vater sagte kein Wort.« Wieder weise ich ihn an, seinem Vater zu sagen, was er fühlt. Seine Assoziationen halten ihn vielleicht bei derartigen väterlichen ›Unterrichtsstunden‹ fest oder den beängstigenden Situationen, bei denen sein Vater ihm nicht erlaubte, Angst zu haben. Oder er schaltet plötzlich auf seine Mutter um. »Warum ist sie nicht eingeschritten? Ach, sie war so schwach. Sie hat mich nie vor ihm beschützt.« Der Patient hat schon etwas gelernt und wendet sich jetzt direkt an sie. »Mammi, hilf mir, ich brauche Hilfe. Ich habe Angst!« Das mag dann ein noch tieferes Gefühl zur Folge haben: Schluchzen, Tränen, ein Krümmen des Bauches. Weitere Assoziationen über die Zeit, als sie ihn nie vor dem ›Ungeheuer‹ beschützte. Weitere Einsichten darüber, wie kindisch und ängstlich seine Mutter war. Daß sie zu schwach war, um zu helfen, und so weiter. Nach zwei oder drei Stunden ist der Patient erschöpft, und wir machen für heute Schluß.

Der Patient kehrt in sein Hotelzimmer zurück. Er weiß, daß ich jederzeit telefonisch erreichbar bin, wenn er mich brauchen sollte, und in der ersten Woche kann es auch sein, daß er wegen seines hohen Angstpegels später am selben Tag zu einer weiteren Sitzung wiederkommt. Nach der ersten Woche kommt das weniger häufig vor. Er darf immer noch nicht fernsehen oder ins Kino gehen. Er will es eigentlich auch gar nicht, weil er vollauf mit sich beschäftigt ist.

Der zweite Tag

Der Patient kommt, und die Einsichten sprudeln nur so. »Es ist, als ob mein ganzer Verstand explodiert wäre«, sagt er. »Letzte Nacht habe ich so viel ausklamüsert, und nach Essen steht mir der Sinn gar nicht. Als ich endlich eingeschlafen war, habe ich immerzu geträumt.« Er beginnt gleich mittendrin, denn alles taucht wieder auf. Er erzählt mir von Erinnerungen, die er vergessen hatte, spricht über die schmerzlichen Situationen, die er in der ersten Stunde nicht erwähnt hatte. Es mag sein, daß er schon in den ersten zehn Minuten zu weinen beginnt und dann wieder abwechselnd von Erinnerungen und Einsichten spricht. Er scheint einen starken Schmerz zu verspüren, doch sagt er, wie fast jeder Patient: »Ich konnte es kaum erwarten herzukommen.« Wiederum unternehmen wir Angriffe auf das Abwehrsystem. Wir gestatten dem Patienten nicht, vom Thema abzuschweifen, wenn wir vermuten, daß er etwas auslassen will. Auch darf er sich nicht aufsetzen und ›nörgeln‹. Wir haken wiederum bei einer schmerzlichen Erinnerung ein: »Einmal nahm Mutter mich mit, als sie mit zwei Freundinnen einkaufen ging, und sie hielt mir eine Haarschleife an und sagte zu ihren Freundinnen: ›Findet ihr nicht, daß er ein hübsches Mädchen wäre?‹« – »Ich bin ein Junge, du Dummkopf!« schrie er. Und dann sprach er davon, wie seine Mutter ihn unbedingt feminin machen wollte. Noch mehr Erinnerungen, Einsichten und Gefühle, die sich gegen sie richteten. Dann erörterte er ihre Vergangenheit. Was sie zu dem gemacht hatte, was sie war. Warum sie einen so unmännlichen Mann geheiratet hatte. Dann fiel ihm noch etwas ein. »Als ich zum Wehrdienst eingezogen wurde und sie mich zum Abschied küßte. Es war ein Zungenkuß. Können Sie sich das vorstellen? Meine eigene Mutter! Mein Gott! Immer hat sie mich und nicht Vater gewollt. Mutter! Laß mich zufrieden. Laß mich zufrieden! Ich bin dein Sohn!« Dann sagt er vielleicht: »Jetzt weiß ich, warum sie immer etwas gegen meine Freundinnen hatte. Sie wollte mich für sich haben. Mein Gott, ist das widerlich. Jetzt erinnere ich mich, als wir zu einem Picknick fuhren, da rannten wir weg und versteckten uns vor Vater, und sie legte den Kopf auf meinen Schoß. Mir war komisch zumute. Irgendwie mies. Oh! Mutter wollte mich verführen. Mir wurde übel, und ich übergab mich und wußte nicht, warum. Jetzt weiß ich es. Sie wollte mich gegen Vater ausspielen. Das einzig Anständige in meinem Leben. O du Miststück! Du Miststück!« Jetzt wälzt sich der Patient vielleicht auf dem Fußboden, windet sich und keucht: »Ich hasse sie, ich hasse sie!« Er schreit, daß er sie umbringen möchte. »Sagen Sie es ihr«, sage ich. Er schlägt wie wild auf den Fußboden, völlig unbeherrscht vor Zorn, und das dauert vielleicht fünfzehn oder zwanzig Minuten. Schließlich ist es vorbei. Er ist erschöpft, zu müde, um zu reden, und wir beenden die zweite Sitzung.

Der dritte Tag

Der Patient wird abwehrlos. Manchmal kommt er schon weinend ins Sprechzimmer. Oder ich finde ihn schluchzend auf dem Fußboden im Wartezimmer. »Ich kann den ganzen Schmerz nicht aushalten«, klagt er. »Es geht über meine Kraft. Ich kann überhaupt nicht lesen, so überschwemmt bin ich von Erinnerungen und Einsichten. Wie lange soll das dauern?« Und wieder machen wir uns daran, Gefühle wachzurufen. »Ich erinnere mich, daß Pappi einmal wütend auf mich war, weil ich nicht tun wollte, was meine Mutter mich gebeten hatte. Ich war erst acht. Ich sagte, er solle den Mund halten. Er warnte mich, ich solle das nie wieder zu ihm sagen. Ich sagte es noch einmal. Er nahm den Besen und drohte mir damit. Ich rannte weg. Er setzte mir nach und packte und verdrosch mich. Mein Gott, er wird mich umbringen. Pappi haßt mich. Er will mich weghaben. Hör auf, Pappi, hör auf!« Der Patient ist nun ganz vom Gefühl überwältigt. Er ist von der Couch auf den Fußboden hinuntergerutscht und schreit unter heftigen Bauchkrämpfen, daß sein Vater ihn umbringe. Er keucht mit offenem Mund und schwitzt und versucht, einen Schrei auszustoßen, aber er bekommt ihn nicht heraus. Er keucht immer noch und würgt und schreit, daß er sterben wird. Schließlich: »Ich will brav sein, Pappi, ich will nichts Böses mehr sagen!« Und er tut es auch nicht wieder. Er wird ein artiger kleiner Junge. Was er durchmachte, war ein Urerlebnis. *Ein totales Erleben des Fühlens und Denkens aus der Vergangenheit.* In ein paar Minuten ist es vorbei, es scheint außerordentlich schmerzhaft zu sein. Der Patient erörtert seine Gefühle nicht. Er empfindet sie.

Ein Urerlebnis ist ein völlig überwältigendes Erlebnis. Der Patient ist sich kaum bewußt, wo er sich im Augenblick befindet. Was er in den ersten beiden Tagen der Therapie erlebt, nenne ich Vor-Urerlebnisse. Es sind starke Gefühle aus der Vergangenheit, aber noch nicht völlig überwältigende. Das soll nicht heißen, daß ein totales Urerlebnis nicht auch in der ersten Stunde eintreten könnte. Es ist zwar möglich, doch nicht die Regel. Manchmal vergehen Wochen bis zu einem vollen Urerlebnis. Wenn es eintritt, scheint es das Hindernis für das Denken und Fühlen zu beseitigen, der Betreffende wird aufgeschlossen für alle möglichen Gefühle und beginnt auch außerhalb der Therapie, spontane Urerlebnisse zu haben. Von diesem Punkt an ist der Patient auf dem Weg zur Gesundheit.

Mit jedem Tag wird er wahrscheinlich tiefere Gefühle haben, bis er den Punkt erreicht, an dem das kritische Gleichgewicht zwischen dem irrealen und dem realen Selbst sich zugunsten des realen Selbst ändert und ein vollständiges Gefühlserlebnis möglich wird. Von dieser Zeit an wird er von schmerzlichen Situationen der Vergangenheit überwältigt und noch viele Urerlebnisse haben, die sich über Monate erstrecken. Das soll indes nicht heißen, daß die Person völlig real ist. Jedes Urerlebnis vermindert das irreale Selbst und erweitert das reale Selbst. Wenn die großen Urschmerzen empfunden worden sind, wird es kein irreales Selbst mehr geben, und wir können sagen, der Patient sei normal. Unsere Aufgabe ist es, Urschmerzen hervorzulocken, um zu erreichen, daß der Patient eine real fühlende Person wird.

Nach dem dritten Tag

Das Behandlungsverfahren in den nächsten drei Wochen verläuft weitgehend so, wie bereits beschrieben. Es gibt zeitweilige Zustände von Stabilität, in denen der Patient nicht viel zu fühlen scheint oder ›versiegt‹ ist. Manchmal befindet er sich einfach in der Refraktärperiode, in der er sich von den Tagen des Urschmerzes ausruht. Der Organismus ist ein vortrefflicher Schmerzregulator, und wir achten darauf, daß wir einen Patienten nicht in weiteren Schmerz hineintreiben, wenn er in der Refraktärperiode ist.

Manchmal will der Patient auch seinen Gefühlen einfach nicht ins Auge sehen, da sein Abwehrsystem noch verhärtet ist. Obwohl der Patient in der Regel nach der ersten Woche das Hotelzimmer aufgibt, kann es sein, daß wir ihn bitten, wieder ins Hotel zu ziehen und die ganze Nacht wach zu bleiben. Das ist ein Versuch, die Abwehrmechanismen erneut zu schwächen.

Jeder neue Tag der Therapie bringt ein Abtragen von Schichten des Abwehrsystems, wie es einige Patienten nennen. Dieser Prozeß erhält immer mehr Wucht, weil das Empfinden von etwas Urschmerz dem Patienten den Weg bereitet, mehr Schmerz zu ertragen. Jedes Urerlebnis scheint neue, verborgene Erinnerungen aufzuschließen, die zu weiteren Urerlebnissen führen. Einander folgende Urerlebnisse erfassen unter Umständen in zunehmendem Maße den ganzen Körper, weil weitere Abwehrmechanismen abbröckeln. Der Körper wird sich jeweils nur zumuten, so viel Schmerz zu empfinden, wie er auf einmal ertragen kann, so daß die Urerlebnisse, wenn der Patient nicht gehetzt wird, in geordneter und ungefährlicher Folge stattfinden. Zwingt man einen Patienten, mehr zu empfinden, als er ertragen kann, wird er sich wieder abkapseln.

Gewöhnlich geht der Patient bei den einander folgenden Urerlebnissen Tag um Tag weiter in seiner Kindheit zurück. Oft kommt es vor, daß man sogar die Stimme des Lebensalters hört, das wiedererlebt wird – Lispeln, Kindersprache und schließlich das Weinen des Säuglings.

Als ich das alles beobachtete, wurde mir die Beziehung zwischen Urschmerz und Erinnerung klar, denn sobald der Urschmerz ausgeräumt ist, beginnen die Erinnerungen der postprimären Patienten mit den ersten Lebensmonaten. Diese Beobachtungen führten auch dazu, daß ich die ungeheure Bedeutung der ersten drei Lebensjahre verstand. Das ist keine neue Entdeckung; Freud machte sie zu Anfang dieses Jahrhunderts bekannt. Aber das Wesen des Traumas ist so schwer deutbar: naß im Bettchen gelassen zu werden; herausgenommen und grob behandelt zu werden; vernachlässigt zu sein und stundenlang schreien zu müssen; (abwehrlos) im Bettchen zu liegen und den keifenden Stimmen der Eltern ausgesetzt zu sein, die den Frieden des Kindes ständig stören; nicht gefüttert zu werden, wenn das Kind hungrig ist; nicht an der Brust trinken zu dürfen – oder wenn, dann nicht auf natürliche Weise entwöhnt, sondern nach Zeitplan abgestillt zu werden.

Und das Trauma ergibt sich aus einer schwierigen Geburt, was uns nötigt, Otto Rank, der zu Beginn des Jahrhunderts über das Geburtstrauma schrieb, in neuer Perspektive zu sehen. Rank glaubte nämlich, daß die Geburt selbst traumatisch sei (das Verlassen der Wärme und Geborgenheit des Mutterleibs), während ich glaube, daß die *traumatische* Geburt traumatisch ist. Die Geburt ist ein natürlicher Prozeß, und ich glaube nicht, daß etwas Natürliches traumatisch sein kann.

Ich habe ein Urerlebnis mitangesehen, bei dem eine Frau zu einer Kugel zusammengerollt war, gluckste und fast daran erstickte, Flüssigkeit ausspie und sich dann streckte und wie ein Neugeborenes wimmerte. Nachher hatte sie das Gefühl, ihre sehr schwierige Geburt wiedererlebt zu haben, bei der sie tatsächlich voller Flüssigkeit war und fast daran erstickte. Noch ein Patient erlebte seine lange Geburt wieder (seine Mutter war etwa zwanzig Stunden in Wehen gewesen). Nachdem er gefühlt hatte, welch ein Kampf es gewesen war, auf die Welt zu kommen, wußte er, daß sein Kampf mit der Geburt begonnen und kein Ende genommen hatte: »Es war, als ob meine Mutter es mir von Anfang an hatte schwermachen wollen«, sagte er. Ein anderes Urerlebnis, das ich beobachtete, war in dieser Hinsicht lehrreich. Eine Frau konnte ein Gefühl von Unbehagen und Unglücklichsein nicht loswerden und wußte nicht, warum. Sie wimmerte dauernd: »Ich kann nicht weinen, ich kann nicht weinen!« Plötzlich erlebte sie ein Erlebnis noch einmal, und Tränen entströmten ihren Augen. Dieses Erlebnis war eine Operation an den Ausführgängen der Tränendrüsen gewesen, die vorgenommen wurde, als sie ein Jahr alt war, um eine nach der Geburt eingetretene Behinderung zu beseitigen. Jetzt konnte diese Frau von über Dreißig weinen, doch als sie in meinem Sprechzimmer Geschehnisse aus der Zeit vor der Operation wiedererlebte, vermochte sie keine Träne zu vergießen.

Das ist ein Hinweis darauf, daß es selbst im präverbalen Stadium Traumen geben kann. Nicht wegen der Art und Weise, wie Vater oder Mutter das Kind anschreien, entsteht eine Neurose; das Trauma wird anscheinend im Nervensystem aufbewahrt und *organismisch* erinnert. Das Körpersystem ›weiß‹, daß es traumatisiert ist, selbst wenn das nicht gleichzeitig vom Bewußtsein registriert wird. Und wiederum reicht es nicht aus, von diesen Geschehnissen zu *wissen*; wenn sie traumatisch waren, müssen sie wiedererlebt und voll *empfunden* werden, damit sie aufgelöst werden und nicht mehr ständig auf den Organismus einwirken.

Mit dem Beginn der zweiten der drei Einzeltherapie-Wochen kommt es gewöhnlich fast täglich zu Urerlebnissen. Jeder Mensch hat einen ihm eigenen Stil des Urerlebnisses. Manche Patienten müssen durch Reden zu dem Gefühl gelangen; andere beginnen mit einem körperlichen Gefühl, das vorübergehend unerklärlich ist, aber später mit irgendeiner Erinnerung verknüpft wird. Doch vor der entscheidenden Herstellung des Zusammenhangs, die so schmerzlich ist, klammern sich manche Patienten an der Couch fest, andere halten sich den Bauch, wieder andere drehen den Kopf hin und her, klappern mit den Zähnen und transpirieren stark. Manche Patienten krümmen sich vor Schmerz, andere rollen sich in einer Ecke der Couch zusammen, und manche fallen von der Couch herunter und winden sich in Krämpfen auf dem Fußboden.

Kein Urerlebnis ähnelt einem zweiten, nicht einmal bei demselben Patienten. Es gibt zornige und heftige, ängstliche und stille, traurige Urerlebnisse. Welche Form die Therapie auch annimmt, immer richtet sie sich gegen alte, unaufgelöste Gefühle.

Es läßt sich schwer mit Worten beschreiben, auf wie unterschiedliche Weise Gefühle empfunden werden können. Eine Patientin, die eine konventionelle Therapie durchgemacht hatte, sagte, sie habe dabei zwar sehr viel geweint, das Weinen sei aber ganz anders gewesen als bei einem Urerlebnis. Sie pflegte zu weinen, um ihren Schmerz zu lindern und sich wohler zu fühlen, um den Schmerz selbst zu schonen. Jetzt weint sie *vor* Schmerz, und diese Gefühle sind viel intensiver und umfassender. Bei einem Urerlebnis, sagte sie, könne sie ihr Weinen bis in die Zehenspitzen fühlen.

Während der Therapie lernen die Patienten schnell, sich in ihre Gefühle zu versetzen. Ein Patient spricht vielleicht über einen Traum der letzten Nacht und erzählt ihn so, als ob er ihn gerade eben träume, empfindet das Gefühl von Angst oder Hilflosigkeit, verliert rasch die Selbstbeherrschung und stellt die Verbindung zwischen dem Gefühl und dessen Ursprung her. Der völlige Verlust der Selbstbeherrschung ermöglicht die Herstellung der Verbindung, denn Selbstbeherrschung bedeutet fast immer Unterdrückung des Selbst. Der Patient will den Urschmerz empfinden, denn er weiß, daß das der *einzige* Ausweg aus seiner Neurose ist. »Mir tut es weh«, sagte ein Patient, »und ich kann mich fühlen, das ist alles, was ich will.«

Nach einer Weile gibt es für den Therapeuten nicht mehr viel zu tun, außer still zu sein. Wenn sich der Patient in ein Gefühl versenkt, dann ist er ›zurückversetzt‹ in die Vergangenheit und erlebt das Gefühl von neuem – er riecht die Düfte, hört die Geräusche und macht die körperlichen Prozesse durch, die damals vor sich gingen und zu so früher Zeit blockiert wurden. Ein Patient, der geliebt wurde, weil er so beherrscht war und mit anderthalb Jahren fast nie die Windeln naß machte, litt während seines Urerlebnisses unter demselben Bedürfnis zu urinieren wie als Kleinkind. Es darf nicht vergessen werden, daß sich der Patient völlig in die Szene der Vergangenheit versetzt hat, und jedes Wort des Therapeuten in der Gegenwart reißt ihn womöglich heraus. Bleibt er sich selbst überlassen, wird das Gefühl den Patieten zu seinen Anfängen zurückbringen, aber das wird nicht geschehen, wenn der Therapeut und der Patient das Gefühl *erörtern*.

Es gibt eine Reihe von Anzeichen, die für ein Urerlebnis charakteristisch sind. Eins davon ist das Vokabular. Wenn der Patient in der Kindersprache redet, was meistens der Fall ist, dann bedeutet es, daß er ein Urerlebnis hat. Ein Doktor der Philosophie sagte zum Beispiel bei seinem Urerlebnis: »Pappi, ich Angst.« Für mich war das ein Zeichen, daß er nicht Theater spielte. Wenn ein Patient indes mit Schimpfwörtern um sich wirft, etwa »Pappi, du Schweinehund!«, dann handelt es sich höchstwahrscheinlich nur um ein Vor-Urerlebnis.

Eine weitere Eigenart der Urerlebnisse ist, daß größere Reife die Folge ist, wenn die eigene Säuglingszeit und Kindheit immer stärker empfunden wird. Denn wenn die Vergangenheit aus dem System herausgebracht wird, kann der Betreffende wirklich erwachsen werden und *verhält* sich nicht nur wie ein Erwachsener. Kurz und gut, er wird, was er ist. Oft befindet sich ein Patient während seines Urerlebnisses ganz und gar in seiner Säuglingszeit und wimmert und schreit wie ein Einjähriger, und nachher hat er dann eine ganz neue Stimme, eine tiefere und vollere, und nicht mehr das dünne, infantile Stimmchen wie vor der Therapie.

Wenn ein Patient bei einem Urerlebnis seine Vergangenheit wiedererlebt hat, kommt es vor, daß er das Zeitgefühl verliert. Manche Patienten sagen zum Beispiel: »Es scheint Jahre her zu sein, daß ich heute morgen zu Ihnen kam.« Wenn ich einen Patienten frage, wie lange er seiner Schätzung nach im Sprechzimmer gewesen sei, dann antwortet er womöglich: »Vermutlich dreißig Jahre.« In den Minuten oder Stunden, die er in seiner früheren Umwelt verbracht hat, scheint er die Gegenwart nicht miterlebt zu haben.

Diese Urerlebnisse bezeichnen die Patienten als ein bewußtes Koma. Obwohl sie den Zustand jederzeit beenden könnten, wenn sie wollten, wollen sie es nicht. Sie wissen, wo sie sind und was vor sich geht, doch erleben sie bei dem Urerlebnis die Vergangenheit noch einmal und werden von ihr ganz in Anspruch genommen. Sie waren immer von dieser Vergangenheit ganz und gar in Anspruch genommen, aber sie agierten sie aus, statt sie zu empfinden. Selbst ihre Träume handelten gewöhnlich von der Vergangenheit. Das Urerlebnis verweist die Vergangenheit dann auf den Platz, der ihr zukommt, und ermöglicht dem Patienten endlich, in der Gegenwart zu leben.

Der Urschrei

Der Urschrei ist nicht ein Schrei um seiner selbst willen. Auch dient er nicht dazu, Spannung abzulassen. Wenn er die Folge von tiefen, verheerenden Gefühlen ist, dann ist er, glaube ich, eher ein Heilungsprozeß als ein einfaches Ablassen von Spannung. Jedenfalls ist nicht der Schrei heilend, sondern der Urschmerz. Der Schrei ist nur eine Ausdrucksform des Urschmerzes. Der Urschmerz ist das Heilmittel, denn er bedeutet, daß der Patient endlich fühlt. In dem Augenblick, da der Patient den Schmerz verspürt, verschwindet der Urschmerz. Der Neurotiker leidet, weil sein Körper nicht ständig auf den Urschmerz eingestellt ist. Es war die spannungsgeladene Erwartung, die weh tat.

Der echte Urschrei ist unverkennbar. Er ist ganz eigenartig tief, rasselnd und unwillkürlich. Wenn der Therapeut plötzlich irgendeinen Teil des Abwehrsystems entfernt und der Patient nackt und bloß mit seinem Urschmerz zurückbleibt, dann schreit er, weil er seiner Wahrheit ganz ausgesetzt ist. Wenngleich der Schrei die üblichste Reaktion ist, so ist er doch weder die einzige noch die immer wiederkehrende Reaktion auf das dem Urschmerz Ausgesetztsein. Manche Leute ächzen, stöhnen, winden sich und schlagen um sich. Es läuft alles auf dasselbe hinaus. Der Schrei eines Patienten ist das Ergebnis eines einzigen Gefühls, das Tausenden von früheren Erlebnissen zugrunde liegen mag: »Pappi, tu mir nicht mehr weh!« – »Mammi, ich habe Angst!« Manchmal muß der Patient auch nur zu Anfang schreien. Er schreit wegen der Hunderte von Malen, da er still sein mußte, ausgelacht, gedemütigt oder geschlagen wurde. Jetzt schreit er, weil er oft verletzt wurde und man ihm nicht einmal zu bluten erlaubte. Es ist, als ob ihn jemand dauernd mit einer kleinen Nadel stach und er nicht einmal »Au« sagen durfte.

Widerstände

Die Primärtheorie verläuft nicht so glatt, wie es nach meiner Schilderung scheinen mag. Die Abwehrmechanismen selbst sind ein Widerstand gegen das Fühlen. Daher gibt es immer einen Widerstand dieser oder jener Art, solange noch ein Teil des Abwehrsystems vorhanden ist. Viele Patienten weigern sich, nach ihren Eltern zu rufen. Vielleicht haben sie eine jahrelange Analyse hinter sich und sagen: »Ach, das habe ich schon vor Jahren erarbeitet. Ich weiß, wie sie sind; was Sie da vorschlagen, hat keinen Sinn.« Ich behaupte, daß die Patienten in Wirklichkeit nicht wissen, wie die Eltern sind, ehe sie sie gerufen haben. Die Patienten sind von diesem ›kindischen Unterfangen‹ peinlich berührt. »Das ist ganz schön vereinfachend, finden Sie nicht?« war der Kommentar eines jungen Psychologen. Doch im Kopf zu wissen, daß man nicht geliebt wird, ist ein gespaltenes Empfinden – ein halbes Fühlen, an dem der Körper nicht beteiligt ist. Um Liebe zu bitten ist etwas anderes. Der neurotische Kampf begann, weil das Kind nicht mehr gefahrlos um Liebe bitten konnte; das Bitten brachte Ablehnung und Urschmerz mit sich. Da der Kampf das fortgesetzte symbolische Bitten um Liebe ist, bedeutet es, den Kampf zurückzudrängen und den Urschmerz freizulegen, wenn man den Patienten dazu bringt, unumwunden zu bitten: »Liebe mich, Mama!«

Manchmal ist der Widerstand physisch. Der Patient wird aufgefordert, auszuatmen, und er macht es umgekehrt. Er scheint die Luft nach unten zu drücken, statt nach oben und hinaus. Diese Unfähigkeit auszuatmen findet man oft bei Neurotikern, besonders bei den unterdrückten, die sich immer beherrschen mußten. Der physische Widerstand scheint automatisch zu sein. Der Hals strafft sich, der Körper krümmt sich, der Patient rollt sich zu einer Kugel zusammen – alles, um das Fühlen abzustellen. Der entscheidende Punkt ist, daß niemand, wie unerfreulich Neurose auch zu sein scheint, sich einfach hinlegt und seine Neurose einfach abstreift.

Wenn der Patient bei seinem flachen Atmen bleibt, drücke ich manchmal auf seinen Bauch. Das ist allerdings selten notwendig. Keinesfalls tue ich es, ehe der Patient fest in irgendeinem Gefühl befangen ist, denn nicht auf das Atmen sind wir aus, sondern auf das Fühlen.

Das symbolische Urerlebnis

Da übermäßiger Schmerz offenbar automatisch von unserem System abgestellt wird, kommt es offensichtlich in den ersten Tagen der Therapie zu symbolischen Urerlebnissen, wie ich sie nennen möchte. Das gilt insbesondere für ältere Menschen mit sich verstärkenden Abwehrmechanismen. Der physische Teil des Urschmerzes wird zuerst vielleicht erweckt, aber der Patient kann die geistige Verbindung nicht herstellen. Statt dessen hat er womöglich heftige Rückenschmerzen (symbolisch für Ans-Bett-gefesselt-Sein), oder er ist teilweise gelähmt (symbolisch für seine Hilflosigkeit), oder er spürt vielleicht ein Gewicht auf den Schultern (die Last, die er getragen hat). Die Symbolik ist unterschiedlich. Ein Patient konnte eine halbe Stunde lang seine linke Seite nicht bewegen. »Das ist das ganze tote Gewicht, das ich mein Leben lang herumgeschleppt habe«, sagte er, kurz nachdem er begonnen hatte, Verbindungen herzustellen.

Wenn der Primärtherapeut dem neurotischen Verhalten des Patienten einen Riegel vorschiebt, scheint sich die Neurose auf die nächste Verteidigungslinie, die physische Symbolik, zurückzuziehen – also psychosomatische Beschwerden. Hier stellen wir wiederum fest, daß körperliche Schmerzen die Folge von frühem geistigem Schmerz sind, und wenn diese seelischen Verletzungen empfunden werden, dann verschwinden die physischen Leiden.

Psychosomatische Leiden plagen zu Beginn der Primärtherapie fast jeden Patienten, selbst diejenigen, die vorher relativ gesund gewesen waren. Ein Patient hatte nach seinem ersten großen Urerlebnis Durchfall. Er sagte: »Die Dinge kommen schneller, als es mir möglich ist herauszufinden, was sie sind.« Als er es herausgefunden hatte und empfand, was sie waren, hörte sein Durchfall auf. Wenn entscheidende Gefühle blockiert sind, scheint sich der Urschmerz zuerst gegen bestimmte Bereiche oder Körperteile zu richten. Auf diese Weise wissen wir, daß der Urschmerz im Aufsteigen begriffen ist. Wenn die Verbindungen hergestellt sind, vergehen die psychosomatischen Leiden rasch.

Während seines zweiten Vor-Urerlebnisses fühlte sich ein Patient buchstäblich auseinandergerissen. Er hatte die Fäuste geballt und die Arme steif ausgestreckt, angespannt und zitternd. Wenn man diesen Patienten beobachtete, sah man, wie er von der einen Seite zur anderen gezogen wurde. Dennoch war das symbolisches Verhalten – symbolisch dafür, daß er sich gespalten fühlte (und es auch war), aber die Ursachen der Spaltung in keinen Zusammenhang zu bringen vermochte. Später spürte er, was geschah. Er erlebte eine Szene wieder aus der Zeit, als seine Eltern sich scheiden ließen. Er fühlte, wie gern er mit seinem Vater mitgegangen wäre, aber er wagte das nicht zu fühlen aus Angst, seine Mutter zu kränken ... Er fühlte, wie sehr er seine Mutter haßte, mußte aber dieses Gefühl unterdrücken, weil er mit ihr zusammenleben mußte und ganz von ihr abhängig war ... Er fühlte die Wut auf seinen Vater, weil er wegging, und er mußte sie verbergen, damit sein Vater wiederkäme und ihn besuchte ... All diese Widersprüche hatten ein physisches Zerren des Körpers zur Folge. Sie wurden physisch, weil er nicht wagte, sie direkt zu fühlen. Die Gefühle wurden dann mit ihren *symbolischen* Werten im Muskelsystem verschlüsselt; der Patient war tatsächlich durch diese widerstreitenden Gefühle auseinandergerissen worden, denn Gefühle sind reale, physische Dinge. Um das Zerren aufzulösen, mußte er in seine Vergangenheit zurückkehren und die einzelnen Elemente des Widerspruchs empfinden. Es genügte nicht, zu ›wissen‹, daß er sich wegen der Scheidung in einem Konflikt befand.

Die Primärtheorie erklärt den eben geschilderten Fall damit, daß verleugnete Erinnerungen – das heißt Geschehnisse, die zu schmerzlich sind, um ihnen voll ins Auge zu sehen – im Gehirn aufbewahrt und unterhalb der Bewußtseinsschwelle gespeichert werden und dem Körper Botschaften senden. So mag es sein, daß ein nie zum Ausdruck gebrachter Impuls, einen prügelnden Vater ebenfalls zu schlagen, statt dessen die Form verspannter Armmuskeln annimmt. Während eines frühen Urerlebnisses kann ein Patient, der sich an die Prügel seines Vaters erinnert, eine Spannung in seinen Armen fühlen, aber nicht wissen, warum. Später wird er die Muskelspannung mit ihrem richtigen Kontext (Wut, den Vater schlagen wollen) in Verbindung bringen, und zu guter Letzt wird die Muskelverspannung aufgelöst.

Ein Patient knirschte ständig mit den Zähnen. Es war ein automatisches und unbewußtes Verhalten bei Tag und bei Nacht (im Schlaf). Er begann, an die Zeit zu denken, als sein Vater sein Versprechen, ihn zu einem Baseballspiel mitzunehmen, nicht gehalten hatte, und unbewußt begann er, wütend mit den Zähnen zu knirschen. Wut durfte man bei ihm zu Hause nicht zum Ausdruck bringen. In meinem Sprechzimmer schrie er schließlich seine Wut hinaus, und das Zähneknirschen hörte auf. Dieser eine Vorfall war nicht der Grund für das Zähneknirschen gewesen. Dieser eine Vorfall, eine ins Auge springende Erinnerung, löste einfach stellvertretend den ganzen Ärger des Patienten über eine Unzahl nicht gehaltener Versprechungen aus, über die er sich zu Hause niemals beklagen durfte. Wir alle sehen ringsum symbolisches Verhalten, doch nennen wir es wahrscheinlich nicht so. Wenn ein Kind ohne Erlaubnis die Schule schwänzt, handelt es triebhaft. Vermutlich agiert es symbolisch eine Freiheit aus, die es nicht fühlen kann. Was das Kind bedrängt hat, ist womöglich gar nicht die Schule, sondern alte Gefühle. Wenn es diese Gefühle empfindet, wird es dadurch davon befreit, seinen Freiheitsdrang durch Schuleschwänzen ausagieren zu müssen. Dieses Kind könnte durch die Schulleitung oder einen hilfreichen Therapeuten zu besserem *Verhalten* gebracht werden, wenn ihm die Notwendigkeit klargemacht würde, seine Pflicht in der Schule zu erfüllen, aber der Freiheitsdrang würde bestehen bleiben und das Kind zu symbolischem und soziopathischem Verhalten antreiben.

Das symbolische Stadium ist notwendig in der Primärtherapie. Der Patient empfindet ein Gefühl nur teilweise, weil es zu schmerzhaft ist, um es ganz zu empfinden – der Körper schließt sich dann vorläufig ab, und der Patient agiert den restlichen Teil des Gefühls aus (oder ein). Dieses Ausagieren braucht nichts Bestimmtes zu sein. Es kann einfach die Form einer vagen Spannung annehmen, die Teile der alten Persönlichkeit intakt erhält.

Das symbolische Stadium darf nicht übereilt abgetan werden. Das System sieht sich kleinen Dosen von Urschmerz gegenüber, und das wird sich in einem geordneten Prozeß mit einem geringeren Grad von Symbolik fortsetzen, wenn mehr Gefühle empfunden werden. Es zeigt sich auch darin, daß in den Träumen weniger Symbolik auftaucht.

Wenn der Patient das symbolische Stadium hinter sich läßt und auf direktere Weise zu seinen Gefühlen gelangt, stellt er fest, daß er an symbolischen Dingen weniger interessiert ist. Symbolik scheint ein totales Phänomen zu sein, und leider verbringt der Neurotiker oft sein ganzes Leben in diesem symbolischen Wolkenkuckucksheim. Seine ›rasenden‹ Kopfschmerzen sagen ihm vielleicht, wie wütend er ist, und trotz jahrelanger Kopfschmerzen scheint er selten einen Sinn darin zu erkennen. Nach einem besonders vehementen Urerlebnis drückte ein Patient das folgendermaßen aus: »Ich glaube, all dieser Druck in meinem Kopf waren zornige Gefühle, die sich nicht ausbreiten konnten und sich an meine körperlichen Gefühle anhängten. Es war, als hätte ich selbst meine Gedanken in irgendein Abteil stopfen müssen, das schon zu voll war.«

Die schlimmste Zeit in der Primärtherapie scheint die erste Woche zu sein. Der Patient ist voll banger Ahnungen und elend und sagt gewöhnlich: »Mein Gott, wann hört all das auf? Es war bloß eine Woche und kommt mir vor wie ein ganzes Leben!« Er ist in großer Bedrängnis gewesen. Ein anderer Patient sagte: »Es ist, als ob Sie mich in dem Augenblick, als ich hereinkam, an den Füßen gepackt, mit dem Kopf nach unten hätten hängen lassen und alles aus mir herausgeschüttelt hätten.«

Der Patient fühlt sich mehr in Spannung denn je zuvor, denn er hat weniger neurotische Abwehrmechanismen gegen die Gefühle, die an die Oberfläche kommen. Sobald er ganz aufgeschlossen ist, sind seine Bedürfnisse so dringend, daß der Therapeut ständig für ihn erreichbar sein muß.

Am Ende der dritten Woche ist beim Abbau des Abwehrsystems die Hauptarbeit getan. Dem Patienten geht es allerdings noch nicht gut. Es ist noch ziemlich viel Spannung vorhanden – alte Verletzungen und Gefühle, die aus diesem oder jenem Grunde noch nicht aufgetaucht sind oder ausgelöst wurden. Weil es eine große finanzielle Belastung und auch nicht notwendig ist, den Patienten länger in Einzeltherapie zu behalten, wird er dann einer postprimären Gruppe zugeteilt. Es mag sein, daß der Patient gelegentlich noch eine Einzelstunde braucht, aber die Hauptarbeit bleibt nun der Gruppentherapie überlassen.

Wenn ich sage, die Hauptarbeit sei in den ersten Wochen geleistet worden, dann meine ich damit, daß mittlerweile beträchtliche Veränderungen der Persönlichkeit und Symptomatik erkennbar sind. Als ich noch die konventionelle Therapie praktizierte, dauerte es gewöhnlich drei Wochen, bis die Anamnese eines Patienten aufgenommen und eine psychologische Testbatterie durchgeführt war. In demselben Zeitraum erleben wir jetzt zum Beispiel, daß ein lebenslang hoher Blutdruck auf normale Werte sinkt (und dann auch normal bleibt). Die Redeweise ändert sich, der Ton der Stimme und das ›Aussehen‹ – tote Gesichter werden beweglich und lebendig. Auch die Gedanken des Patienten verändern sich in dieser kurzen Zeit radikal, und das geschieht ohne irgendeine Diskussion zwischen dem Patienten und dem Therapeuten. Das liegt daran, daß irreale Ideen notwendigerweise eine Begleiterscheinung irrealer Systeme sind.

Das Hauptziel ist natürlich, in den drei Wochen die Verteidigungsmechanismen abzubauen, und meistens geschieht das auch.

Der Patient kann kaum ohne beträchtliche Emotionen über irgend etwas Bedeutungsvolles reden. Selbst sein Gang ist anders. Viele dieser Veränderungen sind ausführlich in den von meinen Patienten geschriebenen Krankengeschichten erwähnt.

Unterschiedliche Formen der Urerlebnisse

Urerlebnisse können auf mannigfache Weise voneinander abweichen. Bei einer Patientin begannen die Urerlebnisse zum Beispiel mit der Geburt. Am ersten Tag ihrer Therapie rollte sie sich zu einer Kugel zusammen, begann ihren Körper zusammenzuziehen und wieder zu strecken, sagte, sie spüre einen kalten Luftzug, und wimmerte dann genau wie ein Neugeborenes. Sie hatte keine Ahnung, was sie da erlebte, und berichtete, es sei ein völlig unwillkürlicher Vorgang. Andere Patienten gehen niemals so weit zurück. Eine Patientin, die keine Erinnerung hatte an die Zeit, ehe sie zehn Jahre alt war, erlebte zuerst Erfahrungen wieder, die sie mit vierzehn gemacht hatte, und arbeitete sich dann durch die Jahre hindurch, bis sie ein entsetzliches Geschehnis wiedererlebte, das die endgültige Spaltung der Zehnjährigen verursacht hatte. Danach hatte sie indes weitere Urerlebnisse aus immer früherer Zeit, bis sie zum Alter von drei Jahren kam und das ›reine Bedürfnis‹ empfand, von ihren Eltern geliebt zu werden. Später sagte sie, das sei ihr schmerzhaftestes Urerlebnis gewesen – als sie spürte, daß ein physisches Bedürfnis bedeutet, den ständigen Urschmerz von etwas nie Befriedigtem zu empfinden. Es fiel kein Wort während dieses Urerlebnisses, es war eine ganz und gar innere Empfindung mit einem Zusammenrollen des Körpers, sich Winden und Stöhnen, Ballen der Fäuste und Zähneknirschen.

Wie unterschiedlich die Urerlebnisse sind, hängt auch davon ab, wie lange die Spaltung zurückliegt und wie tief der Urschmerz ist. Manche Patienten vermögen direkt zu der großen Szene zurückzugehen, bei der sie die Spaltung fühlten; andere brauchen Monate, um so weit zu kommen. Manche berichten, daß sie niemals zu einer bestimmten Szene gelangen; viele Szenen schienen gleich bedeutsam für die Erzeugung der Neurose gewesen zu sein. Wenn die Spaltung früh eingetreten war und der Urschmerz groß ist, kann es sein, daß der Patient eine Szene viele Male wiedererlebt. Kürzlich hat ein Patient zum Beispiel wiedererlebt, daß er im Alter von neun Monaten für viele Wochen in einem Kinderbett im Krankenhaus allein gelassen wurde. Seine Eltern durften ihn nicht besuchen, weil er eine ansteckende Krankheit hatte. Am nächsten Tag kam er auf diese Szene zurück und wußte nun, daß es ein Krankenhaus gewesen war. Dann sah er das Gesicht seiner Mutter; schließlich sah er, wie seine Eltern fortgingen, und spürte das Verlassensein. Sein lebenslängliches neurotisches

Ausagieren war darauf gerichtet, jemanden zu finden, zuletzt eine Freundin, an die er sich halten konnte, und er tat, was ihm nur möglich war, damit sie ihn nicht verließ. Er hatte keine Ahnung, daß sein Verhalten zum größten Teil auf etwas beruhte, das ihm in frühester Kindheit widerfahren war, und tatsächlich hatte er auch gar keine Erinnerung daran gehabt. Als er zum erstenmal kam, war er in großer Spannung, weil seine letzte Freundin ihn verlassen hatte. Als er sich in dieses Gefühl versenkte, brachte ihn das zu dem Kinderbett zurück. Während er die Kinderbettszene wiedererlebte, war nur Babygeschrei zu hören. Er hatte mehrere wortlose Urerlebnisse. Das letzte dieser Serie war ein lauter, schriller Jammerschrei, seine Eltern mögen zurückkommen, ein Schrei, den auszustoßen er dort im Kinderbett nicht gewagt hatte.

Gewöhnlich erkennen wir es, wenn ein Patient ein Urerlebnis gehabt hat. Er öffnet die Augen und zwinkert, als ob er aus einem Koma käme. Manchmal ist es nicht dermaßen dramatisch; die Stimme nimmt wieder den Klang der erwachsenen Stimme an, und dann wissen wir, daß sich der Patient von dem frühen Gefühl gelöst hat. Immer wieder überraschend ist, daß oft Spannung einsetzt, wenn der Organismus für einen Tag genug Urschmerz gehabt hat. Hat der Patient einen großen Urschmerz empfunden, wird er unerklärlicherweise in Spannung sein und sagen, er könne sich an nichts mehr erinnern. Oder er wird sich, wenn er ein Erlebnis in seiner Gesamtheit empfunden hat, völlig entspannt fühlen. Wenn ein Patient nach einem Urerlebnis noch in Spannung ist, wissen wir, daß noch Gefühl aufzulösen bleibt. Restliche Spannung nach einem Urerlebnis macht in dramatischer Weise deutlich, daß die Neurose unser früher Freund und Wohltäter war. Sie nahm alles in die Hand und beschützte uns, als das Leben noch unerträglich schmerzhaft wurde, und sie nimmt alles in die Hand und bringt den Patienten in Spannung, wenn er für einen Tag genug Urschmerz gehabt hat.

Es gibt Zeiten, da sind Urerlebnisse vorwiegend physisch; ein Patient hatte gegen Ende seiner Therapie ein Urerlebnis, bei dem sich sein Körper in seltsamen und bizarren Stellungen von rechts nach links verdrehte. Er lag auf dem Bauch, die Beine bis zum Rücken hin angewinkelt, den Kopf hoch erhoben, den Hals nach hinten gestreckt. Das ging auf unwillkürliche Weise fast eine Stunde lang. Dann stand er ganz gerade auf und sagte, er fühle, daß seine Rückgratverkrümmung, die ihn den größten Teil seines Lebens geplagt hatte, weg sei. Er beschrieb es folgendermaßen:

»Ich glaube, nicht nur mein Geist war verzerrt, sondern auch mein Körper. Er schien eine Art Sequenz ablaufen zu lassen, wobei zuerst alles krumm war – wie ich selbst mich ja auch krumm gemacht hatte –, und dann begann er sich automatisch wieder zusammenzufügen. Eben, bevor das losging, sagte ich mir dauernd, ich würde verrückt. Irgend etwas knackte in meinem Kopf, und dann begann diese physische Sequenz. Ich glaube, es war so gewesen: Als mein Geist endlich den Kampf und diese ganze Irrealität (gewissermaßen das Zulassen, daß er sich zerstörte) aufgab, konnte der Körper endlich real sein und mit sich selbst ins reine kommen. Ich stehe und gehe jetzt ganz gelockert, als sei ich ein anderer Mensch. In meinem ganzen Leben habe ich meine Beine nicht richtig kreuzen können, was ich jetzt kann, und so seltsam es erscheint, jetzt kann ich zum erstenmal meinen Hals nach allen Seiten drehen. Ich kann nur sagen, daß ich nicht nur in einer geistigen Zwangsjacke steckte und beschränkt war in meinem Denken, sondern auch in einem körperlichen Prägestock, gleichsam einer Preßform, die mich ganz und gar in ein paar seltsame Formen preßte.«

Wir sind alle so daran gewöhnt, den ›normalen‹ Emotionsbereich zu beobachten, daß sich die ungeheure Gewalt der Urerlebnisse nur schwer ausdrücken läßt. Ihre Tiefe und ihr Gefühlsumfang sind fast unbeschreiblich. Ihre große Unterschiedlichkeit und oft seltsame Eigenart sind ebenfalls schwer darzustellen. Hier sei nur gesagt, wenn ein Gefühl einen Menschen in Zuckungen versetzen und einen markerschütternden Schrei hervorbringen kann, dann ist das ein Beweis für den ungeheuren Druck, unter dem der Neurotiker ständig stehen muß. Verblüffend ist, daß viele Neurotiker ihn nicht direkt spüren können; sie fühlen ihn statt dessen in einem Druck auf der Brust, einem aufgeblähten Bauch oder einem Kopf, der schier platzen will.

Der Prozeß des Urerlebnisses führt den Patienten in einen Bereich, der selten, wenn überhaupt je zu sehen ist, selbst in den Sprechzimmern von Psychotherapeuten. Noch seltener wird er verstanden. Es ist ein systematischer Trip, nicht ein zufälliger, hysterischer Höhenflug, sondern eine schrittweise, wohlgeordnete Reise des Menschen zu sich selber. Gelangen die Patienten schließlich zu dem frühen katastrophalen Gefühl, zu wissen, daß sie ungeliebt waren, gehaßt oder nie verstanden wurden – diesem Gefühl, das einen wie eine Offenbarung überkommt, daß man letztlich allein ist –, dann begreifen sie vollkommen, warum sie sich abgekapselt haben und daß ein kleines Kind diesem Gefühl nicht Widerstand leisten und weiterleben konnte. Wenn man solche Patienten beobachtet, die sich vor Schmerz in Krämpfen winden, wenn sie auf dieses Gefühl stoßen, dann erkennt man die Tiefen des menschlichen Fühlens. In all den Jahren, in denen ich mich mit konventioneller Therapie befaßte, habe ich nie beobachtet oder auch nur verstanden, was Fühlen eigentlich ist. Natürlich sah ich viel Weinen und heftige Erregung, aber zwischen Weinen und einem Urerlebnis liegen Welten.

Ein Patient beschrieb seine Urerlebnisse so: »Das Gefühl bei einem Urerlebnis, das mit einem irgendwann nach Eintreten der Spaltung stattgefundenen Kindheitserlebnis assoziiert ist, ist ein

Stück des realen Selbst, das nicht ganz und gar empfunden werden kann, sofern man nicht in die Zeit vor der Spaltung zurückgeht. Darum ist das Wiedererleben von Kindheitserlebnissen oder -szenen in der Primärtheorie so wichtig. Sie tragen dazu bei, Stücke des eigenen realen Selbst dadurch zu fühlen, daß der Schmerz mit bestimmten Vorfällen assoziiert wird, bis man die Substanz seines realen Selbst *sein* kann. Zum Beispiel: Wenn ich ein Urerlebnis darüber habe, daß mich meine Mutter immer wegschiebt, dann werde ich wahrscheinlich sagen: ›Schieb mich nicht weg, Mammi.‹ Das reine Gefühl bei diesem Urerlebnis hat eigentlich keine Worte. Das Gefühl *ist* mein reales Selbst, und die Worte besagen in Wirklichkeit: ›Ich fühle mich nicht wohl, Mammi, bitte nimm meinen Schmerz weg‹, und das ist eine Abwehr dagegen, dieses Gefühl zu *sein*. Die vielen Male, bei denen dieses Gefühl mit bestimmten Vorfällen in Verbindung gebracht wird, werden den Patienten, glaube ich, dazu führen, daß er schließlich dieses Gefühl ganz und gar ist und seine *Substanz* empfindet, und das ist früher nur einmal geschehen, kurz vor der Spaltung. An diesem Punkt gibt es nichts zu sagen und keine Szenen, zu denen Verbindung herzustellen ist. Man ist man selber. Für mich war es das, was die totale Deprivation mir angetan hatte. Es ist ein hoffnungsloses Unterfangen, in Worten ausdrücken zu wollen, was ich bei diesem Erlebnis empfand, und daß ich es nicht ausdrücken kann, ist ein weiterer Beweis dafür, daß es sich mit Worten nicht sagen läßt . . .«

Das Wiedererleben der Urschmerzen scheint von fast unbeschreiblicher Intensität zu sein. Wenn man Patienten bei Urerlebnissen beobachtet, ist man überzeugt, es müsse überaus qualvoll sein. Ich war so davon überzeugt, daß ich erst Monate, nachdem ich mit der Primärtherapie begonnen hatte, auf den Gedanken kam, einen Patienten zu fragen, ob es weh tue. Zu meiner großen Überraschung sagten die Patienten, der Urschmerz tue trotz all des Stöhnens, Schreiens und der krampfhaften Zuckungen *nicht weh*! Ein Patient beschrieb es folgendermaßen:

»Es ist nicht, als ob man sich in die Hand geschnitten hat und es sich ansieht und sagt: ›O jemine, meine Hand tut weh!‹ Während eines Urerlebnisses denkt man überhaupt nicht daran, ob es weh tut. Man fühlt sich nur überall elend. Aber es tut nicht weh. Wenn man überhaupt davon sprechen kann, könnte man nur sagen, es tut angenehm weh, denn es ist eine solche Erleichterung, endlich fühlen zu können.«

Damit meinte er, glaube ich, daß man bei einem Urerlebnis nicht überlegt, was man tut, und das, was geschieht, nicht verarbeitet, daß man sozusagen das Bedürfnis nicht logisch begründet. Es gibt nur ein Selbst, das zum erstenmal seit der Kindheit an etwas *total* beteiligt ist. Die Person ist das Fühlen. Einer der Gründe, warum sie an dem Prozeß des Fühlens völlig beteiligt sein kann, ist, daß sie nicht einfach auf einen Stuhl beschränkt dasitzt und sich an etwas erinnert. Der ganze Körper ist an diesem Prozeß beteiligt, ebenso wie das kleine Kind an einem Gefühl total beteiligt war, ehe es sich abkapselte. Einige Patientinnen erinnern sich, wie sie in ihren ersten Lebensjahren ihren Ärger zum Ausdruck brachten – sie lagen auf dem Fußboden und strampelten mit den Beinen, schlugen mit den Armen um sich und wimmerten. Sie waren völlig beteiligt, und wenn man das Kind, das einen Wutanfall hat, fragen würde, ob es Schmerzen hat, bezweifle ich, ob es (wenn es die Frage überhaupt verstünde) mit ja antworten würde.

Ich zitiere hier noch eine andere Beschreibung eines Urerlebnisses, das gegen Ende der Therapie eines Patienten stattfand, weil es zur Erklärung des Phänomens eines schmerzlosen Urschmerzes beiträgt: »Ich glaube, am besten kann ich beschreiben, welche Art dieses Erlebnis war, wenn ich sage, daß ich mir des Gefühls und seiner Zusammenhänge nicht bewußt war, mir war, glaube ich, überhaupt nichts bewußt. Ich war einfach mein Schmerz, und es war kein Zusammenhang nötig (nichts Getrenntes, das sagt: ›Du hast Schmerzen.‹). Nötig war nur, daß mein Sein das Erlebnis akzeptierte und es nicht abspaltete, wie ich es vorher einmal getan hatte, als ich endgültig neurotisch wurde. Ich war einfach mein reales Selbst.« Bedeutsam am Erleben des Urschmerzes ist, daß es ein Hinweis darauf ist, daß Gefühle an sich nicht weh tun. Wenn man sich gegen das Gefühl verspannt, dann tut es weh. Das soll nicht heißen, daß es keine unerfreulichen Gefühle gebe, aber wenn sie als das empfunden werden, was sie sind, dann werden sie nicht in Urschmerzen verwandelt. Traurigkeit tut nicht weh. Aber wenn einem versagt wird, traurig zu sein, wenn man nicht elend sein darf, *dann* tut es weh. *Fühlen ist also die Antithese des Urschmerzes.*

Die Dialektik der Primärmethode ist, daß man, *je mehr Urschmerzen man spürt, um so weniger Schmerz erleidet.* Die Gefühle eines normalen Menschen kann man in Wirklichkeit nicht verletzen, aber man kann einen Neurotiker verletzen, wenn man verleugnete Gefühle auslöst.

Das Gruppenerlebnis

Postprimäre Gruppen treffen sich mehrmals wöchentlich für drei oder vier Stunden. Die Gruppe besteht aus Patienten, die eine Einzeltherapie hinter sich haben. Die Hauptfunktion der Gruppe ist, die Gruppenmitglieder zu neuen Urerlebnissen anzuregen. Die generell emotionale Atmosphäre in der Gruppe lockt weitere Urerlebnisse hervor. Das Urerlebnis eines Patienten vermag die Urerlebnisse von vielen anderen Patienten auszulösen. Es ist nicht ungewöhnlich, daß Dutzende von Urerlebnissen zur gleichen Zeit stattfinden, denn abwehrlos gewordene Patienten werden durch den sie umgebenden Schmerz leicht angeregt.

Wenn viele Urerlebnisse gleichzeitig beginnen, kann es wie im Tollhaus sein. Die einzigen, auf die sich das Chaos nicht auswirkt, sind diejenigen, die ihre Urerlebnisse haben. Sie bemerken gar nicht, was die anderen tun. Es kommt sogar vor, daß in einer einzigen, dreistündigen Gruppensitzung fünfzig Urerlebnisse gleichzeitig in Gang kommen.

Da der ganze Primärprozeß umwerfend ist, um es gelinde auszudrücken, hat die Gruppe noch eine weitere Funktion: Es ist tröstlich für die Patienten, andere Leute zu treffen und zu kennen, die auch die Therapie durchmachen. Die Gruppenbehandlung wird mehrere Monate fortgesetzt, je nach dem Patienten.

Da ich vor der Primärtherapie viele Jahre lang die übliche Gruppentherapie praktiziert habe, möchte ich darauf hinweisen, daß die Primärgruppe etwas völlig anderes ist. Patienten, die Gruppen anderer Art kennengelernt haben, angefangen von Marathon- bis zu analytischen Gruppen, betonen den Unterschied auch.

In der Primärgruppe gibt es sehr wenig Interaktion. Es ist fast nichts von Hier und Jetzt, dem Geben und Nehmen der üblichen Gruppentherapie zu finden. Die Teilnehmer befragen sich kaum untereinander über Motivationen, und Einsichten werden nicht ausgetauscht. Selten läßt man auch einem anderen gegenüber Ärger oder Furcht erkennen. Der Blick ist nach innen gerichtet. Wenn einer seine Zeit damit verbringt, andere anzusehen, ihre Reaktionen zu beobachten, dann ist das ein deutliches Zeichen, daß er in diesem Augenblick nichts fühlt. Es gibt viele Gründe dafür, glaube ich, aber der entscheidende Grund ist, daß die Primätherapie kein Interaktionsprozeß ist. Es ist ein Prozeß des persönlichen Fühlens mit einem fast ununterbrochenen Strom von Einsichten, wenn ein Urschmerz tief empfunden wurde. (Vgl. Kapitel 13)

Der zweite Unterschied besteht darin, daß die Patienten begreifen, daß sie in der Gruppe auftretenden Reaktionen, wie ungeordnet sie auch sein mögen, sich auf *alte* Erlebnisse beziehen.

Drittens: Die Zeit der Gruppentherapie ist die Periode großer Abwehrlosigkeit. Die Patienten kommen in eine Gruppe und haben sofort Urerlebnisse, weil sie ihre bislang unterdrückten Gefühle nicht länger zurückhalten können. Niemand braucht sie anzuspornen. Sie sind sozusagen eine einzige große Gefühlsmasse.

Wie bereits erwähnt, erwecken die sich bei einem Patienten abspielenden Vorgänge – »Ich könnte nicht behaupten, daß ich je Angst gehabt hätte« – oft ähnliche Gefühle bei den anderen anwesenden Patienten.

Drei Stunden sind eine kurze Zeit für Primärgruppen. Nach

einem Urerlebnis in der Gruppe – durchschnittlich dauert ein Urerlebnis etwa ein bis zwei Stunden – bleibt der Patient vielleicht noch ungefähr eine Stunde liegen und stellt schweigend Beziehungen her, während andere Urerlebnisse vor sich gehen. Was immer mit den anderen Patienten vorgeht, scheint niemanden zu stören, der mit seinen eigenen Gefühlen und Erinnerungen beschäftigt ist. Am Schluß jeder Gruppensitzung findet eine Diskussion statt, bei der die Teilnehmer über das reden, was ihnen widerfahren ist. Zum Beispiel diskutieren sie über ein bestimmtes Gefühl bei ihrem Urerlebnis, das früher gewisse Arten von neurotischem Verhalten hervorgerufen hatte.

Die Gesundung

Nach einem Jahr oder auch längerer Zeit der Gruppentherapie haben Patienten immer noch Urerlebnisse; aber meistens können sie ihre Gefühle zu Hause, ohne Hilfe eines Therapeuten erreichen. Es ist kein nennenswerter Abwehrmechanismus mehr da, der Gefühle verbirgt und das Ausagieren hervorruft. Der Patient ist nicht länger symbolisch in seinem Verhalten. Er kann die Gruppe noch aufsuchen, aber seltener, oder er kann die Gruppe auch verlassen und seine Therapie allein fortführen. Die Gruppe zu verlassen bedeutet jedoch nicht, daß er gesund ist; noch bedeutet es unbedingt, wenn er weiterhin in der Therapie bleibt, daß der Patient noch immer vorwiegend neurotisch ist. Sie ist lediglich eine Stelle, an die man geht und fühlt.

Nach einer gewissen kritischen Periode, für gewöhnlich nach achtzehn Monaten, fällt ein Großteil des neurotischen Verhaltens fort. Das Verlangen zu rauchen oder zu trinken hört auf. Selbst wenn sie wollten, könnten die Patienten nichts Irreales mehr tun. Sie können nicht auf ihre alten Kopfschmerzen zurückkommen, denn ihre Kopfschmerzen waren Teil dessen, was sich abspielte, als ihre Gefühle blockiert waren.

Es gibt zu diesem Zeitpunkt wenig Abwehrmechanismen, so daß Alkohol oder Kaffee eine sehr andere Wirkung haben als früher. Der Patient kann sich bereits nach zwei Tassen Kaffee »quirlig« fühlen oder nach einem Glas Wein benebelt sein. Das Beizende des Zigarettenrauchs wirkt sich sofort auf sie aus. Sie können nicht sexuell ausagieren (zwanghafte Sexualität), weil keine alten Triebe mehr da sind, die blockiert und auf den sexuellen Bereich umgeleitet werden. Sie haben kein Verlangen, sich zu überessen, weil sie nicht mehr Gefühle mit Essen wegstopfen.

Hält das im Lauf der Zeit an? Ja. Bisher ist irreales Verhalten (und das schließt physische Symptome ein) bei fortgeschrittenen Patienten nicht wieder aufgetreten. Wie könnte es auch? Die Person ist sie selber geworden; um wieder in ihr irreales Verhalten zurückzufallen, müßte sie erneut ein anderer werden. Geschehnisse im Leben des Erwachsenen können keine Spaltung hervorrufen, die aus einer Person zwei Menschen macht. Es geschieht bei kleinen Kindern, weil sie so schwach und zart sind und so abhängig von ihren Eltern, um am Leben zu bleiben. Sie müssen wohl oder übel das werden, was die Eltern verlangen. Auf einen Erwachsenen trifft das selten zu. Niemand kann einen realen Erwachsenen zu einem irrealen machen. Er wird gegen einen halsstarrigen Chef oder wegen einer unmöglichen Arbeitssituation keinen Kampf führen.

Doch möchte ich klarstellen, daß der Patient nach der Behandlung nicht etwa in Ekstase oder auch nur ›glücklich‹ ist. Glücklich zu sein ist kein Ziel der Primärtherapie. Nach der Behandlung werden manche Patienten vielleicht noch viele seelische Verletzungen spüren, weil sie ein ganzes Leben voller nicht empfundener Verletzungen hinter sich haben. So stehen ihnen unter Umständen noch seelische Schmerzen bevor, aber es sind, wie ein Patient es ausdrückte, »wenigstens *reale* Schmerzen, die irgendwie einmal ein Ende nehmen werden«.

Das Gesundsein bedeutet nicht unbedingt, daß sich die Interessen ändern; viele Patienten stellen fest, daß sie jetzt dasselbe tun wie eh und je, aber mit einem völlig anderen Gefühl. ›Gesund‹ sein bedeutet zu empfinden, was ›jetzt‹ geschieht. Die Patienten wissen es, wenn sie endlich voll fühlen können, denn es ist kein Residium von Spannung mehr da, und sie sind völlig gelockert. Nichts bringt sie in Spannung. Unerfreuliche Vorkommnisse verstimmen sie, und sie spüren die Verstimmung – aber keine Spannung.

Gleichgültig, wie viele Urerlebnisse jemand gehabt hat, wenn noch signifikante blockierte Gefühle da sind, dann werden diese Gefühle *unaufhörlich* symbolisch ausagiert, bis sie empfunden und aufgelöst werden.

Ein Patient, der in seinem dritten Therapiemonat in sein College zurückkehrte, stellte plötzlich fest, daß er die Vorlesungen nicht verstehen konnte. Er kam sich im Unterricht dumm vor und wirkte auch dumm, denn er konnte die einfachsten Dinge nicht verstehen, die der Professor erwähnte. Er kam in die Gruppe und erzählte, daß ein Assistent ihn ausgelacht habe, weil er bei einer Examensarbeit etwas nicht verstanden hatte. Als er davon sprach, versenkte er sich in das Gefühl: »Erklär mir das, Pappi. Nimm dir etwas Zeit für mich!« Sein Vater hatte ihn nämlich immer ausgelacht, wenn er etwas nicht sofort verstand. Er bemühte sich nach Kräften, alles immer gleich zu begreifen, um seinem Vater Freude zu machen und den Schmerz abzuwehren.

Das war ein einfaches Gefühl, dennoch von enormer Auswirkung. Der Schmerz bestand darin, daß er sich dumm vorkam und es zu verbergen versuchte, indem er rasch begriff. In seinem dritten Therapiemonat begann sein Abwehrmechanismus, nämlich das rasche Auffassen, abzubröckeln, und er verhielt sich dumm. Die Dummheit sagte: »Erklär es mir.« Er mußte sich weiter dumm verhalten, bis er den Ursprung der Dummheit fühlen konnte.

Zusammenfassung

Ich glaube, Neurose kann allein durch Druck und Gewaltanwendung beseitigt werden: Durch den Druck jahrelang komprimierter Gefühle und verleugneter Bedürfnisse und durch die Gewalt, die angewendet wird, um sie aus einem irrealen System herauszureißen. Ebenso, wie Neurose die Folge eines allmählichen Abkapselungsprozesses ist, gehört zum Gesundwerden ein allmähliches Wiedereinschalten. Da der Urschmerz einen allzu schnellen Trip zu diesen Urgefühlen nicht zuläßt, müssen sie stufenweise empfunden werden. Solange sie nicht alle empfunden sind, besteht die Wahrscheinlichkeit des symbolischen Ausagierens.

Die Primärtherapie ist wie eine umgekehrte Neurose. Tagtäglich schließt eine seelische Verletzung nach der anderen das Kleinkind mehr von seinen Gefühlen ab, bis es neurotisch ist. In der Primärtherapie erlebt der Patient diese Verletzungen wieder und wird ihnen gegenüber aufgeschlossen, bis er gesund ist. Eine seelische Verletzung ruft noch keine Neurose hervor, und ein Urerlebnis macht einen Menschen noch nicht normal. Es sind die Anhäufung von Verletzungen und das Fühlen der Verletzungen, die Quantität in neue Qualitäten von Krankheit oder Gesundheit verwandeln. Ich glaube, der Prozeß des Gesundwerdens ist unvermeidlich, solange der Patient in Behandlung ist. Sobald das Hauptabwehrsystem zusammengebrochen ist, bleibt dem Patienten gar nichts anderes übrig, als gesund zu werden. Diese Unvermeidlichkeit entspricht der Lage des Kleinkindes, das in einer traumatischen Umgebung mit ständiger Unterdrückung lebt. Seine Neurose, das endgültige Abkapseln des realen Selbst und der Aufbau eines dauerhaften Abwehrsystems, ist eine Selbstverständlichkeit. Wird das Kind vor der großen Spaltung aus der traumatischen Umgebung herausgenommen, kann eine ernstliche Neurose vermieden werden. Nimmt man den Patienten aus der therapeutischen Behandlung heraus, ehe er die Spaltung beseitigt hat, ist das Gesundwerden vielleicht nicht so sicher.

Wie kommt es, daß eine frühe Neurose nicht durch liebevolle Eltern oder Lehrer geheilt werden kann? Eine Reihe Patienten bekam als Teenager Stiefmütter oder Stiefväter, mit denen sie sehr gut auskamen, die oft warmherzig und freundlich waren, und doch brauchten diese Menschen später eine Therapie. Diese freundlichen Stiefmütter und Stiefväter haben *niemals* lebenslängliches Stottern, Tics, Allergien usw. beseitigen können. Sprachtherapeuten haben Sprachstörungen nicht heilen können. Wenn die Kinder nach Beendigung der Schule das Elternhaus verließen und gute, liebevolle Freunde und Freundinnen fanden, hörten die Spannung und anhaltende Symptome wie Psoriasis (die auf die Primärtherapie übrigens anzusprechen scheint) nicht auf. Wenn Freundlichkeit, Liebe und Anteilnahme Neurose aus der Welt schaffen könnten, dann hätte die Psychotherapie, die von warmherzigen Therapeuten praktiziert wird, gewiß imstande sein müssen, viele Neurosen zu beseitigen, und das ist, glaube ich, nicht der Fall.

Neurose läßt sich nicht beschwichtigen und durch logische Überlegungen, Drohungen oder Liebe nicht aus der Welt schaffen. Ihre pathologischen Prozesse scheinen alles zu verschlingen, was ihnen in den Weg kommt. Man kann die Neurose mit Einsichten füttern, und sie verdrückt sich wie nichts, während sie weitermarschiert. Man kann ein neurotisches Auslaßventil nach dem anderen zudrehen, nur um neue und besser verborgene zu finden. Neurose kann mit einem Medikament nach dem anderen gelindert werden, aber sobald die Medikamente abgesetzt werden, wird sie wieder so stark sein wie eh und je. Neurose wird von einer der großen Energiequellen angetrieben – dem Bedürfnis, geliebt zu werden und an Körper und Seele real zu sein.

Da mir wissenschaftliche Vorsicht anerzogen worden ist, bin ich mir beim Schreiben bewußt, wie dramatisch und ›unirdisch‹ all das klingt. Es mag sein, daß manche Leser die Primärtherapie damit abtun wollen, daß sie sagen, sie sei eine nur für bestimmte Arten von Neurose anwendbare Behandlung. Indes läßt sie sich bei allen Neurosen anwenden und, wie später dargelegt wird, möglicherweise auch bei Psychosen. Patienten, die ich früher nach der normalen Therapie behandelt hatte, haben niemals so etwas wie einen Urschmerz empfunden. Nachdem ich die Urerlebnisse entdeckt hatte, bat ich indes einige meiner früheren Patienten, nun zur primärtherapeutischen Behandlung zu kommen, und wir fanden ihren Urschmerz tatsächlich heraus. Nachdem wir uns jahrelang mit ihrer rationalen Fassade befaßt hatten, erschien es uns unglaublich, daß so viel unerforschtes Gefühl dahinter lag.

Bei manchen Neurotikern ruft die Primärtherapie eine ambivalente Reaktion hervor, je nach dem, wie nahe die Patienten ihrem Urschmerz sind. Wenn sie ihm nahe sind, werden sie offenbar sofort zu ihm hingezogen, weil sie dann das *Gefühl* haben, daß sie auf dem richtigen Weg sind. Wenn sie ihren Gefühlen noch fern sind, werden sie den Urschmerz als primitiv, naiv und übervereinfacht abtun. Der Neurotiker, der sein eigenes Wesen verzerren mußte, um etwas Lohnendes aus seinen Eltern herauszuholen, mag der Meinung sein, daß eine Therapie, die nicht einen ausgedehnten und ›qualvollen‹ Kampf einschließt, der sich über eine Reihe von Jahren erstreckt, nicht viel taugen kann.

Indes mag die Primärtherapie derart simpel erscheinen, daß ich eine Warnung aussprechen muß: NIEMAND, DER NICHT VOLL AUSGEBILDETER PRIMÄRTHERAPEUT IST, SOLLTE ES MIT IHR VERSUCHEN! Es könnte recht üble Folgen haben. Eine Gruppe Psychologen wird jetzt seit vielen Jahren ausgebildet. Die Teilnehmer und ich sind übereinstimmend der Ansicht, daß sie die Grundprinzipien der Theorie und die Technik noch nicht beherrschen. Ich betone das, um die mögliche Gefahr hervorzuheben, die mit der Anwendung der Primärtherapie durch unausgebildetes Personal verbunden ist.

Obschon dieses Buch praktisch keine Einzelheiten der Technik enthält, möchte ich unterstreichen, daß die Primärtherapie nicht eine Zufallsmethodik ist. Sie ist ein geplantes Programm. Es gibt bestimmte Ziele, die in den ersten drei Wochen erreicht werden müssen, und gewisse Ergebnisse, die von Monat zu Monat zu erwarten sind. Wir haben eine genaue Vorstellung darüber, wie der Patient während seiner Therapie essen und schlafen wird, und was das bedeutet. Unter gewissen therapeutischen Bedingungen werden andere Therapien fast genauso verfahren.

Diese Therapie erfordert eine ganze Menge Vertrauen zum Therapeuten. Wenn der Therapeut nicht real ist, kann sie nicht durchgeführt werden. Wenn er real ist, werden die Patienten es spüren. Viele von uns sind bereit, sich nach nur einem Händeschütteln von einem Chirurgen den Körper aufschneiden zu lassen, deshalb sollte es nicht überraschend sein, daß ein Patient den Therapeuten, kurz nachdem sie sich kennengelernt haben, in seinem Urschmerz bohren läßt.

Das Ende der Neurose ist sehr ähnlich wie ihr Anfang. Es ist kein Knalleffekt, nicht eine letzte große Einsicht oder ein unerhört emotionales Erlebnis. Es ist einfach ein ganz gewöhnlicher Tag, an dem der Patient ein anderes Gefühl empfindet, das früher in der Vergangenheit verankert war. So beschreibt ein Patient das Ende der Neurose: »Ich weiß nicht, was ich bei alledem erwartete. Vermutlich wollte ich, daß etwas Dramatisches geschieht, um all diese Jahre des Elends wettzumachen. Vielleicht erwartete ich, meine neurotische Phantasiegestalt zu werden – dieser ganz besondere Mensch, der endlich geliebt und gewürdigt wird. Aber nichts scheint da zu sein außer mir ...« Und das ist wirklich nur der nicht-neurotische Mensch.

Kathy

Das Folgende ist ein Auszug aus dem Tagebuch einer fünfundzwanzigjährigen Frau über mehrere Wochen Primärtherapie. Das Tagebuch soll dem Leser eine Vorstellung davon vermitteln, was die Patienten Tag um Tag während der Behandlung empfinden.

Diese Frau kam zur Therapie, weil sie als Folge eines ›schlechten Trips‹ mit LSD erschreckende Halluzinationen hatte. Diese Halluzinationen hielten nach ihrem Drogentrip monatelang an. Jetzt ist die Therapie beendet, und alle Symptome sind verschwunden. Sie betrachtet sich selber als eine neue Person.

Das Nachstehende ist ein Bericht über meine ersten fünf Wochen in der Primärtherapie. Abgesehen von ein paar Änderungen um größerer Klarheit willen sind die Notizen so, wie ich sie nach jeder Sitzung niederschrieb.

Meine ersten zehn Lebensjahre verbrachte ich bei Mutter, Vater, meiner älteren Schwester und einem Onkel. Dann ließen sich meine Eltern scheiden, und bis ich sechzehn war, lebte ich mit Mutter und meiner Schwester und einer anderen Frau zusammen. Ich heiratete und wurde nach zwei Jahren geschieden, als ich dreiundzwanzig war. Vier Jahre lang war ich auf einem College gewesen, hatte aber kein Examen gemacht. Jetzt bin ich fünfundzwanzig Jahre alt.

Kurz bevor ich zur Therapie kam, begann ich visuelle Phantasien zu haben, und zwar sah ich Messer und Rasierklingen, die auf meinen Kopf zukamen. Beim Autofahren geriet ich in Panik und bildete mir ein, andere Autos würden mit mir zusammenstoßen. In meinen Phantasien ließ ich die Messer nie an mich herankommen, hatte aber Angst, daß ich mich selbst verletzen würde. Ich fand, daß ich Hilfe brauchte.

Mittwoch Es fängt damit an, daß ich versuche, mich meiner Kindheit zu erinnern. Ich bin entsetzt, daß ich fast gar keine Erinnerungen habe. Ich entsinne mich, daß ich mir in der Mädchenschule, in die meine Schwester und ich geschickt wurden, als Mammi einen Nervenzusammenbruch hatte, verlassen und abgelehnt vorkam. Ich war etwa vier Jahre alt, und ich erinnere mich, daß ich auf dem Fußboden saß und immerzu weinte. Ich dachte an das Haus in W., das dunkel war, ich wohnte da, bis ich fünf Jahre alt war. Ich kam heim in das Haus von D. und fragte mich, ob Mammi wohl zu Hause sein würde. Sie erzählte mir, daß ich, als sie heimkam, mit Streichhölzern spielte und sie angezündet hatte. Ich log eine Menge, stahl auf Parties, schnitt Löcher in die Unterwäsche meiner Schwester und sah das alles heute zum erstenmal in Zusammenhang. Ich bemogelte Mammi und Pappi, weil sie mir nicht gaben, was ich brauchte – weil *sie* mich bemogelten. Sie waren nicht für mich da, waren nicht wirklich. Sie taten so, als ob alles in Ordnung sei, auch wenn es nicht so war. Als ob wir eine Familie seien, obwohl wir keine waren. Und ich tat auch so. Darum habe ich meine Kindheit immer als glücklich in Erinnerung gehabt – ich tat so, als sei ich ein glückliches kleines Mädchen, weil ich die Wirklichkeit nicht ertrug.

Ich erinnere mich, daß Pappi in D. weinte. Damals und nach

der Trennung zeigte er, wie traurig er war – er sah immer gequält aus. An dem Abend, als ich aus dem Sommerlager nach Hause kam (ich war zehn Jahre alt), kurz bevor ich herausfand, daß sie sich trennen wollten, sagte er, daß er mich lieb habe, er sah gequält aus, er wollte die Verbindung zwischen uns sichern vor dem Bruch. Aber Mammi ließ sich nicht beeinflussen. Sie gab vor, ich brauche sie. Ich kam mir verloren vor. Irgend etwas war nicht wirklich – vielleicht alles. Ich sagte ihnen nicht, wie mir zumute war. Ich verbarg alles, und dann zündete ich Streichhölzer an.

Am Schluß der Sitzung war mir schwindlig und schwach. Ich kehrte wieder dorthin zurück, in meine Kindheit, ein bißchen – aber alles ist so zusammenhanglos und uneinheitlich. Wie kommt es, daß ich mich an so wenig erinnere? Es ist, als ob ich damals gar nicht dagewesen wäre.

Donnerstag Ein unerfreulicher Anfang – mühte mich ab, auf Erinnerungen zu kommen, die nicht da sind. Ich bekam es mit der Angst – warum kann ich mich nicht erinnern? Ich bin hilflos; zuerst empfand ich die Hilflosigkeit so, wie ich jetzt bin, dann als hilfloses Kind. Ich versuchte nach Mammi zu rufen. Es kam mir unwirklich vor. Dann rief ich – ich spürte, daß sie mich im Arm hielt. Aber es war nicht tröstlich, daß sie mich hielt, ich fühlte nur das Alleinsein, ehe sie gekommen war. Mit einem Mal merkte ich, daß ich mit den Händen herumfuchtelte. Ich kam mir vor, als sei ich ein Baby in einem Körbchen, wie ich so mit den Händen herumfuchtelte und wedelte. Ich fühlte mich einsam. Ich war tatsächlich da in der Dunkelheit des Hauses in W. – wo mein Kinderbett stand. Ich war ein kleines Baby und allein. Ich wollte meine Mammi, aber ich konnte sie nicht rufen. Dann wurde mir klar, daß ich sie auch als Baby nie gerufen hatte. Ich lag ganz still und spürte, wie traurig das war, und ich weinte. Dann wurde mir eiskalt, und ich kauerte mich wie ein Fötus zusammen, um warm zu werden. Plötzlich kam es mir vor, als ob ich in den freien Raum fiele. Ich schwebte, voll Entsetzen. Ich hatte Angst, ich würde fallen und gegen etwas stoßen und mich verletzen. Mein Körper war immer noch zusammengerollt und begann sich jetzt zusammenzuziehen und dann zu strecken. Ich merkte nicht mehr, was eigentlich geschah. Aber ich war ängstlich und fühlte den Kampf, und ich schrie auf. Schließlich fühlte ich, daß ich mich durch einen engen Raum zwängte. Ich spürte Seitenwände ringsum. Ich hatte Angst, daß ich mich verletzte, wenn ich mich durchzwängte, aber als ich herauskam, merkte ich, daß ich geboren worden war und mir nichts zuleide getan hatte. Ich flutschte heraus und spürte kühle Luft ringsum. Mein Körper streckte sich ein wenig. Ich war glücklich und erschöpft. Ich war geboren! Im Mutterleib war es mir noch so vorgekommen, als werde ich alles gewahr, und dabei hätte ich es gar nicht merken sollen. Als ob ich etwas erlebte, während ich eigentlich hätte schlafen sollen. Art* sagte, daß ich mich fünf Minuten lang zusammenzog; mir kam es nur wie wenige Minuten vor. Es ist phantastisch.

Ich erkannte all meine Ängste vor der Höhe, vor dem Fallen, vor dem ungeheuren Raum. Ich sah aus dem Fenster und blickte mich im Sprechzimmer um. Alles sah anders aus – es war, als sei eine Filmschicht entfernt worden. Als ich das Sprechzimmer verließ, fühlte ich mich großartig.

Als ich heute abend Musik hörte, fing ich an zu weinen. Ich spürte, wie traurig Pappi gewesen war – wie elend ihnen beiden zumute war – und ein wie trauriges kleines Mädchen ich war. Ich versuchte, mir ein Bild von Mammi zu machen. Ich sehe sie am Klavier sitzen, aber ihr Gesicht wird überblendet von etwas aus irgendwelchen Horror-Comics. Ich versuche sie jetzt zu sehen, aber ich sehe immer nur das traurige, kranke Gesicht von vor zwanzig Jahren. Mir ist ganz übel, denn mir wird zum erstenmal klar, wie krank und bemitleidenswert sie war.

Freitag Ich beginne damit, Mammi am Klavier zu betrachten, wie ich sie gestern abend sah, und wieder löste sich ihr Gesicht in etwas Schreckliches auf. Ich kann das Bild nicht festhalten und betrachten. Dann sehe ich sie im Alter von etwa Dreißig. Sie kann einem nicht gerade in die Augen schauen, sie ist paranoisch, in Panik. Ich rufe laut: »Sie ist verrückt!« Ich weine immerzu. Sie ist verrückt und irreal. Eine Maske. Sie war für mich als Kind nicht da, weil sie verrückt war. Dauernd mußte sie herumrennen, um nicht verrückt zu werden. Es muß sie verrückt gemacht haben, daß sie wegen meiner Schwester und mir zu Hause bleiben mußte. Arme Mammi. Plötzlich wurde ich klein – ich stand da und sah meine Familie. Pappi ist traurig; Mammi ist verrückt und hat Angst; meine Schwester ist wütend – jeder von uns ist ganz allein. Ich versuchte, die Lage zu bessern, indem ich wie wild herumtanzte und Spaß machte. Ich war verdutzt, zu klein, um es zu verstehen oder mich damit abzufinden. Sie erregten Mitleid und Furcht und waren keine Hilfe für ein kleines Mädchen. Ich spürte Mammis Verrücktheit. Ich verstehe ihr Angeben. Sie glaubt, wenn sie sich ›gesund‹ benimmt, wenn sie ›gesunde‹ Dinge tut, sei alles in Ordnung. Das war alles, was bei ihrer Therapie herauskam. Ich weinte um meine Schwester, die auch versuchte, die Sache in Ordnung zu bringen, indem sie angab und schauspielerte.

Samstag Immer noch keine Erinnerung an meine Kindheit, deshalb sprach ich von meinen LSD-Trips. Die beiden ersten waren erfreulich gewesen, ekstatisch, mystisch, ganz und gar irreal und

* Anm. d. Verfassers: Da mir meine Patienten den Spitznamen ›Art‹ gegeben haben, kommt er in ihren Fallgeschichten häufig vor.

sehr anschaulich. In den drei Monaten zwischen dem zweiten und dem dritten Trip begann ich, eine Menge Benzedrin und Kodein zu nehmen. Als ich zum drittenmal LSD nahm, war ich unglücklich, und ich wollte mit dem Trip erreichen, daß ich mich besser fühlte. Ich fürchtete mich davor, es allein zu nehmen, aber ich tat es dann doch. Die ersten paar Stunden waren wie bei den anderen Trips. Ein paar Freunde besuchten mich kurz, und als sie gingen, bekam ich Angst. Ich versuchte mich zu erinnern, warum ich mich davor gefürchtet hatte, es allein zu nehmen, wurde aber nur verwirrt. Ich konnte mich gar nicht erinnern, was LSD war. Ich konnte mich an nichts Reales erinnern. Die Halluzinationen wurden erschreckend und überwältigend. Die Minuten schienen kein Ende zu nehmen, die Uhr zerfloß. Mein Verstand arbeitete nicht mehr. Ich konnte mich nicht erinnern, wo ich war. Es gab keine Hinweise mehr. Ich war verrückt und hatte das Gefühl, ich könnte nie mehr in die reale Welt zurückkehren. In meiner Angst stellte ich fest, daß ich noch telefonieren konnte, und so rief ich meine Schwester an, sie möge bitte zu mir kommen. Ich war so erleichtert, als ich ihre ›reale‹ Stimme hörte, daß ich wieder etwas ›zu mir‹ gekommen war, bis sie eintraf. Der Rest des Trips war abwechselnd lustig und traurig, aber ich wußte, daß ich nie wieder dieselbe sein würde, nachdem ich diesen Wahnsinn empfunden hatte. Ungefähr drei Wochen später, nachdem ich mittlerweile viel Methedrin und Kodein genommen hatte, war ich schon beim Aufwachen deprimiert. Ich lag den ganzen Tag am Strand, bekam Sonnenbrand und war schrecklich deprimiert. Ich ging zu meiner Mutter und fing an, hysterisch zu weinen und nach Luft zu schnappen. Sie gab mir ein Beruhigungsmittel, so daß ich einschlief. Als ich aufwachte, weinte ich immer noch und litt unter Hyperventilation. Am nächsten Tag brachte mich meine Mutter in das Neuropsychiatrische Institut der Universität von Kalifornien in Los Angeles. Nachdem ich dort mit dem für LSD zuständigen Arzt gesprochen hatte, versicherte er mir, daß ich nicht eigentlich krank sei, sondern nur auf die verschiedenen Medikamente reagiere, die ich nahm, und auf das LSD. Wenn ich aufhörte, sie zu nehmen, sagte er, und ganz normal lebte, würde ich bestimmt wieder in Ordnung kommen. Er gab mir so viel Melleril, daß es ein Pferd umgehauen hätte, und riet mir, so bald als möglich meine Arbeit wieder aufzunehmen und ständig mit Menschen zusammen zu sein. Alles, was er mir riet, entfernte mich nur noch mehr von meinen realen Gefühlen und half mir, sie wieder zu verbergen, wenn sie gerade so weit waren, aufgedeckt und empfunden zu werden. Etwa einen Monat lang war ich sehr deprimiert, weinte und schlief viel und stand unter Hyperventilation. Dann rappelte ich mich wieder auf und schob meine Gefühle beiseite, so daß ich arbeiten konnte.

Während der heutigen Sitzung wurde mir klar, daß ich verrückt geworden war, weil ich dem Gefühl des Alleinseins, das das LSD freigelegt hatte, nicht ins Auge sehen konnte. Meine Phantasien in letzter Zeit von Messern und Rasierklingen, die auf mich zukommen, hängen damit zusammen. Wenn ich die Messer je an mich heranließe, würden sie mich aufschlitzen und meine Gefühle herauskommen lassen. Die Furcht, mich zu verletzen, ist meine Furcht, mich dem verschütteten Schmerz auszusetzen und ihn zu empfinden. Ich beginne, all die Traurigkeit und die Verletzungen in mir zu spüren. Fünfundzwanzig Jahre lang habe ich die Verletzungen, die Furcht und das Alleinsein verborgen. Ich erkenne, daß das nach Luft Ringen ein Kampf ist, um die Gefühle niederzuhalten, wenn sie emporkommen wollen, wie es nach dem LSD-Trip der Fall war. Ich weine und weine immerzu. Es scheint überhaupt nicht aufhören zu wollen. Ich spüre den Schmerz in meinem vollgestopften Kopf. Ich möchte alles erbrechen. Ich habe Angst und bin einsam.

Ich werde mir darüber klar, daß ich mich bei den beiden ersten LSD-Trips und auch zu anderen Zeiten in meinem Leben nur deshalb mit meinem Alleinsein abfinden konnte, weil ich meine Gefühle so gut verborgen hatte. Ich tat so, als ob alles in Ordnung sei (genau wie damals als Kind), weil ich den Gedanken nicht ertragen konnte, hilflos und einsam zu sein. Selbst jetzt nach der Sitzung tue ich so, als ob ich nichts fühle, weil ich der Tatsache nicht ins Auge sehen kann, daß mir kotzjämmerlich zumute ist und ich mich einsam fühle. Ich verberge meine Gefühle immer noch, nur nicht in den Sitzungen.

Dienstag Als ich heute kam, hatte ich starke Gefühle im Bauch. Sie äußerten sich in schauerlichen Schreien, aber nicht in Worten. Schließlich erkannte ich, daß ich Angst hatte, weil ich allein war; Mammi und Pappi waren nicht da. Allein konnte ich nicht fertigwerden; ich war zu klein. Ich sah Mammi so, wie sie damals war, als sie aus der Nervenheilanstalt kam und ich vier war, und wie sie jetzt ist: allen Leuten gegenüber liebenswürdig, tut so, als sei sie fröhlich, aber alles ist geheuchelt, eine Maske. Dann wurde mir klar, warum ich mich so abgestoßen fühle, wenn sie ihren Körper zeigt, ihre Häßlichkeit, weil ich nämlich genau wie sie bin, alles verdeckt – eine Maske über meinen Gefühlen und Ängsten. Das ist der Grund, warum ich als Kind ihren Schmerz erkannte, obwohl ich ihm damals nicht ins Auge sehen konnte. Meine Beine sind dick, weil ich meine Gefühle so weit nach unten schob, wie sie es auch tat. Meine Brüste sind groß, weil ich mich wie eine Erwachsene aufführte. Jetzt spüre ich die Spannung am ganzen Körper und möchte sie wegbekommen. Ich versenke mich in die Spannung und spüre, daß sie Schmerz ist. Meine ganze Spannung ist Schmerz, den ich nicht fühle. Jetzt fühle ich ihn und weine.

Auch wurde mir heute klar, daß meine Sorge um das Wohlergehen meiner Schwester ein Ersatz für meine Sorge um mich war, denn sie agierte den Kummer und den Schmerz aus, die ich in mir verschloß.

Mittwoch Heute morgen hatte ich eine Magenverstimmung und war nervös und aufgeregt, als ich kam. All das Reden schien nicht das Richtige zu sein, so versenkte ich mich in das Fühlen. Ich war klein und lag in meinem Körbchen. Ich blickte auf und sah Mammi allein mit mir. Sie sah gequält aus, voll Angst und verrückt. Ich war entsetzt und fühlte mich genauso, wie sie aussah. Schon als Baby sah ich sie so, wie sie war. Es war auch zu schmerzlich. Ich war zu klein, um das sehen zu müssen. Es war nicht fair. Ich konnte es nicht aushalten. Darum mußte ich von Anfang an meine Gefühle nach unten schieben. Ein kleines Baby, das sehen muß, daß seine Mutter verrückt und hilflos ist.

Dann versuchte ich, mich an Pappi zu erinnern. Ich wurde kleiner, fühlte mich aber verhältnismäßig größer (wie wenn ich Fieber habe). Ich war ein kleines Baby im Körbchen (zuerst schien es ein Brutkasten zu sein, weil ein Kunststoffhimmel über mir war). Ich sah nur Dunkelheit und empfand das Bedürfnis, von Pappi in den Arm genommen zu werden. Dann sah ich ihn stehen, hoch über mir. Er war eine Statue, die mich anstarrte. Ich konnte nicht an ihn heran. Ich weinte leise, aber er konnte es nicht hören. Er konnte mich einfach nicht hören. Mein Weinen bedeutete: »Was ist mit dir los, Pappi?« Ich konnte mich nicht bewegen. Ich konnte nicht rufen. Dann sah ich Mammi neben ihm. Beide waren wie Wachsfiguren, leere Schalen, die einfach auf mich hinunterblickten, mich aber nicht sahen und gar nichts fühlten. Dann war meine Schwester rechts von mir, ein verlogenes Lächeln auf den Lippen, und sie knuffte mich. Ich wollte, daß sie alle weggingen – sie waren schrecklich und irreal. Es war beängstigend. Ich schloß die Augen und drehte mich auf die linke Seite, weil ich hoffte, sie würden glauben, daß ich schlafe, und dann weggehen.

Meine Kindheit war von Anfang an scheußlich und beängstigend, aber ich verbarg es vor mir. Ich sperrte mich gegen das Gefühl – und es ist immer noch eingesperrt.

Donnerstag Es begann wieder mit Spannung im Bauch. Ich wurde ein Baby und empfand ein gewaltiges Bedürfnis ohne Worte. Ich versuchte, Mammi zu rufen, aber es hatte keinen Zweck. Dann sah ich sie, wollte aber nicht, daß sie mich in den Arm nahm, denn sie sah verrückt aus. Ich wollte, daß sie und Pappi nicht verrückt und wächsern wären. Mir war traurig zumute, denn ich konnte das Bedürfnis einfach nicht empfinden, ohne gleichzeitig das Bedürfnis zu haben, sie sollten sich zuerst ändern. Ich bat sie, nicht verrückt zu sein, und das war ein sehr reales Gefühl. Dann spürte ich die Wut, die dieser Realität zugrunde lag. Ich schrie sie an: »Ich brauchte euch, und ihr wart keine Hilfe für mich – ihr wart zu wahnsinnig.« Wer will schon nach seinen Eltern rufen, und dann kommen zwei verrückte Menschen daher? Ich glaubte, die Wut würde ewig anhalten, aber nach einem Schrei schien alles heraus zu sein.

Nach der Sitzung war ich den ganzen Tag und die ganze Nacht traurig – kam mir betrogen vor und ging meinem unglücklichen Baby-Selbst nach.

Freitag Ich war wieder klein und spürte das Bedürfnis nach Mammi und Pappi. Ich hatte Angst und fror entsetzlich. Ich lag gelähmt da und verhärtete meine Furcht, daß sie sich nicht um mich kümmern, mich nicht in den Arm nehmen würden. Ich konnte mich nicht verständlich machen, weil ich es immer noch nicht ertragen konnte, sie anzusehen. Als ich nach ihnen rief und schließlich tief aus dem Bauch wie ein Baby schrie, da tat es mir im linken Ohr weh. Vielleicht öffnete es sich, denn ich spürte, daß der Schrei durch das Ohr hinausging. Es war ein richtiges Babygeschrei und klang wie das Meckern einer Ziege. Als ich so erstarrt dalag, spürte ich, wie straff mein Bauch war, gegen das Gefühl verspannt. Noch heute sind meine Bauchmuskeln steif wie ein Brett.

Montag Über Wochenende und heute morgen hatte ich Bauchschmerzen, Magenkrämpfe und Kopfschmerzen. Und das flaue Gefühl im Magen, das ich immer hatte (und das mich immer an die Vergangenheit erinnerte). Versuchte, mich in dieses Gefühl zu versenken – mir war schwindlig (wie wenn man ›high‹ ist oder Fieber hat). Ein Gefühl, daß sich alles dreht und sozusagen nach außen strebt. Mein linker Arm fühlte sich lahm an, als ob ihn jemand ganz fest nach unten drücke und die Muskeln zusammenpresse. Ich schrie: »Laß mich los, laß mich los«, aber das war nicht richtig. Dann war das Schwindelgefühl plötzlich so, als ob jemand meinen Kinderwagen zu heftig schaukelte und mir damit Angst machen wollte. Mein Verstand sagte, es könnte meine Schwester sein, aber dann sah ich Mammi vor mir mit verzerrtem Gesicht. Aber auch das schien nicht richtig zu sein. Ich spürte meinen Arm wieder. Mir war speiübel. Meine Eltern hatten mich hochgenommen, verdrehten mir den Arm und machten mir Angst. Ich schrie auf und riß schließlich meinen Arm los. Ich spürte, daß mit einem Mal wieder Gefühl in ihm war. Aber ich war voll Angst und verwirrt. Ich verstand nicht, was geschehen war. Schließlich rief ich: »Ich verstehe es nicht«, und das war es. Ich war ungefähr fünf Jahre alt und verwirrt und bestürzt über meine Eltern. Sie kümmerten sich nicht um mich. Alles, was sie taten, verwirrte und verletzte mich. Sie waren verrückt und machten mich verrückt. Ich haßte sie und brauchte sie dennoch. Sie liebten mich nicht. Es machte mich verrückt, als ich mir vorzustellen versuchte, was vor sich ging. Und ich agierte das Verrücktsein aus: das wilde Tanzen, die Grimassen, um das Gefühl zu verdecken. Ich war zu klein, um es zu verstehen – aber ich verstand mehr, als ein Baby wie ich eigentlich verstehen sollte. Es war entsetzlich schmerzhaft. Mein Kopf war immer vollgestopft, Ohren, Hals, Nase – all die Scheiße und Verwirrung, die drinnen verborgen waren. Ich stieß noch mehr kindliche Schreie aus und fühlte mich etwas besser. Als ich mich aufsetzte, sang ich ganz leise ein Kinderlied – fast unbewußt. Vielleicht, weil ich so schlicht und einfach sein wollte.

Dienstag Sofort begann ich ein wenig zu fühlen. Ich war wie gelähmt, stand in der Tür zwischen Küche und Eßzimmer und sah ins Wohnzimmer. Mammi und Pappi waren da, dann nicht da – sie sind durchsichtig. Ich brauche sie, kann aber nicht rufen. Ich bin gelähmt, weil ich sie einerseits will und andererseits vor ihrer Irrealität Angst habe. Ich war einsam, sehr einsam. Ich tat so, als brauchte ich sie nicht. Nie habe ich sie um etwas gebeten. Nie habe ich Pappi gebeten, mir mein Fleisch zu schneiden, wie es meine Schwester tat. Heute rief ich: »Pappi, wo bist du? Ich sehe dich nirgends im Haus.« Ich hatte das Gefühl, daß ich dann mit Mammi sprechen wollte; ich wollte ihr sagen, daß mir der Kopf weh tut. Ich tat es schließlich, und es war sehr real. Ich rief ihr auch zu: »Ich brauchte dich«, und das ging über in: »Ich brauche dich.« Ich hatte das Gefühl, daß dieses Haus, wieviel Lampen auch brannten, immer noch dunkel und leer war. Ich war allein und klein und tat so, als sei ich groß und selbständig. Sie waren wirklich nicht für mich da, auch wenn sie da waren. Ich kam mir betrogen vor. Warum habt ihr euch nicht um mich gekümmert? Selbst wenn ich geschrien und mit Füßen aufgestampft hätte, sie hätten mich nicht gehört oder gesehen.

Mittwoch War ängstlich heute morgen. Begann mich etwas deutlicher an das Haus in der D-Straße zu erinnern. Dann fühlte ich ein wenig – ich stand am Hinterausgang und hatte Angst vor dem leeren Haus. Ich konnte nicht atmen, hatte das Gefühl, ich könne nicht durchs Haus gehen, aber ich malte mir dauernd alle Räume im Erdgeschoß aus. Schließlich begann ich durchs Haus zu gehen und erinnerte mich sogar, was in den Schränken war. Ich hatte aber Angst, nach oben zu gehen, und fürchtete, ein entsetzliches Geheimnis zu finden, das der Grund für die Angst war. Ich zwang mich hinaufzugehen, Stufe um Stufe. Ich schaute in das Zimmer meines Onkels – nichts da. Dann ging ich über den Flur und mit Herzklopfen zum Zimmer meiner Eltern. An der Tür bekam ich Angst, als ich in das leere Zimmer schaute und mir klar wurde, daß das alles war. Ich hatte Angst, weil das Haus leer war; es war niemand für mich da; ich war allein. Ich war trauriger denn je. Ich erkannte, daß ich damals gar nicht durch das Haus gegangen war. Damals konnte ich so ganz allein die Angst und den Schmerz nicht ertragen – deshalb setzte ich mich vor den Fernseher und verbarg den Schmerz unter Wut. Ich verbrannte Streichhölzer, um die Wut herauszulassen, und als Mammi nach Hause kam, konnte ich so tun, als ob alles in Ordnung sei. Innerlich reagierte ich wie ein Baby, wollte mich aber äußerlich nicht wie eins benehmen.

Donnerstag Die ganze letzte Nacht war ich in Panik – konnte nicht atmen, hatte einen Knoten im Magen wie Krämpfe. Heute morgen konnte ich keine Sitzung haben, deshalb beschloß ich, es allein zu versuchen – sah immerzu das Haus in . . ., wo wir wohnten, als ich zehn war. Schaute in Mammis und Pappis Zimmer hinein und verspürte heftige Wut – ich stellte mir einen Streit vor, aber das war nicht real. Schließlich war ich dann in meiner Bude. Erinnerte mich an den Abend, als ich aus dem Lager kam und wußte, daß etwas nicht stimmte. Am nächsten Tag fragte ich Mammi, ob sie je daran gedacht hätte, sich scheiden zu lassen. An dem Abend glaubte ich zu hören, daß sie sich oben stritten, als ich auf meiner Bude war. Ich erinnerte mich, daß Pappi bei mir war, als ich badete, und mir sagte, er habe mich lieb, er sah traurig aus, und an seinem Ausdruck merkte ich, daß nicht alles in Ordnung war. Ich weinte. Ich muß zwei Stunden lang jämmerlich geweint haben. An jenem Abend wußte ich, daß es mit dem Heucheln vorbei sein würde. Das würde bald unvermeidlich werden. Es gab keine Familie. Ich mußte der Tatsache ins Auge sehen, daß es keine richtige Familie war und nie gewesen war – daß wir zehn Jahre lang nur so getan hatten. Ich empfand Panik – ich würde der Sache nicht ins Auge sehen können. Ich wollte sie anflehen – ich weinte: nein, nein, nein. All den Schmerz, den ich als Kind verborgen hatte, mußte ich an jenem Abend wieder verbergen. Mammi hätte es in Ordnung bringen können – hätte sie weitergeheuchelt, so hätten wir alle weiterheucheln können. Es war entsetzlich – das Ende der Welt, unserer Heuchelwelt.

Freitag Habe immer noch Kopf- und Bauchschmerzen. Ich bin gestern nicht alles losgeworden. Wiederholte es in der heutigen Sitzung. Übrigblieb nur das Schreien, das ich zu Hause nicht gewagt hatte. Jetzt schrie ich und schrie und fühlte mich erleichtert.

Montag Hatte den größten Teil des Tages noch Schmerzen. Bei der Sitzung versenkte ich mich in meine Ängste, allein zu sein, und versuchte den Schrecken herauszufinden. Aber der ganze Schrecken besteht in dem Vorgefühl. Sobald ich das Alleinsein empfand, statt es wegzuschieben, fühlte ich mich schlicht einsam und war traurig. Nicht angenehm, aber erträglich. Ich befaßte mich intensiv mit dem Hämmern in meinem Bauch und brachte es nach oben in den Kopf, aber ich konnte das Gefühl nicht benennen. Ich begann heftig zu weinen – tief vom Bauch her zu schreien, um das Gefühl herauszubringen. Ich rief Mammi: »Ich brauche dich. Ich hab' Angst. Kümmere dich um mich.« Es nützte nichts. Ich bekam Angst, daß ich es nicht herausbekommen würde. Meine Nase war verstopft, und ich erstickte schier. Ich konnte das Gefühl nicht benennen. Meine Gedanken gingen immer im Kreis, ich wurde verwirrt und verrückt. Es war wie bei dem LSD-Trip – ich versuchte, etwas Einfaches in Worte zu fassen, aber etwas, dem ich nicht ins Auge sehen konnte. Ich suchte ständig nach Antworten, versuchte, es mir klar zu machen, wurde wütend. Schließlich gab ich es auf, ging nach Hause und war voll Angst und verwirrt.

Dienstag Beschloß, das Urerlebnis noch einmal durchzugehen und zu sehen, was es eigentlich ist, dem ich nicht ins Auge schauen kann – all mein Schreien und das Bedürfnis, das ich empfand, waren zusammenhanglos. Ich ging zurück zu dem Tag nach dem Abend, als ich aus dem Lager nach Hause gekommen war. Mammi und ich fuhren nach Glendale. Ich fragte sie, ob sie je an Scheidung gedacht hätten. Dann erstarrte ich, ehe sie antwortete, mir war, als glitte ich aus dem Wagen und fiele hinaus, mir war schwindlig. Mir wurde klar, daß ich mich davor zurückzog, die Situation wiederzuerleben. Ich zwang mich, dabei zu bleiben. Ich war wieder im Auto und sah sie an. Ich wiederholte meine Frage und spürte das Hämmern im Bauch. Sie sagte: ja. Ich sackte zusammen; es war wie ein Schlag in den Magen – unmöglich. Sie sagte: ja. Ich hatte das Gefühl, ich würde gegen die Tür gedrängt – sie beide schoben mich weg – Mammi jedenfalls. Schließlich traf es mich so, wie es mich damals getroffen hatte: »Sie liebt mich nicht.« Hätte sie mich geliebt, hätte sie nicht ja gesagt – sie hätte mir etwas vorgelogen, mich beschützt, wäre irreal für mich gewesen. Ich brauchte es, daß sie nein sagte. Das ist das Gefühl, dem ich nicht ins Auge sehen konnte. Mit fünfundzwanzig wäre ich lieber verrückt geworden, als mit zehn Jahren dem ins Auge zu sehen und dann wahrscheinlich mein ganzes Leben lang das Gefühl zu haben, daß meine Mammi mich nicht liebt.

Samstag Begann mit Weinen. Sah das Haus in der O.-Straße nach der Scheidung. Mein Schlafzimmer – ich lag auf dem Bett und fühlte mich so einsam. Ich schrie nach Mammi. Konnte es nicht ertragen, so allein zu sein. Hatte wieder das Gefühl, daß sie mich nicht liebt, sonst hätte sie sich nicht scheiden lassen, das zerstörte den Wachtraum.

Mittwoch Es begann mit Klopfen im Bauch und Würgen in der Kehle. Ich sah das Haus in der B.-Straße. Der Flur zwischen meiner Bude und der Küche. Ging im Haus umher und suchte etwas. Sah Mammi und meine Schwester in verschiedenen Zimmern, aber sie saßen wie unbewegliche Statuen. Ich brauchte etwas von ihnen, konnte es aber nicht bekommen. Ich war abgeschnitten und allein. Ich mußte wirklich mit jemandem, und zwar mit Mammi, zusammen und geborgen sein. Ich brauchte ihre Liebe. Ich habe Schmerzen – Arme und Kopf tun mir weh. Dann fühlte ich mich kraftlos wie ein Baby. Die beiden einzigen Möglichkeiten, die ich kannte, um Liebe zu erhalten. Ich sah die drei im Wohnzimmer. Ihre Augen sahen krank aus, ängstlich. Ich wollte immerzu die Tür schließen – wie ich es immer tat. Ich ging in mein Zimmer. Oder versteckte mich und las. Ich erkannte, daß ich mein Leben lang einen Zusammenhang hergestellt habe zwischen Liebe und Schmerz, weil ich ein hilfloses Baby war, und daher habe ich mich nie verliebt, außer wenn dieser Kampf mit dem Schmerz dazugehörte. Und hatte das Bedürfnis, Mammi und Pappi Geld zu schulden – mußte etwas aus ihnen herausholen. Als ich versuchte, sie um Liebe zu bitten, versagte mein Mund den Dienst. Endlich konnte ich sie um Liebe bitten, wieder und immer wieder.

Donnerstag Heute morgen war meine Kehle so zugeschnürt, daß ich überhaupt nicht sprechen konnte, als ich kam. Hatte das Gefühl, daß mein ganzer Kindheitsschmerz gleichsam ein Schlag in den Magen war. Ich schrie auf: »Mammi, warum liebst du mich nicht? Bitte liebe mich doch.« Ich wollte, daß sie für mich sorgt und mich beschützt. Dann: »Mammi, bitte, tu mir nicht weh«, und das wiederholte ich immerzu. Das ganze Rufen nützte nichts. Dann: »Du tust mir weh, ich bin krank, du machst mich krank.« Ich legte mich auf die Seite, mir war übel. »Kannst du mir nicht helfen?« Versenkte mich in dieses Gefühl – voll Schrecken, weil ich allein war, und ich spürte den Schmerz. Brachte mit tiefem Atmen einiges davon aus meinem Bauch heraus. Ich war nur noch trauriger, fühlte da drinnen einen größeren Schmerz und Schrecken denn je zuvor.

Ich weinte noch mehr. Es kribbelte mich am ganzen Körper, mein Bauch war verspannt, aber innerlich war ich ruhiger. Als ich mich aufsetzte und mein Gesicht berührte, fühlte es sich anders an, als ob ich früher niemals unter der Haut etwas gespürt hätte – meine vor Angst erstarrte Maske hatte Risse bekommen.

Freitag Das Gefühl ist immer noch im Bauch und in der Kehle. Heute habe ich den Schmerz und das Alleinsein endlich wirklich gefühlt. Konnte aber keinen Zusammenhang herstellen. Woher stammt dieser gewaltige Schmerz? Ich kann es nicht herausbekommen. Endlich fühle ich ihn die ganze Zeit – nicht nur bei den Sitzungen. Aber ich glaube, ich muß ihn herausbekommen.

Samstag Das Gefühl steckt da in der Gruppe. Schließlich kommt ein unkontrollierter Schrei heraus. Ich schreie und schreie, und dann sage ich: »Ich wußte schon immer, daß Mammi nicht für mich da war. Ich wußte, sie konnte es nicht ändern, daß ich einsam war.« Vorübergehende Erleichterung, daß es endlich heraus war. Aber es ist noch nicht alles. Nur ein Bruchteil des Urschmerzes.

9. Atmen, Stimme und Schrei

Freud bezeichnete den Traum als *via regia* in das Unbewußte des Träumers. Wenn es eine *via regia* gibt, dann mag sie im tiefen Atmen zu suchen sein. Bei manchen Patienten trägt die Anwendung von Techniken des tiefen Atmens in Verbindung mit anderen Methoden dazu bei, die ungeheure Gewalt des Urschmerzes im Körper freizusetzen.

Eine vor einem Vierteljahrhundert durchgeführte Untersuchung ließ einen möglichen Zusammenhang zwischen Atmung und Unbehagen erkennen.* Eine Gruppe von Versuchspersonen, die angewiesen war, nur an erfreuliche Dinge zu denken, wurde plötzlich aufgefordert, an unerfreuliche Dinge zu denken. Es trat eine signifikante Zunahme des seufzenden Atmens ein. Eine neuere Untersuchung des Problems der Hyperventilation ergab, daß Störungen der Atemfunktionen in engem Zusammenhang mit Angst stehen. Bei den Hyperventilationstests hat der Forscher überdies mit der flachen Hand auf den unteren Teil der Brust gedrückt, um tieferes Ausatmen zu fördern. In fast allen Fällen war als Begleiterscheinung eine Affektfreisetzung die Folge, zugleich mit Weinen und der Enthüllung wichtiger Einzelheiten aus der Vergangenheit.**

Wilhelm Reich hatte beobachtet, daß die Hemmung des Atmens verknüpft ist mit der Hemmung des Fühlens: »Denn es war nun klar, daß die Atembremsung als der physiologische Mechanismus der Affektunterdrückung und Affektverdrängung auch der Grundmechanismus der Neurose überhaupt ist.«*** Reich glaubte, daß Atmungsstörungen bei Neurotikern die Folge von Bauchspannungen seien, und beschrieb dann, wie dadurch flaches Atmen hervorgerufen wird, und daß man, wenn man einen Schreck bekommt, den Bauch zusammenpreßt und so den Atem anhält.

Die Technik des tiefen Atmens wird daher während der Primärtherapie angewandt, um den Patienten seinen Gefühlen näherzubringen. Viele meiner Patienten berichteten, daß sie nach der Therapie anders atmeten; erst nachdem sie begonnen hatten, tief

* J. E. Finesinger, »The Effect of Pleasant and Unpleasant Ideas on the Respiratory Pattern in Psychoneurotic Patients«, *American Journal of Psychiatry*, Bd. 100 (1944), S. 659.
** B. I. Lewis, »Hyperventilation Syndromes; Clinical and Physiological Evaluation«, *California Medicine*, Bd. 91 (1959) S. 121.
*** Reich a. a. O. S. 266.

zu atmen, wurde ihnen klar, wie flach ihr Atmen vorher gewesen war. Jetzt, sagen sie, fühlen sie, wie die Luft ›bis ganz unten‹ geht, wenn sie atmen. Im Zusammenhang mit den Urerlebnissen bedeutet das, daß sie im normalen Verlauf der Ereignisse nicht in ihren Urschmerz eindringen, was darauf hinweist, daß es eine der Funktionen des flachen Atmens ist, das Hervorkommen des tiefen Urschmerzes zu verhindern.

Richtiges Atmen sollte unwillkürlich sein – die natürlichste Sache der Welt; doch die Neurotiker, die ich gesehen habe, atmen selten richtig. Das liegt daran, daß sie sich des Atmens bedienen, um das Fühlen zu unterdrücken; kurz und gut, das Atmen wird ein Teil des unnatürlichen Systems. Neurotisches Atmen ist ein gutes Beispiel dafür, wie das irreale System das reale unterdrückt, denn nach Urerlebnissen atmen diese Patienten automatisch tief und richtig.

Weil das neurotische Atmen den Urschmerz niederhalten soll, ist es oft nützlich, den Patienten zum tiefen Atmen zu zwingen, um das Unterdrückte aufzudecken. Das Ergebnis ist ein Hervorbrechen mit explosiver Gewalt von etwas, das früher in Form von erhöhtem Blutdruck, erhöhter Temperatur, Händezittern oder dergleichen auf den ganzen Körper verteilt war. Die bei der Primärtherapie angewandten Atemtechniken werden die *via regia* zum Urschmerz und legen unterwegs Erinnerungen frei. In dieser wichtigen Beziehung sind sie der Pfad zum Unbewußten.

Man könnte versucht sein, das Urerlebnis herunterzuspielen und es einfach als eine Folge des Hyperventilationssyndroms anzusehen (das heißt, stärker atmen, als das System erfordert, was zu erhöhter Sauerstoffanreicherung und Verminderung des Kohlendioxydgehalts im Blutstrom führt). Doch das hieße, zwei wichtige Faktoren außer acht zu lassen. Erstens haben Untersuchungen gezeigt, daß das Empfinden von Schmerz oder Unbehagen an sich schon den Atmungsvorgang vertieft – ein Phänomen, das von Forschern festgestellt, aber nicht erklärt worden ist. Ich glaube, daß die Primärtherapie den Zusammenhang zwischen Schmerz und der Tiefe des Atmens erklärt. Zweitens: In den meisten Fällen von Hyperventilation tritt gleichzeitig Schwindel oder Benommenheit auf. Das ist während des Urerlebnisses nicht der Fall.

Ich glaube nicht, daß Atemtechniken allein eine Neurose zu verändern vermögen. Sie werden vielleicht, wie ein Seufzer, eine Zeitlang die Spannung mildern, aber dann würden sie als eine Abwehr betrachtet wie jede andere Linderung der Spannung.

In der Mehrzahl der Fälle sind Atemtechniken entweder nicht notwendig oder werden nach den allerersten Tagen der Therapie selten angewandt. Es darf nicht vergessen werden, daß wir es auf den *Urschmerz* abgesehen haben und das Atmen nur eins von vielen Mitteln ist, die angewandt werden, um ihn zu erreichen.

Der Atem und die Stimme, die von ihm getragen wird, scheinen ein signifikanter Indikator für Neurose zu sein. Der nervöse Teilnehmer bei einem Fernsehinterview scheint oft nicht imstande zu sein, Luft zu holen. Das mag dem Versuch zuzuschreiben sein, ein Image zu bieten, das mit dem realen Selbst nicht übereinstimmt.

Ein Patient, der gerade mit der Therapie anfängt und in Spannung ist, ist vielleicht in derselben mißlichen Lage. Oft ist er voll Angst, und wenn er hereinkommt, leckt er sich die Lippen, schluckt und schnappt nach Luft.

Wenn sich der Primärtherapeut dann anschickt, das Abwehrsystem des Patienten zu bearbeiten, schnappt er noch mehr nach Luft. Der Urschmerz, der von dem verknoteten Bauch aufzusteigen scheint, kann indes das Hindernis in der Brust (das oft als eine stramme Bandage empfunden wird) nicht überwinden. Das tiefe Atmen prallt nun gegen das Hindernis. Der Patient wird aufgefordert, tief von unten Luft heraufzuholen und gleichzeitig ›Ah‹ zu sagen. Sobald das ›Ah‹ in das aufsteigende Gefühl einhakt, ist der Patient nicht mehr auf fremde Hilfe angewiesen. Der Druck unten stößt auf eine Bresche und scheint automatisch nach oben zu drängen, und der Patient gelangt in den Zustand, den ich einfach Konflikt-Atmen nenne.

An diesem Punkt steht der Hauptdurchbruch unmittelbar bevor. Der Patient ist im Begriff, nicht mehr vorwiegend irreal, sondern vorwiegend real zu sein. Das Konflikt-Atmen findet gewöhnlich nach einer Reihe von Urerlebnissen statt, kurz bevor die Einheit stiftende Verbindung hergestellt wird, die den Patienten mit Gefühlen und später mit Einsichten überflutet.

Konflikt-Atmen ist ein unwillkürliches Stadium des Urerlebnisses, bei dem der Patient schwer zu keuchen beginnt, was geradezu tierisch klingt. Der Atem geht immer schneller und schwerer, bis er sich zeitweise wie das Schnaufen einer Lokomotive anhört. Weil der Patient so mit dem Fühlen beschäftigt ist, merkt er oft gar nicht, wie er atmet. Konflikt-Atmen scheint die Folge davon zu sein, daß all die verleugneten Gefühle von unten auf die neurotischen Kräfte eindringen, die sie niederhalten. Der Atmungsprozeß kann fünfzehn oder zwanzig Minuten dauern, und der Patient sieht aus, als ob er einen Wettlauf ums liebe Leben macht und alle Luft braucht, die er nur kriegen kann. Unter normalen Umständen würde der Patient ohnmächtig werden.

Sobald das Atmen erst einmal von selber geht, kann der Therapeut nicht viel mehr tun als beobachten. Konflikt-Atmen ist ein pathognomonisches Zeichen, daß das Urerlebnis begonnen hat. Die Patienten berichten, daß sie sich vor dem Ansturm des Urschmerzes hilflos fühlen. Während des Angriffs wissen sie irgendwie, daß sie ihn aufhalten könnten, wenn sie wollten, aber in der Primärtherapie hat kein einziger Patient sein Urerlebnis in diesem Stadium abgebrochen.

Wenn sich das Atmen ausweitet und vertieft, spüren wir, daß der Höhepunkt in Sekunden oder Minuten da sein wird. Der Bauch zuckt; die Brust hebt und senkt sich; die Beine werden angezogen und wieder gestreckt; der Kopf bewegt sich von einer Seite zur anderen; der Patient ist am Würgen und scheint im großen und ganzen in voller Flucht vor seinem Urschmerz zu sein. In einem einzigen großen Kampf scheint dann plötzlich die Verbindung hergestellt worden zu sein – und bricht als Urschrei aus dem Mund hervor. Der Patient atmet dann voll und leicht; ein Patient sagte: »Ich habe mich eben wieder ins Leben zurückgeatmet.« Die Patienten fühlen sich ›gelassen‹, ›gereinigt‹, ›sauber‹.

Nachdem die große Verbindung hergestellt ist, finden wir ein müheloses Fließen der Luft, nicht mehr das stoßweise sporadische Atmen wie zu Beginn der Stunde. Ein Patient, Kurzstreckenläufer seines College, meinte, ein volles Atmen dieser Art habe er nie erlebt, auch nicht, wenn er eine Meile gelaufen war.

Der Urschrei hat eine Reihe von Nebenwirkungen. Patienten, die zu Hause nie ›Piep‹ sagen konnten, fühlen sich mit einemmal stark. Der Urschrei selbst scheint ein befreiendes Erlebnis zu sein.

Wenn man Tonbandaufnahmen von Urerlebnissen abhört, dann bemerkt man, wie sich das Atmen in den verschiedenen Stadien des Urerlebnisses verändert. Es ist entscheidend, wie das Atmen klingt; der Patient kann nicht einen Teil seiner Abwehr aufrechterhalten, wenn er in einen Atemprozeß verwickelt ist, der den ganzen Körper erfaßt.

In seltenen Fällen kommt es vor, daß ein Patient den Urschrei fingiert. Anscheinend wird er aus voller Kehle ausgestoßen und kommt als schriller Ton heraus. Der vorgetäuschte Urschrei scheint die Fortsetzung irrealer Hoffnung zu sein. Da der Urschrei das Ende des Kampfes bedeutet, ist es unwahrscheinlich, daß ihn jemand hört, der noch in den Kampf verwickelt ist.

Obwohl wir oft von tiefen Gefühlen sprechen, spezifizieren wir selten, was eigentlich unter ›tief‹ zu verstehen ist. Nach meiner Erfahrung ist bei ›tiefen Gefühlen‹ der gesamte Organismus beteiligt, besonders der Bereich von Magen und Zwerchfell. Manche von uns begreifen schon früh im Leben, daß unsere Eltern es nicht gern haben, wenn wir ausgelassen und wirklich lebendig sind, und so lernen wir rasch, fast den Atem anzuhalten, weil wir fürchten, das Falsche zu tun oder zu sagen, zu laut oder zu wild zu sein, zu schallend zu lachen. Früher oder später würgt diese Furcht das Fühlen ab und ruft eine zugeschnürte Kehle, einen Druck auf der Brust oder einen verspannten Bauch hervor. Wegen dieses Abklemmprozesses neigt die Stimme dazu, höher zu werden; es ist eine Stimme, die mit dem ganzen Körper nicht mehr *verbunden* ist.

In vielen Fällen läßt sich die Redeweise von Neurotikern mit der eines Bauchredners vergleichen – der Mund bewegt sich mechanisch, entmenschlicht, anscheinend ohne irgendwelche Verbindung mit dem übrigen System. Weil die verkrampfte Stimme auf einer Spannungsschicht und nicht auf einer soliden Gefühlsgrundlage beruht, ist sie oft zittrig.

Auch der Mund scheint an der Neurose ziemlich beteiligt zu sein. Nach der Primärtherapie berichten Patienten häufig, daß sie die Spannung spüren, die sie früher immer um die Lippen hatten. Eine Patientin spürte nach ihrem Urerlebnis zum erstenmal seit Jahren ihre Lippen. Sie sagte, sie seien ganz gefühllos geworden, weil sie sich so oft hatte auf die Lippen beißen müssen. Ich erwähne das, weil ich der Meinung bin, daß unser ganzes System offenbar den Urschmerz widerspiegelt. Wer ärgerlich ist, preßt vielleicht die Lippen zusammen; wenn der Ärger anhält, wird unter Umständen auch die Lippenhaltung bleiben.

Nicht nur das Gesicht und die Kiefer entspannen sich nach den Urerlebnissen, sondern auch die Stimme senkt sich. Das ist möglicherweise eines der offenkundigeren und dramatischen Anzeichen bei jemandem, der eine Therapie durchgemacht hat. Frauen mit dünnen Babystimmchen haben mit einem Mal eine tiefe, volle Stimme und eine größere Ausdrucksfähigkeit.

Die Redeweise von Neurotikern läßt oft Nuancierungen vermissen, weil sie einen ständigen Spannungszustand reflektiert. Ein Patient sagte: »Ich habe immer gehetzt gesprochen, ganz oben aus dem Kopf. Ich hatte nie ein Gefühl beim Sprechen. Der ganze innere Druck schob immer alles in dicken Brocken hinaus. Jetzt kann ich mein Sprechen fühlen.« Vielleicht entspricht der Ausdruck ›ein Sturzbach von Wörtern‹ am besten der Vorstellung, daß die neurotische Redeweise ein Abflußkanal für Spannung ist.

Ein Patient, der immer nur ein Stimmchen hatte, sagte nach seinem Urerlebnis: »Ich glaube, bei mir war alles klein. Ich hatte das Gefühl, daß es irgendwo eine kräftige Stimme gebe, aber ich traute mich nie, sie zu gebrauchen.« Ein anderer Patient, der vorher durch die Nase gesprochen hatte, erklärte: »Ich habe mein Leben lang geglaubt, daß etwas mit meiner Nase nicht stimme. Jetzt scheint es, als ob ich einfach gewinselt habe, ohne es zu wissen. Ich filterte alle meine Gefühle durch die Nasenlöcher, statt alles gerade heraus und direkt zu erledigen.«

Ich halte die Redeweise des Neurotikers eindeutig für einen Abwehrmechanismus. Jemand mit einer leisen Stimme agiert womöglich durch seine unhörbaren Äußerungen die Furcht aus, die Aufmerksamkeit auf sich zu lenken, und daher läßt er vielleicht einen Schrei nicht zum Ausbruch kommen.

Wenn der Primärtherapeut einen Patienten, der schnell spricht, bremst und ihn ermahnt, sich mit dem Sprechen ›Mühe zu geben‹, dann höhlt er einen Abwehrmechanismus aus. Solange es einen

Fundus von verleugneten Gefühlen gibt, prägen und formen sie jedes Wort, das der Neurotiker spricht, und sogar die Struktur des Mundes. Wenn der Patient in seinen ersten Stunden redet, dann hören wir einen funktionierenden Abwehrmechanismus. Hier zumindest ist »das Medium die Botschaft«.

Ich glaube, das Sprechen ist nur ein Aspekt der gesamten Abwehrmaßnahmen der Person. Wenn jemand eine babyhafte Ausdrucksweise hat, dann ist er nach meinen Erfahrungen auch unreif in seinen sexuellen Beziehungen und oft sogar im Körperbau (hat die Figur eines kleinen Jungen oder Mädchens). Deshalb ist nicht zu erwarten, wenn man ein Problem in einem Bereich findet, daß nicht auch woanders eins zu finden ist. Derselbe Faktor, der eine volle Stimme verhindert, wirkt sich vielleicht auch auf das Unvermögen des Patienten aus, zum vollen Orgasmus zu gelangen.

Ein Beispiel: Ein kleiner Junge wird wegen allem, was er sagt und tut, kritisiert und darf nie Widerworte geben oder seinen Ärger zum Ausdruck bringen. Der unterdrückte Ärger bleibt bestehen und prägt, wenn der Junge größer wird, seine Gesichtsform. Später hat er dann selbst Kinder. Jedes Wort aus seinem Mund hat einen ärgerlichen Klang und ist eine implizierte und ständige Drohung für das Kind. Das Kind unterdrückt alle Aspekte seines eigenen Verhaltens aus Furcht, den alten Vulkan in seinem Vater zum Ausbruch zu bringen. Die Redeweise des Kindes ist unterdrückt; seine Bewegungen sind steif und knapp. Diese Einengung kann sich auf alle körperlichen Prozesse auswirken, möglicherweise sogar auf den Wachstumsprozeß. Die Furcht, etwas Falsches zu sagen und der Anlaß zu sein, daß der Vater hochgeht, kann bei einem Kind Sprachschwierigkeiten hervorrufen. Jedes Wort muß es erst auf die Goldwaage legen, ob es womöglich Gefahren birgt. Stammeln und Stottern können die Folge sein.

Ein ehemaliger Stotterer erklärte seine Sprachschwierigkeiten folgendermaßen: »Mein Stottern war in Wirklichkeit der Kampf. Es war, als ob das ›Nicht-Ich‹ rede, um zu verhindern, daß das reale Ich zum Vorschein kommt. Ich mußte meine Worte immer sorgfältig wählen, seit ich sprechen gelernt hatte. Zu guter Letzt sprach ich die Gedanken und Wörter meiner Eltern aus. Ich sagte, was sie hören wollten. Es war, als ob ich mit meinem Mund an ihnen hing. Solange mein reales Ich nicht sagte, was es empfand, konnte ich mit ihnen auskommen.«

Bei einem Urerlebnis, wenn er sein reales Selbst war, stotterte dieser Mann nie. Stottern schien auf anschauliche Weise den Konflikt zwischen den beiden Selbst und die von dem Konflikt hervorgerufenen Symptome sichtbar zu machen. Die stotterfreien Urerlebnisse dieses Patienten sind auch ein Hinweis darauf, wie das Fühlen neurotische Symptome beseitigt.

Als dieser Mann bei einer Gruppensitzung über seine Symptome sprach, legte ein anderes Mitglied der Gruppe dar, er habe mit dem Mund an seinen Eltern gehangen, während sie dadurch an ihnen hing, daß sie ihre Vagina frigide hielt. Sie meinte, mit anderen Worten, daß der Ort des Kampfes diejenige Stelle ist, auf die das heranwachsende Kind seinen Kampf konzentriert. Wenn eine Frau ihren Eltern zuliebe anständig und unschuldig bleiben will, kann es sein, daß der Kampf (die Gefühlsverleugnung) in die Genitalien geleitet wird. In anderen Fällen ist es, wie wir gesehen haben, der Mund. Wenn ein Kind die Einstellungen seiner Eltern geistig aufnimmt und sich in seinem Verhalten nach ihnen statt nach seinen eigenen Gefühlen richtet, ist jedenfalls zu erwarten, daß der Körper nicht länger auf reale, bewegliche Weise funktionieren wird.

Sprechen ist ein kreativer Prozeß, bei dem wir in jedem Augenblick etwas hervorbringen, das vorher nicht da war. Der Neurotiker erschafft mit jedem Wort seine Vergangenheit wieder. Der Normale erschafft eine ständig neue Gegenwart.

10. Neurose und psychosomatische Leiden

Spannung ist der zentrale Antrieb des Neurotikers, der ihn ständig aktiviert. Weil die Aktivation eine irreale Reaktion ist, gibt es kein Feedback in das System, das dem Neurotiker sagt, wann er aufhören soll. Die Muskeln sind angespannt, Hormone werden abgesondert, das Gehirn ist wachsam – alles wegen einer Gefahr, die gar nicht mehr besteht.

Eine von John Lacey und seinen Mitarbeitern durchgeführte Untersuchung gibt uns neuen Aufschluß über die bei der körperlichen Reaktion auf Streß beteiligten Mechanismen.* Gegenstand der Untersuchung waren Beschleunigung und Verlangsamung des Herzrhythmus unter Streß. Es wurde festgestellt, daß der Herzrhythmus langsamer wird, wenn die Versuchsperson aufmerksam und ihrer Umgebung gegenüber aufgeschlossener ist – das heißt, wenn sie akzeptieren will, was um sie herum vorgeht. Der Herzrhythmus wird schneller, wenn die Person ablehnt, was geschieht. Außerdem wird er bei Schmerz schneller. Die Forscher glauben, daß die Beschleunigung den Zweck habe, den Körper gegen die erwartete Wirkung des Schmerzes zu mobilisieren. Zusätzlich erhöht sich bei Schmerz der arterielle (Blut-)Druck.**

Die Bedeutung der Untersuchung ist darin zu sehen, daß es womöglich nicht der Schmerz allein ist, der eine Beschleunigung des Herzrhythmus verursacht, *sondern das Bedürfnis, den Schmerz zurückzuweisen.* Wenn die Hypothese vom Urschmerz richtig ist, ergibt sich daraus, daß der Körper und insbesondere das Herz durch Versuche, solche Urschmerzen zurückzuweisen, ungünstig beeinflußt werden. Das würde dazu beitragen, die starke Verbreitung von Herz- und Blutdrucksyndromen bei so vielen Jugendlichen zu erklären. Unser Körper macht einfach Überstunden und kämpft gegen unsichtbare und nicht gefühlte Feinde. Das Herz als ein Muskel muß auf dieselbe Weise reagieren wie unser übriges Muskelsystem.

Spannung als ein total körperliches Erleben muß Verheerungen

* John I. Lacey, »Psychophysiological Approaches to the Evaluation of Psychotherapeutic Process and Outcome«, in E. A. Rubenstein und N. B. Parloff, Hg. *Research and Psychotherapy*, Washington D. C., 1959.

** In der Februarnummer 1969 des *American Psychologist* berichtete Ernest R. Hilgard über seine Untersuchungen von Schmerz und Blutdruck (»Pain as Puzzle«). Er stellt fest: »Wenn streßreiche Umstände, die normalerweise zu berichtetem Schmerz und einer Blutdrucksteigerung führen, nicht zu einer Blutdrucksteigerung führen, kann angenommen werden, daß kein Schmerz vorhanden ist.«

im ganzen Organismus anrichten, besonders bei konstitutionell geschwächten Organen. Ein solcher jahrelanger Streß muß uns verschleißen, worauf die Tatsache zurückzuführen ist, daß das spannungsfreie Individuum wahrscheinlich erheblich länger leben wird als ein Neurotiker.

Welches Symptom sich entwickelt, hängt von einer Reihe von Faktoren ab. Einer zum Beispiel ist, was die Kultur des Betreffenden als akzeptabel ansieht – Kopfschmerzen und Magengeschwüre sind in den Vereinigten Staaten oft ›erwartete‹ Symptome. Aber kritischer ist die symbolische Bedeutung des betroffenen Organs oder Bereichs. Die meisten Neurotiker können ihre Probleme nicht erkennen oder wagen es nicht, und deshalb ist die Botschaft des Gefühls symbolisiert – Kurzsichtigkeit zum Beispiel oder Asthma, das sich entwickelt, wenn ein Kind nicht einmal selbständig atmen darf. (Ein Patient, der als Kind Asthma gehabt hatte, stellte fest, daß es wieder auftrat, als er während der Therapie entscheidenden Urgefühlen nahekam.)

Symbolisch für die neurotische Spaltung sind ›rasende‹ Kopfschmerzen. Dieses Leiden ist weitgehend darauf zurückzuführen, daß man anders handeln muß, als man empfindet. »Mein Kopf schämt sich dessen, was mein Körper fühlt«, sagte ein Patient.

Der Neurotiker nimmt dann Aspirin und andere schmerzstillende Mittel und begreift nicht, daß der Schmerz, um den es sich handelt, der Urschmerz ist. Die Kopfschmerzen treten immer wieder auf, weil der Urschmerz ständig da ist. Ein Patient drückte es so aus: »Ich sagte immer: ›Mama, mein Kopf bringt mich um‹, ohne zu wissen, was ich sagte. Mein Kopf brachte mein Ich um. Ich mußte so tun, als ob meine Gefühle nicht existierten, deshalb verstaute ich sie irgendwo in meinem Kopf, bis er sich anfühlte, als würde er platzen.«

Viele von uns verbringen viel Zeit damit, die falschen Schmerzen zu bekämpfen – nehmen Relaxantien für Magen und Muskeln oder Schmerztabletten und versuchen vergeblich, die symptomatische Äußerung realer innerer Verletzungen zu vertreiben. Diese symptomatischen Schmerzen haben sich durch das Abwehrsystem durchgekämpft, um uns zu warnen, aber wegen dieses Abwehrsystems kommt gewöhnlich nichts als reiner Schmerz zutage, der hier oder dort lokalisiert ist, so daß der Betreffende nicht weiß, was sein Leiden eigentlich verursacht.

Auf einer Tagung der New Yorker Akademie der Wissenschaften berichteten mehrere Wissenschaftler von einem möglichen Zusammenhang zwischen Emotionen und Krebs. Ein Psychiater, Claus Bahnson vom Jefferson Medical College, berichtete: »Am anfälligsten für Krebs ... sind diejenigen, die ihre Emotionen verleugnen.« Wenn Menschen persönliche Tragödien erleben, dann neigen nach seinen Untersuchungsergebnissen die für Krebs Anfälligen dazu, ihre emotionale Reaktion innerlich durch das

Nervensystem abzuleiten. Das wiederum bringt den Hormonhaushalt aus dem Gleichgewicht und übt einen Einfluß auf die Entwicklung von Krebs aus. Bahnson wies auch darauf hin, daß Krebspatienten in der Regel ein »schlechtes, unbefriedigendes, mechanisches Verhältnis zu ihren Eltern« hatten.* Da diese Eltern, fuhr er fort, nicht imstande oder bereit waren, emotional zu reagieren, habe sich bei ihren Kindern eine Tendenz gezeigt, ihre Gefühle zu unterdrücken, statt sie auszudrücken. Andere Forschungsergebnisse, über die auf derselben Tagung berichtet wurde, bestätigten diese Möglichkeiten. W. A. Greene von der University of Rochester fand bei Krebspatienten einen hohen Grad von Hoffnungslosigkeit und Hilflosigkeit.**

(Interessant ist in diesem Zusammenhang, daß bei den Sioux-Indianern, die bekanntlich ihren Gefühlen freien Lauf lassen, Krebs fast nie auftritt.)

In der psychologischen Literatur gibt es unzählige Werke über psychosomatische Medizin. Besonderen Dank schulden wir dem Pionier Franz Alexander für sein Werk über die symbolischen Bedeutungen somatischer Leiden.*** Es ist nicht meine Absicht, die verschiedenen Arten psychosomatischer Leiden und ihre Bedeutung zu untersuchen. Es genügt festzustellen, daß viele grassierende Krankheiten, die als rein physisch angesehen wurden, so verstanden werden müssen, daß leidende Körper mit einem *total* kranken System verbunden sind, das unter sonst normalen Umständen bemerkenswert gut und gesund funktioniert.

Wenn ein Kind klein und sein physisches System noch stark ist, kann es offensichtlich ziemlich viel Spannung aushalten. Nach jahrelanger chronischer Spannung werden verletzliche Organsysteme dann zusammenbrechen. Erst wenn Menschen bereit sind, erwachsen zu sein, sich von ihrer Kindheit zu befreien, können sie wirklich *physisch und geistig* Erwachsene werden. Reife bedeutet genauso die Reife der Glieder und Organe wie geistige Reife.

Das Verschwinden der Symptome

Wenn Symptome – Zuckungen, Magengeschwüre, Frigidität, Kopfschmerzen, sexuelle Perversionen usw. – in der Primärtherapie verschwinden, so trifft das allerdings auch auf viele Therapien zu. Aber ein wichtiger Unterschied ist darin zu sehen, daß bei der Primärtherapie Symptome erst ganz zuletzt verschwinden. Das steht im Gegensatz zu meiner Erfahrung mit der normalen Therapie, bei der ich manchmal ziemlich rasch Symptome zu vermindern vermochte. Es mag daran liegen, daß der normale

* Claus Bahnson, *Proceedings*, New York Academy of Science, 1968.
** W. A. Greene, *Proceedings*, New York Academy of Science, 1968.
*** Franz Alexander, *Psychosomatische Medizin*, 1951.

Therapeut dadurch, daß er dem Patienten behilflich ist, zu funktionieren und beschäftigt zu bleiben, genügend Auslaßventile für übermäßige Spannung beschafft, um die Symptome des Patienten zu verringern. Da bei der Primärtherapie die Auslaßventile versperrt sind, kann es sein, daß sich die Symptome zuerst verschlimmern, weil der Patient im Verlauf der Therapie viele seiner kleineren Abwehrmechanismen eingebüßt hat. Solange noch ein Teil des irrealen Selbst vorhanden ist, solange ist die Spaltung vorhanden, und das Symptom bleibt bestehen. Es wird ungefähr zu der Zeit verschwinden, wenn der Patient so weit ist, daß er mit der Therapie aufhören kann.

Es gibt gute Gründe für das verspätete Verschwinden der Symptome. Erstens war das Symptom – sagen wir, Überessen – gewöhnlich der Brennpunkt im Leben des Patienten und der zentrale Abflußkanal der neurotischen Spannung. Das Symptom verschwindet oft als letztes, weil es gewöhnlich schon früh im Leben des Patienten aufgetreten ist. Zuckungen und Allergien zeigen sich schon oft im Alter von fünf Jahren, und Stottern, sobald das Kind mit zwei oder drei Jahren zu sprechen beginnt. Das Symptom war die Art und Weise, wie das Kleinkind seine Spaltung löste.

Körperliche Symptome wie Verstopfung, Stottern oder Zukkungen sollte man sich nicht als einfache Gewohnheiten vorstellen, die aus dem Organismus heraus gebracht werden müssen. Sie sind die unwillkürlichen physischen Reaktionen auf die Spaltung (das vom Denken abgetrennte Fühlen), welche den körperlichen Druck hervorruft, der dem bewußten Willen oder bewußter Kontrolle nicht unterliegt. Dieser Druck erzeugt Symptome. Wenn ein realer Gedanke (das psychische Gegenstück zu einem physischen Gefühl) unterdrückt wird, kann das ein psychisches Symptom hervorrufen (eine irreale Idee oder eine Phobie, die eine irreale Idee ernsterer Art ist). Wird das physische Gegenstück zum realen Gedanken (der schmerzhafte Urgedanke) unterdrückt, kann das physische Symptome hervorrufen (einen unbedeutenden Gasdruck im Magen, der früher oder später ein Magengeschwür oder eine Kolitis werden kann).

Es ist wichtig zu verstehen, daß die Heftigkeit von Symptomen zunimmt, je größer und anhaltender der Druck ist. Ein anfänglich psychischer Druck kann ein paar irreale Ideen oder Phobien hervorrufen. Schließlich kann er Wahnvorstellungen oder Halluzinationen hervorrufen. Halluzinationen wären nur der Schlußpunkt eines Prozesses, bei dem sich irreale Ideen entwickeln und der in der frühen Kindheit begann. Wenn der Druck von immer mehr verleugneten Gefühlen zunimmt, bewirkt er, daß sich die Seele in immer komplexeren Windungen verbiegt. Gleichzeitig wirkt mehr Streß auf verletzliche Organe ein, die dazu beitragen, einen Teil der Spannung abzuleiten. Wenn ein Organsystem schließlich nicht mehr standhalten kann, wird die Spannung (der Druck) vor allem dorthin geleitet. Sollte das Organsystem den Druck nicht genügend mindern können, werden unter Umständen weitere Organsysteme affiziert. So kann es sein (wie es bei einem Patienten der Fall war), daß wir zuerst Sekretabsonderung im Nasen-Rachenraum finden, dann schwere Allergien, dann Asthma, dann Magengeschwüre und so weiter.

Ich möchte die Einheitlichkeit aller neurotischen Symptome, der psychischen und der physischen, betonen. Ein blockiertes Gefühl kann zu einer Ansammlung von Spannung führen, die schließlich die Magenwände angreift; oder dasselbe Gefühl kann masochistisch ausagiert werden und eine Projizierung desselben Urschmerzes nach außen zur Folge haben. In beiden Fällen macht es den Urschmerz real. Sobald er einmal real ist, kann etwas dagegen getan werden. Gegen Leiden gibt es Pillen. Beim masochistischen Ritual gibt es einen Anfang und ein Ende. In beiden Fällen handelt es sich um eine Verlagerung des Urschmerzes auf etwas Konkretes, auf etwas, das beherrscht werden kann. Leiden sind unwillkürliche Symptome des Urschmerzes, Masochismus dagegen ein willkürliches Symptom. Obwohl es disparate Phänomene zu sein scheinen, sind es nur verschiedene Kanäle für blokkierte Gefühle.

Sadismus ist eine weitere Variation; hier wird der Urschmerz, um nicht empfunden zu werden, einem anderen zugefügt. Ein Mann schlägt seine Frau, wenn er eigentlich seine Mutter schlagen will, und auf einer tieferen Ebene will er vielleicht seine Mutter schlagen, weil ihn der Mangel an Liebe schmerzt.

Die treibenden Kräfte bei der Wahl des symptomatischen Aus- oder Einagierens können komplex sein. (Psychosomatische Symptome sind irreales Verhalten.) Sie sind das Ergebnis der Lebensumstände und der konstitutionellen Veranlagung des einzelnen. Aber um ein Symptom überhaupt zu verstehen (in diesem Fall Masochismus oder psychosomatische Leiden), müssen wir es als neu lokalisiertes Verhalten begreifen. Es ist die Scharfeinstellung, die Art und Weise, wie wir die offenbaren Ursachen des Leidens genau bestimmen: »Mein Mann ist grausam. Das Leben wäre anders, wenn er sich nicht betrinken und mich nicht schlagen würde.« – »Es wäre schön, wenn ich die Kopfschmerzen einfach abschütteln könnte.« Im allgemeinen stimmt keine der beiden Aussagen. Das Leben wäre nicht schön. Beide Verhaltensweisen passen zum Lebensstil des Betreffenden. Sie haben einen bestimmten Zweck: den realen Urschmerz fernzuhalten. Weil Symptome den realen Urschmerz fernhalten, sind sie Abwehrmechanismen. Der Grund, warum signifikante Symptome bei der Primärtherapie oft als letzte verschwinden, ist, daß das Abwehrsystem, das nach der großen Primärszene als stabile Entität entstand, entweder ganz oder gar nicht funktioniert. Wenn auch in den letzten Stadien der Primärtherapie noch kritische Verletzungen gespürt werden, wird der Patient häufig zuerst wieder in seine Anfangssymptome zurückfallen. Wenn er schließlich empfindet, was seine völlige Spaltung bewirkt hatte, dann ist es unwahrscheinlich, daß bei ihm je wieder Symptome auftreten. Wenn wir das umgekehrt betrachten, wird es verständlicher. Bei einem kleinen Kind, das sich bei seiner großen Szene spaltet, findet die überschüssige, ungelöste Spannung einen Abfluß – das Symptom. Dieses Symptom ›deichselt‹ das Gefühl und löst den Konflikt auf irreale Weise. Symptome allein zu behandeln bedeutet also, etwas Irreales zu behandeln. Es ist eine nicht enden wollende Aufgabe, ob diese Symptome nun psychisch oder physisch sind. Das ist der Grund, warum die Psychoanalyse von Symptomen so lange dauert.

Das neurotische Symptom ist die idiosynkratische Auflösung des inneren Kampfes der Person. In diesem Sinne ist der Stil der Mensch. Das Symptom kann daher keine universale Bedeutung haben, sondern nur für die jeweilige Person. So kann Zähneknirschen unendlich viele Bedeutungen haben. Bei einer Patientin bedeutete es, »mit zusammengebissenen Zähnen« durchhalten, als ob das Leben davon abhinge, wie sie sich ausdrückte. Bei einem anderen spiegelt es Wut wider, die nie zum Ausdruck kommen konnte. Aber bei jedem Patienten hat jedes Symptom nur *eine* Bedeutung – was es für ihn und nur für ihn bedeutet. Deshalb können wir nicht sagen, es gebe einen Typus, der mit den Zähnen knirscht, oder daß diejenigen, die mit den Zähnen knirschen, passiv-abhängig, aggressiv, latent dies oder latent das seien. Auch können wir nicht universale Definitionen anbieten; nur der Patient kann uns sagen, was sein Symptom bedeutet. Meines Wissens ist in den letzten zwei Jahren kein Symptom bei einem Patienten wieder aufgetaucht, der die Primärtherapie beendet hatte, was ich bei meiner Arbeit als konventioneller Therapeut nie behaupten konnte. Warum? Weil Symptome meiner Ansicht nach von Spannungen abhängen. Die Symptome treten nicht wieder auf, weil es keinen Urschmerz mehr gibt, der Spannung erzeugt. Es gibt keine Spaltung mehr, die Körper und Seele auseinanderreißt. Kurz gesagt, es gibt nichts, das verschüttet ist und Druck auf den Organismus ausübt.

Ich könnte noch unendlich lange alle Symptome aufführen, die durch die Primärtherapie eliminiert wurden, von Menstruationskrämpfen bis zu Asthma. Aber das würde die Primärtherapie als ein Allheilmittel erscheinen lassen und ihre Glaubwürdigkeit mindern. »Wenn Sie mir wenigstens von einigen Mißerfolgen bei Ihnen berichten würden, von einigen Symptomen, die *nicht* verschwanden«, sagte ein Kollege, »dann wäre ich eher bereit, Ihre unerhörten Behauptungen zu akzeptieren.« Aber die Primärtherapie *sollte* imstande sein, alle Symptome zu beseitigen, oder die

Prämisse – daß Symptome die Folge von Urschmerzen sind – ist nicht stichhaltig.

Vielleicht klingt es, als ob der postprimäre Patient, symptomfrei und nicht in Spannung, ein Übermensch sei. Aber der Neurotiker versucht vielmehr, ein Übermensch zu sein; er ißt zweimal so viel, arbeitet zweimal so schwer, wendet zweimal so viel Energie auf, und das Ergebnis ist zweimal so viel Leid.

11. Über das Normal-Sein

Es ist das Ziel der Primärtherapie, die Menschen real zu machen. Normale Menschen sind der Definition nach real. Postprimäre Patienten werden durch ihre Therapie real. Allerdings bleiben bei diesen Patienten immer noch Narben zurück. Im Lauf ihres Lebens sind sie viele Male verletzt worden, und ihre Erinnerungen kann man nicht wegwaschen; man kann sie nur entschärfen, so daß sie nicht länger den Druck ausüben, der den Neurotiker zum symbolischen Ausagieren bringt. Nach so viel Deprivation als Neurotiker wird der postprimäre Patient natürlich kein voll befriedigter Mensch sein. Als Neurotiker konnte er nur um zukünftige Befriedigung kämpfen. Seine Therapie ermöglicht ihm nun, seine Bedürfnisse in der Gegenwart zu befriedigen.

Wenn ich von einem normalen Menschen spreche, dann meine ich eine abwehrfreie, spannungslose, nicht kämpfende Person. Meine Vorstellung von Normalität hat nichts mit statistischen Normen, Mittelwerten, Maßstäben der sozialen Anpassung, Konformität oder Nichtkonformität zu tun. Die Verhaltensweisen von Menschen, die sie selber sind, sind so unterschiedlich und zahllos, wie es Menschen auf der Welt gibt. Der Normale ist er selber. Die Primärtherapie macht jemanden *zu* sich selber und versucht nicht zu bewirken, daß jemand etwas *aus* sich macht.

In diesem Kapitel will ich den Normalen dem Neurotiker gegenüberstellen. Später werde ich ein anschauliches Bild vom postprimären Patienten entwerfen: wie er fühlt, was er tut, und welche Art von Beziehungen er hat.

Weil er zufrieden ist, ist der Normale entspannt. Der Neurotiker ist unbefriedigt, weil seine Bedürfnisse nicht befriedigt wurden, und muß nach den offenbaren Ursachen seiner Unzufriedenheit forschen. Das hält ihn davon ab, die wahren Gründe zu erkennen, warum er unglücklich ist. So träumt er davon, eine neue Stellung zu bekommen, noch ein Examen abzulegen, woanders hinzuziehen oder eine neue Freundin zu finden. Indem er sich auf seine schlechte Stellung, seine verständnislose Frau usw. konzentriert, hofft er, die grundlegende Unzufriedenheit werde beseitigt.

Ich erinnere mich, daß eines Tages ein Patient zur Therapie kam und die politische Entwicklung in den Vereinigten Staaten beklagte. Er war besessen von der Idee auszuwandern. Was er über die politische Atmosphäre zu sagen hatte, klang ganz real. Als er dann den wirklichen Grund für seine Unzufriedenheit empfand, änderte das zwar seine Vorstellungen von der politischen Situation nicht, aber es änderte seine Obsession auszuwandern. Was er fühlte, war: »Es gibt kein gutes Zuhause für mich.« Er hatte nie ein gutes Zuhause gehabt. Schlechtes Zuhause = schlechte Heimat. Sein Traum war, woanders ein gutes Zuhause zu finden.

Weil der Neurotiker nicht dort ist, wo er ist, wird er niemals auf längere Zeit zufrieden sein. Er bedient sich der Gegenwart, um die Vergangenheit zu bewältigen. So wird er ein Haus kaufen und es einrichten, und wenn er damit fertig ist, wird er ein neues Haus haben wollen. Oder er findet eine Freundin und verläßt sie dann, nachdem er sie ›erobert‹ hat.

Für den Neurotiker ist der Kampf wichtig, nicht das Ergebnis. So kann er oft das, was er angefangen hat, nicht beenden. Er rechtfertigt seine unzulängliche Arbeit damit, daß er so viel zu tun habe. Aber er hat so viel zu tun, weil er nichts fertig macht. Etwas fertig machen und sich unbefriedigt fühlen, das tut weh. Darum sind die letzten Monate vor einem Examen für viele Leute eine so mißliche Zeit. Darum sind auch manche Leute nicht zufrieden, wenn sie Geld auf der Bank haben. Kaum haben sie ihre Schulden abgetragen, da pumpen sie schon von neuem, um den Kampf fortsetzen zu können. Das Gefühl: »Ich habe es geschafft, ich habe Geld auf der Bank und bin doch unglücklich« ist unerträglich. Davon befreit ihn dann der Kampf. Manche neurotischen Hausfrauen stehen selten früh auf und werden nie ganz mit ihrer Arbeit fertig. Dann würde ihnen nämlich die Leere ihres Daseins klar werden. Statt dessen lassen sie ein oder zwei Zimmer in ständiger Unordnung; auf diese Weise setzen sie ihren Kampf fort. Daß das Haus eingerichtet wird oder sauber ist, ist etwas, dem sie *entgegensehen* können und das nach verrichteter Hausarbeit das Gefühl aufkommen läßt: »Und was jetzt?«

Der Normale, der keinen Kampf braucht, der keine Hindernisse in seinem Weg braucht, damit er den Kampf fortsetzt, kommt dazu, Dinge zu erledigen. Der Neurotiker, der das Empfinden seines Urschmerzes hinausschiebt, schiebt auch viel von seinem sonstigen Leben hinaus. Tatsächlich ist das Empfinden des Urschmerzes der Augenblick, da der Neurotiker zu leben beginnt. Bis er ihn empfindet, muß er sich ausweichend verhalten, ausweichend in dem Sinne, daß er nicht nur dem ausweicht, was Schmerz bereitet, sondern auch allem, was unerfreulich ist. Weil er sich ständig von seinem realen Selbst wegbewegt, neigt er dazu, flatterhaft zu sein – wenn nicht physisch, dann geistig. Er hat den Kopf voller Pläne; er kann nicht stillsitzen. Selbst im Schlaf ist er in Bewegung, schlägt um sich oder transpiriert. Er mag so aktiviert sein, daß er überhaupt nicht schlafen kann – heimgesucht von quälenden Gedanken und unerledigten geschäftlichen Dingen.

Der Normale ist ganz da. Kein Teil von ihm wird ›in Reserve‹

gehalten; daher kann er sich auch ganz und gar für alles interessieren. Der Neurotiker ist oft in einem Strudel von Ablenkungen; seine Augen und sein Geist flitzen von einem Gegenstand zum anderen und vermögen sich auf nichts zu konzentrieren.

Natürlich ist der Normale nicht gespalten. Das bedeutet, daß er, wenn er einem die Hand gibt, nicht woanders hinschaut. Er kann wirklich zuhören, und in einer neurotischen Gesellschaft ist das selten. Der Neurotiker hört tatsächlich nur, was er hören will. Meistens denkt er darüber nach, was er als nächstes sagen will. Was er hört, bewertet er nur danach, ob es sich in irgendeiner Weise auf ihn bezieht. Er kann nicht objektiv sein und das, was außerhalb von ihm ist (und das gilt auch für seine Kinder) als solches nicht würdigen. Neurotische Unterhaltungen gehen selten über persönliche Erfahrungen hinaus (»was ich sagte«, »was er zu mir sagte«), weil das neurotische Interesse dem Selbst gilt, das unbefriedigt ist. Der Normale ist auf andere Weise an seinem Selbst interessiert. Nicht alles auf der Welt muß sich darauf beziehen, aber er vermag die Beziehung zwischen sich und der Welt herzustellen. Er benutzt seine Außenwelt nicht, um die innere zu verbergen.

Der Normale fühlt sich nicht einsam; er fühlt sich allein, und dieses Gefühl des Alleinseins ist ganz anders als das, was er früher empfand, wenn er allein war. Es ist eine losgelöste und unabhängige Empfindung ohne Furcht oder Panik. Neurotische Einsamkeit ist eine Verleugnung des Alleinseins, ein Bedürfnis, mit anderen zusammen zu sein, um dem katastrophalen Urgefühl zu entfliehen, abgelehnt zu werden und den größten Teil des Lebens tatsächlich allein zu sein. Die Erfinder von Autoradios verstanden die neurotische Einsamkeit; sie sind sozusagen schmerzstillende Mittel – gratis gelieferte Abwehrmechanismen, damit der Neurotiker sein Alleinsein nicht zu empfinden braucht. Der Normale betrachtet die Musikberieselung oft als Ruhestörung.

Der Normale ist aufrichtig, und man spürt es daran, wie er reagiert. Der Neurotiker führt ein übertriebenes Leben – er reagiert entweder zu stark oder zu wenig; seit der Zeit, als er seine wahren Reaktionen nicht akzeptabel fand, mußte er unaufrichtig reagieren oder so tun, als ob er gar nicht reagiere. Zum Beispiel hatte eine Patientin eine neurotische Freundin bei sich, um ihr ihre neue Wohnung zu zeigen. Sie fragte sie, wie ihr die Einrichtung gefiele. Die Freundin sagte: »Ich wünschte, mein Teppich wäre so hübsch wie deiner.« Sie sah das Zimmer nur durch die Brille ihrer eigenen Bedürfnisse, und ihre Reaktion war typisch neurotisch. Wenn Neurotikern ein Witz erzählt wird, dann amüsieren sie sich nicht etwa darüber und lachen, sondern geben sofort einen noch besseren zum besten.

Wenn jemand ›identifizieren‹ muß, statt zu fühlen, dann bemerken wir diese unpassende Reaktion. Der Normale reagiert angemessen, nicht weil er Eindruck machen will oder einen ›Knigge‹ gelesen hat, sondern weil er spürt, was angemessen ist. Um ein guter Vater oder eine gute Mutter zu sein, braucht man nicht unaufhörlich kluge Bücher über Kindererziehung zu lesen. Man wird natürlich sein und auch seine Kinder natürliche Menschen sein lassen.

Weil der Normale nicht länger das Gefühl von Bedeutungslosigkeit verbergen muß, braucht er sich nicht verbissen darum zu bemühen, von Kellnern und Hotelangestellten als jemand Besonderes behandelt zu werden. Beim Neurotiker ist das oft eine Ganztagsbeschäftigung. Zum Teil besteht das neurotische Bedürfnis darin, sich mit Menschen zu umgeben, um sich nicht einsam zu fühlen, oder in Klubs einzutreten, um das Gefühl zu verhüllen, daß man nie zu einer wirklichen Familie gehört hat. Dieser ganze unaufhörliche Kampf ist für den Normalen vorüber.

Wenn ich an den neurotischen Kampf denke, fällt mir immer eine Whisky-Reklame ein: »Es braucht gar nicht viel, um Sie für all die Jahre des Kampfes zu entschädigen, der Sie dahin gebracht hat, wo Sie jetzt sind.«

Neurotische Kämpfe sind fabriziert. So kann eine Frau jahrelang Gelegenheitskäufe tätigen und hat doch nie das Gefühl, etwas wirklich Gutes gekauft zu haben. Wahrscheinlich war es das auch nicht. Hätte sie die Liebe ihrer Eltern ohne Kampf erhalten, wären Gelegenheitskäufe vielleicht nicht so wichtig. Günstig einkaufen ist eine typisch amerikanische Neurose, ähnlich wie die Wunder wirkende Schlankheitspille; sie bringen ohne viel Anstrengung etwas Nützliches – wie der Whisky. Was Gelegenheitskäufe besonders köstlich macht, ist der Kampf. Je größer der Kampf, um so wertvoller der Preis, nur daß das nicht der reale Preis ist, den man sich für den großen Lebenskampf wünscht. Es ist nur ein bescheidener Ersatz, denn bei dem jahrelangen Kampf um die elterliche Liebe kam nichts heraus. Die Gelegenheitskäufe sind die Entsprechung zum Leben des Neurotikers mit seinen Eltern, aber mit einem Unterschied: Der Neurotiker bekommt schließlich etwas, das er oft gar nicht will.

In ein Geschäft zu gehen und den Listenpreis zu bezahlen, fällt vielen Neurotikern schwer, denn das kann schließlich jeder, es ist nichts ›Besonderes‹, und man ist dann wie jeder andere. Der Normale ist nicht zwanghaft auf der Jagd nach günstigen Gelegenheiten. Er versucht, sich das Leben leicht und nicht schwer zu machen.

Sehr ähnlich wie der Hang zum günstigen Einkaufen ist die Art und Weise, wie Neurotiker mit Geld umgehen. Ein Patient sagte, vor der Therapie brachte er es nie fertig, Geld auf der Bank zu lassen, denn das hätte bedeutet, daß er nicht mehr zu kämpfen brauchte. Dieser Mann war ständig dabei, sich von einem frühen Gefühl freizukämpfen, daß er nichts tauge. Er hatte (unbewußt) gehofft, Geld würde ihm das Gefühl geben, etwas wert zu sein. Aber dafür war natürlich nie genug Geld da. Wenn er Geld hatte, ließ er es nicht dabei bewenden, denn er hatte immer noch das Gefühl, nichts zu taugen, und so fühlte er sich bemüßigt, immer mehr Geld heranzuschaffen. Der Normale bedient sich des Geldes nicht symbolisch, um alte Bedürfnisse zu befriedigen. Er hat das Gefühl, daß er etwas taugt, weil er so, wie er war, von normalen Eltern anerkannt wurde. Für so viele Neurotiker ist Geld deswegen das Hauptanliegen, weil der Neurotiker der Definition nach das Gefühl haben muß, nichts zu taugen; er wurde nie nach dem beurteilt, was er war. Da er seine wahren Bedürfnisse nicht zu empfinden vermag, wird er immer mehr wollen, als er braucht.

Anderen Neurotikern wiederum fällt es immer schwer, Geld auszugeben. Bei ihrem Kampf dreht es sich möglicherweise darum, sich ungefährdet und gesichert zu fühlen. Aber Geld allein kann keine Sicherheit verleihen. Ein Neurotiker dieser Art schiebt alles in seinem Leben hinaus. »Eines Tages, wenn alles in Ordnung ist, werde ich Urlaub machen.« Er lebt niemals. Vielmehr klammert er sich an eine Phantasie, wie das Leben eines Tages sein werde. Diese Phantasie hängt eng mit dem Urschmerz zusammen, und das trägt zur Erklärung bei, warum so viele Menschen so vieles in ihrem Leben hinausschieben. Der Normale andererseits kann die Dinge jetzt bekommen. Er hat keine alten Urschmerzen, die ihn zurückzerren und bewirken, daß er alles hinausschiebt. Seine realen Gefühle eliminieren das Bedürfnis nach irrealen Phantasien.

Der Normale ist ausgeglichen. Er ist damit zufrieden, wo er ist, und braucht sich nicht einzubilden, das wirkliche Leben sei ›irgendwo draußen‹. Eine Frau hat das so ausgedrückt: »Ich schaute immer in den Spiegel und sah meine Runzeln und bekam Angst. Ich rannte von einem Schönheitssalon zum anderen, versuchte alle möglichen Lotions, und als das nichts half, versuchte ich es mit Facelifting. Ich war auf einer verzweifelten Flucht vor dem Gefühl, daß meine Jugend vorbei sei und ich nie Gelegenheit haben würde, das zu bekommen, was das kleine Mädchen in mir brauchte. Wenn ich diese Runzeln und die paar grauen Haare sah, dann kam mir die Hoffnungslosigkeit zum Bewußtsein, daß ich nie wieder Kind sein würde, und so rannte und rannte ich. Ich ging zu Parties und übernahm Dutzende von Ämtern. Versuchte ›in‹ und attraktiv zu sein. Das Rennen wurde mir zur zweiten Natur. Ich konnte nicht aufhören.« Der Normale kann sich mit seinem Alter abfinden, denn er lebt jetzt und hat seine Jugend erlebt und empfunden. Er versucht nicht tagtäglich, etwas wiederzuerlangen, was er schon vor Jahrzehnten verloren hat. Weder macht er sich übermäßig Sorgen um die Zukunft, noch erinnert er sich ständig seiner Vergangenheit, denn er lebt nicht in einer Zeit, die nicht existiert.

Beim Neurotiker ist ›die Persönlichkeit die Botschaft‹, um McLuhans Redewendung zu entlehnen. Die Persönlichkeit verbiegt sich je nach der Botschaft, die sie übermitteln muß. Der lakonische Mensch sagt vielleicht: »Pappi, rede mit mir, hol was aus mir heraus.« Der ungeschickte, verwirrte Typ sagt: »Mammi, ich habe mich verirrt. Zeig mir den Weg.« Der mit der Leichenbittermiene: »Mama, frag mich, was mir weh tut.« Und der Depressive sagt vielleicht: »Tu mir nichts, wenn mir mies ist.«

Weil der Normale nicht länger versucht, etwas *indirekt* zu sagen, hat er keine verborgene Persönlichkeit. Ohne alte Bedürfnisse sind die Menschen, was sie sind. Ich weiß nicht, wie ich es anders erklären könnte als damit, daß der Normale ohne psychische Fassade einfach lebt und leben läßt. Wie ich schon erwähnt habe, ist der Körper ein Teil der Gesamtpersönlichkeit, so daß Neurotiker oft neurotisch aussehen: man kann geradlinige, schmale Lippen finden, die sich gegen unerwünschte Wörter verschließen, zusammengekniffene Augen, die »nicht alles sehen können, was vor sich geht«, wie ein Patient es ausdrückte. Oder wir bemerken hängende Lippen vor nicht zum Ausdruck gebrachtem und unaufgelöstem Kummer, oder eine Kieferstellung, der man den ständigen Ärger ansieht. Der ganze Organismus des Neurotikers drückt die unbewußte Botschaft aus. Da er keine Botschaft zu übermitteln hat, können wir beim Normalen einen richtig proportionierten Körper erwarten, zu dem alles andere paßt. Die körperlichen Veränderungen, die ich bei postprimären Patienten sehe, haben mich zu der Schlußfolgerung geführt, daß einiges von dem, was wir als ererbt ansehen, in Wirklichkeit die Folge von Neurose sein kann.

Der Normale kann sich amüsieren. Es ist überraschend, wie wenige Neurotiker ohne künstliche Hilfsmittel wie Alkohol dazu imstande sind. Ein Patient drückte das so aus: »Vergnügen torpediert Hoffnung. Ich brachte es fertig, alles in etwas Unerfreuliches zu verwandeln. Wenn es den ganzen Tag über gutgegangen war, dann wurde ich plötzlich reizbar und suchte Streit. Ständige Freundlichkeit konnte ich einfach nicht ertragen. Mir war dann unbehaglich zumute, als ob das dicke Ende noch nachkommen würde. Rückblickend betrachtet, glaube ich, daß es, wenn ich all diese Freundlichkeit akzeptiert hätte, bedeutet hätte, meinen Kampf, aus meinen Eltern gute Menschen zu machen, aufzugeben. Wenn ich Freundlichkeit aus ganzem Herzen angenommen und das Leben wirklich genossen hätte, dann hätte ich die Hoffnung aufgeben müssen, daß mein seelischer Schmerz je erkannt würde.« Der Neurotiker ist nicht *jetzt* auf Vergnügen aus, vielmehr will er damit das *damals* wiedergutmachen. Dasselbe gilt für Zärtlichkeit. Der Normale freut sich ohne Vorbehalt über Zärtlichkeit. Aber beim Neurotiker kann das bedeuten: »Ich brauche euch Eltern nicht mehr. Ich habe jemand anderen gefunden, der mich liebt.« Es fällt dem Neurotiker entsetzlich schwer zu empfinden, daß er nie wieder der kleine Junge oder das kleine Mädchen sein wird, die von ihren Eltern nun bekommen, was sie vermißt haben.

Der Unterschied zwischen der normalen und der neurotischen Reaktion wurde durch einen Patienten deutlich gemacht, der nach Weihnachten zur Therapie kam und sagte, er habe ›Millionen‹ Geschenke bekommen. Er mußte übertreiben, um mit dem Mehr die große lebenslange Leere zu füllen.

Immer wieder liest man, daß Kinder Pflichten oder Aufgaben brauchen, damit sie lernen, Verantwortung zu übernehmen. Kinder werden zum Geldverdienen angehalten, selbst wenn keine Notwendigkeit dafür besteht. Wird zum Beispiel ein Kind von einem Nachbarkind zum Spielen aufgefordert, ist die erste Frage der Mutter: »Hast du deine Pflichten erfüllt?« Irgendwie fürchten Eltern, wenn man Kinder tun läßt, was sie wollen, daß sie dann nie all das tun, was sie ›sollten‹. So legen sie jedem Wunsch Hindernisse in den Weg, bis das Kind auch bei den simpelsten Wünschen ängstlich wird und sie schließlich vermeidet. Später im Leben wird der Betreffende vielleicht nie spontan handeln können ohne die quälende Frage: »Was sollte ich zuerst tun?« Ein Patient sagte: »Wenn ich einmal Spaß gehabt hatte und jemand mich einlud, am nächsten Abend wiederzukommen, hat meine Mutter es immer verboten, weil es ›zu viel Aufregung‹ sei – womit sie Vergnügen meinte. Wahrscheinlich fürchtete sie, ich hätte meine ganze Zuteilung an Vergnügen schon verbraucht, ohne meinen Verpflichtungen nachzukommen.«

Das Leben des Normalen ist in dieser Hinsicht viel leichter. Er hält sich nicht davon ab, in der Gegenwart zu leben, und er verwickelt auch seine Kinder nicht in den Kampf, so daß sie sich schuldig fühlen, wenn sie ungezwungen und spontan sind.

Nichts ist dem Neurotiker jemals ganz recht, denn er hat es seinen Eltern nie recht gemacht. Es ist ein ganz besonderer Trick, einem Kind nie ein lobendes Wort zu sagen, nie einen Satz, der erkennen läßt, daß man das Kind goldrichtig findet, so wie es ist; aber ein Patient nach dem anderen berichtet, er könne sich nicht erinnern, je etwas Ermunterndes gehört zu haben. Statt dessen muß der neurotische Elternteil mit jedem Atemzug seinen Urschmerz zum Ausdruck bringen, denn dieser Urschmerz ist allgegenwärtig.

Wenn jemand sein Leben lang kritisiert worden ist, zeigen sich die Folgen davon auf mannigfache Weise. Zum Beispiel werden manche Neurotiker an jedem Geschenk unweigerlich etwas auszusetzen haben. Oder sie werden bei allem immer nur das Schlechte sehen, weil auch an ihnen immer nur das Schlechte gesehen wurde. Wenn der Neurotiker Zeitung liest, liest er nur die schlechten Nachrichten: was nicht geklappt hat; wer sonst noch unglücklich ist oder etwas Böses getan hat. In einer neurotischen Gesellschaft, in der die Menschen ihren Kummer nach außen projizieren müssen, um ihr Leben erträglicher zu machen, werden Nachrichten synonym mit schlechten Nachrichten. Der Normale ergötzt sich nicht am Kummer anderer. Er empfindet ihren Kummer und möchte ihnen helfen, ihr Elend zu beenden.

Wenn Sie versuchen, die Leere eines Neurotikers zu füllen, dürfen Sie nicht vergessen, was für ein Höllenschlund das ist. Der Neurotiker braucht unter Umständen sehr kostbare Geschenke, wenn sie die jahrelange Leere und Lieblosigkeit wettmachen sollen. Aber kein Geschenk bringt das zuwege, wie kostbar es auch sein mag; es gibt nicht genug Pelze auf der Welt, um lebenslängliche Kälte zu wärmen.

Selbst wenn lange angestrebte Ziele schließlich erreicht werden, ist das nicht immer die Lösung. Einer meiner Patienten promovierte endlich zum Dr. phil. und geriet in eine schwere Depression. Er hatte geglaubt, daß nach acht Jahren eines entsetzlichen Kampfes das Diplom etwas für ihn bewirken werde, aber er kam sich immer noch nicht geliebt oder bedeutend vor. Er sagte mir, den Doktortitel zu bekommen war gleichsam ein letztes Wunder, aber er habe es nicht fühlen können. Der Normale hofft nicht darauf, daß etwas Äußerliches irgendwas für ihn bewirken werde, deshalb kann er die Dinge sein lassen, wie sie sind.

Für den Neurotiker ist Enttäuschung die Magd der Hoffnung. Die Hoffnung, die die Realität verschleiert, sorgt oft dafür, daß der Betreffende infolge seiner unrealistischen Erwartungen leidet. Der Neurotiker wird zum Beispiel unweigerlich vom Weihnachtsfest enttäuscht sein, wenn er von dieser Feier irgendwie erwartet hatte, daß er sich erwünscht und geliebt fühlen werde.

Der Normale ist gesund. Er braucht nicht herumzulaufen und den Ärzten zu sagen: »Ich habe Schmerzen«, weil er das seinen Eltern niemals sagen durfte. Weil nichts ihn dazu treibt, irreal zu sein, weil es kein symbolisches System gibt, das den Körper ruhelos und erschöpft sein läßt, ist der Normale nicht nur gesünder, sondern auch viel energischer. Seine Energie wird für die Erfüllung realer Aufgaben eingesetzt, nicht für den Kampf, das Unmögliche zu erreichen. Und nicht zuletzt weiß es der Normale, wenn er sich gut fühlt. Ein Patient sagte mir: »Ich wußte es überhaupt nicht, wenn ich mich gut fühlte. Ich war meinen Gefühlen so fern. Wenn mich jemand fragte, wie es mir gehe, und ich fühlte mich nicht schlecht, dann mußte ich, da ich mich nicht schlecht fühlte, folgern, daß es nur eine Möglichkeit gebe – ich mußte mich gut fühlen.«

Der Normale schickt auch keinen anderen in den Kampf. Er begreift, daß man Kinder gern haben sollte, ohne daß die es sich verdienen müssen. *Deshalb läßt er seine Kinder um nichts kämpfen.* Paradoxerweise scheinen diese Kinder im Leben gut voranzukommen, obwohl doch die Ansicht vorherrscht, man werde durch einen frühen Lebenskampf auf den späteren vorbereitet. Viele Neurotiker sind sich nicht einmal darüber klar, daß sie eigentlich gar nichts dafür hätten tun müssen, um von ihren Eltern geliebt zu werden. Sie haben so viele Jahre lang darum gekämpft, daß man sie gern habe, daß sie sich nicht vorstellen können, daß man bloß deswegen geliebt wird, weil man lebt. Der konditionierende Prozeß, etwas tun zu müssen, um Anerkennung zu finden, beginnt fast mit der Geburt, wenn das Kind ›umgirrt‹ wird, damit es lächelt (und glücklich aussieht). Später muß es dann ›Winke-winke‹ machen oder für die Großeltern tanzen oder dieses oder jenes Wort sagen, ohne Rücksicht darauf, wie dem Kind gerade zumute ist. Fast jeder Kontakt in der Säuglingszeit besteht darin, daß das getan wird, was ein anderer will. Dieses Bedürfnis der Eltern und Großeltern, eine ständige Reaktion *auf* sie zu erhalten, scheint eine natürliche Folge davon zu sein, daß ihre eigenen Eltern so wenig auf sie reagierten.

Wenn man den Normalen mit dem Neurotiker vergleicht, ist es ein Wunder, daß Neurotiker überhaupt am Leben bleiben.

Wenn es irgendein Schlüsselprinzip in bezug auf reales Verhalten gäbe, dann könnte es folgendermaßen lauten: *Realität umgibt sich auf dieselbe Weise mit einer anderen Realität, wie Irrealität nach Irrealität strebt.* Reale oder normale Menschen werden keine dauerhaften Beziehungen zu irrealen Menschen unterhalten, und umgekehrt wird es ebenso zutreffen. Heuchelei wird für den Normalen unerträglich. Es wird einem Neurotiker nicht schmeicheln, sich ihm nicht fügen, ihn nicht verwöhnen oder weich stimmen, um mit ihm auszukommen. Er läßt sich von dem Neurotiker auch nicht einwickeln, hereinlegen oder beherrschen, so daß die Beziehung, sofern jemand nicht ziemlich aufrichtig ist, schwierig sein wird. Der Normale wird sich nicht in den Kampf eines anderen hineinziehen lassen. Ein Patient berichtete, daß er früher immer die Sätze seiner Frau vollenden mußte. Sie begann einen Satz und sah ihn dann flehentlich an, und dann sprang er sofort in die Bresche und erledigte das für sie. Die Reaktion war automatisch und unbewußt.

Es ist unwahrscheinlich, daß ein Neurotiker eine Beziehung fortsetzt, bei der seinen neurotischen Bedürfnissen nicht Genüge getan wird. Er stellt besondere Anforderungen. Er wird dazu neigen, diejenigen Leute auszusuchen, die seine Art von irrealen Ideen und Einstellungen teilen. Daher können wir oft eine Gleichartigkeit des Denkens in einer Freundesgruppe erwarten, wenn es sich um Wirtschaft, Politik, Menschen oder allgemeine soziale Phänomene handelt. Ich meine damit, daß das Irreal-Sein eine allumfassende Verhaltensweise ist. Der Neurotiker muß die Realität vermeiden, bis er so weit ist, daß er seiner eigenen Realität ins Auge sehen kann. Bis dahin wird er sich in einen behaglichen, aber irrealen Kokon einspinnen, und dieser Kokon sind sein Beruf, die Zeitungen, die er liest, die Freunde, die er hat.

Wie stark die soziale Irrealität des Neurotikers ist, wird bis zu einem gewissen Grad davon abhängen, wieviel er von sich selbst verleugnen muß. Wenn ein Mann nie von seinem Vater geliebt worden ist, hat er vielleicht homosexuelle Phantasien. Manche werden diese Phantasien erkennen und akzeptieren; andere werden sie abstreiten und möglicherweise nicht einmal zugeben, daß sie in ihren Träumen und Tagträumen existieren. Die zweite Gruppe wird dann stärker unter Verleugnung leiden als die erste. Diese Leute werden es schon verächtlich finden, Homosexuelle auch nur zu sehen, und Gesetze gegen sie erlassen wollen. In ihrem sozialen Verhalten werden sie dann fordern, daß Homosexuellen alle Rechte abgesprochen werden – und all das, weil sie einen Pappi haben wollen und es nicht sagen können. Dieselben Männer fürchten sich vielleicht so vor ihrer ›Schwäche‹, daß sie sie verachten. Sie versuchen nicht nur, stark und unabhängig zu sein, sondern wollen auch Gesetze gegen ›Fürsorgeschmarotzer‹ oder andere Gruppen einbringen, die sich nicht durchsetzen können und es allein nicht schaffen. Kurz gesagt, wenn die eigenen Bedürfnisse unterdrückt werden, bedeutet es oft, daß auch die Bedürfnisse anderer nicht anerkannt werden.

Der Versuch, die gesellschaftliche Philosophie mancher Neurotiker zu ändern, würde auf dasselbe hinauslaufen wie der Versuch, ihr ganzes psychophysisches System zu ändern. Neurotiker glauben, was sie glauben müssen, um das Leben erträglich zu machen. Wollte man ihnen ihre Grundüberzeugung ausreden, wäre es genauso, wie wenn man ihnen ihre konstitutionelle Veranlagung ausreden wollte. Der Normale ist nicht daran interessiert, andere auszunutzen. Er braucht von den Menschen nichts Unrealistisches. Der Neurotiker, seinem Urschmerz gegenüber hilflos, hat es oft nötig, andere auszunutzen, um eine Wichtigkeit zu fühlen, die er nicht empfinden kann. Er muß das tun, um sich zu verbergen. Er braucht andere, die ihm sagen, was an ihm, seinem Kind, seinem Haus oder seiner Kleidung gut ist.

Wer nicht normal ist, kann nichts von sich selber geben, wenn dieses Selbst innen weggeschlossen ist. Der Neurotiker wird vielleicht Sorge um andere und Interesse an ihnen heucheln und sich womöglich einreden, daß ihm an ihnen liege, aber sein Selbst kann gar nicht Anteil nehmen, bis es zu fühlen und sich voll auszudrükken vermag. Solange das reale Selbst unter Furcht und Spannung verschüttet ist, solange es noch verzweifelte Bedürfnisse hat, kann es nicht geben.

Der Normale wird sich wahrscheinlich nicht viele Freunde als Puffer gegen das Gefühl, allein auf der Welt zu sein, anschaffen. Seine Freunde sind weder Trophäen noch Besitztümer. Postprimäre Patienten berichten, daß sie mit anderen realen Menschen, ungeachtet deren Persönlichkeit, gut auskommen. Sie behaupten, reale Menschen seien offen und ehrlich, stellen keine Ansprüche und scheinen von Idiosynkrasien nicht bedroht zu sein.

Der Normale braucht nicht auf Monate hinaus für jeden Samstagabend eine Verabredung, um sich erwünscht und beliebt vorzukommen. Ein normaler Arzt braucht kein Wartezimmer voller Patienten, um das Gefühl zu haben, er werde gebraucht. Dieser letzte Punkt scheint auf zweierlei Weise zu gelten. Auch der neurotische Patient kann ängstlich werden, wenn er der einzige im Wartezimmer eines Arztes ist und sofort drankommt. Weil er nicht zu kämpfen, zu warten und auf dem Stuhl hin- und herzurutschen brauchte, glaubt er vielleicht, sein Arzt sei nicht so gut wie einer, der die Leute eine Stunde warten läßt.

Der Normale, der realistisch handelt, wird meist pünktlich sein, denn für ihn ist die Zeit real und nicht irgendeine Zeit der Vergangenheit. Das bedeutet, er wird die Zeit nicht symbolisch verwenden, um etwas zu fühlen, das er sonst nicht fühlen kann. Zum Beispiel wird er nicht zu spät kommen, um sich dadurch wichtig zu machen oder um sich nicht abgelehnt zu fühlen, wie es beim Neurotiker der Fall ist.

Zuspätkommen kann nämlich bedeuten, irreale Hoffnung am Leben zu erhalten. Es ist eine weitere Unehrlichkeit des Neurotikers dem Leben gegenüber. Oder er wird eine Geschäftigkeit entwickeln, die ihm nie Zeit zum Fühlen läßt. Ständig ist er im Gange und spürt einen Druck von außen, der in Wirklichkeit innen ist. Viele Neurotiker richten ihr Leben so ein, daß sie nie Zeit zur Muße haben. Sie planen so viele Unternehmungen (um die Zeit auszufüllen), damit sie nie eine Minute Zeit zum Fühlen oder Nachdenken haben. Ziemlich bald haben sie dann mehr zu tun, als der Tag Stunden hat. Die Folge ist, daß sie zu allem zu spät kommen.

Wie an anderer Stelle erwähnt, gibt es Pseudogefühle, die beim Normalen nicht mehr auftreten. Das bedeutet, daß der Normale weder eifersüchtig noch von Schuldgefühlen geplagt ist. Zufrieden mit dem, was er ist, wird er andere nicht beneiden, nicht wollen, was sie wollen, oder beanspruchen, was sie haben. Der Normale gesteht anderen – seiner Frau, seinen Kindern und seinen Freunden – zu, sie selber zu sein. Er lebt nicht durch ihre Leistungen und Erfolge. Er gibt sich nicht damit ab, alles zu unterdrücken, was ein Zeichen ihres Glücks und ihrer Lebendigkeit ist. Der Normale fühlt sich nicht entfremdet, denn der Urschmerz ist es, der die Entfremdung eines Teils des Selbst von einem anderen hervorruft. (Vielleicht ist es die Entfremdung vom Selbst, die Führer in die Lage versetzt, das Töten so leichthin abzutun. Abgetrennt von ihrer eigenen Menschlichkeit, vermögen sie vielleicht die Menschlichkeit anderer nicht zu empfinden. Der Tod ist offenbar keine wirkliche Tragödie für diejenigen, die das Leben nicht empfinden.

In diesem Sinne macht das innerlich ›Tot‹-Sein den tatsächlichen Tod weniger real und daher weniger schrecklich.)

Der Normale scheint den Lebensrhythmus von anderen zu spüren. Er kann taktvoll sein, nicht aus einer tiefen Unehrlichkeit heraus, sondern weil er den Urschmerz von anderen spüren kann. Er empfindet, wieviel Realität andere zu fühlen vermögen.

Der Normale ist sensibel im wahren Sinne des Wortes. Er hat nicht nur ein seelisches Verständnis für die Bedürfnisse und Antriebe anderer, sondern auch eine total organismische Sensibilität, wenn Reize direkt auf seine Seele und seinen *Körper* einwirken. Ich unterscheide zwischen der neurotischen seelischen Sensibilität und der Aufgeschlossenheit des Normalen. Diesen Punkt möchte ich klarstellen, weil es so viele Neurotiker gibt, die sehr scharf wahrnehmen können und die Persönlichkeiten der Menschen in ihrer Umgebung genau durchschauen. Indes können sie, glaube ich, die Situationen, in denen sie sich befinden, nicht *empfinden*, denn sie agieren gleichzeitig *verleugnete* Gefühle aus. Zum Beispiel wird sich ein geistreicher Mann bei der Einladung zum Abendessen ausführlich über irgendeine philosophische Frage auslassen, wobei er sehr genau spürt, wes Geistes Kind seine Zuhörer sind, aber völlig blind für die Tatsache ist, daß er die Unterhaltung beherrscht. Er ist zu sehr beschäftigt, sein Bedürfnis nach Aufmerksamkeit und Wichtigkeit auszuagieren. Darum ist es so entscheidend, daß ein Therapeut nicht nur darin geschult ist, die Persönlichkeiten anderer wahrzunehmen, sondern daß er auch normal ist. Ist er es nicht, so agiert er womöglich bei seinen Patienten sein Bedürfnis aus, gebraucht zu werden, und das wiegt alles Nützliche, das seine Einsichtigkeit herbeiführen kann, wieder auf.

Der Normale leidet nicht mehr darunter, ›in die Zukunft blikken‹ zu müssen, um der Leere der Gegenwart zu entgehen. Ein Patient sagte: »Meine Überlegungen gingen immer dahin, daß ich nicht reich sein wollte, weil Reiche sicher unglücklich sind. Sie können sich alles leisten, was sie wollen, und daher gibt es nichts, worauf sie sich freuen können. Jetzt erkenne ich, daß man, wenn man sich über alles freuen kann, was jetzt ist, nicht in die Zukunft zu blicken braucht.« Der Normale verwechselt nicht Hoffen mit Planen. Er plant vielleicht etwas für die Zukunft, aber er steckt nicht so voller Pläne, daß er keine Gegenwart hat. Es scheint, daß sich manche Neurotiker die Dinge für die Zukunft aufheben, so daß sie sich niemals jetzt freuen können. Das ist, glaube ich, die Folge, wenn ein Kind frühzeitig erkennt, daß, würde es sein Leben auf seine Weise führen und eben das tun, was es möchte, seine Eltern es ablehnen und möglicherweise im Stich lassen würden; denn sie erwarten, daß alles nach ihren Wünschen geht. Das Kind mußte also das, was es tun wollte, hinausschieben in der Hoffnung, daß es später einmal tun und lassen kann, was es will. Das erklärt weitgehend die Vorstellung, die viele von uns als Kinder haben: »Wenn ich groß bin, werde ich so glücklich sein.« Es scheint, daß manche Neurotiker diese Einstellung noch als Erwachsene beibehalten. Der Normale, der irreale Hoffnung und den Kampf um Wohlwollen aufgegeben hat, kann sein Leben so führen, wie es *ihm* gefällt.

Der Neurotiker ›will‹; der Normale ›braucht‹. Damit der Neurotiker will, was er wirklich braucht, muß er den Urschmerz empfinden, deshalb muß er Ersatz wollen – etwas Erreichbares. Der Normale hat einfach Bedürfnisse, weil er das will, was er braucht, nicht irgendeinen symbolischen Ersatz. Der Neurotiker mag einen Drink oder eine Zigarette wollen, Prestige, Macht, ein Examen oder einen schnellen Wagen – alles, um die Urschmerzen der Leere, Untauglichkeit, Machtlosigkeit oder was auch immer zu verbergen. Beim Normalen ist nichts zu verbergen, keine Leere zu füllen.

Das Leben scheint gegen den Neurotiker zu konspirieren. Er will so viel, weil er so wenig bekam. Doch weil er seine Persönlichkeit auf seltsame Weise verbiegen muß, um sich wenigstens minimale Befriedigung zu verschaffen, wird er auf andere Menschen abstoßend wirken. Seine unerfreulichen Forderungen, seine Abhängigkeit und sein Narzißmus werden für andere unerträglich. Der Normale, der *nicht* versucht, bei jedem geselligen Kontakt eine lebenslängliche Vernachlässigung wettzumachen, ist dagegen oft begehrt.

Der Neurotiker ist einer, der nur nimmt. Wieviel man auch für ihn tun mag, es spielt keine Rolle, denn diese Bedürfnisse müssen immer wieder befriedigt werden, bis die richtige Beziehung hergestellt ist und die Bedürfnisse aufgelöst sind – und das ist gewöhnlich etwas, das nur mit Hilfe der Primärtherapie bewerkstelligt werden kann. Der Normale handelt nach dem ›Muß‹ und nicht nach dem ›Sollte‹. Im Kontext der Primärtherapie bedeutet neurotisches Verhalten den Verzicht auf persönliche Bedürfnisse aus Rücksicht auf elterliche Wünsche und Bedürfnisse. Elterliche Wünsche werden das ›Sollte‹ des Kindes. Ein ›böses‹ Kind ist eins, das sein ›Sollte‹ nicht erfüllt. Das kleine Kind, das brav zu sein versucht, um geliebt zu werden, versucht das zu sein, was seine Eltern verlangen. Es tut das in der stillschweigenden Hoffnung, daß die Eltern auch seine Bedürfnisse befriedigen werden – daß sie es zum Beispiel in den Arm nehmen. Aber die elterlichen Bedürfnisse kann ein Kind wiederum *niemals* befriedigen, wie sehr es sich auch bemüht. So entsteht die Situation, daß das Kind ständig versucht, seine Eltern zufriedenzustellen, sie glücklich zu machen oder zu erfreuen. Es wird nie genug sein; kein Kind kann elterliches Leid wettmachen.

Das ›Sollte‹ des Kindes sind die Bedürfnisse der Eltern. Es nicht zu erfüllen bedeutet, daß die Hoffnung auf elterliche Liebe aufgegeben werden muß. Neurotische Kinder sind so damit beschäftigt, dem ›Sollte‹ – nämlich still, höflich und hilfsbereit zu sein – nachzukommen, daß sie ihre persönlichen Bedürfnisse aus den Augen verlieren. Wenn das einmal geschehen ist, wissen sie nicht mehr, was sie brauchen.

Oft werden Kinder auf kaum merkliche Weise ihrer Bedürfnisse beraubt. Neurotische Eltern werden ihren Kindern vorhalten: »Du *solltest* glücklich sein. Hör auf, dich zu beklagen. Schau, was wir alles für dich tun. Wir geben dir alles.« Oft lassen sich Kinder davon überzeugen. Sie blicken um sich und sehen materielle Güter und glauben, sie hätten, was sie wollen, und dann wissen sie nicht einmal mehr, daß sie etwas ganz anderes ganz dringend brauchen – Liebe.

Das Tragische an dem ›Sollte‹ ist, daß das Kind sich einbildet, wenn es dem ›Sollte‹ nachkommt und genau tut, was die Eltern wollen, würden die Eltern es eines Tages mit Liebe überschütten. Aber da seine Eltern etwas brauchen, das das Kind gar nicht geben kann, kommt dieser Tag nie.

Dem ›Sollte‹ nachkommen heißt, sich nicht den eigenen Gefühlen entsprechend verhalten. So schließt das ›Sollte‹ nicht nur Hoffnung ein, sondern auch Ärger – Ärger darüber, daß etwas getan werden muß, das man nicht empfindet. Nachdem der Neurotiker sein Leben lang tun mußte, was er nicht tun wollte, fällt es ihm oft schwer zu tun, was er tun muß. Der Normale tut, was getan werden muß, weil er sich nach den Realitäten richtet.

Der Neurotiker ist oft unentschlossen, weil bei ihm eine Spaltung besteht zwischen unterdrückten Bedürfnissen und dem Erfüllen des ›Sollte‹. Der Normale kann selbst entscheiden, weil er dieses Selbst fühlt und das, was für es gut ist.

Der Neurotiker verläßt sich darauf, daß andere das ›Sollte‹ liefern. Im Restaurant hat er die Speisekarte vor sich und fragt: »Was sollte ich bestellen?« Auf diese Weise bringt er es fertig, daß ihm die Leute weiterhin das ›Sollte‹ verschaffen und er nie nach seinen Gefühlen handelt. Diese simple Frage: »Was sollte ich bestellen?« ist oft ein Zeichen der Leblosigkeit des Neurotikers. Sie besagt: »Ich habe keine Wünsche, keine Gefühle, kein Leben. Lebe du für mich.«

Der Normale ist nicht auf der Suche nach dem Sinn des Lebens, denn der Sinn ergibt sich aus dem Fühlen. Wie tief man sein Leben (das innere Leben) empfindet, hängt davon ab, wie sinnvoll es ist. Der Neurotiker, der sich früh in der Kindheit gegen einen realen, katastrophalen Sinn abschließen mußte, muß bewußt oder unbewußt auf der Suche nach diesem Sinn sein. Vielleicht versucht er, ihn in einem Beruf oder auf Reisen zu finden, und wenn seine Abwehrmechanismen funktionieren, bildet er sich vielleicht ein, sein Leben sei sinnvoll. Andere Neurotiker spüren, daß etwas fehlt, und fahnden dann nach dem Sinn. Vielleicht reisen sie zu

Gurus, studieren Philosophie, versenken sich in Religion oder Kulte – nur um einen Sinn zu finden, der bloß einen tiefen Atemzug entfernt liegt.

Der Neurotiker muß auf der Suche sein, weil realer Sinn Urschmerz ist und vermieden werden muß. Für ihn wird also die Suche der Sinn. Weil der Neurotiker sein eigenes Leben nicht voll empfinden kann, muß er seinen Sinn durch andere oder durch äußerliche Dinge finden. Er findet ihn vielleicht in seinen Kindern oder Enkeln, ihren Leistungen und Erfolgen. Oder der Sinn besteht darin, ein wichtiges Amt zu bekleiden oder große Geschäfte zu tätigen. Wenn die äußerlichen Dinge fortfallen, dann leidet der Neurotiker. Dann taucht bei ihm vielleicht das Gefühl auf: »Was hat das für einen Zweck? Was soll das alles? Was hat das überhaupt für einen Sinn?«

Der Normale ist in seinem Inneren lebendig und hat nicht das Gefühl, daß etwas fehlt; kein Teil von ihm fehlt. Dieses Gefühl muß der Neurotiker haben, wenn er je seinen Kampf einstellt, denn ein Teil von ihm fehlt wirklich. Ein Patient drückte es so aus: »Ich habe einen faszinierenden Beruf. Nur interessiert er mich leider nicht.« Er sah keinen Sinn darin.

Da der Neurotiker den vollen Sinn seines Lebens nicht zu empfinden vermag, muß er oft ein Super- oder künftiges Leben erfinden – Orte, an denen das reale Leben vor sich geht. Er muß sich vorstellen, daß irgendwo der wahre Sinn und Zweck von alledem zu finden sind. Vielleicht glaubt er, daß Gelehrte diesen Sinn für ihn finden können, dabei kann nur er es. Dadurch, daß der Normale seinen eigenen Körper entdeckt, braucht er keinen besonderen Ort zu ersinnen, an dem das Leben wirklich vor sich geht. Wenn der Neurotiker den Psychotherapeuten aufsucht, ist stillschweigend miteinbegriffen, daß er durch diese Therapie möglicherweise ein sinnvolleres Leben findet. Auch das wird eine lange Suche. Der Normale hat eine ganz einfache Entdeckung gemacht: Der Sinn ist nicht etwas, das herausgefunden werden muß, sondern nur empfunden werden kann. Deshalb rast er nicht zu Wochenendseminaren, bei denen Themen wie: Wie führe ich ein gutes Leben? Wie findet man Freunde? oder dergleichen behandelt werden.

Als Beispiel für die Suche des Neurotikers zitiere ich einen Patienten, der im College als Hauptfach Philosophie belegt hatte: »Mir lag die Philosophie, weil ich niemals etwas ganz sicher wissen wollte. Ich habe nie begriffen, wie sehr ich mir diesen Zustand der Beschränkung wünschte. Ich konnte nicht fühlen, was im Leben richtig war, und deshalb war dieser Zustand vortrefflich für mich. Ich forschte im Himmel und in den intellektuellen Wolken nach irgendeinem Supersinn – all das, um nicht der Tatsache ins Auge zu sehen, daß mein jahrelanges Kämpfen zu Hause keinen Sinn gehabt hatte. Es war bedeutungslos gewesen.

Bei Descartes und Spinoza einen Sinn zu finden war ein erfreulicher Deckmantel für all das.«

Der Normale versucht nicht, aus besonderen Gelegenheiten wie Weihnachten oder anderen Festen einen Sinn abzuleiten. Der Neurotiker ist vielleicht an Feiertagen deprimiert, weil er sich bei den Festlichkeiten nicht geliebt fühlt oder keine reale, warmherzige Familie hat.

Der Normale braucht nicht lebendig zu machen, was nicht lebendig ist. Er hat eine umfangreiche philosophische Suche nicht nötig. Er weiß eben, daß er lebendig ist und lebt, mehr braucht er nicht.

Man könnte den Rest dieses Buches damit füllen, den Normalen zu beschreiben. Normal ist einfach, was normale Menschen tun – und nicht, endlose Löcher zu graben, um aus ihnen herauszuklettern.

12. Der postprimäre Patient

Von welcher Art sind die Menschen, die eine Primärtherapie durchgemacht haben? Es gibt keinen bestimmten Typ des primärtherapeutischen Patienten. Ihr Alter schwankt zwischen einundzwanzig und fünfzig Jahren, und am stärksten vertreten sind junge Leute um Mitte Zwanzig. Sie haben die unterschiedlichsten Berufe, vom ehemaligen Mönch bis zu Freiberuflern aller Art, darunter viele Psychologen und Künstler. Während bei der konventionellen Therapie höhere Schulbildung ein Pluspunkt ist, kommen in der Primärtherapie auch Nicht-Intellektuelle gut voran. Die Patienten gehören den verschiedensten religiösen Gemeinschaften und Subkulturen an und kommen aus vielen Ländern.

Ein Großteil meiner Patienten hatte schon früher eine Therapie durchgemacht, entweder viele Jahre Psychoanalyse, Gestalttherapie, Existenztherapie oder Reichsche Behandlung (Wilhelm Reich). Mit Ausnahme der Reichschen Methoden haben die anderen Schulen eine Vielzahl von Techniken angewandt, in deren Mittelpunkt die Einsicht steht. Viele Patienten sind ledig, doch eine Reihe von ihnen ist verheiratet oder geschieden. Der Familienstand des Patienten ist oft wichtig. Ist er älter und hat er Familie, ist die Behandlung schwieriger. Das liegt daran, daß er womöglich in seinem Verhältnis zu einer neurotischen Ehefrau irreale Wurzeln geschlagen, einen irrealen Beruf gewählt oder sich irreale Freunde ausgesucht hat. Kurz, er muß viel aufgeben, um real zu werden; nicht viele Menschen sind dazu bereit, wenn sie erst einmal vierzig oder fünfzig Jahre alt sind. Wenn ein älterer Mensch, der sich zehn oder zwanzig Jahre lang in einer neurotischen Ehe verschanzt hatte, real wird, dann kann es sein, daß der Ehepartner, der nicht therapeutisch behandelt wird, die Sache zu hintertreiben beginnt, was die Behandlung schwierig macht. Vielleicht ist der ideale Primärpatient unverheiratet und ziemlich jung und noch nicht unabdingbar auf Irrealität festgelegt. Indes gibt es zahlreiche Patienten mittleren Alters, die für Veränderungen aufgeschlossen sind und in dieser Therapie sehr erfolgreich waren.

Nur wenige primärtherapeutische Patienten haben eine Vorstellung davon, was ihnen bevorsteht. Daher sind unsere Ergebnisse weniger gefärbt durch vorgefaßte Erwartungen. Trotz der revolutionären Form der Primärtherapie lassen sich die Patienten durch sie fast nie verwirren. Gleichgültig, aus welchem Milieu die Patienten stammen, die Therapie scheint ihnen sofort einzuleuchten.

Werfen wir einen Blick auf einen Patienten, der seine Therapie gerade beendet hat. Wie ist er?

Er funktioniert auf neue Weise. Oft bedeutet das einen Berufswechsel. Viele postprimäre Patienten sind physisch nicht mehr imstande, etwas Irreales zu tun; sie können nicht wieder skrupellose Verkaufskanonen werden oder die sinnlosen Schreibarbeiten erledigen, die bei manchen Berufen erforderlich sind. Zwei Bewährungshelfer fanden es unmöglich, weiterhin die bedingt Haftentlassenen lediglich zu überwachen, statt ihnen Hilfe zukommen zu lassen, die sie brauchten, um nicht rückfällig zu werden. Zwei Psychologen, die sich zur Ausbildung in der Primärtherapie angemeldet hatten, nahmen in der Zwischenzeit lieber niedrigere Jobs an, statt ihre Arbeit auf psychologischem Gebiet, die sie für irreal hielten, fortzusetzen. Einer war Eheberater gewesen und sah sich nicht in der Lage, diese Tätigkeit wieder aufzunehmen und sich allein mit Oberflächenverhalten zu befassen. Ein Fernsehregisseur gab seinen gutbezahlten Posten auf, um statt läppischer Stücke einen sinnvollen persönlichen Bericht zu schreiben. Ein Arbeiter beschloß, ein College zu besuchen, weil, wie er sich ausdrückte, »ein Gewerkschaftsausweis mit College-Abschluß mehr Geld einbringt als einer von Arbeitern«. Er machte sich keine Illusionen über das, was er im College lernen wollte. Eine Lehrerin mußte sich an eine andere Schule versetzen lassen, weil es ihr unmöglich war, weiterhin mit einem neurotischen Direktor zusammenzuarbeiten.

Bei den anderen psychotherapeutischen Schulen ist eins der üblichen Anzeichen für Normalität das ›Funktionieren‹. Das heißt, man stellt sich die normale Person als ein effizientes und produktives Mitglied der Gesellschaft vor. Die Primärtherapie ist da anderer Ansicht. Postprimäre Patienten sind nicht mehr gewillt, sich unermüdlich anzutreiben. In der Sprache der Primärtherapie treibt der Neurotiker sein *Selbst* an, so daß es sich schließlich wertvoll, akzeptiert oder geliebt fühlen kann. Zum Beispiel müssen Primärpsychologen selbst eine Therapie durchmachen, das gehört zu ihrer Ausbildung. Obwohl sie vor ihrer Behandlung bereit waren, dreißig oder vierzig Stunden in der Woche therapeutisch zu arbeiten, sind sie nachher nicht mehr gewillt, eine solche Last auf sich zu nehmen. Sie wissen, daß der Neurotiker seine ›Identität‹ allzuoft aus seinen Funktionen statt aus seinen Gefühlen bezieht; jemand kann Vorsitzender des Elternbeirats oder Präsidentin der zionistischen Frauenbewegung sein und trotzdem recht krank. Eine Patientin, die die Primärtherapie abgeschlossen hatte, sagte: »Ich hatte mich selbst und alles ringsum immer gut organisiert, um meine tatsächliche Desorganisation nicht zu empfinden. Ich mußte immer weiter funktionieren und planen und im Gange bleiben, sonst wäre ich auseinandergefallen.« Die Funktionen dieser Patientin wurden ihr Leben.

Viele postprimäre Patienten kommen zu dem Schluß, daß so manches, wovon sie früher geglaubt hatten, daß es getan werden müsse, in Wirklichkeit nicht so dringend ist. Sonntags wird also mit den Kindern gespielt, statt die Garage sauber zu machen. Ein Patient drückte es so aus: »Da ich jetzt weiß, daß ich alles bin, was ich auf der Welt habe, besteht kein Grund mehr, mich um ›sie‹ zu bemühen. Ich nehme mir vor, zu mir selbst nett zu sein und es mir gemütlich zu machen.«

Mit weniger Antrieb (nicht angetrieben zu sein, um Beifall und Liebe zu finden) tut der postprimäre Patient weniger im Sinne von kämpfen. Aber jetzt kann er *mehr* dafür tun, das Selbst zufriedenzustellen, und infolgedessen vermag er seinem Ehepartner und den Kindern wirkliche Liebe entgegenzubringen.

Postprimäre Patienten tun zwar weniger, aber was sie tun, ist etwas Reales, so daß ihr Beitrag zur Gesellschaft qualitativ nützlich ist. Lehrer zum Beispiel verlangen weniger von ihren Schülern, bringen ihnen aber viel mehr bei. Sie ermöglichen den Schülern, sich zu artikulieren, und versuchen, sie etwas zu lehren, das für ihr Leben von Belang ist (soweit das bei dem heutigen Erziehungssystem möglich ist).

Diese Patienten verkaufen den Leuten keine Dinge, die sie nicht brauchen. Ein Bühnenarbeiter behielt seine Stellung, weil das, was er tat – etwas aufbauen –, real für ihn war. Allerdings hörte er auf, Überstunden zu machen, wenn es sich einrichten ließ, weil er lieber mit seiner Familie zusammen sein wollte. Er verspürte keinen Drang mehr, immer neue Kinkerlitzchen zu kaufen, und er gab das Wetten auf, so daß er sein Geld für vernünftige Dinge ausgeben konnte. Das Geld, das er an Bier sparte, sagte er mir, reichte für einen alljährlichen Urlaub.

Die Frage nach der Motivation ist wichtig, weil so vieles auf der Welt mit neurotischer Motivation betrieben wird. Ein Patient meinte, wenn man die Energie nutzbar machen könnte, die im Neurotiker steckt, dann könnte man Eisenbahnzüge damit antreiben.

Ich erinnere mich, daß ein Patient nach einem seiner letzten Urerlebnisse über eine Stunde lang nicht imstande war, seinen Kopf vom Fußboden hochzuheben. Er war Schwimmbadreiniger und hatte sein ganzes Leben schwer gearbeitet (er pflegte seinen Freunden den neurotischen Gruß zuzurufen: »Schön fleißig?«). Nachdem seine ganze alte neurotische Motivation zerstört war, konnte er keinen Muskel mehr bewegen. Nach der Therapie nahm er einen langen Urlaub, und als er die Arbeit wieder aufnahm, stellte er fest, daß er nicht mehr sechzehn Bäder pro Tag reinigen konnte. Es kam ihm wie ein Wunder vor, daß er das je gekonnt hatte. Die Neurose hatte ihn so daran gewöhnt, müde zu sein, daß er es gar nicht mehr merkte. Er stellte einen Gehilfen an, verdiente weniger Geld, genoß aber sein Leben viel mehr.

Allzu viele Neurotiker sind produktiv, um sich wichtig vorzukommen, statt das zu tun, was für sie wirklich wichtig ist. Nach der Behandlung hörte ein Psychologe auf, bei allen möglichen wissenschaftlichen Gesellschaften Arbeiten einzureichen. Er sagte, diese ganze Energie habe er nicht aufgewandt um des Gedankenaustauschs mit seinen Kollegen willen, sondern um einige Stufen auf der Leiter des Prestiges zu erklimmen.

Die vielleicht dramatischsten Veränderungen bei postprimären Patienten sind physischer Art. Das liegt daran, daß es eine psychophysische Therapie ist und nicht einfach eine Gesprächstherapie. Zum Beispiel berichtete etwa ein Drittel der ziemlich flachbrüstigen Frauen unabhängig voneinander, daß ihr Brustumfang zunahm; wenn sie einen neuen Büstenhalter kaufen wollten, stellten sie überrascht fest, daß sie eine Nummer größer brauchten. Eine Frau, die von weither mit dem Flugzeug zur Therapie gekommen war, kehrte nach mehrwöchiger Behandlung nach Hause zurück. Ihr erstaunter Mann war überzeugt, daß sie Hormonspritzen bekommen hatte. Ich habe viele dieser Frauen von ihren Ärzten messen lassen, um die von ihnen berichtete Zunahme zu verifizieren; in allen Fällen wurde sie bestätigt.

Andere Anzeichen für erwachsenes Funktionieren wurden berichtet. Zwei Patienten von Anfang Zwanzig berichteten vom ersten Bartwuchs ihres Lebens. Mehrere andere berichteten, daß sie zum erstenmal nach dem Schwitzen einen Körpergeruch hatten. Mehrere Patienten stellten fest, daß ihre Hände und Füße wuchsen. Diese Entdeckungen sind nicht die Folge irgendeiner Suggestion; keinem Patienten gegenüber wird angedeutet, was als Ergebnis zu erwarten ist. Zum Beispiel hatte eine Frau keine Ahnung, daß ihre Hände größer geworden waren, bis sie ein neues Paar Handschuhe anprobierte. Sie brauchte eine Nummer größer.

Die Erklärung für all das muß notwendigerweise spekulativ bleiben, bis physiologische Untersuchungen durchgeführt werden können. Ein Kollege, ein Biochemiker, hat darauf hingewiesen, daß sich das zum großen Teil mit Veränderungen der Hormonproduktion erklären lasse. Diese wiederum können sich schließlich auf einen genetischen Verschlüsselungsmechanismus in den Zellen auswirken. Er stellt die Hypothese auf, daß infolge der Unterdrückung des Systems und einer Veränderung der Hormonproduktion früh im Leben eine bestimmte genetische Aufeinanderfolge nicht stattgefunden hat; so könne zum Beispiel der Bartwuchs über den Zeitpunkt hinaus, an dem er gewöhnlich eintritt, verzögert werden.

Nach Ansicht des Biochemikers könnte sich die *wechselseitige* Beeinflussung des gesamten hormonalen Systems ändern und Veränderungen ermöglichen, die durch Hormonspritzen nicht eintreten würden. Die Urerlebnisse bringen die richtige Wachstumsfolge wieder in Gang. Wir müssen abwarten, ob die Ergebnisse der physiologischen Untersuchung eine stichhaltige Erklärung für die von uns beobachteten Erscheinungen bieten.

Im Zusammenhang mit den hormonalen Veränderungen möchte ich darauf hinweisen, daß jedenfalls bei Frauen, die entweder prämenstruelle Krämpfe oder unregelmäßige Menstruationsperioden hatten, diese Probleme in der Primärtherapie völlig verschwanden.

Frauen, die früher frigide gewesen waren und den Geschlechtsverkehr als schmerzhaft empfunden hatten, stellten fest, daß die Vagina gut gleitfähig ist, manchmal sogar ohne sexuelle Erregung. Eine Frau machte sich schon Sorgen über ihre ständige ›Geilheit‹, wie sie es nannte. Zum erstenmal in ihrem Leben wußte sie, wie es ist, wenn man Sex wirklich wollte. Vorher war es eine Pflicht gewesen, etwas, das ihr Mann wollte.

Vieles ändert sich bei den Patienten – das Gleichgewicht zum Beispiel. Einer beschrieb es so: »Früher war jeder Schritt, den ich tat, sorgfältig gelenkt und voraussagbar. Und wenn ich jetzt den Fuß hebe, bin ich keineswegs sicher, wo und wie er landen wird. Es ist derselbe Bürgersteig, auf dem ich früher gegangen bin, bevor ich herkam, aber es ist ein ganz anderes Gehen. Ich fühle mich gelockert und spüre, was mein Körper in jedem Augenblick tut. Ich bin kein Roboter mehr.«

Oft berichten postprimäre Patienten, daß sich ihre Koordination völlig geändert hat – wie sie rennen, einen Ball auffangen und werfen. Ein Tennisturnierspieler stellte fest, daß er Gegner schlug, die ihn sonst leicht hatten abhängen können. Zum Teil läßt sich das mit der nicht vorhandenen Spannung erklären – der Beseitigung der Spaltung, die Teile seines Körpers und Atmungssystems davon abhielt, koordiniert zu funktionieren. Während eines seiner Urerlebnisse spürte er, wie sein Atem endlich in Gleichklang mit dem Rhythmus seines Körpers kam.

Urerlebnisse rufen nicht intensivere Empfindungen hervor; sie rufen reale Empfindungen hervor, die intensiver zu sein scheinen wegen des vorangegangenen Abstumpfungsprozesses (ebenso wie alles, was mehr als eine reale Empfindung ist, irreal sein muß). Spannung stumpft den sensorischen Apparat ab, so daß nicht nur unser Verhalten neurotisch ist, sondern auch unser Geschmacks- und Geruchssinn. So brauchen manche Neurotiker Gewürze an ihren Speisen, um überhaupt etwas schmecken zu können.

Ein Patient beschrieb die Empfindungsveränderung folgendermaßen: »Ich aß nie, weil ich Hunger hatte. Und ich habe auch nie etwas geschmeckt. Neulich abends aß ich ein auf Holzkohle gegrilltes Steak und stellte fest, daß ich den Holzkohlegeschmack nicht ausstehen kann. Jahrelang hatte ich diese Steaks gegessen und gar nicht gemerkt, wie sie schmecken.« Wenn die Lebensprozesse abgestumpft sind, ist das Leben langweilig.

Als ich einen fortgeschrittenen Patienten fragte, welche Veränderungen er festgestellt habe, antwortete er: »Mir ist es völlig schnuppe, ob diese Minnesota Twins dieses Jahr den Wimpel gewinnen.« Das war keine schnodderige Bemerkung. Vor der Primärtherapie war er ein ›Baseball-Spinner‹ gewesen, wie er es nannte. Er kannte die Namen von fast allen Ligaspielern, ihre Durchschnittsleistung, wer wohin verschachert wurde usw. Bei ihm war dieses Interesse symbolisches Ausagieren. Er war niemals an irgend etwas beteiligt gewesen, und weil er all die Namen und Erfolge kannte, konnte er das Gefühl haben, an etwas beteiligt zu sein. Außerdem ›identifizierte‹ er sich mit den Twins, weil er unbewußt hoffte, durch sie Sieger zu werden – um die Tatsache zu verbergen, daß er sein Leben lang ein Verlierer gewesen war. Als er seine persönlichen Probleme auf reale Weise löste, brauchte er nicht mehr symbolisch auszuagieren. Es ist zweierlei, ob man sich für eine Mannschaft interessiert oder durch sie lebt.

Ein anderer Patient war auf Fußball versessen. Nach seinen Urerlebnissen kam ihm die phantastische Kampfsituation auf dem Spielfeld sehr deutlich zum Bewußtsein, und er war viel weniger daran interessiert, nachdem sein innerer Kampf aufgehört hatte.

Ein Patient, der Opern schätzte, wurde nach seinen Urerlebnissen ein Rock-and-Roll-Fan: »Das ist handfester, körperlicher«, sagte er. »Jetzt, da ich lebendig bin, kann ich mit diesem Opernkrampf nichts mehr anfangen. Rock ist für mich eine Zelebration des Lebens.«

Auch die Intelligenz ändert sich bei postprimären Patienten. Ein Patient drückte das folgendermaßen aus: »Wäre ich gescheit gewesen, als ich klein war, wäre ich gestorben, denn dann hätte ich gewußt, daß sie mich haßten. Ich mußte dumm sein, um zu überleben. Ich schaltete einfach einen Teil meines Gehirns ab. Mir ist aufgefallen, daß ganz kleine Kinder einen aufgeweckten, lebhaften Ausdruck haben, und dann geschieht etwas, das sie verändert. Was geschieht, ist vermutlich, daß sie die Botschaft des Urschmerzes erhalten und sich zwingen, sie nicht zu verstehen.«

Die Arbeit im College fällt diesen Patienten plötzlich leicht. Sie wissen, daß sie zum Teil ein Spiel ist, Pflichtübungen, die durchexerziert werden müssen, und sie tun das ohne Angst.

Sie können sich jetzt artikulieren, denn sie haben endlich ausgesprochen, was sie lange Zeit nicht zu sagen wagten. Sie sind auffassungsfähig – ›supergerade‹ nennen sie es. Das Geradesein zeigt sich nicht nur geistig; sie gehen gerade und nicht mehr geduckt oder zusammengekrümmt.

Kein Verhalten als solches kann als normal bezeichnet werden, wie sich aus den Bemerkungen mehrerer fortgeschrittener Patientinnen entnehmen läßt. Eine sagte: »Ich kann jetzt bei anderen

Leuten Besuche machen, ohne Angst zu haben. Zum erstenmal seit Jahren bin ich gern in Gesellschaft.« Eine andere stellte das Gegenteil fest: »Ich kann jetzt zu Hause bleiben und lesen. Früher war ich immer auf den Beinen, konnte keine Minute stillsitzen. Jetzt bin ich gern allein.«

Der postprimäre Patient hat auch an den bescheidensten Tätigkeiten Spaß. Er genießt das, was er jetzt tut.

Wie steht es mit der Kreativität der postprimären Patienten? Verschwindet sie zugleich mit der Neurose? Nein. Niemand verliert die Fähigkeit, zu malen oder zu komponieren. Ändern tut sich nur der Inhalt der Kunst. Wir dürfen nicht vergessen, daß neurotische Phantasie die Symbolisierung dessen bedeutet, was unbewußt ist. So muß sich der Neurotiker auf abstrakte, indirekte Weise offenbaren. Der Inhalt seiner Kunst ist die besondere Art und Weise, wie sich seine Gefühle und Gedanken künstlerisch verbinden, nachdem sie den Urschmerz umgangen haben. Ohne das Hindernis des Urschmerzes wird sich der Inhalt natürlich ändern. Der kreative Akt des Neurotikers ist die Art und Weise, wie er verhindert, daß er um seine Gefühle weiß oder sie vielmehr empfindet. Die künstlerische Perspektive des postprimären Patienten ändert sich; er sieht und hört die Dinge anders. Neurose ist nicht eine Voraussetzung für Kunst.

Wie ist es mit den menschlichen Beziehungen? Nach Beendigung ihrer Therapie ging eine Frau mit ihrem Mann, der nicht in Behandlung gewesen war, zum Essen aus. Als er für sie bestellen wollte, ließ sie es nicht zu. Noch schlimmer war, daß sie den Wein ablehnte, den er bestellt hatte, und sich eine Sorte bestellte, die *sie* mochte. Er wurde wütend und verließ den Tisch. Es gab eine ziemliche Szene, bei der er ihr vorwarf, ihn zu ›kastrieren‹. Er sagte: »Du willst mich nicht mehr dein Mann sein lassen. Du versuchst, mir meine Männlichkeit zu nehmen.« Aber sie hatte sich nur aus dem Duckmäuser, den ihr Mann brauchte, um sich männlich zu fühlen, in eine Person aus eigenem Recht verwandelt.

Es ist aufschlußreich, daß Ehepaare, wenn beide Partner die Primärtherapie durchgemacht hatten, meistens zusammenblieben. Sie haben keine neurotischen Wünsche nach einem anderen Menschen, weil sie ihre wahren Bedürfnisse empfunden haben. Es gibt einfach keinen Grund, warum sie miteinander nicht auskommen sollten. Sie stellen keine irrealen Ansprüche aneinander, weil sie nicht irreal sind. Beide Partner werden lebensfähige Menschen, die es zufrieden sind, zu leben und leben zu lassen.

Mit irrealem Verhalten können sich postprimäre Patienten nicht abfinden, und deshalb gehen sie vielen alten Freunden aus dem Weg. Sie sind untereinander viel zusammen, und Eheschließungen innerhalb der Gruppe sind häufig. Die Freundschaften sind nicht tyrannisch; sie sind zwanglos. Diese Zwanglosigkeit zeigt sich auch in den Gesichtern. Es sind nicht mehr diese unnatürlichen Masken, um Gefühle zu verbergen, diese ängstlichen Augen, die verkniffenen Lippen. Die Patienten setzen nicht ein Gesicht für die Welt auf, und deshalb haben sie ein natürliches Aussehen. Sie stellen fest, daß sie nicht mehr so viel Geld brauchen wie früher. Sie essen weniger, gehen weniger aus, leben bescheidener. Leidenschaftliche Leser, besonders jene, die Romane verschlangen, schränken ihre Lektüre ein. Eine Patientin sagte, sie habe sich so viel mit Belletristik abgegeben, weil das für sie ein Ersatzleben gewesen sei, und jetzt habe sie nicht mehr das Bedürfnis danach.

Das Leben der postprimären Patienten ist jetzt viel weniger reglementiert. Sie essen, wenn sie Hunger haben, kaufen Kleider, wenn sie sie wirklich brauchen, haben Sex, wenn sie wirklich sexuell sind und nicht in Spannung. Das bedeutet weniger Sex, aber sehr viel erfreulicheren. Fast alle Patienten hören mehr Musik als früher. Als ich einige der fortgeschrittenen Patienten fragte, womit sie sich meistens beschäftigen, sagten sie: »Wir sitzen viel herum, spannen aus und hören Musik.« Viele von ihnen fügten hinzu, daß es eine immerhin recht bedeutende Leistung sei, herumsitzen zu können, ohne zu planen, wo man als nächstes hingehen will.

Ist ihr Leben langweilig? Nach neurotischen Maßstäben, ja. Aber wir dürfen nicht vergessen, daß angeregt sein beim Neurotiker bedeutet, durch *Spannung* erregt zu sein. Das heißt, der Neurotiker ist ständig in einem inneren Reizzustand, und oft manipuliert er sein Leben, damit es diesem inneren Zustand entspreche. Er kann *nicht* stillsitzen, deshalb plant er so viele Unternehmungen, die anregend zu sein scheinen, aber oft nicht mehr sind als Auslaßventile für seine Spannung. Tatsächlich manövriert sich der Neurotiker oft in immer mehr Aktivitäten hinein, so daß er schließlich sogar fühlen kann. Vielleicht fliegt er, betreibt Sporttauchen, reist, geht zu Parties und fühlt sich einen Augenblick ›obenauf‹. Wenn die Aktivitäten aufhören, ist er wieder voll Spannung. Die Aktivitäten sind anregend für ihn, weil sie einen Abzugskanal für Spannung bieten, und das hält der Neurotiker für einen höchst vergnüglichen Zustand. In einer Beziehung ist der postprimäre Patient ein Mensch neuen Typs. Zum Beispiel ist er niemals mißgestimmt. Stimmungen sind Abstufungen von Spannung, von unbezeichneten, unbegriffenen Gefühlen. Der fortgeschrittene Patient ist weder himmelhoch jauchzend, noch zu Tode betrübt. Er fühlt einfach und weiß, was das Fühlen bedeutet. Diese Leute haben eine ganz deutliche Ausstrahlung: »Ich bin, was ich bin, und du darfst sein, was du bist.« Es ist schwierig, einer irrealen Person in die Augen zu sehen; man hat das Gefühl, es mit jemandem zu tun zu haben, der nicht da ist. Postprimäre Patienten hat man gern um sich, denn man hat das Gefühl, mit realen Menschen zu reden.

Der postprimäre Patient empfindet das Alleinsein auf neue Weise. Einer, dessen Therapie zwei Jahre zurücklag, äußerte sich wie folgt: »Allein? Dauernd, aber das stört mich nicht mehr. Vor der Therapie war ich wirklich allein – nur ich und mein Phantom (Gott), und jetzt ist es fort. Aber nun habe ich *mich*. In diesem Sinne habe ich also Gesellschaft – reale Gesellschaft, und mehr, nehme ich an, hat keiner von uns. Frau und Freunde, gewiß, die sind irgendwo ›da‹, aber nie in dem Maße, wie ich für mich da bin.«

Der postprimäre Patient braucht keinen Alkohol, wenn er mit Menschen zusammen ist oder lachen möchte (wie so viele Neurotiker). Er ist eine bewußte Person und braucht nichts, um diese Bewußtheit abzutöten: Es ist gut so, wie es ist.

Der postprimäre Patient ist sehr erleichtert, daß es für ihn keine Zwänge mehr gibt, und entzückt, daß er seine Allergien, Kopf- und Rückenschmerzen und anderen Symptome los ist. Er hat sein Leben wirklich in der Hand.

Über die berufliche Seite habe ich schon gesprochen. Es stimmt, daß viele postprimäre Patienten den Beruf wechseln. Ein Patient sagte: »Früher lebte ich für meinen Beruf; jetzt lebe ich für mich.« Im allgemeinen ist es ihre Einstellung, etwas zu finden, das sie gern tun möchten, ohne sich Gedanken darüber zu machen, ob es eine lohnende Karriere ist. Einer fand es reizvoller, Flickschuster zu sein, statt sich in einer Versicherungsgesellschaft hochzuarbeiten. Er hatte immer gern mit den Händen gearbeitet, aber da er den Ehrgeiz hatte, Angestellter zu sein (er stammte aus einer richtigen Mittelstandsfamilie), konnte er es nicht über sich bringen, körperliche Arbeit zu leisten. Als er auf Stellungssuche war, fand er es, wie er mir sagte, sehr erholsam, zum erstenmal in seinem Leben ohne Beschäftigung zu sein.

Ein Übermaß an Arbeit, unrealistische, intellektuelle Ambitionen sind nicht Sache des postprimären Patienten. Vielleicht ist das eine Reaktion auf eine Gesellschaft, in der Selbstaufopferung verherrlicht wird. Dennoch werden nicht alle Karrieren über Bord geworfen. Ein Student der Zahnmedizin wollte sein Studium fortsetzen, und einige Lehrerinnen blieben im Schuldienst, während andere den Beruf aufgaben. Es hängt alles davon ab, wie neurotisch die Motivation für die Berufswahl zuerst einmal gewesen war.

Dieser Mangel an Übereifer bei beruflichen Dingen ist noch auf einen anderen Umstand zurückzuführen. Jahrelang, vielleicht jahrzehntelang sind Leib und Seele des Neurotikers zermürbt worden. Er braucht Zeit, um sich wieder zu fangen. Er braucht eine Rekonvaleszenzzeit, nicht nur, um sich von der Neurose zu erholen, sondern auch von der Therapie, die kein Kinderspiel ist. Plötzlich nicht mehr neurotisch zu sein, nachdem man jahrelang in irrealer Verfassung auf Erden wandelte, ist ein ganz neues Erleben. Man braucht Zeit, es auszukosten.

Eine der eher voraussagbaren Veränderungen bei postprimären Patienten ist das Verhältnis zu ihren Eltern. Wenn Sohn oder Tochter, gleich welchen Alters, aufhören, um die Liebe der Eltern zu kämpfen, dann beginnen die Eltern ihrerseits, um die Liebe des Kindes zu kämpfen. Je normaler sich das Kind verhält, um so verzweifelter sind die Eltern. Wir dürfen nicht vergessen, daß das neurotische Kind der Abwehrmechanismus der Eltern ist. Es diente dazu, *ihren* Urschmerz zu unterdrücken. Es war ihre Folie, so daß sie sich umsorgt fühlen konnten. Es war der Sohn, den sie als einzigen schlechtmachen konnten, um sich überlegen zu fühlen. Es war die pflichtbewußte Tochter, die ihre Mutter pflegte. Wenn kein Kind sie anruft, ihnen schreibt, sie besucht, dann beginnen die Eltern ihren eigenen Urschmerz zu empfinden, ihr unerfülltes, leeres Leben. So nehmen sie den Kampf auf, um das Kind wieder zu dem zu machen, was es einst gewesen war. Denn in Wirklichkeit ist der neurotische Vater oder die neurotische Mutter das kleine Kind, das Rat und Trost braucht und all das, was es von seinen eigenen Eltern nicht erhalten hat.

Wie kommt es, daß Kinder die Symptome neurotischer Eltern werden? Warum lassen es die Eltern nicht an anderen aus? Weil ihre Kinder am abwehrlosesten sind und die Eltern ihnen gegenüber weniger Abwehr brauchen. Das bedeutet, daß ein Elternteil seine alten, verdrängten Gefühle an einem Kind auslassen wird, das machtlos ist und keinerlei Bedrohung darstellt. Ich glaube, wenn man herausfinden will, wie ein Mensch wirklich ist, dann sollte man dessen Verhältnis zu seinen Kindern unter die Lupe nehmen. Waren die Eltern als Kinder bei fast allem schlechtgemacht oder ins Unrecht gesetzt worden, dann werden sie vielleicht versuchen, Recht zu bekommen (indem die eigenen Kinder ins Unrecht gesetzt werden) oder sich tüchtig zu fühlen (indem die Kinder schlechtgemacht werden). Oder es wird ein anderer, aber ebenso verhängnisvoller Weg eingeschlagen: das Kind wird zu Leistungen angetrieben, damit sich die Eltern wichtig vorkommen können. Ob es nun durch harte Kritik oder durch freundliche, aber stetige Suggestion geschieht, das Ergebnis ist in jedem Fall, daß ein hilfloses Kind als Werkzeug dient, um alten elterlichen Verletzungen Genüge zu tun. Zuletzt erkennt das Kind seine eigenen Bedürfnisse nicht mehr (spaltet sie ab), weil es so dringend wünscht, die Bedürfnisse seiner Eltern zu befriedigen.

Den Eltern von postprimären Patienten widerfahren dramatische Dinge. Meist sind sie deprimiert, verärgert oder werden krank. Die Mutter einer erwachsenen Frau wurde ernstlich krank und mußte mit Beschwerden, die nicht diagnostiziert werden konnten, ins Krankenhaus eingeliefert werden – bis ihre Tochter an ihr Bett eilte. Dann verschwanden die Beschwerden.

Die Mutter eines effeminierten Mannes war wütend über seine Aggressivität und verwunderte sich laut, so daß er es hören konnte: »Was ist mit meinem süßen Jungen geschehen?« Eine andere Mutter verfiel in schwere Depression, weil ihre Tochter sie nicht mehr jede Woche besuchte und beschlossen hatte, in einer anderen Stadt zu studieren. Diese Mutter hatte ihr Leben durch ihre Tochter ausgelebt, und der Gedanke, nun allein zu sein, warf sie um.

Es wird äußerst schwierig für den postprimären Patienten, all die Irrealität der Eltern zu ertragen, und er hält sich lieber von ihnen fern, um dem unvermeidlichen Konflikt aus dem Weg zu gehen. Neurotischen Eltern liegt nichts an ihren Kindern, *so wie sie sind*, denn sie formen sie zu dem, was sie brauchen, um ihren eigenen Schmerz zu ersticken. Ein Patient sagte: »Ich war ein Waisenkind mit Eltern. Sie waren Eltern für das erfundene, geheuchelte Ich, aber niemand kümmerte sich um mein reales Ich.«

Die Schwierigkeiten beginnen mit den Urerlebnissen, wenn der Patient zuerst herausfindet, was er will, und das ist leider oft nicht das, was die Eltern wollen. Es ist eine tragische und schwierige Zeit für Patienten und Eltern. Der Patient wird nicht absichtlich grausam. Er konfrontiert die Eltern nicht mit ihren Sünden. Das wäre nur wiederum die Hoffnung, daß sie ihr Unrecht einsehen und liebevolle Eltern werden, was nicht geschehen wird. Der Patient kann sie nur sein lassen, was sie sind. Er wird sein eigenes Leben führen, und das kann jeder von uns tun. Ich entsinne mich einer Frau, die ein ganzes Leben damit verbrachte, Vermittler zwischen ihrer Mutter und ihrem Vater zu sein, die sich ständig stritten. Als sie die Last, Friedensstifterin zu sein, nicht mehr auf sich nahm, stellte sie fest, daß ihre Eltern zum erstenmal miteinander auskamen.

Manchmal werden Kinder für ihre Eltern wertvoller, wenn die Eltern um ihre Liebe kämpfen müssen. Solange Kinder als selbstverständlich angesehen werden konnten, waren sie nicht hochgeschätzt. Wenn der postprimäre Patient real und selbständig wird, stellt er fest, daß seine Eltern ihn öfter anrufen und besuchen. Läßt ihr Kind, das vielleicht ein vierzigjähriger Mann ist, die Eltern ihr eigenes Leben führen, sei es nun gut oder schlecht, dann begreifen sie nicht, daß das Kind ihnen tatsächlich reale Liebe entgegenbringt. Vor der Therapie war für die Eltern Quantität der Maßstab für ›Liebe‹: wie viele Einladungen, wie viele Telefonanrufe und wie teuer die Geschenke waren. Wenn sich das Kind nicht mehr mit Quantitäten abgibt, sondern die Qualität des Gefühls anbietet, dann wissen neurotische Eltern oft nicht, wie sie reagieren sollen, denn die Gefühle des Kindes haben nie für sie gezählt.

Der postprimäre Patient kann, wenn er will, Beziehungen zu seinen Eltern unterhalten, die nicht im Zeichen des Kampfes stehen. Sobald er sich selbst akzeptiert, kann er auch seine Eltern akzeptieren. Er erkennt, daß es einer lebenslänglichen Verurteilung gleichkommt, neurotisch agieren zu müssen, und daß niemand das freiwillig tut. Er hat volles Verständnis für das Leid seiner Eltern, weil er dergleichen selbst durchgemacht hat. Er weiß, daß auch sie Opfer waren.

Es ist eine schwierige Aufgabe, Vater oder Mutter zu sein, denn es bedeutet, einen Menschen so zu formen, daß er selber wird und nicht das, was die Eltern brauchen. Unbefriedigte Bedürfnisse der Eltern werden bestimmen, wie weit sie kreative Eltern sein können. Es spielt keine Rolle, ob ein Vater Psychologe oder Psychiater ist; wenn die verschütteten Bedürfnisse noch da sind, wird das Kind leiden. Wieviel das Kind leiden wird, hängt davon ab, wieviel die Eltern bei sich auslöschen mußten, um mit *ihren* Eltern zurechtzukommen. Die Eltern werden in dem Kind ihre eigenen Bedürfnisse und die Hoffnung sehen, diese Bedürfnisse zu befriedigen. Das Kind wird nicht als das gesehen, was es ist – und das beginnt schon mit der Namensgebung. Ein Kind, das Parzival getauft wird, repräsentiert bereits gewisse Erwartungen, die die Eltern schon bei seiner Geburt hegten.

Nun kann ein Vater oder eine Mutter eine gute Seele sein und sich viel Mühe mit den Kindern geben, aber aufgrund alter Bedürfnisse ständig ›quasseln‹ müssen. Eine Patientin hatte ein Urerlebnis über eine solche Mutter: »Hör auf zu reden! Gib meinem Verstand mal Ruhe, damit ich meine eigenen Gedanken denken kann!« Diese Mutter redete so viel, daß das Kind selbst gar nicht zum Denken kam. Wenn mal einen Augenblick Stille eintrat und das Kind aussah, als ob es denke, wollte die Mutter fast immer sofort wissen, was das kleine Mädchen dachte.

Weil neurotische Eltern in ihrem Kind ihre eigenen Bedürfnisse sehen, leidet dasjenige Kind am stärksten, dessen Eltern die meisten Bedürfnisse haben. Der zerstörerische Elternteil ist nicht der verrückte Sonderling, sondern derjenige, der für sein Kind Ambitionen hat. Diese Ambitionen werden nicht zulassen, daß das Kind es selbst ist; es wird ständig versuchen müssen, die Bedürfnisse dieses Elternteils zu befriedigen. Der destruktive Elternteil ist, kurz gesagt, derjenige, mit dem das Kind ›handeln‹ mußte: »Ich werde das tun, wenn du das tust.« Das ist ausbedungene Liebe, und die Bedingung für Liebe ist, daß das Kind neurotisch wird.

Auch der postprimäre Patient wird wieder Verletzungen erleiden, besonders durch die Gewalttätigkeit und das Leiden, die er ringsum sieht, aber er wird nicht wieder neurotisch werden. Was ihm widerfährt, wird sich auf ihn auswirken, aber er wird diese Erlebnisse nicht abspalten. Kurz gesagt, er wird mit Gefühl und nicht mit Spannung reagieren. Er ist ein verletzlicher Mensch, unmittelbar beeinflußt durch Stimuli auf der Welt, aber er kann nicht von ihnen erdrückt werden, denn er hat immer sich selbst.

Ich glaube, er wird sich eine neue Welt schaffen, um in ihr zu leben – eine reale Welt, die darauf angelegt ist, die realen Probleme ihrer Bewohner zu lösen.

Gary

Der nachstehende Fall von Gary wird in aller Ausführlichkeit wiedergegeben, um den Verlauf der Primärtherapie aufzuzeigen. So umfangreich der Bericht ist, so ist er doch aus Raumgründen stark gekürzt worden.

Gary war zu Beginn der Behandlung recht paranoisch. Seine erste Gruppe war gekennzeichnet durch einen Streit mit einem anderen Gruppenmitglied; Gary glaubte, der andere und ich hätten gegen ihn konspiriert, damit er sich übergangen fühlen sollte. Sein Gefühl, nicht dazuzugehören, verbarg er unter Wut. Wir geboten der Wut Einhalt, und das brachte ihn zu seiner seelischen Verletzung und weg von der Paranoia. Ich nenne Gary den ›Straßenkämpfer‹, denn das war seine Hauptbeschäftigung als Teenager. Jetzt »kann er nicht wütend werden«. Diese Veränderung spiegelt sich in seiner Sprache und in seinem Gesicht wider. Als er zuerst zu mir kam, redete er wie ein Rabauke und sah auch so aus. Jetzt kann man seine Erscheinung und Redeweise nur als ›sanft‹ bezeichnen. Vor der Therapie hatte er deutlich nach vorn geneigte Schultern gehabt, was zu Rückenbeschwerden führte. Jetzt sind die Rückenschmerzen weg, und er hat eine aufrechte Haltung.

25. Februar Heute explodierte ich zum erstenmal. Es ist ein Gefühl, als ob einem ein großes Gewicht von der Brust genommen sei und man ein Erguß von sich selbst werde. Alles kam in Wellen, Strömen und Sturzbächen aus mir heraus. Ich kann mich nicht erinnern, daß ich es irgendwann bewußt zurückhalten wollte; ich bin nicht sicher, ob ich mich gereinigt fühle – und ob das überhaupt das richtige Wort ist –, aber jedenfalls fühle ich mich erleichtert, ein klein bißchen entlastet, ein bißchen weniger unbehaglich. Nachher kam ich mir ausgelaugt vor, kraftlos, weniger feindselig, ganz gewiß ohne Wut auf irgend jemand.

Der ganze Erguß schien von selbst in Gang zu kommen; zumindest kann ich mich nicht erinnern, was Janov oder ich getan hätten, um ihn in Gang zu bringen – aber ich bin sicher, daß das ganze verdammte Ding schon in den letzten etwa achtzehn Jahren losgehen wollte und von mir unterdrückt wurde. Und dann war ich mittendrin, ging mit, wie man bei einem Orgasmus mitgeht, und preßte unter Wutgeheul und Wehgeschrei und Stöhnen und Fluchen jede Einzelheit heraus. Ich habe Dinge von mir gegeben, von denen ich geglaubt hatte, ich hätte sie mir schon längst aus dem Kopf geschlagen und akzeptiert, aber jetzt weiß ich, daß ich sie einfach im Bauch aufbewahrt hatte, und daß sie in all den Jahren an mir nagten. Ich habe Dinge gesagt, die ich wahrscheinlich schon früher tausendmal hatte sagen wollen, aber gewaltsam verdrängt hatte.

Jetzt, heute abend, spüre ich etwas von der Einsamkeit und dem seelischen Schmerz, die ich abzuwehren versucht hatte. Jetzt weiß ich, daß seelischer Schmerz etwas Körperliches ist, denn wenn man gezwungen wird, ihn hervorzubringen, dann würgt man daran, weil es so ekelhaft ist, ihn noch einmal zu erleben; der seelische Schmerz, den ich mir aufbewahrt habe, muß nach all den Jahren stinkig, verfault und giftig sein, und ich weiß, daß ich ihn aus mir herausbringen muß, damit ich eine anständige Chance habe, zur Abwechslung mal ein anständiges Leben zu führen.

Ich finde es immer noch schwierig, mit mir allein zu sein. Heute habe ich bis eins ungefähr eine Stunde lang geschlafen, halb gedöst, und ich bin eigentlich den ganzen Tag bis zum Abendessen für mich geblieben. Ich kann mich immer noch nicht dazu bringen, die Dinge wirklich zu fühlen. Ich zergrüble mir den Kopf darüber, womit ich meinen Geist beschäftigen kann, etwa ein paar Zeilen von einem Gedicht oder Lied. Ich kämpfe, glaube ich, immer noch gegen mich, um keine Gefühle zu empfinden. Das Alleinsein ist das schwierigste. Vermutlich lerne ich, daß ich ein stinklangweiliger Gesellschafter bin.

Der weitere Nachmittag war nicht so schlimm. Ich lag größtenteils auf dem Rücken und versuchte wiederzuerleben, was ich heute erlebt hatte, aber ich konnte es nicht. Ging abends zur Gruppe, kam zehn Minuten zu spät, wurde deswegen von Janov angeschissen, der sagte: »Ich meinte nicht neurotische Zeit.« So hatte ich das nie betrachtet. Mit der Gruppe war es anders; jetzt weiß ich, wie krank ich bin, denn alle diese Leute hatten keine Angst und schämten sich nicht, sich auf den Boden zu legen und ihre Sache zu machen. Einer hat mich innerlich ganz verspannt gemacht, und ich spürte, wie ich in meinem Bauch verbissen gegen mich selbst kämpfte, aber ich konnte nicht herauskommen. Als ob *ich* nicht wirklich sicher sei, daß irgend jemand dort etwas in mir heraufbrachte. Mir wird immer klarer, daß ich selbst dagegen ankämpfe, Gefühle zu empfinden – die Spannung in meinem Bauch ist der Fingerzeig, den ich brauche, um das zu erkennen. Als ich ins Motel zurückkam, versuchte ich, selbst ein Urerlebnis zuwege zu bringen. Ich konnte es nicht, bloß ein paar Tränen. Ich versuchte, die Bedingungen wiederzuschaffen, die es mir ermöglichten, eins zu haben – konnte es nicht. Ich wußte, daß mir alles weh tat, weil ich eine entsetzliche Spannung im Bauch hatte, ich meine, richtig verspannt diesmal. Ich versuchte die Pappi-Geschichte – nichts. Schließlich, ein wenig später, wichse ich und fühlte mich besser. Fühlte mich so viel besser, daß ich etwa eine Stunde später ein zweites Mal wichste. Ich versuchte es wiederum mit dem Urerlebnis, aber es ging nicht; die Spannung war noch da, aber nicht mehr so schlimm. All das dauerte ungefähr von zehn bis halb eins.

26. Februar Wieder konnte ich nicht fest schlafen, es sind jetzt schon drei Nächte hintereinander; nichts geträumt, habe mich nur dauernd herumgeworfen und umgedreht und bin ein paarmal aufgewacht. Ohne Wecker wachte ich ungefähr um 2, um 6 Uhr 45 und um 8 Uhr 15 auf; stand um 8 Uhr 30 auf. Leichtes Frühstück, hörte mir *Bolero* an, während ich das tippe, und werde bis zur heutigen Sitzung um zwölf mit mir allein sein.

Das heutige Urerlebnis war verheerend. Ich war erstaunt, wieviel Schmerz in mir aufgespeichert war. Das ist typisch für die Primärtheorie – man ist immer erstaunt, wieviel Gift man im Körper angesammelt hat. Ich glaube, in meinem Fall werde ich jetzt zu einer Menge Leute ›Leck mich‹ sagen, so laut und gehässig, wie ich nur kann. Als Junge konnte ich das nicht, weil ich abwehrlos war. Zweitens beweist einem die Primärtherapie, daß Gefühle/Urschmerz etwas real Physisches sind: Es ist genau hier im Bauch und reißt einen in Stücke, oder es sitzt zwischen den Schulterblättern oder in der Brust. Wenn man den Mund aufmacht, um zu atmen, bringt es einen zum Würgen – Urschmerz ist ekelhaft. Heute war mir, als ob ich Amok laufen würde. Ich konnte nicht aufhören, gegen meine törichte alte Dame oder den Alten zu wüten. Dann ging es gegen die Kinder los; ich bin froh – erleichtert, entlastet –, daß ich sie angeschrien habe. Ich bin so verdammt krank, es ist schrecklich. Ich bin wirklich psychisch krank. Ich muß mich wirklich zusammenreißen.

Nach einem leichten Lunch fuhr ich hinaus zum Meer. Ich glaube, ich bin Hunderte von Malen am Strand gewesen, aber diesmal waren es einfach ich und der Strand, zusammen und allein. Ich ging ein paar Meilen am Ufer entlang, lavierte mich zwischen Muscheln und Treibholz hindurch und steckte die Füße in den klumpig-kalten, feuchten Sand. Der Wind war das schönste – ein böiger Wind, der mir durch den Mantel und die Haut bis in die Knochen drang. Es war köstlich, ihn einzuatmen; ich bekam ganz rauhe Wangen davon. Ich kann nicht sagen, warum, aber da draußen kam ich mir heute lebendig vor, ein Gefühl, das ich lange nicht gehabt habe. Ich kam mir schlichtweg lebendig vor.

Das Alleinsein ist jetzt nicht so schlimm. Ich stelle fest, daß ich länger allein stillsitzen kann, ohne kribbelig zu werden, und ich bin längere Zeit an dem interessiert, was in meinem Körper vor sich geht. Ich brauche jetzt keine Krücken wie Radio oder ein Buch mehr. Aber stundenlang halte ich es immer noch nicht aus. Heute abend wieder allein. Hoffe, daß ich schlafen kann, aber vielleicht ist es besser, wenn es wieder eine verkorkste Nacht wird, weil das die einzige Möglichkeit ist, überhaupt jemals zu guten Nächten zu kommen.

Mir ist gerade aufgefallen, daß meine Ausdrucksweise, wenn ich phantasiere, obszön wird, aber das ist nicht das Interessante dabei; was ich wirklich interessant finde, daß meine Sprache das städtische Getto-Englisch wird, das ich früher sprach; lauter seltsame Interjektionen, Bruchstücke, halb Frage, halb Aussage, und Slang. Es ist fast, als ob ich absichtlich die Art von Sprache gewählt habe, die sie, wie ich weiß, verstehen werden. Ich glaube auch, daß die Ausdrucksweise wirklich real ist – jetzt ist es nicht nötig, nach dem angemessenen Wort zu suchen; das Wort, das bereit ist, aus meinem Bauch aufzusteigen, muß das richtige Wort sein.

Ich denke gerade daran, daß noch etwas signifikant zu sein scheint. Wenn ich ein Urerlebnis habe mit einem der alten Herrschaften, dann boxe ich regelrecht und richte meine Fäuste direkt auf ihre Gesichter; aber heute, bei meinen Brüdern, kann ich mich nicht erinnern, das getan zu haben. Ich habe vielmehr wie wild auf die Couch geschlagen, aber ich glaube, es ist signifikant, daß ich meine Fäuste nicht gegen sie richtete. Und wenn ich mich recht erinnere, dann habe ich auch keinem von ihnen Schimpfwörter an den Kopf geworfen. Über noch etwas mache ich mir Gedanken: Wenn ich meinem alten Herrn etwas ganz deutlich machen will, dann neige ich immer dazu, mich selbst heftig und viel zu schlagen. Zwar tue ich mir nie weh, aber es ärgert mich gewissermaßen, daß ich mich selbst schlage, und warum eigentlich? Wahrscheinlich Schuldgefühl; ich habe so viele Schuldgefühle, daß ich mich heute tatsächlich dabei erwischte, daß ich meine Eltern entschuldigte und mit allerhand Erklärungen zu vertuschen versuchte, wie sie wirklich sind. Aber was immer sie sind oder waren, Art hat recht, wenn er sagt, daß sie mich verletzten, und das ist real genug. Ich weiß es, denn ich habe den Urschmerz.

27. Februar Gestern abend war es gar nicht schlimm. Ich hatte nachts gut und tief geschlafen. Ich weiß nicht, ob das für die Therapie gut oder schlecht ist. Ich war etwas über vier Stunden hintereinander allein, und die Zeit verging mit relativ wenig Unbehagen. Ich versuchte mehrmals, mich zu einem Urerlebnis zu bringen, aber mehr als Tränen kamen dabei nicht heraus. Die heutige Sitzung war, glaube ich, ganz in Ordnung. Ich habe keine derartig starken Erlebnisse gehabt wie in den letzten drei Tagen. Immerhin gab es noch eine Menge Schreien, Herumschlagen und Schattenboxen. In den letzten beiden Tagen scheine ich mehr »Verbindungen« herstellen zu können. Ich weiß nicht, ob ich sie herstellen soll, aber ich werde mir dabei über eine bestimmte Sache klar und kann sie dann mit etwas, das dafür von Belang ist, verknüpfen. Kein Tränenausbruch heute; ich *fühlte* mich einfach nicht nach Weinen. Wenn ich ›fühlen‹ sagte, dann meine ich wohl das Gefühl eines physischen Drangs, der tatsächlich in mir ›lebt‹. Ich sage ›lebt‹, denn wenn ich mich in diesen Drang versenke und mich ihm überlasse, dann strömt es aus mir heraus wie ein Fluß, lebendig mit pulsierender Unmittelbarkeit. Ich werde nie wieder die Tatsache bezweifeln oder in Frage stellen, daß *Gefühle* reale physische Geschehnisse sind, die sich in mir ereignen und sich auch außerhalb ereignen können, wenn ich sie fühle und hinauslasse. Seltsam ist folgendes: Sobald ich das Gefühl mehrere Male empfunden habe, verläßt es mich sozusagen. Heute war mir zum Beispiel gar nicht danach zumute, über Einsamkeit zu weinen, während dieses Gefühl in den letzten Tagen entsetzlich viel Tränen hervorgelockt hat. Heute habe ich es sozusagen ausgesprochen. Ich bin etwas unsicher, was das eigentlich bedeutet. Es könnte bedeuten: 1. daß ich das Fühlen blockierte, was ich bezweifle, weil Janov es bemerkt haben könnte; oder 2. daß das Gefühl und ich zusammen leben könnten, ohne daß ich darüber zu weinen brauche, falls das verständlich ist. Was ich meine, ist folgendes: wenn beispielsweise eine Frau das Gefühl empfinden muß, daß sie wegen Krebs eine Brust verlieren wird, dann weint sie immerzu darüber und empfindet tiefen Kummer, aber wenn sie die Brust verliert, dann kann sie mit dem Schmerz über den Verlust leben, sobald sie den Schmerz versteht oder empfindet. Ich glaube, das ist einigermaßen einleuchtend.

Ausgesprochen mies war heute, daß ich die Tatsache verdauen mußte, Janov angelogen zu haben. Ich hatte Schmerzen im Hinterkopf und in der Schläfengegend. Janov sagte, das sei ein ›nichtgefühlter Gedanke‹. Verdammt recht hatte er: Der Gedanke war das Wissen, daß ich gelogen hatte und es geheimhielt, und der Schmerz kam daher, daß ich das Gefühl nicht fühlte; kurz und gut, ich war krank. Ich brachte es heraus (daß ich letzte Nacht zu Hause und nicht im Motel war), und fast sofort verging der Schmerz – zwei oder drei Minuten, nachdem ich die Wahrheit gesagt hatte. Natürlich habe ich nun dadurch meine Therapie tatsächlich erschwert. Ich tat es wegen des Geldes – wollte es nicht ausgeben – wie mein Vater. Aber wenn sich wirklich herausstellt, daß ich trotz meiner verzweifelten Versuche, nicht wie mein Vater zu sein, ihm noch in anderer als der mir schon bekannten Weise ähnlich bin, dann werde ich wirklich stinkwütend auf mich sein, weil ich es zugelassen habe, so krank zu werden. Das Verblüffende an der Primärtherapie ist, daß man den Therapeuten nicht anlügen kann, oder vielmehr kann man ihn anlügen, aber dann quält man sich so lange damit herum, bis man ihm einfach die Wahrheit sagen muß. Zu guter Letzt will man nicht mehr lügen. Für mich ist das wirklich gut, denn ich war fast mein Leben lang ein geschickter Lügner, und damit möchte ich tatsächlich aufhören.

Heute von 1 Uhr 45 bis 5 Uhr 30 allein; 6 bis Mitternacht allein. Es war nicht so schlimm, es wird leichter, aber vielleicht arbeite ich auch nicht richtig an der Sache, denn es sollte mit mehr Schmerz und Leiden verbunden sein. Vielleicht stimmt eben das nicht mit mir und ich habe das Gefühl, ich müßte mich für irgend etwas bestrafen.

1. März Samstagmorgen war ich in der Gruppe irgendwie gereizt oder überempfindlich. Der erste, der dran war, rief bei mir eine Menge Angst hervor – mein Bauch spannte sich; die Kehle wurde trocken; mein Körper wollte sich einfach strecken. Als Janov mir ein Zeichen gab, war es eher ein Seufzer der Erleichterung als Furcht, daß ich nun an der Reihe war. Ich tat mein Bestes, aber wie gut es war, weiß ich nicht. Die ganze Sache war abenteuerlich für mich. Ich meine, es war das erstemal in meinem ganzen Leben, daß ich so viel Lamentieren, Weinen und Schreien hörte und nichts davon mich in Schrecken versetzte. Ich schien dabeizusein, dazuzugehören, und damit hatte es sich. Eine schreiende Person gab den Anstoß für eine zweite, und kaum beruhigte sich die Lage, da fing wieder einer an, und das Ganze ging von neuem los. Schließlich legte sich der Lärm, ohne daß ein Zeichen gegeben worden war; es schien, als habe die Sache ihren *natürlichen* Abschluß gefunden. Auch das ist einmalig bei der Primärtherapie: der Therapeut bricht nicht beim leisesten Schrei oder Stöhnen der Patienten zusammen. Er fördert es sogar. Da ist Janov, steigt schwungvoll über ausgestreckte Körper hinweg und drum herum, redet freundlich erst mit einem und dann mit dem nächsten, gibt seiner Frau irgendein Zeichen, und rings um ihn kreischen Menschen und schreien ihren Schmerz hinaus. Und bei all diesem bizarren Durcheinander trinkt er Kaffee. Ich weiß nicht, was mich davon abhielt, in schallendes Gelächter über die ganze Sache auszubrechen – es war einfach zu irreal. Und da dämmerte es mir, daß mein Leben – mein ›gehirngewaschenes‹ Leben mich zu der Annahme gebracht hat, dergleichen sei irreal. Als reines, wirklich reales menschliches Leiden könnte nichts realer sein. Bloß sagte meine ganze dumme Erziehung: »Nein, Leute weinen nicht, wenn sie Schmerzen haben. Sie verbergen ihren Schmerz wie brave kleine Deppen.« Es war also real. Nachher fühlte ich mich gereinigt, sauber, müde. Ich hatte nicht so viel Tränen vergossen wie andere, aber mehr als manche – doch selbst das ist unwichtig.

Verbrachte einige Zeit am Strand und wollte mir etwas Gutes antun, deshalb erstand ich ein paar Muscheln. Als ich das Zeug kaufte, schwätzte der Verkäufer mit affenartiger Geschwindigkeit, und es wollte kein Ende nehmen. Mir kam es unendlich lange vor, aber vielleicht waren es nur ein paar Minuten. Jedenfalls wurde ich zunehmend ungeduldiger und nervös. Ich fühlte mich hilflos, meine Kehle war wie zugeschnürt, und mein Magen begann zu revoltieren. Ich wollte einfach weg von dem Kerl und wieder zurück zu Sand und Wasser, wollte den Geruch der Flut in der Nase haben und das Wasser an meinen Füßen plätschern lassen. Ich erwog sogar, einfach wegzugehen und ihn mitten im Satz mit meinen unbezahlten und eingepackten Muscheln auf dem Ladentisch stehen zu lassen. Aber ich tat es nicht. Ich wollte – wirklich – mir und meiner Frau Susan zur Abwechslung etwas Gutes gönnen. Nach dem Abendessen ging ich ins Wohnzimmer und blieb ein paar Stunden da; es geschah nicht viel. Immerhin fühlte ich mich recht entspannt. Sah *Wilde Erdbeeren* und weinte. Darauf war ich nicht vorbereitet – es kam einfach aus mir heraus. Ich vermute, die Beziehung des Mannes zu seinem Vater (dem Arzt) löste etwas bei mir aus, und der Arzt selbst, der nicht zu fühlen vermag und es bei seinem Sohn erstickt, erweckte auch Gefühle in mir. Ging um zwei ins Bett, nachdem ich noch eine Weile allein im Wohnzimmer sitzen geblieben war.

3. März Die zweite Woche Einzeltherapie beginnt. Die letzten fünf Nächte (mit Ausnahme von Freitag) habe ich sehr ungestört geschlafen. Immerhin gibt es einen Unterschied. Unmittelbar vor der Therapie und sehr lange Zeit vorher (kommt mir wie Jahre vor) war mein Schlaf ›betäubt‹ – das heißt, ich schlief nicht nur wie ein Murmeltier, sondern war auch ebenso schwer aufzuwekken wie ein Murmeltier. Ich glaube, ich benutzte den Schlaf, um meinen Schmerzen und Problemen zu entgehen. Besonders im letzten halben Jahr war mein Schlaf eine Flucht. Aber jetzt schlafe ich tief und ruhig und kann auch prompt aufwachen und aufstehen, ohne es schrecklich und quälend zu finden.

Überlegung: Wenn ich, sagen wir, noch dreißig Jahre lebe und weiter so viel rauche wie jetzt ($1^1/_2$ Päckchen pro Tag), dann werde ich 6000 Dollar dafür ausgeben. Selbst wenn mich die Therapie einige Tausend Dollar kostet, bin ich finanziell und gesundheitlich besser dran, denn die Therapie wird dazu beitragen, daß ich das Rauchen aufgebe. Tatsächlich habe ich es schon aufgegeben. Vielleicht werde ich dann sogar noch länger als dreißig Jahre leben.

Die heutige Therapiesitzung war recht gut. Ich hätte fast ›erfreulich‹ gesagt, aber was ich wirklich meine, ist, daß ich etwas tue, um mir dabei zu helfen, psychisch gesund zu werden. Es ist seltsam mit meiner Familie: ich schwanke zwischen Haß und Trauer, Mitleid und Empörung, Verachtung, Abwehr, Haß usw. Das war/ist sehr verwirrend. Jetzt weiß ich, daß sie waren und sind, was sie sind. Nichts kann das je ändern. Nichts kann an der seelischen Verletzung und dem Schmerz je etwas ändern, die sie mir zugefügt haben. Und etwas ist neu für mich: Auch ich habe sie verletzt, vielleicht nicht so schwer, vielleicht nicht so verheerend, aber verletzt habe ich sie. Bei mir begann es defensiv und wurde dann offensiv. Angefangen mit dem Verletzen, Unterdrücken und der Einsamkeit haben sie. Und was bei alledem jetzt herauskommt, ist einfach folgendes: Traurigkeit, eine große Öde, eine Tragödie. Ich empfinde nun die entsetzlich traurige menschliche Tragödie von Leuten, die in großer Enge zusammenleben und sich gegenseitig tief verletzen und sich seelische Wunden beibringen. Jetzt empfinde ich, wie traurig das alles ist. Ich meine, es bringt mich dazu, viele, aber nicht bittere Tränen zu vergießen, doch ganz echt traurige Tränen. Ich weine nicht um die verlorene Jugend oder um ›Was hätte sein können‹ oder ›hätte sein sollen‹, wie letzte Woche. Jetzt weine ich einfach, weil ich die entsetzlich tragische menschliche Öde empfinde, den Verderb und das Leid.

Heute rief ich meine Eltern an. Zuerst, als mein Vater am Apparat war, versagte meine Stimme. Dann kam sie wieder, und ich bin gewissermaßen überrascht, daß es mir so leicht fiel, mit dem Mann zu reden. Bei meiner Mutter war es ein wenig anders. Ich sagte ihr im Laufe des Gesprächs, daß ich einen ›Zusammenbruch‹ hatte. Sie hörte mich nicht – das heißt, sie hat gelernt, mich nicht zu hören, und das wollte sie nicht hören. Ich weiß nicht, was mit ihr los ist; es ist, als ob ›ihr kleines Baby‹ nie zusammenbrechen könnte oder dergleichen. Dann machte ich ihr sehr deutlich klar, daß es ein seelischer und körperlicher Zusammenbruch war, und an diesem Punkt brachte sie etwas zum Ausdruck, was man Besorgnis oder Interesse nennen könnte, aber nicht Bestürzung. Sie reagierte mit ihren abgedroschenen, hausgemachten Redensarten wie »Na, man kann eben nicht dauernd mehr tun, als der Körper aushält« – »Ich sag' ja immer, wie es kommt, so kommt's« – »Du mußt dich pflegen«. Alles in allem war es recht unbefriedigend.

Den restlichen Nachmittag war ich allein und spannte aus. Susan hatte sich morgens nicht sehr gut gefühlt, deshalb beschloß ich, heute das Abendessen zu machen. Ich kochte Curryreis und Muscheln und machte Salat. Die Muscheln waren köstlich; ich fing gerade mit ihnen an, als Susan nach Hause kam, so konnten wir beide zusehen, wie sie sich im Dampf öffneten. Ich machte sogar ein paar albern-närrische Witze dabei und behauptete, die sich öffnenden Muscheln seien menschliche Wesen, aber häßlich usw. Ich kicherte viel und fühlte mich zum erstenmal seit langer Zeit sorglos und albern-leicht. Den restlichen Abend verbrachte ich allein.

4. März Bei der heutigen Sitzung war ich mir überhaupt nicht darüber klar, was ich meinen Eltern gegenüber empfinde. Ich fühle den Schmerz von Verletzungen, den Schmerz des Schmerzes, den Schmerz der Traurigkeit. Und jetzt kann ich empfinden, wie schmerzlich traurig – wirklich traurig – die ganze menschliche Öde und Tragödie ist. Ich wollte vermutlich, daß meine Mutter gestern mit einiger Anteilnahme und wirklicher Besorgnis reagierte. Ich weiß, hätte mein Sohn angerufen und gesagt, er habe einen psychischen Zusammenbruch erlitten, dann hätte mich das veranlaßt, etwas zu tun, irgend etwas, das er von mir gewollt hätte. An diesem Punkt begann ich ein Gefühl für meine Mutter zu bekommen, ein Gefühl, das besagte, sie wisse nicht mehr, wie man fühlt, und sie wisse nicht, wie man reagiert. Zum Teil machte ich mir deswegen Vorwürfe, sagte, ich hätte mich früher gegen ihre Liebe gesträubt, und an ihren Ratschlägen sei meist nicht viel dran gewesen, sie klangen immer so lächerlich. Ich war verwirrt, wußte nicht mehr, wem und was ich sagen sollte. Ich konnte nur die tragische Traurigkeit der ganzen Misere empfinden.

Ich vergaß zu erwähnen, daß ich gestern auch meinen Bruder Ted anrief, nachdem ich mit meiner Mutter gesprochen hatte. Ein oder zwei Minuten lang klang die Unterhaltung mit ihm verrückt. Ich sagte Ted, was mir mit der Therapie bevorstehe, und berichtete die ganze Geschichte, und er war überrascht. Insbesondere wollte er wissen, warum ich da überhaupt hingehe. Ich sagte ihm, wie unglücklich ich sei, und daß ich mir wie ein kompletter Versager vorkomme. Er konnte das nicht begreifen. Dann sagte ich, er solle sich mal erinnern, wie ich in Brooklyn war, als ich ihn verprügelte, als ich ihn und Bill und die anderen quälte, gemein, vorsätzlich, grausam, widerlich. Seine Antwort verblüffte mich: »Alle Brüder tun das – so ist das nun mal bei Heranwachsenden.« Er konnte das wichtige Problem einfach nicht begreifen – was es bedeutet, mit all dem unempfundenen Urschmerz zu leben, was das im Inneren und im Kopf eines Menschen anrichtet. Ich erwähnte das ihm gegenüber. Seine Antwort war, daß er, wenn ihm beschissen zumute sei, einfach daran denke, welch Glück er habe, daß es ihm nicht noch schlechter gehe. Ich nehme an, er glaubt auf diese Weise seine Schwierigkeiten zu bereinigen, aber ich bezweifle das sehr stark. Wahrscheinlich schluckt er den Urschmerz hinunter, wie so viele andere, und lebt weiterhin mit dem unempfundenen Schmerz. Er sagte dann, daß er und ich und unsere Familie Glück haben, daß die Lage nicht noch schlimmer sei; immerhin sei es ein Glück, daß wir unsere Eltern nicht bei einem Brand oder Autounfall verloren hätten. Für einen Augenblick brachte er mich tatsächlich auf den Gedanken, ob ich mich selbst bemitleide. Aber dann erkannte ich es: Was real ist, ist real, und der Urschmerz, weil man verletzt wurde, ist real, und der Prozeß der psychischen Abwehr und der Abdämmung von mehr Urschmerz dadurch, daß man überhaupt nicht fühlt, ist auch real. Und das ist die reale Wirklichkeit dessen, gegen das ich nun kämpfte. Es nützt mir also nichts, wenn ich mir vorstelle, ich sei glücklich, indem ich mein Unglück mit einem theoretischen und abstrakten Unglück vergleiche. Das fördert kein Fühlen. Es bietet einem nur eine zerebrale Erfahrung – den Gedanken, nicht das Gefühl –, daß die Lage noch schlimmer sein könnte. Was mein Bruder tut oder zu tun behauptet, ist, daß er sich gegen die Schmerzempfindung anästhesiert, indem er sich etwas ausdenkt, über das er nachdenken kann. Es wäre wirklich phantastisch, wenn jeder, der Schmerzen hat, sich vorstellt, es könnte noch schlimmer sein, und dadurch den Urschmerz lindert, aber das klappt einfach nicht. Man muß diesen Urschmerz empfinden oder wiedererleben oder sogar zum erstenmal erleben, damit man ihn aus dem System herausbekommt.

Jedenfalls berichtete ich Janov in der Sitzung von der Unterhaltung mit meinem Bruder. Noch jetzt ist mein Kopf entsetzlich verwirrt. Dieser Schmerz setzte ein, eben dieser Schmerz, den ich früher schon tausendmal gespürt habe. Der Schmerz ist mehr ein Pochen oder Bohren. Wenn er bei mir auftritt, bin ich gewöhnlich in einem Zustand der Unruhe oder Gereiztheit oder Verdrossenheit oder Unentschlossenheit. Mit anderen Worten, irgend etwas macht mich verrückt, und ein Entschluß oder ein Vorsatz muß gefaßt werden, und ich kann offenbar nicht tun, was nötig ist. Dann bekomme ich diesen Schmerz im Kopf, und nicht der Schmerz, sondern das Wissen, daß ich mir den Schmerz selbst eingebrockt habe, macht mich sehr erregt. So erregt, daß ich schreien könnte oder durchsetzen, daß mein Standpunkt gehört wird, oder etwas hinknalle usw. Gewöhnlich werde ich den Schmerz dadurch los, daß ich einen Wutanfall bekomme oder Luft ablasse und mich dann hinlege, um mich zu entspannen und zu erholen. Jetzt, an diesem Punkt, hatte ich den Schmerz, und ich wurde ganz kribbelig und unwirsch; auch mein Körper wurde erregt – er zitterte krampfhaft. Mir war, als sei ich sozusagen in einen elastischen Kokon eingesponnen, und meine Arme und Fäuste und der ganze Körper bemühten sich herauszukommen. Ich wollte mir über diese Konfusion in bezug auf meine Eltern klar werden oder zu einem Entschluß kommen. Da wurde ich immer erregter, und als Janov mich aufforderte, das Gefühl zu nennen, da sagte ich: »Nervosität«, denn mit diesem Wort glaubte ich diesen Unwirschheit-Reizbarkeit-leichte-Panik-Frustration-Verletzung-Schmerz am besten auszudrücken. Er sagte: »Folter«. Ja, Folter war sicher das richtige Wort, wirklich das einzig beschissene Wort. Ich wurde gefoltert von mir selber und von Gedanken und Gefühlen und Schmerz. Und nach etwa einer Minute oder noch weniger war mein Kopf völlig schmerzfrei.

Nachmittags besuchte ich Ted. Er ist arbeitslos und fühlt sich verratzt. Er ist verratzt. Das ist ungefähr alles, was ich sagen kann. Ich mag ihn sehr gern, aber es gibt kaum etwas, womit ich ihm gerade jetzt helfen kann. Was er brauchen könnte, ist eine Unterstützung für seine Familie, aber ich bin kein Unterstützungsgewährer. Die meiste Zeit saß ich nur da und hörte ihm zu, er bestritt den größten Teil der Unterhaltung. Er klang ganz vermasselt, wußte nicht, wie er irgend etwas machen sollte, suchte nach einer Tankstelle, »weil das das einzige ist, wo ich weiß, wie man's macht«. Ich weiß nicht, was mit ihm los ist, daß er seine Ziele so niedrig steckt. Will er nichts Großes im Leben erreichen? Ich vermute, mit ihm ist's aus und vorbei. Man kann ihn nur bedauern.

Abends dachte ich darüber nach, daß ich glaube, nicht gesund zu werden. Ich meine, ich hatte mit dem Berserkergebrüll aufgehört, und nun schien es mir nicht schnell genug zu gehen. Janov sagte mir noch einmal, daß das meine Krankheit sei – diese Vorstellung, daß ich alles gut machen müsse, daß ich immer versuche, mich hervorzutun, bei allem, was ich mache, tüchtig zu sein. Was zum Teufel muß ich überhaupt beweisen?

5. *März* Heute war es geradezu entsetzlich, geradezu schrecklich. Zuerst war von homosexuellen Phantasien die Rede, von meinem gestrigen Besuch bei meinem Bruder. Was zum Henker stimmt bei mir nicht? Ich bin nicht sein Vater, und es ist nicht meine Angelegenheit, so zu tun, als ob ich sein Vater sei – das ist krank. Jedenfalls wollte ich hinter diese homosexuelle Geschichte kommen, weil ich vermutete (oder wußte/fühlte), daß ich ein Opfer dieser Verrücktheit war, wie so viele Männer hierzulande. Ich wollte es einfach ein für allemal klarstellen. Es ist nichts als verlogener, intellektueller Quatsch zu behaupten, der Mensch stamme von Mann und Frau ab, und deshalb habe er natürlich durch genetische Übertragung oder Vererbung etwas ›Weibliches‹ in sich. Dieses ›natürlich‹ ist der Quatsch, denn es trifft das nicht, worauf es ankommt. Das weiß ich. Fürchterlich. Wirklich. Wenn ich gefragt worden wäre, wie mir am ersten Tag in der Primärtherapie zumute war, dann hätte ich gesagt: »Voll Furcht.« Heute, nach der heutigen Geschichte, würde ich sagen, der erste Tag war kaum erschreckend, denn erst heute sah und fühlte ich das Entsetzen. Okay, ich fing also mit dem Thema an, brachte mich in einen Erregungszustand, und als Janov sagte: »Nennen Sie das Gefühl«, da sagte ich: »Es sagt Furcht.« Das stimmt; ich meine, nicht ich sprach das Wort ›Furcht‹ aus. Die FURCHT sagte ›Furcht‹. Klingt das verrückt? Es ist nicht verrückt. In der Primärtherapie scheint das reale Gefühl alles selber zu sagen; man muß nur die Lippen formen und das Wort vom Bauch heraufholen und durch den Kehlkopf und den Mund hinauslassen. Es sagt sich selber und ist, was ich sage. Das Wort, das das Gefühl selber ist, kommt aus dem Bauch (wenn man es zuläßt) und sagt sich selber. Es ist wirklich so. Mit anderen Worten, man kann in der Primärtherapie nicht lügen, ohne daß man es weiß. Ja, man

kann lügen, wenn man will, aber man fühlt, daß man gelogen hat, und das muß an die Oberfläche kommen. Gestern erlebte ich dasselbe mit dem Wort-Ding-Urschmerz ›Haß‹. HASS kam aus meinem Mund.

Nun gut, ich machte weiter. Und nach einer Weile sagte ich: »Angst, ich bin schwul.« Das war unglaublich, denn das sind nur die Wörter, aber ich war nicht sicher, was ich sagte. Es hätte sein können: 1. Angst? Ich bin schwul – als ob ich mit der Angst selber sprach. Oder es hätte sein können: 2. (Ich habe) Angst, ich bin schwul – wobei ich das sehr wichtige ›ich habe‹ ausließ.

Dann zwang mich Janov, Pappi zu sagen, daß ich schwul sei. Aber irgendwann zu dieser Zeit verlor ich die ganze Sache aus den Augen. Ich wette, es war so verdammt schrecklich, daß ich vor allem davonlief, was ich in meinem Bauch fühlen würde. Die nächste halbe Stunde quälte ich mich ab. Habe Schmerz und Schreien durchexerziert, und das war allerdings sehr real. Aber etwas ist erstaunlich: Jedesmal, wenn ich ein Urerlebnis beende, blieb ein Katzenjammer zurück, ein ›katzenjämmerliches‹ Wissen oder Fühlen, daß ich nicht das getan hatte, was ich hätte tun sollen. Es war wirklich phantastisch. Mein Selbst sagte mir, daß ich kein richtiges Urerlebnis gehabt hatte, daß das große Ding, dem ich ins Auge sehen mußte, immer noch da sei, und daß ich ihm ins Auge sehen müsse. Einmal kam ich der Sache vielleicht nahe, so nahe, daß ich würgte und glaubte, ich müsse mich übergeben. Ich glaube, ich habe drei angebliche Urerlebnisse gehabt, ehe ich von meinem Körper laut und deutlich die Botschaft bekam, daß das alles Schwindel sei und ich nicht bis zu der realen Geschichte vordringe, wo es wirklich geschah. An dem Punkt bekam ich Angst. Ich glaubte oder sagte es zumindest, daß ich verrückt würde. Aber jetzt weiß ich, warum ich das sagte: Weil ich nicht gegen mein Selbst kämpfen konnte, das mir dauernd sagte, es sei noch etwas da, dem ich ins Auge sehen müsse. Mit anderen Worten, ich konnte dem nicht ausweichen, was mein Selbst sagte, und ich wurde sehr erregt. Janov sagte dauernd: »Geben Sie den Kampf auf.« Vermutlich meinte er den Kampf gegen das, wovon man weiß, daß man es fühlen muß. Aber ich wollte oder konnte den Kampf nicht aufgeben. Ich war wirklich voll Angst.

Was mich ängstigte – oder so annähernd, wie ich es sagen kann – war die lauernde Vorstellung von mir als einem homosexuellen Menschen. Ich sah im Geist, wie Vater mich an sich drückte und es mir gefiel, und dann blickte ich auf und sah, daß es das Gesicht eines Mannes war, und es ekelte mich. Die Wörter ›Scham‹, ›Abscheu‹, ›Ekel‹ kamen mir über die Lippen. Ich bin nicht sicher, was mich dann eigentlich völlig aus der Fassung brachte. Vielleicht wußte ich, daß ich die körperliche Berührung eines Mannes genoß; es könnte sein, daß es mir gefiel. Es könnte das Gefühl in meinem Bauch gewesen sein, das dem dringenden

Wunsch zu ejakulieren gleichkam, denn ich hatte immer noch das Gefühl im Pimmel, unbedingt urinieren zu wollen. Janov sagte, ich könne nicht, denn das wäre ein Wegpissen von Gefühlen, und weil ich dem Mann vertrauen will, halte ich das Pissen zurück und werde dadurch sehr erregt. Es könnte ein Gefühl gewesen sein – der Beginn eines Gefühls –, als ob ich ein hilfloses, frauenähnliches Sexualobjekt sei. Das kommt meinem Gefühl ziemlich nahe, glaube ich: Daß ich im Begriff war, das Gefühl zu bekommen, ich genösse es, mich wie ein weibliches Sexualobjekt zu fühlen, und hasse es, mich so zu fühlen wegen Ekel, Scham, Haß und daß mir meine Entrüstung, so mißbraucht zu werden, gegen den Strich geht. Jetzt habe ich den letzten Satz noch einmal durchgelesen, weil ich irgendwie von Abscheu erfüllt war, als ich ihn tippte und mich an einer Stelle nicht einmal erinnern konnte, was ich tippte. Und jetzt sehe ich, daß ich erregt war, als ich tippte.

Na, wenigstens weiß ich nun, womit ich mich auseinandersetzen muß. Dahin gehen wir, sagte Janov. In das wirklich Schreckliche.

Etwas ist wirklich phantastisch. Als ich heute einmal in großer Angst oder Furcht oder Entsetzen oder dergleichen war, begann ich zu fühlen, wie mein Körper innen funktioniert – besonders die Herzgegend, Magen und unterer und oberer Darmbereich. Wirklich phantastisch. Ich fühlte, wie Körpersäfte abgesondert wurden; ich fühlte das Pochen einer hammerähnlichen Maschine; ich fühlte die Auf- und Abbewegung von etwas anderem; ich fühlte Rhythmus, Bewegung, Ruhe. Aber das wirklich Einzigartige war, daß ich das alles fühlte, als ob es sich auf verschiedenen Ebenen in meinem Körper abspiele. Zu Janov sagte ich ›Schichten‹, aber jetzt erkenne ich, daß ich fühlte, wie ein Apparat sozusagen über einem anderen arbeitete, der darunter etwas anderes tat. Keins dieser Organe, die ich fühlte, kann ich benennen, aber ich fühlte eindeutig Bewegung und Rhythmus und eine Art harmonisches Zusammenarbeiten in mir. Die Ebenen oder Schichten, von denen ich spreche, sind ungefähr so: Eine ist parallel zum Rücken und ihm ziemlich dicht; eine zweite ist parallel dazu und irgendwo in meiner Mitte; und die dritte ist parallel zu den beiden anderen und dichter an meiner Haut, oder sie ist auch die erste Schicht. Phantastisch.

Die zweite Sache war heute, daß ich regelrecht aus den Fugen ging und dauernd schrie, ich würde in ein Mädchen verwandelt, eine ›Heulsuse‹. Ich kam mir lethargisch vor, und mein ganzer ›Kampfgeist‹ schien mir neuerdings abhanden gekommen zu sein.

6. März Die ganze letzte Nacht über blieb ich auf und stellte alle halbe Stunde den Wecker, so daß ich, falls ich einschlief, nie länger als eine halbe Stunde schlafen würde. Es muß ungefähr halb sieben gewesen sein, als ich dann einschlief. Ich träumte, ich flirtete oder war irgendwie amourös beschäftigt mit einer Frau, die mehr eine Nutte oder Hure als alles andere war. Sie hatte eine gewaltige Fotze, die ich mit beiden Händen hielt und drückte und bearbeitete. Es war, als hätte ich einen großen Schwamm in der Hand; dann hielt ich die Fotze an meinen Pimmel und rieb sie wahrscheinlich dran. An diesem Punkt wurde ich wach oder halbwach, ejakulierte in die Hose und fühlte mich, wie immer, vermasselt.

Heute erzählte ich Janov von dem Traum, und er fragte mich, ob meine Einstellung zu Frauen so sei, daß ich sie alle für Fotzen halte. Ich sagte nein, aber später in der Unterhaltung sprach ich von meiner Mutter als einer dummen Fotze, und dann fiel mir ein, daß das meine Lieblingsbezeichnung für Susan und ihre Mutter war, und daß ich eben dieses Wort am Abend zuvor in mein Tagebuch geschrieben hatte. Das ist nicht ohne Bedeutung. Die heutige Sitzung kam in keiner Weise dem Schrecken nahe, den ich erwartet hatte. Offenbar konnte ich heute an nichts ganz tief unten heran, konnte nichts herausschreien. Nur ein paar abgequetschte Tränen. Das beunruhigte mich, denn ich glaubte, es bedeute, daß ich nicht weiterkomme. Ich habe Janov erzählt, daß ich nicht mehr rauche, und tatsächlich habe ich auch gar kein Verlangen mehr danach (vielleicht gelegentlich ein bißchen Verlangen). Ich habe auch nicht mehr dieses magenaufwühlende Gefühl, wenn meine Frau etwas tut, das mich früher irritierte und quälte; ich bin nicht mehr allzu begierig, da gleich einzuhaken und es wegen irgendeines belanglosen Quatsches zu einem verbalen Kampf mit Susan kommen zu lassen. Ich sehe unser Verhältnis jetzt in einem anderen Licht; ich kann mich jetzt hinsetzen und meiner Familie zuhören und bin ihnen gegenüber nicht mehr so ungeduldig und intolerant. Tatsächlich scheinen meine Glieder gar nicht mehr imstande zu sein, sich zu straffen, aggressiv zu werden. Natürlich ist es lächerlich zu behaupten, daß ich mich nicht bessere. Ich höre auf, Dinge zu tun, die ich seit Jahren getan habe, und das nach nur neun therapeutischen Sitzungen. Dazu kommen all die anderen kleinen Veränderungen und Neueinschätzungen und die in einem Dutzend verschiedener Bereiche beginnenden Veränderungen bei mir. Ich muß verrückt sein, wenn ich daran zweifle, daß ich auf dem Weg zur Gesundung bin. Vermutlich will der ›kranke‹ Mensch es nicht glauben, wenn er im Begriff ist, ›real‹ und gesund zu werden, daß er sich vielmehr weiterhin für krank halten will.

7. März Die heutige Sitzung war großartig, einfach großartig. Ich kann mich nicht erinnern, wie ich eigentlich zu dem einzig Wahren kam, aber es muß gewesen sein, nachdem ich mich schon fast eine Stunde lang mit Dingen beschäftigt hatte, die bei mir gar nichts zutage förderten. Was ich dann schließlich bekam, war das Gefühl der Einsamkeit, des Alleinseins. Mir kam der Gedanke, daß die Philosophen, die Existentialisten und all die anderen, gar nicht wußten, wovon sie redeten, als sie das Alleinsein zu beschreiben versuchten. All diese vielsilbigen Ausdrücke, die sie gebrauchen, sind gar nicht nötig. Im Grunde genommen haben sie überhaupt keine blasse Ahnung. Ich begann also, mich mit diesem Gefühl herumzuquälen. Die Augen hatte ich geschlossen, und dann geschah etwas wirklich Großartiges.

Ich sah mich als kleinen Jungen von fünf oder sechs Jahren neben der Frisiertoilette meiner Mutter stehen, und ich blickte zu ihr auf. Sie stand vor dem Spiegel, ihre Hängebrüste wohlverstaut im Büstenhalter, und schnürte sich das Korsett. Ich guckte mir die Augen aus. Dann wuchs ich. Dieser ›Wachstumsprozeß‹ war sehr ähnlich wie die Technik von Walt Disney, wenn er zeigen wollte, wie eine Blume aufblüht – Zeitrafferaufnahme. Mit anderen Worten, ich sah mich selbst heranwachsen, das heißt, im Handumdrehen wurde ich größer und sah wie ein Teenager aus. Dann legte ich die rechte Hand auf die Hüfte und schien meiner Mutter eine Minute lang Frechheiten zu sagen. Dann machte ich mich an ihre Titten. Ich saugte eigentlich nicht an ihnen, sondern fuhr mir damit übers ganze Gesicht und vor allem über die Augen. Das war verblüffend. Janov sagte, ich solle den Jungen fragen, was er da mache. Ich tat es, bekam aber keine Antwort. Ich schrie ihn an: »Was machst du denn da?« in einem Ton völliger Ungläubigkeit. Man stelle sich vor, fährt er da mit den Titten über seine Augen. Er antwortete nicht, machte aber noch eine Weile weiter. Ich sprach von anderen Dingen, doch sah ich noch ab und zu hin und beobachtete den Jungen und was er tat. Mit anderen Worten, praktisch ›existierte‹ er in der Zimmerecke und beschäftigte sich dort wie gehabt. Aber für mich war er sehr weit weg, und ich blinzelte unter geschlossenen Lidern, um zu sehen, was er trieb (natürlich hatte ich ihn vor meinem geistigen Auge). Dann ›schrumpfte‹ der Junge wieder auf Kindergröße zusammen. Er saß auf seinen Unterschenkeln, beugte sich nach vorn und hielt seine kleinen Hände vor das Gesicht, während Sturzbäche oder Ströme von Tränen herausschossen oder flossen. Er zerfloß buchstäblich in Tränen.

An diesem Punkt erzählte ich Janov etwas, das Hunderte von Malen in meinem Leben geschehen war. Wenn ich schläfrig war, tauchten vor meinem geistigen Auge sinnlose Wörter auf, die ich auch lesen konnte. Aber weil sie so unverständlich und schwer auszusprechen waren, konnte ich sie nicht sagen. Ich versuchte einmal in *The Bald Muckybullyfoo* darüber zu schreiben, wie spaßig das sei. Einige der Wörter lauteten zum Beispiel *smlplgh, oxwyong, hmply*. Janov forderte mich auf, ihm zu sagen, welche Wörter ich sehe. Ich sagte ihm, sie seien hinter einem Schirm oder Vorhang, ähnlich einem Theatervorhang. Er sagte, ich solle den Vorhang aufziehen und ihm sagen, was ich sehe. Ich erinnere mich, daß ich ein Grauen davor hatte und es mir sauer wurde, es zu tun. Schließlich sah ich ein paar ›Wörter‹ und versuchte, sie auszusprechen. Dann sah ich eine Ankündigung, die über dem nach vorn gebeugten kleinen Jungen hing, etwa in der Art wie in Stummfilmkinos, wo ein schriftrollenähnlicher Apparat von einer Frau gedreht wurde, um den Zuschauern anzukündigen, welche Szene jetzt kommt usw. Das Ding über dem Jungen lautete: »Ich krie-krie-kriege nichts ...« Mit anderen Worten, das war es, was er mir antwortete, als ich ihn fragte, was los sei, warum er so heftig weine und so viele Tränen vergieße. »Ich krie-krie-kriege nichts ...« konnte er nur stottern-sagen-weinen. Stottstotternsagen. Stottstotternsagen. Stottstotternweinen. Stottstotternweinen.

Während dieses ganzen Erlebnisses war es mir offenbar unbewußt, daß ich mich in einem Zustand des ›höchst phantasievollen Sehens und Erlebens‹ befand. Ich meine damit, ich wußte, daß ich in Janovs Sprechzimmer war, daß ich aber alles sah und hörte, was in dem Theater in meinem Geist hinter den geschlossenen Augen vorging. Ich erlebte ein Stück, das sehr symbolisch war, und ich kapierte es wirklich. Es verging noch einige Zeit, in der ich die Geschehnisse beschrieb – den Jungen, der Ströme von Tränen vergoß. Auch ich weinte an diesem Punkt ›vollständig‹. Dann fragte mich Janov: »Was sehen Sie noch?« Und das war bemerkenswert. Ich sah meine alte Nightingale Street voller Leute, aber die Leute sah ich nur so, wie eine Filmkamera sie sehen würde, von der Taille aufwärts. Es war, als ob ich einen Film von meiner Straße voller Menschen sähe, ungefähr ein Dutzend Menschen nebeneinander, die aneinander vorbeigingen. Alle schwiegen, alle waren ohne Emotionen, alle waren bedrückt und müde, keiner beachtete den anderen. Da wußte ich, warum der kleine Junge nie etwas bekam. Das etwas war natürlich Liebe – das Gefühl sagte mir das. Er bekam niemals Liebe, weil niemand – weder seine Mutter noch sein Vater – jemals Zeit hatten. All diese Leute (die Welt) gingen aneinander vorbei, schenkten einander nie Aufmerksamkeit; die Welt drehte sich zu schnell, und der kleine Junge bekam nie etwas. Janov sagte, ich solle ihm das sagen, um ihn zu trösten. Ich streckte den rechten Arm aus und klopfte ihm auf den Rücken, auf die Schultern, streichelte ihm den Kopf und sagte es ihm, und das war ganz einfach. Zerbrich dir nicht den Kopf, warum du keine Liebe bekommst – du bekamst sie eben nicht, na wenn schon. Mach jetzt etwas Gutes aus deinem Leben. Du liebst ein Mädchen, nun lebt liebevoll zusammen. Und weiter in demselben Stil. Ein oder zwei Minuten sprach ich mit Janov über etwas anderes. Dann sprang der Junge plötzlich auf und rannte wütend auf mich zu. Ich meine, der Junge rannte wirklich. Jahrelang schien er zu rennen. Ich bekam es mit der Angst – ich weiß nicht warum. Ich begann zu schreien: »Bleib weg, bleib weg von mir, bleib weg!« Ich kickte nach ihm mit beiden Füßen und hielt meine Hände vor mich, um ihn abzuwehren. Aber er kam immer näher. Plötzlich war er weg. Er war praktisch über mir, kam in mich herein, und dann war er weg. Ich öffnete die Augen und sagte voller Verblüffung: »Wo ist er? Er ist verschwunden.« Janov sagte, ich solle nach ihm suchen. Das tat ich, schaute mich überall im Zimmer nach ihm um und sagte Janov, wo ich ihn zuletzt gesehen hatte. Janov meinte, der kleine Junge sei in mir. Im Grunde wußte ich das, wollte es aber nicht glauben. Ich schloß die Augen und versuchte, mir das Bild noch einmal auszumalen und den kleinen Jungen wieder ganz zu sehen. Ich versuchte das nach Kräften, aber natürlich ohne Erfolg. Ich wußte, wo der kleine Junge war und wer er war. Dann weinte ich herzhaft.

Vor mir ausgebreitet hatte ich mein Leben gesehen, vielleicht sehr symbolisch, aber dennoch war es mein Leben, da gab es keinen Zweifel. Ich lag da, war sehr erschöpft und sogar ein wenig glücklich. Ich fühlte mich befreit und glücklich. Ich akzeptierte alles, was geschehen war – mußte es akzeptieren – es war sehr real. Ich glaube, dieses Urerlebnis war ein Schritt in der Richtung, die ich bei allen meinen Urerlebnissen einschlagen sollte. Es war qualvoll, aber das muß wohl so sein. Hinterher fühlte ich mich entspannt und erleichtert. Es ist, als hätte ich eine entsetzlich schwere, schmerzende Last abgeladen, und jetzt bin ich ein bißchen leichter, freier.

Dennoch habe ich heute einen nagenden Zweifel, ob ich mich mit den entsetzlich schrecklichen Dingen, die ich am Mittwoch und Donnerstag zur Sprache gebracht habe, auch schon richtig auseinandergesetzt habe. Im großen und ganzen handelt es sich um homosexuelle Ängste oder dergleichen, und ich glaube, ich habe es irgendwie vermieden, der Sache ganz auf den Grund zu gehen.

Später verbrachte ich einige Zeit am Strand, machte ein paar Besorgungen und ging dann nach Hause. Susan sprach nicht mit mir, und mir machte das nichts aus. Immer mehr erkenne ich ihre Krankheit. Was mich besonders stört, ist ihre Selbstsucht, mit der sie mich quält, wo sie doch wissen sollte, wie unerhört wichtig diese ganze Primärgeschichte für mich ist. Dennoch tut sie, was sie nur kann, um mir Steine in den Weg zu legen.

10. März Die heutige Sitzung war sehr wichtig. Ich hatte wiederum ein ›bewußtes Koma‹, wie Janov das nennt, ein sehr schöner Ausdruck. Ich bezeichnete es am Freitag als einen ›Zustand‹ oder ›Trance‹ oder einen ›Zustand phantasievollen Erlebens‹ oder

›Theater im Geist‹. Aber ›bewußtes Koma‹ ist natürlich *der* Ausdruck, der hier anzuwenden ist. Ich begann damit, daß ich zu berichten versuchte, was gestern alles geschehen war. Es fiel mir schwer, ein reales Gefühl aufzubringen. Ich wurde von diesem unwirschen, verdrossenen, gereizten Gefühl geplagt. Ich konnte nichts zum Ausdruck bringen. Es klappte einfach nicht. Ich schwieg lange. Und dann begann ich einen Sinn in dem zu spüren, was geschah.

Erstens wußte ich, daß unter dem Unmut Schmerz verborgen ist, den ich nicht empfinden wollte. Unmut und Ausagieren sind Ablenkungstaktiken, die wir anwenden, damit tiefer Schmerz oder eine seelische Verletzung nicht real gefühlt zu werden brauchen. Mit anderen Worten, jeder bemüht sich, so mit dem Ausagieren oder dem Unmut einer Person zu wetteifern, daß es dieser gelingt, ihren Urschmerz nicht empfinden zu müssen. In der Primärtherapie weiß man das, denn man hat es auf der Couch erlebt, und wenn man gesund werden will, rennt man nicht vor dem Urschmerz-Fühlen davon. Ich wußte also, daß ich ein Gefühl blockiert hatte. Aber ich wußte nicht, wie oder warum. Ich lag da. Dann spürte ich, wie und warum.

Ich mußte pissen. Da fühlte ich die Wahrheit, die sagte, daß alles, was ich in Wirklichkeit fühlte, *das Bedürfnis war, dem Gefühl durch Wegpissen zu entgehen.* Tatsächlich war das Pissen in Anbetracht der Flüssigkeitsmenge, die ich in den letzten vierundzwanzig Stunden zu mir genommen hatte, nicht wirklich nötig, zumal ich sowieso fünfmal gepißt hatte. Was ich tat, war also, den Pißdrang hervorzubringen, um auf diese Weise dem Fühlen eines bestimmten, nicht gefühlten Urschmerzes in mir zu entgehen. Ich schob den Urschmerz durch den Pimmel hinaus; mit anderen Worten, statt den Urschmerz heraufzubringen, schob ich ihn nach unten und weg. Das war so einfach zu verstehen, daß ich erstaunt war, es niemals vorher begriffen zu haben. Dann wurden mir noch andere Dinge klar: die Tatsache, daß mich mein Leben lang viele Leute gefragt hatten, warum ich so oft uriniere, womit sie Anteilnahme an meiner Gesundheit bekunden wollten; andere beglückwünschten mich zu einer so gut funktionierenden Blase. Alles Quatsch, ich pißte meine Verletzungen und die Schmerzen meines Lebens weg.

Gleichzeitig geschah noch etwas. Als ich versuchte, das Gefühl durch meinen weit offenen Mund nach oben zu atmen, würgte ich; dann ›bekam‹ ich ein wenig Bronchialhusten. Nun wußte ich ganz genau, daß kein Grund für einen Bronchialhusten bestand, denn ich hatte seit zwei Wochen keinen einzigen Zug geraucht. Der verdammte Husten war also auch eine Ablenkungstaktik, die mein Körper anzuwenden gelernt hatte, um die Aufmerksamkeit auf etwas anderes zu richten und meine schmerzlichen Verletzungen nicht fühlen zu müssen.

Ich war ehrlich entsetzt. Während ich ruhig dalag, war ich auf all das gekommen, und jetzt begann ich diese wichtigen Dinge miteinander zu verknüpfen. (1): Schmerz ist vorhanden; (2): Ich möchte vermeiden, ihn zu fühlen; (3): Denn ihn zu fühlen tut weh; (4): Mein Körper ›fabriziert‹ den Harndrang als Ablenkungstaktik; (5): Also konzentriere ich meine Kraft darauf, den Urin zurückzuhalten; (6): Jetzt kann ich meine Kraft nicht dafür einsetzen, mir behilflich zu sein, das Gefühl zu empfinden, denn ich brauche sie, um den Urin zurückzuhalten, der aus meinem Penis zu kommen droht, wenn meine Kraft, ihn zurückzuhalten, nachläßt, und schließlich kann ich nicht Janovs Couch vollpinkeln; (7): Bloß um mich zu vergewissern, ob alle meine Kräfte abgelenkt sind, ›fabriziere‹ ich ein bißchen Husten; (8): Jetzt muß ich mich darauf konzentrieren, Pissen und Husten zurückzuhalten, und habe keine Kraft, das Gefühl zu empfinden, denn dann müßte ich meiner Blase freien Lauf lassen, und das darf ich nicht. Also habe ich mich selbst vor dem Fühlen geschützt, indem ich meinen Körper zu einer Falle machte. Ich lag da und war völlig verblüfft über diese Erkenntnis.

Nun erinnerte ich mich, daß ich etwa fünf Minuten vorher dieses unwirsche, verdrossene, gereizte Gefühl gehabt hatte. Jetzt fällt mir ein, daß ich mich reckte und streckte, als ob ich mich aus den Klauen der Verdrossenheit befreien wollte, aber in Wirklichkeit überließ ich mich der Verdrossenheit und verschaffte mir dadurch Ruhe. So hatte ich mich selbst seit Jahren, seit *Jahren*, zum Narren gehalten. Natürlich wurde ich ruhiger, wenn ich so verfuhr. Aber jetzt wußte ich, daß es keine Ruhe war, weil der Urschmerz empfunden war, sondern daß ich mich gewissermaßen gegen die Empfindung des Urschmerzes anästhesierte. Ich lag da und war wirklich erstaunt, daß ich diese Wahrheit über mich herausgefunden hatte. Eine ziemlich lange Zeit lag ich so da – vielleicht zwanzig Minuten –, und allmählich begann das reale Gefühl wieder aufzutauchen, und diesmal ging ich mit.

Das Gefühl sagte Verlassenheit. »Sagen Sie es Mammi«, sagte Janov. Das tat ich, aber sie schien da nichts machen zu können. Sie stand da mit traurig gesenktem Kopf und hängenden Armen. Ich sah sie in meinem bewußten Koma. Das dauerte ein oder zwei Minuten. Dann begann sie wegzugehen. Ich folgte ihr und war gespannt, was geschehen würde. Ich rief ihr nach: »Warte, geh nicht weg. Bleib stehen. Komm zurück.« Ich bemerkte, daß ich die Hände bittend ausgestreckt hatte. Sie ging weiter und verschwand ganz langsam; dann war sie nicht mehr zu sehen. Dann kam ebenso langsam eine neue Gestalt (Gestalten) auf mich zu, aber wirklich schrecklich langsam. Zu guter Letzt sah sie wie Susan und ihre Mutter aus. Ich bekam Angst und schrie: »Bleib weg.« Sie kam aber direkt auf mich zu, und auch meine Mutter war da. Ich atmete etwa eine Minute lang sehr heftig und hielt das durch, bis ich mich von dem Schreck erholt hatte, daß ich meine Frau von dort herkommen sah, wo meine Mutter verschwunden war.

Nun sollte ich hier darauf hinweisen, daß auch ich, als ungefähr fünf Minuten zuvor das Fühlen begonnen hatte, aus mir herausging und folgende Worte rief, die aus meinem Inneren zu kommen schienen: »Keine (nicht) Liebe – krankes Bedürfnis – ich heiratete meine Mutter.« Ich sagte diese Worte ein paarmal, und dann wurde mir das Bild natürlich ganz verständlich. Das Theater in meinem Geist agierte für mich die Tatsache aus, daß ich in einer anderen Frau meine Mutter geheiratet hatte. Das war natürlich ungeheuerlich. Aber dieses Gefühl würde nicht weggepißt werden können. Außerdem, wenn man in einem bewußten Koma ist, dann will man es nur empfinden; man weiß, daß nichts dabei zum Fürchten ist, denn man ist schon darin. Das *Hineinkommen* ist das Schwierige.

Okay, da stehen also meine Mutter und meine Frau nebeneinander, und beide sagen zu meinem Nutz und Frommen oder die eine zur anderen zu ihrem Nutz und Frommen, wie wundervoll sie beide seien und wie sehr sie mich mögen.

14. März Heute, Freitag, war es einfach unglaublich. Ich weiß selber nicht, wieviel ich von dem glaube, was geschehen ist, aber ich muß es wenigstens zu Papier bringen. Vor allem erzählte ich Janov von meinem gestrigen Nachmittag und Abend. Es war wirklich Klasse, denn ich habe ungefähr sieben Stunden klassische Musik gehört – Böhmische, Rumänische und Ungarische Rhapsodie, Sonaten von Enesco, Konzerte, Symphonien. Ich war von jedem Stück, das ich hörte, völlig gefangen. Manchmal stand ich auf und tanzte, oder ich wanderte umher oder marschierte durch das Zimmer; manchmal ahmte ich den Klang einiger Stücke nach – ich wurde das Orchester. Ich genoß das unsagbar, in der Dimension Klang/Musik eingeschlossen zu sein. Nichts anderes existierte mehr. Ein paarmal weinte ich, und zwar, als ich mir darüber klar wurde, daß die Einzel-Primärtherapie am Freitag vorbei sein würde; als ich mich, bloß mit der Musik im Zimmer, allmählich doch sehr einsam fühlte; als ich den Wunsch verspürte, jemanden anzurufen, aber es gab absolut niemanden, mit dem ich am Telefon sprechen wollte. Ich war sehr beschwingt, fast in Ekstase. Dann kam Susan nach Hause und brachte einen Hauch von Schwermut und Trübsal mit sich. Danach pendelte ich zwischen vielen gegensätzlichen Gefühlen hin und her: Ärger, Verachtung, Verlassenheit, Reizbarkeit, Einsamkeit, Humor, Eigennutz, die Nase-voll-Haben. Ich empfand Susans Kommen als einen feindlichen Überfall, als eine Störung meiner Stimmung, meiner Szene, und nachher mit ihr war es auch nicht mehr dasselbe. Nachdem sie ins Bett gegangen war, blieb ich allein im Dunkeln sitzen, dachte über *Century City* nach, sah mir schließlich ein bißchen Joey Bishop und Johnny Carson an und dann ein Stück eines Films, der *The Gangster* hieß, mit Barry Sullivan in der Hauptrolle, ungefähr 1947. Es war insofern ein ungewöhnlicher Film, als er zeigte, wie der Mensch auf den Hund kommen kann – d. h. der durch Verbrechen (das Böse) zugrunde gerichtete Mensch. Ja, sehr hübsch.

Dann hatte ich eine unruhige Nacht mit viel Hin- und Herwerfen und Herumwälzen. Ich habe immer mehr symbolische Komas gehabt, und jetzt symbolische Träume. Dieser war unglaublich. Ich war in einem riesigen Raum, einem Ballsaal ähnlich, wo eine Party im Gange war. Dieser Raum war eine vieldimensionale Angelegenheit; das heißt, er muß ungefähr fünf Dimensionen gehabt haben – vielleicht drei oder vier verschiedene Ebenen. Die Leute waren teils senkrecht, teils nicht senkrecht, einer parallel zum anderen/zu einigen/zu vielen. So verrückt war es. Es läßt sich kaum angemessen mit Worten beschreiben, und die von mir gewählten Wörter scheinen die Szene, die ich schildern wollte, zu zerstören. Die Lebewesen in diesem Raum waren sonderbar. Es waren unzählige Leute/Lebewesen in sonderbaren Kostümen. (Oder vielleicht waren sie so und gar nicht kostümiert.) Eine Person war eine wandelnde Schießscheibe – ein Bullauge mit einem schwarzen und weißen Kreis; eine andere war ein Häschen mit schlaff herabhängendem Schwanz; eine war das Noxzema-Mädchen vom Fernsehen; etwas war ein wandelnder Zementblock (Brett vorm Kopf); ein magerer, pervers aussehender Typ mit pickligem Gesicht; ein Mädchen mit entstellten Zügen, weil ihr Säure ins Gesicht geschüttet worden war. Und immer noch mehr dergleichen. Was ich sah, war eine verrückte Welt. Donnerstagabend hatte ich darüber nachgedacht. Ich hatte darüber nachgedacht, wie schwierig es ist, zurückzukehren in eine Welt der Sinnlosigkeit und der Krankheit und der menschlichen Possen. Ich sah mich, nicht sie, als Einzelgänger, weil ich realer war. Auch war dieser riesige Raum bevölkert mit allen Verrücktheiten von Fernsehen und Film, Leuten aus Werbesendungen, zum Beispiel eine Ansagerin (die in ihr kurzes Kleidchen ein Loch für ihre Fotze geschnitten hatte, und Männer gingen zu ihr, steckten Strohhalme in die Fotze und tranken draus).

Okay, ich bin also mittendrin in all dieser Verrücktheit – die mehr als symbolisch ist. Ich befinde mich in/auf einem merkwürdigen Bett, und ein Mann im Kostüm eines indischen Nabobs oder Prinzen ist neben mir. Er trägt einen Turban mit funkelnden Juwelen, und auch sein kostbares Gewand ist juwelenbesetzt. Etwas rollt auf mich zu – eine Gestalt. Ich wende mich an den Mann und frage: »Wer ist denn das?« Er sagt: »Es ist . . .« Ich kann mich nicht erinnern, ob er einen bestimmten Namen nannte, aber es schien mir jedenfalls ein weiblicher zu sein. Um das nachzuprüfen, griff ich dort hin, wo die Brüste hätten sein müssen, und fand eine feste, fleischige Titte in meiner Hand. Dann machte ich mich an dieses Wesen heran, das mich an eine kräftig gebaute Brueghelsche Frauengestalt erinnerte und mit einer Art Pyjama aus gelbem Flanell bekleidet war. Sie/es war wie ein dickes Mädchen/Teddybär. Ich packte ihre Fotze mit beiden Händen und begann damit über einen Penis zu streichen, und dann erwachte ich, immer noch ejakulierend. Ich kletterte aus dem Bett, glaubte, ich hätte verschlafen und meinen Termin bei Janov verpaßt, aber es war erst 6 Uhr 20.

Nachdem ich Janov die ganze Geschichte erzählt hatte, versuchte er, mich dazu zu bringen, etwas zu fühlen, auf dieses Thema Verlassenheit und Alleinsein zurückzukommen. Ich versuchte immer wieder, irgendein Gefühl, das ich in mir spürte, auszusprechen, aber ich kam nicht weiter. Aus Erfahrung wußte ich, daß ich gegen mich selbst kämpfte; indes sind meine Abwehrmechanismen so raffiniert und subtil, daß es für mich nicht leicht ist, es zu merken. Dann kam ich drauf – ich meine, es dämmerte mir. Ich schrie laut: *»Hör auf zu husten! Hör auf zu husten!«* Das setzte ich eine Weile fort und sagte mir, mit dieser verdammten Angewohnheit zu husten, um Gefühle zu vermeiden, müsse nun Schluß sein. Es klappte. Dann gewann ich etwas Realität. Diese Verlassenheitsgeschichte war noch da. Ich schien mir das Hirn zu zergrübeln. Ich begann ferne Signale oder Zeichen von meinen allerinnersten Körperteilen zu bekommen, die mir sagten, daß noch etwas gefühlt werden müsse – etwas sehr Wichtiges, und daß ich wieder einmal eine Ausflucht gebrauche, um mich dagegen zu wehren. Ich setzte das eine Weile fort und wand mich, kämpfte und wimmerte unwirsch. Dann ließ ich es schließlich zu, daß ein Gefühl über mich hinwegfegte oder mich ›überflutete‹, wie Janov vorschlug. Der Ausdruck gefällt mir besser als ›sich darin versenken‹, denn für mich ist er anschaulicher, und ich kann meine Phantasie richtig arbeiten lassen, so daß mich die Sache wirklich ›überflutet‹. Ich bekam stechende Schmerzen im Herzen, im Kopf, am Schläfenbein. Diese Schmerzen wechselten während des größten Teils der Sitzung miteinander ab. Ich hatte auch Bauchgrimmen. Ich versuchte, ein Gefühl heraufzubringen, und mir war, als müßte ich über die ganze Couch und den Fußboden erbrechen. Jetzt wußte ich, daß das da drinnen wirklich ein schlimmes Gefühl war.

Ich sprach über Sex, denn Hinweise und Zeichen und Wörter vor meinen Augen schienen auf das sexuelle Thema zu deuten. Ich sprach von Sylvia und wie schön es damals gewesen war und wie beschissen es dann für mich wurde, und ich sprach von meiner sexuellen Vergangenheit im großen und ganzen und sagte, ich tauge einfach nichts oder nicht genug. Ich sprach von allem möglichen und davon, wie ich meine Frau sexuell zu natürlichem

Empfinden bringe, wenn ich über Sex spreche ... und dann sah ich die Wörter: »liebt ... mich ... innig lieben« oder dergleichen. Ich konnte keinen Zusammenhang herstellen. Ich wußte, daß ich auf dem Weg zu etwas Wichtigem war, und ich war jetzt wirklich sehr erpicht darauf, aber das Verknüpfen und Verbinden war sehr schwierig, vergeblich. Ich schien immer abzuschweifen. Ich begann, an die Ehepaare zu denken, die ich kannte, und ich sah jedes von ihnen vor meinem geistigen Auge und merkte, bei welchen die Frau stärker und dominierender war als ihr unglückliches Gespons. Ich ließ mich eine Weile über dieses allgemeine Thema aus, dann ging ich zur Ehe meiner Eltern über und sagte, in dieser Ehe sei mein alter Herr immer der Boß gewesen. Ich sah ihn in der Rolle, die sich manche Zyniker anmaßen – die Frau ist immer barfuß und schwanger. Mit anderen Worten, eine Frau ist ein Stück Scheiße. Dann sprach ich von meiner eigenen Einstellung zu Frauen. Aber immer noch bereitete es mir entsetzliche Qualen, Zusammenhänge herzustellen.

Dann brachte mich Janov darauf, von Mammi zu reden, weil ich ihm vom Leben mit Mammi erzählt hatte. Ich erkannte, daß sie mich gewissermaßen geschlechtslos gemacht, oder genauer gesagt, entmännlicht hat, indem sie mich wie ein kleines Mädchen behandelte, sie sagte, ich sei so ›hübsch‹, daß ich eigentlich ein Mädchen hätte sein sollen, nahm mich im Kaufhaus mit auf die Damentoilette usw. Janov sagte: »Sagen Sie es ihr.« Ich sprach mit ihr und fragte sie, warum sie mich so behandelt hat. Da sagte sie auf einmal, sie wolle ihren Pappi (ihre Antwort). Sie setzte sich hin, die Beine übergeschlagen, den Kopf gesenkt, schlug sich mit den Fäusten auf den Schoß und schrie immerzu: »Ich will meinen Pappi ...« Ich wurde so erregt, daß ich laut brüllte: »Er ist tot!« und noch ein paar Freundlichkeiten. Dann begann sie langsam wegzugehen. Ich rief ihr nach: »Komm zurück.« Dann ›traf‹ sie ziemlich weit weg meinen Vater. Sie schrie immer noch nach ihrem Pappi und glaubte, Vater sei ihr ›Pappi‹, während mein alter Herr sie auszuziehen begann. Dann legte er sie auf den Rükken und bumste sie. Mir drehte sich dabei der Magen um – ich wollte es nicht sehen; ich bildete mir sogar ein, das quabschende Geräusch zu hören, das sie dabei erzeugten – wie ein Kolben, der in weiche, feuchte Hafergrütze eindringt. Das schien eine Weile so weiterzugehen, und ich berichtete es Janov. (Mit anderen Worten, mein alter Herr hatte mit meiner alten Dame schon eine ganz hübsche Zeit – vielleicht jahrelang – gevögelt, ehe sie heirateten. Sie war damals schon fast Dreißig. Es ist eine ziemlich naheliegende Schlußfolgerung, daß sie womöglich eine Schreckschraube war und auf dem besten Weg, eine alte Jungfer zu werden, und die einzige Möglichkeit, unter die Haube zu kommen, war schwanger zu werden. Meine Spekulation.)

An diesem Punkt geschah etwas Erstaunliches. Ich sah mich

selbst, wie ich in ihrem Leib empfangen wurde. Mit anderen Worten, als ich Janov anschrie, wurde ich gerade ›gemacht‹. Ich erholte mich noch von dem Bild, da sah ich Mammi und Pappi die Barbary Avenue hinuntergehen, Leute grüßten sie und Männer tippten vor Mammi an den Hut. In der nächsten Szene sagt Mammi: »Ich will es nicht ...« womit sie das Baby meinte. Der alte Herr sagt, sie wollen heiraten. Ich sehe, wie sie in einer Wohnung getraut werden. Ich berichte das Janov. Nächste Szene: sie ist im Krankenhaus und bekommt ihr Kind. Aber dieses verdammte Kind bin *Ich*. Ich bin verblüfft, erstaunt! Es ist wirklich unglaublich. Noch jetzt bin ich nicht sicher, ob ich Phantasien, Halluzinationen oder ein bewußtes Koma hatte. Ich hoffe, das letztere stimmt. Sie kreischt/schreit. Der Arzt hält mich hoch. Woher weiß ich, daß ich es bin? Na, da ist die Fotze meiner Mutter und ihre fleischigen Schenkel, und gerade bin ich aus ihr herausgeflutscht. Zweitens hat sich mir bei der Geburt die Nabelschnur um den Hals geschlungen. Mammi schreit: »Stirb ... ich will es nicht ... laßt es sterben«, irgend so ein hysterischer Quatsch. Der Arzt schreit: »Es erstickt ... es ist ein blaues Baby ...« oder dergleichen. Übrigens war das damals tatsächlich so.

An diesem Punkt stellte ich verblüfft fest, daß ich heute wirklich bis zum Tag Eins zurückgegangen bin. Ich kann nicht mit allzuviel Gewißheit sagen, wieviel vom heutigen Tag bewußtes Koma war oder wieviel auf übermäßige Einbildungskraft oder Phantasieren zurückzuführen ist. Soviel kann ich sagen: Nach meinen anderen Erfahrungen mit bewußten Komata würde ich meinen, das heutige Erlebnis war ein bewußtes Koma. Einmal, vielleicht zweimal, war ich mir für einen Augenblick des Eindringens einer ›anderen Realität‹ bewußt. Ich sage ›eine andere Realität‹, weil der Zustand eines bewußten Komas ein Zustand jener Realität ist, in der ich mich im Augenblick befinde. Praktisch bin ich in ihr real. Indes bedarf es nur eines scharfen, befehlenden »Okay, Gary«, um mich wieder in die andere Realität zurückzubringen. Das Eindringen dieser anderen Realität spürte ich, als ich auf der Couch um mein Leben zu kämpfen begann und ein Stichwort bekam, das besagte: Dies ist eine Couch in Dr. Janovs Sprechzimmer. Ich bin hier abgeschweift, weil ich durch das, was ich heute erlebt habe, ganz durcheinander bin. Wenn es stimmt, daß der Verstand fähig ist, sich an sich selber zu erinnern, selbst vor dem bewußten Leben, dann sind wir wirklich hinter etwas gekommen.

Jedenfalls kämpfte ich heftig um mein Leben. Ich erinnere mich, daß ich die Arme nach oben gestreckt hatte. Ich gab Töne von mir wie ein neugeborenes Baby: waa-aa-aa ... maaa ... gaaahaa ... Irgend so was. Ich schrie Janov zu, daß ich ersticke; diese Worte, die ich sagen wollte, um den Ärzten zu beweisen, daß ich lebe, kamen mir sehr schwer von den Lippen. Schließlich war ich geboren! Ich atmete. Oh, ich erinnere mich auch, daß ich an den Knöcheln hochgehalten wurde mit dem Kopf nach unten. Dann kam Ruhe über mich, und ich lachte. »Ich hab's geschafft ... ich hab's geschafft ... ich hab's geschafft, ich bin am Leben.« Ich atmete sehr kräftig und überließ mich schließlich der Ruhe. Dann versuchte ich, einzelne Stücke miteinander zu verbinden. Ich sah mich deutlich als ein ungewolltes/gewolltes Kind, als meiner Mutter Sohn/Pappi. Dann sah ich Bilder von mir, wie ich mit ihr heranwuchs. Ich muß sagen, diese Bilder von mir, die ich noch jetzt, während ich tippe, vor mir sehe, sind in Wirklichkeit Fotografien von mir und meiner Mutter, die sie noch heute besitzt. Ich ›wuchs‹ auf seltsame Weise. Früher, in einem Koma, war ich schon einmal gewachsen, und zwar vertikal. Jetzt wuchs ich – aber horizontal – vom Babykörbchen in eine kleine Wiege, in ein kleines Bett, in ein Bett von Hollywood-Ausmaßen. Erstaunlich! Jedenfalls spielte meine Mutter bei einer Szene mit meinem Pimmel, als ob er ein Spielzeug sei. Ich schrie auf und fragte, wofür sie mich eigentlich halte, ein Spielzeug? Und dann kam ich zu der Erkenntnis, daß sie mich für eben das hielt, mich so betrachtete. Bei einer anderen Szene liege ich im Bett und höre, wie Damen, die in einem anderen Zimmer Karten spielen, sich unterhalten und lachen. Ich deutete sogar mit dem Zeigefinger auf das Zimmer, während ich sprach. Sie reden von ihren Söhnen und wie sie mit ihnen umgehen und mit ihnen spielen. Irgendwie kommen sie darauf, Witze darüber zu machen, daß sie mit den Pimmels ihrer Söhne spielen; dann bringen sie diesen kleinen Witz mit ihren Ehemännern in Verbindung. Sie genießen die Schlüpfrigkeit. Ich höre Bruchstücke wie: »Du auch, Bella? ... Mein Sam ... Mein Solly ...« Jemand, meine Mutter, wie ich feststelle, macht einen Witz darüber, daß sie es zwar auch tue, daß das Ding aber zu klein sei oder dergleichen. Das bezieht sich auf mich, aber ich kann mich im Augenblick nicht entsinnen, was sie genau sagte. Etwas wie: Sie würde, wenn sie es finden könnte ... Jedenfalls steht mir plötzlich eine Szene aus *Night Games* vor Augen, einem Film, in dem eine Mutter ihren Sohn demütigt, indem sie ihn erst so reizt, daß er erigiert und unterm Laken zu wichsen beginnt, dann reißt sie ihm die Decke weg, erwischt ihn, beschimpft ihn, schlägt ihm auf die Hand und läßt ihn dann allein. Ich entsann mich nun derselben Szene zwischen meiner Mutter und mir: sie schlägt mir aufs Handgelenk und sagt: »Laß das, Gary«, in dem typischen Tonfall jüdischer Frauen – zänkisch und weinerlich-kehlig. Ich kann mich nicht erinnern, ob sich diese Szene zwischen uns im wirklichen Leben jemals abspielte; wenn nicht, dann kann ich mir nicht erklären, warum sie in meinem bewußten Koma auftauchte.

Irgendwann an diesem Punkt kam ich ein bißchen heraus und lag da, sozusagen bestürzt über das ganze Erlebnis, ganz zu schweigen davon, daß ich völlig erschöpft war. Mir schwebten immer noch eine ganze Menge Einzelheiten vor. Ich folgerte, daß ich noch tiefer eindringen und Mammi die Leviten lesen müsse, ehe ich sexuell potent werden könne. Aber ich weiß nicht – vermutlich wurde mir klar, daß es in meinem Leben keine Männer gegeben hat, denen ich auf positive Weise hätte nacheifern können; bloß mein Alter, der mir allerdings genug beibrachte, um mich völlig zu verkorksen, und eine Menge biedere Arbeiter in der Nachbarschaft, die nicht gerade ein ›Vorbild für eine erfolgreiche Rolle‹ boten, dem ich hätte nacheifern können. Jetzt erinnere ich mich auch, obwohl es nicht in diesen Zusammenhang gehört, daß ich schon zu Beginn der heutigen Sitzung davon gesprochen habe, wie mich meine Gedanken über Frauen beschäftigten, und daß ich von meiner Tante zu träumen pflegte. Träume, in denen ich kopfüber von einer riesigen Fotze verschlungen wurde, während ihre gewaltigen Schenkel mich festhielten; Träume von ihrer Fotze, die Beine hatte und mir nachlief! Träume, daß ich in ihre Fotze hineinrannte, die mit einem rosa Schlüpfer bedeckt war, und daß ich mein Gesicht daran rieb . . . Genug.

Das war es. Ich hatte einen schalen, trockenen Geschmack in der Kehle und im Mund – so ekelhaft wie die ganze Geschichte, und dort, wo dieser Geschmack herkam, mußte noch mehr davon da sein.

Teilauswahl von für die Primärtherapie wesentlichen Verknüpfungen

15. Mai Am 7. und 8. Mai, irgendwann gegen 10 Uhr abends, fühlte ich mich lebendig. Ich fühlte mein ganzes Dasein. Ich fühlte es nur kurze Zeit – vielleicht fünf Sekunden. Wenn ich sage, daß es anregend, köstlich, anstrengend, elektrisierend war – dann kommt all das zusammen dem nahe, was ich tatsächlich empfand. Ich bin nicht sicher, ob die Sprache das geeignete Vokabular besitzt, denn wie könnte eine Gesellschaft von nicht-fühlenden Menschen (die also nicht so fühlen, wie unseres Wissens nach das Fühlen sein sollte) einen geeigneten Wortschatz aufbauen, der etwas zum Ausdruck bringt, was diese Gesellschaft nie empfunden hat? In eben dem Augenblick, in dem ich mein Empfinden beschrieb, hatte ich das Gefühl, daß es nicht in die richtigen Worte gekleidet werden könne. Ich stelle einige Spekulationen darüber an: Besteht das Problem darin, daß wir noch nicht über die Sprache verfügen, die das Fühlen ausdrückt, oder ist es überhaupt kein Problem, da es gut und gerne möglich ist, daß das Fühlen ein eigener Bereich ist, der sich nicht in bloße Wörter übersetzen läßt und dem von Menschen erfundene Wörter nicht gerecht werden?

Mich selber zu fühlen war für mich nicht nur ein inneres Erleben. Es war ein totales Erleben: das totale Sein. Ich lag auf dem Fußboden, nachdem ich einige einleitende Empfindungen des Hineinversenkens gespürt hatte, als ich plötzlich merkte, daß sich mein Rückgrat anders anfühlte. Ich ging dem Gefühl immer wieder nach und sagte dann, mein Rückgrat fühle sich gewissermaßen aufrecht an. »Aber was ist es?« fragte Janov. »Ich habe das Gefühl, ich bin gerade«, sagte ich. Dann weinte ich. Ich weinte bloß, weil es so schön war, zum zweitenmal in meinem Leben das Gefühl gehabt zu haben, gerade (zusammengehörig) zu sein. Denn ich begann Verbindungen herzustellen, und mir wurde klar, daß ich mich wirklich nur ein einziges Mal gerade oder zusammengehörig gefühlt hatte, und das war im Augenblick meiner Geburt. Kein Wunder, daß mir die Worte fehlten, das Gefühl auszudrükken – ich hatte es nur einmal gespürt, und das war fast siebenundzwanzig Jahre her. Was ich hier in einem einzigen Absatz beschrieben habe, erforderte in Wirklichkeit zwei Monate der Therapie, die dann zu diesem Gefühlniveau totaler Bewußtheit führten. Es erforderte quälende Stunden der Selbstkonfrontation, des Ausagierens von Mätzchen, des Weinens, der Bauchschmerzen.

Wie dem auch sei, mich tòtal zu fühlen bedeutet für mich, daß ich genau fühlte, wo ich mich auf der Welt befand. Ich öffnete alle Schleusen. Zum Beispiel wurde mir sofort bewußt, daß ich die Festigkeit, die Kraft meiner Beckengegend spüren konnte. Mit anderen Worten, ich konnte meinen Körper, mein ›Ich‹ spüren. Da spürte ich dann auch, daß mein Rückgrat gerade war. Das ist es, was ich meine, wenn ich sage, Fühlen sei ein totales Erleben. Ich bin jetzt überzeugt, daß echte und vollständige Gesundheit geistige oder emotionale und physische Zusammengehörigkeit bedeutet. Das fühlende Ich wird alles fühlen. Wahrscheinlich könnte der alles fühlende Mensch einen siebenten Sinn über sich selber entwickeln. Man stelle sich vor, welche Möglichkeiten dieses neue Lebewesen hätte, das diesen Sinn besäße oder tatsächlich imstande wäre, seine eigenen Krankheiten zu diagnostizieren. Völlig gesund, würde ich nicht mehr von psychosomatischen oder psychoneurotischen Leiden geplagt. Zum Beispiel könnte ich das Wachsen eines Tumors in meinem Inneren oder im Gehirn fühlen. Wahrscheinlich würde ich die Veränderung der Magenschleimhaut spüren, die ein Magengeschwür ankündigt. Andererseits würde ich von solchen Leiden womöglich gar nicht befallen, wenn ich total gesund und zusammengehörig wäre.

Die Spekulation ließe sich endlos fortsetzen. Betrüblich ist, daß meine Eltern es mir vermasselt haben, je zu dieser Spezies zu gehören, ebenso wie ihre Eltern es ihnen vermasselt haben, und so immer weiter zurück in der Vergangenheit. Ohne es zu wissen, sind wir geprellt worden, und dann prellen wir, ohne es zu wissen, wieder andere. Um die große Tragödie des Menschengeschlechts zu empfinden, muß ich zuerst mein eigenes Selbst fühlen, die

Möglichkeiten meines Seins, die vertan sind; das bedeutet, ich muß meine beklagenswerte Bedeutungslosigkeit spüren und empfinden, was wir Menschen hätten sein können.

Am selben Abend wurde ich dann durch meine ganze Existenz in einen Gefühlszustand getrieben, in dem ich für den Bruchteil eines Augenblicks sah, wie die Spezies sein könnte, wären ich und andere Menschen gesund. Die Begeisterung, in die mich dieses Gefühl versetzte, war für mein ganzes System nicht weniger verblüffend als das Gefühl, mich gerade zu fühlen. Ich überfliege eben diese Seite und finde, daß meine Ausdrucksweise reichlich glorifizierend oder gekünstelt ist. Ich wähle die Wörter nicht; das kann ich tatsächlich gar nicht. Was mir eben jetzt widerfährt, ist, daß ich die belebende Erregung empfinde, voll höchster Begeisterung mich-mich-mich zu spüren!

Ich sah die Möglichkeit vor mir, daß das Leben vielleicht bis zu hundertfünfzig Jahren währen könnte. Ich sah das Ende der Krankheiten vor mir, und ich sah, daß die Menschheit ihre wissenschaftlichen Anstrengungen darauf konzentriert, die Krankheiten in und aus der Umwelt zu verbannen. Ich sah mich selbst befreit von all dem Schiet in meinem Kopf, und mein Kopf täte dann das, wofür er bestimmt war: Ohne Streß und den durch ungefühlte Gedanken erzeugten Druck, ohne daß mein Schädel mit meiner Vergangenheit vollgestopft wäre, könnte mein innerer Kopf wachsen. Die Visionen dieser menschlichen Größe, das Gefühl meiner eigenen Nichtigkeit – meine Tragödie – brachten mich zum Weinen. Intellektualismus ist der Fluch der Menschheit. Ich fühlte, daß mein eigenes verrücktes Streben nach ›Erkenntnis‹ seit so vielen Jahren mich paradoxerweise nur weiter davon entfernte. Denn jetzt weiß ich, daß es nur eine Art Erkenntnis gibt: Selbsterkenntnis: woran ich bin: zusammengehörig: gerade. Als ich mich in diesen kurzen Sekunden selber fühlte, fühlte ich meine Schönheit, fast meine Majestät, mein Sein, meine Grandeur. Das bedeutet, dessen bin ich sicher, mein Ich zu lieben. Dabei habe ich das Gefühl, vollständig zu sein, ganz vollständig, und dann und nur dann kann ich einen anderen lieben. Dann habe ich etwas Liebe, die ich schenken kann. Sobald ich mich habe, sobald ich mich immer lieben kann, kann ich auch eine Frau und Kinder lieben. Liebe bedeutet für mich Schenken und die Gnade zu empfangen, nicht zu wollen oder zu nehmen. Nehmen bedeutet für mich jetzt, die Arme auszustrecken, eine Gebärde des Wegnehmens. Empfangen ist einfach die Fähigkeit, ohne neurotisches Wollen zu empfangen. Liebe zu empfangen würde sofort der Bedingungen stellenden Liebe ein Ende bereiten, oder auch dem Zwang, der auf Kinder ausgeübt wird, für die Eltern etwas zu leisten oder unterhaltend zu sein. Empfangen ist einfach, von anderen zu empfangen, was sie zu geben vermögen, ohne Bewertung oder Beurteilung oder Vergleich. Das heißt, es würde keine Enttäuschung geben, wenn man nicht genug bekommt – damit wäre es vorbei. Man würde wissen, woran man ist, und würde anderen das zugestehen, was sie wollen, und man würde jenen aus dem Weg gehen, die einem schaden könnten. Das stimmt: Der gesunde Mensch muß sich von kranken Menschen fernhalten, denn kranke Menschen können ihn mit ihren kranken Wünschen verkorksen. Aus Enttäuschung darüber, daß er von seinem Pappi nicht so innig geliebt wird, wie er möchte, könnte ein kranker Boß einen gesunden Arbeiter feuern; ein kranker Verwandter könnte einem gesunden Menschen schaden, wenn der Gesunde die kranken Mätzchen des Kranken nicht mitmacht.

Das ist nicht alles. Eine sehr wichtige Verbindung war für mich die Verknüpfung zwischen mir und meinen Eltern, Schleim, Phlegma, Atmen, Leben, Pinkeln, Husten, Ersticken, körperliche und geistige Krankheit. In den letzten zwei Monaten bezogen sich meine Urerlebnisse auf diese Faktoren, manchmal auf einzelne und manchmal auch auf mehrere. Aber heute abend hatte ich sie alle zusammen. Diese unendlich komplizierte und dennoch erstaunlich simple Verbindung kam zustande, als ich alles das fühlte, um was es bei der Verknüpfung ging, und als ich dann in mir registrierte, um was es bei der Verbindung ging. Ich hustete dicken Schleim aus, der mich zu ersticken schien. Auch meine Nase fühlte sich an, als ob ich das verdammte Ding wegschneuben müßte; mit anderen Worten, ich hatte das Gefühl, sie sei verstopft. In Wirklichkeit war die Nase völlig frei, und was ich fühlte, war mein bis in den Kopf hinauf verstopfter Nasengang und mein Kopf, der ganz verstopft war. Erst als ich mich ganz tief in ein würgendes und erstickendes Fühlen versenkte, das mittlerweile meine ganze Brust erschütterte, vermochte ich das Gefühl zu benennen. »Mammi« – das brachte ich hervor. Ich hustete die erstickenden Klumpen Scheiße heraus, die mich mein ganzes Leben gequält hatten. Ich hustete Scheiße. Für mich bedeutet das Wort Scheiße: abgelehnt zu werden, nicht beachtet zu werden, brutal behandelt zu werden, durch das Gerede meiner Eltern gekränkt zu werden. All das hinterläßt einen schlechten Geschmack und ein mieses Gefühl. Aber die Scheiße meiner Mutter war in meinem Bauch konzentriert. Jetzt konnte ich die Bedeutung fühlen, warum ich immer gehustet habe. Mein Leben lang habe ich an der Scheiße gewürgt, die heraus wollte. Als ich zur Welt kam und Liebe brauchte, bekam ich Scheiße (schon damals so bezeichnet), und so ging es fast mein ganzes Leben weiter. Jetzt spürte ich diese Masse Scheiße in mir. Ich sollte auch erwähnen, daß ich heute abend gleich als erstes meinen Gefühlen freien Lauf ließ. Das ist sehr wichtig. Bisher hatte ich meinen Körper in der Gewalt gehabt, mit anderen Worten: verschlossen, starr, d. h. nicht fühlend. Jetzt gab ich meinen Körper frei: ich lockerte die Herrschaft über Pimmel, Darm und Brust. Ich war mir nie richtig bewußt gewesen, wie sehr ich mich selbst in der Gewalt hatte. Sobald ich mich in das Gefühl versenken konnte, überließ ich mich ihm. Der Hauptgrund für meine lebenslängliche Starrheit und Verschlossenheit war, daß ich irgend etwas aus meinen geheimen Öffnungen nicht hinauslassen wollte. Dieses ›etwas‹ waren in Ausscheidungsprodukte verwandelte Gefühle. Jetzt, als ich mich gehen ließ und nichts herauskam, spürte ich einfach die große Masse Scheiße in mir. Mit dem hm-hm-Räuspern, das ich viele Jahre lang an mir hatte, drängte ich die in meine Kehle aufsteigende Scheiße zurück. Jetzt fühlte ich mein gesamtes Kontrollsystem: Räuspern, Schnüffelnase und das Abschließen. Dieses ausgeklügelte System, um hart und unangreifbar zu bleiben, hatte ich aufgebaut, damit ich keine Verletzungen erleide, die ich hätte fühlen müssen. Jetzt, zum ersten (eigentlich zum zweiten) Mal in meinem ganzen Leben, war alles aufgesperrt, geöffnet. Da meine Energie und Kraft nun nicht mehr auf die Aufrechterhaltung meiner Starrheit abgelenkt waren, vermochte ich meine Scheiße zu fühlen. Quälend, natürlich.

16. Mai Mit jedem Tag wird mir klarer, daß, je gesünder ich werden kann, die anderen um so mehr annehmen, daß etwas mit mir nicht stimme. Meine Kleidung, Farbe und Schnitt seien einfach nicht ich, sagte meine Frau. »Das ist nicht der Gary, den ich kenne«, sagt sie. Dasselbe widerfuhr mir nach einem besonders gigantischen Urerlebnis; die Spannung und der Druck des Nichtfühlens verschwanden aus meinem Gesicht, und als sich die Haut entspannte, sah ich jünger aus. Schon am nächsten Tag fragten mich Leute, was ich habe, ob ich krank sei? Ich halte es für eine offensichtliche Obsession der meisten Menschen, daß sie immer genau wissen, was mit anderen los ist (oder jedenfalls glauben sie das gern). Das macht die zwischenmenschlichen Beziehungen (wenn man sie überhaupt so nennen kann) in dieser Gesellschaft reibungslos. Die Menschen scheinen miteinander auskommen zu können, indem sie Informationen, Charakterzüge und andere Tatsachen aneinanderreihen, damit sie sich irgendein Bild von einem Menschen machen können. Wenn dieser Mensch dann etwas tut, was man an ihm nicht kennt, dann werfen ihm die Leute vor, er sei anders. Dabei hat er vielleicht nur sein inneres Ich ein wenig durchblicken lassen.

17. Mai Bei mir beginnen sich Verbindungen herzustellen. Ein heftiger Schmerz im Bauch war das erste, was ich fühlte. Ein Schrei wollte sich in mir lösen (das Baby Gary, der reale Gary wollte geboren werden), aber offenbar konnte ich nicht alle Teile von mir vereinigen, um diesen welterschütternden Schrei herauszubringen. Alles, was ich herausbekam, war ein lautes Quieken. Als ich mit all meiner Kraft fühlte, wie das System arbeitet, und die Intensität des Schreies spürte, der herauskommen wollte, den ich aber nicht heraufbringen konnte, weil mir die ungeheure Energie dafür fehlte, da stellte ich die Verbindung her, daß meine Krankheit meine Wahl war. Es bedurfte nur eines mächtigen, hervorbrechenden Schreies von lungenpumpender Lebendigkeit, um lebendig zu werden, geboren zu werden. Ich kämpfte damit, wie mir schien, sehr lange Zeit. Schließlich stand ich auf und ging ins Nebenzimmer, um allein zu sein. Der Wunsch allein und ungestört zu sein, war ein Grund, warum ich aufstand. Der zweite Grund war, daß ich offenbar die Unterhaltung der anderen Leute mit einer neuen, kristallenen Klarheit hörte.

Immer noch brachte ich nur dicke Fäden von Speichel/Schleim heraus. Ich war voll davon – Bauch, Kopf und Nase. Es war die vertraute Scheiße, die ich seit ungefähr einer Woche fühlte. Es schien eine Verbindung zu bestehen, daß ich diese ungeheure Masse Scheiße herausbringen mußte, ehe ich geboren werden könnte. Ich mußte die Scheiße fühlen, ehe ich sie vom Bauch herauf zur Kehle und dann zum Mund hinausbefördern könnte. Die Scheiße fühlen bedeutete zu fühlen, daß ich Mammi und Pappi wollte. Und Mammi und Pappi wollen heißt krank sein. Meine Krankheit, die ich jetzt empfinden konnte, war nicht nur die Krankheit, daß ich verrückt war, sondern auch das physische Gefühl, am ganzen Körper krank zu sein und es tief in meiner Kehle schmecken zu können, und es schmeckte sehr scheußlich – krank.

Plötzlich begann ich zu fühlen, daß sich mein ganzes Selbst zu einem kolossalen Schrei aufraffte, der sich genau an meinem Schwerpunkt, tief drinnen in der Magengrube, zu sammeln schien. Mein Körper zog sich offenbar zusammen, um Kraft zu sammeln, und als mich der Schrei erschütterte, klappte mein Körper wie ein Taschenmesser zusammen. So erging es mir noch bei mehreren Schreien, und jeder brachte den krankhaften Wunsch nach Mammi und Pappi herauf, und er nahm die Form von übermäßigem, klebrigem Speichel/Schleim an. Der Schmerz im ganzen Körper war heftig, und war es seit langer Zeit gewesen. Dauernd rief ich Mammi und Pappi aus meiner tiefsten Tiefe, und jedesmal, wenn ich einen dieser Schreie ausstieß, spürte ich dasselbe ekelhafte Kranksein: die krankmachende Ablehnung, das krankmachende, hoffnungslose und nutzlose Wollen, das krankmachende nicht gesehen, nicht bemerkt, nicht gehört werden, die krankmachende Verzweiflung. All das hätte ich nie fühlen dürfen, sonst hätte es mich permanent verrückt gemacht. Etwas später spürte ich, daß sich ein weiterer Schrei regte. Er sammelte Kraft im Bauch, und als ich mich von ihm erschüttern ließ, schien er nicht ganz heraufzukommen – ich konnte den Schrei nach Gary nicht ganz herausbringen. Derselbe Schleim stieg auf, aber mir kam er wie klarer, sauberer Schleim vor. Dann, in eben dem

Augenblick, da ich das Feuchte in meiner Hand fühlte, spürte ich, daß der Schrei wieder in meinen Bauch zurückfiel. Er fühlte sich an wie ein Ei oder vielmehr wie ein einzelnes Dotter. Verzweifelt versuchte ich ihn heraufzubringen, denn mir schoß der Gedanke durch den Kopf, daß er das Leben selbst sein könnte. Hoffnungslos an diesem Punkt, denn ich war völlig erschöpft.

Ich schlief vielleicht drei Stunden und ging dann zur Gruppe. Ich war sehr groggy, aber derselbe Schrei nahm alle paar Minuten von neuem Anlauf, um ausgestoßen zu werden. Jedesmal, wenn ich nachfaßte und ganz tief bis zu meiner Körpermitte vorstieß und schrie, fühlte ich eine Spur Erleichterung im Bauch. Auch hatte dieser ungeheure Druck des Schreiens meine verstopften Nasen- und Ohrengänge völlig durchgeblasen. Jedenfalls geht es für mich jetzt darum: den Kampf um mich zu führen, geboren zu werden, um mein Leben zu kämpfen. Alles, was ich seit gestern abend gefühlt habe, zeigt, wie krank ich in meinem Inneren bin. Urerlebnisse lösen die verhärtete Krankheit bröckchenweise.

Freitagabend und Samstag früh fühlte ich wirklich, wie abgrundtief dumm und krank ich bin. Da war ich nur noch um die Länge eines Schreies davon entfernt, der Gesundheit einen Schritt näher gekommen zu sein, und ich brachte ihn nicht zustande. Die große Krankheit, über die ich nachher weinte, war die Tragödie, daß es zwar in meiner Macht stand, gesund zu werden, daß ich es aber vorzog, krank zu bleiben. Jetzt mache ich mich daran, ganz und gar und gründlich. Mein Trieb und Drang, gesund zu werden, sind seit diesem Erleben stärker geworden. Ein gesunder Mensch würde gern weiter zu diesen Dienstag- und Samstagsitzungen kommen. Ich möchte da um Gottes willen möglichst schnell heraus.

20. Mai Die Gruppe am Dienstagabend war gut für mich, weil sie so schmerzhaft war. Es war eine Fortsetzung dessen, was ich Samstag früh nicht beendet und seitdem in mir angesammelt hatte. Ein Schrei nach meiner Mutter brach aus meiner Kehle hervor, und das wiederholte sich während der ganzen Sitzung. Im Bauch fühlte ich die bittere Enttäuschung und die Leere, weil Mammi mich nie mit dem erfüllt hatte, was ich brauchte. Ich weiß, daß ich mit einem totalen Bedürfnis zur Welt kam, und als ich die erste Ablehnung erfuhr, brachte mich das für den Rest dieser Jahre aus der Fasson.

Mein Weinen und meine Schreien erreichten gestern abend eine neue Tiefe. Ich meine damit, daß ich spüren konnte, wie der Schrei aus meinem gequälten Bauch kam, aus meiner Mitte. Dieses Gefühl brachte mich dazu, noch unbeherrschter zu weinen und mir klar zu werden, daß ich nichts als ein kleiner Junge bin, wirklich ein Kind. All das tut weh – tut wirklich weh, und anscheinend bleibt nichts anderes übrig, als es zu fühlen. Aber ich bin froh, daß ich zu diesem tieferen Schrei gelangt bin, denn ich vermochte die Qual dieses kranken Wollens nun wirklich zu spüren.

24. Mai Heute war ein wichtiger Tag, denn ich konnte meinen Schrei vertiefen. Die Schreie heute waren unkontrollierbar, sie kamen genau aus meinem Zentrum und erschütterten mich. Ich vermute, es ist wirklich das erste Mal, daß ich zuließ, das große Bedürfnis zu fühlen und die große Leere, weil ich Pappis Liebe nicht erhielt. Am Dienstag war ich auf demselben Weg, als ich Mammis Liebe wollte und sie nicht bekam. Die Schreie gehen tief, tiefer als je zuvor. Weil Pappis Scheiße in meinem Kopf angesammelt ist, entleerte sich meine Nase ganz von selbst wie eine Springquelle. Alle Tränen, die zu weinen mir ›untersagt‹ war, und alle Tränen, die ich in all den Jahren in meinen Kopf zurückgesaugt hatte, wurden aufgescheucht und aufgestöbert und durften endlich fließen. Was meine Mutter betrifft, so ist die Krankheit in meinem Bauch konzentriert, und wenn ich sie fühle, führt es zu einem heftigen Aushusten von all dem Schleim und der Galle, die ich immer hinuntergeschluckt habe, um das Gefühl nicht aufkommen zu lassen.

Aber mein Weinen heute! Es ist, als hätte ich wirklich in meinem ganzen Leben nicht so geweint. Gelegentlich fiel mir auf, daß ich so, wie ich heute weinte, als Junge viele Male geweint hatte. Ich hörte meinen realen Kummer, die reale Bedeutung, die es für mich hatte, beraubt worden zu sein, und daß ich jetzt die verzweifelte Leere empfinde. Es war das Weinen um meinen Vater, das bittende Weinen, das zugibt, daß ich ihn will. Als schließlich ein gewisses Maß von Ruhe und Frieden bei mir eingekehrt war, konnte ich einfach daliegen und mir über alle Einzelheiten klar werden.

Der letzte Freitagabend brachte mich wirklich in eine neue Phase des Fühlens und Erlebens. Die Phase zwei ist eine größere Intensität, ein tieferes Gewahrwerden, ein heftigerer Schmerz und Leiden, ein verstärkter Sinn oder Trieb, gesund werden zu wollen, ein geschärftes Gefühl für die eigene Krankheit, eine mehr allgegenwärtige Müdigkeit, ein wachsameres Augenmerk darauf, mich aus der Verrücktheit der anderen herauszuhalten, ein erfreulicheres Gefühl, wenn ich allein bin. Ich vermute, diese Phase zwei ist einfach das, was vorher kam, aber mit größerer Tiefe, Dimension und Höhe. Und alles zusammen läuft darauf hinaus, daß ich mich schlechter fühle als bloß mies.

1. Juni Daß ich eine Zigarette will, ist deshalb so schön, weil ich keines anderen Hinweises bedarf, um zu wissen, daß ich die Gefühle unterdrücken will. Jetzt werde ich unwirsch, möchte etwas kaputtschlagen – ein weiteres Mätzchen, zu dem Zweck, nichts zu fühlen. Was in diesem Augenblick wirklich da ist, ist ein ungeheurer Schrei. Er ist so groß wie mein Körper und so laut, wie ich ihn nur machen kann. Der Schrei bin ich, und die Tränen, die fließen wollen, sind die Tränen von Jahren, die Tränen, die aufgespeichert wurden. Warum ich jetzt schreien/weinen will, weiß ich nicht genau. Aber ich habe ein Gefühl oder eine Empfindung von Armseligkeit, Hilflosigkeit, von Fehlbarkeit.

In meinen Träumen sind in den letzten paar Wochen seltsame Dinge geschehen. Es ist für mich nicht nur schwierig, mich meiner Träume zu erinnern oder sie zu rekonstruieren, sondern ich bin auch nicht sicher, ob überhaupt etwas in ihnen geschieht. Tatsächlich war mein Schlaferleben in den letzten paar Wochen unheimlich. Es ist, als ob ich wach und mir bewußt sei, daß ich schlafe, während ich schlief, und wußte, daß ich schlief. So verrückt ist es tatsächlich. Ein oder zweimal bin ich aufgewacht (glaube ich) und habe gefragt: »Bin ich wach?« In dieser Erlebens-›Dimension‹ habe ich geschlafen. Jetzt weine ich, weil ich mir noch verrückter vorkomme, daß ich das zu Papier bringe. Aber tatsächlich scheint es, als ob Schlaf für mich in einem neuen Sinn eine dreidimensionale Angelegenheit sei – als ob sozusagen ein undefinierbarer siebenter Sinn am Werk sei. Seltsame Dinge gehen mit diesem Sinn vor sich. Nichts ist erinnerbar.

Zweimal habe ich es jetzt erlebt, daß ich *weiß*, daß ich schlafe. Mit anderen Worten, ich glaube, daß etwas im Verstand – vielleicht wieder dieser undefinierbare siebente Sinn – beim Schlafen tätig sein kann. Ich habe nicht geträumt, daß ich schlief. Ich habe wirklich geschlafen, und es war, als sei ich innerlich wach, während ich äußerlich im Bett lag und schlief.

2. Juni Heute fühlte ich, wie ich von einer Bewegung erfaßt wurde, der Bewegung und dem Rhythmus irgendeines Gefühls, das ich nicht benennen konnte. Schließlich – es muß nach einer halben Stunde oder vierzig Minuten gewesen sein – tauchte das Gefühl auf. Es schien etwas mit Wollen zu tun zu haben, nicht mit dem Wollen von etwas Bestimmtem, sondern bloß Wollen. Es schien völlig in meinem Mund konzentriert zu sein. Zuletzt wich dieses Wollen einem lauten Bitten. Plötzlich verspürte ich den Drang, meine Eltern zu rufen, und ich rief und rief und rief. Das Rufen war eine gewaltige Sache, *als ob mein Leben davon abhänge, gehört zu werden.* Ich fühlte, wie meine Schreie aus meinem tiefsten Inneren heraufkamen – und dennoch nichts, keine Befriedigung. In diesem Bruchteil einer Sekunde des Nichts, als ich eben dieses Gefühl empfand, spürte ich die totale Erkenntnis, daß ich gehört worden war. In diesem Bruchteil einer Sekunde schien es, als ob mein Körper die Leere schon gefühlt habe, als ob mein Verstand aber drei Alternativen durchgehen müsse, um eine Verbindung herzustellen: (1) Ich konnte nicht gehört werden. (2) Ich wurde nicht gehört. (3) Ich wurde gehört. Nummer 3 war die sofortige Verbindung: *Ich wurde gehört*, aber sie wollten es nicht hören – es lag ihnen einfach nicht genug an mir. Ich sage ›sie‹, denn an diesem Punkt des Urerlebnisses schien das Wollen nicht auf einen bestimmten Elternteil konzentriert zu sein. Die volle Wucht dieser totalen Erkenntnis rief einen verzweifelten Tränenstrom bei mir hervor. Die Tränen flossen einfach, und zugleich öffnete sich meine Nase, und ich konnte atmen. Ich hörte mich an diesem Punkt heulen. Für mich ist das die einzige Art des wirklichen Weinens, die es gibt – das Weinen meines ganzen Ich. Meine Lippen oder vielmehr mein Mund schien sich selbständig zu machen. Ich spürte den Drang zu saugen, wirklich zu saugen. Das zu tun war sehr schwierig für mich. Schwierig, weil eine Bewußtheit sich einzumischen oder einzugreifen schien, die Zweifel bedeutete: »Habe ich dieses Saugen wirklich gefühlt?« Von Janov angespornt, begann ich zu saugen und überließ mich dem, was mein Mund tun wollte. Ich spürte im Bauch ein gewisses Unbehagen. Was ich wollte, waren einfach Mammi oder Mammis Titten, das war alles. Der Schmerz im Bauch war der übliche Schmerz, den ich immer habe, wenn ich mich meinem Bedürfnis nach ihr/dem sie Wollen überlasse – Leere. Das war der Grund, warum ich weinte. Dann begann mein Mund die Frage zu formulieren: »Warum hast du dich nicht um mich gekümmert?« Ich hatte die niederschmetternde Ablehnung schon empfunden, daß nämlich nicht für mich gesorgt wurde – d. h. ich bekam ihre Brust nicht oft genug, wurde nicht aufgenommen und an ihrer Brust gehalten. (Das ist der entscheidende Teil und die Hauptbedeutung dieser Empfindung: *nicht oft genug*. Ich bin sicher, daß meine Mutter ihrem Temperament entsprechend für mich gesorgt hat, aber nicht entsprechend meinen totalen Säuglingsbedürfnissen.) Und heute abend überließ ich mich einer weiteren Phase dieser Ablehnung – daß es ihr gleichgültig war, daß sie mein Weinen nicht hören wollte. Da formte ich also mit dem Mund diese stumme Frage und machte den Mund so weit auf wie möglich. Ich konnte das nicht einsehen, nicht verstehen. Es war ein stummer Aufschrei: »Warum hast du dich nicht um mich gekümmert?« Und mir wurde klar, daß das ungezielte Wollen von vor einer Stunde jetzt auf meine Mutter gerichtet war. Es waren einfach die Warzen ihrer strotzenden Brust, die ich zwischen meine gierig suchenden Lippen und zahnlosen Kiefer geschoben haben wollte. Und heute abend empfand ich, wahrscheinlich erst zum zweitenmal in meinem Leben, dieses total gierige Wollen. (Zum erstenmal empfand ich es, ehe ich vor sechsundzwanzig Jahren abschaltete, und zum zweitenmal heute abend.) Alle wesentlichen Faktoren einer vollkommenen Erkenntnis dessen, was mit mir in eben diesem Augenblick ›los war‹, kamen irgendwie zusammen. Die Bedeutung meines Urerlebnisses traf mich von hinten. Es war, als diese Bedeutung von meinem Bauch herauf in meinen Hinterkopf schoß und zum Mund hinaussprang: »Ich kann nicht sprechen«, schrie ich. Offenbar wurde mein Wollen stumm, weil es da gewesen war, ehe ich es in Worte fassen konnte; ich hatte ja noch nicht sprechen gelernt. Als ich dann später sprechen konnte, hatte ich schon abgeschaltet und war so unsicher, was Liebe betraf, daß ich nicht darum bitten konnte. Ich mußte das ganze niederschmetternde Gefühl, als Säugling stumm nach Liebe geschrien zu haben, empfinden, ehe mein eigenes Wollen einen Sinn für mich ergab. Nun wurde alles klar. Heute abend empfand ich das, was ich als Säugling zu fühlen mir nicht hatte erlauben können: die entsetzliche, verheerende Leere, die mir für mein Flehen und Jammern und Schreien und echten Säuglingskummer zuteil wurde. Und außerdem spürte ich die Erkenntnis, daß sie mich hörten, daß ihnen aber nicht genug an mir lag, um mir diese Liebe zu bieten, besonders meine Mutter, deren Liebe – oder vielmehr nicht vorhandene Liebe – ich heute abend am stärksten empfand.

Bald danach, als ich da lag, wurde mir klar, daß mein ganzes Leben wirklich völlig anders hätte verlaufen können, wenn meine Bedürfnisse als Säugling befriedigt worden wären. Wenn ich damals an ihrer Brust und in seinen Armen gehalten worden wäre, als mein Körper sie brauchte.

8. Juni Ich ließ meinen Körper aus allen fernen Teilen von mir herankommen und forderte ihn auf zu einem donnernden Ruf oder Schrei oder Weinen. Diesen Ruf hatte ich schon früher immer wieder ausgestoßen – aber natürlich war ich nie gehört worden. Der Grund, warum ich ihn am Samstag wieder ausstieß, war, daß ich auch nicht den Schatten eines Zweifels daran lassen wollte, daß ich wirklich laut genug geschrien hatte, um gehört zu werden. Darum ist mein Schreien so tief und so anhaltend. Glauben zu müssen, daß ich gehört wurde und sie sich nicht darum kümmerten, hätte für mich bedeutet, mich *allein* fühlen zu müssen, und dieses Gefühl versuchte ich zu vermeiden. Auch das Gefühl, daß ich den Kampf, etwas zu bekommen, aufgeben könnte, daß ich einfach mit Kämpfen aufhören könnte, hätte bedeutet, die verheerende Erkenntnis zu empfinden, daß ich immer sehr viel allein war und es niemals etwas gab, das ich bekommen könnte, daß es nie etwas derartiges gegeben hatte, daß ich dazu verführt wurde, mein Leben lang mich selbst fertigzumachen, um etwas von meinen Eltern zu erhalten, was sie einfach nicht hatten – Liebe.

Aber ich versuchte es jedenfalls. Zuerst auf eine quälende bettelnde Weise bei meiner Mutter und dann bei meinem Vater. Bei beiden nichts. Bei meiner Mutter gab es einen Augenblick, da glaubte ich, ich würde ein paar Tröpfchen pissen. Dann dämmerte es mir, daß es Sperma sein würde, und das war durchaus einleuchtend. Wiederum war alles, was ich gefühlt hatte, daß ich sie mit dem Körper meines sechsundzwanzigjährigen Selbst wollte, und das Wollen war zugleich mit meinem Sexualtrieb gewachsen. Darum kann ich sexuell nicht potent sein – denn mein Pimmel ist Mammi hörig: Als ich ihre Liebe so wahnsinnig wollte, habe ich alles in den Kampf geworfen, um sie zu bekommen, einschließlich meines Pimmels.

In den letzten paar Stunden habe ich etwas sehr Merkwürdiges erlebt. Ich weiß, daß ich eine Erklärung habe, aber ich *fühle* die Krankheit nicht. Mit anderen Worten, ich bin lebenslustig, munter und nicht geschwächt. Es ist, als ob ein anderes Ich die Erkältung habe und das reale Ich es genieße, Musik zu hören und diese Geschichte zu tippen. Das ist mir noch nie passiert, abgesehen von dem kurzen Erlebnis gestern. Es ist, als ob kein Grund mehr bestehe, mein Kranksein hochzuspielen, weil keine Mammi mir irgendwelche Aufmerksamkeit schenken wird. So kann ich mich genausogut nur in dem Maße krank sein lassen, in dem mein Körper sich geschwächt fühlt. Mein Geist, mein lebendiges Ich sozusagen, braucht nicht krank zu sein, bloß weil der Körper an einer leichten Erkältung leidet. Natürlich bin ich immer noch krank. Aber beide Male, als ich die Urerlebnisse hatte, sank meine Temperatur beträchtlich (Samstag von 38,6 auf 37 und Sonntag von 37,7 auf 37), und ich fühlte mich besser. Ich bin überzeugt, daß all diese kleinen Erkältungen und Viruskrankheiten und Grippen mein Leben lang nicht so verheerend und schwer hätten zu sein brauchen, wenn ich bei der Geburt geliebt worden wäre ...

Ich werde mir klar, daß es ›halb gesund‹ einfach nicht gibt. Man ist entweder gesund oder immer noch mit einem Teil seiner Neurose behaftet. Was die Abwehrmechanismen betrifft, so glaubte ich auch, daß ich einige haben sollte. Jetzt ist das gar nicht mehr wichtig. Niemand kann mich verletzen, es sei denn körperlich. Deshalb brauche ich keine Abwehrmechanismen. Anscheinend finden manche Leute die Menschen im allgemeinen bedrückend. Das ist nicht ganz meine Einstellung. Ich finde eine Menge Dinge, die die Menschen tun, unerträglich, aber auch sehr traurig. Vielleicht sind diese paar Leute, die so reden, weitaus gesünder als ich, und wenn ich das Stadium erreiche, in dem sie sich befinden, werde ich womöglich auch so empfinden. Jedenfalls komme ich jetzt auf den Straßen gut zurecht. Ich habe es aufgegeben, so übertrieben gesellig zu sein. Seit ich mit der Therapie begann, hat sich mein geselliges Leben auf vielleicht sechs Abende im Kino, einen im Theater, einen im Restaurant, drei Besuche bei alten Freunden und drei Besuche bei den Eltern beschränkt, und dann und wann sprach ich mit jemandem. Unsere Telefonrechnung beträgt jetzt noch nicht einmal die Hälfte von früher, vielleicht ein Drittel.

Ich habe nämlich nicht mehr ein so großes Bedürfnis oder Verlangen nach Menschen. Gleichzeitig fällt es mir bemerkenswert leicht, einfach schlicht entspannt und nett zu sein. Das bin ich zeit meines Lebens nicht gewesen. Nach außen war ich ein Rabauke, ein übler Bursche usw. Aber jetzt fällt es mir überaus leicht, Leute, die ich kenne, anzulächeln und Guten Morgen oder dergleichen zu sagen. Ich habe etwas von der Tragödie des Lebens empfunden, von der Tragödie meiner Familie, die wir physisch so nahe beieinander leben, doch in unseren Emotionen meilenweit voneinander entfernt sind, voneinander getrennt durch unser Nichtfühlen. Diese profunde Traurigkeit hat sich bei mir irgendwie in Sanftheit umgesetzt. Ich bin gern liebenswürdig.

Jedenfalls gibt es für mich, wie ich mich heute sehe, kein Zurück. Die Leute können sagen, was sie wollen, daß die Leidenschaft für totale Gesundheit ebenso verrückt sei wie totale Verrücktheit, aber ich will das selbst herausfinden. Ich habe mir Magengeschwüre eingehandelt, als ich total verrückt war, und wenn Magengeschwüre eine Begleiterscheinung totaler Gesundheit sind, dann will ich meine eigenen haben. Es gibt kein Zurück für mich, kein Zurück zu dem unwirschen, launischen, schwankenden, unschlüssigen, trübsinnigen, verlogenen, feindseligen, simulierenden, ängstlichen, oberflächlichen, hohlen Heuchler, der ich war. Und damit auch nicht zu meinem Rauchen, psychoneurotischen Leiden, Verschlafen, Übergewicht. Zum Teufel mit dem Verrücktsein. Zum Teufel mit dem Aufhören. *Zum Teufel mit den ›Abwehrmechanismen‹.*

14. Juni Heute endet meine sechzehnte Woche der Primärtherapie. Ich bin nicht sicher, was das eigentlich bedeutet, aber ich denke darüber nach, wie entspannt ich mich fühle und ein wie ungewohntes Gefühl das zeit meines Lebens war.

Am Dienstagabend kam ich zu gar nichts, und wenn ich nach dem heutigen Erleben daran zurückdenke, glaube ich, daß ich an dem Abend versuchte, ein altes Urerlebnis noch einmal zu erleben – irgendein altes Urerlebnis, bloß um ein Urerlebnis zu haben. Meine letzte Woche war sehr gut, obwohl ich körperlich nicht in Ordnung war, weil ich eine Erkältung hatte. Mein geistig/emotionales Ich erkennt die Erkältung nicht an; nur mein krankes und irreales. Ich leide darunter. So waren diese und der größte Teil der vorigen Woche gut.

15. Juni Ebenso wie der Muttertag im vorigen Monat hat der heutige Vatertag bei mir denselben quälenden Schmerz über meine Tragödie und die meiner Familie hervorgerufen. Den Muttertag habe ich einfach übergangen, und mit dem Vatertag mache ich es genauso. Da ist einfach nichts drin. Wenn ich noch rachedurstig wäre, könnte ich glauben, mein Verhalten sei ausgleichende Gerechtigkeit, wie sie immer so schön in Romanen beschrieben wird:

Sie haben mich vom ersten Augenblick an betrogen, und nun rechne ich mit ihnen ab. Aber das ist völlig verrückt – ›mit ihnen abrechnen‹ oder ›es ihnen heimzahlen‹, dergleichen gibt es nicht. Vielmehr gibt es gar nichts, und das ist es, was ich empfinde, und es tut sehr weh.

Was die Tragödie noch deutlicher für mich macht, ist der Umstand, daß meine Angehörigen ihre Bemühungen um mich verstärkt haben. Seit ich verheiratet bin, haben sie mich mit Geschenken überschüttet, um mich festzunageln, wie man einen Schmetterling mit Nadeln auf einem Brett festnagelt. Zuerst der Ausspruch meiner Mutter: »Denke dran, du hast hier immer ein Zuhause.« Als ich dann im Friedenskorps war, zwangen sie mich doch tatsächlich, ihnen jede Woche zu schreiben, dabei hatten sie mir im ganzen Leben nicht geschrieben, weder als ich im Lager war, noch in einem anderen Staat oder in Europa. Dann gingen sie dazu uber, 10-Dollar-Geschenke zu machen, zu meinem Geburtstag, zu Susans Geburtstag, zu unserem Hochzeitstag, und 50 Dollar zum Einzug ins neue Haus. Scheiße. Sie glauben, das sei einfach ein Zeichen ihrer Liebe und ihres Interesses, die sie mir angeblich zeit meines Lebens bekundet haben. Deshalb können sie nicht verstehen, warum ich sie in den letzten drei Monaten nicht besucht oder angerufen habe. Sie hätten gern, daß ich mich schuldig fühle, glaube ich.

Aber dafür und für vieles andere auch ist es zu spät. Ich kann mich jetzt unmöglich schuldig fühlen, nachdem ich mich stundenlang in Arts Sprechzimmer und noch viele weitere quälende Stunden für mich allein in meinem verrückten Geist mit diesen alten Geschichten auseinandergesetzt habe. Was ich fühle – was ich fühlen mußte, um gesund zu werden, ist die Leere, die mein ganzes Entgelt war, als ich so verzweifelt von meinen Eltern geliebt werden wollte. Ich bin so weit gekommen, daß ich jetzt mich und meine Gefühle verstehe. Verstehen ist nämlich einfach fühlen und Verbindungen herstellen.

Wenn es sich um einen Tag wie heute handelt, wenn Kinder jung und alt ›die Eltern ehren‹, dann ist das völlig bedeutungslos. Für mich wäre es eine sinnlose Fortsetzung meines neurotischen Bedürfnisses nach Mammis und Pappis Liebe. Es wäre ein Neubeginn des Kampfes, diese Liebe zu erhalten. Es ist vergeblich. Meine Eltern kann ich nicht ehren und auch nicht respektieren. Ich sehe sie als das, was sie immer waren: lieblos, gleichgültig. Aber ich begreife auch, daß sie ebenso ein Opfer von Geschehnissen in ihrer Jugend waren, wie sie mich zum Opfer gemacht haben. Sie waren ahnungslos; sie waren dumm und ohne Einsicht. So kann ich ihnen nichts von alledem übelnehmen. Ich kann sie nicht hassen. Nichts von dem, was geschehen ist, kann ich ihnen zum Vorwurf machen, seit mir die wahre Einsicht zuteil wurde, denn von diesem Tag an bin ich für das Gesundsein verantwortlich. Tage wie diese sind also traurig, denn sie führen mir die große Lüge vor Augen, die mir, meinen Brüdern und meiner Schwester und der ganzen Menschheit vorgemacht wurde. Da ist einfach nichts, überhaupt nichts. Ich freue mich, daß ich die Ungebundenheit besitze, das Nichts zu fühlen. Denn wäre ich noch sehr krank, dann würde ich darum kämpfen, einen Sinn zu empfinden, würde darum kämpfen, Anerkennung zu finden für meine mir Geschenke einbringende Kindlichkeit, würde darum kämpfen, die Liebe zu erhalten, die es nie für mich gab, würde darum kämpfen, krank zu bleiben. Nichts ist nicht sehr erfreulich. Nichts ist erfreulich. So ist das nun mal.

12. Juli Heute endet die zwanzigste Therapiewoche. Ich bin nicht in der Stimmung, Schlußfolgerungen über mich zu ziehen oder auch nur etwas zu schreiben, das womöglich wie Eigenlob klingt, doch möchte ich einige wichtige Dinge über mich sagen. Vor zwanzig Wochen saß ich in der Tinte. Ich habe schon in diesem Tagebuch beschrieben, worin meine Schwierigkeiten und Verrücktheit(en) bestanden. Wenn ich mich heute ansehe und empfinde, wie es mit mir steht, dann stellt es sich mir so dar:

1. Ich bin fast völlig frei von zwanghaftem Verhalten. Ich rauche nicht mehr, habe das zu-viel-Essen stark eingeschränkt und esse nie zwischen den Mahlzeiten. Nägel gekaut oder übermäßig viel Alkohol getrunken habe ich nie, so daß das kein Problem war. Allerdings habe ich mir Wein zu den Mahlzeiten versagt, und jetzt, da ich Wein trinken könnte, tue ich es nicht. Früher hielt ich es für ›weltmännisch‹ oder dergleichen, wenn ich zu den Mahlzeiten Wein trank.

2. Ich bin selten feindselig. Früher war ich jedem gegenüber feindselig, mit dem ich in Berührung kam. Das heißt Verkehrspolizisten, Lehrer, Ärzte, Parkplatzwächter, Tankstellenwärter, Kellnerinnen und so weiter. Prügeleien waren in meinem neunzehnten Lebensjahr eine Selbstverständlichkeit und fanden dann und wann auch noch in den beiden nächsten Jahren statt. Ich befleißigte mich, hochnäsig und mißmutig auszusehen, und bediente mich einer dreckigen, gemeinen Ausdrucksweise, mit der ich bei der geringsten Provokation jederzeit jeden überschüttete. Heute – und das begann schon nach zwei Therapiewochen – bin ich praktisch demütig. Ich schäme mich nicht einmal, dieses Wort auf mich anzuwenden. Ich bin einfach ein schlechthin freundlicher Mensch. Meine berufliche Tätigkeit bringt mich in Kontakt mit Erwachsenen, die immer noch kämpfen, und mit anderen, die Kraftausdrücke gebrauchen oder aufreizende Reden führen, und ich bleibe unnahbar. Das ist schön für mich. Ich lasse mich auf keinerlei Streit mehr ein.

3. Mißgestimmt bin ich nur manchmal, wenn ich Gefühle verleugne. Tatsächlich bin ich so selten mißgestimmt, daß ich mich

kaum erinnern kann, wann es das letztemal war. Aber *früher* war ich dauernd mißgestimmt. Da wachte ich schon mißmutig und angekotzt auf und blieb gewöhnlich verdrossen, meist den ganzen Tag. Früher kam es gelegentlich vor, daß ich heiter war. Jetzt bin ich meistens ausgeglichen und im allgemeinen heiter. Das ist nicht ›gemacht‹ oder überlegt – es ist einfach so. Morgens wache ich gewöhnlich ohne Wecker auf und *lächle* tatsächlich meine Frau an. Leuten, die ich kenne, sage ich Guten Morgen, und einigen von ihnen lächle ich sogar zu. Für andere mag das selbstverständlich sein, aber für mich und meine Frau ist es neu und wunderbar.

4. Ich bin überaus tüchtig (im Gegensatz zu leistungsfähig, das sind nämlich Maschinen) oder produktiv bei allem, was ich tagtäglich tue. Mit anderen Worten, weil ich nicht eine Menge Verrücktheit in Kopf und Bauch habe, die mich zwingt, verrückt zu sein, kann ich zum Dienst gehen und die Arbeit eines Achtstundentages in etwa fünfeinhalb bis sechseinhalb Stunden schaffen. Ich wache später auf, wenn ich will, und gehe früher heim, wenn ich will. Ich habe einen wichtigen Posten inne und bin auf meinem Gebiet der einzige im ganzen Land, der das tun kann, was ich tue. Merkwürdig ist, daß praktisch niemand versteht, was ich tue, dennoch habe ich die neurotische Beflissenheit abgelegt, überall herumzurennen und den Leuten (Eltern) zu erklären, was ich tue, bloß um Anerkennung zu finden. Entweder sie verstehen es oder nicht – das ist allein ihr Bier. Meine Tüchtigkeit erstreckt sich auch noch auf andere Bereiche, zum Beispiel bin ich jetzt geschickter, wenn irgendwo kleinere Reparaturen durchzuführen sind; ich kann präzise Ratschläge geben, wenn ich darum gebeten werde, oder sozusagen etwas ›hinbiegen‹.

5. Mein Leben ist wohlgeordnet, ausgeglichen (im Gegensatz zu gut organisiert). Das mag wie Anti-Leben klingen, aber im Gegenteil, ›wohlgeordnet‹ gewährleistet, daß ich ein genußreiches Leben führe und Zeit habe, es zu genießen. Ich pflegte meine Angelegenheiten ungewöhnlich stümperhaft zu erledigen; alles, was ich tat, war Pfusch. Ich kümmerte mich um nichts – Rechnungen, Strafzettel für falsches Parken bezahlen usw. Jetzt wende ich *weniger* Energie und Zeit auf, weil ich gleich erledige, was erledigt werden muß, und damit hat's sich. Das ist wirklich eine Art Selbsterhaltung. Weil ich einen gewissen Wert für mich habe, weil ich am Leben bin und es mir gefällt, sorge ich auch gern für mich, und das kann bedeuten sicherzustellen, daß das, was getan werden muß, mit einem Minimum an Mühe und Schweiß getan wird.

6. Ich bin ziemlich oft ›ganz von selbst‹ intelligenter. Das mag eingebildet klingen; doch während ich früher ›glaubte‹, gescheit zu sein, *bin* ich heute meine Intelligenz. So brauche ich mir nicht den Kopf mit wissenswerten Tatsachen über irgendein Thema

vollzustopfen, es sei denn, ich bin daran interessiert, etwas darüber zu wissen – was ich gewöhnlich nicht bin. Ich spreche von Intelligenz in dem Sinne, daß ich weiß, was mit mir vorgeht, woran ich bin. Wenn ich das fühle, dann habe ich eine Art natürliche Gescheitheit. Meine Lektüre hat sich in den letzten zwanzig Wochen auf drei Bücher beschränkt – drei sehr erfreuliche Romane. Früher war ich für meinen gierigen Lesehunger bekannt. Ich verputzte gewöhnlich drei bis vier Bücher in der Woche. Ich besitze die angeborene oder anerzogene Fähigkeit, gut und rasch zu lesen und das, was ich lese, ganz zu verstehen. Jetzt lese ich nicht mehr.

7. Ich mache mir nichts mehr aus Geselligkeit und bin gern einfach mit mir zusammen, allein. Früher sorgte ich dafür, daß ich immer etwas vorhatte, und war der Meinung, Alleinsein sei kennzeichnend für einen trotteligen Spießer. Das hat sich völlig geändert. Allein bin ich, war es immer, werde es immer sein, und das Gefühl, daß es mir freisteht, allein zu sein, ist köstlich. Je länger ich die Therapie fortsetze, um so reiner wird mein Alleinsein. Damit meine ich, daß vor zwei Monaten zum Alleinsein noch gehörte, allein ein Buch zu lesen, allein auf der Couch zu liegen, allein spazierenzugehen. Seitdem ist daraus schlicht Alleinsein geworden, mit anderen Worten: allein absolut nichts zu tun. Das heißt, ich kann allein auf der Couch liegen, ohne daß der Plattenspieler laufen muß. Allein bedeutet allein, und es ist köstlich.

8. Ich erfreue mich völliger physischer Gesundheit, denn ich bin relativ spannungsfrei. Physische Leiden und Krankheiten gehörten bei mir immer dazu. Ich erwartete – und bekam dann auch – jedes Jahr vier oder fünf sehr schwere Erkältungen und Bronchitiden. Seit Januar habe ich eine einzige Erkältung gehabt. Jahrelang hatte ich vier- oder fünfmal in der Woche Kopfschmerzen. Jetzt habe ich, seit die Therapie begann, alle drei Wochen einmal Kopfschmerzen gehabt, und dann brauchte ich mich bloß hinzulegen und zu fühlen, was für ein Schmerz das war, und sofort verschwand er spurlos. Auch Magenübersäuerung war eine ständige – wirklich ständige – Schmerzquelle. Ich bin fast völlig frei davon, abgesehen von etwas Sodbrennen nach Orangensaft oder Tomaten usw. Ich lutsche keine Tums oder Rolaids mehr, wovon ich früher eine halbe Rolle täglich konsumierte.

9. Im allgemeinen bin ich alert und habe ein neues Gefühl von Klarheit. Das könnte eine Folge von Nr. 6 sein. Was ich meine, ist, daß ich gewöhnlich deutlich und genau wahrnehme, was um mich herum vorgeht. Ich habe ein Gespür für Gefahr und die Unterhaltungen anderer Leute. Denn wenn ich mich fühle, dann kann ich fast wie ein Hellseher vorausschauen. Das soll nicht heißen, daß ich herumlaufe und etwas aushecke und mir etwa überlege: »Aha, ich weiß, was er sagen wird, also werde ich dies und das sagen.« Es bedeutet einfach, daß ich weiß – fühle –, was vorgeht.

10. Ich bin ein zartfühlender Mensch (im Gegensatz zu meinem früheren ›Rabaukentum‹) und freue mich an zarten, schönen Dingen. So war ich nie – nichts erschien mir zart und schön. Heute versorge ich gern die Blumen und beobachte, wie sie wachsen; ich höre gern das Lachen der Kinder auf der Straße. Ich streichle gern Hunde. Ich hatte so gut wie gar keine Ehrfurcht vor dem Leben außer dem menschlichen. Zum Beispiel habe ich mit fünfundzwanzig Jahren zum erstenmal ein Kätzchen auf den Arm genommen. Ich habe viel von dem verrohten Gebaren des irrealen Ich verloren und lasse jetzt das reale Ich zum Vorschein kommen.

11. Das Leben ist kein Kampf. Diese Weisheit vermochte ich niemals zuvor zu empfinden. Für mich bedeutet das Leben oder zu leben nicht, einen Kampf oder eine Schlacht zu gewinnen; es bedeutet, den Kampf, das Kämpfen aufzugeben. Wann immer ich zu kämpfen beginne (nicht das Baby sein wollen oder versuchen, irreal zu sein), dann gerate ich in Schwierigkeiten. Ich brauche nichts zu tun als einfach zu *sein*, und das Leben könnte trotz des Auf und Ab immer schön sein.

Das ist ungefähr alles, was ich zu Papier bringen wollte. Manches, was ich hier geschrieben habe, erfordert vielleicht eine ausführlichere Darstellung. Ich weiß nur, daß ich es ganz verstehe. Ich habe keinerlei Hemmungen gehabt und ganz unbefangen geschrieben. Ich habe einfach zugelassen, daß ich mich auszog und über die Seiten wanderte: Wenn ich stinke, stinke ich; wenn ich mies aussehe, sehe ich mies aus. Doch nackt zu sein, war mein erster Schritt, und wenn ich immer noch ein wenig irreal aussehe, dann darum, weil ich es wahrscheinlich bin. Aber wieviel Irrealität bei mir auch noch vorhanden sein mag, es gibt ein neues Gefühl der Unausweichlichkeit in meinem Leben, der Unausweichlichkeit, daß das Ende aller Irrealität erreicht werden wird. Es ist unmöglich, meine Behauptung zu widerlegen, daß mir die Primärtherapie das Leben gerettet hat, und ebensowenig kann ich es einem anderen gegenüber beweisen. Die ganze Frage des Beweisens ist sowieso belanglos. Für mich genügt es zu wissen, daß sich mein Leben aufs beste verändert hat, denn es ist ein realeres Leben und wird jeden Tag noch realer – langsam, aber sicher. Und ich weiß, daß es realer ist, denn je stärker ich das Böse und Verderbte und die Häßlichkeit und Verzweiflung empfinde, um so mehr fühle ich mich gut, rein, mich selbst liebend, hübsch und liebevoll. Die Dialektik war nie angemessener als bei dieser Therapie.

13. Einsicht und Übertragung in der Psychotherapie

Das Wesen der Einsicht

In seiner Ansprache als Präsident der American Psychological Association im Jahre 1961 behandelte Hobbs die Ursachen von Besserungen in der Psychotherapie. Die von Hobbs aufgeworfenen Fragen über die Rolle der Einsicht sind wichtig, weil Einsicht bei der Normaltherapie, wie ich sie kenne, eine wichtige Rolle spielt. Ungeachtet ihrer theoretischen Überzeugung glauben im Gegensatz zu den Behavioristen die meisten Therapeuten, die sich des Werkzeugs der Einsicht bedienen, daß ein Patient fast unvermeidlich dazu neige, neurotisches, irrationales Verhalten aufzugeben, wenn er verstehen kann, warum er etwas tut.

Hobbs äußerte Besorgnis darüber, daß sehr einsichtsvolle Patienten oft keinen Fortschritt machen. Viele von uns stimmen ihm da zu. Hobbs zog die Wirksamkeit der Einsicht als einer signifikanten Technik in Zweifel. Er zitierte Fälle, in denen Veränderungen ohne Einsicht eintraten – Spieltherapie mit Kindern, Bewegungstherapie und Psychodrama. Er erwähnte, daß Therapeuten verschiedener theoretischer Schulen unterschiedliche, doch gleich wirksame Einsichten offenbar mit derselben berichteten Besserungsrate befürworten. Er warf die Frage auf, ob sich die Patienten bei den auf Einsicht beruhenden Therapien nicht einfach auf das persönliche Interpretationssystem des Therapeuten eingestellt hätten. Es scheint, sagte er, daß »der Therapeut nicht recht zu haben braucht; er muß überzeugend sein«*.

Die Frage, die Hobbs aufwirft, lautet: Wie können alle diese unterschiedlichen Interpretationen richtig sein? Oder gibt es überhaupt eine ›richtige‹?

Hobbs definiert Einsicht so: »Wenn ein Patient eine Aussage über sich macht, die mit der Vorstellung des Therapeuten darüber, was mit ihm los ist, übereinstimmt.« An diesem hoffnungslosen Punkt geht er von der Einsicht als einem ziemlich fruchtlosen Unterfangen zu dem über, was seiner Ansicht nach wirklich therapeutische Besserung bei Patienten hervorruft. Er erwähnt Warmherzigkeit, Verständnis und aufmerksames Zuhören als wichtige Faktoren der Besserung – mit anderen Worten, die Beziehung zwischen Patient und Therapeut. Hobbs schloß seine An-

* Nicholas Hobbs, »Sources of Gain in Psychotherapy«, *American Psychologist*, November 1962, S. 741.

sprache mit der Feststellung: »Es gibt keine wahren Einsichten, nur mehr oder weniger nützliche.«

Was ist therapeutische Einsicht? Ich glaube, sie ist die Erklärung des irrealen Verhaltens. Wahre Einsicht ist nicht mehr als nach außen gekehrter Urschmerz. Einsicht ist der Kern des Urschmerzes. Sie ist das, was verborgen werden muß, damit der Mensch der Wahrheit nicht ins Auge zu schauen braucht. Um den Urschmerz zu befreien, muß also die Wahrheit befreit werden. Daraus folgt, daß es nicht einfach ›nützliche‹ Einsichten gibt, wie Hobbs glaubt, sondern einmalige, präzise Wahrheiten über jeden Menschen.

Nehmen wir ein Beispiel. Eine primärtherapeutische Patientin spricht über ihren Vater, den sie für einen im wesentlichen liebevollen Mann hält. Sie erwähnt, wie schlecht er von ihrer Mutter behandelt wurde und wie schwach er offenbar war. Nach weiteren Ausführungen zu diesem Punkt, wobei sie voll Abscheu sagte: »Ich wünschte, ich hätte ihr die Stirn bieten können«, dränge ich sie zu rufen: »Pappi, sei stark für mich!« Sie hat ein ergreifendes Urerlebnis darüber, daß ihr Vater an der Familie verzweifelte und sich in sich selbst zurückzog, geschlagen und gebrochen. Er war das Baby, das seiner Tochter nicht helfen konnte, die Schutz vor ihrer bissigen, ›gemeinen‹ Mutter brauchte. Sobald sie erkennt, daß er sie in Wirklichkeit nicht liebte und ihr nicht helfen konnte, weil *er* selbst Hilfe brauchte, wird sie von Einsichten überschwemmt: »Darum habe ich einen solchen Schwächling geheiratet; ich versuchte, aus ihm einen starken Vater zu machen. Darum weine ich, wenn mein Sohn zärtlich zu mir ist. Darum hasse ich die Männer, die sich von ihren Frauen auf der Nase herumtanzen lassen. Darum, darum ...«

Diese ›Darums‹ waren ihre Einsichten. Es sind die Erklärungen für ihre unzähligen Versuche, ihren Urschmerz zu verbergen. Jede dieser Verhaltensweisen war durch die verleugneten Gefühle veranlaßt. Wenn das Gefühl empfunden wird, werden sie verständlich.

Über diese Einsichten wird nicht bloß gesprochen. Sie brechen aus einem fest verbundenen System hervor, so daß sie die Schlußpunkte eines totalen Gefühlserlebnisses sind. Die Patienten nennen es einen ›Ausbruch von Einsichten‹, der seinem Wesen nach fast unwillkürlich ist. Es sind Einsichten, die ›bis in die Zehenspitzen‹ gefühlt werden, wie es eine Patientin ausdrückte. Der verleugnete Urschmerz dieser Frau – daß niemand da war, der sie vor ihrer boshaften Mutter beschützte – war der *Grund* für ihr späteres irreales Verhalten. Wenn der Urschmerz befreit wird, werden die Gefühle klar. Gründe sind Einsichten. Sobald der Urschmerz empfunden wird, ist es fast unmöglich, nicht von Einsichten überschwemmt zu werden, weil eben dieses unterdrückte Gefühl so viel neurotisches Verhalten verursacht hat.

Ein weiteres Beispiel: Ein Patient spricht von seiner unsinnigen Wut auf seine Frau und seine Kinder: »Sie lassen mich nie in Frieden! Sie stellen eine Forderung nach der anderen, und nie habe ich Zeit für mich selbst.« Verbittert sagt er, es gebe keinen Frieden in seinem Leben. Ich frage ihn, ob er das Gefühl auch zu Hause bei seinen Eltern hatte. »Oh ja«, antwortet er. »Weiß Gott, ich erinnere mich, daß mein Vater immer in mein Zimmer kam, wenn ich mich ausruhte oder Musik hörte, und mich mißtrauisch ansah, weil ich nicht mit meinen Hausaufgaben beschäftigt war. Himmel! Ich werde wütend, wenn ich an sein ständiges Antreiben denke. Kein einziges Mal hat er sich zu mir gesetzt und sich mit mir unterhalten. Er brüllte mir nur seine Befehle zu.« – »Fühlen Sie das«, sage ich. »Lassen Sie dieses Gefühl sich aufbauen und auf Sie einwirken.« Nach wenigen Augenblicken taucht das Gefühl auf, und ich frage ihn: »Was wollten Sie zu ihm sagen?« – »Oh, ich hätte dem Kerl gesagt . . .« – »Sagen Sie es ihm jetzt!« Nun läßt der Patient eine lange Schimpfrede über seinen nichtswürdigen Vater vom Stapel, aber bald weicht das einem tieferen Gefühl: »Pappi bitte. Setz dich doch mal zu mir. Sei einmal nett zu mir. Sag etwas Freundliches, bitte. Ich möchte nicht böse auf dich sein. Ich möchte dich lieben. Ach, Pappi!« Hier schluchzt der Patient und wird vom Urschmerz geschüttelt. Nun beginnen seine Einsichten: »Darum habe ich mir immer Geld von ihm oder jemand anderem geliehen. Ich wollte, daß sich jemand um mich kümmert. Darum wollte ich niemals meiner Frau helfen. Ich reagierte auf *seine* Forderungen. Darum wurde ich wütend, wenn die Kinder wollten, daß ich ihnen bei etwas helfe.« Er weint noch mehr und schreit seinen Vater an: »Pappi, wenn du nur wüßtest, wie einsam ich mich fühlte, wenn ich darauf wartete, daß du nur einmal herzlich zu mir wärst. Beim Nachhausekommen einmal den Arm um mich legtest – darum bin ich immer ganz gerührt, wenn mein Chef freundlich zu mir ist. Darum verkrampft sich mein Magen, wenn mich mein Chef kritisch ansieht.«

Hier sehen wir, wie eng verwoben Urschmerz und Einsichten sind. Einsichten sind tatsächlich die geistige Komponente des Urschmerzes. Dieser Mann empfand seine realen Bedürfnisse, die seinem ganzen Zorn zugrunde lagen, und er konnte alle seine sogenannten sinnlosen Handlungen verstehen, die Folge dieser Bedürfnisse waren.

Primärtherapeutische Patienten wissen nicht, daß sie einsichtsvoll sind. Es ist nicht etwas Abgetrenntes. Wenn ein Patient seinen Eltern sagt, was er fühlt, dann befindet er sich in der Situation. Er betrachtet seine Gefühle nicht aus der Entfernung. Es ist nicht: »Ich haßte euch damals deswegen«, sondern: »Ich hasse euch, weil ihr mir das angetan habt.« Es ist, kurz gesagt, kein abgespaltetes Selbst, das über ein anderes Selbst spricht. Der primärtherapeutische Prozeß ist ein einziges, einheitliches Erleben. Es ist das reale kleine Kind, das in meinem Sprechzimmer seine Wahrheiten ausspricht, nicht der Erwachsene, der erklärt, wie es als Kind für ihn war. Es macht meiner Ansicht nach einen gewaltigen Unterschied aus, ob man einem Arzt gegenüber *von* Gefühlen spricht oder ob man während der Primärtherapie *mit* den Eltern spricht. ›Mit ihnen sprechen‹ bedeutet, daß es kein zweites Selbst gibt – nur ein von der Vergangenheit überwältigtes Selbst.

Wenn ein Patient sagt: »Herr Doktor, ich glaube, ich tat das, weil ich mir wie ein kleines Kind vorkam«, dann besteht eine Trennung zwischen dem ›Ich‹, das erklärt, und dem ›mir‹, das erklärt wird. *Bei der normalen Therapie trägt also das Erklären dazu bei, die Neurose in Gang zu halten, weil die Spaltung fortbesteht.* Wie richtig die vorgetragene Einsicht auch sein mag, die Neurose wird sich vertiefen.

Bei der Primärtherapie gibt es keine Erklärungen durch den Therapeuten. Erklärungen *sind* oft die Krankheit, besonders in Familien des Mittelstandes, wo die Kinder jeden ihrer Schritte erklären müssen. Mittelstandseltern haben ausgeklügelte Begründungen für alles, was sie tun, und dazu gehört auch, warum sie die Kinder bestrafen, und sie zwingen ihren Kindern diese Form auf. Manchmal hat ein Arbeiterkind es besser. Nach ein paar Glas Bier kommt der Vater nach Hause, verprügelt die Kinder als ›Eröffnungszug‹, und das Leben geht weiter. Alles ist vordergründig. Keine ausgeklügelten Prinzipien, die die Kinder verwirren. Es ist kein Zufall, daß die Primärtherapie bei Patienten aus der Arbeiterklasse schneller vonstatten geht. Sie sind nicht so daran interessiert, Vater zu analysieren. Sie brauchen ihn bloß anzuschreien wegen all der sinnlosen Prügel, die sie bekommen haben.

Ich glaube daher, daß der erklärende Prozeß der konventionellen Psychotherapie den Patienten unter Umständen *mehr* neurotisch macht. Er scheint es dem Patienten lediglich zu erleichtern, sein irrationales Verhalten im Sinne dieser oder jener Theorie in ein Schema zu bringen und ihn zu dem Glauben zu verleiten, es gehe ihm besser, weil er es ›versteht‹, während der Prozeß in Wirklichkeit das hervorbringt, was ich einen ›psychisch integrierten Neurotiker‹ nenne. ›Verstehen‹ in der konventionellen Therapie ist nur eine weitere Trennung für den Urschmerz. Eine fast ebenso schlimme Geißel der Menschheit wie Geisteskrankheiten ist heute deren Behandlung. Die Patienten haben es nicht nötig, Gefühle zu erklären und das Thema zu Tode zu hetzen, sondern sie zu empfinden.

Sobald wir die Gefühle des Patienten beiseite lassen und uns in den Bereich der therapeutischen Interpretation begeben, kann fast alles als richtig ausgelegt werden. Ein Patient, der nicht zu fühlen vermag, ist allem ausgeliefert. Er muß die Interpretationen seiner Handlungen durch andere akzeptieren, weil er seine eigene

Wahrheit nicht empfinden kann. Außerdem kann die theoretische Interpretation eines Therapeuten gut und gern der Ausdruck *seiner* verleugneten Gefühle sein, die bis ins einzelne in theoretischen Begriffen symbolisiert sind. So findet er vielleicht in dem, was der Patient sagt, sexuelle oder aggressive Inhalte, die eher Probleme des Therapeuten als des Patienten sind. Es kann auch vorkommen, daß die Interpretation eines Therapeuten nichts mit den Gefühlen von irgend jemandem zu tun hat, sondern einfach aus einer Theorie stammt, die er in einem vor Jahrzehnten geschriebenen Buch gefunden hat. Diese Theorie mag dem Therapeuten wegen seiner verdrängten Gefühle zugesagt haben, und er hat sie übernommen und auf andere angewandt.

Solange das Gefühlshindernis besteht, können Patient und Therapeut nur mutmaßen, was sich dahinter befindet. Die Mutmaßung des Therapeuten wird eine Theorie genannt. Wenn der Patient erfährt, daß diese Theorie auf sein Verhalten zutrifft, wird er vielleicht für ›gesund‹ erklärt. Weil ich glaube, daß Einsichten nie dem Urschmerz vorangehen, sehe ich die Aufgabe des Therapeuten darin, behilflich zu sein, daß der Staudamm zwischen Denken und Fühlen beseitigt wird, damit der Patient selbst die Verbindungen herstellen kann. Sonst muß der Therapeut dem Patienten jahrelang Erklärungen abgeben, und der Patient kann oft nichts anderes sagen als: »O ja, Herr Doktor, ich verstehe.« Gewöhnlich versteht er dann, wie hervorragend der Arzt ist.

Vielleicht haben wir Einsicht durch die falsche Brille betrachtet. Es könnte sein, daß Einsicht keine Veränderung verursacht, sondern deren Folge ist. Das wird deutlich, wenn wir bedenken, daß Einsicht das Ergebnis der zwischen Fühlen und Denken hergestellten Verbindung ist, angewandt auf ein bestimmtes Verhalten. ›Verbindung‹ ist der Schlüsselbegriff, denn es ist auch möglich, pseudoeinsichtsvoll zu sein – Dinge im Geist zu wissen, ohne eine Verbindung herzustellen, so daß keine Veränderung herbeigeführt wird. Ohne Urschmerz kann es für den Neurotiker keine wirkliche Einsicht geben. Man könnte sagen, daß Einsicht das geistige Ergebnis von empfundenem Urschmerz ist.

Der Urschmerz ist eng verknüpft mit Einsicht. Solange der Einsichtsprozeß innerhalb eines neurotischen Systems stattfindet, wo der Urschmerz die Einsicht daran hindert, das ganze System zu durchdringen (und damit zu ändern), bezweifle ich, daß wir signifikante und dauerhafte Veränderungen des Verhaltens erwarten können. Wenn die Urschmerz-Blockierung da ist, kann die Einsicht nur eine weitere zusammenhanglose und bruchstückweise Erfahrung darstellen. Die Urschmerzsperre würde die Einsicht geistig abriegeln, so daß sie dem gesamten Organismus nicht viel nützen könnte.

Ich möchte den Einsichtsprozeß der konventionellen Therapie mit dem Bericht eines Ministeriums an die Regierung vergleichen, in dem das Wirtschaftssystem analysiert wird. Der Bericht ist, ebenso wie die Einsicht, eng mit dem System verbunden. Er wird zur Kenntnis genommen und dann abgelegt, so daß er keinen Einfluß auf das gesamte System haben kann. Darum glaube ich, daß man sich, wenn man ein irreales und nicht funktionierendes System beseitigen will, nicht in einen Dialog mit ihm einläßt. Es ist im allgemeinen anzunehmen, daß, wie präzise die Einsicht oder wie tiefschürfend der Bericht auch sein mag, das System weiterhin auf irrationale Weise reagieren wird. Es wird die Wahrheit zerkleinern und in sich aufnehmen, bis etwas geschieht, das das irreale System beseitigt.

Die Patienten wollen sowieso keine Erklärungen von Dritten. Ein Patient sagte: »Meine Neurose ist meine Erfindung. Wie könnte ein anderer meine Erfindung besser erklären als ich?«

Wenn man den Versuch aufgibt, dem Patienten die Wahrheit über ihn zu sagen, ist es für alle Beteiligten eine Erleichterung, ganz zu schweigen davon, daß es ehrlicher ist. Die Prämisse bei der Gesprächstherapie ist meistens, daß der Arzt dem Patienten helfen werde, die Wahrheit über sich herauszufinden. Wäre der Neurotiker aber nicht gezwungen, sich sein Leben lang etwas vorzulügen, wären Spezialisten für psychologische Wahrheiten weitgehend unnötig. Es scheint mir viel wirkungsvoller, die Lüge abzustreifen, mit der der Betreffende lebt, damit die Wahrheit herauskommen kann.

Zwischen der Einsicht in der normalen Therapie und der Einsicht in der Primärtherapie bestehen einige entscheidende Unterschiede. Bei der normalen Therapie nimmt sich der Therapeut irgendeinen Teil des neurotischen Verhaltens des Patienten vor und schließt daraus, welcher wahre Grund dem zugrunde liegt (was unbewußt ist). Der konzentriert sich auf irreales Verhalten. Bei der Primärtherapie wird der Patient über irreales Verhalten sprechen, *nachdem* er gefühlt hat, was unbewußt ist. Bei der normalen Therapie wird die Einsicht zu einem Ziel an sich, und von einer Häufung von Einsichten wird angenommen, daß sie eine Veränderung herbeiführt. Außerdem ist die Einsicht eindimensional. Sie bezieht sich in der Regel auf nur einen Teil des Verhaltens und die dazugehörige Motivation. In der Primärtherapie kann ein großer Urschmerz zu *mehreren Stunden* ununterbrochener Einsichten führen. Vor allem aber versetzen primärtherapeutische Einsichten oft das ganze System in Konvulsion. Sie sind organismisch und bringen eine totale Veränderung hervor. Primärtherapeutische Einsichten sind konvulsiv, weil eine einheitliche Person (deren Seele mit dem Körper verbunden ist) nicht schmerzliche Gedanken haben kann ohne schmerzhafte körperliche Reaktionen. Auch kann sie nicht bei einem Urerlebnis körperlichen Schmerz empfinden, ohne ihn mit bewußtem Gewahrwerden zu verbinden. Wenn ein Patient in der Primärtherapie Fortschritte macht, kann es sogar sein, daß er gegen Ende der Therapie dieselbe Geschichte noch einmal erzählt und eine viel stärkere körperliche Reaktion auftritt als zu Beginn der Therapie, als er sie schon einmal erzählte.

Die normale Therapie befaßt sich gewöhnlich mit bekannten Verhaltenstatsachen. Bei der Primärtherapie ist alles unbekannt, bis es gefühlt wird. Ein Patient beschrieb den Unterschied folgendermaßen: »In mir schien ein großer, tumorartiger Schmerz zu sein. An diesem Tumor hingen verhedderte Strähnen, die mich schier erwürgten. Meine frühere Therapie schien sich darauf zu konzentrieren, die Strähnen zu entwirren, um an den Kern der Krankheit heranzukommen, aber wir kamen nie dahin. Hier haben wir offenbar den ganzen Tumor herausgenommen, und alles renkte sich mit einemmal ein.«

Die Feststellung, daß sich ›alles einrenkte‹, treffen viele Patienten. Indes sind es nicht nur Gedanken, die sich plötzlich einrenken, sondern auch der Körper. Ein Patient drückte es so aus: »Mein Gehirn ließ meinen Körper abgetrennt sein. Ich glaube, wenn mein ganzer Körper harmonisch funktioniert hätte, dann hätte ich meinen entsetzlichen Urschmerz total gefühlt. Ich habe ihm erst mein Gehirn und dann meinen Körper überlassen.«

Wenn ich also indiziere, daß mentale Einsichten ein Teil der organischen Veränderung bei der Primärtherapie sind, dann sind die Ergebnisse schärfere Wahrnehmung *und* verstärkte physische Koordination. Ein Patient mit leicht hängenden Schultern beschrieb diese Totalität wie folgt:

»Wenn keine Verbindung besteht, sind Körper und Seele nicht aufrichtig miteinander, und ich glaube, daß dieser Mangel an Aufrichtigkeit sich sowohl mental als auch physisch zeigt. In meinem Fall zog er meine Brust nach innen, vermutlich, um sich gegen den von unten kommenden Urschmerz abzudichten, und er zog meine Schultern um die Brust zusammen, um sich noch besser zu schützen. Er verzog meinen Mund zu einer geraden Linie und ließ meine Augen blinzeln. Als ich während eines Urerlebnisses die Verbindung herstellte, verstand ich nicht nur alles, sondern bekam gleichzeitig eine gerade Haltung. Daß sich meine Haltung geändert hatte, war mir gar nicht bewußt geworden, bis meine Frau eine Bemerkung darüber machte. Das Seltsame dabei ist, daß alles unwillkürlich ist; ich meine, ich versuche nicht, gerade zu stehen – ich bin einfach mir selbst gegenüber aufrichtig, und der Körper schließt sich an.«

Kehren wir einen Augenblick zu Hobbs zurück. Hobbs legt mehr Gewicht auf die Warmherzigkeit des Therapeuten als auf seine Einsichtigkeit. Ich würde sagen, Warmherzigkeit hat weniger mit Einsicht zu tun, denn die Primärtherapie ist *nicht* eine Therapie der Beziehungen. Alles, was der Patient erfahren wird, liegt bereits in ihm, nicht zwischen dem Therapeuten und ihm. Es gibt keine Umerziehung, nichts, was der Patient vom Therapeuten lernen muß. Ich glaube, Einsichtigkeit kann ebensowenig gelehrt werden wie Fühlen. Das Gefühl ist der Lehrer. Ohne tiefes Gefühl kann die Warmherzigkeit des Therapeuten bestenfalls ein Akt sein. Aber selbst wenn es mit diesem Akt ›klappen‹ sollte, sehe ich immer noch nicht ein, wie Nettigkeit und Freundlichkeit eine jahrelange schwere neurotische Verdrängung ungeschehen machen können.

Zusammenfassung

Gerade demjenigen, der vielleicht ein wenig von der normalen Gesprächstherapie hätte profitieren können, hat sie gewöhnlich nicht geholfen – nämlich dem wortungewandten Angehörigen der Arbeiterklasse, der sich nicht artikulieren kann. Er hätte es am dringendsten nötig gehabt zu lernen, sein Denken und Fühlen zu artikulieren, aber leider kam das bei ihm nicht an. Doch weil sich der Angehörige des Mittelstandes die Therapie eher leisten und ein verbales Einsichtssystem begreifen konnte, war er es, der bei der Therapie am meisten profitierte. Indes war die Einsichts-Schäkerei zwischen diesem Patienten und dem Therapeuten weitgehend ein Kampf mit dem Abwehrsystem, ein *geistiges* Duell. Der Wortungewandte hatte zu diesem Bereich keinen Zutritt und konnte dieses Spiel nicht spielen. So wurde für ihn erst etwas getan, als er seelisch zusammenbrach. Was er bekam und noch bekommt, ist in einem Buch mit dem Titel *Social Class and Mental Illness** beschrieben: nämlich mehr Behandlung und weniger Gespräch, Schocktherapie, Pillen, Beschäftigungstherapie und so weiter. Man fragt sich, wie wissenschaftlich eine Therapie sein kann, wenn sie nur auf eine bestimmte soziale Schicht anwendbar ist. Man sollte meinen, daß keine Wissenschaft vom *menschlichen* Verhalten die überwiegende Mehrheit der Menschheit vernachlässigen dürfte.

Es gibt eine solche Vielfalt von Einsichtstechniken, von denen jede eine andere Methode hat, daß man sich des Eindrucks nicht erwehren kann, Verhalten könne in fast jedem Bezugsrahmen erörtert werden. Ich glaube, es gibt nur eine Realität, einen einzigen, klar umrissenen und nicht interpretierbaren Satz von Wahrheiten über jeden von uns.

Die Übertragung

Der Übertragungsprozeß spielt bei vielen Therapien eine wichtige Rolle, besonders bei den analytischen Methoden. Übertragung ist

* A. B. Hollingshead und F. C. Redlich, *Social Class and Mental Illness*, New York 1958.

einer der Freudschen Schlüsselbegriffe, um jene irrationalen Einstellungen und Verhaltensweisen des Patienten gegenüber seinem Therapeuten zu bezeichnen. Es wird angenommen, daß der Patient den größten Teil der alten irrationalen Gefühle, die er seinen Eltern gegenüber hegte, nun auf den Therapeuten projiziert. Das Ziel der schrittweisen Therapie ist, die Übertragung ›durchzuspielen‹ – das heißt, dem Patienten behilflich zu sein, daß er erkennt, wie die ursprüngliche Eltern-Kind-Beziehung fortgesetzt und auf andere Menschen, besonders den Arzt, verlagert wurde. Man hofft dabei, daß das Verständnis des Patienten für seine irrationalen Prozesse auf sein Leben im allgemeinen übertragen wird und er in all seinen Beziehungen rational zu sein vermag.

Ich glaube nicht, daß es Übertragung als ein vom allgemeinen neurotischen Verhalten getrenntes Phänomen überhaupt gibt. Von einem Patienten, der sich selbst gegenüber symbolisch agiert, ist anzunehmen, daß er es auch seinem Therapeuten gegenüber tut. Weil die Therapeut-Patient-Beziehung eine so intensive und ununterbrochene ist, liegt es nahe, die Neurose des Patienten danach zu analysieren, wie sie dem Therapeuten gegenüber ausgespielt wird. Außerdem kann sich die Neurose verstärkt haben, weil der Therapeut eine Autorität ist wie die Eltern.

Was der Therapeut mit dem neurotischen Verhalten des Patienten (Übertragung) macht, ist die Frage. Wenn er Einsicht in die Art und Weise vermittelt, wie sich der Patient im Sprechzimmer verhält, dann werden sich, glaube ich, dieselben Probleme ergeben wie bei jedem Einsichtsprozeß. Das heißt, der Patient wird die Einsicht in sich aufnehmen und weiterhin neurotisch sein, wenn er sich auch ein wenig reifer, weniger impulsiv oder weniger ängstlich und feindselig gegenüber dem Therapeuten *verhalten* wird. Der Primärtherapeut befaßt sich gar nicht mit Übertragung. Er ist eifrig damit beschäftigt, den Patienten dazu zu bringen, daß er seine Bedürfnisse seinen Eltern gegenüber empfindet. Tatsächlich bleibt die Patient-Therapeut-Beziehung völlig unbeachtet. Überhaupt Zeit dafür aufzuwenden, die Übertragung zu analysieren, käme mir vor, als wollte man sich auf eine Erörterung über abgeleitetes, verlagertes und symbolisches Verhalten einlassen, statt an das Grundbedürfnis heranzukommen.

Die Primärtherapie unterbindet jede Übertragung und läßt keinerlei neurotisches Verhalten zu, weil das bedeutet, daß der Patient nicht fühlt; er agiert aus. Wir zwingen den Patienten, direkt zu sein. Statt zuzulassen, daß er unterwürfig oder intellektuell ist, sagen wir ihm, er soll sich auf den Boden fallen lassen und unmittelbar seinen *Eltern* zurufen: »Liebt mich, liebt mich!« Das macht gewöhnlich jede Erörterung darüber, welche Gefühle der Patient dem Therapeuten gegenüber haben könnte, überflüssig. Wenn der Patient Gefühle, die er noch seinen Eltern gegenüber hegt, auf den Arzt projiziert, dann sollte es doch eigentlich auf der

Hand liegen, daß diese projizierten und verlagerten Gefühle in Wirklichkeit unwichtig sind. Entscheidend sind die frühen Gefühle den Eltern gegenüber. Wenn sie empfunden werden, wird das die Neurose und die Übertragung beseitigen.

Wenn jemand unter Urschmerzen leidet, erwartet er Abhilfe von seinem Therapeuten. Er möchte, daß der Arzt ein guter Vater oder eine gute Mutter ist. Gewöhnlich wird er sich so verhalten, als versuchte er, aus dem Arzt gute Eltern zu machen, genau wie er es mit seinen lieblosen Eltern tat. Aber nun ist der Arzt vielleicht so gut, fürsorglich, aufmerksam und so bereit, sich alles anzuhören, wie sich der Patient seine Eltern immer gewünscht hatte. Auf diese Weise ›wirkt‹ die Neurose. Sie verhindert, daß der Patient das empfindet, was er von seinen Eltern nicht bekam. Wir dürfen nicht vergessen, daß der Patient gewöhnlich zum Arzt kommt, weil er durch sein Agieren draußen nicht bekommt, was er braucht. Aber drinnen im Sprechzimmer des Therapeuten mag es besser gehen. Wenn der Therapeut hilfreich und warmherzig ist und ein wenig Rat anbietet, fördert er die ›positive‹ Übertragung. Da ich glaube, daß die Übertragung eben die Neurose *ist*, bin ich der Meinung, daß man dem Patienten mit allem, was darüber hinausgeht, ihm behilflich zu sein, seinen Urschmerz zu empfinden, einen schlechten Dienst erweist.

Patienten ›verlieben‹ sich oft in ihren Therapeuten, weil der Therapeut etwas von dem bietet, wonach der Patient unbewußt mit seinem neurotischen Verhalten gesucht hat. Es pielt wirklich keine Rolle, wie der Arzt aussieht; er ist eine Autorität, ist freundlich und kann zuhören. Es ist kein Wunder, daß ein Patient, der während des größten Teils seines Lebens nichts gehabt hat, jahrelang in der Therapie bleiben wird, nachdem er diesen guten ›Vater‹ einmal gefunden hat. Die Patienten sind bereit, das Therapie-Spiel zu spielen und jahrelang Einsichten und Erklärungen über sich ergehen zu lassen, bloß um mit diesem feinfühligen, so sehr interessierten, warmherzigen Therapeuten zusammen zu sein. Meiner Ansicht nach ist eine Diskussion über die Übertragung das letzte, was ein Patient will. Er will sich in der Beziehung Analytiker-Analysierter behaglich niederlassen. Er wird vielleicht die Übertragung als eine Art von ›Gebühren‹ ansehen, aber ich glaube, dem liegt der Wunsch zugrunde, bloß dort zu liegen und kein einziges Wort zu sagen und keine Einzelheit des Verhaltens erklären zu müssen – eingehüllt in Wohlwollen und Verständnis.

Der Primärtherapeut hingegen dringt zu diesen zugrunde liegenden Gefühlen vor. Das bedeutet, daß er jedes Anzeichen von Übertragung, ob positiv oder negativ, verhindert, denn es ist alles symbolisches Verhalten. Man könnte fragen: »Wenn der Therapeut nun aber wirklich etwas an sich hat, das einem gefällt oder mißfällt?« Meine Antwort würde lauten, daß der Therapeut nicht dazu da ist, das Verhältnis zwischen ihm und dem Patienten zu erörtern, und daß er auch nicht dazu da ist, zu gefallen oder zu mißfallen. Er ist der ›Urschmerz-Dealer‹, nicht mehr und nicht weniger. Wenn der Therapeut gewisse Verhaltensweisen der ›Gegenübertragung‹ (auf den Patienten projizierte irrationale Reaktion) hat und diese Verhaltensweisen sich in seine Beziehung zu dem Patienten eindrängen, dann würde ich vermuten, daß der Therapeut seinen eigenen Urschmerz noch nicht gefühlt hat und die Primärtherapie nicht praktizieren sollte. Gegenübertragung wird bei Primärtherapeuten nicht geduldet, denn sie bedeutet, daß die Therapeuten noch neurotisch sind. Ein Neurotiker kann diese Therapie nicht durchführen.

Es kann nicht deutlich genug betont werden, daß *jedes symbolische Verhalten zur Folge hat, daß das Fühlen abgeschaltet wird.* Gegenübertragung ist dasselbe symbolische Verhalten, das darauf abzielt, geliebt zu werden, und das der Therapeut bei seinem Patienten ausagiert. Natürlich wird das den Zustand des Patienten verschlimmern, denn nun sind gewisse Erwartungen mit dem Patienten verknüpft. Er muß sich so verhalten, daß der Urschmerz des Therapeuten unterdrückt wird, und deshalb muß der Patient irreal und sich selbst gegenüber unehrlich sein.

Stellen wir uns zum Beispiel einen Therapeuten vor, der sich für freundlich, warmherzig und besonders feinfühlig hält. Er umarmt seinen traurigen, weinenden Patienten und tröstet ihn mit den Worten: »Nun, nun, es ist schon gut. Ich bin ja da. Es wird schon alles gut werden, Sie werden's sehen.« Ich glaube, daß eine solche ›Elternstellvertretung‹ zu einer Abschaltung des Fühlens führt und den Patienten daran hindert, all den Schmerz zu fühlen, den er fühlen muß, um schließlich darüber hinwegzukommen. Es mag dazu führen, daß der Patient nicht das Gefühl hat, er sei allein und habe niemanden, der ihn tröstet; das ist die übliche Realität vieler neurotischer Patienten. Das therapeutische Trösten ruft dann ein flacheres Erleben hervor; auf diese Weise nimmt der ›warmherzige‹ Therapeut am Kampf des Patienten teil. Statt darauf hinzuwirken, daß er sich allein und isoliert fühlt, hilft er dem Patienten, vor dem Fühlen davonzulaufen. Dieses Gefühl ist es, das den Kampf hervorruft, und wird, wenn es empfunden wird, den Kampf beenden.

Wenn der Therapeut den Patienten an sich drückt, kann das ein Zeichen dafür sein, daß er seine Rolle verwechselt hat. Er mag unwissentlich versuchen, der gute Vater zu sein, statt das zu sein, was er (der Therapeut) ist. Das Ziel ist, um es zu wiederholen, den Patienten von seinem Kampf zu befreien, *nicht aber*, an ihm teilzunehmen.

Wenn ein Primärtherapeut wirklich einmal die Hand oder den Kopf seines Patienten hält, dann bedeutet das im allgemeinen, daß er den Patienten dazu bringen will, ein Gefühl seinen *Eltern* gegenüber intensiver zu empfinden. Das geschieht dann, wenn der

Patient das empfindet, was er von seinen Eltern *nicht* bekam, und der Gegensatz zu dem warmherzigen Therapeuten *verstärkt* an diesem Punkt den Urschmerz.

Nach Ansicht der Primärtherapie ist der Grund, warum die Übertragungsanalyse nicht erfolgreich sein kann, daß der Patient irreale Hoffnung auf den Arzt überträgt, statt seine Hoffnungslosigkeit zu empfinden. Wenn der Patient vom Therapeuten tatsächlich das bekommt, was er zu brauchen glaubt, dann mag die Lage in bezug auf seine Neurose wirklich hoffnungslos sein. Indem er seine realen Bedürfnisse nach guten Eltern in den Wunsch verwandelt, vom Therapeuten geliebt und respektiert zu werden, hat der Patient seinen üblichen Weg eingeschlagen – er hat einen Ersatzkampf gefunden. Eben das Erleben der normalen Psychotherapie allein trägt meiner Ansicht nach dazu bei, daß der Patient krank bleibt. Der Patient kommt, weil er Hilfe braucht, und er findet sie in Gestalt eines verständnisvollen und mitfühlenden Therapeuten. Schon wenn der Patient davon spricht, wie unselbständig er ist, wie sehr er immer Anleitung gebraucht hat, wird dieses Gefühl durch die Tatsache verfälscht, daß jemand da ist, der zuhört und hilft. Insofern agiert der Patient in der therapeutischen Situation wiederum das Ersatzbedürfnis nach Hilfe aus, während er doch fühlen müßte, wie wenig ihm seine Eltern je halfen. Neue Hoffnung auf Hilfe wird neurotisch für Therapie ausgegeben.

Der Versuch, Bedürfnisse zu befriedigen, zwingt den Neurotiker, aus den Menschen, und auch aus dem Therapeuten, etwas zu machen, was sie nicht sind. Der Neurotiker kann die Menschen nicht sein lassen, was sie sind, ehe *er* nicht ist, was er ist. Sobald er das geworden ist, gibt es keine Übertragung früherer Bedürfnisse auf die Gegenwart mehr.

Phillip

Das Folgende ist die Autobiographie eines Mannes, der im Leben sehr zu kurz gekommen war und in verschiedenen Heimen aufwuchs. Wie bei vielen meiner Patienten vor der Therapie äußerte sich bei ihm seine innere Verkrampfung körperlich in einem leichten Buckel. Er wurde immer wieder straffällig, galt als ein ›verstocktes Kind‹ und wurde Tag für Tag bestraft. Später hatte er zahllose Liebesaffären, die in Inzest gipfelten. Sein pathologischer Befund war in jeder Hinsicht schwer. Selbst nachdem er zur Psychotherapie zu einer Ärztin geschickt worden war, brachte er es noch fertig, die Situation in eine sexuelle Eroberung umzumünzen. Nach der üblichen diagnostischen Ausdrucksweise war er ein ›Psychopath‹. Sein Fall veranschaulicht, daß ein fast unrettbar verlorener Mensch rehabilitiert werden kann, wenn er die richtige Therapie erhält.

Ich bin Phillip. Jetzt bin ich sechsunddreißig Jahre alt. Als ich drei Jahre alt war, haben sich mein Vater und meine Mutter getrennt und sich später scheiden lassen. Ich erinnere mich, daß meine Mutter und meine Schwester weggingen, und ich wußte nicht, warum und was es bedeutete. Mein Vater heiratete fast sofort wieder. Meine Stiefmutter sagte, ich habe sehr viel geweint und sei ein mürrisches, schwieriges Kind gewesen, das nicht angefaßt oder in den Arm genommen werden wollte. Nur Bonbons und andere Süßigkeiten stimmten mich versöhnlich. Ich zog mich in mich selbst zurück und nahm Störungen übel.

Mein älterer Bruder und ich wurden in einem privaten Internat untergebracht, als ich fünf war. Mein Vater nahm an Abendkursen der juristischen Fakultät teil, und tagsüber arbeiteten er und meine Stiefmutter. Ich geriet dauernd in Schwierigkeiten und konnte mich der dem Internat eigenen Lebensweise nicht anpassen. Ich schloß mich in der Schule ab und lebte wie ein ferner Außenseiter, zurückgezogen und mißmutig bei Festlichkeiten, Besuchen und geselligen Veranstaltungen. Mein Bruder versuchte mich immer aufzuheitern und mich dazu zu bringen, Veranstaltungen und Feste ebenso zu genießen wie er. Aber ich weinte nur.

An einem Weihnachtstag fragten mich einige ältere Jungen, ob ich Bonbons und Kekse aus einer Packung haben wollte, die sie hatten. Gewöhnlich wurde ich nicht zu so etwas aufgefordert, und ich aß, so viel ich konnte. Wir wurden alle hinuntergerufen in das Büro des Direktors, ehe wir mit der Packung fertig waren, und ich erinnere mich, daß ich als letzter hineingerufen wurde. Ich war ängstlich und wußte nicht, warum der rothaarige lutherische Pfarrer so wütend war. Die Packung gehörte einem anderen Jungen und war gestohlen worden. Ich versteckte meine Hände auf dem Rücken, um mich vor der Haarbürste zu schützen und pinkelte in die Hosen und über den Pfarrer, als die Haarbürste immer auf- und niedersauste. Mein Daumen war grün und blau, als ich ihn später ansah.

Mein Vater hatte seine erste Stellung als Syndikus bei einer Kunstseiden- und Seidenweberei im Süden. Er kaufte ein Haus, und zum erstenmal lebten wir alle das ganze Jahr über zusammen. Mein Bruder hatte eine Halbtagsstellung und arbeitete nach der Schule. Manchmal schenkte er mir ein paar Bonbons oder etwas Geld. Meistens stahl ich Geld oder Kaugummi aus der Handtasche meiner Stiefmutter und sagte nichts oder log, wenn sie etwas vermißte. Eines Abends fand sie etwas Kleingeld in meiner Hosentasche, weckte mich auf und fragte, woher ich das habe. Ich konnte ihr keine Antwort geben. Mein Vater kam herein, hielt mir eine Strafpredigt und schickte mich wieder ins Bett. Ich war damals zehn und mein Bruder zwölf. Ich begann Bonbons und Kaugummi in Geschäften zu stehlen.

Mein Bruder kaufte sich von seinem verdienten Geld ein Luftgewehr, und wir wollten es hinterm Haus ausprobieren. Da waren hohe Telefondrähte, und wir versuchten, flache Steine über die höchsten Drähte zu werfen. Ich warf wie ein Mädchen und kam nie über den obersten Draht. Mein Bruder kam fast immer drüber, und er traf fast alles, auf das er warf. Einmal warf er mit Steinen nach mir, und ich sagte ihm, er solle aufhören. Er tat es nicht. Ich nahm das Luftgewehr, pumpte es so stark auf, wie ich konnte, und schoß ihm in den Magen. Mein Vater mußte das Luftgewehr erst suchen, und dann verprügelte er mich mit einem Riemen. Er wollte, daß ich mich bei meinem Bruder entschuldigte, und ich sagte ihm dauernd, mein Bruder habe angefangen.

Ich ging immer mit gesenktem Kopf und vorgezogenen Schultern und kickte beim Gehen Steinchen. Ich überquerte die Straße, als ich von einem Wagen angefahren wurde. Ich erlangte das Bewußtsein wieder, und der Mann setzte mich in seinen Wagen und fuhr mich nach Hause. Meine Stiefmutter war ärgerlich und sagte, wenn ich in den Laden gegangen wäre und Brot geholt hätte, wie ich sollte, wäre das nicht passiert.

Ich war elf Jahre alt, als wir nach Charlotte zogen. Es war üblich, daß mein Bruder und ich für den Weihnachtsmann und seinen Gehilfen Coke hinstellten. Ich sagte meinen Eltern, ich glaubte nicht mehr an den Weihnachtsmann und wisse, daß sie die Geschenke hinlegten. Ich trank das Coke selbst. Als ich am nächsten Morgen aufwachte, hatte mein Bruder alle Geschenke und Süßigkeiten bekommen. Er bot mir an, mit mir zu teilen, und gab mir den schwarzen Gummirennwagen, den ich mir zu Weihnachten gewünscht hatte. Ich warf ihn an die Wand und wurde auf mein Zimmer geschickt.

Mein Vater und meine Mutter waren abends ausgegangen, und im Aschenbecher lagen einige Zigarettenstummel. Ich zündete einen an, drückte ihn wieder aus und warf den Aschenbecher in den Mülleimer. Die Vorhänge fingen Feuer aus dem Mülleimer, und mein Bruder versuchte, es zu löschen. Der Brandmeister wollte wissen, wie das Feuer ausgebrochen war. Ich sagte, mein Vater müsse eine brennende Zigarette in den Mülleimer getan haben. Mein Bruder berichtete, wie es wirklich passiert war. Mein Vater und meine Stiefmutter wollten wissen, warum ich nicht so artig sein könne wie mein Bruder. Wir fingen an zu streiten, und ich biß meinen Bruder und stach nach ihm mit Bleistiften und Gabeln. Meine Stiefmutter bemerkte die Bißspuren bei ihm und biß mich, damit ich wissen sollte, wie weh das tut. Mein Stiefbruder wurde geboren.

Ich war zwölf, als wir wieder in den Norden zogen, in die Nähe von New York City. In dem Sommer trug ich für meinen Bruder Zeitungen aus, während er Betreuer in einem Sommerlager war. Ich lieferte die Zeitungen nicht ab, sondern verkaufte sie an der Straßenecke und erstand mit dem Geld Eiskrem und

Süßigkeiten. Mein Vater mußte, als die Sommerferien vorbei waren, die Rechnung begleichen. Ein Drittel der Kunden bestellte das Abonnement ab. Mein Vater fragte, ob ich je etwas richtig machen könne.

Meine Stiefmutter zwang mich, vor ihr auf dem Fußboden zu sitzen und meine Schularbeiten zu machen. Sie hatte die Beine gespreizt und trug keinen Schlüpfer. Sie schaute nicht hin, als ich mit dem Finger in ihrer Fotze bohrte, und ich hatte den Kopf schon wieder über meinem Buch, als sie herumfuhr. Mein Vater und mein Bruder hielten mich fest, während meine Stiefmutter mich küßte. Ich ließ mich nicht gern küssen. Ich spuckte ihr ins Gesicht und wurde geschlagen. Es gab Krach, und ich nannte meine Stiefmutter ein Miststück. Sie warf ein Küchenmesser nach mir. Ich rannte von zu Hause weg. Mein Vater ließ in sechs Staaten nach mir fahnden. Das brachte mich wieder nach Hause.

Es war Sommer, und wir mußten um acht ins Bett gehen. Meine Stiefmutter pflegte mich in meinem Zimmer einzuschließen, damit mein Bruder und ich keine Dummheiten machten, während sie unten war. Meines Bruders Zimmer war nicht abgeschlossen, und wir konnten uns durch die Glasscheiben in meiner Zimmertür sehen. Ich hörte von meinem Fenster aus die anderen Kinder draußen schreien und spielen. Mein Bruder pflegte eine Tafel Schokolade hochzuhalten und mir zu bedeuten, ich sollte kommen und sie mir holen. Ich kletterte dann aus meinem Fenster hinaus und kroch über das Ziegeldach in das Zimmer meines Bruders. An jenem Abend brachte ich meinen Bruder dazu, mit mir in mein Zimmer zu kriechen. Er hatte Angst davor, wieder in sein Zimmer zurückzukriechen, denn von dem Zimmer ging es gleich schräg nach unten, man konnte bis zum Erdboden sehen. Es war ungefähr zwölf Meter tief. Mein Bruder zitterte und wollte nicht weiter als bis zum Dachvorsprung und starrte hinunter zu seinem Fenster. Ich kroch an sein Fenster und machte mich an seine Schokolade, während er auf dem Dachvorsprung saß, wütend und ängstlich. Er drohte, mich zu verprügeln und zu verpetzen, und zwischendurch bat er um Hilfe. Ich versprach ihm zu helfen herunterzukommen, wenn er mich nicht schlagen und nicht verpetzen und mir außerdem fünfzig Cents bezahlen würde. Er war schließlich einverstanden.

Wir zogen weiter nach draußen in die Vororte von New York, als ich dreizehn war. Nach der Schule sollte ich meinen Stiefbruder versorgen. Ich pflegte die Hälfte des Orangensaftes aus seiner Flasche zu trinken, Wasser nachzufüllen und ihm dann die Flasche zu geben. In dem Jahr bekam ich eine Anstecknadel, weil ich den Kindergottesdienst regelmäßig besucht hatte, und meine Stiefschwester wurde geboren. Mein Vater und meine Stiefmutter beschlossen, mich in eine Privatschule in New Jersey zu schicken. Ich lernte Kühe melken, Schach spielen und Deutsch.

Ich trat in den Schulchor ein, spielte Fußball, Korbball und lernte boxen.

Einmal schwänzten ein anderer Junge und ich die Schule und gingen mit unseren Badehosen zum Fluß. Von der Uferböschung bis zum Wasser unten waren es etwa viereinhalb Meter. Er war größer als ich und neckte mich, weil ich Angst hatte, einen Kopfsprung zu machen. Ich schlug ihm auf den Mund, und er setzte mir nach. Ich sprang und mein Kopf schlug auf die Felsen am Ufer auf. Ich wurde aus der Schule ausgeschlossen, und mein Vater brachte mich mit der Ambulanz in ein New Yorker Krankenhaus.

Meine Stiefmutter sagte, wenn ich im Haus bliebe, würde sie gehen. Mein Vater hatte versprochen, er würde den Aufnahmeantrag unterschreiben, wenn ich die Zulassungsprüfung bei der Marine bestehe. Ich bestand sie, und er sagte, er könne nicht unterschreiben, weil ich minderjährig sei und er nie geglaubt habe, daß ich durchkommen würde. Ich nannte ihn einen Lügner und sagte, ich haßte ihn. Er schlug mich dauernd zusammen, und jedesmal, wenn ich wieder hochkam, sagte ich ihm, er könne mir nicht mehr weh tun, weil ich ihn haßte. Ich war vierzehn, und er gab mir Geld für eine Fahrkarte nach Pennsylvania, dort sollte ich bei meiner Mutter leben.

Meine Mutter, meine Schwester und ich schliefen alle in einem Bett, und die ganze erste Nacht hielt ich meine Schwester im Arm und küßte sie. Ich schwänzte oft die Schule und kam tage- und nächtelang nicht nach Hause. Meine Mutter sperrte mich aus, und ich brach ein, nachdem ich die ganze Nacht im Keller verbracht hatte. Sie holte ihren Freund, einen Polizisten, der mich bestrafen sollte. Ich bedrohte ihn mit einem Küchenmesser und sagte, ich würde zustechen, wenn er mich anrührte. Der für Schulschwänzen zuständige Beamte der Schulbehörde holte mich ab und steckte mich in ein Heim für Jungen. Vom Jugendgericht wurde ich als ›unverbesserlich‹ bezeichnet und in eine staatliche Besserungsanstalt für straffällige Jungen eingewiesen.

Mit siebzehn trat ich in die Armee ein und verließ die Besserungsanstalt. Mein Vater starb an einer Überdosis Schlaftabletten, und ich ging zur Beerdigung. Ich blickte in den Sarg und sah sein Gesicht und fühlte nichts. Nach der Trauerfeier erzählte ich meinem Onkel, ich sei zum Korporal bei den Fallschirm-Sanitätern befördert worden. Er wurde wütend, weil ich meinem toten Vater nicht genügend Ehre erweise.

Ich war zwanzig, sie achtzehn, und wir trafen uns auf einer Eisbahn außerhalb des Kasernengeländes. Es war mein erstes sexuelles Erlebnis, und nach zwei Wochen waren wir verheiratet. Mein Sohn war sechs Monate alt, als ich sein Gebrüll nicht mehr ertragen konnte. Ich versohlte ihn und hinterließ den Abdruck meiner Hand in Grün und Blau auf seinem Hintern. Meine Frau war schwanger, als ich mich freiwillig zum Dienst in Übersee meldete, und unsere Tochter war zwei Wochen alt, als ich mich einschiffte. In Übersee setzte ich meinen religiösen Unterricht fort, ging jeden Sonntag in die Kirche, schickte meinen ganzen Sold bis auf drei Dollar monatlich an meine Frau und war ihr in den zwei Jahren absolut treu. Ich kehrte nach Hause zurück, und ehe das Jahr um war, hatte ich Geschlechtsverkehr mit meiner zweieinhalbjährigen Tochter.

Aus ihren Briefen hatte ich schon geschlossen, daß meine Frau sich herumtrieb. Ich begann in diesem Jahr zu trinken, zu rauchen und mit anderen Frauen zu schlafen. Als ein anderer GI mir die Untreue meiner Frau vorhielt, griff ich ihn mit einem Schanzgerät an. Es wurde ein Militärgerichtsverfahren eingeleitet. Ehe das Gericht zusammentrat, nahm ich eine Überdosis Schlaftabletten und landete auf der psychiatrischen Station. Ich wurde aus dem Militärdienst und aus dem Krankenhaus entlassen. Meine zweite Tochter wurde geboren, und ich zweifelte daran, daß es meine war.

Ich war fünfundzwanzig Jahre alt, als ich nach Texas ging und meiner Frau sagte, ich würde sie nachkommen lassen, wenn ich Arbeit gefunden hätte. Ich hatte nicht vor, sie nachkommen zu lassen, und in Texas arbeitete ich, trank und hatte mehrere Liebesaffären. Meine Frau kam von sich aus, und nach sechs Monaten trennten wir uns und wurden später geschieden. Ich war verbittert und enttäuscht.

Mit sechsundzwanzig zog ich nach Kalifornien mit der Absicht, ein College zu besuchen. Als ich Gloria kennenlernte, verkaufte sie Zeitschriftenabonnements, und ich sagte ihr, ich wolle ihr helfen. In meinem ersten College-Jahr lebten wir zusammen, und ich verließ sie, als ich in einer Schule für geistig zurückgebliebene Kinder zu arbeiten begann. Ich hatte Liebesverhältnisse mit mehreren Frauen, die dort arbeiteten, und eine Frau sagte dem Direktor, ich hätte sie geschwängert. Ich wurde gefeuert und dachte an Selbstmord als eine Lösung. Ich hatte weiter zahllose Liebesverhältnisse, trank eine Menge, rauchte stark und schlief wenig.

Fay war eine probeweise zugelassene College-Studentin, als ich sie kennenlernte. Ich bot ihr an, ihr bei ihren Schularbeiten zu helfen, denn ich war damals arbeitslos. Meine Miete war noch für eine Woche bezahlt, als wir heirateten und sie arbeiten ging. Ich bewarb mich um eine Anstellung bei einem Grafschaftsamt und nahm zwischenzeitlich einen Job an, mit einem apathischen Kind zu arbeiten. Ich sollte es für die Aufnahme in einem Schulheim vorbereiten, weil seine Eltern es nicht in eine Nervenheilanstalt bringen wollten. Ich bekam die Stellung bei der Grafschaft und gab die Arbeit mit dem apathischen Kind an meine Frau weiter. Ich zankte dauernd mit ihr, weil sie nicht imstande war, das Kind anzuleiten und mit ihm zu arbeiten, und hatte ewig an ihr auszusetzen. Wir ließen uns etwa zu der Zeit scheiden, als das apathische Kind für die Aufnahme in der Schule bereit war. Ich war von Selbstmordgedanken erfüllt und gab mir gegenüber zum erstenmal zu, daß ich krank sei und Hilfe brauche. Ich setzte mich mit der Studentenberatung in Verbindung und begann eine Gruppentherapie.

Ich lernte rasch, die Techniken zu beherrschen, die in der Gruppensituation angewandt wurden. Zu dieser Zeit diskutierten meine Schwester und ich sehr sachlich über Inzest, dann schliefen wir miteinander und lebten kurze Zeit zusammen. Die Gruppentherapie bei meinem Psychiater hörte auf, ohne daß die Affäre mit meiner Schwester zur Sprache kam, und ich begann eine Einzel- und Gruppentherapie bei einer Psychologin. Ich sprach mit ihr über meine zahlreichen Liebesaffären, mein bisheriges Leben und meine Fortschritte in der Therapie. Innerhalb von drei Monaten diskutierten wir über Gegenübertragung, schliefen miteinander, ich gab meine Stellung auf und zog in ihr Haus nach Hollywood Hills. Sie war Ende vierzig, ich Anfang dreißig. Meine jetzige Frau lernte ich kennen, als ich in dieser Gruppe war, und zog dann nach North Hollywood. Ich erhielt eine Anstellung in einer psychiatrischen Klinik. Ich bewarb mich um eine Anstellung bei einer Bundesbehörde und begann mit Leuten in der Gemeinde zu arbeiten.

Ich ging meine dritte Ehe ein, und als mein Lebensstandard sich besserte, nahm mein Trinken zu. Die vielen Therapien und Therapiesitzungen hatten die Krankheit in mir nicht zu heilen vermocht. Ich war immer schlauer als meine Therapeuten und überlistete sie und mich selbst und trieb sie in die Enge. Ich hatte Geschicklichkeit erlangt in verbalen Intrigen, intellektueller Rationalisierung, theoretischer Erklärung, Problemlösen, Körperberührung und vielen anderen gelehrten Techniken. Und immer blieb ich krank und wußte es. Ich hatte mich durch meine Ausbildung und Therapie von einem ›verantwortungslosen, ungebildeten, unverbesserlichen‹ Psychopathen in einen ›verantwortungsbewußten, gebildeten Mittel‹-Psychopathen verwandelt.

Janov stand hinter dem Schreibtisch und schaute zu mir auf, als ich zum erstenmal sein Sprechzimmer betrat. Ich hatte ein starres Lächeln auf den Lippen, als er sprach. »Stehen Sie nicht da und schauen Sie mich an; hier draußen gibt es keine Antworten. Legen Sie sich auf die Couch.« So fing es an.

Mein verlogenes Lächeln verschwand, und ich legte mich auf die Couch. Janov fragte: »Was fühlen Sie?« Meine Antworten waren bruchstückhaft und ungeordnet. Ich begann zu weinen. »Was ist los?« fragte Janov. »Lassen Sie uns darüber sprechen. Sie sehen schlecht aus.« Ich weinte nur noch mehr. Janov wartete und sagte dann: »Sagen Sie, was Sie fühlen. Weinen Sie es nicht weg.« Schließlich hörte ich auf zu weinen und wurde ruhig. »Gut«, sagte Janov. »Was fühlen Sie?« Ich antwortete: »Angst; auch eine Art Treibenlassen.« Janov: »Gut, nun versenken Sie sich gleich da hinein; strecken Sie Ihre Beine aus. Nun versenken Sie sich gleich da hinein und versuchen Sie in keiner Weise sich zu beherrschen. Lassen Sie sich gehen! Lassen Sie sich gehen!« Ich begann rasch zu atmen. Janov: »Jetzt atmen Sie vom Bauch her, ganz tief; machen Sie den Mund auf und holen Sie die Luft aus dem Bauch herauf; sagen sie *ah* – ganz tief – *ah* – tief. Versenken Sie sich da hinein!« Ich ließ mich ein wenig gehen. Janov: »Was ist es?« Ich: »Mir dreht sich alles im Kopf; ich kann mich nicht gehen lassen. Ich denke daran, daß ich immer Angst vor Kritik hatte. Mein Schwung, mein Antrieb, alles bei mir – das ist es eigentlich nicht, was mit mir geschieht. Ich will nicht versagen. Ich will nicht kritisiert werden.« Janov: »Von wem?« Ich: »Von meiner Familie, glaube ich. Ich gehe noch weiter zurück. Ich glaube, ich erinnere mich nicht an die Zeit, ehe ich drei war. Ich erinnere mich an die Zeit danach. Ich weiß, daß ich einen Haß habe; ich kann nicht verzeihen ...« Janov: »Sagen Sie es.« Ich: »Ich kann meiner Mutter nicht verzeihen. Sie verließ mich, als ich drei war. Meine Stiefmutter habe ich nie akzeptiert. Dauernd wird kritisiert. Warum bin ich nicht so brav wie mein Bruder? Er fügt sich. Ich rebelliere. Und eigentlich nicht; eigentlich will ich nicht so brav sein wie er. Er ist gar nicht brav.«

Janov: »Was würden Sie zu Ihrer Mutter sagen, wenn Sie jetzt mit ihr sprechen könnten; mit Ihrer richtigen Mutter.« Ich: »Meine richtige Mutter?« Janov: »Was würden Sie sagen?« Ich: »Ich würde sie bitten, mich zu lieben.«

Janov: »Gut, bitten Sie sie. Reden Sie mit ihr. Mammi – kommt. Sagen Sie ihr, was Sie sagen wollen.« Ich begann schwer zu atmen und spürte den Kloß im Hals. Ich zog mächtig. Mir war, als würde ich auseinandergerissen, als ob ich in der Mitte geteilt sei und die beiden Hälften voneinander wegstrebten. Ich wurde körperlich und in jeder Beziehung auseinandergerissen. Ich versuchte mich dagegen zu wehren. Die beiden Teile von mir lagen miteinander im Kampf. Ich konnte es nicht hindern. Ich legte los und schrie: »Mammi, Mammi!« Janov: »Rufen Sie!« Ich: »Ich will, daß sie zurückkommt.« Ich begann heftig zu weinen. Es tat weh. Ich erstickte fast und würgte an meinen Gefühlen. Ich schrie: »Ich möchte sterben.« Janov: »Sagen Sie es ihr.« Ich konnte meinen Gefühlen nicht freien Lauf lassen. »Mammi, geh nicht weg.« Ich schaltete ab. Ich konnte das Weinen, das Würgen, den Schmerz nicht aufhalten. Es zerriß mich. Ich legte los: »Ich hasse dich, laß mich zufrieden, Mammi. Ich hasse euch alle, ihr Scheißer.« Ich würgte und schluckte und versuchte meine Gefühle niederzuhalten, sie zu beherrschen. Sie kamen immer wieder hoch. Mir tat alles weh. Der Kloß im Hals verschwand nicht. Ich legte los und schrie: »Liebe mich.« Ich schaltete ab. Ich kämpfte. Trotzdem kam es heraus: »Liebe mich.« Ich war ruhig und empfand Furcht. Aber noch immer war ich nicht sicher, was Fühlen sei. Ich sah, daß ich eine Menge Dinge getan hatte, nicht weil ich es wollte, sondern weil ich die Liebe meiner Eltern wollte. Ich hatte wieder Angst. Ich fürchtete, ich würde nicht geliebt und sei selbst nicht imstande zu lieben. Ich hatte das Gefühl, nichts zu taugen. Meine Mutter hatte mich verlassen, und ich fragte: »Warum mich?« Ich weiß nicht, ob sie mich nicht wollte, und ich nahm es ihr übel. Ich wollte töten – mich töten. Ich kam mir anders vor als andere Leute. Ich schrie auf. Ich schrie noch mehr, aber ich blockierte immer noch. Ich hatte Angst, meinen Gefühlen freien Lauf zu lassen. Fürchtete, ich würde unbeherrscht um mich schlagen, wenn ich meinen Gefühlen freien Lauf ließ. Ich schlug auf die Couch und schrie; und heraus kam: »Ich hasse mich.« Ich wollte schreien, kämpfte dagegen an und verzerrte den Klang eines Wortes, das zu sagen ich mich fürchtete. Zum erstenmal begann ich meinen Schmerz zu spüren, und als Janov sagte: »Sagen Sie es ihnen. Sagen Sie es Mammi und Pappi. Sie müssen ihnen sagen, daß Sie leiden«, da erstickte ich schier und würgte und konnte nur innehalten. Der Urschmerz war zu groß. Janov: »Seien Sie nicht mehr still. Leiden Sie nicht mehr schweigend. Bringen Sie es raus; rufen Sie um Hilfe. Mammi. Pappi.« Ich schrie den Urschmerz hinaus und schrie ihn immer wieder hinaus. Dann war Stille. Ich redete: »Jetzt weiß ich, warum ich mich hasse.« Janov: »Warum?« Ich: »Weil ich im Grunde genommen alles dafür hergeben würde, um von ihnen geliebt zu werden, und trotzdem hasse ich sie auch. Ich hasse sie, weil ich sein muß, wie sie mich haben wollten, damit sie mich lieben konnten. Sie sind alle verrückt; sie sind verrückter als ich.« Janov: »Was haben Sie immer gewollt, was wollten Sie von ihnen?« Ich: »Ich wollte, daß sie mich um meinetwillen lieben und mich sein lassen, was ich sein mußte ohne ihr strenges ›das ist brav; das ist böse; du mußt Erfolg haben; du darfst nicht sagen, was du eigentlich empfindest, du mußt sagen, was richtig ist, was nett ist, um ihnen zu schmeicheln und ihnen zu sagen, was sie hören wollen‹. Ich habe eine Menge angestellt, weil ich nie sagte: ›Liebt mich.‹ Ich konnte nicht sagen: ›Liebt mich.‹ Darum habe ich immer Schwierigkeiten gehabt. Die Szene, als meine Mutter wegging, stand mir blitzartig vor Augen, und ich konnte nicht rufen: ›Mammi, bleib hier!‹ Ich fühlte mich hilflos und einsam, und ich wußte, daß es damals gewesen war, daß ich mein ganzes Fühlen abgeschaltet hatte. Ich wollte nicht nach Mammi rufen, denn das bedeutete, zu der Szene zurückzukehren und jenen Schmerz zu empfinden, den zu empfinden ich nie zugelassen hatte. Ich wußte auch, warum ich bestraft werden wollte, und warum ich destruktiv war und mich dem Familienrahmen nicht anpaßte. Ich versuchte immer zu dieser Anfangsszene zurückzugehen und zu fühlen, was da geschehen war. Ich fragte mich: ›Warum bin ich der einzige, dem es etwas ausmachte? Warum haben die anderen Familienmitglieder sich angepaßt?‹ Ich fragte mich dauernd, was mit mir nicht stimme, und ich schlug um mich, nach ihnen und nach allem im Leben. Ich mußte zurückgehen und diesen Augenblick empfinden und konnte es nicht, wenn sie ihn versperrten. Mein ganzes Ausagieren begann, als ich abschaltete und meine Hilflosigkeit, mein Alleinsein an diesem Punkt nicht fühlen konnte.«

Das war meine Primärszene und die erste Verbindung, die ich herstellte. Alles andere ergab sich aus diesem Ursprung meines Konflikts. Mein Körper fühlte die Spaltung, das Auseinanderreißen. Meine Vergangenheit, die Vergangenheit, die ich nie empfunden hatte, überfiel mich. Ich hatte wieder Angst. Ich schaltete ab. Ich war erschöpft und wollte in mein Zimmer zurückgehen und stundenlang schlafen. Als ich aufwachte, war die Furcht noch da, und ich fühlte den Kloß im Hals. Ich versuchte, das, was ich vorher gefühlt hatte, zu verleugnen und fortzurennen. Ich schwankte, ob ich in Janovs Sprechzimmer rennen sollte und um Hilfe bitten wie der ängstliche und verletzte kleine Junge, der ich tatsächlich war, oder ob ich vor dem Urschmerz wegrennen sollte, den der Kampf mit mir selbst auf der Couch hervorgebracht hatte. Ich spürte jetzt drei Klöße. Einen im Hals, einen im Zwerchfell und einen unten in der Brust. Ich schrie: »Mammi, Mammi«, und ich sah, wie sie mit der Hand hinunterlangte und meine Eier heraus- und nach oben zog durch mich hindurch. Sie blieben stecken, und als ich zog, funktionierten sie nicht richtig. Ich zog noch mehr, und nach einer Weile bekamen sie Verbindung. Der Kloß im Hals wurde zylindrisch und bewegte sich auf und ab. Alle drei Klöße hingen jetzt aneinander. Ich bekam Angst, aber ich wußte, daß es mein Pimmel und meine Eier waren. Mein Pimmel bewegte sich im Hals auf und ab, wenn ich atmete, und er masturbierte. Der Schleim wurde in meinem Mund Samen, und ich würgte. Ich schrie auf, aber ich verdrehte und verhüllte das Wort ›Pimmel‹ noch, vor dem ich mich so fürchtete. »Pimmel, Pimmel, Pimmel.« Was bedeutete das? Vielleicht war ich homosexuell. Ich bekam es mit der Angst. Endlich wußte ich, daß ›Pimmel‹ das Symbol meines ganzen destruktiven, sexuellen Ausagierens war. Gefühle begannen in mir aufzusteigen, manchmal in physischer, manchmal in symbolischer Form. Aber sie waren zusammenhanglos, und ich würde weiter zurückgehen müssen, bis sie alle miteinander in Verbindung gebracht waren. Ich begann die ganze ungefühlte Abfolge meines Lebens zu empfinden. Erstens die Verleugnung, daß ich im Alter von drei Jahren ungeliebt und hilflos zurückgelassen wurde. Dann das Wort ›Pimmel‹ und mein wütendes, destruktives Ausagieren durch Sex, um die Furcht zu verbergen, die das Alleinsein mit sich brachte.

Ich war allein in meinem Schlafzimmer und wurde von panischem Schrecken erfaßt. Ich wollte Janov auf den Zahn fühlen. Weiß er, was er tut? Wie gefährlich es ist, die Büchse der Pandora zu öffnen? Ich fürchtete mich und wollte vor mir selbst davonlaufen. Ich rief Janov an und drohte, ich würde ihm eine Untersuchungskommission auf den Hals schicken. Er fragte mich, warum ich eigentlich anrief, und ich sagte ihm, ich hätte Angst. Angst vor meinen Gefühlen. Ich wollte gesund sein. Ich wollte Penis, Testes und Samen heraufhusten und ausspucken.

Gesund bedeutete vielleicht real. Real bedeutet vielleicht homosexuell. Ich weiß nicht, Janov hatte mir gesagt, sein Sprechzimmer sei mein Zimmer, und da könnte ich alles sein, was ich wollte. Ich wollte in mein Zimmer rennen, dort in Sicherheit sein, dort ich sein.

Auf dem Weg zu Janov war mir die Kehle wie zugeschnürt, und ich wollte weinen. Mir war, als ob ich ein kleiner Junge sei und in mein Zimmer gehe, wo es völlig richtig war, ein kleiner Junge zu sein. Ich legte mich auf die Couch, und das Fühlen stieg auf. Ich machte den Mund auf, und ›Pappi‹ kam heraus. Ich begann zu weinen und zu rufen: »Pappi, Pappi, liebe mich!« Bei dem Wort ›liebe‹ stockte mir der Atem, und ich schämte mich. Janov sagte: »Bitten Sie.« Ich rief und bat um die Liebe, die ich brauchte; würgte und kam mir verächtlich vor. Es bedeutet, daß man schwach ist, wenn man Liebe braucht, und es tat weh, weil ich es so lange verleugnet hatte, daß ich Pappis Liebe brauchte. Ich mußte es verleugnen, denn er hätte mir nie erlaubt, darum zu bitten. Es hätte ihm zu viel Schmerz bereitet, deshalb mußte ich abschalten, statt die Ablehnung zu empfinden, die mir immer zuteil wurde. Ich versenkte mich in mein Gefühl, und ein Bild tauchte blitzartig vor meinen Augen auf. Ich stand in der Mitte eines Kreises von Menschen, die mich anstarrten, ich machte mit dem Mittelfinger das ›Leck-mich‹-Zeichen und lachte. Plötzlich änderte sich das Bild, ich wurde nackt ausgezogen, und die Gesichter starrten mich an. Höhnische Gesichter, boshaft und häßlich. Mein häßliches Spiegelbild. Ich bekam Angst so ganz allein und versuchte, meine Blöße mit den Händen zu verdecken. Ich konnte nicht sehen, wer die Gesichter waren. Janov sagte: »Sehen Sie es sich an, bleiben Sie dabei.« Ich schaute genau hin. Mein Kopf wollte sich abwenden. Ich wollte wegrennen. Janov sagte: »Sehen Sie hin.« Ich sah scharf hin und schrie vor Angst auf. Es war meine Familie. Meine Familie, die mich höhnisch anstarrte, und ich kam mir verletzlich und allein vor, und ich wollte, daß mein Pappi mich beschützt. Ich sah, daß auch er ein ängstlicher kleiner Junge war, genau wie ich. Wo war er? Ich rief, und da sah ich ihn, tot in seinem Sarg, aber er hörte mich. Ich bat ihn, nicht wegzugehen. Ich sagte ihm, ich brauche ihn, und zum erstenmal sprach ich mit ihm. Ich wollte ihn ganz für mich allein haben, und das sagte ich ihm. Er war immer da, wenn ich ihn rief, und ich sah die frühen Szenen meines Lebens mit ihm und sagte und fühlte all das, was wir nie gesagt und gefühlt hatten, als er lebte. Ich hatte zahlreiche Urerlebnisse, bei denen ich meines Vaters Pimmel wollte, wütend, traurig wurde und grob und zärtlich zu ihm war. Schließlich kam der Augenblick, ihm auf Wiedersehen zu sagen, den Sargdeckel zu schließen, und es begann der Prozeß, ihn sterben zu lassen und die Dinge ihren Lauf nehmen zu lassen.

Meine Urerlebnisse erhielten nun mehr symbolische Bedeutung, und ich fühlte mich eingeschlossen und beengt. Ich versuchte mich dazu zu zwingen, das zu fühlen, was es war, aber es klappte nicht. Es war, als ob mein Körper sich nur in einem bestimmten Tempo bewegen konnte, und ich vermochte den Prozeß weder zu beschleunigen noch zu verlangsamen. Ich versuchte zu rauchen, mein Körper wurde starr vor Spannung, und ich hatte Schmerzen. Es war, als ob in mir eine Schlacht ausgefochten würde, und ich hatte keinen Einfluß auf das, was vorging. Manchmal wünschte ich, es möge vorbei sein, und manchmal hatte ich Angst, es würde vorbei sein. Ich mußte empfinden, was mich einschloß. Ich versenkte mich in das Fühlen und sah ein Bild von mir mit einer bleiernen Gußform auf dem Rücken, wie ein Mumiensarg. Ich ging durchs Leben, vornübergebeugt, niedergedrückt von dem Gewicht der Gußform, die alles beherrschte, was ich tat. Es war die Form, in die meine Familie mich gezwängt hatte, und ich wurde darin verrückt. Wie konnte ich heraus? Ich mußte da heraus! Ich schrie, mein Rücken begann sich zu wölben, Brust- und Rückenmuskeln streckten sich, und ich weinte und schrie vor Schmerz. Dann wurde die Verbindung hergestellt, körperlich wie auch im Fühlen. Ich hatte seit Jahren einen krummen Rücken gehabt, gebeugt unter dem Willen meiner Eltern, aber mein Körper hatte die Auferlegung der fremden Form nie ganz akzeptiert. Bei jedem neuen Urerlebnis wurde mein Rücken gerader, und meine Muskeln streckten sich. Ein vollständig neues System übernahm in mir die Herrschaft, und ich konnte die körperlichen Zusammenhänge spüren. Nach jedem Urerlebnis war ich erschöpft und erwartete ungeduldig den nächsten Schritt, die nächste Phase. Ich konnte nicht glauben, daß es je enden würde. Manche Tage waren qualvoll; manche waren still und friedlich; manche waren hellwach und anschaulich klar. Ich wußte nie, was ich zu erwarten hatte. In der Zeit zwischen den Phasen der Urerlebnisse schien sich mein Körper auszuruhen, die neu geformten Züge auf die Probe zu stellen und sich auf die nächste Phase vorzubereiten. Ich wurde gewahr, daß mein Körper die Herrschaft übernahm und mein Gehirn die Kontrolle über meinen Körper verlor. Ich saß in der Gruppe und hatte wieder die Empfindung, die ich schon bei mehreren Sitzungen gehabt hatte. Es war eine Empfindung von Zerren und Straffen, die den Bereich der Kopfhaut und des Kopfes erfaßte, und tiefer drinnen in den Knochen und Muskeln vom Kopf, Hals und Gesicht empfand ich eine Einschnürung. Ich legte mich hin in der Gruppe und glaubte, in ein paar Minuten würde es mit mir aus sein, als ich plötzlich Angst bekam und spürte, daß mein Körper um sich schlagen und sich freiwinden wollte. Ich schrie: »Ich habe Angst«, und Janov sagte: »Lassen Sie es geschehen.« Mein Körper nahm verschiedene unheimliche Stellungen an, die sich jeder Kontrolle durch mich widersetzten, und ich stieß Schmerzensschreie aus, als die Auflösung sowohl körperlicher als auch emotionaler neurotischer Abwehrmechanismen begann. Mir brach der Schweiß aus, als ich von der Gewalt meines Körpers übermannt wurde, und mein Gehirn vermochte nicht mehr zu diktieren, wie ich seiner Ansicht nach sein sollte. Ich wußte nun, daß mein Gehirn diktiert hatte, was ich nach den Wünschen meiner Eltern denken und sein sollte, aber mein Körper rebellierte und wollte nicht mehr nach irgendwelchen Diktaten ›agieren‹ oder sich ›verhalten‹, sondern nur noch nach dem, was für ihn richtig war. Zum erstenmal in meinem Leben war ich frei und wußte, was Freiheit ist. Ich hatte keine Wahl mehr, ob ich krank oder nicht krank sein und ausagieren könnte. Mein Körper erlaubte es nicht. Mein Kopf konnte nicht mehr lügen oder meinem Körper vorschwindeln, er müsse sich unterwerfen. Ich versuchte ein Abkommen zu treffen, damit mein Körper aufhöre, mich zu verzerren und zu entzerren, aber es klappte nicht.

Mein Körper hatte sich entschieden, und mir blieb keine Wahl. Mein Körper ist ein Tabernakel und duldet keine Mißachtung mehr. Ich weiß, daß die überwiegende Mehrheit der von den Eltern und der Gesellschaft eingeführten Regeln, Vorschriften, Grundsätze und Kontrollen unnötig sind, wenn dem Kind gestattet wird, real zu sein und auf seinen Körper und sein Gehirn einzugehen, wie der Körper es verlangt.

14. Schlaf, Träume und Symbole

Wenn das kleine Kind die katastrophale Realität bei der Primärszene verleugnet, hört es auf, völlig real zu sein, und begibt sich auf einen Weg, auf dem es immer irrealer wird. Dieser Verlauf wird tagtäglich von seinen Eltern vorgezeichnet, die ihr Kind nicht es selbst sein lassen und verlangen, daß es einem von ihnen erfundenen und erwarteten Bild entspreche. Vielleicht wird es der ›brave Junge‹, der ›Clown‹ oder der ›hilflose Narr‹ sein.

Ein symbolisches Selbst zu sein ist eine Ganztagsbeschäftigung. Die Notwendigkeit, sich gegen das reale Selbst zu sichern, besteht Tag und Nacht. Tagsüber geht das symbolische Ausagieren vor sich; nachts schützen symbolische Träume vor realen Gefühlen, selbst im Schlaf. Wenn zum Beispiel ein Heranwachsender versucht, es einer boshaften Mutter recht zu machen, dann wird er ihr bereitwillig helfen, lächeln, wenn sie ihn anschaut, zögernd mit ihr sprechen, sich bei ihr einschmeicheln, sich für fast alles entschuldigen – kurz, er wird sich auf viele Verhaltensweisen einlassen, die auf das unbewußte Gefühl zurückgehen: »Sei nett zu mir, Mammi; ich will alles tun, wenn du freundlich bist.« Jede dieser Verhaltensweisen ist eine symbolische Ableitung von diesem zentralen Gefühl.

Weil das Bedürfnis sich nachts nicht ändert oder verschwindet, wird es im Traum ausagiert, und wiederum in symbolischer Form. Der Traum wird vielleicht versuchen, ein Ungeheuer zu besänftigen oder etwas Unmögliches zu tun, und es niemals ganz schaffen. Die unmögliche, symbolische Aufgabe ist in Wirklichkeit der Versuch, Mutter nett zu machen.

Der erste Gesichtspunkt bei Träumen ist also, daß sie *Fortsetzungen im Wachzustand sind und nicht ein getrenntes Phänomen.* Sie sind der nächtliche symbolische Kampf – die nächtliche Neurose. Es ist einleuchtend, daß ein Neurotiker nicht als Neurotiker schlafen geht, nachts gesund ist und am nächsten Morgen wieder als Neurotiker aufwacht. Andererseits haben reale Menschen ebensowenig irreale Träume, wie sie sich tagsüber auf irreale Weise verhalten.

Der zweite Gesichtspunkt ist, daß *symbolische Träume nur bei symbolischen Menschen vorkommen.* Erst nach vielen Monaten der Primärtherapie habe ich bemerkt, daß die Träume im Laufe der Therapie realer wurden. Am Schluß der Therapie wurden die Patienten, was sie waren – nicht nur tagsüber, sondern auch nachts in ihren Träumen: Mutter war Mutter, Kinder waren Kinder, und

New York war New York. Außerdem spielten sich ihre Träume in der Gegenwart ab und nicht in der Vergangenheit, wie so viele neurotische Träume. Das ist logisch, denn Symbole tauchen auf, um *alte* Gefühle aus der Kindheit zu verhüllen. Sie sind ein Versuch, mit der Vergangenheit fertig zu werden. Der Normale hat mit seiner Vergangenheit aufgeräumt. Er lebt Tag und Nacht in der Gegenwart.

Jemand, der sich unwichtig vorkommt, kann nicht des Nachts wichtige Geschäfte abschließen, um dieses Gefühl zu verhüllen. Seine Träume übernehmen das für ihn. Er träumt vielleicht davon, daß er seiner Leistungen wegen bei einer Versammlung geehrt wird. Der Traum und der erfolgreiche Abschluß von Geschäften während des Tages sind Aspekte desselben ungefühlten Gefühls. Wenn der Patient in der Primärtherapie einen solchen Traum erwähnt, wird er veranlaßt, sich in dieses Gefühl an seinem Kernpunkt zu versenken. Was er empfindet, wird das schmerzhafte Gefühl sein, das wichtiges symbolisches Verhalten im Traum *und tagsüber* veranlaßt.

Der dritte – und wichtigste – Gesichtspunkt in bezug auf symbolische Träume ist, daß sie *dazu dienen, die geistige Gesundheit des Träumers zu schützen.* Das steht im Gegensatz zu der Freudschen Hypothese, wonach Träume dazu dienen, den Schlaf zu schützen, damit wir uns ausruhen. Wenn wir begreifen können, daß das irreale Selbst (das Selbst, das gefährliche Gefühle in Symbole verwandelt) uns geistig gesund und neurotisch erhält, dann können wir erkennen, daß symbolische Träume wichtig sind. Sonst würde es erschütternde Urerlebnisse im Schlaf geben.

Manchmal kommen reale Gefühle selbst im Schlaf ziemlich dicht heran. Die üblichen Traumsymbole halten das Fühlen nicht länger zurück, und die Folge ist ein Alptraum. Ein Alptraum ist das durch den neurotischen Abwehrmechanismus durchbrechende Urgefühl. Der Träumer symbolisiert auf einer neuen Ebene – einer psychotischen. Seine Drachen und Ungeheuer sind das, was ich psychotische Symbolisierung nennen möchte. Alpträume sind also nächtlicher Wahnsinn. Darum ist es eine solche Erleichterung, aus ihnen aufzuwachen und in der realen Welt zu sein. Das Fühlen des Alptraums erweckt uns zu Bewußtheit, so daß wir uns des Fühlens auf dieselbe Weise *unbewußt* bleiben können, wie sich manche Neurotiker tagsüber mit Hilfe der Abwehrmechanismen ihrer Gefühle und Gedanken nicht bewußt sind. Wenn wir uns das auf rein physischer Ebene vorstellen, dann finden wir, daß manche von uns bei starkem körperlichem Schmerz ohnmächtig (bewußtlos) werden.

Ein Urerlebnis ist die logische Fortsetzung und der Abschluß eines Alptraumes. Es ist dieses Alpdruckgefühl, dieser Schrecken *ohne* den symbolischen Deckmantel. Wenn jemand Alpträume hat, dann ist er seinem Urerlebnis nahe. Tatsächlich fühlt er noch ein Großteil des Schreckens, wenn er schon aufgewacht ist. Sein Herz hämmert, seine Muskeln sind gespannt, nur hat er die Verbindung nicht hergestellt, und daher ist es zu keinem Urerlebnis gekommen. Das verhindert der Urschmerz. Wenn in diesem Augenblick ein Primärtherapeut da wäre, würde der Betreffende seine Urerlebnisse haben und auf dem Wege sein, real zu werden.

Ein immer wiederkehrender Alptraum oder schlechter Traum ist ein Urgefühl, das weiterbesteht und jahrelang auf fast dieselbe Weise symbolisiert werden muß. Von einem Feind angegriffen zu werden, einen Revolver mit Ladehemmung zu haben und nur mit knapper Not zu entkommen, kann zum Beispiel ein wiederkehrender Traum sein. Das Gefühl bei diesem Traum ist, daß niemand da ist, der einem hilft. Oft merkt der Träumer gar nicht, daß ihm eigentlich jemand helfen sollte. Er ist allein in seinem Traum, so wie er immer allein auf der Welt war und versuchte, mit unüberwindlichen Schwierigkeiten fertigzuwerden. Er braucht es, ›Hilfe!‹ zu schreien. Manche Träumer versuchen wirklich, ›Hilfe!‹ zu schreien, aber kein Laut kommt heraus. Dafür besteht guter Grund. Dieser Schrei ist der Urschrei, und daß er nicht ausgestoßen wird, ist eine Schutzmaßnahme. Ein Beispiel: Bei einer Therapiesitzung beschrieb eine Frau ihren Traum der letzten Nacht: »Ich wurde angegriffen, und etwas hatte mich in eine Zimmerecke gedrängt. Ich versuchte zu entkommen und rannte ins Nachbarhaus, von wo aus ich die Polizei anrufen wollte. Ich wählte dauernd die falsche Nummer und konnte die Polizei einfach nicht erreichen.« Ich veranlaßte sie, sich wieder in den Traum zu versenken und ihn noch einmal zu erzählen. Sie weigerte sich. Aus irgendeinem Grund war es zu schrecklich. Ich bestand darauf. Als sie schließlich erzählte, wie sie zum Nachbarhaus rannte, unterbrach ich sie: »Wählen Sie die richtige Nummer!« Sie schrie, das könne sie nicht. Ich ließ nicht locker. Schließlich wählte sie die richtige Nummer, und heraus kam ein entsetzlicher Urschrei: »Hilfe!« Sie schrie zehn Minuten lang, wand sich auf dem Fußboden und schlug um sich. Bei allem, was sie tat, hat sie zwanzig Jahre lang ›Hilfe!‹ geschrien, denn sie hat nie von ihren Eltern Hilfe bekommen können. Sie war so verbissen und eifrig damit beschäftigt, ihnen zu helfen, daß sie nicht fühlen konnte, daß sie selbst Hilfe brauchte.

Warum hatte sie in dem Traum nicht geschrien? Wegen der Hoffnung. Hätte sie geschrien und niemand wäre gekommen, dann wäre alles verloren gewesen – sie hätte ihre äußerste Hilflosigkeit und die Tatsache empfinden müssen, daß ihr niemand in ihrem Leben helfen würde. Daß sie nicht schrie, bewahrte sie vor dieser Erkenntnis. Als sie dann in meinem Sprechzimmer schrie, empfand sie diese entsetzlichen Gefühle von Hilflosigkeit und Hoffnungslosigkeit. Daß sie vorher nicht geschrien hatte, ließ sie weiterkämpfen (und hoffen). Außerdem blieben dabei ihre Gefühle verhüllt. Das Schreien durchbrach die irreale Hülle und trug dazu bei, sie auf den Weg zur Realität zu bringen.

Viele Neurotiker sind so gut in Deckung, daß sie im Traum niemals dem Schreien nahekommen. Tatsächlich erinnern sie sich kaum ihrer Träume, weil die Gefühle und deren Symbole so tief verschüttet sind. Aber Neurotiker sind ein wandelnder Schrei. Wir schreien auf verfeinerte Weise. Sind wir unterwürfig, ist es der Schrei, sanft behandelt zu werden; reden wir ständig, ist es der Schrei um Aufmerksamkeit.

Wie aus alledem ersichtlich, ist Neurose nicht lediglich mangelnde soziale Anpassungsfähigkeit. Ob jemand neurotisch oder nicht neurotisch ist, können wir nicht danach beurteilen, ob der Betreffende beruflich vorankommt. Ein tagsüber gut funktionierender Mensch kann Alpträume haben, die beredtes Zeugnis ablegen für seine Neurose. Aus diesem Grunde erscheinen Testreihen über soziale Anpassung, die angeblich Neurosen aufzeigen, irrelevant, denn sie spiegeln nur *Tages*verhalten wider.

Die Tiefe des Urschmerzes, die Undurchlässigkeit des Abwehrsystems, die Nähe zu den Gefühlen – all das läßt sich gewöhnlich nach den Traumsymbolen ermessen. Je mehr Urschmerz, um so wahrscheinlicher ist es, daß die Symbole komplex sind. Und je mehr Urschmerz, um so mehr Kampf wird es in den Träumen geben: unter Zäunen durchkriechen, sich aus einem Tunnel ausgraben, steile Berge erklimmen usw. Wenn die Gefühle trotz der Symbole während des Traums auftauchen, ist anzunehmen, daß der Betreffende ein dürftiges Abwehrsystem hat und seinen Gefühlen nahe ist; das ist dann ein leichter Fall in der Primärtherapie, und der Patient hat gute Aussicht, bald real (gesund) zu werden. Andererseits sind erfreuliche Träume bei einem Neurotiker verdächtig. Zum Beispiel der wiederkehrende Traum vom Fliegen und Sich-Frei-Fühlen. Der Urschmerz, der hinter diesem erfreulichen, schwebenden Gefühl lauert, kann wie eine Boa constrictor sein. Statt zu träumen, er sei der Gefesselte Prometheus, was realer wäre, denn es wäre ein Zeichen, daß der Neurotiker den beengenden Gefühlen nahe ist, weisen seine Träume von Freiheit auf einen Bruch hin, auf die Abspaltung seines realen, niedergehaltenen Selbst. Ein Traum, in dem versucht wird, die Fesseln aufzuknoten, wäre ein Hinweis, daß der Träumer seinen realen Gefühlen näher ist.

Wie genau weist ein Symbol auf ein Gefühl hin? Betrachten wir ein paar Beispiele. Wenn ein Kind seine Baby-Bedürfnisse verleugnet und versucht, sich erwachsen zu benehmen, um seine babyhaften Eltern mit ihren infantilen Bedürfnissen zu erfreuen, dann träumt es vielleicht, es werde von einem Heer von Dienern bedient. Wenn ein Kind tagtäglich die Auseinandersetzungen seiner Eltern über Haushaltsausgaben mitanhören muß, wenn es gezwungen wird, sich sein Taschengeld zu verdienen und ihm Aufgaben übertragen werden, damit es ständig beschäftigt sei, dann wird es vielleicht träumen, daß es ohnmächtig wird, damit ein Krankenwagen kommt und es ins Krankenhaus bringt, wo es gut versorgt wird. Es träumt das, ohne überhaupt zu wissen, was es eigentlich empfindet, nämlich: »Hört auf, laßt mich ausruhen und hetzt mich nicht immer.« Sein System versucht ihm mit seinen geistigen Symbolen zu sagen, was es braucht. Wir müssen auf diese Symbole sorgfältig achten.

Symbolische Träume (ebenso wie symbolische Drogentrips oder jedes andere symbolische Verhalten) treten so lange auf, wie der Urschmerz vorhanden ist. Sie sind ein wichtiger Hinweis nicht nur auf den Grad der Neurose, sondern auch auf das Ausmaß der therapeutischen Besserung. Traumsymbolik ist etwas, das gewöhnlich nicht ›frisiert‹ werden kann, denn die Patienten wissen nicht, daß Symbole etwas bedeuten. Selbst wenn sie es wüßten, werden sie gewöhnlich nicht wissen, wie die Komplexität des Symbols einzustufen und der Zusammenhang mit dem Grad der Neurose herzustellen ist. Ein Patient, der behauptet, er fühle sich besser und funktioniere gut, und dann von einem höchst symbolischen Traum berichtet, ist vielleicht nicht so gesund, wie er glaubt.

Die Gefühle in einem Traum sind der realste Teil der Person. Es ist verlockend, diese Gefühle als etwas Fremdes abzutun, weil sie in einem so irrealen Traumkontext auftreten. Es ist offenkundig, daß es keine Nazis gibt, die uns verfolgen, oder Revolver, die auf uns schießen, aber die Furcht, die diese nächtlichen Geschichten notwendig machte, ist durchaus real. Sonst wäre sie nicht da und würde uns ganz gewiß nicht aufwecken.

Die reale Furcht ist es, die einen Träumer dazu bringt, seine Ängste in Nazi-Uniformen zu kleiden, ebenso wie es ein realer Schrecken ist, der den Paranoiker veranlaßt sich einzubilden, daß Leute an der Straßenecke gegen ihn konspirieren. Da der Träumer und auch der Paranoide das reale Gefühl nicht zu empfinden vermögen, projizieren sie ihre Ängste auf etwas Scheinbares. Der paranoide Wahn und der symbolische Traum versuchen beide, ein unerklärliches Gefühl rational zu machen (ihm wieder eine Begründung zu verleihen): »Der Grund, warum ich Angst habe, ist, daß die Nazis hinter mir her sind.«

Der Unterschied zwischen dem Wahn und dem neurotischen Traum besteht darin, daß der Paranoide seinen Traum während des Tages erlebt. Er hält seine Symbole für real. Der Neurotiker weiß, daß seine Symbole (Nazis) irreal sind. Wenn jemand ins Sprechzimmer eines Therapeuten käme und dem Arzt erklären würde, die Nazis seien hinter ihm her, dann würde man an seinem gesunden Verstand zweifeln. Wenn er jedoch hinzufügt: »Das habe ich geträumt«, dann ändert sich die Diagnose.

Viele Neurotiker leiden häufig unter Alpträumen. Mir ist der Gedanke gekommen, daß sie in gewissem Sinn, wenn sie abends schlafen gehen und ihre Abwehr nachläßt, immer wieder dem Wahnsinn nahekommen. Es ist kein Wunder, daß sie sich vor dem Schlafengehen fürchten. Diese Alpträume scheinen indes genug Spannung abzuleiten, um zu verhindern, daß die Patienten tagsüber wahnsinnig sind. Wer an übermäßigem Urschmerz leidet, vermag seinen Wahnsinn oft nicht auf die Nachtstunden zu beschränken.

Der folgende Alptraum zeigt uns, wie Verhaltensweisen im Schlaf und im Wachzustand einander fortsetzen: »Als ich gestern glaubte, alles gehe gut, rief mich der Direktor meiner Schule zu sich, weil sich die Eltern eines meiner Schüler über irgend etwas beschwert hatten. Obwohl ich wußte, daß die Mutter eine chronische Nörglerin ist und ihre Beschwerde nicht berechtigt war, regte ich mich auf. Ich war den ganzen Tag über erregt und konnte es nicht abschütteln. Ich wußte nicht, was los war, aber als ich ins Bett ging, war ich voller Spannung. Und das habe ich geträumt: Ich fahre mit dem Wagen auf einer schmalen, kurvenreichen Straße. Plötzlich fährt ein Wagen seitlich in meinen hinein, als ich gerade glaubte, ich sei in Sicherheit. Es gelingt mir weiterzufahren, aber jetzt bin ich in einem engen Tunnel mit einer Haarnadelkurve nach der anderen. Bei jeder Kehre kollidiere ich mit der Mauer. Es kommt mir vor wie eine Geisterbahn. Ich kann es einfach nicht verhindern, daß ich dauernd gegen die Mauer bumse. Ich schaue aus dem Fenster und sehe, daß eine Polizistin auf einem Motorrad mich beobachtet und bloß darauf wartet, mir einen Strafzettel zu verpassen. Ich kann ihr nicht entkommen. Sie fährt mir nach und beobachtet, wie ich ununterbrochen an den Mauern scharre. Ich bin wirklich in Angst und Schrecken. Plötzlich wache ich auf und bin überaus erleichtert, daß ich aus dem Tunnel heraus bin. Was für eine Erleichterung zu wissen, daß es nicht wahr ist.«

Es ist wahr. Der *Gefühlsteil* jedes Alptraums ist wahr. Nicht wahr ist der Kontext, das geistige Modell, das sie aus dem Fühlen heraus erfand. Ich ließ sie sich noch einmal in den Alptraum versetzen, und als sie ihn noch einmal erzählte, legte ich ihr eine Maske über die Augen, als ob sie ihn noch einmal erlebte. Derselbe Schrecken steigt in ihr auf. Ich sage ihr, sie soll sich von dem Schrekken überwältigen lassen. Gleich ist sie ganz erregt und schlägt auf der Couch um sich. Sie beginnt von ihrer Kindheit zu sprechen. »Ich konnte lange brav sein, als ich klein war, aber ein falscher Schritt, und schon gab es bei meiner Mutter unweigerlich eine Katastrophe.« Sie erzählte einen Vorfall aus ihrer Kindheit, als sie alles tadellos erledigt hatte, das ganze Haus geputzt und das Geschirr abgewaschen hatte, aber aus Versehen spritzte sie ein paar Tropfen Parfüm auf ein Möbelstück. Ihre Mutter war wütend und schickte sie auf ihr Zimmer. Sie war deprimiert, denn sie hatte sich solche Mühe gegeben. Sie kommt wieder auf den Traum zurück. »Oh, jetzt weiß ich es. Als ich mit dem Wagen gegen diese Mauern prallte, war es genau wie das, was zu Hause immer schief ging, so sehr ich mich auch bemühte. Diese ›Mutter‹-Polizistin hat immer unermüdlich darauf gewartet, daß ich einen verhängnisvollen Fehler begehe. Wie brav ich auch war, irgend etwas lauerte immer im Hintergrund (wie im Traum), um alles zu verderben.« Dann stellte sie die Verbindung zu den Geschehnissen in der Schule her, wo gerade in dem Augenblick, als sie glaubte, daß sie sich als Lehrerin bewähre, jemand alles kaputtmachen mußte. »Es ist alles dasselbe«, sagte sie. »Die Schule, der Traum – mein Leben!« Jetzt spürt sie diese lebenslänglichen Kränkungen und schreit: »Sei nicht böse, Mutter, ich bin nicht schlecht; verdirb mein Leben nicht!« Sie erlebt die Schule, den Traum und ihr Leben in einem entsetzlichen Gefühl wieder – die Angst vor ihrer Mutter, die ihr Leben so einzwängte, bis sie alles Lebendige daraus verbannte.

Die Situation in der Schule löste den Traum aus. In beiden Fällen war das Fühlen unbewußt. Es ist recht verblüffend, wenn man sich überlegt, daß unsere Systeme sogar im Schlaf bewirken, daß wir uns bedrohlicher Gefühle nicht bewußt werden, aber der menschliche Organismus ist ein Wunder. Der Alptraum ist eine genaue Allegorie der Schulsituation bei Tage, wo erst alles gut geht und dann schlecht geht und alles verpatzt wird. Wie versteht es der Körper, eine so perfekte Traumallegorie hervorzubringen, wenn der Verstand (oder ein Teil von ihm) sich des zugrundeliegenden Gefühls völlig unbewußt ist? Ich glaube, daß symbolische Prozesse des irrealen Systems dic unbewußten, automatischen und notwendigen Kunstgriffe sind, um den Organismus zu schützen.

Der Alptraum dieser Frau war eine Fortsetzung des als Spannung empfundenen Schreckens, den sie in der Schule bekam. Das Gefühl brachte einen Traum hervor, um mit diesem Schrecken fertigzuwerden und ihn hoffentlich aufzulösen. Vielleicht konnte sie der Polizistin im Traum entkommen? Nein. Neurotiker können das nie. Warum? Warum kann diese Frau der Polizistin im Traum nicht entkommen? Weil die realen Gefühle eines ganzen Lebens die Polizistin festhalten. Die Polizistin war das Symbol für die Furcht meiner Patientin. Manchmal hatte sie auch Alpträume von einer Platzanweiserin im Kino, die sie erwischte, als sie sich hineingeschmuggelt hatte. Die Platzanweiserin erwischte sie immer, wie geschickt sie es auch anstellte, weil sie nicht von ihr loskommen konnte, ehe sie den Schrecken nicht tatsächlich aufgelöst (gefühlt) hatte.

Ich glaube, das ist die Erklärung, warum wir in unseren Alpträumen nicht fliehen können, warum unsere Füße und Beine schwer wie Blei sind, wenn wir vor einem Feind davonlaufen wollen, warum wir endlos verfolgt werden – weil wir von nicht endenwollenden Urgefühlen verfolgt werden, sie sie durch ein Urerlebnis in der Wirklichkeit ein Ende nehmen. Wir sind so lange dazu verurteilt, Alpträume zu haben, wie diese Gefühle nicht aufgelöst sind. Jede Therapie, die einen Patienten entläßt, der dann noch Alpträume hat, hat diese Gefühle nicht aufgelöst und daher die Basis des symbolischen, neurotischen Verhaltens nicht erreicht.

Im Fall der Lehrerin ist zu erwähnen, daß sie *automatisch* aufwachte, wenn das Gefühl im Traum zu stark war, um es länger zu ertragen. Das meine ich, wenn ich sage, daß sie sich bemühte, sich eines unerträglichen Gefühls nicht bewußt zu werden. Das Bewußtsein – und das folgende neurotische Verhalten – abzuschalten, scheint reflexiv zu sein. Sie wachte auf, um ihren Abwehrmechanismus wieder herzustellen. Früher hat sie nie gewußt, daß sie solche Angst vor ihrer Mutter hatte. Sie wußte es nicht, weil sie sich so befleißigte, Mutters ›braves Mädchen‹ zu sein. Sich tadellos zu benehmen und lieb zu sein war die Art und Weise, wie sie die Furcht (die *bewußte* Furcht) vor ihrer Mutter umging. Derselbe Abwehrmechanismus funktionierte in der Schule gewöhnlich gut, weil sie als Lehrerin peinlich genau war, saubere Tafel, Bücher an Ort und Stelle und Schüler ›unter Kontrolle‹. Ihr Abwehrmechanismus begann abzubröckeln, als ein Außenstehender sich beschwerte.

Ein Alptraum ist also nicht die Furcht vor einem Traumgegenstand; in diesem Fall keine Furcht vor ›Polizistinnen‹. Die Reaktion meiner Patientin sogar im Traum stand in keinem Verhältnis zu der Unannehmlichkeit, von einem Polizisten einen Strafzettel zu bekommen. Sie reagierte auf etwas Wahres – lebenslänglichen Schrecken und Angst. Auf die Beschwerde der Mutter in der Schule reagierte sie gleichfalls zu stark. Diese Beschwerde und der Traum waren symbolisch für Kindheitsgefühle. Nach ihrem Urerlebnis sagte sie: »Daß ich den Schrecken der Nacht fühlte, half mir, den Schrecken jedes Tages zu verstehen.« Ihr Alptraum, bei Tage und bei Nacht, hörte auf.

Schrecken oder Urschmerzen jeder Art zu empfinden, bewirkt, daß sie für immer verschwinden, eben weil sie empfunden wurden. Sind sie einmal empfunden, ist der Zusammenhang einmal hergestellt, dann ist es vorbei.

Es ist logisch, daß Neurotiker unruhig schlafen – gestört durch reale Gefühle. Derselbe Urschmerz, der sie tagsüber antreibt, zwingt sie, Traumgestalten hervorzubringen, die sie des Nachts beschäftigt halten. Kein Wunder, daß der Neurotiker beim Aufwachen häufig erschöpfter ist als beim Zubettgehen! Er war die Nacht über eifrig damit beschäftigt, seine Gefühle abzuwehren.

Das Tun seiner Traumgestalten – sagen wir, klettern – erzeugt Muskelreaktionen während des Schlafs, so daß er in mancher Hinsicht tatsächlich die halbe Nacht geklettert ist. Der arme Neurotiker ruht sich einfach nicht aus. Er wacht müde auf und ist kaum imstande, den Tag durchzustehen; das wiederum erzeugt mehr Angst und mehr Probleme, die sich dann in seinen Schlaf einschleichen und ihn ganz durcheinanderbringen.

Betrachten wir ein paar Träume, um ihre Symbolik zu untersuchen: »Ich wohne in meinem jetzigen Haus, und mein Vater kommt zu Besuch. Wir sind im ersten Stock. Er küßt mich auf die Stirn, ich falle hin und schlage mir das Knie auf. Der Riß wird schlimmer, und Mutter ist da und zankt mit dem Vater, weil er so ungeschickt war.« In diesem Traum sind die Menschen zwar real, aber nicht die Situation. Symbolisch ist die Bedeutung der Situation. Das Gefühl des Patienten im Traum war: »Vermutlich wußte ich immer irgendwie, daß es für mich eine Spaltung bedeutet, wenn ich Pappis Liebe akzeptierte. Mutter und ich schienen einen Pakt geschlossen zu haben, wonach wir beide Pappi demütigten. Vermutlich habe ich ihn auch gedemütigt, damit sie mich liebte. Pappi zu lieben bedeutete, daß ich die Hoffnung auf Mutters Liebe aufgeben mußte.«

Der zweite Traum wurde einen Monat nach dem ersten Urerlebnis geträumt:

»Ich räume irgend etwas mit Janov auf. Ich habe Schnitte oder Narben an den Händen, aber sie sind mit einer Wachsschicht bedeckt. Ich sage Janov, ich könne meine Hände nicht bewegen, weil sie geschwollen sind. Er sagt, ich könne es doch. Ich versuche, die Schnitte mit Mercurochrom zu bestreichen, aber es geht nicht. Das Wachs stößt es ab. Ich werde mir darüber klar, daß die Narben ein Symbol alter Verletzungen sind, die mich immer noch davon abhalten, ganz ich selbst zu sein. Ich weiß, ich kann es nicht mehr vermeiden. Ich streife das Wachs ab und kann meine Hände gebrauchen.«

Hier sehen wir weniger Symbolik, und die Bedeutung des Symbols wird während des Traums erkannt. Es scheint eine Mischung von Bewußtheit und Unbewußtheit zu sein. Der Patient erkennt sogar im Schlaf, daß der Kampf irreal ist, und berichtigt ihn. In kurzer Zeit, vielleicht in ein paar Monaten, ist zu erwarten, daß alle Überbleibsel vom Kampf verschwinden. Die Träume des Patienten werden dann so unverblümt und direkt sein wie sein Verhalten im Wachzustand.

Ein letzter Traum:

»Ich arbeite im Garten mit meinem Vater. Mutter ruft uns mißmutig zum Abendessen. Das Essen ist trübsinnig. Alles ist gedämpft, still und tot. Mein Vater versucht einen Witz zu erzählen, und meine Großmutter lacht entsetzlich und entblößt dabei ihre falschen Zähne. Meine Mutter sieht Großmutter hoffnungsvoll an. Ich erkenne, daß Mutters Mutter auch nicht lieben kann. Plötzlich geht mir ein Licht auf. Ich sehe die Familie als leere Hülle, die sie ist. Es ist alles so leblos und lustlos. Ich fange an zu weinen, entschuldige mich und gehe in die Küche. Das Abendbrot ist fertig, aber keiner rafft sich auf, es zu servieren. Ich weine nur noch mehr. Sie sind alle zu tot, um sich aufzuraffen. Mutter fragt: ›Hat er geweint?‹ Vater sagt: ›Nein.‹ Ich renne nach oben, schließe meine Tür ab und suche ein Stück Papier, um den Traum aufzuschreiben; ich weiß, daß er wichtig ist. Ich höre, daß Vater unten ›Down Upon the Swanee River‹ spielt. Ich weine und denke, für mich gibt es nirgend ein Zuhause.«

In diesem Traum gibt es sehr wenig Symbolik. Die Situation ist unmittelbar, und die Gefühle in dieser Situation spiegeln die genauen Gefühle des Träumers über sich selbst und sein Leben wider. Er begreift sogar während des Traums, was er enthüllt, und der Traum erklärt sich selbst. Es scheint kein Labyrinth von Symbolen da zu sein, durch das man sich hindurcharbeiten muß. Der Träumer empfindet die Leere, den falschen Schein seines Lebens, und daß auch sein Vater versuchte, seine realen Gefühle zu vertuschen.

Zusammenfassung

Wenn jemand kein gequältes Selbst hat, wenn er eine direkte Beziehung zu seinen Gefühlen hat, dann sehe ich keinen Grund, warum er sie symbolisieren sollte. Aus ein und demselben Grunde haben fortgeschrittene primärtherapeutische Patienten keine symbolischen Träume und keine symbolischen LSD-Trips – es ist kein Urschmerz da, und es besteht kein Bedürfnis nach symbolischer Tarnung. Wenn sie heute Ärger haben, dann werden dadurch nicht alle Schmerzen ausgelöst, die sich in die Träume der normalen Person einschleichen, dann es gibt keine *unaufgelösten* seelischen Verletzungen, die sich mit der Gegenwart vermischen.

Es liegt auf der Hand, daß es keine universellen Symbole gibt, ebenso wie es kein Symptom mit universeller Bedeutung gibt. Symbole sind Ableitungen von bestimmten Gefühlen eines Individuums. Zwei Menschen könnten denselben Traum haben, doch hätte dieser Traum dann sehr unterschiedliche Bedeutungen.

Postprimäre Patienten brauchen weniger Schlaf und berichten, daß ihr Schlaf erholsamer sei und sie weniger träumen. Ein Patient meinte: »Ich gehe jetzt ins Bett und schlafe, statt die Nacht mit Träumen zu verbringen.«

Hier eine kurze Zusammenstellung von Aussagen einiger meiner postprimären Patienten über ihren Schlaf und ihre Träume. Unabhängig voneinander behaupten sie, daß sehr tiefer Schlaf meistens neurotischer Schlaf sei, denn ›wie ein Sack schlafen‹ sei eine Abwehr sogar gegen die Symbole in Neurotikerträumen. Sie glauben, daß sehr tiefer Schlaf totale Verdrängung und ein eingeschlossenes Abwehrsystem bedeutet. Ein Patient drückte es so aus: »Früher hatte ich, wenn ich schlief, gleichsam eine dicke Decke über meine Bewußtheit ausgebreitet. Jetzt schlafe ich unter einem leichten Gazeschleier.« Er glaubte, daß sein tiefer Schlaf, aus dem er oft müder aufwachte als aus leichterem Schlaf, seinem weitgehend unbewußten Wachzustand entsprach (in dem er sich weder seiner selbst noch der Welt bewußt war). Er berichtete, daß er früher glaubte, Schlaf sei Unbewußtheit, während er Schlaf jetzt als Ausruhen ansieht. Die meisten Patienten beschreiben diesen Zustand als ›Überbewußtheit‹. Kurz, nichts ist mehr unbewußt.

»Es mag sein«, sagte ein Patient, »daß wir in unserem Denken über Schlaf gespalten waren und ihn als etwas vom Wachzustand Getrenntes ansahen.« Man fragt sich, ob die Polarität von Schlaf und Wachzustand uns davon abgehalten hat zu erkennen, daß beide einfach verschiedene Aspekte desselben Seinszustands sind und nicht zwei gesonderte Entitäten, die nur irgendwie mystisch miteinander verbunden sind.

Bei all ihren täglichen Kämpfen stellen Amerikaner immer noch fest, daß ihr Schlaf gestört sei. Die Louis-Harris-Meinungsbefragung* zeigte, daß mehr als ein Drittel der Bevölkerung besorgt ist wegen schlechten Nachtschlafs. Fünfundzwanzig Prozent dieser Menschen fühlen sich zu erschöpft, um morgens aufzustehen. Dieselbe Meinungsbefragung ließ erkennen, daß über die Hälfte der Bevölkerung sich zeitweise einsam fühlt und deprimiert ist, und 23 Prozent bekannten, daß sie ›emotional gestört‹ seien. Schwer arbeiten befreit sie von einigen Gefühlen, die Kinder anschreien hilft ein bißchen weiter, Zigaretten und Alkohol leiten noch mehr ab, und trotzdem besteht immer noch ein Bedürfnis nach Beruhigungsmitteln und Schlaftabletten.

In einer interessanten Untersuchung, über die ein Mitglied eines Forscherteams der Universität von Kalifornien in Los Angeles** auf einer Tagung über Gehirn-Physiologie berichtete, wurde festgestellt, daß diejenigen, die das Rauchen aufgeben, mehr – und intensiver – träumen. Hier sehen wir den Beweis für die Hypothese der Primärtheorie über Träume und die Freisetzung von Spannung. Wenn spannungsmildernde Mittel abgesetzt werden, übernehmen Träume eine doppelte Last. Umgekehrt läßt die Schlafforschung erkennen, daß diejenigen, die Schlaftabletten nehmen, um fest zu schlafen, weniger träumen als ohne Tabletten. Aber die Nachwirkungen, wenn die Freisetzung im Traum unterbunden wird, sind darin zu sehen, daß der Betreffende reizbarer und bedrückter ist und mehr spannungsmildernde Mittel wie das

* Los Angeles *Times*, 19. November 1968.
** Los Angeles *Times*, 16. September 1969.

Rauchen gebraucht. Das neurotische System sucht sich, kurz gesagt, schon einen Weg.

Wenn jemand, der infolge der Einnahme von Schlaftabletten nicht genügend träumt, die Tabletten absetzt, wird er mehr träumen, als er normalerweise täte. Und diese Träume sind bestürzender. Man kann eine Neurose nicht mit Medikamenten vertreiben. Sie kann für kurze Zeit gelindert werden, aber dann muß der Neurotiker einen Preis dafür bezahlen. Während des Tages eingenommene Beruhigungsmittel bedeuten also nur eine Hinauszögerung der unvermeidlichen schweren Depression und des möglichen Nervenzusammenbruchs, der bei Absetzung des Medikaments eintreten wird.

Der tiefere Sinn dessen, was ich sage, geht über Traum- und Schlafphänomene hinaus. Ich bin der Meinung, daß Pillen, wie sehr sie auch propagiert wurden, auf lange Sicht Gemütskrankheiten nicht ernstlich beeinflussen können. Sie tragen nur dazu bei, das reale Selbst zu unterdrücken, weil sie *mehr* inneren Druck und *mehr* ernstliche Neurose hervorrufen. Pillen wirken wie konditionierende Techniken, die durch sanfte Elektroschocks dazu beitragen, ›schlechtes‹ Verhalten zu unterdrücken. Ist es nicht das, was Eltern auf die ihnen eigene naive, nicht-theoretische Weise tun, und ist das Ergebnis nicht eine tiefersitzende Neurose? Es gibt zum Beispiel Untersuchungen, die erkennen lassen, daß es mehr Herzanfälle im Schlaf als im Wachzustand gibt. Vielleicht bestehen dafür gute physiologische Gründe. Aber man muß sich fragen, ob die Einnahme von Beruhigungsmitteln bei Tage so viel Druck aufbaut, der sich im Schlaf durch Träume Luft machen muß, daß der verletzliche Herzkranke dem nicht standhalten kann.

Neurotiker haben Schlafschwierigkeiten, weil sie ständig durch Urschmerz aktiviert werden, und diese Aktivierung ist das Gegenteil von Schlaf. Die Einnahme von Beruhigungsmitteln und Schlaftabletten ist ähnlich, wie wenn man einen auf großer Flamme kochenden Topf mit einem dichtschließenden Deckel versieht. Zuletzt wird irgendein Teil des Systems, wenn nicht der ganze Organismus versagen.

15. Das Wesen der Liebe

Der Begriff Liebe ist nicht gerade neu; es mag nützlich sein, ihn unter dem Gesichtspunkt der Primärtherapie zu betrachten.

Im Grunde bedeutet Liebe, für das Fühlen aufgeschlossen und frei zu sein und anderen diese Freiheit auch zuzugestehen. Sie bedeutet, daß die anderen natürlich heranwachsen und sich natürlich artikulieren dürfen. Man selbst zu sein und andere natürlich sein zu lassen, ist wesentlich.

Die Primärtheorie definiert Liebe folgendermaßen: *alle sein lassen, was sie sind.* Das kann nur geschehen, wenn alle Bedürfnisse befriedigt werden.

Miteinbegriffen in der Definition von Liebe ist das Vorhandensein einer realen Beziehung zwischen sich liebenden Menschen. Schließlich kann man jemanden auch er selbst sein lassen, indem man ihn ignoriert, aber die Reaktion auf einen anderen ist ein wesentlicher Bestandteil der Liebe. Wir dürfen nicht vergessen, daß jemanden wirklich er selbst sein zu lassen bedeutet, seine Bedürfnisse zu befriedigen. Das ist die Aufgabe liebevoller Eltern. Später werden wenige Bedürfnisse zu befriedigen sein, und Liebe kann dann ein echtes gegenseitiges Geben sein. Für den Neurotiker bedeutet Liebe leider, daß seine irrealen Bedürfnisse (in Form von Wünschen) befriedigt werden. Sie bedeutet Geschenke oder viele Telefonanrufe oder andere ›Beweise‹ unvergänglicher Zuneigung. Der Neurotiker fühlt sich ungeliebt, wenn seine kranken Bedürfnisse unberücksichtigt bleiben. Welches bessere Beispiel dafür gäbe es als das Leiden eines homosexuellen Mannes, den sein Geliebter verlassen hat?

Liebe ist Fühlen. Sie ist da, wenn zwei Menschen sich unterhalten, miteinander Kaffee trinken oder ins Bett gehen. Wenn kein Gefühl da ist (das heißt, wenn das Fühlen blockiert oder verborgen wird), können Neurotiker sich all diesen Aktivitäten hingeben ohne einen Funken Liebe. Statt dessen wird ›ausgesaugt‹ (wie es meine Patienten ausdrücken), um von irgend jemandem irgend etwas zu bekommen, das die innere Leere füllt.

Liebe früh im Leben bedeutet, daß die primären Bedürfnisse befriedigt werden. In den ersten Monaten und Jahren bedeutet sie, daß das Kind viel auf den Arm genommen und gestreichelt wird. Das Kind weiß nicht, daß man das ›Liebe‹ nennt, aber es leidet, wenn sie fehlt. Körperlicher Kontakt ist unerläßlich für Kinder. Ohne körperlichen Kontakt läßt sich Liebe nicht zeigen. Es reicht nicht, wenn ein Kind ›weiß‹, daß es von Eltern, die nicht aus sich herausgehen können, irgendwie geliebt wird; es muß es *fühlen*. Wird dieses Bedürfnis nicht erfüllt, dann ist keine Liebe da, wieviel verbale Liebesbeteuerung auch abgegeben wird. Der Vater, der so schwer arbeitet, daß er seine Kinder kaum je sieht, wird es zwar damit begründen, er arbeite für sie, aber wenn er keinen Kontakt mit ihnen hat, wenn er sich ihnen entzieht, dann müssen wir annehmen, daß er zu seiner eigenen Entlastung arbeitet. Wenn ein Kind Vater oder Mutter braucht und diese meistens nicht da sind, weil sie arbeiten, dann werden die Bedürfnisse des Kindes nicht befriedigt.

In Heimen aufwachsende Säuglinge, wo ihnen wenig Liebe oder persönliche Aufmerksamkeit zuteil wird, entwickeln sich zu verflachten und abgestumpften Persönlichkeiten. Sie haben etwas Apathisches oder Lebloses an sich, das sie auch als Erwachsene behalten. Diese Kinder tun automatisch das, was sie vor dem Liebesmangel schützt – sie betäuben sich gegen weiteren Schmerz. Sie ziehen sich in sich selbst zurück und schließen sich ab.

Experimente mit Hunden, die isoliert und ohne physischen Kontakt mit anderen Hunden oder Menschen aufgezogen wurden, haben gezeigt, daß diese Hunde auf die Dauer labil und unreif waren. Sie wurden, als sie ausgewachsen waren, ›kalt‹ und ›hart‹, waren weitgehend asexual und konnten es nicht lernen, auf Freundlichkeit zu reagieren. Wieviel Freundlichkeit ihnen später auch zuteil wurde, ihr Zustand schien sich nicht zu ändern.

Zu denselben Schlußfolgerungen gelangte man bei Affen, die isoliert aufwuchsen. Bei den mittlerweile berühmt gewordenen Experimenten von Harlow wurden Affen in drei Gruppen eingeteilt; eine Gruppe wurde in völliger Isolierung aufgezogen, eine zweite Gruppe bekam Stoffpuppen-Mutter, und die dritte Gruppe hatte ›Mütter‹, die aus Draht und langen Nägeln hergestellt wurden*. Harlow stellte fest, daß die isolierten Affen am stärksten litten. Sie schienen unfähig, Liebe zu geben oder zu empfangen. Diejenigen mit den Stoffpuppen-Müttern schienen nicht schlechter dran zu sein als Affen mit richtigen Müttern. Sie fraßen ebenso viel, zeigten ebenso wenig Ängste, waren geselliger und bereiter, eine fremde Umgebung zu erforschen. Harlow betonte die Bedeutung des körperlichen Kontakts. Wenn ein Affe eine Stoffmutter in den Arm nehmen und sich an ihr festhalten konnte, waren die Bande der Liebe zwischen ihnen ebenso stark wie zwischen einem kleinen Affen und seiner richtigen Mutter. Wir könnten aus diesen Experimenten den Schluß ziehen, daß das, was in den ersten Lebensmonaten Liebe genannt wird, sich auf Berühren und warmen, körperlichen Kontakt konzentriert. Ein ›ungeliebter‹ Säugling mag derjenige sein, der nicht genug berührt wird.

* Harry F. Harlow, »Love in Infant Monkeys«, *Scientific American*, Bd. 200, Nr. 6 (Juni 1959), S. 68–74.

Frühes Liebkosen ist wichtig, insbesondere wenn wir bedenken, daß viele unserer Kinder seit Jahrzehnten nach ›Büchern‹ großgezogen wurden. Die Eltern haben auf ihre Kinder nach einer Vorschriftentabelle reagiert, statt sich nach ihren Gefühlen zu richten. Sie haben die Säuglinge nach der Uhr gefüttert und nicht dann, wenn das Kind vor Hunger schrie, und sie haben es nicht in den Arm genommen, wenn es weinte, weil sie Angst hatten, es zu ›verwöhnen‹. Ratgeber für Kindererziehung waren in den letzten Jahrzehnten beeinflußt durch die Schriften der frühen behavioristischen Psychologen, die offenbar der Meinung waren, daß ein Kind, um es auf eine rauhe, harte Welt vorzubereiten, nicht verzärtelt und jedesmal ›geliebt‹ werden sollte, wenn es weint. Jetzt erkennen wir, daß Eltern ihren Kindern für das Leben nichts Besseres mitgeben können, als sie in den Arm zu nehmen, zu berühren und zu streicheln. Aber dabei kommt es nicht nur auf das Tun an; auch das Fühlen ist wichtig. Wenn ein Elternteil in Spannung und nervös ist und das Kind unsanft und schroff behandelt, wird das Kind leiden; aber wenn man sich überhaupt mit ihm beschäftigt, dann wird selbst bei ›schlechter Behandlung‹ der Schaden für das Kind nicht unwiderruflich und total sein.

Ein kleines Kind weiß, wenn es naß, hungrig oder müde ist – und wenn es Schmerzen hat. Wenn man es ihm behaglich macht, könnten wir sagen, es erlebt Liebe. Liebe ist das, was den Schmerz beseitigt. Wenn das Kind herumtasten, am Daumen lutschen, nach Mutter grapschen darf, dann können wir das Liebe nennen. Wenn ihm all das verwehrt wird, wenn es nicht in den Arm genommen und nicht mit ihm gesprochen wird, dann wird sich das Kind unbehaglich fühlen und in Spannung sein. Man könnte sagen, daß Liebe und Urschmerz polare Gegensätze sind. Liebe stärkt das Selbst; Urschmerz unterdrückt es.

Berühren und In-den-Arm-Nehmen sind nicht die ganze Liebe. Wenn es einem Kind verweigert wird, seine Gefühle zum Ausdruck zu bringen, wenn es einen Teil von sich versperren muß, dann wird es trotz aller Liebkosungen seiner Eltern immer noch sich ungeliebt fühlen. Ich kann die Wichtigkeit der ungehinderten Gefühlsäußerung nicht genug betonen, denn sie mag das Schicksal des Kindes für den Rest seines Lebens bestimmen. Ein paar Umarmungen oder ›Du weißt, wie sehr wir dich lieben‹ können diese Verweigerung nicht wettmachen.

Weil das Fühlen ein Ganzes ist, halte ich es nicht für möglich, manche Gefühle zu unterbinden und zu erwarten, daß andere total zum Ausdruck kommen; was immer das neurotische Kind später fühlt, wird unscharf und gedämpft sein. Verweigert man einem Kind Zorn, wird sich das unweigerlich darauf auswirken, wie glücklich oder geliebt es sich fühlen kann.

Kein späterer Einfluß – eine neue Stellung, unzählige ›liebevolle‹ Menschen – werden, glaube ich, die frühe Deprivation aufheben –

es sei denn, sie wird mit dem ursprünglichen Gefühl, das verleugnet worden war, wiedererlebt. Der Neurotiker verbringt einen gut Teil seines Lebens als Erwachsener damit, seinen Urschmerz mit neuen Freundinnen, Liebschaften und Flirts zu verdecken. Je mehr Freundinnen und Affären er hat, um so unwahrscheinlicher ist es paradoxerweise, daß er fühlen kann; die Jagd erscheint endlos, denn damit er sich geliebt fühlen kann, muß zuerst der alte Urschmerz des Nicht-Geliebt-Seins in aller Intensität empfunden werden.

Weil Liebe bedeutet, das Selbst zu fühlen, können wir sie nicht auf jemand anderen übertragen. Wenn jemand sagt: »Du hast mich dazu gebracht, daß ich mich als Frau fühle«, oder »Bei dir fühle ich mich geliebt«, dann bedeutet das gewöhnlich, daß der Betreffende nicht fühlen kann und Akte und Symbole von außerhalb braucht, um sich selbst zu überzeugen, daß er ›geliebt‹ wird. Liebe ist nicht etwas, das man jemandem gibt, damit sein Tankanzeiger auf ›voll‹ steht. Auch können wir ebensowenig liebeleer wie gefühlsleer werden. Liebe ist nicht etwas, das stückchenweise aufgeteilt werden kann, und läßt sich nicht nach besonderen Merkmalen wie ›reife Liebe‹ oder ›unreife Liebe‹ aufgliedern.

Der ältere Neurotiker wird vielleicht seine unvergängliche Liebe verbal bekunden, aber wenn das Gefühl verklemmt ist, sind Liebesbeteuerungen meist bedeutungslos. Außerdem sind diese verbalen Liebesbeteuerungen gewöhnlich umgemodelte Bitten um Befriedigung dringender Bedürfnisse. Fühlende Menschen brauchen selten verbale Zusicherungen. Nichtfühlende Menschen scheinen sie dauernd zu brauchen.

Was der Neurotiker in der Liebe sucht, ist das Selbst, das nie sein durfte. Er will jemand besonderen, der ihn zum Fühlen bringen kann. Unter Liebe wird er immer das verstehen, was er entbehrt hat und was ihn daran hindert, ein Ganzes zu sein. Manchmal ist es körperliches Berühren, das er braucht, und er wird vielleicht versuchen, aus Sex Liebe zu fabrizieren – ›Liebe zu machen‹, wie es auf englisch und französisch heißt. Manchmal ist die Suche ein Streben nach Schutz; in anderen Fällen das Bedürfnis, verstanden und angesprochen zu werden.

Das Dilemma des Neurotikers ist, daß Liebe zwar nicht mehr ist als die ungehinderte Gefühlsäußerung des Selbst, daß er aber sein fühlendes Selbst aufgeben mußte, um sich als Kind von seinen Eltern geliebt zu fühlen. Der Definition nach muß der Neurotiker glauben, daß er entweder geliebt wird oder geliebt werden wird; sonst würde er den neurotischen Kampf nicht fortsetzen. Kurz, ebenso wie Harlows dritte Affengruppe hält das neurotische Kind durch seinen Kampf die Illusion der Liebe aufrecht, damit es nicht zu sehen braucht, daß nur Draht und Nägel da sind.

Wenn ein Kind mit sechs Jahren der Wahrheit und der Hoffnungslosigkeit ins Auge sehen müßte, ist es fraglich, ob es kämpfen würde. Die *Verheißung* der Liebe, implizit und explizit, läßt das Kind offenbar lieber weiter hoffen, statt der Realität seines jungen Lebens ins Auge zu sehen. Es wird vielleicht ein Leben lang erwartungsvoll dem entgegensehen, was nicht nur nicht existiert, sondern niemals existiert hat – der Liebe seiner Eltern. Vielleicht wird es sich als Komiker aufspielen, um seine Eltern zu unterhalten, als Gelehrter, um ihnen Eindruck zu machen, oder als Invalide, um etwas Fürsorglichkeit hervorzurufen. Eben dieses Schauspielern verhindert Liebe, denn das Kind verdeckt damit, wie es eigentlich handeln und fühlen würde.

Nach meinen Beobachtungen erschafft der Neurotiker seine frühe liebeleere Situation später im Leben von neuem, um dasselbe Drama mit einem hoffentlich von Liebe erfüllten Ausgang zu Ende zu spielen. Er heiratet nicht einfach deshalb eine Mutterfigur, weil er seine Mutter will. Er will eine *liebevolle* Mutter, aber er begreift seine Liebe nicht gleich. Zuerst muß er sein Ritual erfüllen. Vielleicht findet er eine gefühlskalte Frau wie seine Mutter und wird versuchen, etwas Warmherzigkeit aus ihr herauszuholen. Oder eine Neurotikerin findet jemanden, der so grob und ungehobelt ist wie Vater, und versucht, ihn gütig und freundlich zu machen. Das ist symbolisches Ausagieren. Wenn jemand dieser Art mit einem wirklich liebevollen Menschen zu tun hätte, müßte er ihn aufgeben, denn da wäre immer noch dieses *alte* nagende Gefühl im Inneren, nicht geliebt zu werden. Kurz, wenn er einen warmherzigen Menschen findet, dann würde das den symbolischen Kampf, um endlich die alten Gefühle aufzulösen, *verhindern*. In diesem Sinne bedeutet jetzige Liebe und Warmherzigkeit, daß der Urschmerz darüber, daß man die alte Liebe nicht bekommt, empfunden wird.

Selbst in seinen Träumen erschafft der Neurotiker den Kampf. Oft ist der Weg zu einem geliebten Menschen mit Hindernissen übersät. Der Träumer wird vielleicht Berge erklimmen oder durch einen Irrgarten gehen, und dennoch erreicht er das ›Land der Liebe‹ nie ganz.

Weil ihm seine eigenen Gefühle nie erlaubt waren, glaubt der Neurotiker oft, daß Liebe irgendwoanders bei jemand anderem zu finden sei. Er kann selten verstehen, daß sie in ihm selbst zu suchen ist. Ich glaube, seine hektische Suche ist ein Versuch, zu sich selbst zu kommen. Die Schwierigkeit ist gewöhnlich, daß er nicht weiß, wie. Er hat keine Möglichkeit, an seine Gefühle heranzukommen. In diesem Sinne ist also das Streben nach Liebe nicht mehr als das Streben zu ›sein‹, zu fühlen. Die Verzweiflung, die Verfolgung, die Reise zu neuen Orten sind oft der Versuch, diesen bestimmten Jemand zu finden, der ihn dazu bringen wird, etwas zu fühlen. Leider vermag das nur der Urschmerz. Und so sieht man, unendlich oft wiederholt, dasselbe traurige Drama – ein drittklassiges Stück mit einem monotonen Text, unzulänglichen

Schauspielern und ohne Happy End. Ich glaube, der Kampf wird geführt, damit der Betreffende schließlich, und sei es auch nur ersatzweise, die *kleine Jungen-* oder *kleine Mädchenliebe* bekommen kann, die er vor Jahren brauchte und nicht bekam. Was er *nicht* will, ist Erwachsenenliebe in der Gegenwart. Selbst wenn sie angeboten wird, wird sie offenbar mit Rücksicht auf den Kampf vermieden. In der Primärtheorie konzentriert sich also der Begriff Liebe auf die Tatsache, daß es die Suche nach etwas ist, das möglicherweise schon vor Jahrzehnten fehlte. Der Neurotiker wird dazu neigen, alles als Liebe zu definieren, was dieses Bedürfnis befriedigt. Vielleicht ist das der Grund, warum es so viele unterschiedliche Definitionen für Liebe gibt – es gibt so viele Arten von Bedürfnissen.

Leider würde sich nichts ändern, auch wenn die Eltern des Neurotikers sich plötzlich in liebevolle, verständnisvolle Menschen verwandelten. Der Neurotiker kann diese Liebe später im Leben nicht brauchen, denn auch sie würde nur ein Ersatz für das sein, was vor Jahren zwischen dem Kind und *lieblosen* Eltern geschah. Das Gefühl, ungeliebt zu sein, hat Priorität.

Das kleine unglückliche Kind versucht mit seinem neurotischen Verhalten, mit seiner Aggression, seinen Krankheiten und seinen Mißerfolgen seinen Eltern zu sagen: »Liebt mich, dann brauche ich nicht ein Leben der Lüge zu führen.« Wie wir gesehen haben, ist die Lüge ein unbewußter Pakt zwischen seinen Eltern und ihm, wobei das Kind eingewilligt hat, sich selbst gegenüber unaufrichtig zu sein, um das zu sein, was die Eltern erwarten. Es hat eingewilligt, ihre Bedürfnisse zu befriedigen, wenn sie später die seinen befriedigen und es der Notwendigkeit, zu lügen, entheben. Doch solange es die Lüge, die Höflichkeit, die Hilflosigkeit, die Hilfsbereitschaft, die Selbständigkeit usw. aufrechterhält, sind sowohl das Kind als auch die Eltern überzeugt, daß sie sich gegenseitig lieben. Das Kind beendet die Lüge nicht, weil es fürchtet, dann ›ungeliebt‹ zu sein. Später im Leben, wenn etwas geschieht, das die Lüge in Frage stellt, fühlt sich der Betreffende seltsamerweise ungeliebt. Der Primärtherapeut jedoch weigert sich, vielleicht im Gegensatz zu einigen anderen Therapeuten, bei der Lüge mitzumachen. Er duldet keine Lüge, so daß dem Patienten nichts anderes übrig bleibt, als sich ungeliebt zu fühlen.

Der Neurotiker sieht in der Regel nicht klar. Er ist zu der Überzeugung gelangt, daß Liebe das ist, was seine lieblosen Eltern ihm gaben. Wenn sie sich immer für ihn ›interessiert‹ haben, dann wird er vielleicht durch Krankheit oder Versagen das Interesse provozieren. Dadurch, daß er Reaktionen provoziert, die dem Verhalten seiner Eltern entsprechen, gelingt es dem Neurotiker, den Mythos von Liebe aufrechtzuerhalten. Oft ist er so in den Kampf verstrickt, den Mythos zu erhalten, daß er sein Unglück gar nicht empfindet. Zum Beispiel kann er zur Therapie kommen und sagen: »Meine Eltern waren nicht vollkommen. Das ist keiner. Aber sie liebten mich auf ihre besondere Weise.« Ich glaube, diese ›besondere Weise‹ machte das Kind zu etwas Besonderem, nämlich neurotisch. Er fährt vielleicht fort: »Vater war ein strenger Zuchtmeister, hatte nicht viel für Zärtlichkeit übrig, aber wir wußten, daß er uns Kinder liebte.« Übersetzt könnte das bedeuten: »Vater erwartet Vollkommenheit, sagt nie ein lobendes Wort, zeigt keine wirkliche Warmherzigkeit, aber solange wir seinen Befehlen nachkamen, konnten wir uns sagen, wir werden geliebt.« Aber es scheint nicht darauf anzukommen, was wir dem Selbst sagen. Das reale Selbst, das ungeliebt ist, spürt es. Wenn jemand, der so argumentiert, in der Therapie gezwungen wird, nach seinem Vater zu rufen, er möge ihn in den Arm nehmen und streicheln, dann spürt er den Schmerz. Alles, was er für wahr *hielt*, scheint sich vor dem Urschmerz in Nichts aufzulösen.

Eine junge Dame sagte: »Mutter war eben ein bißchen altmodisch, was Manieren und Umgangsformen betrifft, aber sie liebte uns trotzdem.« Als sie nach Freiheit schrie, spürte sie, daß sie immer gelitten, aber es nie empfunden hatte. Wir ziehen daher den Schluß, daß Menschen nur dann, wenn sie ihre wirklichen Bedürfnisse empfinden, vielleicht zum erstenmal begreifen, was Liebe ist und was sie nicht ist.

Eine Patientin beharrte darauf, sie sei von ihren Eltern geliebt worden, die beide aus ihren Gefühlen kein Hehl machten. Sie behauptete, die Ursache ihres Problems sei ihr Mann. In ihrer zweiten Therapiewoche empfand sie es: sie kehrte in die Vergangenheit zurück und erlebte eine Szene von neuem, bei der sie ihrer Schwester gegenüber als brav und artig hingestellt wurde. Ihr Leben lang kam sie sich nie ungeliebt vor, weil sie die brave Tochter wurde. Ihre Eltern überschütteten sie mit Unterstützung, Geschenken und Zuneigung: sie brauchte nichts zu tun, als ›brav‹ zu sein. Weil sie brav und nicht sie selber war, fühlte sie sich nie ungeliebt. Dennoch litt sie unter dem Urschmerz. Dieser Urschmerz konnte erst an die Oberfläche kommen, als ich ihr nicht erlaubte, das reizende Geschöpf zu sein, das sie immer gewesen war. Dies ist wiederum ein Beispiel für die in der Primärtheorie angewandte Definition der Liebe: *alle sein lassen, was sie sind.* Dieses Mädchen hatte offenbar alles – nur nicht sich selbst. Sie war ungeliebt.

Noch ein Beispiel, um diesen Punkt klarzustellen: Eine junge Frau hatte eine Mutter, die ständig mit ihr zusammen war, mit ihr spielte, sie in den Arm nahm und nie schlug. Doch war diese Mutter ein kleines Kind und nicht stark genug, ihre Tochter das kleine Mädchen sein zu lassen. Die Tochter mußte erwachsen und stark sein und ihre schwache Mutter beschützen. Trotz allem, was diese Mutter für ihre Tochter tat, liebte sie sie nicht, denn sie konnte die Tochter nicht sein lassen, was sie war – schwach und klein.

Kinder unterwerfen und opfern sich, um das Gefühl, nicht geliebt zu werden, zu verbergen. Eltern tun unter Umständen dasselbe, um die Tatsache zu verhüllen, daß sie für ihre Kinder nichts empfinden. Obwohl diese Eltern Liebesbeweise erbringen können – »Schau, was ich alles für dich tat« –, bedeutet es gewöhnlich: »Warum tust du nicht etwas für mich?« Unterwerfung des Selbst scheint ein Teil der jüdisch-christlichen Ethik zu sein, nach der wir uns im Namen der Liebe einer Gottheit unterwerfen. (Ein Patient drückte es so aus: »Ich gab mich selbst auf, um die Liebe meiner Mutter zu erhalten; als das nicht klappte, versuchte ich es mit meinem Vater; und als das fehlschlug, versuchte ich es mit Gott.«) Der Neurotiker scheint diesen Prozeß weiterzuführen, so daß er vielleicht damit beginnt, Liebe danach zu bemessen, wieviel andere für ihn aufgeben.

Es ist kein Zufall, daß ein Kind, das geliebt wird, sich selten für Liebe interessiert. Es hat es gewöhnlich nicht nötig, etwas als ›Liebe‹ zu bezeichnen, und zieht auch die Liebe seiner Eltern nicht in Zweifel. Es bedarf der Worte nicht, denn es hat das Gefühl. Ich meine damit, daß diejenigen, die es nötig haben, etwas als ›Liebe‹ zu kennzeichnen, nicht geliebt werden. Es scheint nicht genug Versicherungen, Beweise oder Worte zu geben, um die Kindheitsleere auszufüllen.

Wenn Eltern den neurotischen Kampf ihrer Kinder um Liebe verhindern wollen, dann sollten sie, meine ich, ihre eigenen Gefühle voll zum Ausdruck bringen, Tränen, Ärger und Freude, und sie sollten ihren Kindern zugestehen zu sagen, was sie sagen wollen, und auf eben die Weise, wie sie es sagen wollen. Das heißt, sie sollten ihnen erlauben, sich zu beklagen, laut und übermütig zu sein, zu kritisieren und auch freche Antworten zu geben. Kurz, man sollte Kindern dieselben Rechte zugestehen wie anderen Menschen. Kinder sollten sich frei ausdrücken dürfen, denn die Gefühle gehören ihnen; sie dürfen nicht Möbel ruinieren und Geschirr zerschlagen, denn die gehören der Familie. Aber es ist nicht wahrscheinlich, daß ein Kind einen Zerstörungsdrang haben wird, wenn es sich verbal Luft machen kann.

Wenn wir bestimmen, was ein Kind fühlen darf, und verlangen, daß es seine Gefühle genau überprüft, dann haben wir sein Empfindungsvermögen bereits geschädigt. Wenn dem Kind totale Spontaneität im gesamten Fühlen zugestanden wird, besteht Aussicht, daß es ein Kind wird, das spontan angelaufen kommt und seine Eltern küßt und umarmt. Auf diese Weise werden die Eltern auch geliebt. Allzu viele von uns haben sich angewöhnt, in Kindern nur Befehlsempfänger zu sehen, und erwarten von ihnen gar nicht mehr, daß sie spontan zärtlich sind. In neurotischen Familien neigt man dazu, Liebe zu einem Ritual zu machen. Da ist Zärtlichkeit eine *Pflicht*, der obligate Gutenmorgen- und Gutenachtkuß ohne spontanes Gefühl, der Tadel, wenn das Kind seine Pflicht versäumt. Daher bekommt der Neurotiker gewöhnlich von seinem Kind einen *Akt* bar jeden Gefühls, obwohl das Kind viel mehr geben könnte, wenn es dürfte.

Warum ist das Streben nach Liebe so allgemein? Weil es das Streben nach dem Selbst ist, das nie sein durfte. Genauer gesagt, die Suche nach dem bestimmten Jemand, der einen sein läßt, was man ist. Da die Gefühle von so vielen von uns ignoriert oder unterdrückt wurden, tun wir zu guter Letzt etwas, das wir nicht fühlen. Die frühen Ehen und kurzlebigen Liebesaffären sind, glaube ich, eine Folge der inneren Frustration und Verzweiflung, wenn man *durch* andere fühlt. Die Suche scheint endlos zu sein, weil wenige Menschen wirklich wissen, was sie eigentlich suchen.

Selten wird der Verlust eines Geliebten in der Gegenwart so katastrophale Folgen wie einen Selbstmordversuch haben, es sei denn, der Verlust spiegelt einen tieferen, älteren Verlust aus der Jugend wider.

Wenn sich der Neurotiker schließlich ungeliebt *fühlt*, dann bereitet er den Weg dafür, sich geliebt zu fühlen. Den Urschmerz zu empfinden heißt, die Realität des Körpers und seiner Gefühle zu entdecken – und Liebe ohne Fühlen kann es nicht geben.

16. Sexualität, Homosexualität und Perversionen

Die Primärtheorie macht einen Unterschied zwischen Sex als *Akt* und Sex als Erleben. Der Sexualakt umfaßt alle offenkundigen Handlungen, die Menschen beim Liebesspiel und Geschlechtsverkehr ausführen. Das sexuelle Erleben ist der Sinn dieser Handlungen. In der Neurose kann das Erleben des Akts ganz anders sein als der Akt selbst. So kann ein heterosexueller Akt auf homosexuelle Weise mit homosexuellen Phantasien erlebt werden. Und ein homosexueller Akt zwischen einem ›Kerl‹ (männlicher Mann) und einer ›Tunte‹ (weiblicher Mann) kann als heterosexuell erlebt werden. Ich würde das Wesen des Akts nach dem subjektiven Erleben charakterisieren – eine Unterscheidung, die wichtig ist, wenn es darum geht, wie sexuelle Funktionsstörungen und Perversionen zu behandeln sind.

Natürlich gibt es Leute, die den Sexualakt mechanisch ausführen, ohne auch nur das geringste sexuelle Gefühl dabei zu empfinden, wie zahllose frigide Ehefrauen bezeugen können. Was dem Sex Bedeutung verleiht, ist also das vollständige Empfinden der gesamten Situation; was diese Bedeutung ändert, ist die neurotische Bemühung, dem Akt einen symbolischen Wert abzugewinnen.

Nach der Hypothese der Primärtheorie tauchen früh im Leben versagte und blockierte Gefühle später in symbolischer Form wieder auf. Im Sexualleben bedeutet das, daß der Akt (gewöhnlich auf dem Wege über die Phantasie) als Befriedigung des Bedürfnisses empfunden wird.

Hierfür verschiedene Beispiele. Ein dreißigjähriger Patient litt an Impotenz. Er büßte seine Erektion ein, sobald er in seine Frau eindrang. Der Mann hatte eine gefühlskalte, anspruchsvolle ›boshafte‹ Mutter gehabt, die ihm nur Befehle erteilte. Da er damals nicht begreifen konnte, daß er Warmherzigkeit von irgend jemandem verdiente, verleugnete er jedes Bedürfnis nach Warmherzigkeit oder erkannte es nicht. Er heiratete eine Frau, die sehr aggressiv und ebenso anspruchsvoll war wie seine Mutter, aber sein Leben in die Hand nahm, so daß er sich passiv verhalten konnte. Wenn sie miteinander schliefen, war es nicht mehr, als ob er Geschlechtsverkehr mit einer Frau habe: Er war der kleine Junge, der symbolisch von der Mutter geliebt wird. Der symbolische Aspekt des Akts (Inzest) verhinderte, daß er wie ein Erwachsener funktionierte. Dieser Mann hatte seine frühen Bedürfnisse nach Warmherzigkeit verleugnet (nicht erkannt) und suchte diese mütterliche Zärtlichkeit bei anderen Frauen. Frauen waren Symbole der Mutterliebe, und der Geschlechtsakt mit ihnen war symbolisch; das Funktionieren war beeinträchtigt. Natürlich, wenn Frauen nur erwachsene Frauen wären, wären sexuelle Funktionsstörungen nicht zu erwarten; die Probleme entstanden, weil sie zu Muttersymbolen wurden.

Wie jedes Organsystem funktionieren Geschlechtsorgane auf reale Weise, wenn die Person real ist, und auf irreale Weise, wenn die Person irreal ist.

Bei jedem Akt des Neurotikers ist ein doppeltes System am Werk: das reale System mit seinen Deprivationen und Bedürfnissen und das irreale System, das diese gewöhnlich unbewußten Bedürfnisse symbolisch zu befriedigen versucht. So hat das irreale Selbst reifen Geschlechtsverkehr, während das innerliche Kind versucht, geliebt zu werden. Weil sich der Neurotiker um Kindheitsliebe bemüht, muß er unbewußt seine Partner zu Elternfiguren (jemand Irrealem) machen. Es ist nicht überraschend, wenn der Betreffende dann impotent ist oder von seinem Körper auf andere Weise im Stich gelassen wird.

Ein weiteres Beispiel: Ein Mann konnte von seiner schönen Frau erst erregt werden, wenn sie ihm von anderen Männern erzählte, mit denen sie schlafen wollte. Ausführliche Beschreibungen der Penisse anderer Männer stimulierten ihn – er wurde sexuell erregt durch den Gedanken an männliche Geschlechtsorgane. Die Beziehung zu seiner Frau war vom Standpunkt der Primärtheorie im wesentlichen homosexuell. Er hatte keine Beziehung zu ihr, sondern zu seinem *Bedürfnis*, das früh im Leben verleugnet worden war und nun in der symbolischen Präokkupation mit Geschlechtsorganen auftauchte. Dieser Mann hatte einen schwachen und unfähigen Vater, der nie mit ihm sprach, geschweige denn ihn an sich drückte oder auf den Arm nahm. Wenn er etwas wollte, mußte er zu seiner Mutter gehen, die dann den Vater darum bat. Das heißt, nur über seine Mutter kam er an den Vater heran, und das war es im wesentlichen, was er beim Geschlechtsverkehr tat. Das Bedürfnis nach seinem Vater war immer da, aber weil es verleugnet war, wurde es in Form eines Penis symbolisiert. Die Beziehung, die er beim Geschlechtsverkehr herstellte, war also das Symbol väterlicher Liebe, nicht seine Frau. Er mußte sein Bedürfnis nach seinem Vater erst aus dem Weg räumen, ehe er wirklich heterosexuell sein konnte.

Ein letztes Beispiel: Beim Geschlechtsverkehr hatte eine Frau Phantasievorstellungen, sie werde beherrscht, herumkommandiert und gegen ihren Willen festgehalten. Ihre Empfindung beim Akt war die eines hilflosen Kindes, eines Opfers des Sexus und nicht eines gleichberechtigten Partners. Diese Frau hatte einen brutalen und sadistischen Vater, der sie ›Hure‹ genannt hatte, als sie noch

Teenager war. Er verbot ihr, mit Jungens auszugehen und machte sich über ihr Make-up lustig. Sie verleugnete ihren Wunsch nach Vaterliebe, aber beim Geschlechtsverkehr machte sie sich zu einem hilflosen Opfer (ihres Vaters), damit sie überhaupt etwas fühlen konnte.

In all diesen Fällen ist der Sexualakt symbolisch, ein Versuch, alte Bedürfnisse aufzulösen. Die Person empfindet die Situation nicht, in der sie sich befindet, weil sie sie mit einer Phantasie verbindet. Für manche Frauen wird der Akt also Liebe bedeuten, für manche Männer Männlichkeit, Macht oder Rache. Die Funktion der Phantasie beim Geschlechtsverkehr ist die Wiedererschaffung des frühen Kampfes zwischen Eltern und Kind. Der entscheidende Unterschied ist indes, daß beim Geschlechtsverkehr die Person das bekommt, wovon sie sich immer vorstellte, daß es das Ende ihres lebenslangen Kampfes darstellen würde: geküßt, geherzt, gestreichelt und geliebt zu werden und fühlen zu können. Der Neurotiker sorgt symbolisch dafür, daß dieser Kampf ›gut ausgeht‹, indem er ihm ein phantasiereiches Ende verleiht, das es in Wirklichkeit nie hätte geben können. Eine Frau drückte es so aus: »Meine Phantasien beim Geschlechtsakt sind ein gutes Beispiel dafür, daß ich im Geist und nicht mit dem Körper lebte. Ich konnte nicht einmal spüren, was unterhalb meiner Taille vor sich ging.«

Wenn die Person ihr ursprüngliches Bedürfnis empfinden kann, hat die Phantasie keine weitere Funktion. Als der impotente Mann des ersten Beispiels sein Bedürfnis nach einer anständigen, menschlichen und fürsorglichen Mutter empfand, brauchte er nicht mehr nach Ersatz zu suchen. Seine Frau war keine Mutter mehr für ihn, denn er fühlte, was seine Mutter in Wirklichkeit war. Sein sexuelles Problem verschwand, denn es beruhte auf einem symbolischen Akt, der keine Beziehung zu dem hatte, was mit seiner Frau vor sich ging. Dasselbe gilt für den Mann, dem Geschichten von großen Penissen erzählt werden mußten. Als er empfand, wie sehr ihm ein Vater vorenthalten worden war, brauchte er das greifbare Symbol seines Vaters nicht mehr.

Die obigen Beispiele zeigen, daß neurotischer Sex symbolischer Sex ist, wobei die Person ihren Partner selten ›sieht‹. Daß er im Dunkeln stattfindet, erhöht nur den symbolischen Wert. Das Phantasieren mag nicht einmal bewußt sein; der Neurotiker stellt vielleicht die Verbindung zu seinem Partner als Mutter oder Vater her, ohne sich darüber klar zu sein, daß er die Phantasie ›auslebt‹.

Mit Urschmerz kann man nicht völlig heterosexuell sein. Wenn ein Mädchen zum Beispiel die Liebe ihres Vaters will, dann hat sie vielleicht Geschlechtsverkehr mit Männern, um zu versuchen, diese Liebe symbolisch zu erhalten, aber wahrscheinlich wird sie Frigiditätsprobleme haben, denn während das irreale System Geschlechtsverkehr mit Männern hat, versucht das reale System unbewußt nur, im Arm gehalten und (vom Vater) geliebt zu werden. Das Erleben ist nicht sexuell. Es ist infantil; die Frau versucht, ihre früheren Deprivationen aufzulösen. Eine frigide Frau erklärte: »Ich glaube, statt mich mit Essen vollzustopfen, stopfte ich mich mit Penissen voll, ein Versuch, mich ganz von der Liebe erfüllt zu fühlen.« Und sie fügte hinzu: »Jetzt weiß ich, warum ich beim Geschlechtsverkehr nie wirklich fühlen konnte; hätte ich mich wirklich gehen lassen und gefühlt, dann hätte ich den ganzen Urschmerz, wie ungeliebt ich war, empfunden. Ich hätte das empfunden, was ich durch Sex zu erlangen versuchte. Meine Sinnestäuschungen verhinderten das.«

Sexuelle Probleme werden schlimmer, wenn ein kleiner Junge starke Bedürfnisse sowohl nach einem Vater als auch nach einer Mutter hat. Beim Geschlechtsverkehr mit Frauen verhält er sich vielleicht wie ein kleiner Junge und überläßt der Partnerin (dem Muttersymbol) die Führung. Währenddessen hat er womöglich homosexuelle Phantasien. Das gleiche gilt für eine Frau, der die Liebe ihrer Mutter vorenthalten wurde. Solange dieses Bedürfnis nicht befriedigt wurde, muß es unweigerlich jeder heterosexuellen Aktivität im Wege stehen.

Bedürfnisse aus der Vergangenheit haben die Oberhand über gegenwärtige. Es ist kaum ein Wunder, daß eine so große Zahl von Frauen frigide ist, wenn man das kleine Kind bedenkt, das noch in so vielen dieser Frauen steckt. Sie brauchen einen freundlichen Vater und sind wütend und enttäuscht, wenn ein Mann reifen Sex will, statt ihnen zuerst väterliche Liebe zu bieten. Wenn man erkennt, daß da ein erschrecktes kleines Mädchen ist, das Angst vor seinem Vater (und Männern) hat, dann wird klar, wie schwierig später eine warmherzige, unbeschwerte und hingebungsvolle Sexualbeziehung sein wird. Für kleine Mädchen gibt es keinen erwachsenen Sex.

Liebe und Sex

Eine Reihe von Frauen sagt: »Ich kann nur mit jemandem ins Bett gehen, den ich liebe.« Bei neurotischen Frauen kann das bedeuten: »Um die natürlichen Gefühle meines Körpers zu genießen, muß ich meinem Verstand einreden, daß es etwas mehr bedeutet als das, was es ist. Damit ich fühlen kann, muß ich geliebt werden.« Hier kommt wieder unbewußt das Bedürfnis nach Liebe als Vorbedingung für das Fühlen zum Ausdruck.

Wenn ein Mensch früh im Leben geliebt worden ist, dann braucht er nicht zu versuchen, aus Sex Liebe herauszuholen; Sex kann dann sein, was er ist – eine intime Beziehung zwischen zwei Menschen, die sich zueinander hingezogen fühlen. Bedeutet das, daß Sex etwas von Liebe Getrenntes ist? Nicht unbedingt. Ein gesunder Mensch wird nicht dauernd herumrennen, um jeden in sein Bett zu zerren. Er wird sein Selbst (und das schließt seinen Körper ein) mit jemandem teilen wollen, den er gern mag. Aber er oder sie wird dieser Beziehung nicht irgendeinen mystischen Liebesbegriff voranstellen. Sex wird ein natürliches Erlebnis einer Beziehung sein wie alles andere auch. Sex braucht nicht durch Liebe ›gerechtfertigt‹ zu sein. Wenn eine neurotische Frau ihre Gefühle unterdrückt hat, wird sie, was immer sie auch glaubt, was bei einer Liebesbeziehung vor sich geht, wahrscheinlich Sex nicht voll genießen können, aber wenn sie normal ist, wird sie es nicht nötig haben, aus Sex etwas Besonderes zu machen. Sie wird nicht an einem Begriff wie Liebe festhalten; sie wird nicht dauernd hören müssen: »Ich liebe dich«, um sich ihres physischen Selbst zu erfreuen.

Wenn ein Kind nie Liebe von seinen Eltern erhalten hat, wird es von der Aussicht auf Sex vielleicht sehr erregt, weil es glaubt, endlich zu bekommen, was es braucht. Infolgedessen werden er oder sie recht impulsiv sein, sich nicht die Zeit nehmen, empfängnisverhütende Mittel anzuwenden, weil all diese alten verleugneten Bedürfnisse so stürmisch empordrängen. Das Ergebnis kann eine unerwünschte Schwangerschaft sein – eine unerwünschte Folge eines verzweifelten Impulses, dringende Bedürfnisse zu befriedigen. Wenn jemand indes seine Bedürfnisse nach elterlicher Liebe empfunden hat, dann scheint das Sexuelle alles Hektische zu verlieren. Es wird ein erfreulicheres Gefühlserlebnis.

Früh im Leben von den Eltern geliebt zu werden, ist der *einzige* Schutz vor späterer Promiskuität. Allzu viele benachteiligte Mädchen werden zu dem Glauben verleitet, sie würden geliebt, wenn sie als Teenager Geschlechtsverkehr haben, weil sie diesen Glauben brauchen. Tragischerweise ist das oft das erste warme Gefühlserlebnis und die erste körperliche Zärtlichkeit ihres Lebens.

Wahre Liebe ist es, wenn ein Junge und ein Mädchen sich mögen und sich als das akzeptieren, was sie sind – und dazu gehört ihr Körper. Neurotiker nutzen die Körper von anderen aus, um alte Bedürfnisse zu befriedigen. Das schließt von vornherein eine gleichberechtigte Beziehung des Gebens und Nehmens aus. Allzu oft stellt der neurotische Junge Beziehungen her zu Teilen (den Geschlechtsteilen) eines Mädchens; er kann sie nicht als vollständige Person behandeln. Diese Spaltung ist der Heilige- oder Hurenkomplex genannt worden – brave Mädchen sind körperlos (nichtsexuell), und böse Mädchen sind nur sexuell.

Normale Frauen brauchen nicht durch Phrasen verführt zu werden. Sie werden Geschlechtsverkehr haben, wenn die *Beziehung* es verlangt. Eheberater kennen zahllose Frauen, die behaupten, ihren Mann zu lieben, aber dennoch beim Geschlechtsakt nichts fühlen. Eine frigide Frau kann nicht liebevoll sein, weil sie sich nicht ganz hingeben kann. Nur eine voll sexuelle Person kann liebevoll sein.

Man könnte diese Ausführungen bekritteln und auf eine Reihe sogenannter Neurotiker hinweisen, die den Sexus sehr zu genießen scheinen. Doch eben diese Neurotiker sind in starker Spannung, die sie vielleicht *im Geist* erotisiert und mit dem Etikett ›Sexus‹ versehen haben, wobei die Sache kaum mehr Inhalt erhält als ein kräftiges Niesen. Als Beweis dafür erwähne ich die Tatsache, daß die überwiegende Mehrheit der Patienten, die in den ersten Therapiewochen ihre Spannung verlieren, ebenfalls für eine Weile ihren Sexualtrieb verlieren. In manchen Fällen verschwindet er für einige Wochen völlig. Außerdem haben sowohl Männer als auch Frauen, die vor der Behandlung glaubten, ziemlich sexuell zu sein, ausgesagt, daß sie keine Ahnung hatten, was ein wirkliches sexuelles Gefühl sei, bis sie in der Primärtherapie wieder fühlen gelernt hatten. Insbesondere Frauen, die behauptet hatten, nicht frigide zu sein, berichteten, wie anders ihre Orgasmen nach der Therapie geworden seien – in der Regel ein erfüllteres, mehr konvulsives Erleben. Ein Mann drückte es so aus: »Bei mir spritzte der Orgasmus immer aus dem Penis. Jetzt scheint mein ganzer Körper dabei beteiligt zu sein.« Der ganze Körper kann ›beteiligt‹ sein, wenn jedes Quantum früherer Unterdrückungen (jede Verleugnung des Selbst) wiedererlebt und aufgelöst worden ist. Diese Verleugnungen brauchen nicht sexuell gewesen zu sein; der Körper macht keinen Unterschied zwischen seinen Selbstverleugnungen. Wird ein Teil des fühlenden Selbst unterdrückt, dann bedeutet es, daß die Sexualität unterdrückt wird.

Frigidität und Impotenz

Nach meinen Beobachtungen von Patienten in den letzten fünfzehn Jahren sind Figidität und Impotenz stark verbreitet. Das gilt insbesondere für die Frigidität.

Unter Frigidität verstehe ich die Unfähigkeit, ein volles sexuelles Gefühl zu erlangen. Meistens bedeutet das eine Unfähigkeit, eine Klimax zu erreichen. Wie Frauen sich als Folge von Frigidität verhalten, ist je nach der Persönlichkeit verschieden. Manche Frauen werden promiskuitiv in der Hoffnung, einmal den richtigen Mann zu finden, der sie zum Fühlen bringt. Wenn die Schwierigkeit auf die Mutter zurückgeht, wird die frigide Person alles Sexuelle vielleicht einfach ignorieren. Was sie bei ihrem Verhalten empfindet, mag die *Hoffnung* sein, ihre Würde und Ehre zu wahren und sich damit Mutters Liebe zu erhalten.

Viele frigide Frauen stellen fest, daß sie nur dann zu einer Klimax gelangen, wenn sie masturbieren. Das ist ein gutes Beispiel für die Ausrichtung auf die eigenen Bedürfnisse statt auf den Partner. Frauen, die das tun, haben oft schon seit der Pubertät masturbiert, gewöhnlich begleitet von derselben Art von Phantasien.

Der Penis mag in diesen Fällen nur symbolisch für Bedrohung, Entehrung, Überfall usw. stehen und wird wegen seiner Bedeutung vermieden (was gewöhnlich unbewußt ist).

Ein Beispiel: Eine Frau bekommt von einer prüden Mutter alle möglichen Mythen über Sexus, Männer und Moral aufgetischt. Sie hört Sprüche wie: »Männer sind Tiere und haben nur eins im Sinn. Sie werden dich lieben und dann verlassen.« Zusätzlich zu dem, was die Tochter hört, gibt es einen Beweis in Gestalt eines brutalen Vaters. Das Mädchen läßt sich von dem überzeugen, was Mutter gesagt hat. Sie versagt sich jedes sexuelle Erlebnis bis zur Ehe und entdeckt dann, daß sie frigide ist. Ihrem Arzt klagt sie, daß ihre Vagina anästhesiert zu sein scheine. Ich glaube, daß diese Frau in ihrer Vagina nichts Sexuelles mehr empfindet. Sie empfindet *Furcht*, die auf der Verleugnung des sexuellen Gefühls beruht. Es braucht nicht unbedingt bewußte Furcht zu sein, aber da sie nicht zu ihrem Vater gehen konnte und ihr nur die Mutter das bißchen Liebe bieten konnte, das es zu Hause gab, assoziierte sie freie Sexualität mit dem Verlust der Hoffnung auf Mutters Wohlwollen. Damit gab sie ihrer Mutter zuliebe fast buchstäblich einen Teil ihres fühlenden Selbst auf.

Bildlich gesprochen, gehörte ihre Vagina ihrer Mutter. *Nicht zu fühlen* wurde für die Tochter die Art und Weise, wie sie Mutter das Bild des ›anständigen Mädchens‹ bot, auf das diese stolz sein konnte. Nachdem sie indes die Hoffnungslosigkeit gefühlt hatte, je die elterliche Liebe zu erringen, kam es zu einer Fülle von vaginalen Empfindungen, was bei vielen meiner Patientinnen der Fall ist.

Wieso vermochte die Frau dadurch, daß sie die Hoffnungslosigkeit fühlte, je die Liebe ihrer Mutter zu erhalten, ihre Vagina zu fühlen? Weil sie versucht hatte, bei jedem sexuellen Kontakt diese Liebe zu finden – indem sie das ›brave‹ (das heißt frigide und asexuelle) kleine Mädchen war, das ihre Mutter wollte. Ihre Mutter würde nur das ›brave‹ Mädchen lieben. Daß sie auf *diese* Liebe verzichtete, befreite sie von dem Kampf zu versuchen, sie symbolisch durch ihre frigide Vagina zu erhalten. Eine ehemals frigide Frau erklärte ihre Frigidität im Licht ihrer abgeschlossenen Primärtherapie: »Ich wuchs in einer sehr religiösen Familie auf, in der Sexuelles nie erwähnt, geschweige denn verurteilt wurde. Zwar war die Rede von ›liederlichen‹ Frauen und Promiskuität – und das reichte, um mir vor Sexuellem Angst zu machen. Um später die sexuellen Gefühle meines Körpers akzeptieren zu können, mußte ich mir einbilden, daß ich während des Geschlechtsaktes jemand anderes sei. Oft wollte mein Geist gar nicht erkennen, was mein Körper fühlte, deshalb erfand ich Szenen, daß ich festgehalten und vergewaltigt würde. Dann und nur dann konnte ich sexuell fühlen.«

Eine andere Frau brauchte Phantasien von Cunnilingus durch

eine andere Frau. Sie heiratete einen effeminierten Mann, der diese Art des Geschlechtsverkehrs vorzog, so daß ihr die Phantasie stark erleichtert wurde. Nach Ansicht der Primärtherapie ist die Phantasie – das heißt, das *Empfinden* während des Sexualakts – ein Versuch, die realen Bedürfnisse, von Mutter geliebt und geküßt zu werden, zu befriedigen. Die Befriedigung der Bedürfnisse ruft die Fähigkeit hervor, sexuell und (schließlich) heterosexuell zu *fühlen*. Aber die irreale Phantasie kann niemals reale Bedürfnisse befriedigen, so daß das symbolische Verhalten sich ständig wiederholt und zwanghaft wird. Als der Mann dieser Frau versuchte, mit dem Penis in sie einzudringen, wurde sie völlig frigide, und der Geschlechtsverkehr war äußerst schmerzhaft. Mit seiner unnachahmlichen ›Sprache‹ sagte ihr der Körper, daß Urschmerz in ihm sei.

Wir dürfen Frigidität nicht einzig und allein einer falschen Sexualerziehung oder schlechten sexuellen Erfahrungen zuschreiben. Viele junge Mädchen haben sich so abgeschlossen, daß sich ihre spätere Frigidität voraussagen läßt. Wenn sich ein junges Mädchen abgestumpft hat und kaum irgendwelche Empfindungen spürt (etwa wie das Essen schmeckt), dann wird es aller Wahrscheinlichkeit nach später auch sexuellen Empfindungen gegenüber abgestumpft sein. Das bedeutet, sie wird eine recht intensive Stimulierung brauchen, um auf dem Gebiet, das ihr als verboten hingestellt wurde, überhaupt etwas zu fühlen. Das halte ich für den Grund, warum Frigidität ein so häufiges Problem ist. Eine unterdrückte Frau muß unweigerlich in gewissem Grade frigide sein. Selten wird eine Frau nach der Primärtherapie nicht ein völlig anderes Sexualgefühl haben, selbst wenn sie nicht wegen eines offenkundigen Sexualproblems zur Therapie gekommen war.

Um dem Leser eine Vorstellung von der Komplexität der Frigidität zu vermitteln, zitiere ich, was eine ehemals frigide Frau nach einem Monat Primärtherapie sagte:

»Etwas, das ich in dieser Therapie lernte, ist, wie mein Körper dabei behilflich war, meine Gefühle zu blockieren. Ich war frigide, deshalb dachte ich bei mir, meine zusammengepreßte Vagina müsse mein Abwehrmechanismus gegen irgendwelche damit zusammenhängenden Gefühle sein. Ich kam von einer Gruppensitzung nach Hause, zog meinen Schlüpfer aus und öffnete meine Vagina mit den Händen, so daß sie weit offen stand. Dann überließ ich mich dem, was dabei zu fühlen war. Zu meiner Überraschung kam mir eine Erinnerung in den Sinn, und gleichzeitig spürte ich einen Schmerz um meine Vagina. Plötzlich lag ich in meinem Babykörbchen; meine Mutter legte mich trocken, war grob dabei und kniff meine Vagina. Ich erinnere mich, daß sie sie immer kniff, wenn sie mich wickelte. Ich spürte, wie sich meine Vagina verschloß, um den Schmerz nicht zu spüren. Am nächsten Tag hatte ich den ersten schmerzlosen Geschlechtsverkehr mit meinem Mann.«

Das ist der Punkt, auf den Wilhelm Reich hingewiesen hat (daß der Körper eine Abwehr aufbaut). Indes hätte diese Frau noch tagelang ihre Vagina manuell öffnen können ohne nennenswertes Ergebnis, hätte sie nicht schon viele Urschmerzen empfunden, die den Weg bereitet hatten für ihre Erinnerung an das Kinderkörbchen. Die hergestellte Verbindung, nicht die physische Manipulation ihrer Vagina war entscheidend gewesen. Daß sie die Vagina manuell öffnete, trug dazu bei, einen bestimmten Abwehrmechanismus auszuschalten, ähnlich wie das Lockern eines verspannten Bauchs durch tiefes Atmen Gefühle heraufbringt.

Diese Situation erinnert mich an das, was einem impotenten Mann widerfuhr. Bei einem seiner Urerlebnisse wurde er gedrängt, seiner schrecklichsten Phantasie nachzugehen – dem Inzest mit seiner Mutter. Bei der Phantasie kam ihm eine Erinnerung, daß sie ihn allein im Kindergarten gelassen hatte. Ihm war unbehaglich zumute (und jetzt begann er diese schmerzliche Szene wiederzuerleben). Um sich besser zu fühlen, begann er mit seinem Penis zu spielen. Beim Urerlebnis stellte er die Verbindung her, daß er sich einsam fühlte und wollte, daß seine Mutter mit seinem Penis spielte. Er wollte, daß sie zurückkäme, damit er sich besser und nicht so allein fühle. Später verwandelte sich das in eine Phantasie, daß er Geschlechtsverkehr mit seiner Mutter haben wollte. Als er älter wurde, machten ihm diese Phantasien Angst. Aus irgendeinem ihm unbekannten Grunde wurden sie zu homosexuellen Phantasien, die anhielten, bis er erwachsen war. Während seines Urerlebnisses fühlte er schließlich, was es bedeutete: »Mach dir keine Sorgen, Mama, nicht dich will ich. Männer will ich.«

Dieser Mann litt seit Jahren unter homosexuellen Phantasien infolge eines Geschehnisses im Kindergarten. Offensichtlich hatte nicht dieses Geschehnis allein die Wendung herbeigeführt, vielmehr wurde er früh in seinem Leben so vernachlässigt und häufig alleingelassen, daß dieses Geschehnis entscheidend wurde. Seine homosexuellen Phantasien, so schmerzlich und lästig sie waren, dienten dazu, etwas noch Unerträglicheres zu verbergen – inzestuöse Gefühle gegenüber seiner Mutter.

Viele frigide Frauen (und impotente Männer) stellen fest, daß es nach ein paar Drinks mit dem Geschlechtsverkehr besser klappt. Das liegt daran, daß Alkohol Urschmerzen betäubt und es damit weniger notwendig macht, daß das irreale System den Körper kontrolliert. Es darf nicht vergessen werden, daß das irreale System die Urschmerzen in Schach halten muß. Sind die Urschmerzen gelindert oder betäubt, ist weniger Kontrolle nötig. Bei minimaler Kontrolle kann sich der Körper mehr gehen lassen. Was bedeutet Gehenlassen? Weniger mentale Kontrolle über die Gefühle des Körpers. Leider betäubt Alkohol auch die Empfindungen beim

Geschlechtsverkehr, so daß das Erleben nicht so inhaltsreich ist, wie es sein könnte. Sexus bedeutet, den Körper zu fühlen, nicht ihn zu kontrollieren. Wenn dieser Körper alte Gefühle zurückhält, dann bedeutet Gehenlassen, einige dieser Gefühle freizulassen. So werden manche Frauen im Bett zu ›Hyänen‹, krallen sich fest, kratzen und beißen und erwecken den irrigen Eindruck, sie seien sexuell leidenschaftlich. Leidenschaft ist gewiß vorhanden, aber sie ist nicht sexuell. Es ist unterdrückte Wut, die ausbricht, wenn der Körper zu fühlen beginnt. Hier sehen wir wieder, daß Fühlen eine Sache des Alles oder Nichts ist. Überhaupt zu fühlen heißt, alles zu fühlen. Es mag sein, daß Sex für den Neurotiker halb Gewalttätigkeit ist, und vielleicht ist die Nebeneinanderstellung von Sex und Gewalttätigkeit in Kinoreklamen kein Zufall. Aber es ist nicht unbedingt Gewalttätigkeit, die verdrängt wird. Manche Frauen, die gleich nach dem Höhepunkt ihres Sexuallebens weinen, bringen verdrängte Traurigkeit zum Ausdruck. Welche Urschmerzen auch verdrängt werden, die Person kann volle Sexualität erst empfinden, wenn alle vergiftenden neurotischen Gefühle aus dem Weg geräumt sind.

Sexuelle Frigidität ist nicht nur ein Problem sexueller Gefühle; sie ist ein Problem des Fühlens. Frei fühlen zu können bedeutet, sexuell frei zu sein. Unterdrückt zu sein bedeutet, sexuell unterdrückt zu sein – selbst, wenn das sexuelle Funktionieren angemessen zu sein scheint. Wenn jemand zur Primärbehandlung kommt und sagt, er habe lediglich ein sexuelles Problem, dann erfahren wir seine anderen Ängste und Unterdrückungen bald. Wenn umgekehrt jemand wegen anderer Probleme kommt, dann müssen wir sexuelle Probleme vermuten. Das Problem befällt nicht nur Teile von uns; die betroffenen Teile sind untereinander verbunden und voneinander abhängig.

In der konventionellen Therapie bin ich Frauen behilflich gewesen, ihre puritanischen Einstellungen zum Geschlechtsleben zu verstehen, und habe sie oft über sexuelle Methoden beraten, aber es hat selten genützt. Durch das Fühlen von Urschmerzen in der Primärtherapie scheinen sexuelle Probleme ohne jede Diskussion über Methoden zu verschwinden. Der Weg zur Vagina führt offenbar nicht über den Kopf.

Der Neurotiker hat ein ganzes Warenlager von Urschmerzen, die verhindern, daß neues Wissen den Körper zum Fühlen bringt. Sexuelles Wissen wird also mental bleiben, bis der Körper befreit ist.

Die Frau eines Arztes, die ich vor Jahren behandelte, pflegte sich in ein Arbeitslager des Civilian Conversation Corps in der Nähe ihres Hauses zu schleichen und mit fünf oder sechs Männern hintereinander zu schlafen. Sie war einfach auf der Suche nach dem richtigen Mann, der sie in Schwung bringen könnte. Aber kein Mann konnte sie in Schwung bringen, denn sie selbst hatte erfolgreich abgeschaltet. Und nur sie selbst konnte sich wieder in Schwung bringen. Obwohl diese Frau intelligent war und *wußte*, daß ihre Ausflüge in das Arbeitslager vergeblich und gefährlich waren, obwohl ich sie darauf hingewiesen hatte, was sie in Wirklichkeit tat, war sie nicht davon abzubringen. Sie hatte Bedürfnisse, die sie unablässig antrieben. Sie *kannte* die Gefahren und *verstand*, warum sie es tat, aber sie hörte damit nicht auf, weil ihre Bedürfnisse nicht aufhörten. Sie wollte fühlen.

Ich glaube, es ist ein Irrtum, anzunehmen, daß durch eine liberale Sexualerziehung die Einstellung eines Menschen zum Sexus geändert und aufgrund der geänderten Einstellung Sexualprobleme gelöst werden können. Wieviel Erziehung jemand erhalten haben und wie liberal er in sexuellen Fragen geworden sein mag, sexuelle Funktionsstörungen werden so lange anhalten, bis sich diese neuen Einstellungen aus dem Körper und seinen Gefühlen heraus entwickeln.

Auch kulturelle Faktoren müssen bei sexuellen Problemen berücksichtigt werden; die allgemeine Unterjochung der Frauen – die Meinung, sie seien auf der Welt, um Männer glücklich zu machen – hat bestimmte Begriffe hervorgebracht wie etwa die ›weibliche‹ Mentalität. Bei der Vorstellung, daß Frauen Männer glücklich machen sollten, ist stillschweigend mitinbegriffen, daß Männer ihnen überlegen seien und Frauen für ihren Mann leben sollten. Das ist wiederum reine Neurose. Niemand kann für einen anderen oder durch ihn leben, ohne krank zu sein – und so wollen leider viele Männer ihre Frauen haben. Niemand kann einen anderen Menschen zum Fühlen bringen, und dazu gehört auch, sich ›glücklich‹ zu fühlen. Es ist die Aufgabe der Menschen zu leben.

Neurotiker glauben, Frauen müßten mit Romantik umgeben werden – gedämpftes Licht, besondere Redensarten und Drinks –, um erregt zu werden. Statt also zur Sache – dem Sex – zu kommen, wird ein Kampf aufgeführt, bei dem die Frau verführt wird. Eine Frau, die diese Verführung nicht braucht, die kein Hehl aus ihren sexuellen Wünschen macht, wird allzu oft als unmoralisch angesehen. Teilweise ist der Grund dafür, daß Männer, die sich ganz unmännlich fühlen, zu glauben scheinen, wenn sie Frauen gegenüber aggressiv sind – um sie sexuell zu erobern –, dann würden sie irgendwie richtige Männer. Wenn ein Mann eine Frau beherrscht, wird er sich dadurch ebenso wenig männlich fühlen, wie sich ein Erwachsener wichtig vorkommen wird, wenn er ein Kind beherrscht. In einer nichtgespaltenen, nichtneurotischen Gesellschaft wird es diese Kluft zwischen Männern und Frauen nicht geben. Sie werden gleichberechtigt sein und dieselben Bedürfnisse und Gefühle haben. Es wird keine männliche oder weibliche Mentalität geben, denn das wäre eine gespaltene Mentalität.

Es gibt Zeiten, da eine Person mehr als eine mentale Phantasie beim Sex braucht. Ein Mann zieht vielleicht ein Kleid an, legt Make-up auf, geht die Straße hinunter und weiß doch, daß er ein Mann ist. Aber sollte er ein Kleid anziehen und tatsächlich glauben, er sei ein Mädchen, dann hat er einen gewaltigen Schritt auf dem Weg zur Irrealität getan. Innerer Druck kann bewirken, daß ein Mann nicht nur Phantasien hat, er würde während des Geschlechtsakts geschlagen, sondern daß er wirklich gepeitscht werden muß, um zum Orgasmus zu gelangen.

Perversion bedeutet, daß die Last früherer Verleugnungen für die übliche Methode des Betreffenden, damit fertig zu werden, zu groß geworden ist und ihn für den Augenblick des Rituals in ein fast totales symbolisches Verhalten gestürzt hat – vielleicht einen momentan psychoseähnlichen Zustand.

Ein Mann, den ich behandelt hatte, mußte von einer Frau gefesselt und geschlagen werden, um eine Erektion zu erreichen. Obwohl dieses Ritual eine Reihe psychologischer Aspekte aufwies, schien es hauptsächlich aus der Beziehung zu seiner sadistischen Mutter herzurühren, die ihn ständig schlug und mißhandelte. Offenbar mußte er seine alte Mutter-Sohn-Beziehung auf fast buchstäbliche Weise wiedererschaffen, und dabei hatte er dieselbe unbewußte Hoffnung wie vor Jahren, wenn er genug geschlagen wurde, werde er Friede, Freude und Freundlichkeit finden.

Dieses masochistische Ritual war ein umschriebenes Drama und symbolisierte eine ganze Schar früherer Erlebnisse, die der Betreffende ersatzweise aufzulösen versuchte. Den Kernpunkt des Rituals bildet die Hoffnung – die Hoffnung, jemand möge sein Leiden sehen und es beenden. Offenbar sind richtiges Blut und blaue Flecken nötig, damit manche Eltern auch nur merken, daß ihre Kinder Hilfe brauchen. Manche Kinder dramatisieren es, indem sie Autos stehlen, andere, indem sie Brände legen, und wieder andere, indem sie sich schlagen lassen. Das ersonnene Ritual des Perversen kann als eine Fortsetzung des *unbewußten* Rituals angesehen werden, das der Neurotiker in all seinem Erleben während des Tages ausspielt. Bei dem generalisierten Ritual kann er zum Beispiel geschlagen und besiegt *agieren*, als wollte er sagen: »Tut mir nicht mehr weh, ich bin schon fix und fertig.« Der nichtperverse Neurotiker scheint ein mehr generalisiertes statt eines ersonnenen Rituals zu haben.

Ein Patient, der Exhibitionist war, versuchte seine Perversion zu beschreiben: »Es ist, wie wenn man zu jung ist, um es besser zu wissen, und jemand es systematisch darauf anlegt, einen verrückt zu machen. Meine Mutter haßte Männer. Vielleicht war sie lesbisch. Vermutlich versuchte ich, für sie ein Mädchen zu sein. Schließlich mußte ich fremden Frauen auf der Straße meinen

Penis zeigen, um zu beweisen, daß ich kein Mädchen bin. Ich war ziemlich schlimm dran, daß ich so etwas tun mußte.« Dieser Mann, verheiratet und Vater von Kindern, hatte gewiß alle sichtbaren Beweise für seine Virilität und Männlichkeit, die er brauchte. Es schien keine Rolle zu spielen. Er mußte sein Ritual fortsetzen, bis er in die Vergangenheit zurückkehrte, die Ursprünge seines Rituals wiedererlebte und all die Art und Weisen, wie er sich verzerrte, um nur ein freundliches Wort von seiner Mutter zu hören.

Obwohl dieser Mann es besser wußte, wurde er durch eine unkontrollierbare Kraft in seinen Akt getrieben. Diese Impulsivität kann uns möglicherweise einen Einblick in Impulsivität im allgemeinen bieten. Die realen Wünsche dieses Mannes – ein Mann zu sein – kamen immer wieder durch, wie sehr ihn seine scheußlichen Erfahrungen auch umgemodelt hatten. Das Ziel seines Rituals war also zu sein, was er war – real. Es scheint keine Rolle zu spielen, was ein Mensch sich selbst *sagt*, was er tun sollte oder nicht tun sollte, wenn dieses Selbst immer wieder verleugnet worden ist und jetzt auf Befreiung drängt. Ich betrachte Impulsivität als angetrieben durch Spannung, durch alte Gefühle, die den jetzigen impulsiven Akt irrational machen. Der impulsive Mensch handelt nicht nach Gefühlen; er handelt nach *verleugneten* Gefühlen. Das ist das Gegenteil von spontanem Handeln, das auf Gefühlen beruht. Bei spontanem Verhalten ist die Wahrscheinlichkeit geringer, daß es irrational ist, wie schnell die Reaktion auch sein mag, weil es die Reaktion einer realen Person auf reale Umstände ist.

Offenbar können Perversionen nur von Grund auf geheilt werden, wenn die in dem Ritual enthaltene Botschaft gefühlt und hervorgerufen wird. Wenn der Exhibitionist zum Beispiel sagen wollte (indem er seinen Penis zeigt): »Laß mich ein Junge sein, Mama«, dann muß er genau fühlen, auf welche erinnerte Szene – das heißt, jedes neue Urerlebnis – wird ein weiteres Stück des exhibitionistischen Rituals beseitigen, bis keine Impulse mehr übrig sind. Jede Szene wird wieder lebendig machen, wie seine Mutter ihn nicht einen Jungen sein ließ (»Faß deinen Penis nicht an. Schlaf nicht mit Mädchen.« Den kleinen Jungen mit Locken herumlaufen lassen. Ihn keinen Sport treiben lassen usw.). Jeder dieser Vorfälle, bei denen seine Mutter ihn zwang, nicht zu sein, was er war (ein Junge), baute die Perversion auf, bis sie ausagiert wurde. Jedes Wiedererleben dieser Szenen baut die Perversion ebenso methodisch und sicher ab, wie sie sich aufgebaut hatte. Während eines Urerlebnisses hielt zum Beispiel ein Exhibitionist seinen Penis hoch und schrie: »Mammi, er ist nicht dreckig. Er ist ganz in Ordnung. Ich bin es, was ich da halte. Laß mich doch mich fühlen.«

Der Exhibitionismus dieses Mannes war, wie jede Perversion, einleuchtend. Er versuchte, real zu sein, indem er seinen Penis zeigte – natürlich war das eine irreale Weise. Doch obwohl seine ganze Vergangenheit darauf ausgerichtet war, ein Mädchen aus ihm zu machen, blieb das Bedürfnis bestehen, zu sein, was er war, wenn auch auf verzerrte Weise.

Perversionen sind wegen ihrer offenkundigen Symbolik durch die Primärtherapie leicht zu behandeln. Sie sind sozusagen ›gebündelte Urerlebnisse‹. Gewöhnlich braucht man nicht herumzuraten, was das Bedürfnis ist. Man braucht bloß das Ritual zu unterbinden, dann verwandelt sich die ungeheure Kraft, die das Ritual angetrieben hatte, sofort in ein Urerlebnis – und stellt die richtigen Verbindungen her.

Lenny

Lenny ist ein sechsundzwanzigjähriger graduierter Psychologe. Obwohl er jahrelang Psychologie und abnormes Verhalten studiert und seine Kenntnisse in der Behörde, wo er arbeitet, praktisch angewandt hat, half ihm das kein bißchen, seine eigenen, persönlichen Probleme zu überwinden – ein dramatischer Beweis, daß Wissen allein nicht ausreicht, um eine Neurose zu ändern. Wenn Lenny in seinem Ritual war, war er in einer anderen Welt, wo alles, was er über Verhalten gelernt hatte, vergessen war. Lennys Fall hilft uns, Perversionen im allgemeinen und Impulsivität im besonderen zu verstehen.

Ich kam zur Therapie, nachdem ich öffentlich meinen Penis zur Schau gestellt und masturbiert hatte. Zu Hause bin ich immer Zwangsmasturbant gewesen, aber das schien meine ganze Spannung nicht zu mildern. Ich ging dazu über, es an Straßenecken zu tun oder in meinem Wagen an Bushaltestellen, wo lauter Frauen standen. Immer, wenn ich lange allein zu Hause war, kam der Impuls über mich, wegzugehen und zu masturbieren. Ich konnte mich einfach nicht beherrschen. Ich wurde ein regelrechter Exhibitionist.

Wenn andere Leute nach einer Zigarette oder einem Drink greifen, um ihre Spannung zu mildern, griff ich nach meinem Penis. Ich wußte nur, daß ich, wenn ich allein war, mich schlecht fühlte und mich gut fühlen wollte. Aber mit der Zeit reichten wegen der Art meiner Krankheit Phantasien von Frauen beim Masturbieren zu Hause nicht mehr aus. Meine sämtlichen Symptome vor der Therapie waren physisch – Asthma, Magengeschwüre, Nebenhöhlenbeschwerden, Sekretabsonderung im Nase-Rachenraum und chronische Kopfschuppen (jetzt alles verschwunden). Ich war immer körperorientiert. Ich schien etwas Körperliches tun zu müssen. Ich wußte, daß ich kränker wurde, als geistige Bilder während der Masturbation nicht mehr ausreichten. Aber ich wußte nicht, was ich tun sollte. Ich mußte den Ausdruck auf Frauengesichtern sehen – realen, lebendigen Frauen. Ich pflegte eine Straße entlangzugehen und nach einer Frau Ausschau zu halten, deren Gesicht ich während meines Akts beobachten konnte. Manchmal fuhr ich mit dem Wagen und parkte in ihrer Nähe. Während meines Orgasmus sah ich ihr ins Gesicht – ich wollte sicher sein, daß sie mich sah. Ich lebte sozusagen meine Phantasie aus.

Nach dem Orgasmus war ich gewöhnlich unerhört erleichtert, als ob mir ein großes Gewicht abgenommen sei. Ich fuhr dann weg und zur Arbeit, um anderen Leuten zu helfen, als ob nichts geschehen sei. Aber es war nur eine Frage der Zeit, bis ich es wieder tun mußte.

Was als kleine Beutezüge auf der Straße begann, wurde schließlich zu einer Hauptbeschäftigung. Ich verbrachte vier oder fünf Stunden am Tag damit; nichts anderes hatte ich mehr im Sinn. Ich wußte, daß ich auf dem besten Wege war, verrückt zu werden, weil ein Teil von mir wußte, wie irrsinnig das war, während der restliche Teil von mir es einfach tun mußte.

Was geschah, war, daß mein Verstand sich einfach von meinem Körper löste. Ich meine damit, ich tat etwas mit meinem Körper, wovon mein Verstand nichts wußte. Während meiner exhibitionistischen Rituale war ich gleichsam in einem Zustand der Verwirrung. Ich hatte eine verschwommene Vorstellung, wo ich war, aber gleichzeitig tappte ich im dunkeln. Meine Impulse schienen außerhalb meines bewußten Verstandes zu entstehen.

Ich versuchte, dagegen anzukämpfen; mein Beruf und meine Stellung standen auf dem Spiel. Wenn mich der Impuls überfiel, versuchte ich, ihn zu verleugnen, aber es war unmöglich. Mein bewußter Verstand schien sich aufzulösen. Der Zwang in mir wurde täglich stärker, und ich wußte gar nicht, warum. Geistige Verwirrung trat an die Stelle von rationalem Denken, so daß ich nicht einmal bei der Arbeit folgerichtig denken konnte. Während alledem kam ich mir wie zwei Menschen vor. Ich war Schauspieler und Zuschauer. Während meiner Episoden konnte ich Recht nicht von Unrecht unterscheiden. Es war wie ein Zustand, in dem jemand losgeht und fünf Menschen umbringt. Ich war einfach eine weitere unbewußte Person und folgte meinen Trieben.

Jetzt nach der Therapie weiß ich, daß nicht viel fehlte, und ich wäre verrückt geworden. Ich verlor immer mehr die Herrschaft über mein Selbst. Mein Verstand war im Schwinden. Ich war sicher, daß ich eines Tages die Verwirrung nicht würde abschütteln können, und das wäre dann das Ende gewesen. Vermutlich bedeutet das, daß mein Körper und mein Verstand völlig voneinander getrennt gewesen wären und jeder von ihnen etwas anderes täte.

Neurotisch, wie ich war, konnte ich nicht empfinden, was mich impulsiv machte. Es war zu schmerzhaft. Der Schmerz stieg auf, sobald ich allein war, und ich agierte ihn einfach aus. Als der

Schmerz bei der Therapie aufstieg, fühlte ich ihn. Das ist der Unterschied zwischen Fühlen und Ausagieren, den ich in der Primärtherapie so gut zu erkennen lernte.

In der Therapie ließ ich zu, daß der Impuls mich erfaßte. Statt das Fühlen abzuspalten und zu masturbieren, ließ ich schließlich zu, daß mein Verstand dort hinging, wo mein Körper war – und das heißt, zu ziemlich schrecklichen Wahrheiten. Ich erinnere mich meines ersten Urerlebnisses: Als ich kam, fühlte ich meinen Impuls. Auf dem Weg zur Therapie hätte ich fast, als ich eine Straße entlangfuhr, nach einer Frau Ausschau gehalten. Der Therapeut sagte, ich solle dem Impuls nachgeben. Ich hatte ihn steif und fühlte mich schrecklich sexuell. Ich glaubte, ich würde bestimmt zum Orgasmus kommen. Auf dem Höhepunkt des Fühlens begann ich zu schreien: »Nein! Nein! Nein!« Dann sah ich das Gesicht einer Frau. Du lieber Himmel, es war meine Mutter. Ich schrie: »Mammi, ich hab Schmerzen, ich hab Schmerzen!« Dann begann ich zu brüllen: »Laß mich nicht allein, Pappi wird mich umbringen.« Ich konnte ihr nie sagen, daß ich solche Angst vor meinem Vater hatte. Da begriff ich sofort, wenn ich meinen Penis exhibierte, wollte ich, daß eine fremde Frau mein beim Orgasmus (vor Angst und Schmerz) verzerrtes Gesicht sieht und erkennt, daß ich Schutz brauche. Aber meine Mutter war es, die von meiner Angst wissen mußte. Aber so, wie sie war, hatte ich es irgendwie nie gewagt, es ihr zu sagen. Sie war selbst zu krank, als daß ich hätte wagen können, ihr zu sagen, daß ich Hilfe brauchte. Deshalb sagte ich es auf ziemlich verrückte Weise an Bushaltestellen.

Der Druck, der mich zu alledem antrieb, war die Angst vor meinem Vater und das Bedürfnis nach Schutz durch meine Mutter. Als ich die Verbindung von all diesem vagen Druck mit dem, was er war, herstellte, brauchte ich nicht mehr auszuagieren. Tatsächlich war gar kein Druck mehr da – nur Schmerz.

Vor der Therapie war mein Verstand nie in Übereinstimmung mit meinem Körper. Ich weiß überhaupt nicht, wie ich durch die Schule gekommen bin. Noch heute hapert es bei mir mit dem Lesen und der Rechtschreibung. Aber ich war gut im Sport und geschickt mit den Händen – Installations- und Elektroarbeiten und all das. Ich mußte dumm sein, denn als ich gescheit wurde und die geistigen Verbindungen mit all dem Druck, der mich auf die Straßen trieb, herstellte, da zappelte ich in Dr. Janovs Sprechzimmer wie ein Fisch auf dem Trockenen. Diese Gefühle waren wie ein Kraftwerk. Jetzt weiß ich, hätte ich nicht weiter ausagieren können, wäre ich nicht nach meiner Verhaftung gegen Kaution freigelassen worden, sondern hätte im Gefängnis bleiben müssen, dann wäre ich bestimmt verrückt geworden. Ich exhibierte, weil es die einzige Möglichkeit war, um meine Gefühle fernzuhalten, und das wußte ich instinktiv. Hätte ich stillsitzen müssen und nichts zu tun gehabt, wäre mir der Kopf geplatzt. So verrückt es klingt, nachdem ich verhaftet worden war und *wußte*, in welchen Schwierigkeiten ich war, ging ich immer noch los und masturbierte vor Frauen, während mein Prozeß mir noch bevorstand. Ich hatte keine andere Wahl.

Vor der Therapie habe ich mich immer für höchst sexuell gehalten – ›Fickbruder‹ pflegte ich zu sagen. Doch jetzt habe ich diese Orgasmuskrämpfe in Urerlebnisse verwandelt, und mein Sexualtrieb ist viel geringer. Es ist das Umgekehrte von dem, was ich ursprünglich tat. Ursprünglich habe ich meine Urerlebnisse in sexuelle Krämpfe verwandelt, weil ich den Urschmerz nicht empfinden konnte. Perversion ist meiner Ansicht nach asexuell. Ich masturbierte, aber eigentlich wollte ich nur Hilfe. Es war meine Art, ›Hilfe!‹ zu schreien. Was ich tat, hatte keine Beziehung zum natürlichen Sexualtrieb; es war die Perversion eines anderen Gefühls. Viele von uns sind auf unterschiedliche Weise pervertiert. Kaufleute pervertierten ihr Bedürfnis nach Liebe in Geschäftsabschlüsse. Ich pervertierte meine Gefühle in meinen Penis. Ich wollte weiter nichts, als daß meine Mutter mein Leiden sieht und mir endlich gibt, was mir als Kind gefehlt hatte.

Jim

Ich bin zweiundzwanzig Jahre alt und in Alabama geboren. Jetzt lebe ich in Los Angeles, der Stadt, die für mich immer alles das symbolisiert hat, was unpersönlich, teilnahmslos, grob, gemein, oberflächlich, anmaßend, verkrampft und verzweifelt ist. Der Gedanke an Los Angeles oder ein Aufenthalt in dieser Stadt war für mich immer verbunden mit der Gefahr zu *fühlen*, wie unpersönlich, abgestumpft und oberflächlich mein eigenes Leben war. Jetzt ist es einfach eine schmutzige, nervöse Stadt, die keinerlei Gefühl bei mir erweckt.

Mein Vater ist Berufsoffizier in der Luftwaffe. Außerdem ist er presbyterianischer Prediger und stammt aus einer Kleinstadt in Indiana. Meine Mutter kommt aus Mississippi.

Ich hatte nie ein Zuhause. Meine frühesten Erinnerungen gehen zurück auf die Zeit in Japan, wo mein Vater stationiert war und ich mit vier Jahren von zu Hause weglief. Danach zogen wir alle ein oder zwei Jahre um, reisten in dem Familien-Oldsmobile, der zeitweilig als Schauplatz für Familienkräche diente, ob wir nun in Arizona an Kakteen oder auf der Alaskastraße an Totempfählen vorbeifuhren. Der Wagen war auch der Ort, von dem ich nicht fliehen konnte, wenn meine Mutter beschloß, mich mit einem Gummischlauch zu verprügeln, wenn ich mich schlecht benommen hatte. Den Schlauch versenkte ich schließlich im Abfalleimer eines Badezimmers in einem Motel in Denver.

All das Reisen hätte ein Spaß sein können für ein Kind; manchmal war es das auch, ungeachtet der Tatsache, daß wir als Familie nie einen glücklichen Augenblick erlebten. Alles war ein Kampf, eine Auseinandersetzung. In welchem Motel wir übernachten würden, welches Fernsehprogramm wir sehen und wo wir anhalten und essen wollten, immer gab es einen Wortstreit. Dasselbe galt für meine ganz persönlichen Entscheidungen, was ich anziehen und wer mein Freund sein sollte, wann ich müde sein müßte, wie ich zu essen hätte und so weiter. Sie war ständig damit beschäftigt, mir zu sagen, was *sie* für das Beste hielt, und das in einem Tonfall, der besagte: »Mach nur so weiter und tu, was du willst – wenn dir an mir nichts liegt, bitte.« Es war eine verheerend wirkungsvolle Methode, die sie anwandte, damit ich tun und *sein* sollte, was sie wollte. Ich hatte meine Eltern wirklich gern – mehr als alle anderen Leute auf der Welt. Wenn sie also sagte, sie glaube nicht, daß ich sie liebe, dann sagte sie auch: »Es hat keinen Zweck, daß wir unsere Beziehung fortsetzen« – d. h., sie wird auch mich nicht mehr lieben, *es sei denn*, ich tue und bin, was sie will. Das ist eine elende Lage für ein Kind, das nicht zu feilschen vermag. Deshalb müssen vor allem sämtliche Entscheidungen, die ich treffe, von ihr bestätigt werden. Wenn ihr nicht gefällt, was mir gefällt, dann muß ich einfach herausfinden, *wie ich meine Gefühle verbergen und tun und sein kann, was ihr gefällt.*

Meine Mutter mag keine Männer, das heißt keine maskulinen Männer. Also. Erstens kann ich kein Mann sein, obwohl ich doch, wie alle männlichen Wesen, mit einem Pimmel geboren worden bin, wenn er auch klein war. (Und er ist auch nie richtig groß geworden. Noch nicht.) Durch ihre hartnäckige und tagtäglich zum Ausdruck gebrachte Männerfeindlichkeit hat sie es mit Geschick fertiggebracht, mich zu einem Transvestiten zu erziehen. Ich habe früh begriffen: »Mammi mag mich nicht (wenn ich ich bin). Sie mag mich, wenn ich das bin, was sie mag.« Was kann man schon ändern, wenn man vier, fünf oder sieben ist, abgesehen von der Sexualität; man hat keine Weltanschauungen oder Theorien, die man ändern kann – nur sich selbst. Also . . .

Abgesehen von diesem Ausgangspunkt und ständigen Einfluß auf meine Kindheit zitterte ich zweiundzwanzig Jahre lang vor dem entsetzlichen Gespenst der drohenden Scheidung meiner Eltern. (Jetzt, da ich mit der Therapie annähernd fertig bin, werden sie nun endlich geschieden.) Als ich sieben war und wir in Texas lebten, kam mein Vater eines Abends leicht angetrunken nach Hause. Meiner Mutter zufolge war er mehr als leicht angetrunken, und sie schickte sich an, wütend zu werden, zu brüllen und schließlich meinen Pappi zu schlagen, bis *sie* zu Boden ging und schrie, sie ließe sich nicht so *schlagen*, und schluchzte, sie werde die Scheidung einreichen. Ich stand die ganze Zeit voller Angst zwischen und neben ihnen. Die beiden bemerkten mich kaum.

Ich versuchte sogar, sie zu trennen, faßte sie um die Taille und bat sie aufzuhören und sich zu küssen und wieder zu vertragen. Ich war alt genug, um eine Vorstellung zu haben, was »Scheidung« bedeutete: Trennung. Ich war außer mir vor Angst. »Mammi«, fragte ich, »was wird mit mir geschehen, was ist mit mir?« Sie sagte: »Ich weiß es nicht«, und machte sich ans Kofferpacken. Weder sie noch mein Vater scherten sich im geringsten um mich. Ich trottete mit meinem Stoffpferd durchs ganze Haus und murmelte immerzu: »Was wird mit mir geschehen? Was wird ...« usw. Seitdem bin ich immer herumgetrottet und habe gemurmelt – bis zur Primärtherapie.

Als ich am nächsten Tag aus der Schule kam, nachdem ich den ganzen Tag darüber gegrübelt hatte, mit wem ich wohl »mitgehen« würde (Mammi natürlich), stellte sich heraus, daß alles in Ordnung war. (In Ordnung und krank.) Pappi würde es »nie wieder tun«, und Mammi würde nicht weggehen. In den nächsten fünfzehn Jahren spielte sich dieselbe Szene immer wieder ab, und immer sah ich die Trennung voraus, die nie kam, aber doch immer drohte.

Ich habe meinen Vater nicht viel erwähnt, denn er war nicht viel da. Ich habe ihn gehaßt, weil er mich nicht vor Mammis destruktivem Einfluß geschützt hat. Und ich liebte ihn heiß in den wenigen Augenblicken, die wir zusammen verbrachten. Pappi und ich wollten einander lieben, aber wir hatten Angst, unsere Gefühle herauszulassen, weil es so weh tun würde.

Mit einer Neurose und einer Familie wie der meinen mußte ich aufpassen, meinen Gefühlen nicht zu nahe zu kommen. Bleib kühl in der Familie. Außerhalb *tue so*, als wärest du stark und selbständig. Transvestiten sind nicht mal so »in« wie gewöhnliche Homosexuelle. Da ist ein Unterschied. So war ich ein sehr aktives und einsames Kind. Ich hatte solche Angst vor Mädchen, daß ich erst als Oberschüler und bei meiner dreizehnten Verabredung meiner ersten Freundin einen Kuß gab. Und außerdem war sie älter als ich, was ja klar ist.

Ich habe viel masturbiert, und das unterdrückte meine Spannung ein bißchen, aber ich mußte immer vorsichtig sein, weil meine Mutter stets drauf und dran war, mich zu erwischen. Sie hatte es nicht gern, wenn ich meinen Schwanz anfaßte.

Am Ende meines zweiten Oberschuljahrs stellte ich fest, daß ich durch die wiederholten Wortkämpfe mit meiner Mutter nicht nur redegewandt war und gute Einfälle hatte, sondern auch sehr schnell laufen konnte. Am Ende des vorletzten Schuljahrs war ich Staatensieger im Kurzstreckenlauf und begann, mit Mädchen auszugehen. Am Ende des letzten Schuljahrs war ich wieder Staatensieger, Festredner bei der Abschlußfeier in der Schule, Staatspreisträger für Rhetorik, Journalist, gewöhnlich unbeweibt und auf dem Weg zum College. Ich war unglücklich. Schon lange hatte ich, wenn meine Mutter nicht zu Hause war, mir angewöhnt, ihre Kleider anzuziehen – Büstenhalter, Strümpfe, Schlüpfer usw. –, ich agierte meine Phantasie aus, daß, wenn ich so wäre, wie Mammi mich wollte, sie mich schließlich haben wollen und lieben würde. Es war eine miese Sache, um es gelinde auszudrücken, und ein schwieriges Verfahren, um ein gutes Gefühl zu haben, wenn ich meinen Schwanz fühlte.

Ich unterdrückte solche Betätigungen im College. Ich behielt die Phantasie im Kopf und masturbierte einfach, wie alle anderen auch. Die Arbeitslast und die Atmosphäre waren so überwältigend, daß ziemlich bald das Masturbieren nicht mehr viel half. Ich hatte kaum Verabredungen mit Mädchen. Auch der Sport war so todernst, krank, und schwer mit dem Studium in Einklang zu bringen, so daß er auch nicht viel Spannung löste. Aber meine sportlichen Leistungen waren jedenfalls dazu nütze, daß ich in eine gute Studentenverbindung aufgenommen wurde, so daß es im nächsten Jahr etwas geben würde, worauf ich mich freuen konnte. Meine Noten waren nicht umwerfend. Kein Prestige, keine Aufmerksamkeit, keine Befreiung von dem Gefühl, einsam und unbedeutend zu sein.

Im zweiten College-Jahr war ich sportlich sehr aktiv. Der Trainer erwies sich als ein Fanatiker. Er schmiß einen ausländischen Studenten aus der Mannschaft, weil er einen langen Beatle-Haarschnitt hatte. Eine weitere Enttäuschung. Ich war Vermittler. Ich wurde nervös, sauer, hatte den Sport und all den anderen irrelevanten Mist satt, den das College mir eintrichtern wollte.

In dem Sommer hatte ich zum erstenmal in meinem Leben eine Freundin. Sie war der erste Mensch, den ich je an meinen Gefühlen teilhaben ließ. Aber ich konnte mich nie überwinden, es zum Bumsen kommen zu lassen, nicht einmal wenn sie meinen Schwanz in der Hand hatte und wir im Bett waren. Ich wollte ein Mädchen haben, um meinen Schwanz zu fühlen, aber ich wollte ihn gefahrlos fühlen, und sie ließ es dabei bewenden. Aber es war stürmisch. Sechs Monate lang kämpften sie und ich wie verrückt, um unserer gegenseitigen Spannungserleichterung Permanenz und Stabilität zu verleihen. Aber leider schob sie alles auf mich. Ich konnte nirgends Zuflucht suchen und wäre fast verrückt geworden. Ich war so in Panik, daß ich das Studium aufsteckte und begann, meine Tagebücher vom Kierkegaardschen Typ zu schreiben, à la Bob Dylan, Ken Kesey u. a. Ich war so in Spannung, daß das Schreiben über Mythos, Existenzbewußtsein und tragische, heroische kleine Leute die einzige Möglichkeit zu sein schien, geistig gesund zu bleiben. Ich versuchte, den Urschmerz niederzuhalten; und ich tat es.

In diesem Stadium machte ich die bemerkenswerte Entdeckung, daß keiner das Recht habe, mir zu sagen, wann ich einen anderen töten soll. Ganz einfach. Aber Einfachheit war mir ebenso wie das

Fühlen einfach abhanden gekommen, seit ich begonnen hatte, mir darüber Sorgen zu machen, was mit mir geschehen würde. Ich leistete etwas Widerstandsarbeit in Arizona und versuchte herauszufinden, wie sich Politik und Kunst miteinander verbinden lassen. Sollte ich ins Gefängnis gehen wegen Wehrdienstverweigerung, oder auswandern, meine großartigen Bücher für die Welt schreiben und mit neununddreißig sterben? Wie macht man beides? Bedeutende Fragen, denen bedeutende Gefühle zugrundelagen – bezogen auf Mammi und Pappi: Das Bedürfnis, das Gefühl zu haben, etwas zu taugen (Mammi); das Bedürfnis, anderen Leuten zu helfen, mit Streiten aufzuhören (Mammi und Pappi); das Bedürfnis nach einem friedlichen und unkomplizierten Zuhause (wir alle zusammen); das Bedürfnis, stark und erfolgreich zu sein (Pappi); und so weiter. Ich schickte meinen Einberufungsbefehl zurück, aber auf sehr unkämpferische Weise. Ich wollte schreiben und studieren, bis sie kämen und mich ins Gefängnis brächten. Sehr passiv.

Am ersten Tag in der Therapie erzählte ich Art, daß ich zu meinem Vater hätte sagen wollen, er könne mir den Buckel runterrutschen, als er sich weigerte, mir das Geld für die Therapie zu geben. »Wirklich?« fragte Art.

Ich sagte: »Nun, lieber wäre mir, er würde mir helfen.«

»Bitten Sie ihn darum.«

»Am Telefon?«

»Bitten Sie ihn einfach darum, gleich hier.«

Ich fing an, aber mir schnürte sich die Kehle zusammen. »Ich will das nicht tun, und Sie wissen auch, daß ich es nicht will.«

»Bitten Sie ihn.«

Ich tat es, und das nächste, was ich wußte, war, daß ich mich auf der Couch hin- und hergeworfen und nach Pappi geschrien hatte, er solle mir helfen, daß ich die Wut in meinem Körper und meiner Seele *gefühlt* hatte, die ich so lange verdrängt hatte. Als mich die Kraft verließ und ich mich zu entspannen begann, kribbelten meine Hände, als ob die Zirkulation unterbrochen gewesen wäre und sie jetzt wieder »aufwachten«. Die Farben im Sprechzimmer waren leuchtender, wie auf grasigem Hintergrund, nur ohne surrealistische Trennung von Zeit und Raum. Ich spürte meinen Bauch. Und das war erst der Anfang.

Es war genug für einen Tag. Als ich fortging, fühlte ich mich großartig. Am Nachmittag war mir beschissen zumute. Jetzt, da die Spannung erlahmte, begannen andere Gefühle aufzusteigen. *Paß auf, was wird geschehen?*

Am nächsten Tag erwartete ich das Urerlebnis und versuchte, die Dinge geschehen zu lassen. Das war meine Methode, nichts zu fühlen. Fünf Tage fummelte ich so rum, bis ich schließlich in der Gruppe so voller Spannung war, daß das mit meinem Vater ganz von selbst herausbrach; mein Wunsch, daß er mir helfe. Am nächsten Tag kam es zu Tränen, bitteren Tränen. Ich war so verloren gewesen, mein ganzes Leben lang – niemand hatte mich je angehört, und vor allem hatte ich mich so sehr bemüht, etwas zu vollbringen, das Mammi und Pappi glücklich machen würden, so daß sie mich lieben könnten. Unglückliche Eltern haben keine Zeit, ihre Kinder sie selbst sein zu lassen. Liebe erfordert selbstlose Aufmerksamkeit.

Seit jener Zeit habe ich ein Gefühl nach dem anderen durchgemacht. Zorn, Alleinsein, Traurigkeit und sehr subtile Empfindungen von Wärme, Gerüchen, Kälte, Geschmack und Berührung, die mit der Erinnerung in meinem Gedächtnis, zu der sie gehören, verknüpft werden müssen. Es ist ein Prozeß, bei dem man seinen Kopf wieder vollständig mit seinem Körper in Berührung bringt. Es ist das Fühlen all der verdrängten Gefühle, so daß es nichts mehr gibt, das zu fühlen man fürchtet. Es ist die Hölle und es ist wunderbar.

Manchmal sind die Gefühle leicht herausgekommen; manchmal brauchten sie Tage, um sich zu entwickeln, bis die Spannung erlahmte. Ich machte eine Periode von drei Wochen durch, in denen ich mir ganz verrückt vorkam, wie damals, als meine Freundin mich verlassen hatte. Es war eine völlige Loslösung von dem Fühlen, das bewirkt wird, wenn man jede Sekunde darüber *nachdenkt*, was als nächstes geschehen könnte. Ich kam so weit, daß ich den unsichtbaren Schutzschild zwischen meinem Körper und der Umwelt fast *sehen* konnte. Er wurde dicker. Ich nahm an, ein wichtiges Gefühl sei unterwegs. Gut. Ich wollte ihm helfen, herzukommen. Irrtum. Es war eine sehr raffinierte Art und Weise, nicht zu fühlen. Etwas zu steuern, zu erwarten und zu lenken. Eines Morgens kam ich in Arts Sprechzimmer und sprach mit Mammi und Pappi in jener Primärszene, bei der ich zum erstenmal gefragt hatte: »Was soll mit mir geschehen? Laßt euch nicht scheiden.« Ich sagte es und fühlte die Angst wie ein siebenjähriger Junge. Ich hörte auf, und der Schutzschild schrumpfte. Ich entspannte mich. Ich wollte die Dinge einfach geschehen lassen. Später sollte ich dann tiefer in das Gefühl eindringen, und immer mehr von dem Schild verschwand. Jedesmal, wenn ich jetzt die Primärszene fühle, kann ich es mir erlauben, ein bißchen mehr von der Gegenwart zu fühlen. Der Schild ist zerstört.

Was ich als Ergebnis der Primärtherapie erlebe, bin einfach *ich*. Zunächst fühlte ich mich auf neurotische Weise stärker. Zum erstenmal in meinem Leben konnte ich etwas freier fühlen, und das lud meine Hoffnungen und Träume auf. Aber Hoffnungen und Träume sind Symptome verdrängter Gefühle. Sie sind die abstrakten Wörter, mit denen wir auf unser *Bedürfnis* hinzuweisen und es zu bemänteln pflegen. Wenn das ganze *Bedürfnis* gefühlt worden ist, dann besteht keine *Hoffnung* mehr, es zu befriedigen. Dann bleibt nur das Lebendigsein. Politische Utopie oder künstlerischer Erfolg sind nicht mehr vonnöten. Es gibt nichts dergleichen wie Erfolg oder Versagen. Nur man selbst. *Ich.* Ich habe es nicht mehr nötig, ein chronischer, tragischer Versager zu sein, damit mich jemand in den Arm nehme – wie meine Eltern es niemals taten – und mich an sich drücke oder mir zuhöre.

Noch habe ich es nicht völlig überstanden. Ein bißchen brauche ich meine Eltern noch. Da ist immer noch mehr *Bedürfnis*, das gefühlt werden muß. Mit meinem Vater bin ich fast fertig, und von meiner Mutter ist noch ungelöster Rest vorhanden. Noch habe ich gelegentlich einen Traum, in dem ich nackt in der Damentoilette im Supermarkt mit einem Steifen erwischt werde, und kein Platz, wo ich mich verstecken könnte, und ich will ihn auch haben, wenn nur irgendeine freundliche Dame oder meine Mutter so nett wäre, ihn mich fühlen zu lassen. Damit reagiere ich, während ich schlafe, im Kopf das aus, was ich als real fühlen möchte.

Dennoch habe ich mich unglaublich verändert. Meine Stimme ist jetzt fast eine Oktave tiefer, weil die Verbindung zu meinem Bauch wiederhergestellt ist. Ich höre jetzt beim *ersten* Mal, wenn Leute etwas sagen, und brauche sie es nicht wiederholen zu lassen. Ich tratsche nicht mehr stundenlang mit meinen kranken Freunden über das, was in der Welt vorgeht (habe es nicht mehr nötig). Ich habe ungefähr zwanzig Pfund abgenommen, weil ich nicht mehr esse, um das Gefühl zu vermeiden, daß mein Magen ebenso leer und einsam ist, wie alles andere von mir es war. Ich rauche nicht mehr, was ich mir angewöhnt hatte, als ich den Sport an den Nagel hängte. Zigaretten schmecken jetzt gräßlich. Alkohol enthemmt mich nicht mehr, sondern macht mich einfach tapsig. *Das Essen schmeckt.* Reale Gegenstände sind nicht länger Symbole, die Gedankengänge und eine Menge Spannung auslösen. Polizisten sind einfach Polizisten und nicht mein Vater. (Ich mag sie jetzt nicht etwa lieber; nur bin ich nicht mehr wütend auf sie.) Das Meer ist einfach das Meer, nicht *Vater und Mutter des Lebens*; ein zerbrochener Spiegel ist nicht länger das Symbol irischer Kunst; usw.

Titten sind *fast* bloß Titten. Eine Fotze ist fast bloß eine Fotze. Sie sind längst nicht mehr die Symbole, die sie einst waren, und werden es bald gar nicht mehr sein.

Es geht mir gut genug und ich *fühle* genug, um zu wissen, was *real* ist, und es ist ganz anders, als ich *erwartet* hatte, und als alles, was *ich* immer gewesen bin.

Ein Ergebnis der Therapie ist, daß alles buchstäblich wird. Geld kommt mir komisch vor, denn es sind einfach kleine Metallstücke, die wir bei uns tragen und gegen Dinge eintauschen. Es ist wie all das irreale Zeug, das keine Relevanz mehr für mein Leben hat. Es ist, als ob Wörter nichts mehr bedeuten, bloß das Fühlen. Mir ist, als ob die Welt, in der ich lebe, eine einzige Pop-Art-Szene wäre – alles Mache. Ich glaube, daß alle beim falschen Spiel mitmachen, und sie wissen es nicht, weil sie so eifrig spielen. Es langweilt mich sogar, darüber zu schreiben. Endlich bin ich völlig umgeschwenkt. Transvestismus ist eine Sache der Vergangenheit. Mein Leben lang wurde mir gesagt, ich sei geistig nicht gesund, und schließlich glaubte ich es. Jetzt begreife ich, daß die anderen krank sind und ich normal bin.

Homosexualität

Der homosexuelle Akt ist kein sexueller Akt. Er beruht auf der *Verleugnung* der realen Sexualität und dem symbolischen Ausagieren eines Bedürfnisses nach Liebe durch Sex. Eine echt sexuelle Person ist heterosexuell. Der Homosexuelle hat gewöhnlich sein Bedürfnis erotisiert, so daß er höchst sexuell zu sein scheint. Wird er seines sexuellen Objekts, seines Geliebten, beraubt, ist er wie ein Süchtiger ohne seine Bezugsquelle; ohne seinen Geliebten ist er im Urschmerz, der immer da ist, aber sexuell abgeleitet wird. Doch nicht Sex, sondern Liebe ist das Ziel.

Von allen Neurotikern steht der Homosexuelle gewöhnlich am stärksten unter Spannung, denn er hat sich von seinem realen Selbst besonders weit entfernen müssen. Die Spannung kann ihn zu Alkohol, Drogen und zwanghaftem Sex treiben, ohne daß diese Auslaßventile reichen. Viele Homosexuelle, die bei mir waren, berichteten von psychosomatischen Beschwerden. Die Gewalttätigkeit Homosexueller ist die Folge von Selbstverleugnung. Wenn ein Mensch nicht sein kann, was er ist, dann ist er wütend.

Ich würde jeden Akt als homosexuell definieren, der zwischen zwei Menschen stattfindet und so erlebt wird, als spiele er sich zwischen Angehörigen desselben Geschlechts ab. Wenn ein Mann mit einer Frau schläft, aber währenddessen völlig versunken ist in eine Phantasie über Männer, dann würde ich den Vorgang homosexuell nennen. Die Gebärden, die man ausführt, sind weniger entscheidend als die innere Situation. Wenn jemand mit einem Angehörigen des gleichen Geschlechts schläft, bedeutet das, daß er sich totaler im symbolischen Verhalten engagiert. Da gibt es keinen abgespaltenen oder fragmentierten Teil von ihm, der ihn antreibt, an der Heterosexualität festzuhalten; er hat den Kampf aufgegeben und wird noch mehr das, was er nicht ist.

Es gibt Männer und Frauen, die eine homosexuelle Ehe führen, aber sich der Tatsache gar nicht bewußt sind. Ein effeminierter Mann sucht sich eine maskuline Frau als Gefährtin aus – er mag, wie ein Patient berichtete, es vorziehen, beim Geschlechtsakt auf dem Rücken zu liegen mit der Begründung, so sei es bequemer für ihn – ohne auch nur einmal zu erkennen, daß er im Grunde mit einem Mann Geschlechtsverkehr hat. Es gibt eine Art von besonderem Radar, das diese Menschen dazu treibt, einander zu finden.

Der Mann mit einem unbewußten Bedürfnis nach einem liebevollen Vater, doch zu ängstlich, um homosexuellen Impulsen nachzugeben, wird sich statt dessen mit einer männlichen Frau einlassen. Er wird sich an diese maskulinen Aspekte von ihr halten, so daß sie der Handwerker im Haus sein wird, das Finanzielle erledigt, den Wagen fährt und so weiter. Der springende Punkt ist, daß ein Neurotiker jeden zu etwas machen kann, was er nicht ist. So kann ein Mann im Geist eine Frau zu einem Mann machen, genau wie er einen Polizisten zu seinem Vater und eine Lehrerin zu seiner Mutter machen kann. Das Bedürfnis gewinnt die Oberhand.

Jemand, der beim Geschlechtsakt phantasieren muß, ist seinen Gefühlen näher als jemand, der seine Phantasie auslebt. Die Phantasie bedeutet zugleich, daß ein Bedürfnis seelisch erkannt wird – genauer gesagt, daß das Symbol des Bedürfnisses erkannt wird. Es auszuleben bedeutet totale Unterdrückung des Bedürfnisses und seiner Symbole.

Nach meiner Erfahrung kann Homosexualität ihren Ursprung haben in einer Reihe von Permutationen der Familien-Interaktion. Ein homosexueller Junge kann einen schwachen Vater, einen tyrannischen Vater oder gar keinen Vater haben. Worauf es ankommt, ist, daß der Junge ein Bedürfnis nach einem *liebevollen* Vater hat. Es besteht kein Anlaß, die spezifischen Beziehungen durchzugehen, die der Junge gehabt hat. Erreicht werden muß nur das Bedürfnis. Das Bedürfnis ist es, das in der Homosexualität ausagiert wird.

Viel hängt von dem Kind selbst ab. Wenn es von Natur aus ein athletischer Typ ist, wird es vielleicht die robuste Person werden, die der Vater haben möchte. Ist es schwach und unkoordiniert, wird es vielleicht völlig abgelehnt, weil es nicht mit den Bedürfnissen des Vaters übereinstimmt. Wenn seine Mutter ein wenig warmherziger ist, wird dieses Kind ihr vielleicht näherstehen; ist die Mutter kalt, wird das Kind wohl verzweifelt versuchen, wie sein Vater zu sein. Es ist nicht eine bestimmte Familienkonstellation, die Homosexualität erzeugt.

Ein Junge, der einen brutalen, trinkenden Vater hat, wird sich vielleicht gegen alles Maskuline wenden. Ein anderer Junge, dessen Vater genauso ist, beschließt vielleicht, er wolle ein so anständiger Mann werden, wie es sein Vater nicht war. Wenn eine Mutter Männer haßt, hat vielleicht auch ihre Tochter etwas gegen Männer. Wenn eine Mutter eine abscheuliche Person ist, hat ihre Tochter vielleicht etwas gegen Frauen. Es gibt keine Formel, die eine spezifische Neurose erklärt. Die innere Reaktion des Kindes auf das, was geschehen ist, muß verstanden werden.

Das sich daraus ergebende Verhalten des Kindes ist gewöhnlich keine bewußt durchdachte Entscheidung. Eine allmähliche Ansammlung von Erfahrungen zwingt ihm ein bestimmtes Vorstellungsbild auf, um die verdrängten Bedürfnisse seiner Eltern zu befriedigen. Praktisch bedeutet das, daß das Kind sein muß, was seine Eltern brauchen, damit sie (und demnach auch das Kind) sich vorübergehend wohlfühlen. Wenn seine Mutter keine Aggressivität ertragen kann und glaubt, Männer seien sexuelle Bestien, dann wird das Kind an ihrer Einstellung und ihrem Verhalten bald merken, daß es ratsam ist, weder aggressiv noch sexuell zu sein.

Weil das kleine Kind nicht begreifen kann, daß sein Vater ein Sadist oder seine Mutter Lesbierin ist und alles Männliche haßt, glaubt es mit der Zeit, daß alles, was es instinktiv tut, verkehrt sei. Es wird vielleicht seine natürlichen Neigungen immer mehr verleugnen, bis es eines Tages vollständig invertiert ist.

Viele Homosexuelle scheinen sich über das, was so offenkundig ist, nicht klar zu sein – sie sind auf der Suche nach Ersatz. Viele verherrlichen die homosexuelle Liebe als die einzig wahre Liebe und zitieren zum Beweis vielleicht die Griechen. Aber es ist irreale Liebe irrealer Menschen. Was der sexuellen Suche des Homosexuellen solche Intensität verleiht, ist das Bedürfnis, sich endlich geliebt zu fühlen und so der nagenden Spannung ein Ende zu bereiten.

»Nach jedem sexuellen Kontakt war ich leicht unbefriedigt, und ich wußte nie, warum«, sagte mir ein ehemaliger Homosexueller. »Ich glaubte, hinter einem Penis her zu sein, einem größeren, einem besseren – bis ich ihn bekäme. Dann brauchte ich immer mehr und mehr. Nachdem ich gefühlt hatte, wie sehr ich meinen Vater wollte, wußte ich, daß es gar kein Penis war, den ich wollte. Vermutlich bin ich ein ›jämmerlicher Schwuler‹ geworden, weil ich nie nach diesem Mistkerl jammern konnte.« Dieser Patient sagte, sein unmännliches Verhalten als Teenager sei ein ständiger Schrei nach dem gewesen, was nie kam – die Hilfe seiner Eltern.

Ein anderer Patient, dessen Eltern innerlich »tot« und völlig gefühllos waren, sagte: »Ich weiß jetzt, warum ich immer so versessen war auf oralen Geschlechtsverkehr. Ich habe wohl buchstäblich versucht, irgend jemandem ein bißchen Leben abzusaugen.« Sowohl männliche als auch weibliche Homosexuelle erklären nach der Primärtherapie übereinstimmend, daß jeder ihrer früheren homosexuellen Kontakte offenbar bedeutete: »Mammi (oder Pappi), liebe mich!« Wenn wir dem beipflichten können, daß Homosexualität in den meisten Fällen dieses Bedürfnis nach elterlicher Liebe ist, dann können wir sagen, das Ziel der Homosexualität sei Heterosexualität. Ich glaube nicht, daß diese Behauptung schlicht Semantik ist. Sie bedeutet, das Ziel jeder Neurose ist, daß einem der Urschmerz abgenommen werde, um ein realer, fühlender Mensch werden zu können. Wenn der Urschmerz verschwunden ist, müßte demnach auch die Homosexualität verschwinden, und das kommt tatsächlich vor.

Ebenso geht daraus hervor, daß noch so viele heterosexuelle Akte den homosexuellen Zustand nicht ändern können, solange der Urschmerz nicht gefühlt ist. Das Schlafen mit Dutzenden von Frauen beseitigt, glaube ich, das verzweifelte Bedürfnis eines Mannes nach seinem Vater nicht. Das bedeutet, daß noch so viel Umarmen, Küssen und Streicheln, sei es von Frauen oder von Männern, eine vorhandene sexuelle Abweichung nicht ändern werden.

Was der Homosexuelle empfinden mag, wenn er von einer Frau geküßt wird, ist etwas Symbolisches – Vaters Liebe. Diese Küsse befriedigen das reale Bedürfnis nicht; übrigens die Küsse eines Mannes ebenso wenig. Küsse und Zärtlichkeiten von Frauen können bei einem männlichen Homosexuellen die Homosexualität sogar vertiefen, indem sie vorübergehend das Bedürfnis nach einem Vater verdecken. Die Warmherzigkeit von Frauen verhindert dann, daß er den Urschmerz fühlt, und genau das braucht er, um heterosexuell zu werden.

Würde der homosexuelle Mann männliche Liebe brauchen, wenn er früh im Leben von seiner Mutter richtig geliebt worden wäre? Ich glaube nicht. Er braucht männliche Liebe, weil ihm beide Elternteile, jeder auf seine Weise, ihre Liebe vorenthielten. Er strebt nach männlicher Liebe, weil ihm aus einer Vielzahl von Gründen ein Vater, der ihn nicht liebte, den Kampf aufzwang.

Selbst wenn ein Junge zu einem späteren Zeitpunkt – zum Beispiel als Zehnjähriger – einen überaus liebevollen Stiefvater erhält, dann glaube ich nicht, daß es einen großen Unterschied machen würde. Wenn dieser Junge bisher sich selbst und seine Bedürfnisse verleugnen mußte, zum Beispiel, um bei einem sadistischen Vater am Leben bleiben zu können, dann wird ein liebevoller Stiefvater, der später in Erscheinung tritt, diese Vergangenheit nicht ungeschehen machen können. Das bedeutet, daß der Junge, der jetzt eine liebevolle Umgebung hat, immer noch seine frühen Urschmerzen verspüren muß. Dieser Punkt wird auch auf anderen Gebieten als der Homosexualität bestätigt. Patienten, deren Eltern im Laufe der Jahre »weicher« geworden sind, können die durch frühere Verletzungen hervorgerufene Spannung und Neurose nicht ungeschehen machen. Die Vergangenheit steht der Gegenwart immer im Weg. Wenn jemand die Liebe in der Gegenwart ganz fühlen könnte, bedeutet es, daß er ganz fühlen könnte. Aber für den Neurotiker bedeutet, ganz zu fühlen, daß er *zuerst* seinen gesamten Urschmerz fühlt, denn der steigt auf, wenn er fühlt. Erst nachdem er den Urschmerz gefühlt hat, kann er die gesamte gegenwärtige Liebe akzeptieren.

Solange die alten Verleugnungen vorhanden sind, werden sie immer zu verzerrtem und pervertiertem symbolischem Verhalten führen. Homosexuelle Ehen können zum Beispiel jahrelang bestehen. Beide Partner erwecken den Eindruck, zufrieden zu sein und geliebt zu werden, und dennoch ist eine hochgradige Spannung und Homosexualität (Neurose) vorhanden. Warum? Weil homosexuelle Liebende sich symbolisch und nicht tatsächlich befriedigen. Gewöhnlich versuchen sie, einer aus dem anderen Vaters Liebe herauszuholen. Wenn sie dieses reale Bedürfnis fühlen, entfällt die symbolische Suche. (Homosexuelle Ehen sind im allgemeinen unbeständig, *eben weil* sie symbolische Arrangements sind, die die Partner nicht auf die Dauer befriedigen können.) Homosexualität ist nicht eine besondere Krankheit; sie ist nur ein anderer Weg zur Befriedigung des entbehrten und oft verleugneten Bedürfnisses.

Eine »normale« Beziehung einzugehen, ohne daß die Neurose aufgelöst ist, vertieft die Lüge nur; es bedeutet, so zu tun, als habe man das Bedürfnis nach der Liebe des Vaters aufgegeben, aber das ist nicht möglich, solange das Bedürfnis vorhanden und real ist. Die einzige Möglichkeit, sich von diesem Bedürfnis zu befreien, ist, es zu fühlen.

Identität und Homosexualität

Wenn jemand nicht sein kann, was er ist, dann muß er nach seiner Identität suchen. Er wird von vornherein dazu verurteilt sein, sie nie zu finden, denn sie ist nichts anderes als das reale, fühlende Selbst, das sich nicht zum Ausdruck bringen durfte. Die Suche nach der Identität ist also ein neurotisches Unterfangen, das nichtfühlende Menschen in Angriff nehmen, die es gewöhnlich nötig haben, etwas oder jemanden außerhalb ihrer selbst zu finden, der ihnen sagt, was oder wer sie innerlich sind. Der postprimäre Patient würde zum Beispiel nicht an einer Identitätskrise leiden. Weil er *fühlt*, hat er keinen Grund sich zu fragen, wer er eigentlich ist.

Die Primärtheorie behauptet, daß ein Kind nur dann, wenn es nicht es selbst sein darf, bewußt oder unbewußt die Verhaltensweisen, Ideale, Einstellung und Manieriertheit anderer Menschen kopieren muß. Ein von normalen Eltern aufgezogenes Kind wird sich nicht mit ihnen identifizieren. Sie werden es auch nicht wollen. Vielmehr wird es seine eigenen Eigenschaften haben.

Um das oben Gesagte klarer zu machen, können wir die Frage stellen: »Würde ein Junge, der in eine nur aus Frauen bestehenden Welt hineingeboren wird, feminin sein?« Ich glaube nicht. Wenn er geliebt würde und er selbst sein dürfte, würde er meiner Ansicht nach maskulin sein. Wären die Frauen, die ihn aufziehen, jedoch neurotisch, würde derselbe Junge aller Wahrscheinlichkeit nach feminin werden.

Menschen, die sich mit der Frage: »Wer bin ich?« abquälen, tun es, weil sie jemand anderes sein mußten, um das zu erhalten, was wie elterliche Liebe aussieht. Alle ihnen aufgezwungenen Verhaltensweisen wirken verwirrend auf ihre sogenannte Identität. Die einzige Person, mit der man sich identifizieren kann, ist man selbst. Wenn man nicht man selbst ist, muß man nach sich suchen. Eine Frau sagte zu mir: »Ich fuhr letztes Jahr nach Europa, um mich zu finden, aber da war ich nicht.«

Eine Folgerung aus der primärtheoretischen Ansicht von der Identität würde sein, daß ein alleinstehender Elternteil, der ein liebevoller Mensch ist, sowohl einen Jungen als auch ein Mädchen erfolgreich großziehen kann. Eine Frau kann einen Jungen großziehen, der ein wirklicher Junge werden wird, ohne männliche Vorbilder oder einen Vaterersatz zu haben, denen er nacheifert. Einige Mütter werden ein Kind mit einem kalten oder brutalen Vater aufwachsen lassen, weil sie glauben, ein Junge brauche einen Vater und könne ohne ihn sexuellen Schaden erleiden. Wahrscheinlicher ist, daß ein Junge unmännlich wird, wenn er bei einem solchen Vater bleibt, als wenn er gar keinen Vater hätte.

Ich glaube nicht, daß in pathologischer Hinsicht ein großer Unterschied besteht zwischen einem Jungen, der sich mit einem sehr männlichen Mann identifiziert, und einem, der sich mit Frauen identifiziert. Der Unterschied zwischen einem rabaukenhaften Homosexuellen und einer »Tunte« scheint nur in der unterschiedlichen Richtung der Flucht vor dem Urschmerz zu bestehen und weniger mit dem Grad des Urschmerzes zu tun haben. Wenn ein Rabauke sich tätowieren läßt, Motorrad fährt, sich einen Bart stehen läßt und Gewichtheben betreibt, dann kann das ein Zeichen dafür sein, daß er sich noch nicht selbst fühlt und sich mit dem identifizieren muß, was er für maskulin *hält*. Er mag immer noch nach Vaters Liebe trachten und auf verschiedene Weise versuchen, dem wirklichen Mann gleich zu sein, den Vater haben wollte. Die Tunte mag die Sache mit Vater aufgegeben und dann versucht haben, Mutters Interessen und Gewohnheiten zu kopieren. Der Rabauke, der vielleicht von seinem Vater nicht geliebt wurde, könnte immer noch von Männern verführt werden, die Gesellschaft von Männern vorziehen und in mancher Beziehung dem weibischen Homosexuellen ähnlich sein. Er kommt sich unter Umständen nicht männlicher vor als die Tunte und mag schlechter dran sein, weil er sich mehrfach verstellen muß.

Auf weniger augenfällige Weise übernehmen viele Männer und Frauen, die sich nicht selbst fühlen können, die Aufmachung oder das Bild von dem, was sie sein möchten. Ein Mann spielt sich vielleicht mit einem gewaltigen Schnurrbart, Stiefeln oder sportlicher Kleidung auf, während eine Frau, die feminin zu erscheinen versucht, dekolletierte Kleider oder enge Hosen trägt. Eben das Bedürfnis, ein »Bild« zu projizieren, kann ein Hinweis sein auf ganz entgegengesetzte innere Gefühle, und bei diesen verschütteten Gefühlen findet man oft auch sexuelle Funktionsstörungen. Nach meiner klinischen Erfahrung kann zwar ein Mann eine gute maskuline Fassade aufbauen, aber der Versuch, ein richtiger Kerl zu sein, wird oft durch Impotenz oder homosexuelle Phantasien oder Ängste vereitelt. »Der Kampf«, so drückte es ein ehemals bärtiger Patient aus, »bestand darin, meinen Bart lange genug zu behalten, um mich wie ein Mann zu fühlen, so daß ich ihn dann nicht mehr brauchen würde. Damals verstand ich das nicht, aber jetzt ist es mir klar.«

Bisexualität und latente Homosexualität

Seit Freud hat eine Reihe psychologischer Schulen postuliert, der Mensch sei im Grunde bisexuell. Es wird behauptet, jeder von uns sei teils heterosexuell, teils homosexuell. Das Ziel eines guten Abwehrsystems wäre es dann, die latenten homosexuellen Neigungen zu unterdrücken und angemessene Beziehungen zum anderen Geschlecht herzustellen. Diese Schulen glauben also, daß Homosexualität in der Adoleszenz normal sein mag, bis die Jugendlichen die sogenannte genitale Entwicklungsphase erreichen. Auch homosexuelle Träume werden von einigen dieser Schulen als normales Verhalten angesehen. *Ich glaube, daß es sich weniger um Bisexualität, als vielmehr um Neurose handelt.* So viele von uns haben die Liebe *beider* Elternteile entbehrt, daß oft noch ein Bedürfnis nach der Liebe beider Geschlechter zurückbleibt. Dieses Bedürfnis scheint so allgemein zu sein, daß man versucht sein könnte, Bisexualität als ein generelles Phänomen anzusehen.

Ich glaube nicht, daß es eine entwicklungsgeschichtlich begründete homosexuelle Anlage beim Menschen gibt. Wenn das so wäre, würde der geheilte Patient immer noch seine homosexuellen Bedürfnisse haben, doch das ist nicht der Fall. Postprimäre Patienten, die vorher latent oder offen homosexuell gewesen waren, berichten von keinen homosexuellen Neigungen, Phantasien oder Träumen. Nach der Art und Weise zu urteilen, wie männliche und weibliche Geschlechtsteile zusammenpassen, erscheint es einleuchtend, daß es, ein gesunder Körper vorausgesetzt, nur Heterosexualität gibt. Wenn wir bedenken, daß der Geschlechtsverkehr zwischen Mann und Frau der Kernpunkt des Lebens ist, ist es schwer, eine logische Erklärung für das Grundmotiv der Bisexualität zu finden.

Ein Patient erzählte mir von seinen Erfahrungen: »Bei der Arbeit wurde ich gewöhnlich durch die Kollegen erregt. Wenn einer sich bückte, konnte ich mich einfach nicht davon abhalten, seinen Hintern anzusehen. Wenn ich dicht neben dem Chef stand, konnte ich kaum hören, was er sagte, weil ich auf seine Lippen starrte und überlegte, was für ein Gefühl es wohl wäre, ihn zu küssen. Ich glaubte, jeder sei ein bißchen homosexuell, deshalb schob ich alle diese Gedanken beiseite und konzentrierte mich darauf, an Mädchen zu denken.« Dieser Mann hatte ein großes Bedürfnis, von seinem Vater in den Arm genommen und geküßt zu werden. Allerdings war er sich dieses Bedürfnisses nicht bewußt, denn er haßte seinen Vater, der die Familie im Stich gelassen hatte, als der Junge zehn war. Man könnte sagen, daß seine latenten homosexuellen Bedürfnisse damals der realste Teil von ihm waren und sein heterosexuelles Verhalten der am wenigsten reale, denn es war nur ein So-Tun, als ob er keine Männer wollte. Latent im Neurotiker sind also die unaufgelösten Bedürfnisse. Wenn sie voll gefühlt werden, dann sind sie nicht mehr lange vorhanden, weder latent noch anderweitig.

Wenn zum Beispiel ein junges Mädchen früh im Leben die Warmherzigkeit und Liebkosungen der Mutter entbehrt hat, würden wir sagen, sie habe latente Bedürfnisse nach weiblicher Liebe. Wird sie später von einer anderen Frau verführt, die freundlich und liebevoll ist, dann werden die latenten Neigungen in offenes Verhalten umgesetzt. Der Unterschied zwischen dem latenten und dem offenkundigen Homosexuellen wäre dann nur das *Handeln*, nicht das Bedürfnis. Was das Handeln bei vielen latenten Homosexuellen verhindert, mag auf Angst, gesellschaftlicher Mißbilligung, religiösen Überzeugungen usw. beruhen. Es mag sein, daß zu einem kritischen Zeitpunkt niemand aufkreuzt, um das latent homosexuelle Mädchen zu verführen; in diesem Fall bleiben die Neigungen latent. Manchmal werden diese latenten Neigungen erkannt, und zu anderen Zeiten sind sie der Person absolut unbekannt, die eifrig damit beschäftigt sein mag, diese Latenz auszuagieren, statt sie zu fühlen. Wenn im sozialen Milieu dieser Person Homosexualität verurteilt wird, etwa in einer streng religiösen Familie, dann ist es wahrscheinlich, daß die latente Neigung nicht erkannt wird. Das Bedürfnis bleibt verborgen und erzeugt Spannung.

Dieser Latenzbegriff mag wichtig sein, um Verhaltensweisen wie Sucht und Alkoholismus zu verstehen, bei denen die Quote von latenten homosexuellen Neigungen unter Männern und Frauen übermäßig hoch ist. Das heftige Verlangen nach irgendeiner Art von körperlicher Befreiung, etwa Alkohol, scheint unvermeidlich bei denjenigen, die diese Neigungen verleugnen. Der offene Homosexuelle hat wenigstens *scheinbaren* Bedürfnissen nachgegeben und findet von Zeit zu Zeit das, was er Liebe nennt. In dieser Hinsicht ist er in seiner Irrealität konsequent. Der Trinker und der Rauschgiftsüchtige zahlen offenbar einen hohen Preis dafür, daß sie überhaupt keine Bedürfnisse anerkennen wollen. Das Bedürfnis nach Liebe irgendeiner Art von einem Gleichgeschlechtlichen mag bei der latenten Person ebenso stark sein wie bei dem konsequenten Homosexuellen. Wenn so getan wird, als ob es nicht da wäre, ändert das gar nichts daran. Die Person, etwa die Frau in dem oben erwähnten Beispiel, die ein Bedürfnis nach ihrer

Mutter hatte, mag Frauenklubs oder Reitklubs beitreten, eng mit Frauen befreundet sein, übermäßig viel trinken und doch ihr Bedürfnis nicht erkennen.

Der männliche Alkoholiker sieht paradoxerweise sein Trinken oft als einen Maßstab für seine Männlichkeit an. Das Trinken verschleiert sein Bedürfnis weiterhin, bis er möglicherweise den Punkt erreicht, an dem er »keinen Schmerz fühlt«. Wenn dann die Furcht nicht mehr gefühlt werden kann, mag es sein, daß er schließlich tut, was er vielleicht schon jahrelang tun wollte – den Arm um einen Mann legen und ihn an sich drücken.

Wir können vielleicht sagen, der wesentliche Unterschied zwischen dem latenten und dem offenen Homosexuellen bestehe darin, daß dem latenten eingebleut worden ist, sich wie ein Mann (oder gegebenenfalls wie eine Frau) zu *verhalten*. Seine Vorstellungen sind umgewandelt worden, so daß sie dem, was er innerlich fühlt, nicht einmal mehr nahekommen. Er merkt gar nicht mehr, daß er ein Leben der Lüge führt. Aber offenbar gibt es keine Möglichkeit, diese latenten Gefühle ebenso zu vertreiben wie Vorstellungen. Obwohl der Alkoholiker glaubt, er brauche keine Wärme und Liebkosungen, findet er es nötig, Wärme aus einer Flasche zu saugen, bis er schließlich den Knoten im Bauch lockern kann und ihm für ein paar Augenblicke innerlich warm ist. Abend für Abend geht er vielleicht aus dem Haus in eine Anti-Urschmerz-Station (eine Bar), ohne zu erkennen, daß er Urschmerz hat. Aber wenn ihm auch diese symbolische Verhaltensweise genommen wird, könnte sich seine Neurose verschlimmern.

Ich glaube, wenn wir alle die latenten Neigungen in uns als das erkennen könnten, was sie sind – ein Bedürfnis nach elterlicher Liebe –, und sie nicht als eine Art merkwürdige Perversion ansehen würden, dann könnten wir große Fortschritte erzielen bei einem der entscheidenden sozialen Probleme, mit dem wir uns abplagen.

Zusammenfassung

Ich glaube, es ist wesentlich für uns, daß wir abweichendes Sexualverhalten als Teil einer totalen Neurose ansehen und nicht als besonderes, bizarres Tun, abgetrennt von dem, was die Person als Ganzes ist. Doch glaube ich nicht, daß es zur Behandlung dieser Person eines Fachmanns für Homosexualität bedarf, ebenso wenig wie ein Spezialist erforderlich ist für die Behandlung jeder anderen Flucht vor dem Urschmerz. Homosexualität zu behandeln bedeutet nicht, entweder maskulines oder feminines Verhalten herbeizuführen. Für mich bedeutet es, *reales* Verhalten herbeizuführen. Vielleicht haben wir versucht, Kategorien und Abstraktionen zu verwenden, und haben nicht gesehen, daß wir nur Menschen behandelt haben, die unterschiedliche Möglichkeiten herausgefunden haben, um sich vor Schmerzen zu schützen.

Viele Homosexuelle sind teilweise deshalb nicht zur Psychotherapie gekommen, weil wir Fachleute dazu neigen, Homosexualität als nicht behandelbar anzusehen, als ob es eine besondere Krankheit wäre, die besondere Kenntnisse erforderte. Ich halte Homosexualität in keiner Weise für anders als jede andere Art Neurose, abgesehen von der Schwere des pathologischen Befundes. Das bedeutet, daß wir, wenn wir eine Neurose heilen können, imstande sein sollten, jede Neurose zu heilen.

Die Psychotherapie hat eine Reihe von Versuchen unternommen, sexuelle Abweichungen zu behandeln. Da die Gesprächstherapie versagt hat, haben wir uns oft lediglich bemüht, dem Homosexuellen behilflich zu sein, sich mit seinem Leiden abzufinden und sorgenfreier damit zu leben. Gegenwärtig scheint bei den Fachleuten die Anwendung von Konditionierungsmethoden Anklang zu finden.

Weil die Konditionierungsmethoden abweichendes Sexualverhalten tatsächlich manchmal ändern, sieht es in einigen Fällen so aus, als sei eine Heilung erreicht. Das trägt dazu bei, unser Verständnis von Heilung zu komplizieren – wenn wir nämlich nur das offene Verhalten in Betracht ziehen. Wenn wir in Betracht ziehen, was sich unterhalb des Verhaltens befindet, und den weiterhin hohen Spannungspegel ermessen, finden wir vielleicht, daß wir nur die sexuelle Gewohnheit modifiziert haben, um sie mit dem Wertsystem des Therapeuten mehr in Einklang zu bringen.

Es ist besser, den latenten Homosexuellen zu behandeln, *ehe* er offenen homosexuellen Genuß erlebt hat. Sobald er diese Ersatzbefriedigung gefunden hat, ist es wahrscheinlicher, daß er glaubt gefunden zu haben, was er wirklich will, und weniger wahrscheinlich, daß er überhaupt zur Behandlung kommt. Trotzdem meine ich, daß er noch behandelt werden kann, selbst wenn er schon eine Reihe von Jahren homosexuell war. Höchstwahrscheinlich wird er zur Behandlung kommen, wenn er seinen Geliebten verloren hat. Ohne ihn leidet er. Er wird vielleicht trinken, reisen, in eine andere Stadt ziehen – immer auf der Flucht vor diesem entsetzlichen Schmerz, der alles überschattet. Wenn der Homosexuelle seine Flucht unterbricht und seinen Urschmerz tatsächlich fühlt, dann kann er, glaube ich, erfolgreich behandelt werden. Ich habe festgestellt, daß homosexuelle Gewohnheiten, die jahrelang bestanden, angesichts der Realität dahinschwinden. Der Homosexuelle hat ein symbolisches Selbst ohne reale Grundlage. Es verflüchtigt sich zusammen mit dem Urschmerz, weil es in erster Linie nur eine Phantasie war.

Ich glaube nicht, daß kleine Kinder einen Unterschied machen zwischen männlicher und weiblicher Liebe. *Menschliche* Wärme ist das, was sie brauchen, nicht die besonderen Liebkosungen einer Frau oder die Umarmungen eines Mannes. Was Neurose erzeugt, ist meiner Ansicht nach die Gegenwart von jemandem, der liebevoll sein sollte und es nicht ist. Der Kampf um Liebe setzt, glaube ich, Abweichungen jeder Art in Gang. Wenn ein Kind bei seinen Umarmungen und Küssen und in seinem allgemeinen Verhältnis zu seinen Eltern immer spontan sein könnte, dann würden zweifellos keine Umwege nötig sein.

Elizabeth

Als ich Elizabeth kennenlernte, war sie lesbisch. Sie sah aus wie ein Mann und ging auch so. Sie war Methedrine-süchtig (Aufputschmittel). Jetzt hat sie eine völlige Kehrtwendung vollzogen und ist Bewährungshelferin für Drogenabhängige, deren Schicksal sie so genau kennenlernte. Ihre Lösung des Frigiditätsproblems hat für viele andere Menschen Bedeutung, bei denen dieses weitverbreitete Problem besteht.

Mein Name ist Elizabeth. Ich wurde vor sechsundzwanzig Jahren im Süden der Vereinigten Staaten geboren und habe einen Zwillingsbruder, außerdem eine anderthalb Jahre jüngere Schwester. Mein Vater ist Professor für Ingenieurwesen. Meine Mutter hat immer zwischendurch mal gearbeitet, um etwas dazu zu verdienen.

Ich erinnere mich, daß ich zum ersten Mal mit viereinhalb Jahren merkte, daß etwas mit mir nicht stimmte. Ich war sozusagen gegen alles allergisch: Staub, Federn, Blumen, Pelze und stärkehaltige Nahrungsmittel. Wir zogen nach Kalifornien, als ich sechs war. Etwa zu der Zeit begann ich das Kleingeld zu stehlen, das auf der Herrenkommode meines Vaters lag, um mir im Laden an der Ecke Süßigkeiten zu kaufen. Manchmal beschwindelte ich auch meine Schwester um ihr Taschengeld. Damals stopfte ich mich wirklich mit Süßigkeiten voll.

Die Schulzeit verbrachte ich zuerst hauptsächlich damit, aus dem Fenster zu starren und die Umwelt zu vergessen, in der mir nie etwas widerfuhr. Ich flüchtete mich in eine Phantasiewelt, in der ich dafür sorgen konnte, daß mir etwas widerfuhr – zum Beispiel konnte ich mir einen Prinzen ausdenken, der mich durch den Wald verfolgte und mich schließlich einholte und in seine starken, warmen Arme nahm.

Als ich sieben war, schickten mich meine Eltern für kurze Zeit zu einem Psychiater. Damals sagte meine Mutter, der Grund sei, daß ich mich immer beschwert hätte: »Mammi, du liebst mich nicht.« Später sagte sie, ein weiterer Grund sei gewesen, daß ich im Haus meiner Freundin Kleingeld gestohlen hätte. Die Diagnose des Arztes lautete, ich sei ein Kind, das sehr viel Liebe brauche und auch geben könne.

In der fünften Klasse unterstützte meine Lehrerin meine künstlerischen Neigungen. Ich malte schrecklich gern Bilder von Hopi-Indianern. Ich verwendete leuchtendes Orange und Türkis und Purpurrot. Fast alle Bilder stellten Hopi-Frauen mit ihren Kindern auf dem Arm dar. Den Gesichtern konnte ich nie einen Ausdruck geben. Malen war das einzige, was ich gern tat, als ich klein war. Nachdem ich ein paar Preise gewonnen hatte, schickten mich meine Eltern auf eine Kunstschule. Ich war überfordert. Man versuchte, mir Form und Linie beizubringen. Meine einzige Freiheit war mir genommen worden. Meine Eltern hielten mich für kreativ. »Alles, was sie anrührt, verwandelt sich in Gold«, pflegten sie zu sagen. Es war kein Vergnügen mehr. Es war eine Aufgabe. Meine Hände wurden starr. Sie wollten nicht mehr tun, was ich von ihnen wollte. Ich spürte, daß ich für meine Eltern vollkommen sein mußte, damit sie mir Aufmerksamkeit schenkten.

Meine Eltern verbrachten ihre Freizeit größtenteils damit, das Haus auszubauen. Wir Kinder mußten schon in sehr jungen Jahren »Pflichten übernehmen«. Es gab immer so verdammt viel Arbeit, die erledigt werden mußte. Einige Freunde der Familie pflegten unser Haus »die Arbeitsfarm« zu nennen. Wenn es mir mal gelang, wegzugehen und zu spielen, dann fühlte ich mich dauernd »schuldig«, weil ich immer irgend etwas nicht erledigt hatte, das ich dann fertigmachen mußte, wenn ich nach Hause kam. Mein Schlafzimmer machte ich nie sauber. Es war so kalt und ein solches Durcheinander, ein schreiendes Durcheinander. Es nahm mir das Schreien ab.

Als Teenager hatte ich die übliche Menge von Freundinnen und Freunden, war aber mehr mit Mädchen als mit Jungen zusammen. Ich schwärmte immer für die beliebtesten Mädchen in der Schule. Meine »beste« Freundin, Roberta, war hinreißend und eiskalt. Wir machten uns gegenseitig schwer Konkurrenz. Wir spielten »Frauen«, nähten uns selbst schicke und sexy Kleider. Wir trugen Büstenhalter mit Polstereinlagen. Dauernd probierten wir irgendeine Wundermethode aus, damit unsere Brüste wüchsen. Unsere kleinen Busen waren für uns beide eine Demütigung. Wir hatten Doppelrendezvous, gingen gemeinsam auf Parties, betranken uns und machten überhaupt alles zusammen. Wir liebten uns und haßten uns gleichzeitig. Meine Eltern glaubten, der Umgang mit Roberta mache mich ausschweifend.

Als ich fünfzehn war, ging ich für ein Jahr in den Osten der Vereinigten Staaten, weil meine Mutter nicht mit mir »fertigwerden« konnte. Dort nahm mich eine Schulkameradin, Stacy, unter ihre Fittiche. Es war eine dicke Freundschaft zwischen uns. Später wurde unser Verhältnis, durch Korrespondenz und kurze Besuche quer über den Kontinent aufrechterhalten, zu einem lesbischen.

Als ich aus dem Osten zurückkehrte, schickten mich meine Eltern in eine andere Oberschule und hofften, meine Freundschaft mit Roberta werde einschlafen. Sie tat es. Statt dessen freundete ich mich mit Janet an. Die meiste Zeit quasselten wir über intellektuellen Quatsch. Wir hielten uns gegenseitig für klug. Wir wußten über alles Bescheid. Sie nannte mich ihr »alter ego«.

Gewöhnlich machte ich mich auf die Jagd nach einem schwer zu erobernden Jungen, und wenn ich ihn hatte, ließ ich ihn sitzen. Als ich siebzehn war, gab ich meine Jungfräulichkeit preis, weil man das nun mal tut. Ich fühlte überhaupt nichts dabei. Aber nachdem er mir nachgesetzt und mit mir geschlafen hatte, ließ er *mich* sitzen. Da hatte ich wirklich das Gefühl, mißbraucht worden zu sein. Ich tat mein Bestes, den Schmerz zu verbergen.

Mit achtzehn war ich wirklich verwirrt, verloren und elend. Nichts konnte mich richtig befriedigen. Es schien etwas zu geben, was ich wollte, aber ich wußte nicht, was es war und wo es zu finden war. Eines Abends kam es zu einer Krise, und ich rannte ins Schlafzimmer meiner Eltern und fragte, ob ich bitte zu einem Psychiater gehen könne. Sechs Monate lang legte ich mich dann einmal in der Woche auf die Couch. Neulich fand ich eine Liste mit Punkten, über die ich mit ihm hatte reden wollen:

mein Interesse an Semantik
fühle mich wie eine Amöbe
Glück?
mir ist ständig nach Heulen zumute
Lehrer mögen mich nicht
Freßsucht – Apathie
Menschen analysieren
Ältere Jungen – Männer
meine Egozentrik
mein Haß auf die Gesellschaft.

Nichts änderte sich, nur daß ich jemanden gefunden hatte, der mir zuhörte. Mein Vater ging auch zu einem Psychiater. Das führte dazu, daß meine Eltern sich scheiden ließen. Mich erschütterte das wirklich. Ich konnte es einfach nicht glauben. Mein Vater heiratete wieder. Dann ging ich für ein Jahr in das College, an dem mein Vater unterrichten sollte. Da hatte ich eine andere »beste« Freundin. Bonnie und ich waren unzertrennlich. Sie war so sanft und ätherisch und für mich wie Poesie. Wir liebten uns heiß und innig.

Als ich anschließend nach Kalifornien zurückkam, wurde die Lage immer schlimmer. Es ging wirklich bergab mit mir. Meine Mutter hatte wieder geheiratet, und sie wollten nicht, daß ich bei ihnen wohnte. Meine Schwester hatte auch geheiratet und ließ mich bei sich wohnen. Inzwischen hatte ich ganz aufgehört, mit Männern zusammenzusein. Ich hatte nie etwas gefühlt, wenn ich mit Männern schlief, und außerdem interessierte ich mich jetzt mehr für Lesbierinnen. Tagsüber zog ich mich ganz normal an und arbeitete in einer Bank. Abends ließ ich mein Haar herunter und mischte mich unter die Lesbierinnen in dem hiesigen Lesbentreff. Allerdings ließ ich meinen Gefühlen auch bei Frauen nicht ganz freien Lauf. Ich traf mich mit einer Lesbierin, Mary, die genau denselben Teint wie meine Mutter hatte. Wir knutschten eine Menge, aber unterhalb der Taille ließ ich nichts zu. Bei mir klappte es wirklich weder mit Jungen noch mit Mädchen. Ich sprach mit meiner Stiefmutter darüber. Sie war die einzige Freundin, die ich hatte. Sie sagte es meinem Vater, und sie fuhren mit mir zu Dr. Janov. Ich erinnere mich an unser erstes Gespräch. Auf seine Fragen antwortete ich immer nur: »Ich weiß nicht.« Es wurde beschlossen, daß ich in seine Stadt ziehe und intensiv mit der Therapie beginne.

Es klappte ganz gut. Ich konnte dabei eine Stellung behalten. Ich hörte auf, mich mit Mädchen zu treffen, und verabredete mich statt dessen mit Jungen: nur waren die Jungen meist ältere Männer. Einer war ein fünfzigjähriger Philosophieprofessor und ehemaliger Geistlicher. Ich schlief mit ihm und hatte gleichzeitig Rendezvous mit seinem zwanzigjährigen Sohn. Ich fand, daß ich ganz gut »funktionierte«, und zog wieder nach Los Angeles. Kurze Zeit wohnte ich bei meiner Mutter und dem Stiefvater, dann fand ich Arbeit und nahm mir eine eigene Wohnung. Fast jeden Sonntagabend bekam ich Weinkrämpfe. Ich kam mir immer so unvorbereitet auf Montag vor. Mir schien, daß ich nie meine Arbeit am Wochenende erledigen konnte. Statt dessen war ich ausgegangen, hatte mich herumgetrieben und meine Schwester oder Freunde besucht.

Eine meiner besten Freundinnen war Hildie. Ich kannte sie, seit ich sechs war. Sie war von Zeit zu Zeit mein »Stabilisator«. Ich hatte auch einen »platonischen Freund«, Raymond. Wir wanderten viel, machten Autofahrten, gingen zusammen essen und ins Kino. Sex war tabu, was mich betraf. In der Beziehung reizte er mich nicht. Ungefähr sechs Monate lang ging ich zu einem Psychiater. Nur war immer er es, der redete und predigte. Ich konnte kaum je den Mund aufmachen. Es klappte einfach nicht. Als ich hörte, daß Dr. Janov wieder nach Los Angeles zog, beschloß ich, wieder zu ihm zu gehen und nahm an einer Gruppensitzung teil.

Ich war an Pillen gewöhnt. Mein Arzt hatte sie mir zum Abnehmen verschrieben, als ich siebzehn war. Fünf Tage in der Woche nahm ich täglich eine, und am Wochenende stopfte ich mich mit Essen voll. Ich sagte zu Dr. Janov: »Ich nehme Pillen, um das Leben nicht zu fühlen ... Mit Pillen fühle ich weniger ... Ich bin so empfindlich dem Leben gegenüber, daß ich es nicht ertragen kann. Ich brauche Pillen, um das Leben zu dämpfen. Die Pillen bewirken, daß ich mir tot vorkomme. Musik klingt blechern. Ich komme mir vor wie in einer Eierschale.« Jeden Morgen war es, als ob ich sagte: »Heute werde ich nicht leben, aber ich werde den Tag überstehen.« Mit der Pille konnte ich mein Gewicht halten, mich aufs Essen stürzen, wann immer ich wollte, und verhindern, daß ich fühlte, was mir widerfuhr. Das ging ungefähr sieben Jahre lang so. Eines Morgens wurde mir klar, daß ich den Tag *ohne* die Pille nicht überstehen würde. Da hatte ich das Schlamassel. Ich war süchtig. Ich wußte, daß Art an diesem neuen Begriff der Urerlebnisse arbeitete. Ich hatte das Gefühl, er könne mir helfen, deshalb gab ich die Pillen auf. Ein paar Wochen später gab ich das Rauchen auf. Ich hatte ein paar Einzelstunden bei Art, und er schien mich auf etwas vorzubereiten.

Am Nachmittag des 17. September 1967 schrieb ich: *»Helfen Sie mir den Schmerz zu fühlen ... Ich habe es so satt, gar nichts zu fühlen ... Ich bin überzeugt, daß der Schmerz mich wenigstens erkennen lassen wird, daß ich am Leben bin ... Denn ich komme mir wirklich tot vor.«*

An jenem Abend berichtete ich bei der Gruppensitzung von einer Szene, die sich ein paar Abende zuvor abgespielt hatte. Raymond hatte mir Nacken und Schultern massiert, und dabei war mir plötzlich eingefallen, wie sehr ich es entbehrt hatte, von einem meiner Eltern im Arm gehalten zu werden. Der Doktor bat mich, mit Steve, einem Gruppenteilnehmer, ein kleines Psychodrama zu spielen. Ich lag auf dem Bauch auf dem Fußboden. Steve begann mir eine Gutenachtgeschichte zu erzählen und rieb dabei meine Schultern. Ich wollte mich entspannen und es genießen, aber statt dessen geriet ich in Spannung. Als er mir über das Haar strich und den Nacken streichelte, wurde ich erregt, aber voll Angst, und rückte ein Stück weg. Als er fortfuhr, mein Haar und den Nacken sanft zu streicheln, stieg die Spannung. Dann konzentrierte ich mich auf Steves Hände, und ganz plötzlich wurden sie die Hände meines Vaters. Ich sagte: »Mein Gott, das sind ja die Hände von meinem Vater ... Ich liege im Bett, und das Laken ist ganz verkrumpelt.« Da lag ich und wurde so klein, daß ich mir vorkam, als wäre ich sechs Monate alt, und mein Vater war es, der mich streichelte ... Ich war so erregt, daß ich glaubte, ich würde einen Orgasmus haben ... Dann ließen seine Hände von mir ab, und ich verlor die Selbstbeherrschung – ich begann, in mich hineinzufallen ... Ich wurde in mich hineingesaugt ... Ich fiel und fiel ... Ich glaubte, ich würde ewig fallen ... Rote und weiße Lichter flammten auf, und ich hörte ein Brausen und Donnern ... Ich zerbarst in Millionen Stücke ... Ich wußte, daß ich sterben werde ... Das war mein Ende ... Ich spürte, daß ich durch elektrischen Strom getötet wurde ... Dann fand ich im Innersten meines Seins die Kraft zu schreien ... Als ich schrie, war ich mir undeutlich bewußt, daß ich mich in Krämpfen auf dem Boden umherwälzte ... Ich warf etwas um ... Dann hörte ich auf, mich zu wälzen und sagte, ich wollte einen Orgasmus ... Noch einmal fiel ich in mich hinein und spürte, wie mein Körper durch elektrischen Strom getötet wurde, und ich schrie und wälzte mich auf dem Boden ... Dann legte ich mich auf den Rücken, und eine kühle Brise wehte über mich hinweg. Ich öffnete die Augen und schaute mich um ... Dann sagte ich sehr ruhig: »Ich war der Schmerz.« Ich lebte. Ich hatte überlebt. Ich hatte die brüchige Eierschale zerbrochen und war jetzt in mir selbst.

Später wurde mir klar, daß das meine Primärszene gewesen war. Als Baby und auch später bin ich kaum je im Arm gehalten worden. Indes sagt mein Vater, er pflegte mich »zu liebkosen und zu streicheln«, als ich ein Baby war. Das stimmt, und genau da habe ich abgeschaltet. Ich wurde nur dann in den Arm genommen, wenn mein Vater mich »liebkoste und streichelte«, als ob ich eine Frau wäre. Ich wurde gerade genug berührt, um zu wissen, daß *sie* da waren, aber nicht genug im Arm gehalten, um zu wissen, daß *ich* da war. Der quälende Urschmerz war das *Bedürfnis*, im Arm gehalten zu werden, um zu überleben. Statt dessen wurde ich von meinem Vater auf die Folter gespannt, in höchste Erregung versetzt, und dann blieb ich mir selbst überlassen. Als Baby muß man sehr viel im Arm gehalten werden, so daß man weiß, wo man anfängt und die Welt aufhört. Ich schaltete ab, denn wenn ich noch länger dagelegen und gefühlt hätte, dann wäre ich zerbrochen. Statt dessen trat die erste Spaltung bei mir auf. Seit dem Tag war ich in Spannung. Ich war so verkorkst, daß ich nicht einmal meine Spannung fühlen konnte. Ich wurde das Symbol dessen, was ich nicht fühlen konnte, weil ich zu klein war – gespalten.

Am nächsten Morgen war ich gegenüber allem überempfindlich. Meine Beine waren noch verspannt, und es fiel mir schwer, mich aufrechtzuhalten. Meiner Umgebung war ich mir sehr bewußt. Ich wollte langsamer sprechen und langsamer gehen. Der große Ausbruch war vorbei. Es gab nichts zu sagen und nichts, wohin ich mich wenden konnte. Bisweilen war ich ganz benommen von alledem – und dann entsetzlich traurig über den Verlust des Kampfes. Mein ganzes Leben war ein Kampf um die Liebe meiner Eltern gewesen, den ich durch meine Freunde ausagiert hatte. Es war alles ein großer Betrug.

Meine Arbeit im Krankenhaus, Telefonanrufe entgegennehmen und mit kreischenden alten Damen Termine ausmachen, wurde unerträglich. Ich kündigte.

Das erste Urerlebnis begann mir verständlich zu werden, als ich es noch einmal versuchte, diesen ersten Urschmerz zu fühlen und nur den Schmerz vom *Nichts* fand. Ja, mein Leben war leer – ich hatte nichts gehabt. Ich war eine große Heuchlerin gewesen. Um das Totsein nicht zu fühlen, war ich dramatisch geworden. Jetzt konnte mein Gesicht nicht mehr diese saugende Verzerrungen – schaut nur, wie lebendig ich bin – vornehmen. Zum erstenmal in meinem Leben fühlte ich mich lebendig. Ich begann damit, die Veränderungen, die stattfanden, aufzuschreiben. Alles wurde für mich real. Die Farben waren lebhaft. Landschaften sahen wie Gemälde aus. Ich sah die Welt nicht mehr durch ein Teleskop. Meine Ohren waren sehr empfindlich, und ich konnte nicht viel Lärm ertragen. Meine Hände hingen locker herab, denn es gab nichts mehr, woran sie sich festhalten mußten. Eine solche Befreiung! Ich war wirklich frei. Ich schrieb: »Ich beginne aufzublühen. Heute beginne ich aus meinem Kokon herauszukommen!! Mir gefällt es, geboren zu sein. Es gibt so viel zu lernen ... vor allem: *jetzt* ist *jetzt*.« Mir war, als wäre ich fünf Jahre alt. Alles war so neu. Ich schrieb: »Ich kann jetzt schlucken, denn ich habe eine Kehle, die mich verbindet.«

Es folgten weitere Urerlebnisse. Ich fühlte zum Beispiel die Kälte meines Körpers. Die Kälte kam vom Warten auf die Wärme meiner Eltern. Nach diesem Urerlebnis besserte sich meine Blutzirkulation. Meine Hände und Füße waren zum erstenmal in meinem Leben rosa und warm. Es kamen noch viele Urerlebnisse, bei denen ich nach meinen Eltern verlangte. Art ließ mich nach Mammi und Pappi rufen, und wenn ich rief, war ich erfüllt von dem Gefühl, wie sehr ich sie wollte und dann von dem Gefühl, daß sie nicht kommen. Dieses Gefühl des Verlangens nach ihnen bestand bis zum Ende der Behandlung. Jedesmal, wenn ich das Verlangen fühlte, war es auf einem tieferen Niveau, umfassender und realer. Als ich fühlte, was ich wirklich verlangte und wollte, brauchte ich mich nicht mehr mit Essen vollzustopfen, um die Leere, weil ich nicht bekam, was ich wollte, zu füllen. Darum hatte ich immer so viel essen müssen – ich war nie befriedigt. Und zwar deshalb, weil es nicht das Essen war, was ich wollte. Auch hatte ich meinen Bauch nie gefühlt, deshalb fühlte ich nie, wenn ich satt war. In dieser Therapie sind einige »Träume in Erfüllung gegangen«. Während ich ein Vielfraß war, träumte ich davon, eine schlanke Figur zu haben. Doch ich glaubte, nie aus diesem Teufelskreis von Fressen und Diäthalten ausbrechen zu können. Jetzt esse ich, was ich will und wann ich will und habe dabei eine tadellose Figur.

Ich war frigide. Ich war sehr für Küssen und Umarmen und Knutschen, aber ich fühlte nie etwas in meiner Vagina. Während dieser Therapie traf ich mich eine Zeitlang regelmäßig mit einem wirklich warmherzigen Mann, aber meine lebenslange Verhaltensweise Männern gegenüber blieb weiterhin bestehen. Wenn wir zusammen schliefen, konnte ich meinen Gefühlen einfach nicht freien Lauf lassen, und ich wollte so dringend einen Orgasmus fühlen. Art sagte: »Sie glauben, Sex ist Liebe; Sie wollen gar keinen Sex; Sie wollen immer noch Ihren Pappi.« Das stimmte. Das Gefühl kam aus meinen Zehenspitzen – dieses Sehnen nach meinem Vater. Ich sparte mich für Pappi auf; ich hätte mich für ihn einfrieren lassen. Dann kam dieser warme Ausbruch meiner Vagina. Zwei Tage später ging ein weiterer Traum in Erfüllung – ich erlebte einen totalen Orgasmus. Es war schön. Ich fühlte jede Zelle meines Körpers. Es war köstlich. Als es vorbei war, fühlte ich mich innerlich und äußerlich gleich. Es war eine solche heitere Gelassenheit. Ich weiß jetzt, daß ich, ohne dieses Schlüsselgefühl, das meine Vagina aufschloß, für den Rest meines Lebens frigide geblieben wäre. Noch so viel Rationalisieren in der üblichen Therapie darüber, warum ich frigide sei, hätte mich nicht dazu gebracht, den Grund zu *fühlen*. Ich hätte mein Ausagieren mit dem sexlosen Raymond fortgesetzt. Mein Vater und Raymond waren einander sehr ähnlich – intellektuell und unkörperlich. Nur, Raymond konnte ich verstehen, meinen Vater nicht. Raymond schenkte mir sehr viel Aufmerksamkeit; mein Vater nicht. Raymond las mir sogar vor, wie mein Vater es zu tun pflegte, als ich ein Kind war. Raymond war ein gebender Vater. Er befriedigte *meine* Bedürfnisse – ich brauchte *seine* nicht zu befriedigen. Mein ganzes Leben lang hatte ich Furcht vor meinem Vater gehabt, als Kind war er mir immer fremd gewesen. Er schien in seinem Arbeitszimmer zu leben. Ich wußte nie, was ich von ihm zu erwarten hatte, wußte nur, daß ich ihn nicht stören durfte. Was es für mich so schwer machte, ihn aufzugeben, ist die Tatsache, daß mein Vater im Grunde ein guter Mann ist. Er ist sehr menschlich – im Prinzip.

Es gab auch einige heftige Urerlebnisse. Eins war das entsetzliche Gefühl, daß meine Eltern mich umgebracht hatten. Sie waren tot und konnten mich nicht leben lassen. Ein weiteres war, daß ich die Sklavin meiner Eltern gewesen sei. Diese Gefühle brodelten in mir und brachen mit erschütternden Schreien hervor. Dann empfand ich eine entsetzliche Wut auf meine Mutter. Sie wollte nicht zulassen, daß ich nach ihr verlangte. Nie spielte sie mit mir. Und ich verlangte so sehr nach ihr. »Bitte, spiele mit mir. Bitte, sei wirklich da.« Man konnte aus ihr nie klug werden. »Bitte, sei ein fühlender Mensch. Bitte, liebe mich. Bitte, bitte, nimm mich in den Arm.« Jetzt *fühlte* ich den Grund, warum ich mir immer die Freundinnen ausgesucht hatte, die ich hatte. Ich versuchte, sie dazu zu bringen, mich zu lieben, weil ich meine Gefühle für meine Mutter vergraben hatte. Insgeheim kam ich mir so häßlich vor, daß ich mich mit hübschen Freundinnen umgeben mußte. Statt zuzugeben, daß ich mir meiner Mutter gegenüber unzulänglich vorkam, trat ich in einen intensiven Wettbewerb mit Roberta, die kalt, schön und eitel war wie meine Mutter. Janet verlangte wie meine Mutter, daß ich ihr Aufmerksamkeit schenke. Sie saugte mich aus wie meine Mutter, aber wenigstens sprach sie mit mir. Hildie war die gute Mutter, war gescheit und begabt, und mir war sie die liebste. Stundenlang pflegte sie mir zuzuhören, tröstete mich und half mir, wenn ich deprimiert war. Natürlich war ich nie befriedigt, denn sie waren ja nicht meine Mutter.

Da ich mir immer noch unweiblich vorkam, wechselte ich zu

Frauen über, die noch unweiblicher waren als ich. Ich versuchte es mit Lesbierinnen, die die männliche Rolle spielten. Bei Stacy und auch bei Mary konnte ich mich völlig wie eine »Frau« fühlen. Sie waren Frauen, die mich begehrten und bei denen ich mich »weiblich« fühlte. Meine Mutter war gewöhnlich sehr kühl mit mir, es sei denn, sie hatte etwas getrunken. Dann umarmte und küßte sie mich auf so sinnliche Weise, daß es mich abstieß. Ich war schon in der Primärtherapie, als ich eines Morgens um halb drei einen Anruf von ihr erhielt; ich meldete mich und hörte meine Mutter sagen: »Ich liebe dich und vermisse dich entsetzlich.« Ich war verblüfft und hängte ohne ein Wort auf. Später am Tag wurde mir klar, worum es bei der lesbischen Liebe überhaupt geht. Meine Mutter forderte mich spöttisch heraus, damit ich *sie* lieben sollte! Die Mutter will, daß die Tochter sie liebt – meine Mutter ließ nie zu, daß ich mir hübsch oder weiblich oder wie ein kleines Mädchen vorkam; sie versuchte, mich zu ihrer Mutter zu machen – sie konnte mich nicht lieben, dennoch verlangte sie, daß ich sie liebte. Lesbisch sein heißt also, daß die Tochter die Zurückweisung der Mutter dadurch zurückweist, daß sie zu einer anderen Frau geht und sagt: ich werde dich lieben, wenn du mich liebst – und so beginnt ein symbolisches Ausagieren. Je nach dem Grad der verleugneten Weiblichkeit spielt die Lesbierin die »weibliche« oder die »männliche« Rolle. Diejenige, die die weibliche Rolle spielt, kämpft immer noch darum, sich wie eine Frau zu fühlen. Die Lesbierin in Männerkleidern geht so weit, daß sie sagt: ich will sogar das aufgeben, was von meiner Weiblichkeit noch übrig ist, und für dich (Mutter) ein Mann werden.

Gegen Ende der Therapie nahm ich LSD. Ich begann ein sehr tiefes Gefühl zu fühlen; dann flippte ich aus. Ausflippen ist in Wirklichkeit ein Abschalten des Fühlens und ein Hineinflippen in den Verstand. Ich wurde verrückt. Es war die Hölle.

Ich fühlte mich wie in Sartres *Bei verschlossenen Türen* – ich konnte den Zugang zur Realität nicht wiederfinden. Am nächsten Tag wollte ich mich umbringen, ich fühlte mich zum erstenmal in meinem Leben entsetzlich allein und hatte Angst. Ich konnte der Welt nichts mehr abringen. Ich hatte einerseits Angst vor dem Gefühl, total allein zu sein, weil es mich vernichten könnte, und gleichzeitig hatte ich Angst, mich spontan selbst zu vernichten, wenn ich zu dem Schluß kommen sollte, daß ich es nicht ertragen könnte, es zu fühlen. So fühlte ich das Alleinsein Stück für Stück.

Wochenlang hatte ich das Gefühl, verrückt zu sein. Ich konnte nicht sagen, was real und was irreal war. Eines Abends in der Gruppe lag ich auf dem Fußboden und war mit jeder Zelle meines Körpers ein einziges Verlangen. Tief in mir konnte ich das Wimmern eines Säuglings hören. Mir war, als sei ich zwei Tage alt. Nie hatte ich etwas so total gefühlt, abgesehen vom Orgasmus. Dann bekam ich zeitweise Schwindelanfälle. Dieses gestörte Gleichgewicht hielt an, bis ich zur Vergangenheit zurückkehrte und dieses Verlangen ganz fühlte.

Während der Primärtherapie haben sich bei mir einige körperliche Veränderungen eingestellt, von denen ich hoffe, daß sie von Dauer sind. Meine Allergien sind völlig verschwunden. Meine Haut ist weicher geworden, und meine leichte Akne hat sich gegeben. Meine Brüste sind größer und meine Brustwarzen reifer geworden. Meine Muskeln sind endlich entspannt.

Hat es sich gelohnt? Fühle ich mich wirklich anders, nachdem ich all das durchgemacht habe? Es ist einfach ein Unterschied wie zwischen Leben und Tod. Nur wußte ich nicht, daß ich tot war, bis ich lebendig wurde. Aber nun, da ich lebendig bin, habe ich nichts, wofür ich leben kann. Ich ging zur Therapie, um eine neue Selbstvorstellung zu finden, und gefunden habe ich nur mich. Das Einmalige an der Realität ist, daß sie einen nie im Stich lassen wird.

17. Der Ursprung von Zorn und Furcht

Zorn

Einer der Mythen über die Menschen besagt, daß wir unter unserem friedlichen Äußeren ein brodelnder Kessel voll Wut und Gewalttätigkeit seien und allein durch die Gesellschaft in Schach gehalten werden. Wenn das Überwachungssystem versage, breche die dem Menschen angeborene Gewalttätigkeit hervor und habe Kriege und Massenvernichtungen zur Folge. Mir fällt indes immer wieder auf, wie unaggressiv und verträglich Menschen sind, wenn ihre sogenannte zivilisierte Fassade beseitigt wird. Primärtherapeutische Patienten, die reizoffen und abwehrlos sind, sind nicht zornig. Es gibt keine Wut. Vielleicht ist es gerade der Zivilisationsprozeß, der bewirkt, daß die Menschen untereinander so unzivilisiert sind, und Frustration und Feindseligkeit erzeugt. Zivilisiert zu sein bedeutet oft, daß man seine Gefühle in der Gewalt hat, und diese Beherrschung mag der Ursprung der inneren Wut sein.

Ich glaube, der zornige Mensch ist der ungeliebte Mensch – der Mensch, der nicht sein durfte, was er war. Er ist gewöhnlich zornig auf seine Eltern und zornig auf sich, weil er diese Verleugnung des Selbst fortsetzt. Aber das Bedürfnis ist der Ausgangspunkt; Zorn ist sekundär – er tritt erst auf, wenn das Bedürfnis nicht befriedigt wird. Wenn wir den Verlauf der Primärtherapie betrachten, sehen wir eine Aufeinanderfolge, die mit ihrem Mangel an Abweichungen fast mathematisch ist. Bei den ersten Urerlebnissen handelt es sich um Zorn, die zweite Gruppe von Urerlebnissen hat mit Schmerz zu tun, und die dritte mit dem Bedürfnis nach Liebe. Das Bedürfnis und seine nicht erfolgte Befriedigung sind gewöhnlich der größte Schmerz.

Die Reihenfolge der Urerlebnisse ist wie das Leben in umgekehrtem Ablauf. Zuerst kam früh im Leben das Bedürfnis nach Liebe, dann der Schmerz, weil die Liebe nicht zu haben war, und schließlich der Zorn, um den Schmerz zu lindern. Oft hat der Neurotiker die erste und zweite Stufe vergessen und sieht sich jetzt einem unerklärlichen Zorn gegenüber. Aber der Zorn ist, wie Depression, eine Reaktion auf Schmerz, nicht eine grundlegende Eigentümlichkeit des Menschen. Manchmal ist es für ein kleines Kind einfacher, Zorn zu verspüren, als dieses entsetzliche Gefühl von Einsamkeit und Ablehnung zu ertragen, das dem Zorn zugrunde liegt, und deshalb tut es so, als ob sein Gefühl, ungeliebt und einsam zu sein, etwas anderes sei: Haß. Aber in der Primärtherapie sind die Patienten selten lediglich von Haß gegen ihre Eltern erfüllt. Es ist eine Sache des *»Liebt mich, bitte. Warum könnt ihr mich nicht lieben, ihr Scheusäler!«* Wenn der Neurotiker erwachsen ist, neigt er zu der Annahme, sein einziges Gefühl sei Haß, aber in der Therapie entdeckt er, daß Haß nur ein weiterer Deckmantel ist, den er über das Bedürfnis gebreitet hat. Sobald das Bedürfnis empfunden ist, bleibt kaum Zorn zurück. In primärtherapeutischen Gruppen findet man zum Beispiel fast nie den Austausch von Feindseligkeiten unter den Mitgliedern wie vielleicht in konventionellen Gruppentherapien. Auch gibt es keinen Zorn auf den Therapeuten. Nur eine große Menge Schmerz.

Wut hat man nach Ansicht der Primärtheorie auf jemanden, der einem nach dem Leben trachtet. Wir dürfen nicht vergessen, daß in einer Beziehung neurotische Eltern unbewußt ihre Kinder umbringen; sie morden das reale Selbst ihrer Sprößlinge; der psychophysische Tod ist ein realer Prozeß, bei dem ihnen das Leben abgepreßt wird. Das Ergebnis ist Haß: *»Ich hasse euch, weil ihr mich nicht leben laßt.«* Wer etwas anderes ist als er selber, der ist tot.

Wenn der Neurotiker das Bedürfnis nach Liebe unterdrückt und nur Zorn empfindet, dann wird er vielleicht tagtäglich versuchen, den Zorn an symbolischen Objekten auszulassen, an seiner Frau, seinen Kindern oder seinen Angestellten. Weil er nicht die richtige Verbindung zum Ursprung seines Zorns herstellt, läßt er ihn vielleicht auf irreale Weise aus. Ein Patient, ein gewöhnlich höflicher und zurückhaltender Mann, war zum Beispiel entsetzt über das, was er gerade seiner Frau angetan hatte: er hatte ihr ins Gesicht gespuckt. Warum? Weil sie ihm nicht glauben wollte, als er ihr sagte, wo er eines Morgens hingegangen war. In der Primärtherapie empfand er seine Wut darüber, daß ihm seine Eltern nie etwas geglaubt hatten. Jahre später hat er es dann leider an seiner Frau ausgelassen.

Wenn man Zorn real macht, verschwindet er. Bis das geschieht, werden viele Zornesausbrüche gegen Leute in der Gegenwart ein bloßer Akt und daher nicht real sein. Natürlich gibt es auch realen Zorn, der nicht aus der Vergangenheit herrührt. Wenn jemand bei der Reparatur Ihres Wagens pfuscht, kann Zorn berechtigt sein, aber tägliche unangemessene Wutanfälle bedeuten, daß die Vergangenheit die Oberhand hat. Und das bedeutet, daß der Neurotiker immer nahe daran ist, jetzt zu fühlen, was er damals verleugnete. Was in der Kindheit unaufgelöst blieb, wird in fast alles eindringen, was jemand später im Leben tut, bis es aufgelöst ist.

Ich halte die Unterscheidung zwischen realem Zorn und symbolischem Zorn für wichtig. An einem Beispiel läßt sich das deutlich machen.

Eine junge Lehrerin mit einem ständigen Lächeln auf den Lippen und einem gewinnenden Wesen kam wegen anhaltender Muskelverspannung zur Therapie. Bei ihrem zweiten Besuch sprach sie davon, daß ihr Vater sie immer kritisiert und verspottet, sich über sie lustig gemacht und sie ausgelacht habe. Plötzlich wurde sie wütend und schlug mehr als fünf Minuten lang auf das Kissen. Nachher fühlte sie sich entspannt und sagte, sie habe keine Ahnung gehabt, daß so viel Zorn in ihr war.

Die Spannung hielt indes an. Bei ihrem fünften Besuch sprach sie wieder von früheren Ungerechtigkeiten, und die Gefühle stiegen erneut in ihr auf. Diesmal ließ ich nicht zu, daß sie auf das Kissen schlug, sondern drängte sie: »Sagen Sie, was es ist.« Sie begann heftig und unbändig zu zittern und faßte gleichzeitig ihren Haß in Worte – daß sie sie erwürgen würde, daß sie ihren Vater umbringen würde wegen all dem Schmerz, den er ihr zugefügt hat, ohne daß sie sich je verteidigen konnte, daß sie ihre Mutter erdolchen würde, weil sie es zugelassen hat usw. All das wurde geschrien, und dabei wand sie sich, stöhnte, hielt sich den Magen und hatte ihre Selbstbeherrschung völlig verloren. Auf dem Höhepunkt dieses Geschehens schrie sie: »Jetzt weiß ich es, jetzt weiß ich es – meine Muskeln waren verspannt, um mich davon zurückzuhalten, sie anzugreifen«, und dann gab es noch mehr verbale Gewalttätigkeit.

Diese Frau kann sich nicht erinnern, daß sie je in ihrem Leben die Stimme erhoben hatte. Sie wurde immer ermahnt, leise zu sprechen, denn in einem vornehmen Haus wie dem ihren hatten sich junge Damen gesittet zu benehmen. Nach diesem letzten Urerlebnis sagte sie, daß sie sich zum erstenmal in ihrem Leben gelöst und unberechenbar gefühlt habe. Sie hatte all diese Jahre an ihrem (irrealen) Selbst festgehalten, um zu verhindern, daß ihre Eltern sie völlig ablehnten, falls sie je ihren Gefühlen freien Lauf lassen und ihr (reales) Selbst werden sollte.

Die Therapie dieser Frau mußte notwendigerweise in Etappen vor sich gehen. Erstens war sie ihr Leben lang in einer vagen und diffusen Spannung gewesen, die zu Knotenbildung führte. Beim ersten Urerlebnis handelte es sich darum, hinter diese Spannung zu kommen und den physischen Teil des Zorns zu spüren, überhaupt zu erkennen, daß sie zornig war. Später schlug sie auf ein Kissen, weil sie den geistigen Zusammenhang noch nicht hergestellt hatte. Daß sie das Kissen schlug, war symbolisches Ausagieren. Der Zorn wurde empfunden, aber nicht in die richtige Richtung gelenkt (das ist der Grund, warum jeder hartnäckige Zorn weiterbesteht). Natürlich war sie nicht auf das Kissen wütend; das Kissen war ebenso ein symbolischer Gegenstand ihrer Wut, wie manche Kinder der Prügelknabe für zornige Eltern sind. Im Fall des abwehr- und hilflosen Kindes können die zornigen Eltern leider gewöhnlich irgend etwas finden, das nicht in Ordnung ist und somit ihre Wut rechtfertigt.

Nachdem diese Frau einmal die wichtige Verbindung hergestellt hatte, verschwanden ihr Zorn und selbstverständlich auch die chronische Muskelverspannung, die sie den größten Teil ihres Lebens geplagt hatte. Sie hätte tage- und jahrelang auf das Kissen schlagen können, ohne daß es an dem Zorn etwas geändert hätte. Möglicherweise hätte sie vorübergehend Erleichterung verspürt, aber nach einiger Zeit wäre der Zorn wieder dagewesen.

In ihrer früheren Therapie war die Frau ermuntert worden, ihre Feindseligkeit Angehörigen der Therapiegruppe gegenüber zum Ausdruck zu bringen. Sie hatte das Gefühl, daß sie in ihrer Therapie Fortschritte machte, eine selbstbewußte Person zu werden, aber die Verspannung und Schulterschmerzen hielten an. Das lag daran, daß ihr realer Kleinmädchenärger anhielt. Gleichgültig, wie ›erwachsen‹ man in der Therapie oder im Leben agiert, es kann nur ein Akt sein, der wenig Einfluß auf die eigene Reife hat, solange das ›kleine Mädchen‹ nicht gefühlt worden ist. Meiner Ansicht nach wird nichts weiter geschehen, als daß das reale, hilflose und passive Selbst so *tut*, als sei es selbstbewußt, besonders in der gefahrlosen Atmosphäre der Gruppentherapie. In der Therapie bringt ein ›braves‹ Mädchen seinen Zorn ebenso zum *Ausdruck*, wie es ihn zu Hause als braves Mädchen unterdrückt. Beide Verhaltensweisen sind immer noch der Kampf um Liebe. Das könnte auch erklären, warum die in der Gruppe an den Tag gelegte Aggressivität sich so selten auf die Fähigkeit übertrug, sich im täglichen Leben zu behaupten.

Der Unterschied zwischen realem und irrealem oder symbolischem Zorn ist wichtig, denn ich glaube, die fehlende Unterscheidung hat zu einer Reihe therapeutischer Verzerrungen geführt. So wird in der Kinder-Psychotherapie viel Zeit auf das Punchingball-Boxen der Kinder verwandt. Auf der Ebene der Erwachsenen sind es die sogenannten Kampfkliniken, in denen Ehepartner in einen Raum gesetzt werden, wo sie lernen, wie sie sich bei Auseinandersetzungen untereinander anzugreifen und zu verteidigen haben. All das ist symbolisch und kann daher meiner Meinung nach nichts auf reale Weise auflösen. Die Frau, über die ich oben gesprochen habe, war zornig auf ihre Gruppengenossen, aber sie war nicht in Wirklichkeit zornig auf sie. Etwas, was sie taten, löste ihren alten Zorn aus. Als sie von ihnen ignoriert, kritisiert, unterbrochen oder unterdrückt wurde, wurde die Wut auf ihre Eltern ausgelöst, nur wußte sie nicht, daß es ein altes Gefühl war. Die Heftigkeit ihres Zorns auf Gruppenmitglieder war, nachdem er einmal in Worte gefaßt war, tatsächlich unmäßig und irrational. Es ist ähnlich, wie wenn man in der Zeitung liest, eine Frau habe ihren Mann ermordet, weil er den Müll nicht hinausbringen wollte – etwas aus der Vergangenheit löste die Gewalttätigkeiten aus. Es trägt auch zur Erklärung bei, warum manche Eltern davor Angst haben, ihr Kind wegen irgendeiner Kleinigkeit zu verhauen.

Sie begründen das damit, daß ihre Auffassung von Kindererziehung ihnen verbiete, ein Kind zu schlagen, während sie in Wirklichkeit davor zittern – aber nicht zugeben, daß es Angst ist –, daß irgend etwas Belangloses, das ein Kind tut, ihre gesamte latente Gewalttätigkeit freisetzen könnte.

Einer der Gründe, warum es Kampfkliniken gibt und in der Gruppentherapie zu feindseligen Äußerungen ermuntert wird, ist möglicherweise, daß Zorn oder Gewalttätigkeit als etwas Natürliches angesehen werden, das von Zeit zu Zeit einer Abfuhr bedarf – ›Aggressionstrieb‹ ist der Freudsche Ausdruck. Es ist für Psychologen besonders verlockend, an diesen sogenannten Trieb zu glauben, weil wir bei unseren Patienten tatsächlich viel Feindseligkeit sehen. Wir sehen diese Gewalttätigkeit und sonst wenig, weil wir den Patienten nicht tiefer in sein Fühlen, in sein Bedürfnis versetzt haben. Was wir sehen, ist das, was über dem Bedürfnis liegt, nämlich die Frustrationsreaktion auf das Bedürfnis.

Weil wir an einen aggressiven Trieb glauben, haben wir bei unseren Therapien oft Zeit darauf verwandt, den Patienten zu helfen, mit ihren Aggressionen ›fertigzuwerden‹, das heißt, sie in Schach zu halten. Ich glaube, wir müssen das Gegenteil tun. Wir müssen den Zorn voll empfinden, um ihn auszumerzen. Wenn jemand sich selbst fühlen kann, statt seine Gefühle symbolisch auszuagieren, wird er wahrscheinlich weder impulsiv noch aggressiv agieren. Die Dialektik des Zorns ist wie beim Urschmerz, daß er verschwindet, wenn er empfunden wird, und wenn er nicht empfunden wird, bleibt er bestehen und wartet darauf, empfunden zu werden.

Der Begriff, mit sich selbst fertigzuwerden, schließt die neurotische Spaltung ein. Eben die Spaltung ist gefährlich, denn sie bedeutet, daß verleugnete Gefühle in Schach gehalten werden müssen. Deshalb ist ein sprunghafter, spontaner und unbeherrschter Mensch am wenigsten inneren Aggressionen ausgesetzt.

Ich möchte noch einmal klar herausstellen, daß Spontaneität Fühlen bedeutet, während Impulsivität die Folge der Verleugnung von Gefühlen ist. Ein impulsiver Mensch wird daher tatsächlich leicht aggressiv ausagieren und braucht Beherrschung. Im Lauf der Jahre haben wir den impulsiven Menschen vielleicht als frei und anarchisch angesehen und dabei vergessen, daß er gewöhnlich der Gefangene alter Gefühle ist, die er auf eine bestimmte Weise ausagiert, und daß er keineswegs Freiheit oder Anarchie ausagiert, wie es scheint.

Jemand kann tagtäglich aus der Haut fahren und sich gar nicht darüber klar sein, daß er ein zorniger Mensch ist. Gewöhnlich versteht er es, die Dinge so zu deichseln, daß der Zorn gerechtfertigt erscheint und er dessen Ursprung nicht zu fühlen braucht. Wenn der Neurotiker nichts finden kann, das seinen Zorn rechtfertigt, dann können wir sicher sein, daß er irgend etwas Harmloses mißdeuten wird, um einen Abfluß für seinen überströmenden Zorn zu haben. Mißdeutung scheint im allgemeinen auf ein unterdrücktes Bedürfnis hinzuweisen und ist nicht einfach eine Frage der Semantik.

Was den Neurotiker in Zorn bringt, hängt von der frühen Situation ab, die seine Verletzung verursachte. Eine Patientin wurde zum Beispiel wütend, weil ihre Kinder ihr nicht im Haus halfen. Sie verprügelte sie heftig, weil sie nicht hinter sich aufräumten. Wie sich dann herausstellte, war ihr Gefühl: »Ich habe so schwer gearbeitet, und allen scheint es egal zu sein, und niemand erkennt meine Leistung an« – und das war ein Gefühl, das sie ihrer Mutter gegenüber gehegt hatte, für die sie, seit sie acht Jahre alt war, den Hausputz erledigen mußte.

Ein anderer Patient wurde wütend, wenn man ihn warten ließ. Jedesmal, wenn er als Kind seinen Vater bat, mit ihm zu spielen, antwortete der Vater: »Später. Ich hab gerade was zu tun.« Das ›später‹ kam nie, dafür aber Wut. Das Problem ist oft, daß das Kind frustriert und wütend wird und dann seine Gefühle nicht einmal zeigen darf, so daß es zu Ersatzfreisetzungen gezwungen wird – Prügeleien in der Schule, Kopfschmerzen, Allergien usw. Auf diese Weise wird ein Kind seiner Bedürfnisse beraubt und dann wiederum seiner Gefühle über die Nichtbefriedigung seiner Bedürfnisse; es büßt zweimal etwas ein. Und zu alledem kann es auch passieren, wenn das wütende Kind dann mißmutig aussieht, daß ihm gesagt wird: »Lächle! Warum machst du so ein Gesicht?« So ist es dann dreimal beraubt und zieht sich weiter in sich selbst zurück, um die Gefühle zu verbergen.

Hoher Blutdruck ist möglicherweise eine Folge dieser tiefen Verdrängung von Zorn. Wenn Patienten, die zu hohem Blutdruck neigen, ihre zornigen Urerlebnisse hinter sich haben, stellen wir oft eine Blutdrucksenkung fest. Wenn man sich das als ein Hineinpumpen von immer stärkerem Druck in den Organismus vorstellt, bis sich dieser Druck auf das ganze Blutsystem auswirkt, dann ist es leicht verständlich, wie heftig der Betreffende möglicherweise werden kann, wenn die Hemmungen fortfallen. Umgekehrt wird eine Druckerhöhung verständlich, wenn ständig Hemmungen auferlegt werden.

Die heutige Spaltung in der amerikanischen Kultur zwischen der Familienethik und der Gesellschaftsethik ist besonders scharf. Der ›brave‹ Junge zu Hause gibt nie freche Antworten oder läßt seinen Eltern gegenüber Zorn erkennen, während der ›brave‹ Junge in der Gesellschaft für sein Vaterland tötet. Der eine wird die Voraussetzung für den anderen; derselbe Junge unterdrückt vielleicht sich selbst und vernichtet andere, um ›brav‹ zu sein.

Zorn wird oft von Eltern gesät, die ihre Kinder als eine Verleugnung ihres eigenen Lebens sehen. Daß sie früh geheiratet haben und sich jahrelang für anspruchsvolle Säuglinge und Kleinkinder aufopfern mußten, ist etwas, womit sich diejenigen Eltern nicht abfinden können, die niemals wirklich Gelegenheit hatten, frei und glücklich zu sein. Darunter muß dann oft das Kind leiden. Es muß dafür bezahlen, daß es lebt, denn die bloße Tatsache seines Daseins stellt eine Verleugnung der Freiheit seiner Eltern dar. Das Kind wird bald genug bestraft. Es darf seine Wünsche (die ›Forderungen stellen‹ genannt werden) nicht erkennen lassen, es darf nicht wimmern, schreien oder überhaupt gehört werden. Später bekommt es dann einen ganzen Schwall von Befehlen, die ausgeführt werden müssen, damit es sich das Recht verdient, am Leben zu sein. Es wird tagtäglich darauf vorbereitet, für sich selbst zu sorgen, nicht um Hilfe zu bitten, und zu guter Letzt die Pflichten und Verantwortlichkeiten der Eltern zu übernehmen. Es wird schon früh im Leben spüren, daß es im Wege ist, und verzweifelt versuchen, für ein Verbrechen zu büßen, das es nicht begangen hat. Es wird zu schnell groß werden, zu viel auf sich nehmen, bloß um reizbare Eltern zu beschwichtigen, die es ohne jeden Grund hassen. Ein Patient, der der Anlaß war, daß seine Eltern als Teenager heiraten mußten, sagte: »Ich habe zeit meines Lebens nach Gründen für mein chaotisches Leben geforscht. All diese Vorwürfe und Standpauken bei den harmlosesten Dingen, die ich tat. Schließlich studierte ich dann Philosophie, um nach dem Grund des Lebens zu forschen – ich meine, um die Tatsache zu verhüllen, daß es keinen vernünftigen Grund für das gab, was bei uns zu Hause vorging.«

Es gibt so wenig postprimären Zorn, glaube ich, weil Zorn invertierte Hoffnung ist. Die Hoffnung bei dieser Art Zorn besteht darin, aus den Eltern anständige, fühlende Menschen zu machen. Die Phantasie einiger meiner Patienten, die schon eine konventionelle Therapie hinter sich hatten, war zum Beispiel, sie wollten ihre Eltern aufsuchen und sie mit allen Kränkungen konfrontieren, die sie von ihnen einstecken mußten. Aber mitinbegriffen in dieser Konfrontation ist die Hoffnung, daß die Eltern einsehen werden, wie entsetzlich sie sich benommen haben, und nun bessere, liebevolle Menschen werden.

Wenn primärtherapeutische Patienten noch zornig sind, dann halte ich das für ein Zeichen von Neurose. Erstens, weil es auf irreale Hoffnung hinweist. Zweitens, weil Zorn bedeutet, daß das *kleine Kind* noch die Eltern haben will und sich nicht von ihnen gelöst hat. Es gibt keinen erwachsenen Zorn, wenn der Patient jetzt wirklich ein realer Erwachsener ist, und zwar aus demselben Grunde, aus dem der Patient sich über die neurotischen Mätzchen irgendeines anderen, den er trifft, nicht ärgern würde. Er wäre ein Erwachsener, der die Neurose seiner Eltern objektiv erkennt. (Objektivität ist das Fehlen unbewußter Gefühle, die bewirken, daß jemand die Realität von seinem Urschmerz ab- und auf die Bedürfniserfüllung lenkt). Sie wären für ihn einfach zwei weitere neurotische Erwachsene. Zorn auf die Eltern gibt es nur, wenn jemand will, daß seine Eltern sich ändern und werden, was er braucht. Wenn die Bedürfnisse empfunden werden und vergehen, dann ist auch der Zorn vergangen.

Was in den primärtherapeutischen Patienten zurückbleibt, ist die starke Empfindung von der tragischen Öde ihrer Kindheit. Gleichzeitig sind sie überaus erleichtert, daß der lebenslange Kampf vorbei ist. Diese Patienten sind nicht daran interessiert, sich für die Vergangenheit zu rächen; sie sind mehr daran interessiert, ihr jetziges Leben in der Gegenwart zu führen.

Eifersucht

Eifersucht ist Zorn in anderer Gestalt. Auch sie wird dadurch verursacht, daß die fehlende elterliche Liebe empfunden wird. Weil das Kind den Eltern gegenüber keine direkte Feindseligkeit bezeugen darf, wird diese auf die Geschwister abgelenkt. Aber gewöhnlich ist das Kind auf seine Brüder oder Schwestern nicht zornig; sie sind nur Symbole, auf die sich der Haß konzentriert.

Warum ist ein Kind so zornig und eifersüchtig? Vielleicht, weil die Eltern den Kindern früh im Leben die Vorstellung vermitteln, daß Liebe gewissermaßen eine beschränkte Quantität ist, die sich rasch verbraucht. Sie sagen zum Beispiel: »Schau deinen Bruder an. Er hat seinen Teller leergegessen (eine Tugend, die mir nie eingeleuchtet hat). *Er* wird das größte Stück Kuchen bekommen.« Oder: »Schau dir deine Schwester an. Sie hat ihr ganzes Zimmer aufgeräumt, deshalb darf sie ins Kino gehen.« Weil ein Kind bald erkennt, daß Liebe ausgeteilt wird, wenn man ›brav‹ ist, und nicht, wenn man böse ist, glaubt es vielleicht, Liebe sei ein besonderes Geschenk. Eifersucht bedeutet, daß das Kind das Gefühl hat, es bekomme seinen Anteil nicht. Diesem Gefühl liegt die implizite Annahme zugrunde, daß es Anteile gibt. Diese Annahme liegt nahe in neurotischen Familien, wo die Eltern nicht freigebig sind, sondern alles an ›Bedingungen‹ knüpfen. Die Kinder müssen dann um alles kämpfen. Sie kämpfen auf dieselbe Weise wie Frauen beim Ausverkauf in einem Kaufhaus. Das Kind ist vielleicht auf andere Menschen zornig, weil sie ihm scheinbar seinen Anteil streitig machen.

Ganz und gar geliebt zu werden bedeutet, nicht eifersüchtig zu sein. Meiner Ansicht nach sind Kinder nicht von Natur aus eifersüchtig, ebensowenig wie sie von Natur aus zornig sind. Sie lassen es vielleicht an ihren Geschwistern aus, aber die Eltern sind es, die meistens fordern, kritisieren und dem Kind vorenthalten, was es braucht. Die Eltern sind es, die durch kindliches Verhalten leicht ungeduldig und nervös werden und vielleicht ein Kind dem anderen vorziehen. Was neurotische Eltern sehen, wenn sie ihre Kinder anschauen, ist Hoffnung: ein Bild dessen, was sie brauchen (Respekt, Schmeicheleien, Aufmerksamkeit). Sie unterhalten Beziehungen zu einem Symbol, nicht zu dem Kind. Das Kind, das das bekommt, was für Liebe gehalten wird, ist dasjenige, das diesem Bild nahekommt, das daher ein symbolischer Neurotiker wird statt einer Person, deren gesamten Gefühle ihre eigenen sind. Im großen und ganzen ist es das bevorzugte Kind, das in Grund und Boden zerstört wurde, und dennoch ist es dasjenige, das im Leben recht gut funktionieren kann. Das rebellische Kind, das sich nicht anpaßt und unterwirft, hat womöglich nie richtig funktioniert und ist dennoch dem Menschsein vielleicht viel näher als seine gut funktionierenden Geschwister.

Das arme Kind, das vorgezogen wird, wird oft von dem nicht vorgezogenen Kind geschlagen und muß in seiner Jugend für ein Verbrechen büßen, das seine Eltern begangen haben. Dafür, daß es ist, was seine Eltern brauchen, muß es den Preis bezahlen, daß es von seinen Geschwistern verspottet und aufgezogen wird. In einer Beziehung ist diese Eifersucht die Art und Weise, wie das benachteiligte Kind seinen Anteil zu bekommen versucht: Wenn es dem Lieblingskind schaden und es ausschalten kann, wenn es nur deutlich machen kann, daß das andere Kind etwas Böses getan hat, dann wird es selbst vielleicht ein wenig mehr geliebt.

Die Kindheitseifersucht (›Ich will meinen Anteil‹) setzt sich im späteren Leben fort. Das von seinen Eltern nicht beachtete, eifersüchtige Kind hat dann später selbst Kinder, die vom Vater verspottet und bestraft werden, wenn sie von *ihrer* Mutter Beachtung fordern. Seine Kinder werden den Preis dafür bezahlen. Dieses eifersüchtige Verhalten wird meiner Ansicht nach anhalten, bis der Betreffende den richtigen Kontext seines Zorns herausfindet und ihn voll empfindet. Dann brauchen seine Kinder nicht länger darunter zu leiden, daß ihr Vater in seiner Kindheit vernachlässigt wurde. Oft wird aus dem eifersüchtigen Kind der ehrgeizige Erwachsene, der immer mehr will, als alle anderen haben, der sich mit den Schwächen seines Kindes nicht abfinden kann, weil er ›das beste‹ haben muß.

Das kleine Kind ist nicht nur zornig, weil es nicht geliebt wird, sondern auch frustriert, weil es niemandem Liebe schenken konnte. »Wenn sie nur gewußt hätten, wieviel ich ihnen zu geben hatte«, stöhnte ein Patient. »Statt dessen habe ich meine ganze Liebe dem Hund zugewandt.« Dazu kommt noch Verbitterung, weil das Kind nicht um die Liebe *bitten* durfte, die es brauchte. »Etwas zu brauchen war bei mir zu Hause ein Verbrechen«, sagte ein Patient. »Ich spürte, daß mein Vater, wenn ich zu ihm gesagt hätte: ›Nimm mich in den Arm, Pappi‹, mich ausgelacht und gesagt hätte, ich benehme mich wie ein kleines Mädchen.«

Denjenigen, die glauben, Eifersucht und Feindseligkeit seien

Naturtriebe des Menschen, kann ich versichern, daß die Träume von postprimären Patienten (ebenso wie ihr Tagesverhalten) frei von Zorn und Eifersucht sind. Wenn es ihnen gelingen würde, ihren Zorn tagsüber zu beherrschen, dann wäre anzunehmen, daß er nachts zum Vorschein kommt, wenn die Beherrschung gelockert ist. Das tut er offensichtlich nicht, und es ist ein Hinweis darauf, daß die Vorstellung von einem Aggressionsfundus irrig zu sein scheint; wenn es einen derartigen ›Trieb‹ gibt, dann den, geliebt zu werden – das heißt, man selbst zu sein.

Furcht

Als mein Sohn zehn Jahre alt war, bekam er plötzlich nachts Angst, und ich konnte nicht verstehen, warum. Er fürchtete sich vor einem Mann im Schrank. Diese Furcht trat einen Monat lang immer wieder auf, und dann beschloß ich, der Sache auf den Grund zu gehen. Eines Abends, als er ins Bett ging und mich bat, Radio und Licht anzulassen, brachte ich ihn zu einem Urerlebnis. Ich ließ ihn sich in das erschreckende Gefühl versenken und sich davon überrollen. Er begann zu zittern, seine Stimme wurde schrill und ›gespenstisch‹. Er sagte dauernd: »Ich will das nicht tun, Pappi, es ist zu erschreckend.« Ich beharrte darauf. Als er sich in diesen Schrecken versenkte, drängte ich ihn, das Gefühl hinauszuschreien. Schließlich sagte er: »Es gibt keine Wörter, Pappi. Mammi hält mich an meinen Windeln nach unten und versucht mich festzunageln oder dergleichen.« Er hatte Angst, er würde festgenagelt und fühlte sich völlig hilflos. Er sagte: »Weißt du, ich habe nie das Gefühl gehabt, daß der Mann im Schrank mich mit einem Revolver erschießen würde. Ich hatte das Gefühl, er würde mich festhalten und erwürgen.« Was hat das hervorgerufen? Eines Nachmittags, kurz bevor die Furcht begann, habe ich mit ihm gerungen und seine Schultern auf den Boden gedrückt. Es schien nichts Traumatisches zu sein, und wir beide vergaßen es – bis zu seinem Urerlebnis. Während des Urerlebnisses ging seine Erinnerung zurück bis zu der Zeit, als er acht Monate alt war. Er erinnerte sich an die Form und Farbe der Wickelkommode. Nach dem Baden zappelte er so viel, als meine Frau ihn wickeln wollte, daß sie ihn schließlich gereizt und ärgerlich fest nach unten drückte. Dieses Erlebnis hatte ihn erschreckt.

Vom Standpunkt der Primärtheorie ist eine gegenwärtige, anhaltende, aber scheinbar irrationale Furcht im allgemeinen das Anzeichen für eine ältere und oft tiefere Furcht. Es ist eine Furcht von *damals*, nicht von jetzt, so daß der Versuch, jemandem eine irrationale Phobie, wie die Furcht meines Sohnes, auszureden, gleichbedeutend wäre mit dem Versuch, ihm eine Erinnerung auszureden. Die Furcht meines Sohnes bestand weiter, glaube ich, weil sich Gefühle von Hilflosigkeit mit dieser Erinnerung verbanden, die damals überwältigend waren.

Der Grund für das Weiterbestehen einer Phobie ist, daß sie vom Urfundus der Furcht zehrt. Um ein altes Thema noch einmal aufzugreifen: Neurotische Ängste sind symbolische Ängste. Die realen Ängste können nicht ohne Hilfe und Unterstützung erreicht werden, so daß sich der Betreffende auf Ersatz konzentrieren muß. So kann es sein, daß er vor Fahrstühlen, Kellern, Höhen, Hunden, Steckdosen oder Menschenmengen Angst hat, während seine Ängste in Wirklichkeit aus der Vergangenheit stammen. Man könnte sagen, die jetzigen Ängste sind wie Träume – ein Versuch, verallgemeinerte lebenslängliche Gefühle rational zu machen, die im gegenwärtigen Kontext irrational sind.

Indes handelt es sich um mehr als nur darum, alte Gefühle jetzt rational zu machen. Vielmehr werden diese Ängste auf symbolische Weise behandelt und in Schach gehalten. Irgendwie muß der Neurotiker glauben, wenn er sich in der Gewalt hat und ›kühl‹ bleibt, dann brauche er sich nicht mehr zu ängstigen. Deshalb weicht der Neurotiker dem aus, was er fürchtet – oder was er zu fürchten glaubt. Er fliegt nicht mehr und vermeidet Höhen.

Diese Aktivitäten tragen oft dazu bei, die Ängste in Schach zu halten, indem sie isoliert und abgesondert werden. Doch sollte jemand einem *scheinbaren* Gegenstand seiner Furcht nahekommen, zum Beispiel einem hohen Balkon mit einem niedrigen Geländer, dann steigt die reale Furcht auf, die durch die gegenwärtige Situation symbolisiert wird. In Wirklichkeit wird der Neurotiker auf diesem Balkon vielleicht fürchten, die Kontrolle über selbstzerstörerische Gefühle zu verlieren, und *nicht* einfach Angst vor der Höhe zu haben.

Gegenwärtige Ängste – die oft einen Kern von Vernünftigkeit enthalten, zum Beispiel die Angst vor dem Fliegen – sind dem Neurotiker oft behilflich, der Tatsache auszuweichen, daß er einfach ein ängstlicher Mensch ist. Wäre er gezwungen, seine ständige Angst zu fühlen, würde das Leben womöglich unerträglich.

Ich glaube, es gibt zwei entscheidende Gründe für die Wahl einer irrealen Furcht (Phobie). Der erste ist das tatsächliche Auftreten eines realen Traumas, etwa ein Autounfall oder ein schwerer Sturz von einem Dach. Bei einem Neurotiker, der ein solches Erlebnis gehabt hat, kann die Furcht vor dem Autofahren oder vor Höhen länger bestehen, als es sich mit der Vernunft erklären läßt; sie kann lebenslänglich werden.

Oft überträgt der Neurotiker die Schlußfolgerungen aus einem einzelnen realen Erlebnis auf eine ganze Gruppe von Erlebnissen, die mit der ursprünglichen Furcht gar nicht in Zusammenhang stehen. Wer einmal von einem Dach herabstürzte, wird vielleicht später hohe Balkone vermeiden, obwohl beides nichts miteinander zu tun hat. Auf diese Weise sieht sich der Neurotiker genötigt, seine Ängste auszuweiten, weil ein einzelner Vorfall den Urfundus der Furcht geöffnet hat. Es ist dasselbe wie bei dem Neurotiker, der schlechte Erfahrungen mit seiner Mutter gemacht hat und daraus schließt, daß *alle* Frauen so seien. Verallgemeinerungen sind die Folge, wenn auf *ursprüngliche* Gefühle nicht reagiert wurde und sie nicht als das, was sie waren, aufgelöst wurden.

Der zweite Grund für die Annahme einer Phobie ist häufig der symbolische Wert der jetzigen Furcht. Wenn jemand niemals vom Dach gefallen ist oder einen Autounfall gehabt hat, dann erfordert seine Furchtsamkeit immer noch, daß er einen geeigneten Brennpunkt für seine Ängste findet. Im allgemeinen wird er etwas auswählen, das für die reale Furcht symbolisch ist. Jemand, der sich durch seine Eltern erdrückt fühlte, hat vielleicht Angst davor, in kleinen Räumen, etwa einem überfüllten Fahrstuhl, eingeschlossen zu werden. Wer sich völlig vernachlässigt und von den Eltern nicht angeleitet vorkam, hat vielleicht Angst vor großen, offenen Flächen, wo er sich womöglich verirren und sich verloren *fühlen* (also das ursprüngliche Gefühl des Verlorenseins empfinden) könnte. Derselbe Mensch könnte übrigens eine Frau heiraten, die alles in die Hand nimmt und sein Leben lenkt und leitet, so daß er weiterhin ausagieren kann und sich nicht unangeleitet und verloren fühlt. Das ist meiner Ansicht nach signifikant, denn eine neurotische Furcht ist ein Teil des gesamten neurotischen Systems, nicht ein isoliertes Geschehnis. Versuche, die spezifische Furcht ohne Verbindung mit dem gesamten System zu behandeln, würden nur den betreffenden Teil des neurotischen Systems fortbestehen lassen und die Aufmerksamkeit des Patienten von der wahren Ursache ablenken.

Kürzlich wurde eine Frau zur Therapie überwiesen, weil sie eine ungewöhnliche Furcht vor Insekten hatte – nicht vor irgendwelchen Insekten, sondern vor großen schwarzen Spinnen. Wir befaßten uns nicht direkt mit der Furcht, aber nach mehreren Wochen der Behandlung begann die Patientin von ihren Gefühlen ihrem Vater gegenüber zu sprechen. Sie entdeckte, wie sehr sie sich gewöhnlich vor ihm geängstigt hatte. Sie erinnerte sich insbesondere einer Szene, bei der er wegen irgendeiner Belanglosigkeit über sie herfiel – er war ganz unberechenbar. Als sie die Szene wiedererlebte, war sie voller Furcht vor ihm und schrie: »Pappi, mach mir keine Angst mehr.« Das bahnte den Weg für ein anderes Gefühl: »Pappi, laß mich Angst haben.« Er hatte sich immer so über ihre Gefühle lustig gemacht, daß sie sich scheute, Angst erkennen zu lassen. Das führte wiederum dazu, daß sie ganz intensiv empfand, daß seine Augen und sein ›Aussehen‹ sie ihre ganze Kindheit hindurch erschreckt hatten. Später kam sie sich verwirrt vor, denn sie empfand zwei Gefühle fast gleichzeitig. Das erste war: »Rühr mich nicht an, Pappi!«, und das zweite: »Nimm mich in den Arm, damit ich mich in der Dunkelheit nicht so allein fühle.« Diese tiefen Gefühle brachen hervor, als ihr in schneller Folge Erinnerungen an ihn kamen. Kaum konnte sie ihre Furcht vor dem Vater hinausschreien, da wurde sie von Einsichten überflutet: »Jetzt begreife ich das alles. Ich hatte immer Angst, aber die Angst war so unmerklich und erschien so unbegründet. Eines Tages sah ich im Badezimmer diese große schwarze Spinne, und ich schrie auf und rannte weg. *Endlich konnte ich meine Furcht hinausschreien* – ich hatte einen Grund gefunden. Meine Furcht war immer real gewesen. Ich hatte sie nur mit etwas in Verbindung gebracht, das nicht real war.«

Ein zufälliges Geschehnis hatte ihr ermöglicht, ihre latenten Ängste auf etwas Spezifisches zu konzentrieren. Die Primärtherapie leitete die Ängste dann wieder zu ihrem Ursprung zurück: »Ich habe Angst vor *dir*, Pappi.«

Vage Angst empfinden primärtherapeutische Patienten, wenn ihre Abwehrmechanismen angegriffen werden. Als ich einem Hauptmann des Marine Corps untersagte, bei der Behandlung zu fluchen, bedrohte das seine Pose als ›Mordskerl‹. Er kam dadurch der Tatsache näher, daß er ein kleiner, verletzter Junge war. Er wußte nicht genau, was er fürchtete, nur daß er Angst hatte (abwehrlos war), wenn er nicht fluchen konnte. Die neurotische Angst ist die Furcht, abwehrlos gegen den Urschmerz zu sein. Das neurotische Verhalten dient dazu, die Verletzungen zu verhüllen. Aber es war das reale Selbst, das abgelehnt, mißhandelt und gedemütigt wurde, deshalb ist es kein Wunder, daß Furcht auftaucht, wenn das reale Selbst nahe ist. Nicht nur der eben erwähnte Patient gehörte zum Marine Corps, sondern auch sein Vater und seine Brüder. Um sich in dieser Familie durchzusetzen, mußte man zäh, selbständig und ohne Emotionen sein. Eine ›Heulsuse‹ zu sein, die es nötig hatte, von Pappi in den Arm genommen zu werden, war für ihn ein unerträgliches Gefühl. Das verschüttete Bedürfnis hielt ihn in Spannung. Als seine Abwehr geschwächt wurde, wurde diese Spannung zu Angst.

Umgekehrt wurde ein anderer Mann von Furcht befallen, wenn er sich aggressiv durchsetzen mußte. Die Furcht war: »Ich werde nicht Mamas wohlerzogener Sohn sein, wenn ich wütend werde.« Jedesmal, wenn er zornig wurde, befiel ihn daher eine unerklärliche Furcht.

Furcht ist ein Mittel zum Überleben. Furcht ermöglicht uns nicht nur, wegzuspringen, wenn etwas auf uns zu fallen droht, sondern erhält auch das Kind am Leben, indem sie nicht zuläßt, daß es die katastrophalen frühen Gefühle empfindet, die es am Leben verzweifeln lassen könnten. Furcht trägt zur Erzeugung von Neurose als Schutz gegen Katastrophen bei. Menschen, die nicht mehr neurotisch zu sein vermögen, werden oft furchtsam oder ängstlich. Wenn wir in der Therapie verhindern, daß die Patienten ausagieren, fühlen sie sich schlechter.

Ebenso, wie jeder Neurotiker zornig sein muß, weil er nicht geliebt wird, muß jeder Neurotiker innerlich furchtsam sein. Manche verleugnen die Furcht, andere übertragen sie auf Phobien, und manche agieren die Furcht als Gegenphobie aus. Furcht ist ein Zeichen, daß Urschmerzen nahe sind. Ein Hinweis darauf ist, daß, wenn Urschmerzen aufsteigen, nachdem ein Abwehrmechanismus geschwächt wurde, auch Furcht aufsteigt.

Die neurotische Furcht ist die Furcht, das bisherige Leben der Lüge nicht fortsetzen zu können. Jedes Infragestellen der Lüge erweckt Furcht, weil die Lüge Hoffnung enthält. Wenn ein Mädchen versucht, für ihren Pappi ein Junge zu sein, sich für ihn im Sport hervortun will und es ihr mißlingt, dann bekommt sie Angst, weil ihr ›reales Ich‹ zum Vorschein kommt. Wenn ein Junge vorgibt, Mamas ›wohlerzogener Sohn‹ zu sein, bekommt er vielleicht Angst, wenn sie seine jungenhafte Sprache als ›unfein und gewöhnlich‹ bezeichnet. Ein Patient erklärte es so: »Ich habe immer gefürchtet, wenn ich mein Leben auf meine Weise führte, wenn ich täte, was ich wollte, und sagte, was ich dachte, daß meine Eltern nichts mehr mit mir zu tun haben wollten. Ich mußte sein, was sie erwarteten. Wenn ich nicht mehr ihr Leben (ein Leben der Lüge) führte, dann hätte das bedeutet, im Stich gelassen oder völlig abgelehnt zu werden. Das machte mir Angst. Ich bekam Angst vor *mir*.«

Der primärtherapeutische Patient hat am meisten Angst, wenn sein ganzes neurotisches Spiel so gut wie vorbei ist. Unser Ziel ist es, diese Ängste wachzurufen, damit wir ihn darüber hinwegbringen und in seine realen Gefühle versetzen können. Er hat Angst, real zu sein; darum ist er neurotisch.

Die Beziehung zwischen Furcht und Schmerz ist wichtig. Es wird eine Fassade aufgebaut, um nicht verletzt zu werden. Wenn jemand genau das ist, was er ist, dann kann er nicht verletzt werden und braucht keine Angst. Die Funktion der Furcht, der realen und der irrealen, ist es, uns vor Verletzungen zu bewahren. Die einzige Möglichkeit, die Furcht zu besiegen, ist, die Verletzungen zu empfinden. Solange die Verletzungen nicht empfunden sind, bleibt die Furcht.

Gegenphobie

Von Gegenphobie spricht man, wenn sich jemand genau in das hineinstürzt, was er am meisten fürchtet. Wenn jemand Angst vor Höhen hat, wird er also vielleicht mit Skydiving anfangen, um zu beweisen, daß er keine Angst hat.

Gegenphobische Aktivität muß zwanghaft und anhaltend sein, weil der Betreffende versucht, eine reale Furcht mit einer symbolischen Aktivität zu verleugnen. Ich halte die Gegenphobie für eine schwerere Form der Neurose, weil die realen Gefühle so tief verschüttet sind, daß sie den Betreffenden zwingen, total auszuagieren. Gegenphobie deutet daher auf einen totaleren Verdrängungszustand hin. Ein Skydiver, den ich therapeutisch behandelte, hatte eine ungewöhnliche Todesangst. »Jeder Sprung«, sagte er, »war sozusagen ein ›Da bin ich eben dem Tod begegnet, und es war gar nicht so schlimm‹.« Jeder dieser Sprünge war ein Versuch, die unbewußte Furcht zu ersticken. Zwanghaft wurde seine Aktivität dadurch, daß die *realen* Ängste tagtäglich neu auftauchten und es dann wiederum eines Beweises bedurfte, daß sie eigentlich nicht existierten. Nachdem er bei einem Sprung ein Bein brach, war er sehr erleichtert, daß er nun die Frage nicht mehr zu beantworten brauchte: »Habe ich Angst?«

Jede gegen ein reales Furchtgefühl gerichtete Tätigkeit kann als Gegenphobie angesehen werden. Sex ist ein gutes Beispiel dafür. Viele Männer fürchten sich vor Sex, dennoch werden sie zwanghaft davon angezogen aus Furcht, sonst keine ›richtigen Männer‹ zu sein. Das trifft insbesondere auf Männer mit latenten homosexuellen Neigungen zu. Um der Welt zu beweisen, daß diese Neigungen nicht vorhanden sind, lassen sie vielleicht kein Mädchen stehen, das sie sehen, reden dauernd mit Frauen über Sex, machen Witze über ›Schwule‹ (das ist unsere Lieblingsgegenphobie) und kämpfen gegen andere Männer. Oder sie heiraten und haben viele Kinder – je mehr Jungen, um so besser, – um ihre Virilität zu beweisen.

Meistens sind zwanghafter Sex und das Reden von Sex eine in die Tat umgesetzte Gegenphobie. Die Furcht kann sein: »Ich bin nicht so sexuell wie andere« (und deshalb muß ich der Tatsache ins Auge sehen, daß ich kein Mann bin).

Zum größten Teil ist neurotischer Zorn eine Gegenphobie. Damit wird auf Furcht reagiert. Eine Mutter schlägt ihr Kind, weil es in ein fahrendes Auto hineingelaufen ist und seine Mutter so erschreckt hat, daß sie zornig wurde. Zorn ist meist die Verleugnung von Furcht. ›Männer‹ zeigen keine Furcht (das wäre unmännlich), sie zeigen Zorn – ein mehr ›maskuliner‹ Zug. Wie viele Männer würden nicht nur sagen, daß sie Angst haben, sondern es auch zeigen?

Um die Gründe für Gegenphobie aufzuzeigen, betrachten wir das Beispiel eines fünfjährigen Jungen, der die Treppe hinaufläuft, um seinen Vater zu suchen. »Pappi, Pappi, wo bist du?« ruft er, als er zum Schlafzimmer seines Vaters kommt. Er macht die Tür auf und sieht, daß sein Vater einen Koffer packt. »Ich gehe für eine Weile weg«, sagt der Vater. »Du wirst mit deiner Mutter allein leben.« Die Vorstellung, daß er seinen Vater nicht wiedersehen wird, mag katastrophal sein. Was macht der Junge mit einem so schrecklichen Gefühl? Da es keinen Ort gibt, es freizusetzen, und niemanden, der ihm zu begreifen hilft, was er durchmacht, wird die Furcht verschüttet. Um die nagende, wenn auch vage Spannung loszuwerden, die die verschüttete Furcht hervorgerufen hat, wird sich der Junge später vielleicht Furchtsituationen schaffen, vielleicht wird er Stierkämpfer oder Rennfahrer – Aktivitäten, um latente Furcht zu legitimieren. Endlich hat er etwas, dem er seine Ängste zuschreiben kann. In diesen Situationen, die ein Ersatz für die reale Situation sind – daß er nämlich nie einen Pappi haben wird –, wird er seine Furcht sogar zugeben.

Ein Patient erinnert sich, daß er einmal in einen Teich gefallen ist und fast ertrunken wäre. Als er herauskam, mußte er sofort wieder ins Wasser, um seine Furcht zu überwinden. Sein Vater ließ ihn gegenphobisch agieren.

Gegenphobie ist eine allgemeine Eigenschaft. Gegen eine Art Gefühl zu agieren bedeutet oft, sich im Widerspruch zu verschiedenen Arten von Gefühlen zu verhalten. Auch die Gesellschaft hilft uns, gegenphobisch zu werden. Tagtäglich wird uns gesagt, wie man Angst *beherrschen*, Frustration *überwinden* und sich von Unzulänglichkeit *befreien* kann. Wir brauchen nichts zu tun, als unsere Gefühle zu eliminieren. Aber diese Gefühle machen unser Leben aus. Man kann nicht das Leben überwinden und am Leben bleiben. Das kann letztlich sogar eine wörtliche Bedeutung erhalten, denn ich glaube, daß Gegenphobiker, diejenigen, die ihre Lebensgefühle zu tief in sich unterdrückt haben, es schließlich fertigbringen, ihr Leben auf die eine oder andere Weise auszulöschen.

Gegenphobie ist das, was die Furcht lebendig hält. Furcht zu verleugnen bedeutet, lebenslang symbolisch dagegen zu kämpfen. Der Phobiker erkennt zumindest, daß er Angst hat. Das ist eine Stufe hinauf auf der Leiter zur Gesundheit.

Kindheitsängste

Zu einem großen Teil treten Kindheitsängste auf, wenn das Kind nachts allein im Bett liegt. Kinder können tapfer genug sein, um von einem hohen Sprungbrett ins Wasser zu springen, und dennoch im Dunkeln Angst haben. Teilweise ist der Grund dafür, daß das Kind ganz mit sich allein ist. Die Furcht ist von derselben Art wie diejenige, von der Patienten befallen werden, die wir vor ihren Urerlebnissen in Hotelzimmern isolieren – es ist die Furcht vor dem ›Ich‹. Das Kind verleugnet die Furcht oft, indem es sie nach außen projiziert und sagt, es habe Angst vor Räubern. Sein Verstand konzentriert sich auf offenbare Ursachen – das Rascheln von Blättern, das Zuschlagen einer Garagentür, ein Schatten an der Wand. Jedes Geräusch oder jeder Schatten trägt dazu bei, eine latente Furcht zu rechtfertigen.

Eltern müssen darauf achten, daß sie ein Kind nicht seiner Ängste berauben. Es ist leicht zu sagen: »Es gibt nichts, wovor du Angst zu haben brauchst. Im Schrank ist niemand. Sei kein Baby. Ich lasse das Licht nicht an. Hör mit der Albernheit auf.« All das treibt die Furcht nur ins Verborgene, und sie taucht dann womöglich in Form von Bettnässen oder körperlichen Leiden wieder auf. Wenn die Eltern den Grund für die Furcht ihres Kindes nicht begreifen können, ist es besser, das Kind auf jede nur mögliche Weise zu verwöhnen, als die Furcht zu unterdrücken.

Viele von uns litten als Kinder unter Nachtängsten, und die meisten sind diesen Ängsten nie entwachsen. Wir haben immer noch Angst vorm Butzemann, aber nicht mehr vor dem Butzemann im Schrank, sondern unter Umständen vor irgendeiner vagen Verschwörung einer Nation oder Gruppe gegen uns. Der Inhalt der offenbaren Furcht ändert sich, aber der Inhalt ist weitgehend irrelevant. Wir brauchen den Butzemann in dieser oder jener Form, bis wir gesund sind.

Was ist am Alleinsein im Dunkeln so schlimm, daß es Furcht erregt? Es ist das beginnende Wissen, daß der Schlaf nahe ist, und das bedeutet, daß die Abwehr vermindert ist und alle Dämonen durchläßt, die während des Tages vertrieben wurden. Das Alleinsein an sich ist nicht eigentlich erschreckend. Aber der Neurotiker, der vor seinem Selbst davonläuft oder sich dagegen wehrt, hat Angst. Er muß Radio und Fernsehen einschalten, damit er sich nicht allein fühlt. ›Allein‹ bedeutet für den Neurotiker etwas anderes als für den Normalen. ›Allein‹ bedeutet, daß der Mangel an Unterstützung, Schutz und Liebe von den Eltern empfunden wird, und dagegen muß er sich wehren. Kinderängste werden schlimmer, wenn die Eltern zum Beispiel abends ausgehen; dann können Todesängste aufkommen und mit Schlaf assoziiert werden, denn in der Kindheit ungeschützt zu sein, kann Tod bedeuten.

Zusammenfassung

Da die Bedeutung jeder Phobie symbolisch und daher für jeden Menschen individuell ist, gibt es keine allgemeingültigen Bedeutungen von Phobien. Zwei Menschen mit derselben Phobie mögen völlig unterschiedliche Gründe dafür haben. Höhenangst kann bei einem Menschen bedeuten, daß er nicht mit beiden Beinen auf dem Boden steht (nicht unterstützt wird), während sie bei einem anderen auf seine Furcht vor dem Springen hinweist. Man könnte ein ganzes Leben mit dem Versuch verbringen, Bedeutungen von Phobien zu ertüfteln. Entscheidend ist, daß man sich auf das konzentriert, was real ist – die realen Ängste. Wenn die Ängste real gemacht werden, erübrigen sich Phobien.

Die primärtheoretische Hypothese über Furcht scheint zu bestätigen, daß Phobien verschwinden und in keinerlei Form wiederauftauchen, sobald einmal reale Furcht gefühlt worden ist. Ich möchte betonen, daß ein gegenwärtiges irrationales Verhalten nicht dadurch aufgelöst werden kann, daß man sich mit der Irrealität befaßt; keine Logik, keine Tatsachen können jemanden von irrationalem Verhalten abbringen. Gegenwärtige Situationen rufen bei normalen Menschen kein irrationales Verhalten hervor. Die Basis von Phobien ist etwas Reales (Urfurcht); nur der gegenwärtige Kontext macht die Phobie irrational.

Es ist verlockend anzunehmen, daß jemand auf diese oder jene Weise behilflich sein könne, ein gegenwärtiges Problem zu lösen. Der Gedanke, Neurotiker zu beraten und ihnen Broschüren in die Hand zu drücken, in denen Tatsachen (wie zum Beispiel: Methedrine zerstört das Lebergewebe) dargestellt werden, scheint mir irrig zu sein. Unterrichtung hat gewiß einigen Wert, aber die große Kraft, die dem irrationalen Verhalten zugrundeliegt, ist die Urkraft. Einige hier und dort eingestreute Tatsachen werden das Blatt nicht wenden. Wenn jemand dahingehend beraten wird, er solle nett zu Frau und Kindern sein, dann wird er damit nicht viel anfangen können, wenn er jahrzehntelang unterdrückte Wut in sich hat, die darauf wartet, befreit und aufgelöst zu werden. Wir dürfen nicht vergessen, daß wir es nicht mit Furcht oder Wut zu tun haben; wir haben mit *Menschen* zu tun, die Furcht haben. Der Kernpunkt der Primärtherapie ist, den Menschen behilflich zu sein, die große Furcht ihrer frühen Erfahrungen zu durchleben, so daß sie alles, was es jetzt zu erleben gibt, ohne Furcht erleben können.

Kim

Das Familienleben in meiner Kindheit enthielt schon den Keim zu meiner Neurose. Das Leitmotiv in all diesen Jahren ist das Versagen meiner Eltern, mir ihre Liebe auf andere Weise zu zeigen als durch materielle Geschenke. Ich entsinne mich keines einzigen Falls, in dem ich als Kind aufgenommen und im Arm gehalten wurde. Und dennoch konnte ich nie zugeben, daß meine Eltern mich nicht lieben. Ich kam mir häßlich vor und war wütend, statt die Auswirkungen und Konsequenzen dieses Mangels an Liebe zu empfinden oder mir bewußt zu machen.

Aber woher weiß ich, daß meine Eltern mich nie geliebt haben und mich auch nie lieben werden? Es ist noch gar nicht lange her, da erzählte mir meine Mutter (in einem Ton, in dem sie auch ein Baseballspiel beschrieben hätte), wie es gewesen war, als mich mein Vater nach seiner Rückkehr aus dem Zweiten Weltkrieg zum erstenmal sah. Er ließ meine Mutter mich wecken, merkte, daß ich wie jedes andere Baby aussah, und verließ das Zimmer. Als ich das hörte, soll ich stundenlang geweint haben. Natürlich erinnere ich mich nicht an diese Szene, aber ich weiß, daß ich nach diesem Abend noch ungefähr ein Jahr lang allnächtlich ein Ritual ausführte: ich erhob mich auf alle viere und bumste mit dem Kopf an das Kopfbrett meines Kinderbetts. Ich glaube, ich hatte Angst, verlassen zu werden. Durch den Lärm, wenn mein Kopf an das Bett bumste, wollte ich meine Eltern, die im Nebenzimmer schliefen, an mein Dasein erinnern.

Ein weiterer Hinweis auf diesen Mangel an Liebe ist, daß mein Vater es ganz deutlich machte, daß er einen Sohn haben wollte. Er pflegte meine Mutter damit aufzuziehen, daß sie keinen Jungen zustande brachte. Mein Haar wurde immer kurz geschnitten. Wenn ich aus der Schule nach Hause kam, mußte ich Jeans und ein T-Shirt anziehen. Später trank ich Bier, wenn ich am Wochenende mit meinem Vater Fußballspiele anschaute. Wenn er einen Sohn haben wollte, dann würde ich dieser Sohn sein, damit er mich liebte.

Schließlich kam es zu einem Zwischenfall, bei dem mein Vater mir ganz offen sagte, daß er mich so, wie ich bin, niemals lieben könne – das heißt, ich mußte mich in jemand anderen verwandeln, um seine Liebe zu erringen. Nach dieser Auseinandersetzung am Telefon – ich war damals im College – schrieb mir mein Vater einen »Versöhnungsbrief«, in dem er mir sagte, ich solle mir keine Sorgen machen über unsere Meinungsverschiedenheit. Er bat mich, in den Sommerferien nach Hause zu kommen, um gemeinsam eine neue »Kim-Basis« zu schaffen – vermutlich eine, die er und ich akzeptieren konnten.

Die Liebe, die mir zuteil wurde, war bestimmt durch sinnlose Einschränkungen und strenge Disziplin, die »zu meinem Besten« waren. Ich mußte bei den meisten Dingen, die andere Kinder ganz selbstverständlich dürfen, um Erlaubnis bitten, zum Beispiel wenn ich einmal bei einer Freundin übernachten, eine Freundin einladen oder gelegentlich länger aufbleiben wollte. Wenn ich morgens aufwachte, fand ich normalerweise eine Liste mit zehnerlei Dingen vor, die ich zu erledigen hatte, ehe ich das Haus verließ. (Ich bin überzeugt, daß meine Mutter nachts wach lag, um diese Listen aufzustellen.) All diese Einschränkungen machten mich zu einem nervösen, reizbaren Kind. Wenn ich mich nicht fügte, gab es Hiebe, solange ich klein war, und später, als ich ein Teenager war, scharfe Rügen und Hausarrest bis zu einem Monat. Die »Rechtsprechung« war gewöhnlich von sehr viel Geschrei begleitet. Ich erinnere mich, daß mein Vater mehrfach nach einem Streit in mein Zimmer kam und wissen wollte, warum ich so abscheulich und ungezogen sei, wenn ich doch alles habe, was man sich nur wünschen könne. Was könnte ich denn noch wollen? Darauf vermochte ich nie zu antworten. Seine Frage verwirrte mich. Es hatte tatsächlich den Anschein, als habe ich alles. Es kam mir nie in den Sinn, ihm zu sagen, das, was ich wirklich wolle, sei, von ihm geliebt zu werden. Offenbar hatte ich aufgehört, Bedürfnisse zu artikulieren. Hätte ich ihn gebeten, mich zu lieben, so hätte das die Gefahr einer Ablehnung eingeschlossen. Und dann hätte ich es mir eingestehen und fühlen müssen, wie sehr es mich nach ihm verlangte und wie weh es tat, ihn nicht zu haben. Statt dessen übertönte ich mein Bedürfnis mit einem vagen, einsamen, doch heftigen Zorn. Auf die Frage meines Vaters gab ich niemals eine Antwort.

Abschließend ist in bezug auf meine Kindheit noch die Atmosphäre in meinem Elternhaus zu erwähnen. Es gab ständig Auseinandersetzungen, in die ich ständig verwickelt war. Der Zweck dabei war, dem jeweiligen Gegner (in meinem Fall gewöhnlich meiner Mutter oder meiner Schwester) etwas zu sagen, was ihn an seiner verletzlichsten Stelle traf. Dank ständiger Übung entwickelte sich diese Kunst bei uns allen fast zu einem Reflex. Diese Wortgefechte endeten gewöhnlich zwischen meiner Schwester und mir mit einer handfesten Prügelei oder seitens meines Vaters mit einer gesalzenen Ohrfeige. Ich erinnere mich an eine Auseinandersetzung zwischen meiner Mutter und mir, als ich zwölf war, bei der sie zu meinem Vater sagte: »Bob, entweder sie geht oder ich.« Ich meldete mich freiwillig. Da das nicht nur gelegentliche Vorgänge waren, lernte ich, ständig auf der Hut zu sein und mich entweder aggressiv zu verhalten oder sarkastisch zu reden, um nicht zeigen zu müssen, wie verletzt ich war. Außerdem ermöglichte mir die aggressive oder sarkastische Abwehr, den Schmerz bei alledem nicht zu spüren.

Der gemeinsame Nenner all dessen ist ein Mangel an Liebe, ein Mangel, den ich nie zugeben oder auch nur fühlen konnte und den ich unter verschiedenen Abwehrmaßnahmen verbarg. Mit Abwehrmaßnahmen meine ich, daß ich mit fast allen verfügbaren Mitteln das Fühlen abschaltete, um nicht den gewaltigen Schmerz fühlen zu müssen, daß ich nie geliebt worden war. Dieses Abschalten war kein bewußt gefaßter Entschluß. Es scheint eher ein Reflex zu sein, den der Körper anwandte, um seine Integrität zu schützen, und zwar schon vor langer Zeit, als ich anfing, mit dem Kopf an das Kinderbett zu bumsen. Seit dieser Zeit war mein Leben (bis zur Therapie) ein sich immer wiederholender Zyklus. Die Motivationskraft bei diesem Abwehrzyklus ist das Nicht-Geliebt-Werden. Es gab keinen Fortschritt; das einzige, was sich änderte, war der Grad der Ausgeklügeltheit meiner Abwehrmechanismen, die mein Bedürfnis und mein Begehren, geliebt zu werden, verdeckten.

Eine Abwehr – ein Teil von mir, seit ich vier Jahre alt war – sind viele chronische Leiden. Als ich vier war, bestrafte mich mein Vater damit, daß er mich (wie einen Fußball) auf mein Bett warf. Ich erinnere mich lebhaft an meine Furcht, als ich durch die Luft flog und halb auf dem Bett und halb an der Wand landete. Kurz darauf bekam ich über zwei Jahre hinweg »ohne ersichtlichen Grund« unerklärliche und unbehandelbare riesige Hautgeschwüre.

Ich glaube, daß dieses wie auch andere Leiden (Akne, seit ich zehn war, Pilzbefall an den Füßen, Scheidenentzündung) die Folge von nicht zum Ausdruck gebrachter und nur teilweise gefühlter Furcht waren. Als ich auf mein Bett geschleudert wurde, wurde mir klar, daß mein Vater mich ernstlich verletzen oder sogar umbringen könnte, wenn er wollte. Ich würde mich ändern müssen, um ihn zufriedenzustellen und seinen möglichen Zorn zu beschwichtigen.

Ich erinere mich, daß ich mit meiner Schwester Phantasiespiele spielte. Beide wollten wir immer der Junge sein (in unseren Spielen waren wir beide immer Männer), der, während er anderen half, verletzt wurde. Ihm wurde Liebe und Aufmerksamkeit zuteil. Dieser Wunsch, betreut und im weiteren Sinne geliebt zu werden, konnte in Spielen ausagiert, aber niemals den Eltern gegenüber zum Ausdruck gebracht werden. Das hätte bedeutet, es auf ihre Ablehnung ankommen zu lassen.

Nur wenn ich krank war, schienen sich meine Eltern auf positive Weise um mich zu kümmern (im Gegensatz zu den ständigen Einschränkungen zu meinem »Besten«). Das erklärt, warum ich in meinem ersten Jahr im College, also nicht mehr zu Hause, dauernd krank war. Ich glaube, ich versuchte meinen Eltern indirekt zu sagen, daß ich sie noch brauchte und daß sie sich um mich kümmern sollten.

Eine weitere Abwehr war, daß ich ein sehr kalter Mensch wurde. Ich wies jede auf mich gerichtete Warmherzigkeit als Zeichen von Schwäche oder als Einengung zurück. Für mich bedeutete Liebe nur Einschränkungen. Hätte ich meine Liebe zu meinen Eltern oder zu irgendeinem anderen Menschen zu erkennen gegeben, so wäre ich ihren Angriffen gegenüber verletzbar gewesen. Noch wichtiger war, daß ich, wenn ich die Zuneigung eines Menschen akzeptiert hätte, nur an all die Jahre hätte erinnert werden können, in denen ich die Wärme derjenigen entbehrte, die ich am meisten brauchte. Ich hätte dann den ganzen Schmerz fühlen müssen.

Die Ablehnung durch meine Eltern und ganz besonders durch meinen Vater wirkte sich drastisch auf mein Verhältnis zu Männern aus. Bis ich sechzehn war, wetteiferte ich mit Jungen in geistiger und in körperlicher Hinsicht. Ich sah aus wie sie, redete wie sie und war sportlich gewandt wie ein Junge. Später machte ich alle Männer zu dem Reservoir, aus dem ich die Liebe herauszuholen suchte, die ich von meinem Vater nie bekommen hatte. Ein Geist-Körper-Dualismus war da am Werk. Meine Männer mußten sehr groß, sportlich und muskelstrotzend sein. Gleichzeitig mußten sie mir aber geistig unterlegen sein. Ich mußte imstande sein, sie und meine Beziehung zu ihnen gewissermaßen zu beherrschen. So konnte ich die ganze körperliche Liebe haben, die mir vorenthalten worden war, ohne seelisch beteiligt zu sein. Ich brauchte nie das Risiko einzugehen, abgelehnt zu werden, wie ich von meinem Vater abgelehnt worden war. Die Folge davon war Promiskuität. Damals konnte ich den unwiderstehlichen Zwang nicht verstehen, der mich veranlaßte, mit jedem athletischen Beau zu schlafen.

Diese Verhaltensweise brach zusammen, als ich von einem meiner Freunde, an dem ich, wenn auch zufällig, wirklich interessiert war, zurückgewiesen wurde. Ich brach völlig zusammen. Danach waren die einzigen Männer, in deren Gesellschaft ich mich wohl fühlte, schwule, sexlose oder alte Freunde. Auch begann ich immer mehr Zeit mit Lesbierinnen zu verbringen. Obwohl ich es nie ausagierte, lesbisch zu sein, fühlte ich mich doch oft so. (Im ersten Therapie-Monat zog ich immer ein Kleid an, um weiblicher zu erscheinen.) Zur selben Zeit bekam ich eine Scheidenentzündung, so daß ich mit niemandem mehr schlafen konnte. Ich hatte versucht, ein Junge zu sein, und doch war es mir nicht gelungen, meines Vaters Liebe zu erringen. Daraufhin tat ich so, als sei ich eine Frau, um so von jedermann geliebt zu werden. Und zu guter Letzt war ich ein Neutrum geworden.

Meine wichtigste Abwehr gegen das Gefühl, ungeliebt zu sein, war die Schule. Diese Abwehr war eng verknüpft mit der Hoffnung, ich könnte meine Eltern dazu *bringen*, mich zu lieben. Meine Leistungen in der Schule waren tadellos; gute Noten, Schulämter und Auszeichnungen. Ich hoffte, die Anerkennung meiner Eltern zu erlangen, wenn ich ihnen zeigte, daß andere mich anerkannten.

Während Intellektualität das Mittel war, durch das ich etwas so Besonderes zu sein hoffte, daß es mir die Liebe meiner Eltern eintragen würde, war es ebenso das Mittel, durch das ich mich immer einen Schritt von meinem Urschmerz entfernt halten konnte. Wann immer mir als Kind jämmerlich zumute war, ergriff ich das nächstliegende Buch und vertiefte mich darein. Im College studierte ich eifrig europäische Kulturgeschichte mit dem Schwerpunkt auf deutscher Geschichte. Meine Eltern hatten Deutschland immer gehaßt – ein meiner Ansicht nach blindes Vorurteil. Ebenso wie sie mich ohne ersichtlichen Grund nicht mochten. Ich wollte herausfinden, wo Deutschland fehlging. Vielleicht könnte ich dann auch herausfinden, was ich getan habe, das mich meine Eltern kostete. Deutschland, voll Verwirrung und Anarchie im Inneren, trachtete immer nach Macht und Einfluß außerhalb seiner Grenzen. Ich, voller Verwirrung und ungefühltem Urschmerz im Inneren, trachtete immer, mich jedem gegenüber zu bestätigen, der sich anhören wollte, wie gescheit ich sei.

Als ich zur Universität kam, hatte ich mich mittlerweile von der Illusion freigemacht, schulische Leistungen würden mir das

Wohlwollen meiner Eltern einbringen. Außerdem langweilte mich das Studium, und ich brachte nicht mehr die Selbstdisziplin auf, es gut zu machen. Folglich brauchte ich eine neue Abwehr gegen den aufsteigenden Urschmerz. Ich fand sie in den Drogen. Im College hatte ich ein paar Jahre Marihuana geraucht. Ich stellte fest, daß Hasch, wie jämmerlich mir auch zumute war, meine Stimmung besserte. Auch LSD-Trips genoß ich. Abgesehen von den Augenblicken, in denen völlig unerwartet eine unerfreuliche Szene aus meiner Kindheit auftauchte, waren meine Trips angenehm. Ich halluzinierte und erlebte einmal einen völligen Ichverlust. Ichverlust bedeutet ja nichts anderes, als daß man nicht mehr weiß, wer man ist. Nachdem ich meinen ganzen Urschmerz verleugnet hatte, war dieser Ichverlust symptomatisch für meinen Zustand. Sowohl die Halluzinationen als auch der Ichverlust haben jetzt aufgehört, nachdem ich meinen Urschmerz gefühlt und den Kampf aufgegeben habe, die Liebe meiner Eltern zu erringen.

Als ich nach New York an die Universität ging, reichten LSD und Hasch nicht länger aus, um den Urschmerz niederzuhalten. Häufig brach ich völlig unerwartet in Tränen aus. Ich mußte eine Möglichkeit finden, den Urschmerz abzuwürgen und die Einsamkeit und Verzweiflung zu lindern, die ich in New York empfand. Ich griff zu Methedrine, um meine Stimmung zu heben, und zu Heroin, um schlafen zu können. Aber selbst diese Drogen reichten nicht aus. Der körperliche und seelische Zusammenbruch kam dennoch.

Ich verließ New York wieder und brach völlig zusammen. Zwei Monate später begann ich die Primärtherapie. Ich tat es, weil meine sämtlichen Abwehrmechanismen abbröckelten und ich mich überhaupt nicht mehr in der Gewalt hatte. Mein Verstand nützte mir nichts. Ich konnte nicht begreifen, warum nichts in Ordnung war, nachdem ich mich doch so gründlich analysiert hatte. Die Primärtherapie lehrte mich, daß das Gefühl, von meinen Eltern nicht geliebt zu werden, nie aufgelöst worden war, und daß der Zyklus von Zusammenbruch und Wiederherstellung, weil ich immer neue Abwehren als Ersatz fand, um mein Bedürfnis zu verhüllen, nie hätte durchbrochen werden können, denn ich war vor meinem Urschmerz immer davongerannt, statt ihn zu fühlen.

Das erste Stadium in der Therapie war das Hinwegsprengen der Reste meines bereits abbröckelnden Abwehrsystems. Allein der Entzug von Drogen und Zigaretten hatte meine Spannung so erhöht, daß ich am ganzen Körper zitterte. Obwohl ich in einer Stadt, in der ich niemanden kannte, allein gelebt hatte, hat erst die in den drei ersten Therapiewochen vorgeschriebene Isolierung bewirkt, daß ich mich wirklich allein fühlte. Ich hatte immer geglaubt, ich sei allein, weil ich es so gewollt hatte, könne diesen Zustand, wenn ich wollte, jedoch jederzeit ändern. Jetzt wurde mir klar, daß ich mein ganzes Leben lang allein gewesen war und mir in all den Jahren gewünscht hatte, zu etwas (der Familie) oder genauer gesagt, zu jemanden (meinen Eltern) zu gehören. Ich erkannte, daß ich, obschon ich bisher allein gewesen war, immer das Gefühl gehabt hatte, jemand beobachte alle meine Bewegungen und dringe in meine Gedanken ein. Jetzt glaube ich, daß diese vage Präsenz, die ich früher spürte, die Hoffnung war, meinen Eltern möge an mir liegen. Jetzt fühle ich und weiß es auch, daß ich völlig allein bin.

Nachdem die offenkundigsten Abwehrmechanismen entfernt waren, wurde ich überflutet von Erinnerungen an die Vergangenheit. Alle machten mich traurig – sogar die erfreulichsten, weil es so wenige waren. Ich begann, Szenen aus meiner Vergangenheit wiederzuerleben. Ich erlebte sie von neuem, indem ich mich in eine Szene zurückversetzte und sie wiederempfand – diesmal ohne meine Abwehrmechanismen – und meine Gefühle nun voll zum Ausdruck brachte.

Die Mehrzahl meiner Urerlebnisse in den ersten paar Monaten der Therapie konzentrierte sich darauf, daß ich kalt war. Kaum lag ich da, zitterte mein Körper, die Zähne klapperten, und Hände und Füße wurden blau. Ich hatte Urerlebnisse, die bis zu zwei Stunden dauerten und während derer ich nur zitterte. Zuerst sah ich die Kälte als etwas an, das seine Ursache außerhalb meiner selbst hatte, etwas, das mich »kalt werden ließ«, entweder das Wetter oder ein widerwärtiger Mensch oder ein unerfreuliches Erlebnis. Dann wurde mir klar, daß die Kälte (die Neurose) in mir war – nicht äußerlich auf meiner Haut, sondern in meinem ganzen Körper. Diese neurotischen Eisschichten, die den Urschmerz, wegen der fehlenden Liebe meiner Eltern, überdeckten, mußten beseitigt werden, ehe ich die durch sie verborgenen schmerzlichen Erfahrungen wiedererleben konnte.

Wenn das Zittern sich fast gelegt hatte, wurde ich völlig abwehrlos. Oft, wenn ich meine Eltern besuchte, weinte ich beim leisesten Anzeichen ihrer Mißbilligung. Eines Abends ging ich in eine Vorstellung von Tschechows »Die Möwe«. Während der Szene, in der der Sohn seine Mutter bittet, ihn nicht zu verlassen, spürte ich eine Woge von Gefühl aus meinem Bauch aufsteigen. Da ich wußte, daß ich im Theater kein Urerlebnis haben konnte, versuchte ich, das Gefühl abzuschütteln. Ich wurde ohnmächtig und mußte aus dem Theater getragen werden.

Sobald solche tiefsitzenden Schmerzen frei werden, gibt es keine Möglichkeit, sie aufzuhalten. Wenn man diese Gefühle nicht herauskommen läßt, ist die Folge eine völlige Verwirrung. In meinem Fall nimmt diese Verwirrung oft die Form von zusammenhangloser Rede und einer Art Aphasie an. Eines Abends unterhielt ich mich mit fünf Mitgliedern der Therapiegruppe. Ich konnte nichts von dem verstehen, was gesagt wurde. Ich verstand einzelne Wörter, aber wenn ich sie zu Sätzen zusammenfügte, waren sie sinnlos. Ich konnte kaum sprechen. Ich hatte das Gefühl, nicht ganz da zu sein; ein Teil meines Verstandes war woanders. Als ich zu sprechen versuchte, ergab es keinen Sinn. Die aus dem Kommunikationsmangel resultierende Verwirrung trennte mich von allen im Raum Anwesenden; sie war symbolisch für mein Alleinsein. Nachdem ich das erkannt hatte, versetzte ich mich gleich in ein Urerlebnis und bat meine Eltern, mich nicht ganz allein zu lassen. Die Verwirrung legte sich.

Ein andermal verursachte die dadurch entstandene Verwirrung, daß ich ein anstürmendes Gefühl nicht aufsteigen ließ, räumliche Desorientiertheit. Mein Freund war ärgerlich auf mich, und obwohl wir Besuch hatten, wollte er es unbedingt zeigen. Ich begann zu fühlen, daß es sehr bald zu völliger Ablehnung kommen würde. Ich würde wieder allein sein. Ich schaltete das Gefühl ab und versuchte, die gute Gastgeberin zu spielen. Dann drehte ich mich um und rannte gegen die Wand meiner eigenen Küche. Ziemlich lange hatte ich eine gewaltige Beule am Kopf. Sobald ich zuließ, daß das Gefühl, von meinem Freund abgelehnt zu werden, durchbrach, und ich die Verknüpfung mit dem viel stärkeren Urschmerz, nämlich der Ablehnung durch meinen Vater, vornahm, vermochte ich wieder zusammenhängend zu reden und gewann wieder Koordination. Als es schließlich zum Bruch zwischen uns kam, war es relativ schmerzlos, denn ich wurde ja nur von einem Freund abgelehnt und nicht von meinem Vater.

Mein großer Durchbruch kam fünf Monate nach dem Beginn der Therapie. Es war in einer Gruppensitzung. Ich sah plötzlich alles verschwommen, und mir war, als ob ich ohnmächtig würde. So war mir oft vor einem intensiven Urerlebnis zumute. Dann lag ich auf der Couch und schrie lauter als je zuvor. Zuerst nur schrilles Gekreische, dann: »Mammi, Pappi, bitte nehmt mich mit nach Hause. Bitte, ich möchte nach Hause. Mammi, Pappi, ich liebe euch«, und dann schrie ich noch lauter. Während der ganzen Zeit war ich mir meines Körpers nicht bewußt. Mein ganzes Sein war in dieser schreienden Stimme konzentriert. Ich wurde mein Urschmerz. Ich sagte, was ich schon immer hatte sagen wollen, solange ich zurückdenken kann. Meinen Eltern hätte ich das nie sagen können aus Angst, daß sie meine Liebe und mich offen ablehnen würden. Aber da ich abwehrlos war, brachen die Wörter einfach aus mir hervor. Zum erstenmal in meinem Leben war ich völlig abwehrlos und völlig ohne Selbstbeherrschung. Das war der Wendepunkt in meiner Therapie.

In den nächsten drei Monaten bat ich meine Eltern bei meinen Urerlebnissen, mir nicht weh zu tun. Ich hatte ihnen gesagt, daß ich sie liebte – ich war reizoffen und daher meinem Urschmerz schutzlos ausgeliefert. Bei einem Urerlebnis schrie ich aus Leibes-

Dem Selbstmordkandidaten und demjenigen, der tatsächlich einen Selbstmordversuch unternimmt, wird gewöhnlich nur insofern Hilfe gewährt, als eben die Gefühle, denen sie nahe sind, verhüllt werden. Vielleicht finden sie den Weg zu einer ›Krisenklinik‹, wo Anstrengungen unternommen werden, die Dinge zurechtzuflicken, die Patienten zu beschwichtigen und funktionsfähig zu erhalten. Oft werden Medikamente verschrieben, um den Patienten zu beruhigen, wodurch er von seinen Gefühlen nur weiter entfernt wird. Doch sind es eben diese Gefühle, die empfunden werden müssen, damit das irrational agierende, irreale Selbst beseitigt werden kann. Die Gefahr, behaupte ich, geht von dem irrealen, ausagierenden Selbst aus, und dieses irreale Selbst wird offenbar durch die ›Krisenmethode‹ gestärkt. Ich bin der Meinung, daß die Selbstmordgefahr minimal ist, solange der Betreffende am Therapeuten einen Halt hat. Aber wenn der Patient die Therapie verläßt, welcher Grund bestünde dann anzunehmen, daß er nicht immer noch selbstmordanfällig ist? Wenn er nicht die Qual jenes ungeliebten, hoffnungslosen kleinen Kindes in sich empfunden hat, wird er es vielleicht unwissentlich umbringen.

Wir müssen auch die gesellschaftlichen Folgen bedenken, wenn man zuläßt, daß ein potentieller Selbstmörder frei auf den Straßen herumläuft. Wenn er am Steuer eines Autos sitzt und Schluß machen will, kann er noch andere gefährden. Ein Mensch, dem sein eigenes Leben nichts wert ist, wird vermutlich auch das Leben anderer nicht unbedingt als kostbar erachten.

In diesem Zusammenhang ist es signifikant, daß primärtherapeutische Patienten Selbstmord gar nicht in Betracht ziehen. Sie kennen ihren Wert und denken nicht daran, ihr Leben aufs Spiel zu setzen. Sie lernen, daß das reale Selbst ein »gutes« Selbst ist und sehen keinen Grund, ihm Schaden zuzufügen.

Es klingt widersinnig, wenn man sagt, das Ziel beim Selbstmord sei, am Leben zu bleiben, aber nach meinen Erfahrungen mit Selbstmordversuchen ist es schwierig, zu einem anderen Schluß zu kommen. Es gibt Ausnahmen – zum Beispiel chronisch Kranke –, aber in der Regel ist der Selbstmordversuch eine weitere neurotische Bitte, geliebt zu werden. In diesem Sinne ist der Freitodversuch ein Schrei um Leben.

18. Drogen und Sucht

Lysergsäurediäthylamid (LSD-25)

Für viele junge Leute ist LSD (auch als Acid bekannt) eine Lebensauffassung. Die Wirkungen von LSD sind so profund und dennoch so mystisch, daß es ein Kult geworden ist, eine Weltanschauung. Chronische Benutzer nennen es oft die ›große Reise in den inneren Raum‹. Andere bezeichnen es als ›Realitätstrip‹.

Ich glaube, daß LSD in dem Sinne ein Realitätstrip ist, als es intensive reale Gefühle stimuliert. Aber der Neurotiker verfährt mit dieser Realität wie mit der Realität im allgemeinen: er verwandelt sie in etwas Symbolisches.

Es ist kaum zweifelhaft, daß LSD Gefühle stimuliert. Dafür gibt es klinische Beweise. Kürzlich wurde LSD einer Gruppe von Affen verabfolgt, die dann getötet und seziert wurden. Die größte Konzentration der Droge wurde in den Bereichen des Gehirns gefunden, von denen man weiß, daß sie mit dem Fühlen zusammenhängen.

Das Problem beim LSD-Konsum ist, daß es die Menschen künstlich für mehr Realität aufgeschlossen macht, als sie in ihrem neurotischen System vertragen können, und das führt zu Tagesalpträumen – Psychosen. Der Abwehrmechanismus ist aus gutem Grund da – um die Integrität des Organismus zu erhalten. LSD zerstört das Abwehrsystem mit dem tragischen Ergebnis, daß LSD-Schlucker landauf, landab die neuropsychiatrischen Stationen bevölkern. Im allgemeinen kann, wenn die Wirkung der Droge nachläßt, der neurotische Abwehrmechanismus wiedererlangt werden. Aber in manchen Fällen, wenn das ursprüngliche Abwehrsystem schwach war, ist das nicht möglich.

Von der Stärke des Abwehrsystems und der eingenommenen Dosis hängt es weitgehend ab, wie jemand auf LSD reagieren wird. Es kann vorkommen und kommt auch vor, daß jemand mit einem verstärkten Abwehrsystem keinerlei Reaktion auf die Droge zeigt. Wenn indes ein großer Fundus von Urschmerzen vorhanden ist, wird die künstliche Entfernung einer schwachen Abwehrfassade einen überwältigenden Ansturm von Stimulation hervorrufen.

Einer der Gründe, warum LSD eine bewußtseinserweiternde (psychedelische) Droge genannt wurde, ist die symbolische Flucht. Die Stimulierung von Gefühlen führt zu einem Ausbruch von symbolischer Vorstellung, und das wird oft irrtümlich als Bewußtseinserweiterung angesehen. Was wir begreifen müssen, ist, daß diese Erweiterung ein Abwehrmechanismus ist. Der manische Psychotiker mit einer ungezügelten Ideenflucht ist ein vollendetes Beispiel für Bewußtseinserweiterung auf der Flucht vor dem Fühlen. Manische Patienten, die ich behandelt habe und von denen einige hervorragende Geistesgaben besaßen, haben während ihrer manischen Phase unendlich viel niedergeschrieben. Einer schrieb innerhalb von drei oder vier Wochen so viel, daß es einem ganzen Buch gleichkam.

Was Psychose und Neurose unterscheidet, ist der Grad und die Komplexität der Symbolisierung. Bei der Neurose hat man noch reichlich Halt an der Realität. Bei der Psychose kann dieser Halt verlorengehen, der Kranke ist von Symbolik umgeben und nicht mehr in der Lage, zwischen Symbolen (Stimmen in den Wänden) und der Realität zu unterscheiden. Wenn der Zerfallsprozeß anhält, weiß der Patient nicht einmal mehr, wer er ist, ›was mit ihm los ist‹ oder in welchem Jahr er lebt.

Die Folgen des LSD-Konsums scheinen eine der entscheidenden Hypothesen der Primärtheorie zu bestätigen: daß die Neurose uns von der Realität unserer Gefühle fernzuhalten beginnt, und daß diese Gefühle, wenn sie früh im Leben voll empfunden würden, zu Wahnsinn führen könnten. Wenn *alle* alten Urgefühle plötzlich und auf künstliche Weise mit Hilfe einer Droge stimuliert werden, heißt das, dieselben Möglichkeiten für Wahnsinn zu schaffen.

In der Frühzeit der LSD-Forschung wurde die Droge ein psychotomimetisches (Psychose nachahmendes) Mittel genannt. Sie wurde angewandt, um die Psychose zu untersuchen. Zuerst bestanden nicht allzuviel Bedenken, denn man nahm an, daß die Droge selbst die Psychose erzeugt – wenn die Droge abgesetzt wurde, verschwand die Psychose. Doch als in einigen Fällen nach Absetzung der Droge die Psychose weiterbestand, schwand die Begeisterung. Infolgedessen wurde LSD für die meisten Forschungszwecke ebenso wie für den allgemeinen Gebrauch verboten.

Ich glaube, daß LSD nicht nur die Psychose nachahmt, sondern einen wirklichen, wenn auch oft vorübergehenden Wahnsinn erzeugt. Außerdem glaube ich nicht, daß die spezifischen Eigenschaften der Droge überhaupt etwas mit der Erzeugung bizarrer Reaktionen zu tun haben, außer insofern, als sie zu mehr Fühlen, als integriert werden kann, anregen.

Vor mehreren Monaten wurde eine einundzwanzigjährige junge Frau zur Primärtherapie überwiesen, die von einem neuropsychiatrischen Krankenhaus als ›post-LSD schizophren‹ diagnostiziert worden war. Sie hatte nach mehreren Marihuana-Zigaretten eine große Dosis Acid genommen. Während ihres Acidtrips geriet sie in einen Zustand der Panik. Als die Wirkung der Droge nachließ, stellte sie fest, daß sie ›Anfälle‹ hatte. Manchmal war ihr, als ob sie vom Stuhl hochgehoben und fortgetragen würde. Dann wieder starrte sie verzweifelt auf eine Glühbirne oder Lampe und war nie sicher, ob das, was sie sah, wirklich da war.

Sie wurde zur Beobachtung in das neuropsychiatrische Krankenhaus eingewiesen, bekam Beruhigungsmittel und wurde nach einer Woche entlassen. Die Anfälle von Irrealität hielten indes an, und nachdem es viele Wochen so gegangen war, übernahm ich die Behandlung. Die Patientin wurde sogleich in ein Urerlebnis versetzt und begann, ohne Soufflieren oder Anleitung, den Acidtrip wiederzuerleben. Sie sagte: »Alles riecht wie Scheiße. An den Wänden ist Scheiße. Mein Gott, überall. Ich kann die Scheiße nicht von mir runterbekommen.« (Sie versuchte, sie wegzuwischen, aber ich drängte sie, zu fühlen, was es war.) »Oh! Oh! Ich werde verrückt. Wer bin ich? Wer bin ich?« (»Bleiben Sie dabei!«, sagte ich. »Fühlen Sie es.«) »Ah! Ich bin das, ich bin Scheiße, ich bin Scheiße!« An diesem Punkt begann sie zu weinen und gab einen ganzen Schwall von Einsichten von sich, wie ›beschissen‹ sie sich immer vorgekommen sei (es aber nie erkannt habe). Sie sprach von ihrer verarmten Familie, die aus einem trinkenden Vater und einer geprügelten, mißhandelten Mutter bestand. Sie sprach davon, daß sie sich wie ›Lumpenproletariat‹ vorkam. Sie hatte nie das Verlangen gehabt, etwas zu tun, und hatte es auch nie versucht, denn sie kam sich vor »wie ein Stück Scheiße, nicht wert, irgend etwas von irgend jemandem zu bekommen«. Sie hatte ihre Gefühle und ihre Vergangenheit mit einer Pseudo-Intellektualität und kultivierter Tünche verhüllt, die das Acid offenbar wegsprengte. An diesem Punkt, an dem sie die Realität – »Ich bin Scheiße« – gefühlt hätte, flippte sie aus (ihren Gefühlen) und hatte Halluzinationen von Exkrementen an der Wand. Sie machte ihre aufsteigende Realität irreal, um zu überleben.

Ein weiterer Fall von Psychose war keineswegs durch Drogen verursacht. Diese Patientin wurde mit sieben Jahren in einem Internat untergebracht, weil ihre Eltern sich scheiden ließen. Ihr Vater zog in eine andere Stadt, und ihre Mutter mußte arbeiten. Dem kleinen Mädchen war versprochen worden, daß die Mutter sie oft besuchen würde. Das geschah nicht. Die Mutter kam selten, manchmal in betrunkenem Zustand, manchmal mit ihren Freunden, und dann hörten die Besuche ganz auf. Die Mutter schrieb Briefe, erklärte, warum sie nicht kommen könne, und bald hörte sie auch auf zu schreiben. Die Kleine begann die Realität ihres Verlassenseins zu empfinden. Sie begann sich vom Gemeinschaftsleben zurückzuziehen, und um das Gefühl des Verlassenseins zu unterdrücken, erfand sie eine imaginäre Gefährtin, die immer bei ihr war. Im Lauf der Zeit begann diese Gefährtin mit ihr zu sprechen und ihr seltsame Dinge zu erzählen. Sie sagte, manche Leute hätten etwas gegen das kleine Mädchen und versuchten, es von allen Menschen fernzuhalten. Langsam verfiel sie einer Psychose, um die verheerende Realität abzuwehren.

In beiden zitierten Fällen war es, glaube ich, die *Realität*, die die Irrealität erzeugte; beide Patientinnen wurden verrückt, um nicht geistig gesund zu bleiben und die Wahrheit zu erkennen. Sie gingen sozusagen ›zu Bruch‹, um sich davor zu schützen, eine heile Wahrheit zu begreifen.

Bei der Primärszene entstand dann angesichts dieser Wahrheit ein alternierendes System, das behilflich war, die Realität zu verbergen. Seine Funktion war, die Wahrheit zu zerstückeln und dann zu symbolisieren, wodurch dem neurotischen Kind ermöglicht wurde, seine Gefühle auszuagieren, ohne sich ihrer bewußt zu sein. Es begann seinen Akt. Aber wenn die Realität überwältigend ist, entweder infolge eines erschütternden Ereignisses oder infolge einer Droge wie LSD, dann bleibt wenig Raum, um auf übliche Weise auszuagieren. Der Betreffende kann sich zum Beispiel seinen Schreibarbeiten nicht widmen; die Gefühle sind zu stark und unmittelbar. Sie müssen symbolisiert werden, und zwar geistig (bizarre Wahnideen) oder körperlich (von der Unfähigkeit, einen Arm zu heben, bis zum völligen Mangel an körperlicher Koordination). Im Fall von bizarren körperlichen Veränderungen können wir sagen, eine Person dieser Art habe ihre Psychose ›verkörperlicht‹. Das würde bedeuten, daß dieselbe Spaltung oder Dissoziation auftritt wie bei der Psychose.

Über diese Spaltung äußerte sich eine ehemals psychotische Patientin wie folgt: »Es war entsetzlich, zu fühlen, daß der Körper der meine wurde – zu sehen, daß mein kleines Mädchen-Selbst versuchte, die Bewegungen seiner Beine und Füße zu verstehen. Mein Körper hatte immer selbständig agiert, wie etwas, das nichts mit mir zu tun hatte. Könnte der Grund, warum der Schizophrene so oft von seinem Körper besessen ist, sein, daß der Körper etwas so Fremdes ist? Ich vermute, daß der Körper wirklich vom Bewußtsein getrennt sein muß, um dem Urschmerz fernzubleiben. Die heimliche Sinnentstellung dessen, was um einen herum vorgeht, ist vermutlich dieser automatische Prozeß, Körper und Gefühle so getrennt zu machen.«

Ein weiteres Beispiel für die Verkörperlichung des Fühlens bietet ein Patient, der vor der Therapie im Lauf eines Jahres zehnmal LSD genommen hatte. Außer anderen Reaktionen spürte er bei jedem Trip ein anhaltendes Summen im Mund. Auch bei seinen Urerlebnissen trat diese Summempfindung auf, und unerklärlicherweise begann er am Daumen zu lutschen. Das Summen hielt indes an, bis er sich darüber klar wurde, daß er gar nicht am Daumen lutschen, sondern an seiner Mutter Brust saugen wollte. Kaum hatte er dieses Gefühl empfunden, da hörte das Summen auf.

Dieser Mann war in den ersten Lebensmonaten nach irgendeinem Zeitplan, den seine Mutter einem Buch über Säuglingspflege entnommen hatte, abrupt entwöhnt worden. Obwohl er täglich zwei Päckchen Zigaretten rauchte und mächtig an seiner Zigarette zog, fiel es diesem Mann schwer zu glauben, daß er immer noch ein altes Bedürfnis hatte, an seiner Mutter Brust zu saugen. Aber er erinnerte sich, daß er, solange er zurückdenken konnte, immer etwas im Mund gehabt hatte. Er hatte seine Gefühle so gut getarnt, daß er nur einmal dem Fühlen nahekam, und zwar als er eine starke Droge nahm, und selbst da konnte er nicht ganz zu dem Gefühl gelangen. Aber der Beweis ist erbracht – die Symbolisierung setzt ein, um den Organismus zu schützen, wenn Gefühle übermäßig schmerzhaft sind.

Ungefähr zwanzig primärtherapeutische Patienten nahmen vor der Therapie LSD, mehrere zu wiederholten Malen. In der ersten Zeit, als die Primärtherapie angewandt wurde, nahmen verschiedene Patienten während der Behandlung LSD, ohne daß ich es wußte. Später sagten mir diese Patienten, sie hätten geglaubt, daß LSD ihre Therapie beschleunigen würde. (Wie schon erwähnt, sind während der Primärtherapie nicht nur sämtliche Drogen und sogar Aspirin verboten, sondern die Patienten erhalten jetzt auch schriftliche Anweisungen, um sicherzustellen, daß sich der LSD-Konsum nicht wiederholt, der vorkam, ehe unsere Kontrollen so scharf wurden.) Indes war die LSD-Erfahrung von etwa sieben Patienten, die es während der Therapie nahmen, wertvoll, um die psychischen Reaktionen auf LSD zu verstehen. Die primärtherapeutischen Patienten mit alten Urschmerzen wurden unmittelbar von ihren verbleibenden Gefühlen bombardiert und vermochten sofort die Verbindung zwischen den Gefühlen und ihren Ursprüngen herzustellen. Diese Gefühle wurden in keiner Weise symbolisiert und wurden nacheinander empfunden. In einigen Fällen hielten diese Urschmerzen nach Art freier Assoziationen zwei oder drei Stunden an.

Zwei Patienten, die nach ihrem dritten und vierten Therapiemonat LSD genommen hatten, hatten momentane, symbolische Reaktionen. Im ersten Fall begann der Patient zu halluzinieren und Leute auf der Wandverkleidung zu sehen, die einander seltsame Dinge antaten. Als ihn das auf der Wandverkleidung aufgeführte Drama mit einemmal fesselte, kam ihm plötzlich der Gedanke: »Ich habe draußen eine Schau für mich aufgezogen, um nicht fühlen zu müssen, was drinnen vorging. Das Drama am Rande enthielt tatsächlich eine Menge meiner Gefühle, besonders Zorn. Vermutlich versuchte ich, mich selbst zu überzeugen, daß alle diese Kämpfe draußen stattfanden und nichts mit mir zu tun hatten.« Und er fügte hinzu: »Sobald ich wußte, daß das *meine* Gefühle waren, überließ ich mich ihnen und empfand, was es die ganze Zeit gewesen war, und mein kleines Drama an der Wand verschwand.« Vor der Primärtherapie wäre er vermutlich stunden- oder gar wochenlang, bis alle Wirkungen der Droge abgeklungen waren, in seinen Halluzinationen steckengeblieben. Jedenfalls war die Symbolik nur von kurzer Dauer, führte aber zum Fühlen, weil kein beeinflußter Abwehrmechanismus da war, um den dissoziativen Prozeß fortzusetzen.

Der zweite Patient nahm im vierten Therapiemonat LSD. Er hatte Wahnvorstellungen, daß Leute ihm unnötig hart zusetzen, daß niemand im Raum freundlich sei, und daß alle aus irgendeinem Grund wollen, daß er leide. Seine Hände schwollen an und wurden ganz weich, berichtete er, und dann empfand er das Gefühl: »Sei zärtlich zu mir, Pappi.« Die Schwellung und Weichheit verschwanden zugleich mit seinen Wahnvorstellungen von Leuten, die sich verschworen hatten, grausam gegen ihn zu sein. Es ist zweifelhaft, ob er diese einfache Verbindung hätte herstellen können, wenn er noch viel Urschmerz gehabt hätte, der seine Gefühle blockierte.

Die Mehrzahl der sieben Patienten, die nach mehreren Monaten der Primärtherapie LSD nahmen, hatten es schon früher konsumiert; es ist nicht überraschend, daß sie übereinstimmend erklärten, vor der Therapie symbolische Trips gehabt zu haben. Einer hatte während eines früheren Trips gelähmte Hände gehabt, während sich ein anderer stundenlang mit entsetzlichen Magenkrämpfen auf dem Fußboden wand. Ein Dritter sah Würmer aus seiner Nase und seinen Füßen herauskriechen, und ein Vierter sah sich als Gerippe, als er in den Spiegel schaute. Als sie später rückblickend diese Erlebnisse betrachteten, waren sie überrascht, daß der Körper den Urschmerz offenbar so automatisch symbolisiert. Das Symbol bezog sich in jedem der Fälle auf ein spezifisches, unempfundenes Gefühl. Derjenige, der die Würmer gesehen hatte, zeigte, wie schmutzig, schleimig und häßlich er sich vorkam, und erlebte während des Urerlebnisses die häßlichen Gefühle in dem Kontext, der sie hervorgebracht hatte. Der Patient mit den gelähmten Händen empfand später seine tiefe Hilflosigkeit und Unbeweglichkeit und die Gründe dafür. Der mit den Magenkrämpfen (immer noch ein symbolischer Urschmerz) hatte das Gefühl, im LSD-Rausch zu gebären. Selbst dieses Gefühl unter der Wirkung der Droge beendete seine Krämpfe nicht. Ich vermute, daß *Schmerzen* nicht aufhören, ehe sie als *Urschmerzen* empfunden sind.

Diejenigen Patienten, bei denen das Ende der Therapie nahe war, hatten keinen nennenswerten Affekt durch die Droge. Sie berichteten nur von kleineren Empfindungen und Wahrnehmungsveränderungen. Es traten keine Wahnvorstellungen oder Halluzinationen und keine Depersonalisationsgefühle auf. Ihre Trips waren weder mystisch noch schön – nur reale Gefühle tauchten auf. Das ist ein signifikantes Ergebnis, denn es ist ein weiterer

Beweis für die Hypothese der Primärtheorie in bezug auf Geisteskrankheit und Urschmerz. Ohne signifikanten Urschmerz gibt es bei intensiver Stimulation (Streß) keine Geisteskrankheit.

Meine Beobachtungen lassen erkennen, daß LSD beim normalen Menschen *kein* Halluzigen zu sein scheint. Auch ist es keine psychotomimetische Droge, außer für diejenigen mit Urschmerz.

LSD ermöglicht nicht die Herstellung zusammenhängender Verbindungen. Und nur durch die Verbindung wird eine dauerhafte Veränderung möglich. Es gibt viele Gründe, warum unter LSD keine Verbindungen hergestellt werden können; der wichtigste ist, daß das Herstellen einer Verbindung bedeutet, den Urschmerz zu empfinden. Unter LSD können Menschen etwas fühlen und ein paar Minuten später nicht sicher sein, ob sie es gefühlt haben. Die Droge treibt sie von einem flüchtigen Gefühl zu einem anderen, kein einziges Gefühl ist fest im Bewußtsein verankert. Volle Bewußtheit ist absolut notwendig für ein volles Gefühlserleben; andernfalls handelt es sich um eine Masse von Empfindungen, die manche Leute für Gefühle halten. Ein Patient drückte es so aus: »Urerlebnisse sind sicherer als LSD. Wenn man während eines Urerlebnisses ein Gefühl hat, kann es eine Stunde anhalten, und dann kann man es mit erlebten Geschehnissen verknüpfen, warum man dies oder jenes tat, warum man sich mit diesem oder jenem Menschen anfreundete, und so weiter. Bei LSD wurde ich immer weiter vorangetrieben. Ich konnte mich nicht lange genug auf etwas konzentrieren. Die Droge rief so viele Impulse auf einmal hervor, daß ein beginnendes Gefühl in einer endlosen Kette zu einem anderen führte, bis ich glaubte, ich würde verrückt.« Damit sagte er in Wirklichkeit, daß Drogen das Bewußtsein trüben; selbst eine Droge wie LSD, die angeblich die Bewußtheit steigert, ruft einen Betäubungszustand hervor. Ein anderer Patient, der LSD genommen hatte, bemerkte dazu: »Obwohl ich wußte, daß ich unter LSD ein Gefühl hatte, wandte ich mich nachher an meinen Freund und fragte: ›Habe ich das gerade gesagt oder habe ich mir nur eingebildet, daß ich es sagte?‹« Kurz, er war nicht sicher, was real war, obwohl das, was er sagte und fühlte, vielleicht sehr real gewesen war. Die Droge schwächt die volle Wirkung der Realität ab.

Nicht einer der Patienten, die vor der Primärtherapie LSD genommen hatten, sagte, daß er mit der Droge je zu den grundlegenden Urgefühlen gelangt sei. Zum Beispiel ist das entsetzliche Gefühl der Verlassenheit während eines Urerlebnisses, das Gefühl des Alleinseins gekoppelt mit der Erinnerung, im Kinderbettchen alleingelassen worden zu sein, mit der Droge niemals empfunden worden. Zu viel geht im LSD-Rausch vor sich, als daß man Schritt für Schritt zu schmerzhaften frühen Erinnerungen zurückgehen könnte, und selbst mit der Droge werden reale, traumatische Urschmerzen immer noch symbolisiert.

LSD läßt also nicht zu, daß der spezifische Entschlüsselungsprozeß stattfindet, bei dem gewisse Gefühle mit bestimmten Erinnerungen verknüpft und dann aufgelöst werden. Der Mann mit dem Summen im Mund hatte LSD-Trips unternommen und die wahre Bedeutung des Summens nie empfunden. Es bedurfte eines Urerlebnisses, um die richtige Verbindung herzustellen.

Das soll nicht heißen, daß LSD nicht viele Einsichten hervorruft, die unter normalen Umständen nicht erlangt würden. Aber diese Einsichten sind immer noch bruchstückhaft und finden in einem neurotischen System statt. Es ist, als ob die entsetzlichen körperlichen Schmerzen, die manche im LSD-Rausch erleiden, und die Einsichten, die sie später während desselben Drogentrips haben, sich niemals zu verbinden scheinen. Der Urschmerz ist der Vermittler, der sie getrennt hält.

Die Behauptung, daß LSD bei normalen Menschen nicht unbedingt psychotogen (Psychose erzeugend) ist, bedarf vielleicht einer weiteren Klarstellung. Ich nehme an, wenn jemand genug LSD bekommt, könnte das eine solche Überfülle von Impulsen im Hirn erzeugen, daß eine völlige Desorientiertheit und eine vorübergehende Psychose herbeigeführt werden. Aber der springende Punkt ist, daß dieser Zustand bei einer normalen Person nicht länger anhalten würde als die Wirkung der Droge, während sie bei einem Neurotiker von bleibender Wirkung sein könnte. Ich kann die Gefahren von LSD für den Neurotiker nicht genug betonen. Selbst ein Trip kann, auch wenn er keine Psychose hervorruft, das Abwehrsystem des Benutzers so weit durcheinanderbringen, daß er später für Situationen anfällig wird, die ihn normalerweise nicht berührt hätten.

Es gibt LSD-Trips, die ›Bummers‹ genannt werden – erschrekkende oder sehr deprimierende Erlebnisse oder beides. Der Konsument mag von Angst vor Ungeheuern überwältigt werden, oder er sieht Spinnen, die überall auf ihm herumkriechen. Diese Leute können mit Hilfe von Beruhigungsmitteln wie Chlorpromazin aus ihren schlechten Trips herausgeholt werden. Tranquilizer werden auch vielfach in Nervenheilanstalten angewandt, um Halluzinationen und Wahnvorstellungen zu reduzieren. Ich glaube, was in diesen Situationen beruhigt wird, ist der Urschmerz, wodurch das Bedürfnis zu symbolisieren gemindert wird. Das Beruhigungsmittel scheint die Erregung des Patienten herabzusetzen und ihm die Möglichkeit zu geben, sich zu erholen – das heißt, den Urschmerz zu verbergen und damit die Neurose wiederzuerlangen. Unter gleichen Umständen ist der Bummer ein Trip, der dem Urschmerz gefährlich nahekommt.

Es ist möglich, daß der erste LSD-Trip kein Bummer ist, weil Abwehrmechanismen am Werk sind. Aber mehrere Trips scheinen einen Angriff auf das Abwehrsystem darzustellen, und dann mögen Schwierigkeiten auftreten, denn wenn Urschmerz da ist, muß der Trip schmerzhaft sein. Es ist nicht überraschend, daß jemand nach einem schlechten Acid-Trip die Droge wahrscheinlich nicht wieder nehmen wird, dennoch ist er derjenige, der dem Realwerden offenbar nahe ist. Er hört auf, ehe es geschieht, möglicherweise, weil er spürt, daß real und irreal gebündelt sind – je dichter man kommt, um so weiter muß man fliehen. *Am Ende* ihrer Behandlung haben primärtherapeutische Patienten oft das Gefühl, verrückt zu werden, wenn sie im Begriff sind, sich der letzten Reste von Abwehr gegen das Gefühl von Verlassenheit und Hoffnungslosigkeit, das immer da war, zu entledigen. Vielleicht ist es kein Zufall, daß wir gute Resultate erzielt haben bei Patienten, die vor der Therapie mehrere schlechte Acid-Trips gehabt haben.

Dagegen bin ich argwöhnisch bei Patienten mit ständig schönen Trips, denn das ist ein Zeichen für eine so tiefe Spaltung, daß nicht einmal eine starke Droge sie beeinflussen kann. Derjenige, der seinen Gefühlen nicht nahe ist, wird in manchen Fällen immer wieder zu Acid oder Marihuana greifen, unbewußt durch die darin enthaltene Hoffnung angelockt, daß er fühlen werde, was sie verheißen. Indes wird er vielleicht jedesmal einen neurotischen Trip haben und sich im Garten Eden, in einem grünen Wald oder in einem aztekischen Palast wiederfinden. Die Substanz des symbolischen Trips ist nicht entscheidend, außer wenn sie indirekt auf den zugrunde liegenden Urschmerz hinweist. Wir dürfen nicht vergessen, daß der erfreuliche Trip für den Neurotiker *irreal sein muß*, denn wenn bei einem Neurotiker mit Hilfe von Drogen Gefühle stimuliert werden, dann bedeutet das, den Urschmerz zu stimulieren. Wer auf einem erfreulichen oder mystischen Drogentrip ist, tut nicht mehr als der pseudo-glückliche, aufgekratzte (vor Spannung überschäumende) Neurotiker ohne Drogen: er malt sich im Geist hübsche Bilder aus, um zu verbergen, was im Körper und in den geheimen Winkeln des Geistes vor sich geht.

Heroin

LSD ist eine der wenigen Drogen, die Gefühle stimulieren. Viele andere betäuben sie, am erfolgreichsten Heroin. Wenn die Neurose den Urschmerz nicht unterdrücken kann, hilft Heroin. Neurose ist das innere Narkotikum des Nichtsüchtigen.

Der Heroinsüchtige hat gewöhnlich keinen inneren Abwehrmechanismus mehr, um die Spannung aufzuhalten. Er muß sich auf etwas anderes stützen – die Spritze. Meiner Erfahrung nach gibt es im allgemeinen zwei Kategorien von Heroinsüchtigen. Die Mehrzahl von ihnen ist unlebendig und lethargisch, von Spannung völlig aufgezehrt. Sie müssen sich durch und durch abstumpfen, um ihren Urschmerz zu ersticken. Die andere Kategorie ist manisch – der übermäßig aktive Mensch, der ständig in Trab ist. Beide Arten haben unterschiedliche Mittel und Wege gefunden, um mit dem gewaltigen Schmerz fertigzuwerden. Beide greifen zu Drogen, wenn ihr Abwehrmechanismus nicht mehr genügend Spannung ableiten kann. Manche Neurotiker fühlen sich besser, wenn sie Marihuana nehmen (vgl. S. 290), aber Marihuana ist viel zu mild für den Urschmerz des Heroinsüchtigen. Es mag sein, daß der Heroinnehmer mit Marihuana den Zweck nicht erreichte. Andere, bei denen noch einige Abwehrmechanismen funktionieren, haben vielleicht Marihuana versucht und es ausreichend gefunden. Jedenfalls führt nicht Marihuana zum Heroinkonsum; der Urschmerz tut es.

Mit dem Urschmerz allein läßt sich der Drogenkonsum nicht erklären. Das kulturelle Milieu ist gewiß auch ein Faktor. Ein labiler Mensch, der in Harlem aufwuchs, in der Nähe der Jazz-Szene, wo Drogen gang und gäbe waren, konnte leicht zu Heroin tendieren. Aber wer auf einer Farm in Montana aufwuchs, könnte sich dem Alkohol und Stammkneipenraufereien zuwenden, um die Spannung loszuwerden. Die treibende Kraft im Inneren könnte bei beiden dieselbe sein; nur die Auslaßventile sind unterschiedlich.

Der hohe Spannungspegel des Drogenkonsumenten hat ihn gewöhnlich in Bewegung gehalten – er konnte nie lange genug bei etwas bleiben, um Erfolge zu haben, und diese lange Kette von Mißerfolgen hat seine Probleme verschärft. Ein Grund, warum die konventionelle Therapie bei Süchtigen nicht erfolgreich war, mag sein, daß der durchschnittliche Süchtige nicht lange genug stillsitzen kann für den langwierigen, mühseligen Einsichtsprozeß.

Bekanntlich sind Süchtige meist an Sex nicht sehr interessiert. Der Grund ist nicht schwer zu erraten. Niemand, der Schmerzen hat, seien sie nun psychisch oder körperlich, ist sehr an Sex interessiert. Schmerzstillende Mittel unterdrücken das Fühlen und verstärken damit die Asexualität. Urschmerz zu empfinden heißt, imstande zu sein, alle anderen Gefühle zu empfinden; wird der Urschmerz abgetötet, werden auch alle anderen Gefühle abgetötet – und Sex ist eins der ersten Opfer.

Die Beziehung zwischen Süchtigen und latenter Homosexualität läßt sich bei jedem Besuch in einer Narkotikerklinik feststellen, besonders bei weiblichen Süchtigen. Viele von ihnen sind homosexuell oder haben eine Vorgeschichte von unterdrückten homosexuellen Neigungen. Eine süchtige Frau erklärte das folgendermaßen: »Ich habe eigentlich nie einen Mann gewollt, aber ich habe immer mit Männern geschlafen, um nicht zu empfinden, wie schwul ich war. Jetzt weiß ich, daß ich eine Mutter brauchte und wollte. Je mehr ich mit Männern geschlafen habe, um so erregter und abgestoßener war ich. Ich brauchte Drogen, um mich durchzubringen. Nachdem ich mich im Gefängnis den Lesbierinnen angeschlossen hatte, brauchte ich weniger Drogen.«

Der frühere zwanghafte Geschlechtsverkehr dieser Frau mit Männern war die Art und Weise, wie sie ihre Gefühle (das Bedürfnis nach ihrer Mutter) *verleugnete*. Solange sie alle ihre Bedürfnisse verleugnete, brauchte sie offensichtlich Drogen. Als sie Ersatz-Auslaßventile fand, nahm ihr Drogenbedarf ab. Im Gefängnis, wo sie keine Drogen hatte, die ihre Gefühle abtöten konnten, gab sie sich offener Homosexualität hin. Nachdem sie bei einem Urerlebnis das Bedürfnis nach ihrer Mutter empfunden hatte, brauchte sie weder Drogen noch Sex mit anderen Frauen.

Diejenigen, die Amphetamine (von den Users *speed* genannt) oder *downers* (Narkotika, Barbiturate) brauchen, unterscheiden sich in ähnlicher Weise nur durch die Richtung ihrer Spannung. Diejenigen, deren Spannung tief sitzt, brauchen offenbar etwas, um sie bereit zu machen, während diejenigen, die schon aufgeschlossen sind, deren Spannung aufsteigt, etwas zu brauchen scheinen, das die Spannung unterdrückt. Es kommt vor, daß jemand abwechselnd Aufputsch- und Beruhigungsmittel braucht: Ist er in höchster Spannung, braucht er etwas zum Beruhigen; je unterdrückter er ist, um so mehr braucht er wiederum Weckmittel – und so schließt sich der Ring.

Das Folgende ist ein Auszug aus einem Brief eines Süchtigen an mich vor der Behandlung:

»Wenn ich die Bezeichnung ›schmerzstillendes Mittel‹ für Heroin lese, dann fällt mir ein, daß mir unzählige Male gesagt wurde, Heroin sei ein Todestrip ... ein langsamer Selbstmord. Doch erst kürzlich wurde mir der mörderische Aspekt der Sache bewußt. Ich habe andere Süchtige ohne Hoffnung, Beruf, Interessen und Familie beobachtet, die in einem ständigen Schlafzustand waren, an der Grenze zwischen Tod und Leben, und ich hatte immer das Gefühl, Rauschgift sei für mich einfach eine gefährliche Art und Weise, ohne Approbation Medizin zu praktizieren. Ich wollte nichts, als ein von Angst erfülltes Dasein zu entschärfen ... um schneller zu dem vollendeten Zustand schmerzfreier Behaglichkeit zu gelangen. Es war für mich eine Möglichkeit, um auf Draht zu sein, meinem Beruf nachzugehen, mich konzentrieren zu können und alles zu tun, was eben getan werden muß.

Ich wollte bloß durchs Leben kommen, ohne all jene Schmerzen erleiden zu müssen, die die Menschheit schon lange vor meiner Geburt geplagt haben. Zeit meines Lebens habe ich gelogen, um Strafen und Leiden zu entgehen. In der Schule habe ich mich durchgeschwindelt, nie gelernt, den Unterricht geschwänzt, mich nie richtig mit der Realität auseinandergesetzt. Das einzige, was ich als Kind wirklich fertigbrachte, war, daß ich Zauberkunststücke lernte, und offenbar habe ich seitdem immer nach Zauberei Ausschau gehalten. Schon früh im Leben war ich ein Meister in

Halbwahrheiten. Das fiel mir nicht schwer, denn keiner in meiner Familie war ja an dem interessiert, was wirklich vorging.

Um die Mitte meines vorletzten Jahrs im College kam dann das dicke Ende. Ich hatte mich durch die Schule gemogelt, ohne mich je anzustrengen. Ich hatte bloß angegeben und geblufft, sonst hätte ich es gar nicht soweit geschafft. Ich gab das Studium auf und trat in eine Firma ein, und ich hatte große Rosinen im Kopf, aber wenig Kenntnisse. Ich pumpte mir eine Menge Geld, und selbstverständlich hatte ich es binnen kurzem verpulvert. Ich nahm eine Stellung an und wurde 'rausgeschmissen. Dann brach alles über mir zusammen, und ich konnte mich nicht mehr durchschwindeln. Ich versuchte meine Frau zu betrügen, aber das Geld ging mir aus. Dann fand ich Rauschgift ... wieder eine vollendete Tarnung. Mit Rauschgift brauchte ich mich mit nichts auseinanderzusetzen. Die Welt war schön. Ich brauchte die Niederlage nicht einzugestehen ... machte einfach im Geist neue und größere Pläne. Das war der Anfang der Harlem Jazz-Szene. Ich wußte über Heroin Bescheid und daß es gefährlich ist, deshalb begann ich es einfach zu inhalieren. TOLL! Eine Wucht. Es tötete alles ab; kein Kummer, keine Ängste, kein Ekel vor dem Leben, das ich führte, überhaupt nichts. Eine ununterbrochene Garantie für Behaglichkeit, Gemütlichkeit, Frieden, was immer man will. H war genau richtig für mich. Intravenös brauchte ich es erst im neunten Monat. Mein Sexualtrieb war weg. Ich habe alles Geld verjubelt, das wir noch hatten, und die Lage wurde wirklich übel. Ich ging zu einem Klapsdoktor und hörte eine Weile mit dem Rauschgift auf und bekam sogar einen Job. Da sagte ich mir: Na, anderthalb Jahre Heroin hast du einfach so abgeschüttelt, und ich war wirklich glücklich. Pot rauchte ich noch, aber ich glaubte, das gehöre heutzutage einfach dazu. Mein Job und alles war wirklich prima. Aber mit dem Job war bald Schluß, und ich hatte mich nicht darauf vorbereitet, irgend was anderes zu tun. Ich wollte schreiben, aber ich tat es nicht. Als die Wochen vergingen, bekam ich wieder Angst. Ein Wochenendgast erwies sich als rauschgiftsüchtig, und er hatte etwas Zeugs bei sich. Ich verpaßte mir die erste Spritze nach fast zwei Jahren. Da fühlte ich mich wieder richtig gut. Diesmal machte ich es gleich intravenös, dachte, ich könnte es unter Kontrolle behalten. Ich zog nach Kalifornien, hoffte, die Lage würde sich ändern, und jetzt renne ich immer noch hinter H her. In den letzten zwei Jahren habe ich mindestens dreißigmal aufgehört. Ich kann aber nicht mehr ohne auskommen, außer in den seltenen Fällen, wenn ich etwas Dolophon oder Percodan bekomme. Ich finde, daß der Entziehungsschmerz in den ersten paar Tagen genau wie der Schmerz ist, der mich überfällt, wenn ich wochenlang nicht gefixt habe. Ich habe dann das Gefühl, daß es ohne Fixen nicht weitergeht. Bis zum letzten Monat kam ich auch gar nicht auf die Idee, daß ich aufhören wollte ... Ich fühlte mich so hundeelend und hatte schon beim Aufwachen morgens solche Schmerzen, daß ich zum erstenmal begriff, daß manche Leute sich umbringen. Ich will nicht sterben. Ich will leben. Ich muß aufhören; es gibt so vieles, wofür ich leben möchte. Rauschgift ist keine Lösung. Rauschgift gebietet meinem Schmerz Einhalt, bringt aber seinen eigenen mit. Rauschgift ist eben Mist. Man muß auf andere Weise leben können. Hilfe.«

Dreißig Minuten, nachdem er diesen Brief geschrieben hatte, ging er aus dem Haus und fixte*. Das Wissen um die Gefahren des Heroin und der verzweifelte Wunsch, damit aufzuhören, scheinen bedeutungslos zu sein, wenn ein Mensch leidet.

Wenn einem Drogenabhängigen das Heroin entzogen wird, macht er etwas durch, das wie ein Urerlebnis aussieht. Tatsächlich kam dem Briefschreiber sein erstes Urerlebnis wie ein Drogenentzug vor: die Magenkrämpfe, der Schweißausbruch, das Zittern – und der Urschmerz. Ich bin sicher, daß die beim Heroinentzug anfänglich auftretenden Symptome körperlich sind. Indes glauben Heroinsüchtige, die Urerlebnisse gehabt haben, daß ihr Entziehungssyndrom zum größten Teil ein Urerlebnis *ist*. Was die Süchtigkeit so intensiv macht, ist offenbar der Urschmerzfundus. Wenn wir Heroin als den Abwehrmechanismus ansehen, können wir verstehen, daß jemand ein Urerlebnis haben wird, wenn der Abwehrmechanismus ausfällt. Ebenso wie Heroin tötet die Primärtherapie den Urschmerz ab, und zwar dadurch, daß sie den Süchtigen den Urschmerz *empfinden* läßt. Nach meiner Erfahrung ist der Süchtige leichter zu behandeln als so manche Arten von Neurotikern, die ein ausgeklügeltes Netz von Abwehrmechanismen errichtet haben, das abgebaut werden muß. Die Behandlung des Süchtigen geht schnell und trifft ins Schwarze.

In einem sehr wichtigen Punkt verläuft die primärtherapeutische Behandlung anders, wenn es sich um einen Süchtigen dreht. In den ersten ein oder zwei Monaten muß er ständig überwacht und beobachtet werden. Bei anderen Patienten, die das Gefühlshindernis beseitigt haben, werden vielleicht ihre Symptome wieder auftauchen – Kopfschmerzen oder Asthma. Aber wenn der Süchtige auf *sein* Symptom zurückkommt, ist es gewöhnlich verhängnisvoll. Was immer er auch verspricht, daß er sich der Drogen enthalten oder es sogar melden will, wenn er welche nimmt, all das ist völlig bedeutungslos. Ich hatte einen sehr an seiner Heilung interessierten Süchtigen in den ersten Behandlungstagen in seinem Zimmer eingeschlossen, weil die üblichen Krankenhäuser keine Süchtigen aufnehmen. Trotz einer vierundzwanzigstündigen Bewachung gelang es ihm, die Tür aus den

* Es ist interessant, daß manche Süchtige ihren Betäubungszustand ›stoned‹ – versteinert – nennen, ein Hinweis darauf, daß der Betreffende nichts mehr fühlen will. Fühlen scheint für den Süchtigen unerträglich zu sein.

Angeln zu heben, und er versuchte, sich davonzustehlen und zu fixen. Niemand auf Erden ist erfindungsreicher als ein Süchtiger, der türmen will.

Wenn wir die erste Behandlungsperiode mit dem Süchtigen durchstehen können, dann haben wir es so gut wie geschafft. Dennoch würde ich während der Primärtherapie zehn bis fünfzehn Wochen hinter Schloß und Riegel empfehlen.

Zusammenfassung

Einige der heutigen Behandlungsmethoden bei Drogenabhängigkeit sind auf hartes Durchgreifen ausgerichtet. Der Süchtige wird als ›dumm‹ bezeichnet, und ihm wird gesagt, er solle sich schämen, erwachsen werden und ein Mann sein. Ich finde diese Methode nicht richtig, denn ich glaube, viele Süchtige haben ohne zusätzlichen sozialen Zwang ein genügend hartes Leben gehabt. Möglicherweise trägt der Zwang der Gruppe, den man in einigen Anstalten für Suchtbehandlung findet, wirklich dazu bei, daß das Verhalten des Süchtigen sich ändert, aber dieser Zwang kann gewiß die starken Bedürfnisse des Süchtigen nach Liebe nicht beeinflussen. Wenn Urschmerz da ist, werden alle Drohungen und Strafen der Welt nichts ausrichten. Wenn der Urschmerz verschwunden ist, wird es nicht mehr nötig sein, den Süchtigen herunterzuputzen oder ihn anzuflehen, sein Verhalten abzustellen.

Ich glaube auch nicht, daß es dem Süchtigen hilft, wenn man ihn dazu bringt, sich ›wie ein Erwachsener‹ zu benehmen. So mancher Süchtige mußte erwachsen sein, ehe er überhaupt Kind war; er hat es eher nötig, sich als das gequälte Kind zu *fühlen*, statt erwachsen zu *agieren*. Sozialer Zwang und Drohungen erzeugen meiner Schätzung nach mehr Selbstschutz und nicht weniger. Viele Süchtige sind für eine harte Welt gerüstet. Wogegen sie sich nicht wehren können, ist Freundlichkeit.

Die Leute jagen sich nicht tagtäglich Spritzen in den Arm, weil sie schwach oder dumm sind. Sie sind krank, und ihre Krankheit ist ebenso real und schmerzhaft wie die meisten sogenannten körperlichen Krankheiten. Der Drogenkonsum ist gewöhnlich nicht eine leichtfertige Entscheidung; es ist das unvermeidliche Ergebnis, wenn ein leidender Körper versucht, einen Sinn zu erkennen – Erleichterung von der Krankheit zu finden. Wollte man Moral predigen und jemandem seine Krankheit auszureden versuchen, wäre es dasselbe, als wenn man ihm seinen Urschmerz ausreden wollte. Einen Süchtigen ›dumm‹ zu nennen, ohne dafür zu sorgen, daß Menschen da sind, die ihn betreuen und ihn verstehen oder ihm eine Umgebung zu bieten, die ihm zum Teil Schutz gewährt gegen die schmerzliche Welt, würde meiner Ansicht nach nur die nächste Spritze garantieren.

Viele private und staatliche Entziehungsanstalten können ausgezeichnete Ergebnisse vorweisen – ein hoher Prozentsatz ist auf Jahre hinaus drogenunabhängig und funktioniert gut in Beruf und Ehe – und gewiß haben sie eine bessere Suchtremissionsrate als die Bundesanstalten, wo die Rückfallquote zwischen 80 und 90 Prozent liegt. Ich glaube, es ist wichtig, daß der Süchtige keine gefährlichen Drogen konsumiert; daß das erreicht werden kann, ist jedenfalls nützlich. Aber Nicht-Konsum sehe ich noch nicht als Heilung an. Auch wenn ein Heroinsüchtiger in einer Entziehungsanstalt vielleicht auf eine ›gesündere‹ Sucht wie Zigaretten und Kaffee ›umgestiegen‹ ist (und gewöhnlich beides in großen Mengen konsumiert, solange er kein Heroin nimmt), würde ich ihn dennoch als Süchtigen bezeichnen: hohe Spannungspegel werden nur darauf warten, daß er schwach wird. Solange er schwer arbeiten und den Urschmerz wegrauchen kann und von seiner Umgebung unterstützt wird, ist es möglich, daß er sich jahrelang und vielleicht sogar für immer von Drogen fernhält. Aber jede Veränderung dieser Auslaßventile kann bewirken, daß der Urschmerz (der immer noch da ist) aufsteigt, und dann wird Süchtigkeit die Folge sein.

Wie lange jemand ohne Drogen auskommt, scheint kein Hinweis auf die Suchtanfälligkeit zu sein. Eine unterstützende Umgebung vorausgesetzt, wird sich jemand mit einem hohen Spannungspegel vielleicht ständig der Drogen enthalten. Andere mit einem geringeren Grad von Spannung, die aber wieder auf die Straße geworfen werden, werden vielleicht sofort wieder Rauschgift konsumieren. Fast täglich bekomme ich Anrufe von Männern und Frauen, die jahrelang im Gefängnis waren und fast sofort wieder Rauschgift nahmen. Und das trotz eines intensiven psychotherapeutischen Programms in den kalifornischen Narkotikergefängnissen.

Während die Entziehungsanstalten, die jetzt landauf, landab erfolgreich tätig sind, dem höchst nützlichen Zweck dienen, die Leute von körperlicher Süchtigkeit zu befreien und ihnen behilflich zu sein, in der Gesellschaft zu funktionieren, würde ich diese Methode immer noch als eine missionarische betrachten. Der Süchtige wird von wohlmeinenden Menschen aufgenommen, die bestimmte Vorstellungen davon haben, was gutes und was schlechtes Verhalten ist. Vielleicht ist es logisch, wenn sie den Süchtigen eher für dumm als für krank halten, aber wenn Süchtigkeit eine Krankheit ist, dann müssen die Gründe dafür untersucht werden – weit über oberflächliches Verhalten hinaus.

Marihuana

Marihuana hat eine andere Wirkung als Heroin. Heroin vermindert oder ›stillt‹ den Urschmerz und narkotisiert gegen schmerzende Gefühle. Was demjenigen widerfährt, der unter Marihuanaeinfluß steht, hängt von drei Faktoren ab: 1. der Dosis (wieviel geraucht wurde); 2. der Stärke seines Abwehrsystems und 3. dem Ausmaß von Urschmerz, den es abschirmt. Bei genügend großen Mengen von Marihuana ist es möglich, eine LSD-ähnliche Reaktion mit Halluzinationen und Wahnvorstellungen zu erzeugen. Das würde geschehen, wenn ein starker Urschmerz zugrunde liegt, der eine symbolische Flucht erfordert, oder wenn das Abwehrsystem des Betreffenden besonders verletzlich ist.

Zum Beispiel kommt es nicht selten vor, daß jemand, der bereits LSD genommen hat, in einen momentanen (oder auch nicht so momentanen) psychotischen Zustand gerät, wenn er später Marihuana raucht. Der ursprüngliche LSD-Trip ist der erste größere Angriff auf das Abwehrsystem und bringt den Betreffenden seinem Urschmerz nahe; der anschließende Marihuanagenuß könnte das gesamte neurotische System zum Einsturz bringen. Darum ist der fortgesetzte Konsum sowohl von LSD als auch von Marihuana gefährlich. Eine Patientin, die erst LSD nahm und dann Marihuana rauchte, bekam eine obsessive Furcht, durch einen Rasierapparat entzweigeschnitten zu werden. Daraus entwickelte sich eine ständige Furcht, von dem Bett, in dem sie schlief, umklammert zu werden. Diese Symbole wurden zwanghaft und obsessiv, weil das Abwehrsystem gegen Furcht durch Drogen geschwächt war. Diese Ängste wurden dann bald so hartnäckig, daß eine weitere symbolische Reaktion erforderlich war, und die Patientin brach vollständig zusammen.

Im allgemeinen sind Marihuana-Trips erfreulich, weil sich das Abwehrsystem unter der Droge nur ›verbiegt‹ und nicht zerbricht, wie es bei schweren Dosen von LSD der Fall sein kann. So mag der Betreffende bei seinen ersten paar Drogenerfahrungen Euphorie empfinden oder mystische Reisen erleben. Zuletzt wird daraus etwas Ernsteres und Unerfreulicheres. Primärtherapeutische Patienten, deren Abwehrsysteme beseitigt sind, können kein Marihuana rauchen. Ich erinnere mich eines College-Studenten, dem gegen Ende seiner Therapie eine Marihuanazigarette angeboten wurde, von der er widerstrebend vier oder fünf Züge rauchte. Innerhalb weniger Minuten war er in seinem Schlafzimmer und hatte ein Urerlebnis. Er war überrascht über das, was geschah, denn vor der Therapie hatte er ständig Marihuana geraucht, konnte mit Leichtigkeit zwei oder drei Zigaretten rauchen und war dann nur ›gelöst und albern‹. Das Fehlen eines soliden Abwehrsystems änderte all das.

Der ›durchschnittliche‹ Neurotiker, der zum erstenmal Marihuana raucht, wird vielleicht eine ganze Menge rauchen können und nur körperliche Veränderungen erleiden – Herzklopfen, Schwindelgefühl. Bei anderen treten unerfreuliche Angstreaktionen auf. Aber Gegenmaßnahmen gegen Reaktionen auf irgendwelche Drogen können nicht ergriffen werden, wenn man nur der chemischen Zusammensetzung der Drogen Beachtung schenkt. Im Fall von Marihuana wird derjenige mit einem guten Abwehrsystem bei seinem ersten ›Trip‹ in seiner Abwehr vielleicht soweit nachlassen, daß sein Urschmerz aufsteigen kann, aber nicht soweit, daß sein Abwehrsystem bedroht ist – denn es werden nur Gefühle von Angst vor seltsamen neuen Empfindungen hervorgerufen.

Das gleiche gilt für eine sehr viel vertrautere Droge – Coffein – das im Kaffee enthaltene Anregungsmittel. Gewöhnlich halten wir uns nicht für coffeinsüchtig, aber es gibt viele Leute, denen es schwerfällt, ohne ihren Kaffee am Morgen auszukommen. Ein so stark abgestumpfter Mensch wie ein Heroinsüchtiger kann mit Leichtigkeit ohne spürbare Wirkung zehn Tassen Kaffee trinken. Aber postprimäre Patienten sind nach ein oder zwei Tassen schon enorm erregt. Fast alle haben den Kaffee aufgegeben; ohne ein eingreifendes Abwehrsystem hat jeder chemische Stoff eine unmittelbare und starke Wirkung auf den Körper.

Wir sehen also, daß das Abwehrsystem weitgehend bestimmen kann, wie wir auf Drogen reagieren. Dieses System filtert, mildert oder blockiert äußere und innere Stimulantien. Der innerlich-äußerliche Reaktionsprozeß ist interdependent. Man kann also nicht das innere Selbst schützen und im äußeren Leben normal sein; auch kann man nicht psychisch real sein und nicht eine starke und direkte Wirkung von Drogen wie Coffein oder Marihuana spüren. Irreal zu sein bedeutet, körperlich irreal zu sein; real zu sein bedeutet, körperlich real zu sein.

Ich glaube, daß viele Marihuana-Konsumenten zwar versuchen, real zu sein, es aber auf irreale Weise tun. In einer Beziehung ist ›high werden‹ symbolisch. Es bedeutet, so zu tun, als sei man befreit und frei. Aber wirkliche Befreiung bedeutet, daß das gequälte Selbst gefühlt und nicht nur vorübergehend durch Drogen von der Bedrückung durch das irreale Selbst befreit wird.

Im großen und ganzen besteht der Unterschied zwischen dem echten Heroinsüchtigen und dem Marihuana-User darin, daß Marihuana nicht die Schlüssel- oder einzige Abwehr des Pot-Rauchers ist. Der Marihuana-User hat noch andere Abwehrmechanismen, die ihn davonkommen lassen, wenn auch mit Spannung. Die Abwehrmechanismen des Heroinsüchtigen sind indes erschöpft. Sein Abwehrmechanismus ist das Heroin, und er braucht es, um funktionieren zu können. Im allgemeinen leidet der Marihuana-User weit weniger unter Verdrängung (hat weniger Urschmerz) als der Heroinsüchtige. Marihuana trägt dazu bei, die Verdrängung aufzuheben, so daß sich der gesamte Sinnesapparat des Betreffenden öffnet; er hört Nuancen bei einer Schallplatte und sieht exquisite Farben in einem Gemälde. Dieser Aufhebungsprozeß bringt auch Einsichten mit sich – was bei Heroin nicht der Fall ist. Ein Patient beschrieb einen Marihuana-Trip vor seinen

Urerlebnissen wie folgt: »Während ich high war, kam mir plötzlich die Erinnerung, daß meine Familie, als ich klein war, sich über mich lustig machte, wenn ich ein bestimmtes Wort aussprach. Ich wurde immer gerufen und mußte es aussprechen, wenn Verwandte zu Besuch da waren, und dann lachten alle. Im Pot-Rausch wurde mir klar, daß ich seit damals Angst hatte, vor Menschen zu sprechen.«

Diese Einsicht entstammte einer verdrängten Erinnerung, die Marihuana ins Bewußtsein zurückgebracht hatte. Die Szene war schmerzlich und wäre normalerweise nicht erinnert worden. Sobald sie einmal bewußt war, konnte die Verbindung zwischen dem jetzigen Verhalten und dem Urschmerz der Vergangenheit hergestellt werden. Das ist Einsicht. Würde dieselbe Erinnerung bei einem Urerlebnis auftauchen, wären der Urschmerz vielleicht quälend und die Einsichten fruchtbarer, und sie würden sich stärker körperlich auswirken.

Es ist kein Geheimnis, daß viele junge Leute sich heute zu Marihuana hingezogen fühlen. Aus irgendeinem Grund ist die Gesellschaft der Meinung, das Problem müsse dadurch gelöst werden, daß die Droge ausgemerzt wird, statt die Gründe zu beseitigen, warum sie genommen wird. Aber wenn der Neurotiker Marihuana raucht, fühlt er sich meistens gut, denn das Fühlen tut ihm gut. Marihuana scheint in geringerem Maße dasselbe zu bewirken wie LSD – Gefühle anzuregen. Viele junge Leute wissen wirklich keinen anderen Weg, wie sie zu ihren Gefühlen gelangen sollen, als durch Drogen. Wegen ihrer frühen Erlebnisse, die dazu beitrugen, daß sie abschalteten, brauchten sie etwas, das sie wieder in Gang bringt – Drogen. Die Frage ist nicht, was sie in Gang bringt. Das Problem ist, was sie zum Abschalten gebracht hat.

Bei vielen Menschen bewirken der Genuß von Marihuana und das Aufsteigen von Gefühlen eine Verstärkung der Abwehrmechanismen. Der Betreffende wird schallend lachen (weil er fühlen kann, wenngleich es kein reales Fühlen ist) oder herzhaft essen. Was die Droge bewirkt, ist im wesentlichen, daß der Betreffende wieder in seinen Körper versetzt wird. Das unbeherrschte Gelächter ist zum Beispiel für viele Neurotiker ein sehr viel vollständigeres körperliches Erleben als Lachen ohne Droge. Doch postprimäre Patienten, die wieder im Besitz ihres Körpers sind, brauchen kein Marihuana oder andere Drogen mehr, was mir eine viel bessere Lösung des Drogenproblems zu sein scheint.

Sally

Als Sally zum erstenmal zu mir kam, war sie von der hiesigen Neuropsychiatrischen Klinik als ›post-LSD-Psychotikerin‹ diagnostiziert worden. Der endgültige Zusammenbruch war die Folge eines Acid-Trips und von anschließendem starkem Marihuana-Konsum gewesen. Sallys Behandlung ging sehr rasch, wie es bei vielen der Fall ist, die am Ende ihrer Kraft sind.

Ich bin einundzwanzig Jahre alt. Mein Leben zu Hause als Kind war ein ständiger Kampf. Meine Eltern zankten und stritten sich und machten aus mir ein Nervenbündel. Außerdem verbrachte ich die ersten vier Schuljahre in einer katholischen Schule, die absolut verheerend für mich war. Ich erinnere mich an mehrere schmerzliche Zwischenfälle, denn ich war bei den Nonnen nicht sehr beliebt und wurde ständig von ihnen bestraft. Meine Strafe bestand gewöhnlich darin, daß ich in der Pause, wenn die anderen Kinder spielten, meine Katechismusaufgabe zehnmal schreiben mußte; mir schien, daß ich Gott dadurch ferner rückte, statt ihm nahezukommen, und ich begriff nie, warum ich eigentlich bestraft wurde. Mein Unglücklichsein zeigte sich darin, daß ich mir am Schreibpult in die Hosen machte oder in der Nase bohrte und die Popel aufaß. Niemand sah es oder half mir. Ich erinnere mich, daß ich in diesen jungen Jahren entsetzlich einsam war, eine Furcht, die mich auch im späteren Leben begleitete.

Da das Leben zu Hause beschissen war und die Schule beschissen war, suchte ich meine Zuflucht bei dem einzigen, was verhinderte, daß ich verrückt wurde: mein Gesang. In der Schule, besonders in der Aufbauschule, wurde ich dadurch recht beliebt. Ich hatte eine gute Stimme, sogar schon in den unteren Klassen in der katholischen Schule. Sonntags sang ich im Kirchenchor, und am Tag des heiligen Patrick trug ich in der Schule ein kleines Lied über Irland vor. Wenn ich allein zu Hause war, befand ich mich in einer Welt des Dramas. Ich spielte mir selber Filme vor, ich als Star in den schönsten Kostümen der Welt, und jede Vorstellung trug mir einen Akademiepreis ein. Ich wäre verrückt geworden, wenn ich in diesem Alter genau erkannt hätte, was mein Leben war – SCHEISSE –, aber meine Phantasie ließ es schön bleiben. Ich war glücklich, mir selbst etwas vorzuspielen, und vertraute auf den Tag, da ich eine große Sängerin und Filmschauspielerin sein würde. Ich erinnere mich, daß ich ab und zu, wenn ich sang oder ein Stück für mich selbst spielte, von Schmerz gepackt wurde, etwa: »Das ist nicht wirklich; das ist ein Traum.« Manchmal brach ich zusammen und weinte entsetzlich, weil ich nur ein kleines Mädchen war und so gerne wollte, daß sich mein Traum verwirklicht, weil ich so gern jemand sein wollte, denn in Wirklichkeit war ich niemand – tatsächlich niemand, meine Identität für den Rest meines Lebens lag in der Zukunft. Eine Zukunft, die nie kommen würde, denn ich würde sie immer hinausschieben, weil ich nicht herausfinden will, ob ich, wenn ich sie je erreiche, womöglich herausfinde, daß der Erfolg mich nicht fand. Wo würde ich dann hingehen, um jemand zu werden? Auch habe ich in meinem ganzen Leben das kleine Mädchen in den Stücken und Musicals nie aufgegeben, und deshalb gelangte ich nie zur Realität. Ich bohrte immer noch in der Nase und aß meine Popel, ich schrie immer noch: »Helft mir, helft mir, erwachsen zu werden!« Aber niemand konnte mir helfen, als ich älter wurde, weil ich diese Hilferufe insgeheim ausstieß. Niemand konnte mir helfen, selbst wenn er gewollt hätte, und eigentlich wollte ich auch gar keine Hilfe.

Es ist komisch, wenn man neurotisch ist. Man wird körperlich erwachsen; man weiß mehr, versteht sehr viel mehr, manchmal benimmt man sich sogar erwachsener, weil es von einem erwartet wird. Aber im Inneren wartet das kleine Mädchen bloß darauf, gestreichelt und geliebt zu werden, daß ihm geholfen und es beschützt werde. Ständig wird ein innerer Kampf um das, was man so dringend braucht, nämlich Liebe, Schutz usw., ausgetragen zwischen dem, was man sein soll (ein Erwachsener), und dem, was man sein will – man will erwachsen werden, wie der Körper gewachsen ist und wie die Bewußtheit gewachsen ist, aber ein Teil von einem ist scheintot.

Ich begann im Januar mit der Therapie. Ich ging dort hin wegen Ereignissen, die etwa acht Monate vorher begonnen hatten. Ich hatte LSD genommen. Ein paarmal hatte ich LSD ohne schlechte Folgen genommen. Das letzte Mal, als ich die Droge nahm, wurde das ausgelöst, was ich als Geisteskrankheit bezeichne.

Mein Freund und ich hatten jeder zwei Kapseln Acid genommen. Ich war schlechter Laune, weil ich an dem Abend mit ihm zu einer Party hatte gehen wollen, auf der alte Freunde von mir waren, ehemalige Kollegen von mir. Er wollte nicht mitgehen, so nahmen wir statt dessen Acid.

Zu guter Letzt gingen wir zu einer Party anderer Art. Einige der Leute dort hatten die Droge genommen, andere nicht. Da war ein Junge, der machte schöne Ohrringe, und ich bat meinen Freund, mir ein Paar zu kaufen. Ich fühlte mich besser, bis die Wirkung des LSD einsetzte. Alle meine Sinne wurden geschärft. Ich konnte riechen, wie ich roch. Ich konnte meinen eigenen Körpergeruch riechen. Ich sah mich um, ob jemand anderes es riechen konnte. Offenbar niemand. Ich rannte ins Bad, schnappte mir ein Stück Seife und wusch mir die Achselhöhlen und Arme, um den Geruch zu vertreiben. Ich kam mir so dreckig vor, wie Scheiße. Ich konnte den Geruch nicht loswerden. Als ich aus dem Bad herauskam, sagte ich meinem Freund, etwas stimme nicht. Wir gingen zur Auffahrt, um darüber zu reden. Plötzlich bekam ich einen Anfall, so läßt es sich am besten beschreiben. Es war, als ob ich ein paar Minuten nicht bei Trost war, und als ich dann wieder etwas zu mir kam, wußte ich, daß ich irgendwo hingegangen war, aber ich wußte nicht, wohin, und ich wurde von

Entsetzen gepackt, denn ich fürchtete, es könne wieder passieren, und das nächstemal würde ich vielleicht nicht zurückkommen. Ungefähr sieben Stunden lang passierte es auch immer wieder. Und jedesmal wußte ich nicht, ob ich da je wieder herauskäme. Ich entdeckte keine Realitäten. Ich flippte immer wieder aus und war dann voll Schrecken und überzeugt, daß ich total verrückt sei.

Nach den sieben Stunden kam ich dann ein bißchen zu mir. Die Anfälle waren vorbei, aber ich war immer noch erregt und voll Furcht. Ich versuchte zu schlafen, aber aus Angst behielt ich die Augen offen. Es war, als ob mein Kopf geplatzt sei und sich nicht wieder zusammenfügte.

Nach ein paar Tagen war ich wieder normal.

Etwa zwei Monate später spürte ich Nebenwirkungen des Acid. Es begann mit einem Alptraum. Ich wachte schreiend auf, weil ich geträumt hatte, ich würde verrückt. Diese entsetzliche Furcht spürte ich im ganzen Körper. Ich konnte nicht wieder einschlafen und weckte meinen Freund, mit dem ich zusammenwohnte, und er versuchte mich zu trösten. Ich wollte nicht getröstet werden. Ich wollte wissen, was los war. Ich mußte es wissen.

Dieser Tag und noch viele Monate danach waren die *Hölle*. Ich war überzeugt, daß ich verrückt sei. Ich hatte Ideen im Kopf, die mich zu dieser Überzeugung brachten. Zuerst einmal die Tatsache, daß ich nicht verstehen konnte, daß ich Angst vor nichts hatte. Seit zwei Monaten hatte ich kein LSD genommen, warum fühlte ich mich dann, als ob ich den ganzen Tag unter Acid wäre?

Es ist praktisch unmöglich, alle die kleinen Gedanken zu erklären, die dazu beitrugen, mich verrückt zu machen; ich kann nur sagen, daß meine sämtlichen Abwehrmechanismen fix und fertig waren. Damit meine ich, daß ich überhaupt nicht mehr logisch denken konnte. Ich konnte es nicht mehr als gegeben hinnehmen, daß eine Wand eine Wand oder ein Stuhl ein Stuhl war. Mich konnte ich überhaupt nicht mehr fühlen. Mein Verstand war so gelähmt, daß ich keinen Körper oder kein Gefühl mehr hatte, nur noch Furcht. Furcht empfand ich ständig. Mir war, als ob ich in meinem Verstand eingesperrt sei wie in einem Gefängnis, und der einzige Ausweg sei die Gaskammer. Ich hatte keine Hoffnung, diese Krise zu überleben. Bei alledem geschahen Dinge um mich herum, über die ich mir gar keine Gedanken machte. Mein Freund, mit dem ich zusammenlebte, war Drogendealer. Er hatte keine Stellung; ich hatte keine Stellung; wir hatten eine Menge illegales Geld. Dauernd kamen unsere langhaarigen Freunde scharenweise in unsere Wohnung und holten sich ihre Ladung, und ständig lagerten große Mengen Drogen bei uns. Es war ein Drogenparadies. Über all das machte ich mir keine Gedanken, denn es war mir wirklich egal. Ich merkte überhaupt nicht mehr, was um mich herum vorging. In dieser Zeit nahm ich gar keine

Drogen und wollte es auch nicht mehr. Das einzige, was mich interessierte, war mein Verstand und wie er ausflippte und warum ich es nicht hinnehmen konnte, daß eine Glühbirne eben eine Glühbirne war. Für mich war ich verrückt, und die entsetzliche Angst war das *Wissen*, daß ich verrückt war, und ich wollte mich vergewissern, daß mein Ende verhängnisvoll sein würde. Ich wollte lieber verrückt werden, als die simpelste Realität akzeptieren, daß eine Glühbirne eine Glühbirne war.

An diesem Punkt wäre ich reif gewesen für ein Urerlebnis, aber leider war das damals noch nicht entdeckt. Als ich dann zuerst zur Therapie ging, weil ich so verzweifelt war, änderte sich die Lage, aber auf eine völlig andere Weise als jetzt. Damals lernte ich, meine Abwehrmechanismen aufzubauen. Ich hatte nicht mehr die ganze Zeit Angst, sondern nur noch meistens. Ich baute eine Abwehr in mir auf, um alles abgleiten zu lassen. Wenn ich Furcht empfand, dann rationalisierte ich, daß es sie in Wirklichkeit nicht gebe, daß ich gar keine Angst habe und es bloß ein gewöhnlicher Acid-Flash sei (was immer das ist). Ich hatte auch jemanden, auf den ich mich stützen konnte, jemanden, von dem ich überzeugt war, daß er die richtigen Antworten wußte, und das war mein Therapeut. Hätte er mir gesagt, der Mond bestehe aus Kräuterkäse, hätte ich es akzeptiert, denn er wußte alles über den Verstand, und es gab keinen Grund, Furcht zu haben. Ich hatte volles Vertrauen zu diesem Mann, den ich im Geist zu einem Gott, Vater und Beschützer meiner geistigen Gesundheit machte.

Als unsere Gruppentherapie etwas über den Urschmerz herauszufinden begann, wollte etwas Starkes in mir (ich selbst) das durchmachen, denn obwohl ich mich dem Leben ›anpaßte‹, war ich unglücklich. Ich wußte nicht, was ich tun oder sein wollte. Mein erstes Urerlebnis wurde durch einen Entschluß ausgelöst. Ich hatte beschlossen, meinen Freund zu heiraten. Die Lage hatte sich geändert: Er hatte eine gute Stellung, hatte keinerlei Verbindung mehr zu Drogen, und ich hatte auch eine gute Stellung. Wir begannen, wie ein gewöhnliches junges Ehepaar auszusehen.

Nach diesem Entschluß erzählte ich eines Abends in der Gruppe irgendwelchen Unsinn, wie glücklich ich sei, als ich plötzlich mit Reden aufhörte, tief in mich hineinsah und wußte, daß das nicht das richtige war. Daß das mein Leben nicht glücklich machen würde.

Ich legte mich auf den Fußboden und begann tief vom Bauch her zu atmen. Darauf folgten zornige Schreie. Ich kam mir vor wie ein Schiet. Wie der dreckigste Schiet kam ich mir vor. Ich setzte mich auf, und ich erinnere mich, daß Leute in der Gruppe mich etwas fragten, und ich antwortete. Ich kann mich nicht erinnern, was ich antwortete, aber alle schienen zufrieden zu sein und sagten: »Sie haben's geschafft, Sie haben's geschafft.« Ich hatte bloß den einen Gedanken im Kopf, daß ich Schiet war, weil ich mein Leben lang mir selbst etwas vorgelogen hatte. Daß mein ganzes Leben nichts als ein großer kranker Witz ohne Bedeutung war. Ich war nichts.

Das war mein erster Durchbruch zur Realität.

Nach diesem Urerlebnis hatte ich noch mehrere. Jedes Urerlebnis beseitigte eine größere seelische Verletzung, die ich in mir verschlossen hatte.

Es war viel einfacher, die Hoffnung auf die Liebe meines Vaters als auf die meiner Mutter aufzugeben, denn mein Vater war immer realer gewesen. Mein Vater hatte einen Posten, den er dreißig Jahre innehatte, aber er trank unmäßig viel. Wann immer sie (meine Eltern) einen Streit hatten, und das war praktisch jeden Tag, ergriff ich die Partei meiner Mutter, wie es auch mein Bruder und meine Schwestern taten. Die arme Mammi war diejenige, die immer verletzt wurde. Sie mußte es sich gefallen lassen, daß sie geschlagen und eine Hure genannt wurde, und mußte mitansehen, daß das Leben für ihre Kinder zur Hölle wurde, weil sie die Familie zusammenhalten wollte.

Pappi war leichter aufzugeben, weil ich zeit meines Lebens wußte, was er war: ein elender Mistkerl.

Bei meiner Mutter war es anders. Ich war überzeugt, daß sie mich innig liebte, und sie wird immer davon überzeugt sein, was es schwierig macht, die Hoffnung auf eine Liebe aufzugeben, von der ich immer glaubte, daß es sie gebe, aber wußte, daß dem nicht so war.

Aber bei einem meiner letzten Urerlebnisse gab ich die Hoffnung auf ihre Liebe auf. Ich lag auf dem Boden und schrie. Ich hatte Bauchschmerzen. Meine Mutter kam aus mir heraus, als ich immer wieder die Worte schrie: »Mammi, Mammi, warum liebst du mich nicht?« Ich wußte wirklich, daß das die Wahrheit war, und hatte es mein Leben lang gewußt. Ich hatte um ihre Liebe mehr als um jede andere Liebe gekämpft, denn sie war die Verheißung der Liebe. Sie sagte mir mit Worten, daß sie mich liebte. Ich wußte, wenn ich ein sanftes kleines Mädchen war, würde ich eines Tages wirkliche Liebe bekommen. Aber sanft zu sein war nicht meine Art. Ich wollte manchmal auf Leute böse sein und anderer Meinung sein als sie, aber ich tat es nicht, weil ich spürte, daß ich deren Liebe verlieren würde.

Nach jedem Urerlebnis wurde meine Stimme ein wenig tiefer. Einmal war sie eine Baßstimme geworden. Mein ganzes Leben war meine Stimme hoch und dünn und zart gewesen. Jetzt hat sich das Hohe und das Tiefe ausgeglichen, und ich habe eine natürliche, reale Stimme.

Meine Sehkraft hatte nach den Urerlebnissen zugenommen. Ich konnte jetzt mehr sehen, weil ich nicht mehr Angst hatte, das Licht zu sehen.

Meine Gedanken wurden viel klarer. Ich konnte mit Menschen

reden und wurde verstanden. Ich hatte Zutrauen zu dem, was ich zu sagen hatte, denn ich war es selbst, die es sagte. Früher hatte ich immer Schwierigkeiten gehabt, etwas klarzumachen. Es waren zwei Menschen in mir, die gegeneinander kämpften. Zu guter Letzt sagte ich dann etwas und hatte selbst das Gefühl, daß es ganz falsch war.

Jetzt gibt es keinen Kampf mehr in meinem Leben, denn was immer geschieht, geschieht. Ich habe einige Entscheidungsfreiheit bei dem, was geschehen wird, und was immer ich tun will, kann ich tun.

Ich bin glücklich geworden, weil ich zu der Erkenntnis gelangt bin, daß wir in einer irrealen Welt leben, deren Bevölkerung zum größten Teil aus irrealen Menschen besteht. Diese Erkenntnis sollten Menschen haben, wenn sie gesund sind, und daß wir in bezug auf das Leben anderer nichts tun können, selbst wenn es unser Leben gefährdet, weshalb sollen wir uns dann also darüber Gedanken machen, was sie tun? Wenn es eine Möglichkeit gibt, uns und andere zu schützen, dann tut man es; wenn nicht, dann läßt man's bleiben. So irreal die Welt sein mag, ich habe meine Realität in ihr gefunden, und meine eigene Realität ist es, die sie real macht – weil es meine ist.

Freßsucht

Ich betrachte übermäßiges Essen als Sucht, denn für denjenigen, der ständig essen muß, ist Essen im allgemeinen èin Entspannungsmittel, sehr ähnlich einer ständigen Drogenspritze. Oft ißt er nicht aus Hunger, sondern aus einem unkontrollierbaren Impuls, der ihn gewöhnlich überkommt, wenn er allein ist und sich mit sich selbst beschäftigen muß. Das Fett, das er durch sein übermäßiges Essen ansetzt, scheint buchstäblich eine Dämmschicht gegen den Urschmerz zu bilden. Aus diesem Grunde sind fettleibige Menschen manchmal schwierige Primärpatienten.

Es besteht ein Unterschied zwischen aufsteigender und absteigender Spannung. Das wird besonders deutlich bei der Behandlung fettleibiger oder übergewichtiger Menschen. Viele dieser Leute sind, wenn sie zur Therapie kommen, zunächst nicht besonders ängstlich. Ihr Urschmerz ist verborgen gehalten worden durch alles, was sie in sich hineinstopfen konnten – Drogen, Alkohol oder Essen. Zugestopft wurde damit ihr reales Selbst – die realen Gefühle, die bereit sind hervorzubrechen, wenn sie nicht durch Essen geschützt werden. Das ist die herabgestiegene Spannung. Sie wird weitgehend gar nicht als Spannung empfunden, sondern ist eher eine nagende Empfindung oder ein Gefühl der Leere, die sich als Hunger tarnt. Eine Patientin erklärte es so: »Ich habe gegessen, um die Spannung wegzuessen, die mich verzehrte.

Mein ganzes Leben bestand darin, die nächste Mahlzeit zu planen. Es gab sonst so wenig in meiner Familie, daß das Essen für alles herhalten mußte. Es war das einzig Erfreuliche, das ich von meiner Mutter bekam.« Sie aß also, um die ganze Unerfreulichkeit ihres Familienlebens nicht fühlen zu müssen.

Zu aufsteigender Spannung kommt es bei dem übermäßigen Esser, wenn ihm eine Zeitlang seine Essens-Abwehr genommen wird. Zum Beispiel leidet der Patient in der ersten Therapiewoche, wenn ihm nur mäßiges Essen erlaubt wird, während seine Abwehrmechanismen gleichzeitig durch den Therapeuten geschwächt werden, unter starken Ängsten. Er beginnt zu träumen wie nie zuvor, kann nicht stillsitzen, und bald könnte er auch nicht mehr essen, selbst wenn er wollte. Das liegt daran, daß seine Gefühle im Aufsteigen begriffen und so mächtig sind, daß sie die Nahrungsaufnahme behindern. Er wird in den ersten drei Wochen mühelos abnehmen.

Wenn man mehr ißt, als man sollte, dann ist es eindeutig nicht Nahrung, die man zu sich nimmt, sondern etwas Symbolisches. Manche Patienten nennen es »das innere Vakuum vollstopfen«, um die Leere des ganzen Lebens nicht empfinden zu müssen. Andere glauben, das frustrierte kleine Kind in ihnen habe noch infantile orale Bedürfnisse, die befriedigt werden müssen.

Indes ist übermäßiges Essen nicht lediglich eine Befriedigung vager oraler Bedürfnisse. Bei jedem »Dicken« hat eine besondere Konstellation zu diesem Zustand geführt. Der eine mag jetzt zu viel essen, weil ihm die Mutterbrust vorenthalten wurde, ein anderer, weil ihm während seiner Kindheit die Mahlzeiten die *einzige* Befriedigung boten. Es gibt viele treibende Kräfte, die beteiligt sind, wenn jemand ein übermäßiger Esser wird.

Entscheidend wichtig ist, sich darüber klar zu sein, daß Essen (ebenso wie zwanghafter Sex) das Auslaßventil für alle möglichen Bedürfnisse ist. Essen unterdrückt Urschmerzen, die nicht mit früher Nahrungsentbehrung zusammenhängen; deshalb ist es allzu oft eine nutzlose Therapie, sich mit solchen Ernährungsproblemen zu befassen. Essen mag das Mittel gewesen sein, um statt durch Drogen oder Alkohol den Urschmerz zu unterdrücken, weil in der Umgebung, in der der Betreffende aufwuchs, zum Beispiel großer Wert auf das Essen gelegt wurde, während Alkohol verpönt war. Der Neurotiker hat falsche Wünsche. Pseudowünsche therapeutisch zu behandeln bedeutet, die realen nicht zu behandeln.

Zum Beispiel berichtete eine Frau in der Primärtherapie, sie habe plötzlich in der letzten Woche angefangen übermäßig zu essen. Sie hatte geträumt: »Meine Mutter schwebt am Himmel mit einem Metzgermesser in der Hand, bereit, auf mich herabzustürzen. Ich bin voll Schrecken und versuche zu fliehen. Ich tue so, als sei ich nicht ich – bloß ein häßliches Ungeheuer – aber vergeblich. Sie will mich gerade greifen, da wache ich auf.« Ich ließ sie sich in das Fühlen des Traums versenken, während sie ihn erzählt, als träume sie ihn in eben dem Augenblick. Sie erlebt den Schrecken noch einmal und sieht dann das ganze Bild: Ihre Mutter war von tyrannischer Liebe zu ihrem Vater erfüllt. Die Mutter wollte das flotte, niedliche junge Ding sein, das die Aufmerksamkeit des Vaters auf sich zieht und fesselt. Irgendwann früh im Leben hatte diese Patientin gespürt, daß ihre Mutter sie nicht hübsch und liebenswert haben wollte. Um der Eifersucht aus dem Weg zu gehen, wurde das junge Mädchen dick und blieb es fast ihr ganzes Leben. Sie hatte den Konkurrenzneid ihrer Mutter empfunden, und während ihres Urerlebnisses schrie sie: »Sei nicht böse, Mutter! Ich nehme dir Pappi nicht weg!« – etwas, das sie mit ihrer Fettleibigkeit ausagiert hatte. Dick und häßlich zu sein war die Art und Weise, wie sie die Furcht vor ihrer Mutter verleugnete, und als dieses Gefühl in der Woche davor aufzutauchen drohte, begann sie übermäßig zu essen, um das Gefühl abzuwehren. Eine wichtige Bedrohung ihres Daseins war es, schlank und hübsch zu sein. Die Unförmigkeit war ihre Abwehr, und alle bisherigen Therapien und Diätvorschriften hatten keine radikale Änderung ihres Übergewichts herbeiführen können, ehe die zentralen Gefühle empfunden worden waren.

Nach ihrem Urerlebnis konnte sich diese Patientin erinnern, daß sie in ihrer frühen Jugend aktiv, voll Schwung und lebhaft gewesen war. Sie erkannte, daß ihre Mutter in Wirklichkeit nicht wollte, daß sie lebte, und fast methodisch begann, ihr das Leben auszutreiben. Sie duldete es stillschweigend und schob bald mit Hilfe des Essens alles weg und nach unten. Nach dem Urerlebnis nahm sie mühelos ab.

Dieses eine Urerlebnis läßt erkennen, wie kompliziert das Problem der Übergewichtigkeit sein kann. Manche Frauen fürchten sich davor, attraktiv auszusehen, weil das zu sexueller Betätigung führen könnte. Andere essen zu viel, weil Nahrungsmittel zu haben sind, Liebe aber nicht. Manche Neurotiker essen, um das Gefühl abzuwehren, daß kein Mensch ihnen jemals Erfüllung bringen wird. Sie stopfen sich voll, um sich nicht unausgefüllt zu fühlen. Da sie früh im Leben nicht bekamen, was sie brauchten, sind sie zu der Überzeugung gelangt, daß es Essen war, was sie wollten. Eine Patientin erklärte ihre Freßsucht folgendermaßen: »Ich lebte nie in meinem Körper, weil da zu viel Schmerz durch Unerfülltheit war. Statt dessen lebte ich in meinem Kopf und fütterte meinen Körper, um den nagenden Schmerz zu beruhigen.«

Nach dem wohlbekannten Axiom steckt in jedem dicken Menschen ein dünner. Damit wird auf andere Weise gesagt, daß in jedem irrealen Menschen ein realer steckt. Der dicke Mensch zeigt der Welt buchstäblich eine irreale Fassade – die Bekundung eines irrealen Selbst, das versucht, das reale zu schützen und zu isolieren. Ich habe festgestellt, daß der Neurotiker seiner Realität und seinem Urschmerz um so näher ist, je normaler der Körper ist. Daher ist bei der Behandlung des übermäßigen Essers in der Primärtherapie die erste Maßnahme, ihn auszuhungern und ihm seine irreale Fassade zu nehmen. In dieser Zeit muß er fast so scharf überwacht werden wie ein Drogensüchtiger, denn die fette Fassade war ein notwendiger Bestandteil seines psychophysischen Make-up. Wahrscheinlich wird er mit seiner Ernährung mogeln, genau wie der Süchtige, der sich vermutlich Drogen spritzen wird, wenn wir beginnen, seine Abwehrmechanismen niederzureißen.

Der übermäßige Esser wird solange in Gefahr sein, bis der größte Teil seiner realen Bedürfnisse gefühlt ist. Ein Patient sagte mir: »Würde ich abnehmen, ohne daß das Leben besser wäre als damals, als ich dick war, dann hätte ich keinerlei Hoffnung mehr. Solange ich dick war, bestand wenigstens Hoffnung, nämlich die Hoffnung, schlank zu werden. Darüber hinaus konnte ich das Gefühl haben, mein Dicksein, nicht aber ich selbst, sei der Grund dafür, daß ich gesellschaftlich abgelehnt wurde.« Die mit der Fettleibigkeit verknüpfte Hoffnung ist bei jedem Menschen unterschiedlich. Eine junge Frau wartete auf den Tag, an dem sie so dick sein würde, daß ihre Mutter endlich merken würde, daß etwas mit ihr nicht stimmt, und ihr Hilfe anbieten würde. Ein Patient sagte, er mußte etwas haben, auf das er sich freuen konnte, und das war Essen. Abgesehen von den Mahlzeiten war sein Leben völlig öde.

Ein zwanghaftes Bedürfnis nach etwas hat wenig zu tun mit dem Gegenstand selbst (in diesem Fall Essen). Sich von diesen ursprünglichen Bedürfnissen zu befreien ist die einzige Möglichkeit, der Gefräßigkeit Einhalt zu gebieten.

In einem Buch über Fettleibigkeit von einem bekannten Arzt heißt es, daß der Patient zu einer richtigen Ernährung *erzogen* werden müsse. Er soll lernen, welchen Kaloriengehalt jedes Nahrungsmittel hat, und selbst dann, so wird betrübt festgestellt, muß er sich womöglich noch sein ganzes Leben lang in acht nehmen. Viele meiner Patienten wissen über den Kaloriengehalt von Nahrungsmitteln bestens Bescheid und stürzen dennoch jeden Abend zum Kühlschrank, den Kopf voller Zahlenangaben. Tatsächlich ist der Eifer, mit dem sie jede neue Diät aufgreifen, die müheloses Schlankwerden verspricht, ein Beweis für ihre irreale Hoffnung.

Solange der übermäßige Esser über Essen und Diätvorschriften nachdenken kann, braucht er dem, was wirklich nicht stimmt, nicht ins Auge zu blicken. Darum kann das Problem der Fettleibigkeit nicht erfolgreich gelöst werden, wenn es nur zu einem Teil behandelt wird. Diejenigen, die es diätetisch anpacken, mit Pillen und Spritzen und besonderen Techniken, befassen sich nur mit dem Körper. Und die rein psychologische Methode begeht denselben Fehler mit umgekehrten Vorzeichen.

Auf lange Sicht wird keine Behandlung Erfolg haben, die nicht psychophysisch ist. Tatsächlich sagte mir ein Kollege, der mit Diätärzten zusammenarbeitet, daß die Rückfallquote bei Fettleibigkeit etwa genauso hoch ist wie bei Rauschgiftsüchtigen.

19. Psychose mit oder ohne Drogen

Meine Erfahrungen haben mich zu dem Schluß geführt, daß es so etwas wie einen latenten ›psychotischen Prozeß‹ nicht gibt, keine geheime Bizarrerie, die in den ›Antipoden des Geistes‹, wie Aldous Huxley sie nennt, versteckt wird. Tief im Innern jedes Neurotikers gibt es eine schmerzhafte Realität – eine geistige Gesundheit (wenn sie empfunden wird). Wahnsinn ist unter diesem Gesichtspunkt eine Abwehr gegen diese erdrückende Realität. Die Menschen werden verrückt, um sich davor zu bewahren, ihre Wahrheit zu empfinden. Das ist eine Abkehr von vielen psychologischen Theorien, die den Menschen als von Natur aus irrational und nur durch die Gesellschaft im Zaum gehalten ansehen. Mir scheinen Irrationalität, Träume, Halluzinationen, Wahnvorstellungen und Trugwahrnehmungen nur Schutzschirme zu sein, um unsere Funktionsfähigkeit zu bewahren.

Was die Schwere der Psychose betrifft, wenn das Selbst nicht etwa sechs oder sieben Jahre Zeit gehabt hat, um sich zu festigen, ehe die Spaltung eintritt, so ist ein schwaches Selbst oder Ich zu erwarten, wie den Freudianern bekannt ist. Wenn dem Kind weiterhin Unterstützung und Liebe vorenthalten und ihm keine Abflußmöglichkeiten für seine Urschmerzen gegeben werden, dann können diese vermehrten Angriffe auf ein bereits geschwächtes Selbst ein starkes, irreales Selbst zur Folge haben, das das abwehrlose Kind schützt. Das irreale Selbst ist dann prädominant und schützt das Kind zwar, treibt es aber auch in die Psychose. Dieser Prädominanz des irrealen Selbst (des nichtfühlenden Selbst) ist die Leblosigkeit zuzuschreiben, die wir bei stark unterdrückten Neurotikern und Psychotikern sehen, die sogenannte Affektverflachung. Sie sind fast buchstäblich mehr tot als lebendig.

Psychose ist daher eine Vertiefung der neurotischen Spaltung und bringt eine neue Seinsqualität hervor. In anschaulicher Weise zeigt sich die Spaltung bei Paranoia, bei der die Person die Dissoziation in ihr nicht länger im Zaum halten kann und ihren Körper nicht mehr als Abwehrmechanismus einzusetzen vermag. Deshalb projiziert der Betreffende seine Gefühle nach außen, überträgt seine Gedanken in die Köpfe anderer und bildet sich ein, die anderen konspirierten gegen ihn oder kontrollierten seine Gedanken.

Obwohl der Inhalt der Paranoia bei jedem einzelnen verschieden sein wird, ist der Prozeß der gleiche – den Betreffenden vor unerträglichem Urschmerz zu schützen. Zum Beispiel wird derjenige, der es nicht ertragen kann, seine entsetzliche Einsamkeit zu fühlen, jemanden erfinden, der ihn ständig beobachtet. Was die imaginäre Person denkt, ist symbolisch für seine Gefühle. Ein Paranoider könnte zum Beispiel glauben, daß eine Kellnerin etwas Schlechtes von ihm denkt. Von diesem Mann haben vielleicht in seiner Kindheit die Eltern immer Schlechtes gedacht, so daß er lernte, vorsichtig zu sein, um ihre psychischen Schläge abzuwehren. Diese Vorsicht kann so lange angehalten haben, bis er auch dann Schmerz erwartet, wenn es ihn gar nicht gibt; die Erinnerung an die Vergangenheit, die die Gegenwart überlagert, verleiht seinen gegenwärtigen Reaktionen eine bizarre Qualität. Diese bizarre Qualität ist die Unfähigkeit, zwischen Vergangenheit und Gegenwart, zwischen innen und außen zu unterscheiden.

Es ist nicht so sehr unlogisch, Schmerz zu erwarten, wenn man in der Kindheit dauernd schlecht behandelt wurde. Der Paranoide weiß nicht, daß er auf eine *Erinnerung* reagiert. Seine Wahnvorstellungen sind real. Es sind verdrängte, auf die Welt projizierte Erinnerungen, der real gemachte Urschmerz. Wird er Würmer sehen, die aus einer Wand herauskriechen? Nur, wenn das eine innere Bedeutung hat.

Was immer der paranoide Inhalt ist, gewöhnlich schließt er ein, daß draußen Dinge gesehen oder gehört werden, die den Schmerz drinnen lindern. Der Schmerz muß sehr stark sein, daß er einen Menschen zwingt, so viel Abstand zwischen sich und seinen Gefühlen zu lassen. Oft schließen paranoide Wahnvorstellungen Explosivkraft ein – der Paranoide stellt sich vor, jemand habe einen Schalter, den er bloß anzustellen braucht, um ihm buchstäblich den Kopf wegzusprengen. Aber diese Kraft kann der Druck seiner Gefühle sein, die er zur Sicherheit nach *außen* verlagert, um sich vor der *inneren* Gefahr zu schützen.

Der Paranoide ist noch einigermaßen verbunden mit seinen Gefühlen. Zumindest sind seine Wahnvorstellungen noch ein einigermaßen organisiertes Ganzes im Gegensatz zu den mehr desintegrierten Arten von Psychotikern, die anscheinend Kauderwelsch sprechen und nur ›Wortsalat‹ von sich geben.

Im großen und ganzen kann der Paranoide noch Kontakt herstellen. Er kann vom Preis für Tomaten sprechen und weiß, wie die Meisterschaftsspiele im Baseball stehen. Seine Bizarrerie zeigt sich vielleicht nur, wenn der Bereich des verborgenen Selbst berührt wird. Primärtherapeutisch ausgedrückt, wenn die realen Gefühle ausgelöst werden, muß das irreale System herbeieilen, um sie in Symbole zu verwandeln. Obwohl der Paranoide aufnahmefähig für Spielergebnisse ist, kann er in Angst geraten bei einem harmlosen Geschäft und sich einbilden, der Eisverkäufer auf dem Sportplatz konspiriere insgeheim gegen ihn, um ihm zu schaden. Der Grund, warum der Paranoide oft geheime Verschwörungen sieht und nicht das, was in aller Öffentlichkeit vor sich geht, ist, glaube ich, daß das eine Parabel seiner eigenen geheimen und unbekannten Gefühle ist. Nachdem er das Geheime nach ›draußen‹ projiziert hat, kann er sich nun auf etwas konzentrieren, vor dem er sich hüten muß. Das ist ähnlich wie beim Neurotiker, nur daß das, worauf sich dessen Furcht konzentriert – seine Phobie –, etwas plausibler ist.

Um Halluzinationen und Wahnvorstellungen ganz zu verstehen, muß man verstehen, wie tief der Urschrecken ist – ein Schrecken, den wir fast nie sehen, weil wir ihn meistens unter Kontrolle haben, und zwar dadurch, daß wir ihn in tröstliche Ideation hüllen. Nehmen wir ein alltägliches Beispiel: den Glauben an ein Jenseits, um den Tod weniger endgültig und unwiderruflich zu machen. Nun halten wir den Glauben an ein Jenseits nicht für psychotisch, weil es eine gesellschaftlich institutionalisierte Vorstellung ist. Aber wenn die meisten oder viele Menschen nicht an ein Jenseits glaubten, was dann? Diesen irrationalen Glauben, ›irrational‹, weil er nicht stichhaltig begründet werden kann, mag jemand haben, der sonst überaus rational ist, aber wegen des Urschreckens muß er sich eine weitgehend irrationale Geschichte ausdenken, um das Fühlen in Schach zu halten. Um die offensichtliche Unvereinbarkeit seiner rationalen und irrationalen Gedanken, die nebeneinander bestehen, zu überbrücken, muß er vielleicht eine weitere irrationale Vorstellung entwickeln – und zwar, daß wir alle etwas ›Geheimnisvolles‹ oder ›Irrationales‹ an uns haben, das sich nicht vernunftgemäß erklären läßt.

Und dieser ganze ideologische Überbau ist bloß dazu da, um das reale Gefühl nicht zu fühlen!

Wie bizarr die Ideation (Wahnvorstellung) oder die Wahrnehmung (Halluzination) ist, wird davon abhängen, wie tief der Schrecken ist. Je größer die Angst, um so verzerrter ist das Denken, um sie zu verhüllen. Solange die Gefühle irgendwie *gedacht* werden können, kann der Verstand geordnet bleiben und sich in der Gewalt haben. Wenn jemand aus diesem oder jenem Grunde seine Gefühle nicht ordnen oder organisieren kann, wird er seinem Schrecken nahegebracht. Der Urschmerz jedes Psychotikers ist gewaltig, weil sein reales Selbst und auch sein irreales Selbst nicht akzeptiert wurden. Der Betreffende hat früh im Leben kaum eine andere Möglichkeit gehabt, als sich von der Welt zurückzuziehen. Müßte ich den Unterschied zwischen dem Neurotiker und dem Psychotiker in einem Satz ausdrücken, würde ich sagen, daß der Neurotiker eine Möglichkeit gefunden hat, es sich auf der Welt behaglich zu machen (seine Fassade hilft ihm weiter); nichts kann es dem Psychotiker behaglich machen – nichts hat geklappt.

Wenn jemand paranoid wird, dann darum, weil das irreale Selbst infolge von Streß nicht länger zusammengehalten werden kann und ›in die Brüche geht‹. Das geschieht, wenn der Verstand die

Gefühle des Körpers nicht länger zurückhalten kann. An diesem Punkt wird die Psyche des Betreffenden auf einer neuen psychotischen Ebene wiederhergestellt. Ein Patient drückte es so aus: »Verrückt ist man, wenn man seine Neurose nicht mehr in Gang halten kann.«

Die Tatsache, daß der Paranoide oft mit sich selbst spricht und diesem Selbst auch antwortet, ist ein Hinweis auf die Spaltung, die ich erörtert habe, darauf, daß eben ein Selbst mit einem anderen spricht. Der Neurotiker vermag diesen Dialog gewöhnlich im Kopf zu führen. Der Psychotiker hat nicht das Glück. Einen Einblick in diesen Prozeß gewährt ein ehemals paranoider Patient: »Schon früh im Leben hörte ich auf, mir die Lügen meiner Eltern anzuhören, und ich hörte nur noch, was ich hören wollte. Mein Gehör verschloß sich buchstäblich allem Äußeren, so daß ich schon glaubte, ich würde taub werden. Ziemlich bald hörte ich nur noch meine eigenen Erfindungen – Stimmen. Nach dem Urerlebnis war mein Gehör wieder erschlossen. Ich stellte fest, daß ich die Art und Weise, wie die Dinge in meiner Jugend wirklich waren, nicht mehr hören konnte – nur die Art und Weise, wie ich die Dinge erledigen mußte.«

Die Dialektik der Paranoia ist, wie bei jedem irrealen Verhalten, daß man, je näher man der schmerzlichen Wahrheit kommt, um so weiter fliehen muß. Es gibt also unterschiedliche Entfernungen von der Realität. Sie reichen von der Mißdeutung dessen, was man sieht, bis zum Sehen von etwas, das gar nicht da ist. Nach Ansicht der Primärtheorie wird man, je näher man seinen Gefühlen ist, der äußeren Realität um so näher sein und andere Menschen und soziale Phänomene um so genauer durchschauen. Je mehr die innere Realität blockiert ist, um so verschwommener die soziale Wahrnehmung. Deshalb muß der Paranoide, der verzweifelt vor seiner Wahrheit flieht, seine äußere Realität oft auf bizarre Weise verändern.

Echter Kontakt mit der Realität ist immer ein innerer Prozeß; Abwehrmechanismen werden gegen die innere Welt aufgebaut, *nicht* gegen die äußere. Nicht die andern sind es, vor denen der Schizophrene Angst hat; die andern lösen lediglich die Ängste vor seinen eigenen Gefühlen aus. Ein Patient nach dem anderen hat nach einem Urerlebnis sein Gesicht oder ein Möbelstück angefaßt und gesagt, es sei, als ob er zum erstenmal die Realität (die äußere Realität) berührt und empfunden habe.

Paranoide Projektionen geben uns einen Anhaltspunkt, was im Urfundus zu finden ist. Aber diese symbolischen Projektionen zu analysieren, in das wahnhafte System einzudringen, mit dem Patienten zu heucheln und zu versuchen, ihm seine irreale paranoide Ideation auszureden, kann meiner Ansicht nach keinen nützlichen Zweck erfüllen. Einem Paranoiden kann man ebensowenig wie allen andern kranken Menschen seinen Urschmerz ausreden.

Solange diagnostische Kategorien für Psychotiker (Katatoniker, Schizophrene, Manisch-Depressive und Paranoiker) nicht *sachlich* die Art der Behandlung, die sie erhalten, beeinflussen, ist diese Diagnose weitgehend irrelevant. Wenn der Betreffende zwischenmenschlichen Kontakt herstellen kann, ist er wahrscheinlich leicht zu behandeln.

Die Vorstellung, daß Neurose und Psychose Abwehrmechanismen sind, ist entscheidend. Ein kritischer Punkt wird erreicht, wenn Gefühle erregt werden und jemand sie entweder empfinden kann oder sie verleugnet und dabei geisteskrank wird. Das kleine Kind verleugnet seine Gefühle – sein reales Selbst – und wird ein anderer – nämlich das, was seine Eltern erwarten. Seine Neurose ist ein Abwehrmechanismus. Der Erwachsene, der seine Urgefühle verleugnet, wird vielleicht auch einen Nervenzusammenbruch erleiden und ein anderer werden; nur mag dieser andere ganz und gar nicht mit der Realität übereinstimmen – Napoleon, Mussolini, der Papst. Ein Nervenzusammenbruch entspricht einem Urerlebnis ohne Primärtherapeuten. Der Betreffende beginnt, die Urgefühle zu empfinden und flüchtet sich vor Schreck in eine irreale psychische Enklave. Ein Urerlebnis ist derselbe *Zusammenbruch der Abwehrmechanismen, der das Fühlen freigibt.*

Wenn ein kleines Kind jemanden hat, an den es sich mit seinen Urgefühlen wenden kann, der ihm behilflich ist zu verstehen, was es fühlt, der ihn unterstützen kann, dann besteht Aussicht, daß keine Spaltung auftritt und das Kind nicht etwas werden muß, das es nicht ist. Ebenso wird bei einem Erwachsenen, wenn er jemanden hat, der ihm beim Fühlen behilflich ist, der seine Gefühle versteht und ihn bei dem Prozeß unterstützt, keine psychische Spaltung auftreten, die zu einer Psychose führt. Er kann nur in sich zusammenbrechen, und das bedeutet Gesundheit, nicht Krankheit.

Es folgt der Bericht über die Behandlung einer fünfunddreißigjährigen psychotischen Frau, die früher Wahnvorstellungen und Halluzinationen hatte – sie hörte eine Stimme, die mit ihr sprach und ihr Leben lenkte. Bisher hat sie im Lauf von zwölf Monaten mehr als sechzig Urerlebnisse gehabt (mit Krämpfen, Herunterfallen von der Couch und Verstecken unter dem Schreibtisch), und nichts deutet darauf hin, daß ihre Psychose wiederkehrt. Ihre Träume sind real, und sie hört die Stimme nicht mehr, die sie seit Jahren gehört hatte. Das Leben dieser Frau spottet jeder Beschreibung. Sie wurde von ihrem betrunkenen und sadistischen Vater vergewaltigt und fast ermordet, als sie dreieinhalb Jahre alt war. Ihre Spaltung scheint bei dieser Vergewaltigung eingetreten zu sein – daran erinnern konnte sie sich erst nach etwa zwanzig Urerlebnissen. Als die Erinnerung einsetzte, konnte sie bei jedem Urerlebnis nur einzelne Aspekte dieses Traumas wiedererleben. Es bedurfte noch etwa zwanzig weiterer Urerlebnisse, um dieses eine erschütternde Erleben zu integrieren.

Zwei Selbst entwickelten sich, als die Spaltung mit dreieinhalb Jahren eintrat. In jedem der folgenden Jahre wurde sie immer mehr von einer Stimme geleitet, die ihr sagte, wie sie sich verhalten sollte. Es war die Stimme des realen Selbst, die sie am Leben erhielt. »Sie war es, die mich durchbrachte«, sagte sie später. Von ihrem gespaltenen Selbst sagte sie:

»War ich geisteskrank, daß ich mein getrenntes Selbst wie eine Indianerin im Wald singen hörte? War ich verrückt, wenn ich glaubte, sie sage mir, wie ich mich verhalten sollte und was ich sehen und was ich nicht sehen sollte? Die Antwort ist vermutlich ja. Ich konnte die reale Umwelt nie sehen, weil ich im Urschmerz lebte. Ich rannte vor jeder Situation davon, die nur irgendwie erschreckend war, aus Furcht, sie würde dieses ganze frühe Grauen wiederbringen. Ich glaube, ich lebte in Verrücktheit, weil ich sie nicht fühlen konnte. Ich wagte nie zu begreifen oder mich auch nur daran zu erinnern, was geschehen war. Aus Angst, mich selbst zu zerstören, mußte ich meine Furchtgefühle nach außen auf die Welt projizieren – auf andere Menschen.

Ich glaube, meine Verrücktheit war durch zu viel Urschmerz verursacht, und bei dieser Verrücktheit konnte ich den realen Urschmerz nicht ertragen. Jetzt weiß ich, daß ich alle Gefühle verdrängte, so daß mich nichts zu dem Urschmerz hinführte. Vielleicht ist der Unterschied zwischen mir und anderen Leuten, daß ich meine Gefühle in allen Menschen meiner Umgebung sah, während sie ihre Gefühle einfach ausagierten. Weil alles um mich herum Verrücktheit war, als ich aufwuchs, war ich dann verrückt, wenn ich mich weigerte, alles so zu sehen, wie es war? Kann der Wunsch, auf jede nur mögliche Weise zu überleben, Geisteskrankheit genannt werden, wenn das bedeutet, innerlich zu sterben, damit ein Teil von einem leben kann? Hätte ich das Grauen empfunden, in dem ich lebte, unbeschirmt durch irgendeine eingebildete Welt, und hätte ich erkannt, daß niemand da war, der mich hörte, wenn ich die Wahrheit ausgesprochen hätte, dann bezweifle ich, ob ich es überstanden hätte.«

Ihre Geisteskrankheit war also ein Abwehrmechanismus gegen geistige Gesundheit. Daß ihre Mutter sie mit einem sadistischen, geisteskranken Vater zusammenleben ließ, daß sie als ganz kleines Mädchen schon vermutete, daß ihrer Mutter nichts an ihr lag, sie nicht pflegen würde, wenn sie krank war, vielleicht sogar wünschte, daß sie tot wäre, war eine überwältigende Empfindung. Es gab niemanden, an den sie sich wenden konnte. Später sagte sie mir:

»Es war so unerträglich, daß ich wußte, daß ich einzig und allein aus dem Grund so verachtet wurde, weil ich am Leben war und noch dazu in ihrem Haus. Ich versuchte, nett und still und gehorsam zu sein und dachte immer, mit mir müsse etwas nicht stimmen, daß ich so verächtlich behandelt wurde. Ich wußte nicht, daß sie wirklich geisteskrank waren, als ich klein war. Ich versuchte brav zu sein, um zu begreifen, warum meine Mutter einen solchen Haß auf mich hatte. Ich glaubte, sie ließ mich mit Pappi zusammen sein, weil ich böse war; vielleicht veranlaßte ich ihn, das zu tun.«

Als sie die Realität ihrer Irrealität (ihrer Psychose) empfand, war es der Anfang vom Ende des Urschmerzes. Sie litt seit der Zeit, als sie ein kleines Mädchen war, an einem Dröhnen im Kopf, und bei einem späteren Urerlebnis erkannte sie, daß das Dröhnen all diese Schreie waren, die sich seit ihrer Kindheit aufgestaut hatten.

Gegen Ende der Therapie schrieb sie: »Ich glaube, es ist ein Wunder, daß ich am Leben blieb und noch lebe. Für mich beginnt ein Grad von Menschlichkeit, den andere wahrscheinlich ihr ganzes Leben lang hatten. Meine Ganzheit ist fragil, ich kann sie fühlen. Ich hatte solche Angst, wieder geteilt zu sein.«

Sie sprach von ihrem abgetrennten Selbst. »Ich sah mein Selbst getrennt und hörte es getrennt, denn es durfte sich nie äußern. Ich mußte ihm folgen, ihm zuhören, und fürchtete mich, diese Welt zu verlassen und eine zu betreten, die ich für verrückt hielt. Das Selbst sprach zu mir von realer Schönheit, realer Farbe, realem Klang. Es sagte, der Grund für die Farblosigkeit und das Streben nach Illusionen sei, daß ich ihm nicht folgte. Es sagte, daß ich keinen hasse, denn Haß sei niemals real, nur die Furcht, verletzt zu werden. Es war die Furcht und die Erwartung des Urschmerzes.

Es sagte mir, Realität sei Liebe, denn nur in der Realität werden das Selbst und andere Menschen wirklich verstanden und akzeptiert. Es sagte, ich sei menschlich, und mehr könne ich nie sein; jetzt glaube ich ihm. Jetzt sind es die irrealen Menschen, die mich erschrecken, denn sie benutzen einander, um das Gefühl, nicht geliebt zu werden, zu provozieren, zu beschwichtigen oder abzulehnen. Vielleicht wäre bei der konventionellen Therapie versucht worden, mich zu zwingen, diese Gefühle auf eine sozusagen erdachte Weise zu erkennen. Aber es wäre nicht gegangen, denn ich weiß jetzt, daß *die Bedürfnisse empfunden werden müssen, ehe man der Tatsache, daß sie nicht befriedigt wurden, ins Auge sehen kann.*«

Während ihrer Urerlebnisse kam sich diese Frau ›verrückt‹ vor und hatte Wahnvorstellungen, sobald sie dem Gefühl nahekam, daß sie von ihrer Mutter nie geliebt wurde und nie geliebt werden würde, nie einen verständnisvollen Vater haben würde, der mit ihr sprach und sich ihre Probleme anhörte, daß sie nie geherzt und gewiegt würde, *was immer sie auch tat.* Das Ziel war, ihr zu helfen, daß sie empfand, was die Spaltung bei ihr hervorgerufen hatte, daß sie diese Schreckenskammer betrat, aus der sie vor Jahren entflohen war, bis zu der entsetzlichsten Qual, die man sich vorstellen kann, vordrang, um wieder ein Ganzes zu werden. Das geht nur mit kleinen Schritten, die der Körper verkraften kann; sonst wird das Gefühl nicht empfunden. Furcht und Urschmerz werden gemeinschaftlich das Gefühl wegschieben und die Spaltung bestehen lassen.

Daraus läßt sich ersehen, daß bei der Primärtherapie der Umkehrungsprozeß bei Psychose ähnlich ist wie die primärtherapeutische Behandlung der Neurose. Indes unterscheidet sich der Psychotiker vom Neurotiker durch die ungeheure Anhäufung von zugrunde liegendem Urschmerz und die Fragilität des realen Selbst.

Wegen dieses gewaltigen Urschmerzes kann die Behandlung eines Psychotikers die doppelte oder dreifache Zeit erfordern wie die Behandlung des Neurotikers. Außerdem müssen wir während der Behandlung seine Lebensbedingungen überwachen, um sicher zu sein, daß kein Streß von außen auf ihn einwirkt. Aber nach unserer bisherigen Erfahrung ist ein vorsichtiger Optimismus in bezug auf schließliche Gesundung berechtigt, denn die Behandlung des Neurotikers und des Psychotikers ist gleichartig – jene Gefühle zu empfinden, die die Spaltung verursacht haben, so daß der Betreffende die Realität nicht mehr irreal machen muß, um funktionieren zu können. Ich zitiere noch einmal meine ehemals psychotische Patientin: »Ich bin noch in mancher Beziehung unwissend, noch so in den Zwang eingefügt, doch meine Gefühle zeichneten die Wahrheit auf. Meiner Psychose liegt die Hohlheit der Hoffnung zugrunde, das Ungeliebtsein, das entsetzliche Alleinsein. Wenn ein anderer Geisteskranker diese Gefühle empfinden kann, werden die Schreie aus seinem Körper nötig sein, wie sie aus meinem kamen. Heute abend spürte ich in der dunklen Stille des Alleinseins, daß ich mit allem, was ich tue, höre und sehe, ein einmaliger Mensch werde. Die Welt wird schön, weil ich das werde, was die Menschen von Gott hoffen, daß er es sei – Liebe ohne Urschmerz, unwandelbar.

In den Psalmen heißt es: ›Und ob ich schon wanderte im finstern Tal, fürchte ich kein Unglück‹, und ich weiß, daß dieses Tal dort ist, wo ich vor so langer Zeit begann, wo ich glaubte, jemand liebe mich – Gott liebte mich, dennoch spürte ich, daß ich ihn im Sinn hatte. Ich spüre, daß eine neue Realität anbricht.«

20. Die Primärtheorie im Vergleich zu anderen therapeutischen Methoden

Die Theorie der Primärtherapie ist ein Begriffsgebäude, das formuliert wurde, um ein Ereignis in meinem Sprechzimmer zu erklären. Ich glaube, sie ist eine eigenständige Theorie und nicht einfach eine Erweiterung oder Modifizierung einer schon bestehenden. Indes finden sich einige Aspekte der Primärtherapie auch bei anderen Psychotherapien. Der Zweck dieses Kapitels ist, die Primärtherapie kurz mit einigen dieser anderen Techniken zu vergleichen. Ich will diese anderen Theorien nicht ausführlich darstellen, sondern nur gewisse theoretische Aspekte oder technische Verfahrensweisen besprechen, die weitgehend akzeptiert sind oder vielfach angewandt werden. Die Begriffe Einsicht und Übertragung werden besonders behandelt, weil sie bei einer Reihe von Therapien eine Rolle spielen.

Die an Freud orientierten psychoanalytischen Schulen

In mancher Hinsicht greift die Primärtherapie wieder auf den frühen Freud zurück. Freud war es, der die Bedeutung der frühen Kindheitserlebnisse für die Neurose hervorhob und den Zusammenhang zwischen verdrängten Gefühlen und abweichendem seelischen Verhalten erkannte. Freud war es, der sich systematisch auf die Introspektion konzentrierte und die Auswirkungen innerer Prozesse auf das gegenwärtige offene Verhalten betonte. Seine Erklärung der Abwehrsysteme stellt einen überragenden Beitrag zur Psychologie dar. Leider haben die Verbesserungen, die die Neo-Freudianer an Freud vorgenommen haben, die Betonung von der frühen Kindheit auf die hier-und-jetzt-Funktionen des Ich verlagert. Was also von den Neo-Freudianern für progressiv gehalten wurde, würde im Sinne der Primärtherapie als retrogressiv angesehen.

Freud betonte in allen seinen Schriften, daß sich die Analyse mit Abkömmlingen des Unbewußten befasse – wozu freies Assoziieren und Traumanalyse gehören. Ich glaube, daß wir gleich mit dem Unbewußten anfangen können, ohne erst sekundäres Material untersuchen zu müssen. Tatsächlich würde die Untersuchung von sekundärem Material die Therapie unnötig verlängern. Gerade die Direktheit der Primärmethode ermöglicht uns, die Therapiezeit beträchtlich abzukürzen. Wenn analytisch orientierte Psychologen den Patienten veranlassen, seine Träume oder Assoziationen zu analysieren, während er auf der Couch liegt, dann tun sie genau das, was den Patienten davon abhalten wird, sich mit seinen Gefühlen auseinanderzusetzen. Zum Beispiel könnte ein Traum anzeigen, daß ein Patient unbewußt seiner Mutter feindselig gesonnen ist oder Angst vor seinem Vater hat. Darauf weist der Therapeut hin. Was er meiner Ansicht nach *nicht* tut, ist, zuzulassen, daß der Patient von seiner Wut überwältigt wird und sie ungehemmt hinausschreit. Nach der Freudschen Auffassung würde das als desintegriertes Verhalten angesehen. Ich finde, daß es im Gegenteil integrierend ist – daß es die unbewußten Gefühle der Person wieder in sein bewußtes System einbezieht.

Ich glaube, daß *keinerlei* Analyse wirksam ist. »›Analysiert‹ zu werden«, erklärte ein Patient, »heißt, es wird einem etwas angetan.« Er fuhr fort: »Mein Leben lang ist mir etwas ›angetan‹ worden; was ich brauche, ist das *Erleben.*«

Ich möchte ganz genau klarstellen, was ich mit der Freudschen Analyse von sekundärem Material meine. Vergegenwärtigen wir uns noch einmal das Beispiel des Urerlebnisses. Da ist ein Bedürfnis oder Gefühl, das zu fühlen nicht vermocht oder gewagt wird. Es ist blockiert, und was auftaucht, ist etwas Symbolisches – ein Ersatzgedanke oder eine Ersatzhandlung. Die Analyse von sekundärem Material ist eine Analyse dieses symbolischen Bereichs und wird unweigerlich abgeleitet in ein nicht enden wollendes Wirrsal von Symbolen wie Träume, Halluzinationen, falsche Wertvorstellungen, Selbsttäuschungen oder was auch immer. Graphisch dargestellt, würde es so aussehen:

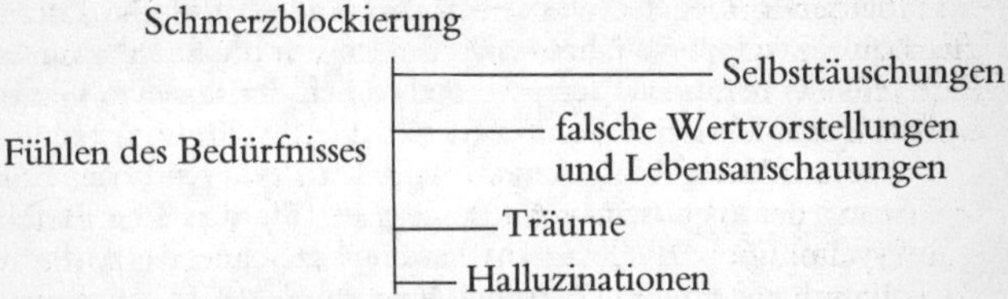

Stellen wir uns das in den einfachsten Begriffen vor. Wir haben nagenden Hunger, und das Symbol, das im Bewußtsein auftaucht, ist ein Gedanke an Essen – etwas, das dieses Bedürfnis befriedigt. Der Verstand präsentiert dem Körper automatisch korrekte Symbole, so daß Bedürfnisse befriedigt werden können und das Überleben gesichert ist. Aber angenommen, es wird verboten, »Essen« zu denken. Dann muß der Betreffende einen anderen Gedanken substituieren – einen symbolischen Gedanken. Er muß im Bewußtsein etwas *Irreales* substituieren, weil sein reales Bedürfnis noch da ist, aber blockiert wird.

Ebenso ist es mit dem Bedürfnis nach Liebe. Das Kind hat das

Bedürfnis, daß es in den Arm genommen und mit ihm geredet werde, aber es lernt bald, daß es nicht geliebt werden wird. Das Bedürfnis ist da und muß irgendwie befriedigt werden. Deshalb schafft sich das Kind Ersatz. Nun muß jeder Ersatz, da er nicht real ist, symbolisch sein. Das blockierte Bedürfnis wird in Träumen, Selbsttäuschungen, Wahnvorstellungen, Machtstreben usw. symbolisiert. Alle diese Symbole gehen von dem Fühlen des Bedürfnisses aus. Manchmal, wenn kein Weg zur Befriedigung mehr offen ist, wird der Betreffende vielleicht versuchen, das Fühlen mit Alkohol oder Drogen zu ersticken. Der Konsum von Drogen und Alkohol ist indes immer noch ein symbolisches Tun, das sich aus dem Bedürfnis ergibt. Setzt man sich mit Trinken und Drogenkonsum getrennt von diesem Bedürfnis auseinander, ist es genau dasselbe, wie wenn man sich mit Träumen, abgelöst von körperlichen Bedürfnissen, auseinandersetzt. Ich halte es für nutzlos, sich mit *irgendwelchen* symbolischen Abkömmlingen zu befassen, und eben das hat die Psychoanalyse zu einer so qualvollen, langwierigen Angelegenheit gemacht. Es ist an der Zeit, durch die Symbole hindurchzustoßen, zum Bedürfnis zu gelangen, die Therapie möglicherweise um Jahre abzukürzen und die Menschen gesund zu machen.

Eine der zentralen Folgerungen aus dem oben Gesagten ist, daß projektive Tests (Rohrschach, Thematischer Apperzeptions-Test, Männchen-Zeichnen usw.) außer in seltenen Fällen unnötig sein sollten. Projektive Tests untersuchen symbolische Projektionen. Wie ein Psychologe entscheidet, auf was projiziert wird, hängt von seiner theoretischen Auffassung ab. Ist er Jungianer, wird er die eine Sache sehen; ein Freudianer wird etwas anderes sehen und ein Adlerianer wieder etwas anderes. Das alles ist bloße Raterei, gleichgültig, wie viele Jahre wir uns auch um die Stichhaltigkeit unserer Tests bemühen, denn wir ziehen Schlüsse aus dem Gefühl eines anderen Menschen; nur er (der Patient) weiß, was es ist.

Ein wesentlicher Unterschied zwischen der Freudschen und der primärtherapeutischen Auffassung betrifft den Begriff Abwehrsystem. Die analytische Anschauung bezeichnet das Abwehrsystem als notwendig und gesund. Man würde daher kaum einen Freudschen Therapeuten finden, der eine Durchdringung und Zerstörung dieses Abwehrgebäudes erzwingt, um unbewußte Gefühle *total* zu befreien. Statt dessen würde das, was an Gefühlen aufsteigt, in ein Freudsches theoretisches System eingebaut und in diesem Rahmen erklärt und schließlich verstanden werden. Die *Bedeutung* des Gefühls würde auf diese Weise aus etwas völlig Persönlichem herausgeholt und in etwas Begriffliches abstrahiert. Darum gibt es in der Primärtherapie keine Interpretation. Das aufsteigende Gefühl enthält selbst seine Bedeutung.

Nach Ansicht der Primärtherapie gibt es kein gesundes Abwehrsystem. Abwehrsysteme sind eben die Krankheit. Das soll nicht heißen, daß in der Psychoanalyse nicht nach Gefühlen geforscht wird. Aber diese Gefühle sind gewöhnlich nicht die Urgefühle, die den Patienten zutiefst erschüttern können. Stellt ein Patient in der Psychoanalyse diese Art »Hysterie« zur Schau, so würde das im allgemeinen als ein Zusammenbruch der Abwehr angesehen werden, und es würden sofort Schritte unternommen werden, um das System wiederherzustellen, statt den Betreffenden tiefer in seine »Hysterie« hineinzubringen. Freudianer glauben, daß es in uns gewisse destruktive oder aggressive Triebe gibt, die in Schach gehalten und ausgeglichen werden müssen, damit die Person ein soziales Verhalten zeigt. Da er in diesem Rahmen arbeitet, wäre es undenkbar, daß ein Freudscher Therapeut diese »destruktiven« Kräfte entfesselt. Doch der Primärtherapeut ruft gerade diese Gefühle hervor, *damit* das unter Kontrolle gehaltene Abwehrsystem zerbricht. In dieser Hinsicht sind die Freudsche Theorie und die Primärtheorie antithetisch. Freudianer helfen dem Patienten, gewissermaßen Selbstbeherrschung zu bewahren, um das (irreale) abwehrende Selbst zu erhalten, während der Primärtherapeut dieses irreale Selbst vernichten will, um das reale, abwehrlose Selbst zu befreien.

Michaels faßt die psychoanalytische Anschauung wie folgt zusammen: »Die Medizin löst sich allmählich von dem Mythos der normalen Person ... wir alle sind relativ neurotisch. Die Grundlehrsätze der Psychoanalyse bestätigen, daß Konflikt ein wesentlicher Bestandteil des Lebens ist und Triebverzicht der Preis dafür ist, ein zivilisierter Mensch zu sein*.«

Michaels paraphrasiert dann Alexander Pope: »Neurotisch sein heißt menschlich sein.« Auch Levine glaubt das: »Normalität ... gibt es nicht«, stellt er fest**. Die Primärtheorie vertritt die Ansicht, daß Normalität sehr wohl ihren Platz in der Lebenswirklichkeit hat und Abnormität eine Perversion und Verzerrung dieses natürlichen, spannungslosen, angstfreien Zustands ist. Das ist der Kernpunkt der Meinungsverschiedenheit. Die Psychoanalyse braucht ein Abwehrsystem, weil sie eine grundlegende Angst postuliert, gegen die man sich wehren muß. Weil es in der Primärtheorie keine grundlegende Angst (oder destruktive Emotionen, die aufgegeben werden müssen) gibt, sind Abwehrmechanismen nicht nötig.

Wilhelm Reich

1942 schrieb Reich: »Die Neurose ist nicht etwa nur der Ausdruck einer Störung des psychischen Gleichgewichts, sondern in einem

* Joseph J. Michaels, »Character Structure and Character Disorders« in Silvano Arieti, Hg., *American Handbook of Psychiatry*, New York, 1959.
** Maurice Levine, *Psychotherapy in Medical Practice*, New York, 1942.

weit berechtigteren und tieferen Sinne noch der Ausdruck einer chronischen Störung des vegetativen Gleichgewichts und der natürlichen Beweglichkeit*.«

Reich erklärt, daß muskuläre Verkrampfung nicht einfach eine Folge von Verdrängung sei, sondern den wesentlichen Teil des Verdrängungsprozesses darstelle: »Unsere Patienten berichten ausnahmslos, daß sie Perioden in der Kindheit durchmachten, in denen sie es durch bestimmte Übungen im vegetativen Verhalten (Atem, Bauchpresse etc.) lernen, ihre Haß-, Angst- und Liebesregungen zu unterdrücken.« Reich weist darauf hin, daß Neurose nicht allein ein psychischer Vorgang ist, sondern daß jeder seelische Vorgang zugleich auch ein körperlicher ist.

Wichtig an seiner Betrachtungsweise ist seine Überzeugung, daß diese psychophysische Struktur auf physische Weise angegangen werden kann: »(Die muskulären Haltungen) bieten nämlich die Möglichkeit, den komplizierten Umweg über die psychischen Gebilde wenn nötig zu vermeiden und direkt von der körperlichen Haltung ins Gebiet der Triebaffekte durchzubrechen. Dabei erscheint der verdrängte Affekt *vor* der entsprechenden Erinnerung.« Daher bedienen sich viele der heutigen Reichschen Therapeuten vor allem gewisser Handgriffe, um die körperliche Spannung zu lockern. Und ein Patient, der bei einem Reichianer gewesen war, sagte, daß diese Übungen tatsächlich oft die Spannung erleichtern. Aber weil sie nicht von einer seelischen Verknüpfung begleitet waren, haben sie offenbar keine anhaltende Wirkung gehabt.

Dennoch hatte die Reichsche Theorie einiges Wichtige über die physischen Aspekte der Neurose zu sagen. Später verknüpfte Reich einen Großteil seiner Theorie mit einer bizarren sexuellen Konzeption, die ihn in den Augen eines Teils der wissenschaftlichen Welt diskreditierte. Aber wenn wir von diesem ausgeprägten sexuellen Aspekt einmal absehen, zeigt sich, daß Reich der primärtheoretischen Auffassung nahekommt: »Wir denken dabei an das ›Erkalten‹ der Kinder, die erste und wichtigste Erscheinung bei der endgültigen Sexualunterdrückung im 4. bis 5. Lebensjahr. Dieses Erkalten wird im Beginn immer als ein ›Todwerden‹ oder ›Eingepanzert-‹, ›Eingemauertwerden‹ erlebt. Später mag in dem einen oder anderen Fall das Gefühl des ›Gestorben-‹ oder ›Totseins‹ durch überdeckende psychische Funktionen zum Teil kompensiert sein, etwa durch oberflächliche Heiterkeit oder kontaktlose Geselligkeit.« Ich glaube, daß Reich von den Anfängen der Neurose spricht. Das »Totsein«, das Überdecken mit einer Abwehr usw. ist das, was ich der Primärszene zuschreibe. Selbst das Alter des Beginns ist ähnlich.

In den Brennpunkt des Interesses rückte für Reich die Bauch-

* Wilhelm Reich, *Die Entdeckung des Orgons*, Köln und Berlin, 1969, S. 258ff.

spannung: »Es erscheint mir heute unbegreiflich, wie es möglich war, Neurosen auch nur einigermaßen zu lösen, ohne die Symptomatik des *plexus solaris* (Sonnengeflecht) zu kennen; so große Bedeutung gewinnt die Bauchspannung in unserer Arbeit.« Er spricht dann darüber, wie die Bauchspannung zu flachem Atmen führt und wie man im Zustand der Angst mit Hilfe der Bauchpresse den Atem anhält.

Reich glaubte, bei eingeschränkter Atmung werde dem Körper weniger Sauerstoff zugeführt. Wenn weniger Energie im Organismus erzeugt wird, dann wird, so folgerte er, weniger Spannung hervorgerufen. Zwar bin ich durchaus nicht sicher, ob dem so ist, finde aber, wir sollten nicht leugnen, daß Reich zu wichtigen Erkenntnissen über den Zusammenhang zwischen Atmung und Neurose gelangt ist. Ich stelle fest, daß ich immer automatisch herauszufinden versuche, wenn ich einen Patienten zum erstenmal sehe, wo seine Stimme herkommt und wie er atmet.

Ich habe Reich zitiert, weil ich mittlerweile glaube, daß bei der Psychotherapie die Tendenz bestand, den Körper und seinen Beitrag zur Neurose zu vernachlässigen. Weil die Neurose oft ein entkörperlichtes Phänomen (ein Abspalten vom Körper) ist, haben wir sie behandelt, als ob sie wirklich *nur* etwas Entkörperlichtes und Seelisches wäre. So finden wir bei den Konditionierungs- oder Verhaltenstherapien das Schwergewicht auf der Assoziation von Vorstellungen oder die Ersetzung von Vorstellungen bei der rationalen Therapie. Indes glaube ich, daß die modernen Reichianer in die entgegengesetzte Richtung geraten sind – das heißt, es besteht eine Tendenz, Denkprozesse zu vernachlässigen bei dem Bestreben, die physische Spannung zu lockern. Die Primärtheorie vertritt die Ansicht, daß der Organismus eine *psycho*physische Einheit ist. Jede Methode, die eine anhaltende und durchschlagende Wirkung haben soll, muß diese Einheit in Betracht ziehen.

Meine Bedenken gegen die verschiedenen Techniken wie Berührungstherapie, Körperbewegung oder Schwimmtherapie – Therapien, die den Körper »befreien« sollen – wären dieselben wie gegen die in der Reichschen Therapie angeführten. Ich möchte meinen, daß jedes physische Verfahren implizite den neurotischen Prozeß fortsetzt durch eine »entkörperlichte« Technik, bei der seelische Verknüpfungen vernachlässigt oder zumindest nicht betont werden und der Körper behandelt wird, als wäre er ein von der Seele getrenntes Gebilde. Ich glaube nicht, daß man den Körper wirklich befreien kann, es sei denn vorübergehend, solange tief verborgene Urschmerzen da sind, die ständig *physische* (und auch seelische) Spannung erzeugen. Ich meine, daß der physische Versuch es symbolisch tut. Ein Beispiel für das, was ich mit diesem Symbolismus meine, ist die an anderer Stelle erwähnte Gruppentherapie, bei der sich eine Person in einem Kreis von anderen, die sich untergehakt haben, aufstellen und »ausbrechen« muß.

Ich meine, daß die Seele von schmerzlichen Erinnerungen, die das ganze System innervieren, nicht durch Übungen befreit werden kann, durch die der Körper beweglicher und integriert werden soll. Diese Erinnerungen wirken auf ein Niveau unterhalb des Bewußtseins und senden weiterhin Impulse an den übrigen Organismus, um vor Gefahr zu warnen; diese Gefahr wird meiner Ansicht nach weiterbestehen, bis sie gefühlt und aufgelöst wird. An diesem Punkt wird eine echte Entspannung einsetzen, und körperliche Übungen können hier wirklich nützlich sein. Ich hätte denselben Einwand gegen jene Methoden, die den Geist zu klären hoffen, indem sie die Person auf »gesunde« Gedanken hinlenken. Man mag Urerinnerungen ignorieren und durch »erfreuliche« Gedanken ersetzen, aber das löscht den Urschmerz nicht aus. Verknüpfung ist nicht nur wünschenswert, sondern wesentlich für das System der Primärtherapie.

Bei dem Thema Neurose dürfen wir die Ätiologie nicht außer acht lassen: Was bewirkt, daß jemand jahre- und jahrzehntelang ununterbrochen in Spannung ist? Gewohnheit? Eine konditionierte Reaktion auf die Welt? Vielleicht, aber ich glaube, es ist komplizierter als einfaches Lernen. Spannung ist ein Zeichen, daß ein System versucht, die Bedürfnisse des Körpers aufzuheben. Das System ist untauglich, gelinde gesagt, denn es versucht es immer wieder auf ungeeignete Weise und sieht nie ganz ein, daß es so niemals das, was gebraucht wird, erreichen wird. Mit diesem ineinandergreifenden Netzwerk müssen wir uns befassen, nicht nur mit Teilen davon, etwa mit Armen und Beinen bei der Tanztherapie, mit der Sprache bei der Gesprächstherapie oder mit einer verstopften Nase bei der allergischen Desensibilisierungsmethode. Wir müssen begreifen, daß zum Beispiel Benommenheit im Kopf der Druck des Körpers ist, der sich auf einen Bereich konzentriert. Mit dem Druck müssen wir uns befassen, sonst wird der Betreffende gezwungen sein, sein Leben lang die Benommenheit im Kopf durch Naseputzen zu lindern.

Behavioristische oder Konditionierungsschulen

Konditionierungstechniken werden unter Therapeuten immer beliebter, besonders in Nervenkliniken und an Universitäten. Ohne zu versuchen, die umfangreiche Literatur auf diesem Gebiet zu erforschen, will ich einige allgemeine Voraussetzungen der zugrunde liegenden Konditionierungsmethode besprechen. Die wichtigste ist, daß emotionale Probleme die Folge von ungünstigen Lernbedingungen seien. Die Neurose, so wird angenommen, entstehe durch falsche Erziehung. Aus Belohnungs- oder Bestrafungsgründen habe der Neurotiker gewisse fehlangepaßte oder unangemessene Reaktionen oder Gewohnheiten *gelernt*. Diese

Gewohnheiten sind anhaltend und verstärken sich mit der Zeit. In seinem Buch *Condition Reflex Therapy* erklärt Andrew Salter:

»Fehlanpassung ist schlechtes Konditionieren, und Psychotherapie ist Re-Konditionieren. Die Probleme des Individuums sind das Ergebnis seiner sozialen Erfahrungen, und wenn wir seine Methoden der sozialen Beziehungen ändern, ändern wir seine Persönlichkeit. Wir befassen uns nicht damit, dem Individuum eine mehrschichtige Kenntnis seiner Vergangenheit zu vermitteln – ›Sondieren‹ genannt. Wir sind daran interessiert, ihm Reflex-Kenntnis seiner Zukunft zu vermitteln – ›Gewohnheiten‹ genannt.«

Diese Formulierung von Salter scheint die allgemeine Auffassung einer Reihe von Konditionierungsschulen wiederzugeben, obwohl sie sich in vielen Punkten auch unterscheiden. Im wesentlichen scheint es darum zu gehen, daß man lernt, glücklich zu sein, indem man emotionale Gewohnheiten lernt, genau wie man *gelernt* hat, unglücklich zu sein. Hier beschäftigt man sich also damit, wie die Menschen im großen und ganzen »funktionieren«. Wenn sie auf anpassungsfähige, wirkungsvolle und produktive Weise »funktionieren«, wäre das also ein Anzeichen für emotionale Gesundheit. Über das richtige Funktionieren habe ich an anderer Stelle gesprochen und möchte hier nur wiederholen, daß es wenig darüber aussagt, wie eine Person fühlt oder *ob* sie fühlt, während sie sich normal verhält. Patienten, die in bezug auf Stellung, Status und Einkommen recht gut funktioniert haben, sagten, sie fühlten sich »tot«, und alles, was sie taten, sei bedeutungslos gewesen, sei mechanisch geschehen. Während sie vielleicht schon früh im Leben »mechanisiert« wurden durch zwei sehr tüchtige Konditionierungsmaschinen (die Eltern), die neurotisches Verhalten belohnten und »gutes« Verhalten bestraften, kann, glaube ich, der dabei entstandene Urschmerz nicht durch eine Richtungsänderung des Symptoms oder des Oberflächenverhaltens ausgeräumt werden.

Es finden sich in der Literatur zahlreiche Beschreibungen von Konditionierungstherapien. So war in einer Nervenklinik folgende Methode bei Alkoholikern angewandt worden: Es wurde eine Bar aufgebaut, und jedesmal, wenn der Patient an einem alkoholischen Getränk nippt, bekommt er einen harmlosen, aber schmerzhaften Elektroschock. Die Strommenge wird erhöht, bis der Patient den Alkohol in eine Schale vor ihm ausspuckt, und dann wird der Strom abgeschaltet. Das wird operante Konditionierung genannt. Der Gedanke dabei ist, ein bestimmtes »schlechtes« Verhalten, das »auskonditioniert« werden soll, mit einem unangenehmen Reiz zu verbinden und die unerwünschte Gewohnheit dadurch zu vertreiben, daß dabei ein Unlustgefühl verspürt wird.

Bei einer anderen Art von negativer Konditionierung wird

einer Gruppe homosexueller Männer eine Reihe von Karten gezeigt. Auf einigen von ihnen sind Bilder nackter Männer. Jedesmal, wenn diese Karten aufgedeckt werden, erhält die Versuchsperson einen Elektroschock. Man hofft, daß der Anblick der nackten Männer so viel Schmerz und Unlust erregt, daß er den Betrachter von der Homosexualität abschreckt. Eine positive Konditionierungsmethode ist in England bei männlichen Homosexuellen angewandt worden. Sie wurden aufgefordert, bis zur Ejakulation zu masturbieren, dann wurde ein Knopf gedrückt und das Bild einer nackten Frau gezeigt. Hier sollte der sexuelle Genuß mit Frauen assoziiert und damit die bisherigen homosexuellen Neigungen ausgetrieben werden.

Diese Experimente beruhen auf der Annahme, daß man neue Gewohnheiten durch Assoziationen – lustvolle und unlustvolle – lerne. Während es recht vernünftig erscheint anzunehmen, daß die Menschen diejenigen Verhaltensweisen praktizieren werden, die belohnt werden, und die anderen aufgeben, die nicht belohnt werden, läßt diese Methode die Psychodynamik außer acht, die einer neurotischen Gewohnheit zugrunde liegt. Im Fall des Homosexuellen zum Beispiel wird die ungeheure Entbehrung an Liebe und das große Bedürfnis, im Arm gehalten und liebkost zu werden, ignoriert; statt dessen wird dem Patienten sein Bedürfnis mehr oder weniger mit Gewalt oder Strafe »ausgetrieben«. Das heißt, der *Ausdruck* seines Bedürfnisses wird abgewehrt, so daß es immer tiefer ins Verborgene getrieben wird und damit die Neurose verstärkt. Man kann ein Bedürfnis nicht auskonditionieren, denn es ist real. Das Bedürfnis wird, glaube ich, immer neue Auslaßventile finden, wenn die alten abgedichtet werden. Meiner Ansicht nach werden die Konditionierungstechniken eine Verstärkung der Spannung zur Folge haben und dafür sorgen, daß später andere, vielleicht ernstere Symptome auftreten.

Ich bin nicht der Meinung, daß man die Krankheit behandelt, wenn man sich mit den Symptomen befaßt; die Spannung als solche wird bei diesen Konditionierungstechniken gewöhnlich nicht behandelt.

Die Primärtherapie unterscheidet sich von den Konditionierungsmethoden wie von fast allen anderen. Statt die Ängste einer Person als etwas Eigenständiges anzusehen, glaubt die Primärtherapie, daß es die *Person* ist, die Angst hat.

Die Primärtherapie befaßt sich mit dem inneren Prozeß, während die Konditionierungsmethoden sich mit offenem Verhalten beschäftigen. So wird in der Primärtherapie eine gegenwärtige Angst nicht als solche behandelt, sondern wird als aus etwas Vergangenem hervorgegangen angesehen. Wenn es sich um eine Phobie handelt, würde die Primärtheorie also darauf hinweisen, daß das Gefühl (in diesem Fall Angst) immer real ist, aber der Kontext symbolisch. Die Person hat nicht wirklich Angst etwa vor Höhen, sondern vor etwas, das sie nicht versteht. Die Konditionierungstheorie würde sich wohl mit dem geschilderten Symptom befassen, der Angst vor Höhen, und versuchen, die Person dazu zu bringen, in solchen Situationen entspannter zu sein. Die Primärtherapie versucht, die richtige Verknüpfung zu der Angst herzustellen. Die Verknüpfung, glaube ich, eliminiert verallgemeinerte Angst und das Bedürfnis, sich auf Ersatz zu konzentrieren.

Bei einigen der Konditionierungsmethoden wird implizite vorausgesetzt, daß der Mensch mehr oder weniger eine Maschine sei, deren Verhalten durch äußere Manipulation geprägt oder ausgemerzt wird, ohne daß das Bewußtsein eingreift. Drillmethoden in der Erziehung oder beim Militär scheinen eine Erweiterung dieser Philosophie zu sein. Es wird angenommen, eine Neurose könne auf die Dauer verändert werden, obwohl der Patient keine Ahnung hat, was sein irrationales Verhalten veranlaßte oder unter welchen Umständen es endete. Abgesehen davon, daß ich aus psychologischen Gründen anderer Meinung bin, mache ich mir darüber Sorgen, daß die heutigen Konditionierungstechniken sich so ausbreiten und akzeptiert werden. Diese Vorstellung von Menschen als Einheiten, die auf diese oder jene Weise manövriert werden können, ist ein Teil des allgegenwärtigen Zeitgeistes, ein Teil der Entmenschlichung des Menschen, wobei Gefühle, angestrebtes Ziel und Intellekt nur zweitrangige Erwägungen sind bei der Bemühung, Ergebnisse zu erzielen. Ich glaube, die mechanistische Behandlung von Menschen ist ein Teil der jetzigen Krankheit und das, was ursprünglich dazu beitrug, die Neurose hervorzubringen. Ich fürchte, die Psychologie mag eingegliedert oder hinzugerechnet werden zu der allgemeinen sozialen Mechanisierung, bei der symptomatische Effekte, sowohl soziale (zum Beispiel Studentenproteste) als auch persönliche unterdrückt werden durch Strafmaßnahmen, ohne daß jemand die entscheidende Frage stellt: »Warum?«

Um Symptome zu verstehen, müssen wir die Ursachen untersuchen. Wir dürfen nicht vergessen, daß Menschen eine Lebensgeschichte haben.

Vielleicht besteht ein Teil des Problems darin, daß die Konditionierungsverfahren zunächst bei Tieren erprobt und dann auf Menschen angewandt wurden. Aber Menschen sind keine Tiere.

Ich glaube, die Konditionierungstheorie hat eine wichtige Funktion in der Geschichte der Erziehung und Psychologie erfüllt – nämlich auf dem Gebiet des Lernens und der Erziehung. Gewiß, es gibt besondere Umstände, die das Lernen fördern oder hindern, und eine Lerntheorie kann nützlich sein. Wie Menschen lernen, unter welchen Umständen, in welchem Alter, all das sind wichtige Forschungsgebiete. Aber ich glaube nicht, daß das Lern-Modell einer so komplizierten Angelegenheit wie dem neurotischen

Prozeß gerecht werden kann. Bedürfnisse sind beides, körperlich und seelisch-geistig, und ich sehe nicht ein, wie jemand Bedürfnisse vernachlässigen und dennoch der Meinung sein kann, er tue etwas gegen die Neurose. Ich halte den neurotischen Prozeß für total psychophysisch, während der Lernprozeß in erster Linie geistig ist. Daher können Manipulationen des seelisch-geistigen Systems allein das psychophysische System qualitativ nicht ändern.

Die rationale Schule

Die rationale Methode ist die neueste Schöpfung von Albert Ellis. Diese Theorie wird oft nicht als behavioristische Methode eingestuft, einige ihrer Techniken sind ihr jedoch ähnlich. Zum Beispiel könnte ein rationaler Therapeut einen Homosexuellen dazu anregen, es mit heterosexuellem Verhalten zu versuchen, während er sich dabei derartige Sätze vorsagt wie: »Ich mag Frauen; ich habe keine Angst; ich mag Sex.« Auf das Verhalten kommt es an, und man hofft, daß durch die Verbindung von »wünschenswertem« Verhalten mit den richtigen seelischen Assoziationen die Gewohnheiten sich ändern werden. Im Grunde genommen glaubt die rationale Schule, daß sich der Neurotiker etwas Falsches vorsagt. Das heißt, unbewußt wiederholt er Sätze, die Fehlanpassung oder irrationales Verhalten hervorrufen. Wenn sich der Patient dieser Sätze bewußt wird und sie so verändert, daß sie rationaler sind, wird angenommen, daß sein Verhalten diesem Beispiel folgt. In einer 1968 erschienenen Broschüre sagte Albert Ellis dazu:

»Die Methode des (Rationalen) Instituts beruht auf der Überzeugung, daß Individuen lernen können, rational zu leben, indem sie bewußt sehen, daß ihre selbstzerstörerischen Emotionen und Verhaltensweisen aus ihrer unlogischen Lebensauffassung stammen. Sie erlangen diese Ideen auf biosozialem Wege, verinnerlichen sie dann und wiederholen sie ständig. Der Therapeut hilft dem Patienten, diese selbstschädigenden Überzeugungen in Frage zu stellen, wobei er Methoden der Verhaltensänderungen anwendet*.«

Meiner Ansicht nach leben Menschen nicht wegen unlogischer Lebensauffassungen irrational. Sie verhalten sich irrational, weil sie früh im Leben nicht rational und in Übereinstimmung mit ihren Gefühlen handeln durften. Ich sehe die Menschen als im wesentlichen rational an. Irrationale Lebensauffassungen entstehen meiner Meinung nach, um neurotisches Verhalten zu erklären oder zu »rationalisieren«. Wer seine eigene Wahrheit verleugnet, ist gezwungen, ein ganzes Netz von »Unwahrheiten« zu spinnen. Sich nach den eigenen, wahren Gefühlen zu richten, scheint ein

* Institute for Rational Therapy; Broschüre 1968.

von Natur aus rationales Bestreben zu sein, und wenn postprimäre Patienten schließlich die Wahrheit fühlen, dann vermögen sie bei vielen Dingen im Leben rational zu werden ohne irgendwelche langwierige intellektuelle Diskussion. Warum haben sie sie vorher nicht verstanden? Weil die Verleugnung von Gefühlen auch deren Wahrnehmungen und Verstehen einschließt. Verleugnungen machen Ersatz- (und daher falsche) Überzeugungen notwendig.

Ellis erwähnt »*selbst*zerstörerische« Emotionen. Der Begriff selbstzerstörerische Emotionen findet sich in manchen Theorien. Ich glaube nicht, daß es Emotionen gibt, die das Selbst zerstören. Vielmehr ist es die *Verleugnung*, die diese Gefühle des Selbst zerstört. Gefühle können das Selbst nicht zerstören; sie gehören zum Selbst. Was oft als eine destruktive Emotion angesehen wird – Wut –, ist die Folge eines verletzten, verleugneten Selbst. Mangel an Gefühl zerstört das Selbst und ermöglicht auch die Beschädigung des Selbst anderer Menschen.

Wenn es stimmt, daß der Neurotiker irrational handelt, weil er sich die falschen Sätze sagt, warum können dann viele von uns das Richtige sagen und sich dennoch nicht ändern? Der Raucher kann sagen, daß 70 Prozent aller Raucher an Lungenkrebs sterben werden, und raucht immer noch sein Päckchen am Tag. Der Alkoholiker kann felsenfest überzeugt sein, daß Alkohol die Leber schädigt, und pichelt dennoch seinen Dreiviertelliter. Der Homosexuelle kann sich sagen, daß er in Wirklichkeit Frauen liebt, und dennoch hat er weiter Verkehr mit Männern. Wenn er Frauen haßt, haßt er sie. Sein Haß ist nichts Rationales. Er ist eine Generalisierung aus einem alten, vergrabenen Urgefühl heraus, das sich meiner Meinung nach nicht ändern kann, bis dieses Gefühl der Vergangenheit empfunden und aufgelöst ist. Der Haß eines Homosexuellen auf Frauen mag aus einer jahrelangen entsetzlichen Beziehung zur Mutter herrühren. In seinen richtigen Kontext gebracht, könnte Haß rational sein. Läßt man einen Homosexuellen mit einem grundlegenden Haß auf seine Mutter sich selbst sagen, er möge Frauen, dann würde das meiner Ansicht nach seiner Fiktion und damit seiner Neurose nur Vorschub leisten.

Eine primärtherapeutische Patientin, die eine rationale Therapie durchgemacht hatte, erklärte mir diese Behandlung: »Ich erinnere mich, daß ich einmal dem Arzt sagte, ich sei völlig durcheinander, weil mein Freund mich verlassen habe. Er sagte, mein Verhalten sei irrational, und ich müßte mir selbst sagen, daß ich wirklich ohne ihn leben könne und keine Liebe brauche, um zu überleben. Ich mußte also so tun, als sei mir so zumute, wie mir nicht zumute war. Ich konnte mich wirklich nicht davon überzeugen, daß ich ohne meinen Freund leben könnte. Jetzt verstehe ich, warum. Ich habe gefühlt, was ich aus diesem Freund herauszuholen versuchte – einen fürsorglichen Vater.«

Ich glaube, der grundlegende Unterschied zwischen der primärtheoretischen und der rationalen Auffassung ist die Rolle, die die Lebensanschauung des Betreffenden bei der Neurose spielt. Ellis glaubt, die Menschen handeln in Übereinstimmung mit einer profunden, aber unbewußten Lebensauffassung, die bewußt gemacht werden muß. Nach Ansicht der Primärtheorie werden Lebensauffassungen entsprechend der Auseinandersetzung mit dem Urschmerz gebildet – das heißt, wer sich selbst gegenüber ehrlich ist, wird auch unverbogene Vorstellungen, Einstellungen und Lebensauffassung haben.

Realitätstherapie

Was ich bei jeder auf die Gegenwart gerichteten, sich nur mit dem Jetzt auseinandersetzenden Therapie ganz besonders falsch finde, ist, daß sie die Vorgeschichte des Patienten oder überhaupt die Tatsache, daß neurotisches Verhalten eine Vorgeschichte hat, vernachlässigt. Die Realitätstherapie wird heute aus zwei Gründen weitgehend akzeptiert. Erstens ist sie stark vereinfachend und daher für jene ansprechend, die sich nicht die Mühe machen wollen, in die Tiefe zu gehen. Zweitens, und das ist wichtiger, paßt sie vortrefflich zum kulturellen Modetrend – eben dem kulturellen Zeitgeist, der meiner Ansicht nach Neurose erzeugt –, nämlich zu den Vorstellungen von Handeln und Verantwortlichkeit. Das ist eine Einstellung von: »Tun wir uns zusammen und schaffen was« – ganz gleich, wie einem dabei zumute ist. »Verantwortlich« handeln wird stark betont. Diese Verantwortung scheint immer gegenüber einer anderen Person oder Sache zu bestehen, nicht gegenüber dem Selbst. Nach meiner Ansicht geht die Realitätstherapie gerade der Realität aus dem Weg – der Realität des Patienten. Sie möchte, daß der Patient einer Welt die Stirn bietet, in der er oft nicht lebt und nicht leben kann – bis er fühlt, was ihn dazu veranlaßt, sich so zu verhalten, wie er sich verhält.

Der folgende Bericht einer Patientin zeigt deutlich die Unterschiede zwischen der Primär- und der Realitätstherapie:

»Vor dreieinhalb Jahren, dicht vor einem Nervenzusammenbruch, begann ich mit der Realitätstherapie. Ich hatte das Buch *Reality Therapy* gelesen und entnahm daraus, daß die Neurose beginnt, wenn menschliche Grundbedürfnisse nicht befriedigt werden. Laut dem Autor sind diese Bedürfnisse: lieben und geliebt werden, und fühlen, daß wir für uns und andere etwas wert sind. Um etwas wert zu sein, heißt es, muß unser Verhalten gewissen Maßstäben entsprechen. Das erreichen wir, indem wir uns realistisch, verantwortlich und richtig verhalten. Diese Auffassung erschien mir angemessen und brauchbar, und ich glaubte, ich könne leicht gesund werden, denn mein ganzes Leben lang hatte ich mich von dem leiten lassen, was ›realistisch, verantwortlich und richtig‹ ist. Mit zweiundzwanzig war ich Englischlehrerin an einer höheren Schule, und jedermann hätte mich als ›sozial akzeptabel‹ erachtet. Aber was war schief gelaufen – warum ging ich kaputt? Die Realitätstherapie, glaubte ich, würde mir helfen, meine Fehler zu entdecken.

Während meiner Therapiesitzungen sprach ich von meinem betrüblichen Verhältnis zu meinem Freund und auch von meinen Eltern und meiner allgemeinen Enttäuschung vom Leben. Ich fand, daß mein Therapeut aufmerksam war, als er da hinter dem imposanten Schreibtisch auf einem gewaltigen Ledersessel saß und dauernd Zigaretten rauchte. Die Lösung meiner Probleme erschien ganz einfach: Ich mußte jemanden finden, der wirklich an mir interessiert war und mir das Gefühl eingeben würde, daß ich etwas wert sei. Die implizite Voraussetzung bei alledem war, daß ich Signale von außen brauchte und nicht von mir, um zu wissen, daß ich geschätzt war.

Kurz vor Schluß jeder Sitzung fragte mich der Therapeut: ›Nun, welche Schritte wollen Sie ergreifen, um Ihre Lage zu bessern?‹ Demütig gab ich die Antworten, die ich für richtig hielt: Ich würde versuchen, meinen Freund nicht zu sehen; ich würde netter zu meinen Eltern sein; ich würde mich mehr in meine Arbeit knien. Rückblickend ist mir klar, daß ich eben die Schminke des ›sozial akzeptabel‹ noch dicker auftrug, die ich mein Leben lang aufgelegt hatte, und unter dieser Maske ein sehr unglückliches Ich verbarg. Ich wußte, was ich sagen sollte, und ich spielte das Therapeut-Klient-Spiel, ohne mit der Wimper zu zucken und mit ausdruckslosem Gesicht. Ich war immer eine gute Schülerin gewesen, und die Therapie war nur eine weitere Sache, die gut zu machen ich ›lernen‹ würde.

Trotz der guten Noten, die ich mir in der Therapie verdiente (da ich den Beifall des Therapeuten errang), stellte ich fest, daß der Entschluß, sich zu ändern, nicht so leicht in die Tat umgesetzt werden kann. Da ich meine allwöchentlich gefaßten guten Vorsätze nicht zu verwirklichen vermochte und daraus den Schluß zog, daß ich keine Fortschritte machte, beendete ich die Therapie. Zwei Monate später heiratete ich meinen Freund, und nach weiteren sechs Monaten und bitteren Enttäuschungen für uns beide trennten wir uns. Ich war wieder im Sprechzimmer des Therapeuten und glaubte, mein jetziges Unglück sei darauf zurückzuführen, daß ich von Anfang an seinen Rat nicht befolgt hatte. Jetzt beschlossen wir, daß ich meinen Mann für immer verlassen, eine neue Stellung suchen und ein neues Leben beginnen sollte, um jemanden zu finden, der mich wirklich liebt. Ich fand auch eine neue Stellung, und vorübergehend waren meine Gedanken von meinen Problemen abgelenkt. Doch dauerte es keine drei Wochen, da war ich wieder bei meinem Mann. Jetzt begann ich, ihn zur Therapie zu schleppen (eine ›Bedingung‹ unserer Wiedervereinigung), und wir pflegten die Therapiestunde damit zu verbringen, uns anzuschreien. Dieser Versuch der gegenseitigen Spannungsminderung brachte den Therapeuten zu der Überzeugung, daß wir getrennt zur Behandlung kommen sollten. Wir folgten seinem Rat, und nach kurzer Zeit gelang es, eine Atmosphäre herzustellen, die der Ruhe vor oder nach einem Sturm ähnelte.

Was die Entfremdung von meinen Eltern betrifft, so überredete ich schließlich meine Mutter, mit mir zur Therapie zu kommen. Das war unsere einzige gemeinsame Sitzung; denn die ganze Stunde über schwadronierte und faselte sie davon, eine wie gleichgültige Tochter ich sei, was für ein braves kleines Mädchen ich früher gewesen und wie gekränkt sie sei und daß *sie* sich ›abgelehnt‹ vorkomme. Der Therapeut schlug vor, die Vergangenheit zu vergessen und die Gegenwart zu verbessern. Obwohl meine Eltern weiterhin kein Verständnis für mich hatten, reserviert blieben und mich immer noch kritisierten, errichteten wir die ›sozial akzeptable‹ Fassade der Eltern-Tochter-Beziehung. Ich sagte meinem Therapeuten, daß ich meine Eltern besuche: Auftrag erfüllt.

An diesem Punkt wurden im Rahmen der Realitätstherapie meine Grundbedürfnisse befriedigt. Ich redete mir ein, daß ich von meinem Mann und meinen Eltern geliebt werde, obwohl ich mich innerlich entsetzlich leer und unglücklich fühlte. Ich glaubte oder ›wußte‹ vielmehr, daß ich etwas wert sei, weil ich einen Beruf und meinen Mann hatte, der jetzt eine wichtige Stellung innehatte. Wir verhielten uns beide ›realistisch, verantwortlich und richtig‹. Dennoch gab es kein wirkliches Glück, keine echte Zufriedenheit, keinen Frieden. Es war uns lediglich gelungen, den Aufruhr, der in uns beiden tobte, gleichsam einzusperren. Wir beendeten die Therapie und konnten ›es mit dem Leben aufnehmen‹ und ›spuren‹.

Ein Jahr später folgte ich meinem Mann und ging mit ihm zur Primärtherapie. Es war ein Jahr heftiger Streitereien, der Verbitterung und Verzweiflung gewesen, und ich hatte mehrmals Selbstmord in Erwägung gezogen. Die Realitätstherapie hatte mich nur ›gelehrt‹, mein Verhalten zu ändern, aber von der Quelle des Elends hatte ich mich keineswegs befreit. Ganz eindeutig hatte diese Therapie die unvermeidliche Konfrontation zwischen mir und meiner tiefsitzenden Krankheit einfach hinausgezögert. Heute empfinde ich meine alten Schmerzen und bin auf dem Weg zur Gesundheit, und nicht nur zu vorübergehender Linderung.

Die Unterschiede zwischen den beiden Therapien sind mir ganz klar. Während ich bei der Realitätstherapie eine Stunde lang alles verstandesmäßig ergründen und geschickt formulieren – kurz gesagt, daherschwätzen – mußte, verwende ich jetzt so viel Zeit, wie ich brauche, darauf, meinen Urschmerz zu fühlen. Je mehr Urschmerz ich fühle, um so weniger Urschmerz habe ich. Mir ist jetzt klar, daß ich nicht Rat von außen brauche, sondern daß das Fühlen meines Urschmerzes helfen wird. Rat von außen zwingt mich nur, einem mir auferlegten Verhaltensmaßstab zu entsprechen, ohne Rücksicht darauf, wer ich bin und wie ich fühle. Es ist die Norm der neurotischen Gesellschaft, und die Realitätstherapie sieht es leider als das Ziel an, der gesellschaftlichen Norm zu entsprechen; kurz gesagt, sich ›realistisch, verantwortlich und richtig‹ zu verhalten. Ironischerweise hat mich gerade die Realitätstherapie irreal bleiben lassen, weil ich dieses Verfahren unterstützte. Dagegen stoße ich in der Primärtherapie die Schichten meiner unwirklichen Person ab, die Fassade, die glatte Maske. Da wird nicht Reklame dafür gemacht, man müsse ›kämpfen‹ oder ›spuren‹ können; da wird einfach das, was an mir unwirklich ist, niedergerissen, bis ich ein vollständig fühlender Mensch werde.

Die Realitätstherapie behauptet, die Grundbedürfnisse des Menschen können durch irgend jemanden oder eine Reihe von Menschen befriedigt werden. Dabei wäre ich immer neurotisch geblieben, weil ich angespornt worden wäre, nach etwas zu suchen, was nicht gefunden werden kann, denn was ich brauchte, war die Liebe meiner Eltern. Die Primärtherapie dringt bis zum Kern der Sache vor: Nur meine Eltern hätten diese infantilen Bedürfnisse befriedigen können. Ich erwarte nicht mehr von meinem Mann, daß er die Lücke schließt, die mein Vater ließ. Wenn ich gesund bin, werde ich meinen Mann ihn selbst sein lassen können, ihn um seiner selbst willen lieben und nicht als Ersatzvater.

In der Realitätstherapie wurde meine Neurose verstärkt, weil der Therapeut mein Ersatzvater wurde: Er war freundlich, sanft, aufmerksam und hörte mir so zu, wie mein Vater es nie getan hatte. Daher war ich nicht mehr von mir selber, sondern nur noch von dem Therapeuten abhängig. Auf diese Weise hätte die Therapie endlos gedauert, und Fortschritte wären unmöglich gewesen. Ich habe nicht gefunden, daß die Prämisse der Realitätstherapie stimmt, wonach der Patient, der glauben kann, daß er dem Therapeuten etwas wert sei, dieses Wertsein in anderen Beziehungen zu wiederholen vermag. In der Primärtherapie habe ich Distanz zu meinem Therapeuten. Ich fühle nur mich, meine Einsamkeit und die Wahrheit, daß nur ich allein mich um mich kümmern kann.

Die Primärtherapie konfrontiert mich mit dem, was mich krank machte, und gibt sich nicht damit ab, mir beizubringen, wie ich mein neurotisches Verhalten in neue Bahnen lenken kann. Die Realitätstherapie wollte, daß ich meine Vergangenheit als erledigt und die Gegenwart für belanglos ansehe. Aber die Primärtherapie erkennt, daß die Vergangenheit nicht gedanklich ›vergessen‹ werden kann. Die Vergangenheit muß heraufbeschworen und erinnert werden, und das ist entscheidend und der Kernpunkt der

Therapie, sie muß gefühlt werden, damit man frei ist, eine Gegenwart zu haben. Zum erstenmal in meinem Leben habe ich die Hoffnung, daß die Leere in mir gefüllt und die schwere Last des Urschmerzes von mir genommen werden wird.«

Transzendentale Meditation

Eine neuere Mode unter Studenten, Musikern und Künstlern, die transzendentale Meditation, wird von Jogis wie Maharishi Mahesh verbreitet. Zur Meditation gehört die Wiederholung eines Mantra (eines Sanskrit-Zauberspruchs) bei gleichzeitiger Konzentration auf das Bild Gottes, ohne sich innerlich oder äußerlich ablenken zu lassen. Atemübungen gehören dazu, so daß im allgemeinen kurz vor der Erreichung des Höhepunkts oder der »Transzendenz« der Atem kaum noch wahrnehmbar ist. All das geschieht inmitten von Blumen, wallenden Gewändern und Weihrauch. Das Ziel ist ein Einssein mit Gott, eine höchste Entspannung, die das Gefühl von Glückseligkeit erweckt. Bei der Meditation soll das irdische Ich transzendiert und das geistige Ich mit dem Ziel der Selbstverwirklichung erreicht werden. Der Gründer des Ramakrishna-Ordens, Vivekananda, beschreibt den Zweck der Meditation:

»Die größte Hilfe für das geistige Leben ist Meditation. Bei der Meditation entziehen wir uns allen materiellen Umständen und fühlen unsere göttliche Natur. Je weniger an den Körper gedacht wird, um so besser. Denn der Körper ist es, der uns herabzieht. Das Gebundensein, die Identifikation, macht uns unglücklich. Das ist das Geheimnis: ›glauben, daß ich ein Geist bin und nicht der Körper, und daß das ganze Universum mit all seinen Beziehungen, mit all seinem Guten und all seinem Bösen nur eine Reihe von Gemälden ist, Szenen auf einer Leinwand, die ich betrachte*.‹«

Die einzige Möglichkeit, die Meditation zu beschreiben, ist für mich, sie ein Anti-Urerlebnis zu nennen. Sie bedeutet Loslösung statt Verknüpfung, Verleugnung des Selbst, statt es zu fühlen, und sie hält es für nötig, den Geist vom Körper abzuspalten. Sie scheint ihrem Wesen nach solipsistisch zu sein, denn nichts existiert wirklich, es sei denn als Gemälde auf einer Leinwand.

Damit soll nicht gesagt sein, daß Meditation nicht der Entspannung dienen könne. Ein Patient, der viele Jahre ranghoher Vedanta-Mönch war, erklärt, er habe zwölf Jahre lang sein Mantra wiederholt und transzendentale Meditation praktiziert und sich oft in einem Zustand der Glückseligkeit befunden. Aber das Endergebnis all seiner Glückseligkeit war ein völliger Zusammenbruch und das Bedürfnis nach Therapie. Vielleicht muß das erklärt werden. Ich glaube, der Zustand der Glückseligkeit ist die Folge einer voll-

* Swami Vivekananda, Works (Advaita Ashrama 1946), Bd. 27 S. 37.

ständigen Unterdrückung des Selbst, wobei man sich einem selbsterschaffenen Trugbild (Gottheit) hingibt, eine Verschmelzung mit diesem eigenen Phantasieprodukt eingeht und einen Realitätsverlust erleidet. Es ist ein Zustand totaler Irrealität, eine sozial institutionalisierte Psychose sozusagen. Wenn uns zum Beispiel ein Patient sagen würde, er sei mit Gott vereinigt, er und Gott seien eins, dann würden wir an seinem Verstand zweifeln. Aber wenn dieser Prozeß durch eine bestimmte Theologie sanktioniert ist, dann neigen wir dazu, über die inhärente Irrationalität hinwegzusehen.

Wir dürfen nicht außer acht lassen, daß jemand täglich meditieren kann und sich sein Bedürfnis nach Meditation nicht mindert. Irgendwie taucht der Dämon Spannung jeden Tag von neuem auf und muß hinwegmeditiert werden. Die Rituale, Blumen und Gewänder scheinen ein ausgeklügeltes So-tun-als-ob zu sein, denn um sich zu entspannen, bedarf es keiner Rituale. Sie sind vielmehr oft ein Hinweis darauf, daß jemand aus der Entspannung einen Kampf gemacht hat, denn Entspannung bedeutet nicht mehr, als man selber zu sein. Ich glaube nicht, daß man so tun kann, als wäre man man selber. Man ist es einfach.

Existenzpsychologie

Eine weitere Richtung in der heutigen Psychologie ist die Existenzpsychologie. Diese Betrachtungsweise zielt darauf ab, etwas von dem Nachdruck zu mildern, den die Freudianer auf die Erfahrungen der frühen Kindheit legten, und bietet eine mehr dynamische Struktur als die Konditionierungstherapien. Die Existenzpsychologen betonen das Hier und Jetzt. Der Existentialismus befaßt sich mit dem Sein des Menschen. Man kann eigentlich nicht sagen, daß die Existenzpsychologie ein systematisches therapeutisches System darstelle, denn es sind wenige nachprüfbare Hypothesen vorgelegt und auch kein methodischer Versuch unternommen worden, eine systematische Verfahrensweise zu entwickeln. Vielmehr ist die Existenzpsychologie stark philosophisch und bezieht ihre Überzeugungskraft aus den Schriften von Sartre, Binswanger und Heidegger.

Ein heute führender Existenzpsychologe ist Abraham Maslow. Er und Carl Rogers hatten einen signifikanten Einfluß auf das gegenwärtige psychologische Denken*. Sie glauben, es gebe einen Trieb zur psychologischen Gesundheit, den sie Selbstverwirklichung nennen. Maslow meint, dieser Trieb sei nicht definierbar, auf ihn könne nur aus der Beobachtung von Menschen geschlossen werden.

* C. R. Rogers, *A Therapist's View of Personal Gifts*, Wallingford, Pa, 1960; *On Becoming a Person*, Boston, 1961.

Maslow sieht die Neurose als eine Defizitkrankheit an; dem Neurotiker mangele es an dem, was er braucht, um sich selbst zu verwirklichen:

»Jedes menschliche Wesen hat *beide* Arten von Kräften in sich. Die eine klammert sich aus Furcht an Sicherheit und Verteidigung, sie neigt zur Regression und hängt an der Vergangenheit, sie hat Angst ... vor der Unabhängigkeit, Freiheit und Getrenntheit. Die andere Art von Kräften drängt vorwärts zur Ganzheit des Selbst ... zum Vertrauen angesichts der äußeren Welt zur gleichen Zeit, da man sein tiefstes, wirkliches und unbewußtes Selbst akzeptieren kann*.«

Ich betrachte Ganzheit als etwas, mit dem wir geboren sind, und stimme Maslow durchaus bei, daß ein Bedürfnis besteht, real oder ganz zu sein – das heißt, zu sein, was wir sind. Jedoch glaube ich nicht, daß es so etwas wie eine grundlegend neurotische, regressive Kraft in uns gibt – sie ist nur die Folge, wenn wir nicht wir selbst sein dürfen. Ich glaube nicht, daß Angst, besonders die Furcht vor dem Wachsen, ein Grundzug des menschlichen Verhaltens ist.

Für Maslow ist Neurose der Grundkonflikt zwischen Abwehrkräften und Wachstumsbestrebungen. Die Wachstumsbestrebungen sieht er als »existentiell, verankert in der tiefsten Natur des menschlichen Wesens«. Wegen des Bedürfnisses, den Menschen immer nur unter dem Gesichtspunkt des Kampfes zu sehen, postulieren viele Theorien, das Verhalten des Menschen sei eine ständige Dialektik zwischen etwas Negativem und etwas Positivem. So sieht Maslow das Sicherheitsbedürfnis als ein »übermächtiges Bedürfnis, das primär noch notwendiger ist als Selbstverwirklichung«. Ehe jemand Risiken eingehen und sich äußern wird, muß er sein mächtigeres Sicherheitsbedürfnis überwinden oder befriedigen. Konflikt wird das grundlegende Paradigma für Wachstum. Ich würde Konflikt nicht als etwas Grundlegendes und Inneres ansehen, sondern glaube vielmehr, daß Neurose die Folge ist, wenn Druck gegen das natürliche Wachstum und die Entwicklungstendenzen des Organismus ausgeübt wird. Ich bin der Auffassung, es gibt keine echte Evidenz für dergleichen wie ein Sicherheitsbedürfnis oder eine Grundangst vor Selbständigkeit und Freiheit. Diese Begriffe scheinen ein Verhalten unter Neurotikern zu beschreiben, aber ich glaube, wir dürfen diesen Verhaltensweisen nicht vorschnell einen konstitutionellen oder genetischen Einfluß zuschreiben.

Was Maslow sagt, ähnelt in mancher Beziehung dem Freudschen Standpunkt – nämlich daß es eine Grundangst gibt, die überwunden werden muß. Maslow nennt das Bedürfnis, die Angst zu beschwichtigen, ein Sicherheitsbedürfnis. Aber durch

* Abraham Maslow, *Psychologie des Seins*, München, 1973, S. 60.

Benennungen kommt er offenbar noch nicht von einer dämonologischen Auffassung vom Menschen los. Vielleicht liegt das daran, daß wir psychologische Theorien nach der Beobachtung von Neurotikern aufbauen, denen es gewöhnlich nicht an Dämonen mangelt, die umgebracht werden müssen.

Es sind nicht Defizitbedürfnisse, die uns unreif und neurotisch bleiben lassen. Das bewirkt vielmehr der Mangel an Befriedigung realer Bedürfnisse. Jedenfalls kann ich nicht einsehen, daß bestimmte Bedürfnisse nur einen Teil von uns in Anspruch nehmen sollen. Jedes Bedürfnis ist total. Wenn Bedürfnisse nicht befriedigt werden, fehlt *uns* etwas.

Maslows Selbstverwirklicher ist einer, der Gipfelerlebnisse zu haben vermag – jene Geschehnisse außerhalb der Zeit und des Raums, bei denen das Selbst transzendiert wird und der Betreffende einen fast Nirwana-ähnlichen Zustand erreicht. In der existenzpsychologischen Literatur wimmelt es von Erörterungen über Gipfelerlebnisse: Ein Gipfelerlebnis zu haben ist recht verlockend. Viele von uns würden gern das Elend und die Trostlosigkeit unseres tagtäglichen Lebens transzendieren. Aber wie man das eigentlich macht und was ein Gipfelerlebnis genau ist, wird von Maslow nicht verdeutlicht. Es ist wohl eher ein mystisches Geschehnis. Da in Maslows Werk keine präzisen Beispiele angegeben sind, stütze ich mich auf die Beschreibungen der Gipfelerlebnisse von zwei Patienten, die früher an der Existenz-Gruppentherapie teilgenommen haben. Der erste war ein Mann, der tagelang depressiv gewesen war. Nach einer Woche dieser Depression kam ein Freund zu ihm und schlug vor, zusammen im Gebirge zu klettern. Sie bestiegen einen steilen Berg, und der Depressive war sehr heiter gestimmt. Er nannte es – ohne ein Wortspiel machen zu wollen – ein Gipfelerlebnis. Was hatte er gemacht? Er hatte seine Depression abgeschüttelt. Er hatte einen Abwehrmechanismus in Gang gesetzt. Hat er die an der Depression beteiligten realen Gefühle transzendiert? Ich bezweifle es. Diese Gefühle waren nur eine Zeitlang beiseite gelegt.

Das zweite Gipfelerlebnis ereignete sich während eines Nackt-Marathons. Der Mann wurde von einem Gruppenmitglied zum nächsten weitergereicht. Alle tätschelten und streichelten ihn. Er fühlte sich mit einemmal ganz warm. Er nannte es »einen Augenblick des Einsseins mit der Menschheit«. Was war es in Wirklichkeit? Er bekam endlich, was er zu brauchen glaubte: etwas Wärme und menschliche Liebkosungen. Aber es war nur ein momentanes Erlebnis und stand nicht im Zusammenhang mit dem großen Urschmerz um das, was er sein ganzes Leben lang gebraucht hatte. Das Berühren in der Gruppe erstickte seine schmerzhafte Spannung und ermöglichte ihm daher, das, was real war, zu transzendieren. Sein Nirwana war irreal. Nach meiner Ansicht ist Transzendenz das, was alle Neurotiker dauernd tun –

sie transzendieren ein reales, fühlendes Selbst. Welches Nirwana sie nach ihrer Vorstellung auch erreicht haben, es muß ein irrealer Zustand sein, denn was sie brauchen, ist ein in das reale Fühlen selbst *deszendierendes* Erlebnis.

Das Streben nach einem Gipfelerlebnis scheint oft nur ein weiterer Kampf zu sein, um in einem ansonsten langweiligen, eintönigen Dasein etwas Einzigartiges zu finden. Es ist Teil einer irrealen Hoffnung.

Wenn zugelassen wird, daß ein reales Selbst sich entwickelt und gedeihen kann, wenn es immer von den Eltern akzeptiert wurde, dann sehe ich keinen Grund, warum jemand den Wunsch haben sollte, es zu transzendieren. Patienten, die die Primärtherapie abgeschlossen haben, berichten nie von Gipfelerlebnissen, von denen Maslow spricht. Alle Gipfel sind abgeflacht worden, weil sie durch die Neurose weder zur Euphorie noch zu tiefster Verzweiflung getrieben wurden. Total man selbst zu sein ist ein aufregendes Gefühl.

Die Existenzpsychologen versuchen, von grundlegenden Angstantrieben und instinktiven Kräften auszugehen und sich auf die Prozesse der Selbstverwirklichung zu konzentrieren – jene Triebe, die uns zur Gesundheit führen. Rollo May und seine Mitarbeiter erklären teilweise den existenzpsychologischen Standpunkt: »Charakteristisch für den Neurotiker ist, daß seine Existenz verdüstert ... vernebelt ist und sein Handeln nicht billigt. Es ist das Ziel der Existenzpsychologie, daß der Patient seine Existenz als real erlebt*.« Das ist dem Ziel der Primärtherapie ähnlich. Aber eben die Terminologie der Existenzpsychologie vernebelt die Realität, mit der wir zu tun haben. Was genau ist Existenz? Was bedeutet es, wenn die Existenz vernebelt ist?

Engagement ist ein wichtiger Faktor in der Existenzpsychologie. Das Ziel ist, dem Patienten zu helfen, sich aus der existentiellen Leere herauszureißen und sich für etwas Positives und Vorantreibendes zu engagieren. Die Existenzpsychologen meinen, daß man durch das Engagement ein Gefühl für das Selbst erlangt. Aber um das Selbst für etwas zu engagieren, muß ein Selbst da sein, das sich engagieren kann. Der Neurotiker hat die Mehrzahl seiner Handlungen abgespalten und kann sich daher der Definition nach gar nicht ganz für etwas engagieren. Ein Kaufmann, der sich total für sein Geschäft engagiert, versucht gewöhnlich, sein irreales Selbst dafür einzusetzen, und wenn er fühlen würde, was er tut, würde er aller Wahrscheinlichkeit nach nicht so total engagiert für sein Geschäft sein.

Klinisch gesprochen ist die existentielle Einstellung der rationalen Schule ähnlich. Ein Homosexueller würde durch Engagement für heterosexuelle Akte ein Gefühl für seine Heterosexualität er-

* Rollo May, Ernest Angel und Henri Ellenberger, *Existence*, New York, 1960.

halten. Aber ich glaube, bei der Neurose handelt es sich nicht bloß darum, was man tut; sie besteht in dem, was man ist. Jemand kann Dutzende von heterosexuellen Akten erleben und doch homosexuell sein, weil das Fühlen und das Bedürfnis auf die Liebe eines Gleichgeschlechtlichen gerichtet sind. Ein *Akt* wird dieses Bedürfnis nicht wegspülen. Das ist die irrige Ansicht des »latenten« Homosexuellen, der durch einen heterosexuellen Akt nach dem anderen seine homosexuellen Neigungen auszutreiben (und sogar sein Bedürfnis nach elterlicher Liebe zu leugnen) versucht – alles vergeblich. (Vgl. den Abschnitt über Homosexualität.) Jemand wird vielleicht niemals Homosexualität praktizieren und sich dennoch homosexuell fühlen. Ein neuer *Akt* ist bei einem Neurotiker immer möglich, aber seine Neurose wird das kaum ändern.

Im großen und ganzen reden die Existenzpsychologen über Engagements des Patienten, sein Hier- und Jetzt-Verhalten und seine Lebensauffassung. Ich glaube nicht, daß sein »Sein« durch Reden geändert werden kann. Für mich bedeutet »Sein« Fühlen. Reden ist etwas, das (beim Neurotiker) oft das Fühlen überlagert. Es läßt ihn »geistig« bleiben, so daß er unmöglich sein wahres »Sein« fühlen kann.

In den Sozialwissenschaften wird mit »Rapprochement« der Versuch einiger Theorien bezeichnet, sich mit anderen Theorien zu vereinigen und damit ihre Position zu stärken. So finden wir, daß Freudsche Theoretiker ihre Begriffe in den Kontext einer Lerntheorie einbringen, um ihre Theorie lebensfähiger zu machen. Oder wir finden das Gegenteil; Lerntheoretiker versuchen, ihre Betrachtungsweise »dynamischer« zu machen, indem sie Freuds dynamischere Begriffe in ein Lernmodell einfügen. Aber dieser Ausgleich von Unterschieden zwischen den verschiedenen Theorien ist oft mehr scheinbar als wirklich und führt zu eher »statistischen« als biologischen Wahrheiten. Das heißt, wenn Freud in einer anderen Ausdrucksweise oder die Lerntheorie in einer dynamischeren Ausdrucksweise erklärt werden, dann haben wir nur auf eine schmackhaftere Weise genau dasselbe gesagt wie früher. Ich glaube nicht, daß es nützlich ist, von der Kastrationsangst in der Ausdrucksweise des Annäherungs- und Vermeidungs- *(approach-avoidance)*-Konflikts zu sprechen, wenn es überhaupt keine Kastrationsangst gibt.

Wenn wir die Geschichte des psychologischen Denkens seit der Jahrhundertwende betrachten, finden wir zuerst eine Betonung der frühen Kindheit und eine Konzentration auf die Introspektion. Um dem entgegenzuwirken, haben die Behavioristen oder Lerntheoretiker Introspektion und frühe Kindheit vermieden und sich auf das Verhalten konzentriert. Dann wurden von Neofreudianern Versuche unternommen, die Freudsche Therapie-Analyse durch die psychoanalytische Ich-Psychologie zu modernisieren – eine Konzentration auf die gegenwärtigen Abwehrmanöver des Patienten.

Auch wenn man alle Modifizierungen von Freud berücksichtigt, die so progressiv erscheinen, kam der frühe Freud dadurch, daß er durch die Erforschung der frühen Kindheit vergangene und jetzige erhellende Probleme zusammenfaßte, dem Standpunkt der Primärtherapie am nächsten.

Die Primärtheorie weicht stark von behavioristischen Vorstellungen ab. Der Behaviorismus scheint das Symptom zu abstrahieren und zu versuchen, irreales Verhalten zu konditionieren oder zu de-konditionieren. Das klappt eher bei irrealen Symptomen als bei Ursachen und kann daher keine realen Veränderungen bewirken.

Die Primärtheorie behauptet, daß der Mensch weder eine Sammlung von Gewohnheitsmustern noch eine Masse von Abwehrmechanismen gegen Dämonen oder Triebe ist. Wenn eine Person ihre primären Wünsche und Bedürfnisse empfinden kann, ohne den Verlust von Liebe befürchten zu müssen, dann empfindet sie ihr »Sein«. Wenn sie es nicht kann, ist sie, um den existentialistischen Begriff zu gebrauchen, ein »Nichtwesen«. Ich glaube nicht, daß eine besondere Anstrengung, eine Sublimierung oder Kompensation irgendeiner Art ein neurotisches Nichtwesen in einen fühlenden Menschen verwandeln kann. Um zu sein, was er ist, muß der Neurotiker zu dem zurückkehren, was er war, ehe er zu »sein« aufhörte, und muß es fühlen. Ein Patient drückte es so aus: »Um zu sein, was man ist, muß man sein, was man nicht war.«

Zufriedenheit oder Glück, oft das Ziel der Psychotherapie, ist meiner Ansicht nach nicht das Ergebnis angesammelter Einsichten, auch nicht die Lieder, die gesungen, oder die Mantras, die wiederholt werden, auch wird es nicht aus der Erlangung »positiver« Gewohnheiten gewonnen. Ich glaube, wenn es ein therapeutisches Ziel ist, dem Patienten dazu zu verhelfen, daß er sich zufrieden fühlt, dann kann ein solches Gefühl nur erreicht werden, wenn der Patient schließlich sein reales Selbst freilegt. Durch das irreale Selbst erlangtes Glück wird genau das sein – irreal. Reales Glück bedeutet also, daß das alte Unglücklichsein aufgelöst und aus dem Weg geräumt ist.

Eine Reihe von Therapeuten hat mir gesagt, sie seien gelegentlich Zeuge eines Urerlebnisses gewesen, besonders bei der Marathon (die ganze Nacht dauernden) Gruppentherapie. Gewöhnlich ist es als Hysterie behandelt worden, die Leute stürzten hin, um zu trösten und um das Gefühl zu ersticken, statt zu helfen, daß es sich entwickele. Hätten sie sich von der Primärtheorie leiten lassen, hätten sich diese Hysterien vielleicht als signifikant herausgestellt. Das Ziel der Marathon-Therapien ist im allgemeinen konstruktiv, und seltsamerweise »vergessen« viele Therapeuten ihre Theorien, wenn sie an einem Marathon teilnehmen. Gewöhnlich versuchen sie, das Abwehrsystem der Patienten bei einem Marathon zu ermüden, und manchmal gelingt es ihnen. Aber wenn man keine Vorstellung von dem hat, was geschieht, wird ein Marathon oft eine Erschöpfungsübung, bei der die Patienten aus der Haut fahren, zusammenbrechen und weinen, sich nahe kommen und vertraut werden, aber doch nicht diese primären Schlüsselverknüpfungen herstellen, die aus dem Marathon ein anhaltendes Erlebnis machen könnten.

Eine rasch um sich greifende Variante der Marathontherapie ist das Nackt-Marathon. Berufsorganisationen ziehen heute oft einen in diesen Techniken erfahrenen Fachmann hinzu, wenn Seminare abgehalten werden. Das Nackt-Marathon ist eine reguläre Gruppentherapie in unbekleidetem Zustand. Es betont das Sinnliche und wird oft zeitweise in Swimming-pools abgehalten, wo eine Menge Streicheln und Liebkosen stattfindet, damit die Teilnehmer lernen, wie ein anderer Mensch sich »anfühlt«. Das allgemeine Ziel des Nackt-Marathons ist, den Leuten zu helfen, all das Gekünstelte abzustreifen, das sie trennt, das körperliche Schamgefühl abzulegen und die Menschen einander näher zu bringen. Dieses Verfahren ist ein Teil der allgemeinen Vorstellung, daß Menschen lernen können zu fühlen, sensibel und sinnlich zu werden und ihre Körper zu akzeptieren, indem sie gewisse Dinge durchexerzieren. Obwohl diese Dinge eine interessante Unterbrechung eines vielleicht langweiligen Lebens sein mögen, glaube ich nicht, daß sie jemanden dazu bringen, mehr zu fühlen. Die Tatsache, daß es ein sinnliches Erlebnis zu sein scheint, macht daraus noch keine Therapie.

Ich möchte noch einmal betonen, daß wir nicht lernen, wie ein anderer sich »anfühlt«. Zuerst lernen wir, uns selbst zu fühlen, und wenn wir uns selbst fühlen, können wir auch andere fühlen. Wenn jemand blockierte Gefühle hat, dann wäre es denkbar, daß er den ganzen Tag einen anderen Menschen berührt und befühlt und dennoch kein Gefühlserlebnis hat. Sinnlich zu sein bedeutet dann, dem eigenen Sensorium gegenüber aufgeschlossen zu sein. Wenn das nicht der Fall wäre, könnten frigide Frauen, die sexuelle Promiskuität ausagieren und ständig berühren und streicheln und fühlen, schließlich befriedigt sein. Aber allzu oft berichten sie von einem unaufhörlichem heftigen Verlangen nach Berührung und einer ständigen Unfähigkeit zu fühlen. Wir müssen einen deutlichen Unterschied machen zwischen dem So-tun-als-ob und einem inneren Erlebnis; denn damit Menschen einander näher gebracht werden, müssen sie zuerst einmal sich selbst, ihrem fühlenden Selbst näherkommen. Offenbar werden durch das Einreißen der inneren Gefühlsschranke auch die Schranken zwischen den Menschen beseitigt.

Es wird angenommen, daß Menschen weniger abwehrend gegen andere seien, wenn man sie entkleidet. Um es zu wiederholen: Eine Abwehrhaltung gegen andere ist in erster Linie eine Abwehr gegen das Selbst, so daß Kleider, ob man sie anhat oder nicht, wenig damit zu tun haben. Ich sehe nicht ein, wie lebensgeschichtlich entstandene innere Vorgänge geändert werden können durch eine äußere Änderung der Kleidung. Es scheint eine magische Idee zu sein, die einige vertreten, daß, wenn man sich seiner Hosen oder seines Kleides entledigt, innere Schranken fallen werden, die seit Jahren bestanden haben.

Ich habe das so ausführlich behandelt, um den Unterschied zwischen einem inneren und einem äußeren Erlebnis hervorzuheben. Wenn diese Unterscheidung nicht gemacht würde, könnte man sich vorstellen, daß Leute, die schreiend und um sich schlagend auf dem Fußboden liegen, zu dem Glauben verleitet werden, sie erlebten eine Primärszene. Wir dürfen nicht außer acht lassen, daß Aktivitäten, die grundlegende Veränderungen bei Individuen herbeiführen, aus ihren Gefühlen entspringen müssen. Es muß eine fließende Bewegung von innen nach außen sein. Sonst könnte es sein, daß man sich Aktivitäten aller Arten hingibt, mächtig kämpft, und doch die Gefühlsbasis um kein Jota ändert. Man kann den Körper zeigen und sich doch nicht entblößt fühlen, oder den Körper bekleiden und völlig entblößt sein. Sobald die Gefühlsschranke beseitigt ist, werden äußere Reize in das gesamte System eindringen. Dann werden solche Sensitivitätsübungen wie diejenige, daß man die Leute barfuß auf Gras laufen läßt, um ihre sinnliche Erfahrung zu erweitern, einen Sinn haben. Und zwar einen *realen* Sinn: daß es ein angenehmes Gefühl ist, barfuß auf Gras zu laufen – und nicht irgendeinen mystischen Supersinn.

Psychodrama

Eine in der Gruppentherapie von einer Vielzahl von Therapeuten angewandte Technik ist das Psychodrama. Ich würde es das »Als-ob«-Spiel nennen. Der Patient übernimmt eine vom Therapeuten bestimmte Rolle und agiert, »als ob« er ein anderer oder er selber in einer besonderen Rolle wäre, etwa wenn er seinem Chef freche Antworten gibt. Der Patient übernimmt vielleicht auch die Rolle seiner Mutter, seines Vaters, Bruders oder Lehrers. Aber natürlich ist er nicht einer dieser Leute, deshalb muß er Theater spielen und versuchen, sich wie ein anderer zu fühlen, wenn er sich oft nicht einmal wie er selbst fühlen kann.

Das Psychodrama hat einen begrenzten Wert, zum Beispiel um in einer konventionellen Therapie eine Gruppe aufzulockern, aber im wesentlichen scheint es einem Menschen nur eine weitere irreale Rolle zu bieten, nachdem er die eigene Rolle schon viele Jahre gespielt hat. Bei diesem Spiel übernimmt der Therapeut die Choreographie. Ich glaube, daß der Neurotiker allzu oft gezwungen war, in einem von seinen Eltern verfaßten, inszenierten und schlecht aufgeführten Horrorstück mitzuspielen und seine realen Gefühle zu unterdrücken.

Es ist eine magische und irrige Auffassung vom Psychodrama, wenn man glaubt, daß jemand, der in einem solchen Stück einer Mutterfigur gegenüber kein Blatt vor den Mund nimmt, es auch im wirklichen Leben fertig bringen werde. Das Schauspielern werde weiterwirken, und der Patient werde vielleicht auf die Dauer aggressiver, ausdrucksfähiger usw. sein. Aber die Person, die eine Rolle übernimmt, ist selbst nicht real, und wie könnte sie so reale Veränderungen ihrer Persönlichkeit und in ihrem Leben bewirken? Sie kann lediglich lernen, noch neurotischer zu sein, indem sie ihr schauspielerisches Talent entwickelt, so daß sie sich nach Stichwörtern richtet, statt nach dem Gefühl.

Es kommt vor, daß ein Mensch in seiner Psychodrama-Rolle ganz aufgeht und wirklich beginnt, die Selbstbeherrschung zu verlieren. Oft wird das unterbrochen, so daß das Gefühlserlebnis abgewürgt wird. Ich habe nie gesehen, daß jemand in einem Psychodrama auf dem Boden lag und in seiner »Rolle« alle Selbstbeherrschung verlieren durfte. Gewöhnlich ist sich die Person dessen bewußt, daß sie eine Rolle ausagiert. Es ist immer noch das erwachsene »Als-ob«-Spiel. Primärpatienten schauspielern nicht. Sie *sind* die völlig unbeherrschten kleinen Kinder.

All das bedeutet, daß eine Person und ihre Neurose eins ist. Die Fassade zu manipulieren, die Symptome neu zu ordnen, symbolische körperliche und seelische Trips zu bieten, erdachte Rollen in erdachten Situationen spielen zu lassen, nichts von alldedem reicht an den Ursprung der Probleme heran. Die Umgruppierung der Abwehrmechanismen kann ewig weitergehen und wird erst aufhören, wenn der Patient sich selbst fühlen kann. Solange der Urschmerz nicht gefühlt ist, wird eins so wirkungslos sein wie das andere, – ob es nun Psychodrama, Traumanalyse, Sensitivitytraining, Meditation oder Psychoanalyse ist.

Es ist nicht möglich, alle anderen Schulen der Psychologie hier zu besprechen, und ebenso unmöglich ist es, alle Fragen zu beantworten, die die Primärtherapie aufwirft. Ist sie zum Beispiel eine Art Hypnose? Ganz im Gegenteil, obwohl einige der Umstände gleich sind. Neurosen entstehen, wenn Eltern von einem Kind verlangen, daß es sein fühlendes Selbst aufgibt und die Person wird, die die Eltern brauchen. Auch bei der Hypnose lockt eine starke und beruhigende Autorität das reale, fühlende Selbst hinweg und pflanzt dem Patienten eine andere »Identität« ein. Der Hypnotisierte liefert sein Selbst der Autorität aus, genau wie das neurotische Kind sein Selbst den Eltern ausliefert und das wird, was sie erwarten. Hypnose ist die Manipulation der irrealen Fassade. So kann eine nicht-fühlende Person, die im Leben die Rolle eines Professors spielt, zu einem Liberace* auf der Bühne gemacht werden. Die Hypnose kann überhaupt nur herbeigeführt

* Wladziu Valentino Liberace, in den 1950er Jahren in den Vereinigten Staaten bekannter Stimmungspianist. Anm. d. Übers.

werden, weil bei der Versuchsperson schon eine Spaltung aufgetreten ist. Wenn eine Person nicht fühlt, kann sie zu fast allem gemacht werden. Umgekehrt glaube ich nicht, daß eine Person, die ganz sie selbst ist, zu etwas anderem gemacht werden kann; sie könnte keiner Gehirnwäsche unterzogen und nicht hypnotisiert werden.

Es ist kein Zufall, daß jemand, der in die tieferen Stadien der Hypnose eindringt, mit einer Nadel gestochen werden kann und nichts fühlt. Der Nadelstichtest ist oft ein Hinweis darauf, ob die Person hypnotisiert ist. Ich sehe darin eine Bestätigung der primärtheoretischen Ansicht, daß das reale, fühlende Selbst in der Neurose wie in der Hypnose narkotisiert oder abgestumpft ist. Neurose ist demnach eine längerdauernde, universale Form von Hypnose. Wenn dem nicht so wäre, wie könnten wir dann die Tatsache erklären, daß der Neurotiker von Urschmerzen heimgesucht wird, deren er sich gar nicht bewußt ist? Es mag sein, daß Hypnose in manchen Fällen einen quasi psychotischen Zustand hervorruft. Wenn jemand Liberace wird, nicht einmal weiß, daß er Liberace ist und kein anderes Bewußtsein hat, worin unterscheidet er sich dann von demjenigen, der in einem Irrenhaus Napoleon geworden ist? Bei der Neurose, Psychose und Hypnose haben wir es mit der Abspaltung des Gefühls und der Aufdrängung irrealer Identitäten zu tun. Neurotische Eltern drängen unbewußt ihren Kindern diese Identitäten oder Rollen auf, während der Hypnotiseur es bewußt tut. Er kann es tun, weil manche Menschen bereit, ja sogar begierig sind, sich einem anderen auszuliefern, um ein braves Kind oder eine gute Versuchsperson zu sein.

Die Primärtherapie ist das Gegenteil von Hypnose, denn sie führt eine Person zu ihren eigenen Gefühlen und weg von dem, was sie nach den Erwartungen anderer sein soll. Wenn Sie total in der Gegenwart verwurzelt sind, ist es unwahrscheinlich, daß jemand einen Teil von Ihnen hinweglocken und mit dem Rest von Ihnen einen »Identitätstrip« unternehmen kann. Eine reale Person könnte weder Napoleon noch Liberace werden. Sie kann nur sie selbst sein.

Viele Neurotiker, die ihre Therapie beendet haben, erklären, daß ihr früheres Leben wie ein Trancezustand gewesen sei. Weil sie von der Vergangenheit beherrscht waren, merkten sie kaum, was in ihrem Leben vorging. Eine Patientin beschrieb es als eine ständige Benommenheit. Sie wollte so sein, wie sie glaubte, daß andere Leute sie haben wollten, bloß um mit ihnen auszukommen. Ist das nicht genau das, was der Hypnotisierte tut? »Ich will so sein, wie du mich haben willst (Pappi).«

Auf den Unterschied zwischen der Primärtherapie und anderen Therapien weist Laura hin, die viele von ihnen selbst erlebt hatte. Laura, deren Fall an einer anderen Stelle dieses Buches kurz erwähnt ist, hat eine ausgezeichnete, anschauliche Schilderung eines Urerlebnisses geschrieben und gezeigt, wie dabei das gesamte psychophysiologische System einbezogen wird.

Ich begann die Primärtherapie vier Wochen vor meinem dreißigsten Geburtstag und ich bin jetzt zehn Wochen dabei. Ich hege keinerlei Zweifel an ihrer Stichhaltigkeit.

Ich bin ein typisches Beispiel für das Versagen von Gesprächstherapien, denn nach sieben Jahren (mit Unterbrechungen) der grundlegenden Techniken und drei verschiedenen Therapeuten kam ich zur Primärtherapie, unfähig zu fühlen. Mit anderen Worten, sieben Jahre der Therapie hatten noch nicht einmal die erste Schranke vor dem »Gesundwerden« (d. h. real und fühlend zu werden) beseitigt. Es wäre eine Zeitverschwendung, hier langatmig über meinen Ärger über die Verschwendung von Zeit (die der Ärzte und meine eigene) und von Geld in diesen sieben Jahren zu berichten. Im letzten Jahr und bei meinem letzten Therapeuten (einem Existenztherapeuten) kam ich zu der einzigen Schlußfolgerung in diesen sieben Therapiejahren, die etwas taugte: daß ich im Begriff stand, etwas Entscheidendes zu erleben, daß ich es aber nicht fühlen konnte. Ich glaubte, ich würde verrückt, und ich glaubte, ich würde etwas Schreckliches über mich herausfinden. Jetzt begreife ich, daß das, was ich im Begriff stand zu erleben, tatsächlich Fühlen war!

Ich kann nicht alle Unterschiede zwischen dieser und meiner früheren Therapie aufführen. Mit der Primärtherapie klappt es. Sie ist nicht in dem Sinne hilfreich, daß ich mich durch sie »besser fühle« oder besser »funktioniere«. Es ist sehr einfach, gut zu funktionieren, aber das Funktionieren ist nicht unbedingt ein Anzeichen von Fühlen oder Wohlbefinden. Ich bin mir klar, daß die meisten Menschen dieser Einschätzung nicht zustimmen. Von mir selbst und anderen, von denen ich weiß, daß sie prächtig funktionieren, kann ich ehrlich sagen, daß Funktionieren kein Zeichen von Gesundheit ist. In meinem Fall zeigte es nur, daß ich 1. schon in jungen Jahren gelernt hatte, daß ich schauspielern müßte, um geliebt zu werden; 2. das auch glaubte (wenn ich nur richtig schauspielern könnte, würde ich geliebt werden); 3. diese Liebe so dringend brauchte, daß ich auch weiter schauspielern würde, obwohl ich davon erschöpft war und auch eigentlich gar nicht schauspielern wollte; und 4. eine gute Methode gelernt hatte, um mich selbst zu täuschen (und zwar: »wenn ich das gut mache, dann kann ich nicht sehr krank sein«). Vor ungefähr drei Jahren schluckte ich neunzig Schlaftabletten, um Selbstmord zu begehen.

Ehe ich die Tabletten nahm, hatte ich mein Haus saubergemacht, die Bettwäsche gewechselt, geduscht und mein Haar gewaschen. Bis zu jenem Augenblick, dem Augenblick, in dem mein Verstand und meine Gefühle vollständig getrennt waren, hatte ich mich in meinem Beruf prächtig bewährt und war eine vorbildliche Hausfrau gewesen.

Noch etwas verwirrte mich und andere bei der heutigen Therapie, die einem dazu verhilft, sich besser zu fühlen und zu funktionieren. Wenn meine Eltern mich nicht liebten, was sie tatsächlich nicht taten; wenn ich in Wirklichkeit allein war, was ich tatsächlich bin; wenn in der Welt Hunger und Aufruhr herrschen, was offenkundig ist – warum *sollte* ich mich dann besser fühlen? Ich wollte es mit der rationalen Therapie versuchen. Einmal war ich bei Dr. K. (einem rationalen Therapeuten) zur Einzelstunde. Damals fand ich ihn sehr klug, hauptsächlich, weil er streng mit mir war. Ich erinnere mich teilweise an das Gespräch. Ich sagte: »Ich kann es einfach nicht ertragen. Ich wünschte, mein Freund würde mich besuchen, und ich wünschte, ich müßte ihn nicht darum bitten.« Dr. K. sagte: »Nun, ist das nicht ein lächerliches und irrationales Gefühl? Wer sind Sie denn, daß Sie glauben, er müßte Sie anrufen? Wenn Sie ihn sehen wollen, warum rufen Sie ihn dann nicht an?« Oberflächlich betrachtet war nichts unlogisch an dem, was er sagte. Dennoch ist Dr. K.'s Ansicht, daß die Änderung des Denkens die Gefühle ändern wird, ganz gewiß *irreal*.

In der Primärtherapie habe ich gelernt, und zwar *nur* über das Fühlen (und nicht durch Ausknobeln), daß hinter alledem mein unbefriedigtes Bedürfnis steckt, von meinen Eltern geliebt zu werden. Das ist ein Grundbedürfnis, das Bedürfnis nach Liebe. Hätten sie mich geliebt, dann hätten sie mich das sein lassen, was ich war, und hätten mir gegeben, was ich brauchte. Da sie beide kleine Kinder und selbst krank waren, konnten sie mir nur geben, was sie geben wollten, nicht was ich brauchte. Da sie außerdem selbst nicht vollständig, nicht ganz, waren, verlangten sie, daß ich für sie schauspielere – statt nur zu sein, was ich war. Mit etwa fünf Jahren hörte ich auf, eine reale, fühlende Person zu sein. Es wurde klar, daß ich nicht bekommen konnte, was ich brauchte – nämlich ich zu sein; deshalb hörte ich auf zu fühlen und begann zu schauspielern. Das war der Beginn meiner Krankheit. Alles, was ich seit dieser Zeit tat, war immer weiter entfernt von dem, was ich wirklich war und was ich wirklich brauchte. Je mehr ich mich von meinen realen Gefühlen trennte, um so kranker wurde ich. Ich lernte zu schauspielern, um zu überleben, um den Schmerz darüber nicht zu verspüren, daß ich nicht bekam, was ich brauchte – ihre Liebe.

Die Symptome oder Manifestationen dieses Bedürfnisses ändern heißt nicht, die Krankheit heilen. Dr. K. wollte, daß ich real handle und mich gut benehme, aber er scheint nicht zu verstehen, daß mich das weder real noch gesund macht. Indem er mir meine Gefühle des Augenblicks verweigerte, verweigerte er mir jede Chance, gesund zu werden. Dr. K. konnte damals gut fragen, wie ich mich von diesem »irrationalen« Wunsch, daß mein Freund mich anrufen sollte, befreien würde. Nachdem ich das *wirkliche* Bedürfnis empfunden hatte, verschwand das neurotische Verhalten – denn es war nur eine Verschleierung des wirklichen Bedürfnisses. Das mag wie ein Wunder klingen, und so kam es mir auch vor, aber es war sehr real. Je mehr ich fühle, um so weniger agiere ich aus. Je mehr ich zulasse, daß ich (in der Therapie) mich als das Baby mit dem sehr realen Bedürfnis nach der Liebe meiner Eltern fühle, um so freier bin ich von dem Bedürfnis – frei, erwachsen, allein, getrennt zu sein; frei, die Gesellschaft von anderen zu genießen und zu wissen, daß ich nie bekommen werde, was ich von meinen Eltern brauchte, und daß keiner diese Lücke für mich ausfüllen kann.

Es gibt noch weitere Unterschiede zwischen Primärtherapie und den meisten anderen heutigen Therapien. Zunächst einmal sind natürlich die Techniken unterschiedlich. Ein weiterer wichtiger Unterschied, der offensichtlich auf mich sehr stark wirkte, ist im Therapeuten zu sehen. Die Übertragung, die wir von Mutter und/oder Vater auf den Therapeuten vornehmen, wird von selbst geschehen, ebenso wie im Leben, denn das Bedürfnis nach Mutter oder Vater ist niemals befriedigt worden. Daher braucht sich ein Therapeut nicht wie eine Mutter oder ein Vater zu verhalten, damit man diese Gefühle empfindet. Tatsächlich wird, wenn er sich wie ein guter oder schlechter Elternteil verhält (statt eine reale Person zu sein), dem Patienten dieselbe Heuchelei zugefügt, die ihm immer von seinen Eltern zuteil wurde. Daher muß ein Therapeut mit seinen Patienten real sein. Nur dann wird er Heuchelei und Lügen von seinem Patienten zurückweisen.

Meine erste Therapeutin war eine sehr nette, sehr verständnisvolle Dame. Sie versuchte mir dazu zu verhelfen, daß ich mein »schlechtes« Verhalten verstehe und einen Sinn in meinem sinnlosen Leben zu Hause sehe. Ich war damals sechzehn Jahre alt, schwänzte unentwegt Schule, meine Eltern waren geschieden, mein Vater versuchte mich dazu zu bringen, seine Ehe wieder zu flicken, meine Mutter lebte mit einer Frau zusammen, und meine Schwester und ich wohnten bei meiner Mutter. Das erschien mir nun einfach sinnlos, und ich freue mich heute sagen zu können, daß ich damit recht hatte. Die größte Erleichterung ist, daß ich weiß, daß allein mein Kampf gegen die Verrücktheit ringsum mich geistig gesund erhielt (das einzige, was mich teilweise mit meinen realen Gefühlen in Verbindung bleiben ließ). Dennoch hätten mich diese Therapeuten zur Schlachtbank geführt wie ein Lamm, und genau wie meine Familie hat jeder von ihnen dazu beigetragen, daß ich kein Zutrauen zu meinen eigenen echten

Gefühlen hatte (das einzige, was mich hätte retten können), und meine Verwirrung verstärkt. Ich spürte, daß rings um mich alles verrückt war, aber die Welt sagte, *ich* sei verrückt. Sie sagten, ich sei ein böses Mädchen, und da ich ein Kind war, sollte ich diese Heuchelei, die sie mir auftischten, gefälligst ohne Widerspruch hinnehmen, und das sollte meine Realität sein. Es war die tatsächliche Lage der Dinge, aber keine Realität. Zum Glück verschwand der Kern von Realität in mir, meine realen Gefühle und Bedürfnisse, nicht. Das kleine, noch nicht fünfjährige Mädchen (ein reales kleines Mädchen, das seine eigenen Wahrheiten kennt und sich nach Wahrheit und realen Gefühlen ringsum sehnt) war nicht umgebracht worden. Diese Therapeutin hatte keine Ahnung, daß sie, wenn sie auch nur einmal an dieses reale kleine Mädchen in mir herangekommen wäre, Erfolg gehabt hätte.

Mein zweiter Therapeut ließ mich mehr als zwei Jahre lang über meinen Mann reden. Er versuchte oft, mich zu veranlassen, über mich zu reden, aber es gelang nicht. Ich habe in Gegenwart von keinem meiner Therapeuten jemals richtig geweint. Ich kam oft zu spät zur Therapie. Alle drei Therapeuten wußten, daß ich auf diese Art und Weise etwas tiefer Sitzendes ausagierte, aber da sie sich als Ersatzeltern aufführten, die sie zu sein glaubten, haben sie mich nur gescholten und darüber diskutiert, und sieben Jahre lang kam ich regelmäßig zu spät zur Therapie. Zur Primärtherapie kam ich nur einmal zu spät. Art Janov erklärte mir, ich würde keine Therapie mehr erhalten, wenn ich je wieder zu spät käme. Damit war er kein guter Vater für mich, obwohl ich wünschte, mein Vater hätte dergleichen getan. Janov wandte nicht bloß eine gute Methode an (obwohl seine Methode gut war – denn es klappte damit), er war real zu mir. Vor allem gab er mir nicht, was ich begehrte (nämlich seine Anerkennung), er gab mir etwas viel Wichtigeres: Er gab mir, was ich brauchte.

Es ist eine Schande, daß keiner meiner früheren Therapeuten etwas von diesem Bedürfnis wußte. Statt dessen ließen sie mich in ihren Sprechzimmern weiterhin ausagieren, schauspielern und all das tun und sagen, was meine realen Bedürfnisse verschleierte. Sie gingen auf meine Wünsche ein. Sie ließen mich noch und noch über Nichtigkeiten drauflosreden, während ich gebraucht hätte, daß sie mich ruhig, real und ohne Schauspielerei hätten sein lassen. Sie waren mir behilflich, meine Gefühle zu verhüllen, meine Gefühle hinter meiner Schauspielerei für sie – meine Mütter und Väter – zu verbergen.

Ich spreche so ausführlich von dieser Therapie im Gegensatz zu anderen Therapien, weil mir das den meisten Eindruck gemacht hatte. Es ist für mich erstaunlich, daß nach so viel Verwirrung die Dinge in wenigen Wochen der Primärtherapie so einfach werden konnten. Heute scheinen sich mehr Therapeuten darüber klar zu sein, daß ihre Patienten nicht gesund werden, und es gibt eine

Unmenge neuer Ideen und Methoden. Bei den neueren Therapien, wie der Existenztherapie, den Marathon-Gruppen, den Selbsterfahrungsgruppen, läßt man es zu und ermutigt sogar dazu, daß sich die Menschen viel freier äußern als je zuvor, und das gibt ihnen vorübergehend ein großes Gefühl der Erleichterung. Die Patienten weinen in der Öffentlichkeit, vielleicht zum erstenmal. Sie bringen verborgene Gedanken zum erstenmal zum Ausdruck. Sie agieren Angst, Wut, Kränkungen, Schmerz, Freude usw. aus. Ich spreche hier aus persönlicher Erfahrung, denn ich nahm an einem ein ganzes Wochenende dauernden Marathon teil, zusammen mit etwa sechzehn Personen und zwei Therapeuten. Damals war ich bei meinem dritten Therapeuten, und in dieser Zeit wurde mir klar, daß mir etwas Entscheidendes bevorstand. Daher verspürte ich ein großes Gefühl der Erleichterung bei diesem Marathon und glaubte, es sei eine sehr lohnende Erfahrung. Aber es war niemand da, um uns auf das Bedürfnis hinzuweisen, aus dem all die Ängste, Wut, Schmerzen und Freude entspringen, die wir empfanden.

Noch eine andere große Gefahr ist mit diesen neuen Methoden verbunden, und das ist der Nachdruck, der auf Zuneigung unter den Gruppenmitgliedern, Interaktion, Interdependenz und das gegenseitige Trösten gelegt wird. All das Trösten, das vor sich geht, fördert nur die Verschleierung des realen Bedürfnisses, und solange man das reale Bedürfnis durch Trost von anderen ersetzen kann, wird man dieses Bedürfnis nicht empfinden. Diese Marathons sprechen oft Anerkennung aus für das flagranteste Ausagieren (in Ehen und Freundschaften, im Beruf und mit den Eltern usw.) statt Fühlen zu fördern. Nach meinem ersten Urerlebnis in der Primärtherapie wußte ich, daß das die Wahrheit war, daß ich allein war, und daß es nichts gab, was ich von einem anderen bekommen könnte und das dieses Grundbedürfnis befriedigen würde. Nachdem ich das reale Bedürfnis empfunden hatte, genügt kein Ersatz mehr.

Das Urerlebnis ist ein tiefes Fühlen und zum Ausdruckbringen unserer verborgensten Bedürfnisse. Ich habe voher nie dergleichen gefühlt, außer vielleicht beim Orgasmus. Nach dem Orgasmus weinen viele Frauen. Ich tat es oft. Jetzt erkenne ich, daß es daran liegt, daß ich – zur Zeit des Orgasmus – dem Fühlen dieses realen Bedürfnisses am nächsten kam. Nach einem Urerlebnis (obwohl ich dabei keine Kontraktionen in der Vagina spüre) stelle ich eine starke Sekretion aus der Vagina fest. Tatsächlich sondert während meinen Urerlebnissen mein ganzer Körper Flüssigkeit ab. Es ist, als ob der ganze Schmerz aus mir herausliefe. Meine Augen tränen, die Nase läuft heftig, mein Mund ist offen und Speichel fließt heraus, aus den Poren tritt Schweiß und aus der Vagina Fluor aus. Manche Urerlebnisse sind freier als andere. Mein Körper scheint zu wissen, wieviel ich ertragen kann, und läßt nur ein bißchen auf einmal heraus. Wenn ich nicht zum Fühlen bereit bin, wehre ich mich gegen das Fühlen, und es kommt nur wenig heraus. Aber die größte Erleichterung verspüre ich, wenn ich die Selbstbeherrschung ganz verliere, in einem solchen Augenblick habe ich keine Gedanken. Es ist immer noch erstaunlich für mich, wie es geschieht, denn ich tue nichts dazu. Und nachher kann ich mir nicht zusammenreimen, wie es geschah, aber ich bin immer froh, daß es geschah. Ich verspüre keinerlei Kampf mehr; das ist die größte Erleichterung, die ich je empfunden habe; Wörter und Schluchzen und Laute stürzen aus mir heraus – und sie sind überhaupt nicht mehr gelenkt. Dabei gibt es kein Denken, nur Fühlen. Was immer herauskommt, ist eine Überraschung für mich, insofern als daß ich keinerlei Einfluß darauf habe, welche Richtung das Urerlebnis einschlägt, und dennoch ist es keine Überraschung insofern, als daß ich das Gefühl habe, daß es die Wahrheit ist, das reale Bedürfnis, die reale Lösung all der Verworrenheit, mit der ich das Bedürfnis zugedeckt hatte.

Es ist traurig, daß ich einen so großen Teil meines Lebens damit verbracht habe, mich gegen das Fühlen zu wehren, denn der Kampf ist die Qual, und das Fühlen ist Erleichterung. Es ist auch schmerzhaft. Es ist eine Erleichterung, den Kampf aufzugeben – fünfundzwanzig Jahre Kampf. Es ist schmerzhaft, zu fühlen, zu wissen, daß das Bedürfnis nie befriedigt – nur gefühlt werden kann. Der Kampf hat mich davon abgehalten, diesen Schmerz zu fühlen, den Schmerz, daß ich allein bin und meine Eltern nicht real machen oder dazu bringen kann, mich zu lieben – ich kann nur mein Bedürfnis empfinden.

Meine Urerlebnisse waren wie gesagt von unterschiedlicher Intensität. Die freiesten waren alle sehr einfach und ganz direkt. Das erste hatte ich in der ersten Woche der dreiwöchigen Einzeltherapie. Es fing damit an, daß mir kalt war. Ich habe immer sehr gefroren, Hände und Füße waren immer eiskalt, und ich konnte mich nie warmhalten, während andere in meiner Umgebung immer ganz zufrieden zu sein schienen. Als ich auf der Couch lag, fror ich, meine Zähne klapperten, und ich hatte die Arme fest um mich gelegt. Art sagte, ich solle die Kälte in mir wirklich fühlen, und ehe ich wußte, was geschah, lag ich zusammengerollt auf der Seite wie ein Baby und schluchzte: »Ich will meine Mammi.« Ich weiß nicht, wie lange es dauerte. Ich hatte es nicht in der Hand. Einen Großteil meines Lebens habe ich mit Weinen verbracht, aber das verschaffte mir niemals Erleichterung. Dieses Schluchzen wurde von einer mir neuen Stimme ausgestoßen, es kam mir realer vor als alles, was ich je erfahren hatte. Der Schmerz war der süßeste Schmerz, den ich je empfunden hatte. Immer habe ich das kleine Mädchen gespielt; mein rechter Fuß war immer einwärts gedreht (wie bei einem kleinen Mädchen), als ob er mich beschützte. Kaum hatte ich begonnen, mich als ein kleines Baby zu fühlen, da richtete sich mein rechter Fuß auf. Art sah es gleich, als es geschah, und nachher blickte ich hinunter auf meine Füße und sah, daß sie beide ganz gerade nach oben zeigten. Nach dem Urerlebnis blieb ich eine Weile liegen. Es ist immer recht anstrengend, und ich konnte eine Zeitlang nichts tun oder sagen. Meine Hände waren zum erstenmal warm und sind seitdem fast immer warm.

21. Schlußbetrachtungen

Wie verblüffend für mich festzustellen, daß die Sprache meiner Gefühle und die Sprache meines Intellekts dasselbe auf verschiedene Weise gesagt haben. Welch ein Beispiel für die Trennung zwischen Verstand und Körper, Fühlen und Denken ... Nicht verstehen zu können, weil man nicht fühlt; nicht fühlen zu können, weil man nicht versteht – die Furcht vor dem Unbekannten.

BARBARA, eine Patientin

Die Primärtherapie ist im wesentlichen ein dialektischer Prozeß, bei dem der Patient, wenn er seine kindlichen Bedürfnisse empfindet, reifer wird, warmherziger, wenn er seine Kälte empfindet, stärker, wenn er sich schwach fühlt, ein Prozeß, bei dem das Fühlen der Vergangenheit ihn völlig in die Gegenwart versetzt und das Gefühl, daß das irreale System abstirbt, ihn wieder ins Leben zurückbringt. Es ist die Umkehrung der Neurose, bei der man Angst hat und sich als tapfer aufspielt, wenig fühlt und sich wichtig tut und ständig die Vergangenheit in der Gegenwart ausagiert.

Ich glaube, die Primärtherapie ist erfolgreich, weil der Patient endlich Gelegenheit hat, zu empfinden, was er sein Leben lang auf tausenderlei Weise ausagiert hat. Er braucht nicht mehr erwachsen und beherrscht zu agieren; er kann sein, was er nie sein durfte, und sagen, was er nie zu äußern wagte. Die Krankheit, behaupte ich, ist die Verleugnung des Fühlens, und das Heilmittel ist das Fühlen.

Früh im Leben war das irreale System notwendig, aber später erwürgt und verbiegt es uns. Es läßt kein Ausruhen und keinen Schlaf ohne Schrecken und Spannung zu. Dieses irreale System ist es, das dem realen System Beruhigungsmittel geben muß, um dessen Aufschrei in einem unbewachten Augenblick zu verhindern. Das irreale System ist es, das das reale mit Essen vollstopft, das dieses weder will noch verdauen kann, und es schleppt das reale System durch einen nicht endenwollenden Kreislauf von Arbeit und Plänen. Auf eine methodische Weise bringt es die Person buchstäblich um. Und derweil erledigt es seine Aufgabe gewöhnlich gut. Es hält den Urschmerz fern und umgibt das fühlende Selbst mit einem Schutzschild, so daß nichts gefühlt werden kann. Das ganze Leben hindurch bis zum Tode wird nur so getan, als ob man lebt – aber immer mit dem Gefühl nagender

Verzweiflung, daß die Zeit vergeht und man noch nicht zu leben begonnen hat.

Solange noch irgendein Teil des irrealen Systems vorhanden ist, wird es stark bleiben und das reale System unterdrücken. Es ist in jedem Sinne des Wortes total, und ich betone das so, weil viele seriöse Therapien sich mit Bruchstücken der Neurose befassen und glauben, sie seien etwas Ganzes und ohne Beziehung zu einem System. So gibt es Kliniken für Raucher und Trinker, spezielle Krankenhäuser für Drogensüchtige, Diätanstalten, Hypnotherapie, Konditionierung von Symptomen mit Hilfe von Schock oder Belohnung, Meditation und Berührungstherapien.

Die Primärtheorie behauptet, daß das gesamte System ausgemerzt werden muß. Sofern das nicht geschieht, kann es sein, daß wir in einer Elternberatungsklinik einen Vater finden, der schwört, er werde es mit seinem straffälligen Sohn richtig machen, ihm mehr Zeit widmen und ihn nicht mehr kritisieren – und das tut er auch, ungefähr sechs Monate lang, und dann verfällt er wieder in seine Neurose. Oder jemand nimmt in einer Diätanstalt stark ab, nur um dann in wenigen Monaten sein altes Gewicht wieder zu erreichen. Neurotiker können manchmal ihre Fassade eine Zeitlang umgestalten (was auf die Fettleibigen buchstäblich zutrifft), aber auf lange Sicht setzt sich die Neurose durch.

Bei unserer Therapie geht es nur um das Fühlen. Wir befassen uns nicht einfach mit den heutigen Gefühlen, sondern mit diesen alten Gefühlen, die verhindern, daß die Gegenwart empfunden wird. Wir sind auf das *Fühlen des Gefühls* aus – etwas, was der Neurotiker zurückgelassen hat und das doch Tag für Tag in sein Leben eindringt; das Gefühl: »Pappi, sei nett. Mammi, ich brauche dich.«

Diese Urgefühle sind es, die das tägliche Leben überlagern und anhaltende Unruhe hervorrufen. Diese Gefühle bewirken schlechte Träume, treiben die Menschen zu übereilten Eheschließungen (wir heiraten den Kampf) oder erzeugen übermächtige pervertierte Impulse. Das sind die Gefühle, die durch sechzig- oder siebzigjährige Lebenserfahrung nicht berührt werden. Zur Heilung ist nichts nötig, als sie zu fühlen.

Es ist ein seltsamer Widerspruch, daß der Neurotiker, der in der Vergangenheit befangen ist, in Wirklichkeit keine Vergangenheit hat. Er ist von ihr abgeschnitten durch den Urschmerz. Deshalb muß er Tag für Tag seinen Werdegang ausagieren. Aus diesem Grunde verändert er sich im Lauf seines Lebens nicht sehr. Er ist mit vierzig in etwa derselbe wie mit zwölf – mal kämpft er, dann wieder nicht, erfüllt seine neurotischen Rituale, bekundet mit jedem Wort seine Neurose und findet immer neue Möglichkeiten, bei sich seine frühe Familiensituation neu zu erschaffen.

Der Normale hat eine Vergangenheit, eine Kontinuität des Selbst, die nicht durch Urschmerz kurzgeschlossen ist. Er hat sich ganz. Weil der Neurotiker von seiner Vergangenheit mitgeschleppt wird, hinkt seine Entwicklung – die geistige wie die körperliche – oft hinterher. Körper und Geist entwickeln sich nicht flüssig, so daß es zu körperlichen Wachstumsverzögerungen kommen kann. Sobald der Grund für die Verzögerung ausgeräumt ist, findet man den ersten Bartwuchs bei erwachsenen Männern, reales sexuelles Funktionieren und all die von mir beschriebenen unbestreitbaren Beweise für vollständige psychophysische Veränderungen. Eine Reihe psychologischer Theorien untersucht das körperliche Wachstum, aber ich frage mich, ob sie wirklich das Wachstum der *gesamten* Person meinen. Die dramatische Senkung des Blutdrucks, die Veränderungen der bisherigen Körpertemperatur und die Verminderung der Pulszahl haben mich davon überzeugt, daß postprimäre Patienten nicht nur gesünder leben werden, sondern auch länger. Abgesehen von allen anderen Gründen, warum man real werden sollte, glaube ich, daß Irrealität tödlich ist. Sie scheint den Körper buchstäblich entzweizureißen, sie unterdrückt gewisse Hormone, stimuliert andere übermäßig, hetzt den Geist und hält den Körper in einer Tretmühle fest. Real zu sein bedeutet, entspannt zu sein – keine Depressionen, Phobien oder Ängste mehr. Vorbei ist die chronische Spannung, und damit verschwinden Drogen, Alkohol, zu viel essen, rauchen und zu viel arbeiten. Real zu sein bedeutet, nicht mehr symbolisch ausagieren zu müssen.

Real zu sein bedeutet, produktiv sein zu können ohne all die üblichen Blockierungen, die so viele ansonsten kreative Menschen plagen. Es bedeutet, keine ausbeutenden Beziehungen zu unterhalten, so daß endlich das festgelegte Schema aufgegeben wird und wir neue Menschen auf dieser Erde hervorbringen können, die wahrlich zufrieden sind. Real zu sein heißt, daß die eigenen Bedürfnisse befriedigt werden und man die Bedürfnisse anderer zu befriedigen vermag.

Ein Bedürfnis ist etwas Grundlegendes. Kinder haben Bedürfnisse. Das, womit sie früh im Leben eine Verbindung herstellen können, ist das Bedürfnis. Man kann das Bedürfnis ablenken, unterdrücken, lächerlich machen, ignorieren, aber alles ist vergebens, das Bedürfnis ändert sich kein bißchen. So kann sich das frustrierte Grundbedürfnis später in ein Bedürfnis verwandeln, zu trinken, Sex zu haben oder zu essen, aber das reale Bedürfnis ist immer da und macht die Ersatzbedürfnisse so zwanghaft und hartnäckig. Darum dreht es sich bei der Primärtherapie – das Bedürfnis zu empfinden.

Man sollte denken, daß eine normale Gesellschaft, in der reale Bedürfnisse erkannt und befriedigt werden, sich mit wenig irrationalem Verhalten auseinanderzusetzen hat. So viele Vorschriften (das ›Sollte‹) würden gar nicht gebraucht, weil normale Menschen einsehen würden, daß man an Kreuzungen langsam fährt oder anhält, und sie würden kein Bedürfnis verspüren, gefährlich zu fahren. Sie würden das Recht der anderen respektieren und hätten kein Interesse, das Leben anderer zu gefährden.

Die Unterdrückung von Gefühl und Bedürfnis erfordert ein gut Teil Beherrschung. Wenn einem realen System nicht getraut wird, muß jede einzelne Verhaltensweise überprüft, untersucht und schließlich in Schach gehalten werden. Die Beherrschung ist nötig, um das reale System zu unterdrücken. Aber Krankheit verlangt ihre Symptome. Deshalb bedeutet eine Beherrschung hier und da, daß anderswo ein neues Symptom auftaucht. Totale Beherrschung bedeutet, daß sich ein innerer Druck entwickelt, bis das System selbst zusammenbricht oder explodiert.

In einer irrealen Gesellschaft werden diejenigen, die am wenigsten Gefühl zeigen, unter Umständen als Vorbilder hingestellt, während diejenigen, die eine Menge Gefühl erkennen lassen, oft als ›hysterisch‹ oder allzu gefühlsbetont bezeichnet werden. Es erscheint so unnatürlich. Aber in einem irrealen Milieu ist Leidenschaftslosigkeit ungefährlich und Leidenschaftlichkeit suspekt. Das hat so um sich gegriffen, daß sogar die Heilenden in unserer Gesellschaft, die Psychologen und Psychiater, dazu erzogen worden sind, keine Emotion zu zeigen. Sie sind zu unbeteiligten Reflektoren des Fühlens gemacht worden statt zu dessen dynamischen Verteilern. Ein Kind, das von nicht ansprechbaren Eltern, lakonischen Filmhelden, Lehrern und Professoren abgespeist wurde, die oft die Nüchternheit in Person sind, muß schließlich zu einem unbeteiligten Therapeuten gehen, um sich helfen zu lassen.

Die Primärtherapie vertritt nachdrücklich den Standtpunkt, daß die reformerischen Maßnahmen der konventionellen Therapien nur dazu beitragen, die Fassade umzugestalten, aber die Neurose intakt erhalten. So, wie ich es sehe, halten die mühseligen und zeitraubenden Gesprächstherapien den Patienten nur in dem Prozeß (genauer gesagt, dem Kampf) des Gesundwerdens fest, aber er *wird* tatsächlich nie gesund.

Meiner Ansicht nach ist die konventionelle Therapie für Intellektuelle des Mittelstands akzeptabel gewesen, weil dabei alles im großen und ganzen auf wohlerzogene und feine Weise vor sich geht und zwar zum Fühlen angespornt wird, aber die Grundstruktur intakt bleibt. Allzu oft scheint die intellektuelle Krankheit, alles erklären und verstehen zu müssen, unwissentlich durch einen therapeutischen Prozeß verschlimmert worden zu sein, bei dem es sich hauptsächlich um Erklärungen dreht.

Es gehört zur Methode der konventionellen Psychotherapie, daß wir unsere unbewußten Gefühle und Bedürfnisse verstehen und uns dadurch ändern, daß wir sie bewußt machen. Die Primärtheorie ist der Ansicht, daß Bewußtheit das *Ergebnis* des Fühlens ist; es bringt keine Lösung, wenn Bedürfnisse nur bekanntgemacht werden. Der Grund dafür ist, daß Bedürfnisse (und verleugnete Äußerungen, sowohl verbal als auch körperlich, *werden* zu Bedürfnissen, bis sie aufgelöst werden) nicht in einer Kapsel im Gehirn ruhen. Sie müssen organismisch gefühlt werden, denn Bedürfnisse dringen in den ganzen Körper ein. Wenn dem nicht so wäre, würde es keine psychosomatischen Symptome geben. Wenn es stimmt, daß Spannung das abgetrennte Urbedürfnis ist und diese Spannung sich im ganzen System findet, dann ist es klar, daß Bedürfnisse körperlich sind. Sonst müßten wir zu dem Schluß kommen, daß Bedürfnisse nur in einer Gehirnkammer ruhen und es vollauf genügt, das Unbewußte bewußt zu machen.

Überdies müssen die Bedürfnisse nicht nur auf total körperliche Weise empfunden, sondern so *wie sie waren*, wiedererlebt werden. Der Grund, warum ein erwachsener primärtherapeutischer Patient sich schließlich von seinen Bedürfnissen befreien kann, ist, daß sie in der Kindheit auftraten und, sobald sie aufgelöst sind, nicht länger echte Bedürfnisse des Erwachsenen sind. Ein Patient wurde früh im Leben dadurch Mutters ›braver Junge‹, daß er sich nie die Hosen naßmachte. Als er größer wurde, mußte er nur selten urinieren. Bei der Therapie urinierte er fast stündlich, bis er die Zeiten wiedererlebte, als er zwar urinieren mußte, es aber zurückhielt, um geliebt zu werden. Nachdem er es wiedererlebt hatte, war das Bedürfnis weg.

Obwohl es heute auf der Welt unbeschreibliche Tragödien gibt, scheint der Sinn für das Entsetzliche nicht auszureichen. Vielleicht ist es neurotisch, wenn wir zulassen, daß solche Grausamkeiten geschehen, weil wir alle so eilig von unserem persönlichen Schrecken davonlaufen. Darum können neurotische Eltern nicht erkennen, welche Greuel sie ihren Kindern antun, darum begreifen sie nicht, daß sie einen Menschen langsam umbringen. Sie sehen diesen Menschen gar nicht. Das gesellschaftliche Ergebnis dieses Massen-Verleugnungsmechanismus ist dem ähnlich, was bei einzelnen geschieht – ein Verhalten, das mit der Realität nicht mehr in Einklang ist. Das ermöglicht so vielen von uns, sich einer Gehirnwäsche zu unterziehen: wir hören und sehen nur, was unseren Urschmerz lindert, und berauben unsere Körper des Fühlens.

Wenn ein irreales System Bedürfnisse nicht befriedigen kann, muß es statt dessen Hoffnung und Kampf anbieten. Auf diese Weise verzichten manche Menschen bereitwillig auf reale Bedürfnisse, um nach symbolischen Werten zu streben – Macht, Prestige, Status und Erfolg. Aber die symbolische Befriedigung kann nie ausreichen, weil das Bedürfnis bestehen bleibt.

Eine Reihe von Psychologen und Psychiatern hat die doktrinären Schulen der Psychotherapie verlassen, bezeichnet sich nicht mehr als Freudianer oder Jungianer und zieht eine eklektische Methode vor. Offenbar wird nicht ausreichend verstanden, daß dieser Eklektizismus ein invertierter Solipsismus sein kann, wobei fast alles wahr sein kann, weil nichts wahr ist. Eklektizismus, würde ich meinen, ist eine Abwehr gegen den Glauben an eine einzige Realität; er nährt den Irrglauben, daß wir für alle Betrachtungsweisen aufgeschlossen sind. Ich glaube, daß sich die Psychologie vom Fühlen des einzelnen Patienten selbst abgeschnitten und Hypothesen über gewisse Verhaltensweisen ersonnen hat, die auf Tierforschungen beruhen oder auf vor Jahrzehnten aufgestellten Theorien. Diese theoretischen Abstraktionen haben sich bei der Erklärung und Voraussage psychischer Prozesse oft als wenig besser erwiesen als die Ansicht eines Patienten über sein eigenes Verhalten.

Vielleicht sollten wir nicht erwarten, daß Psychologen anders sind als andere Leute. Die von ihnen übernommenen Theorien sind einfach intellektuelle Anschauungen vom Menschen und seiner Welt. Diese Vorstellungen müssen zu den übrigen Vorstellungen des Psychologen passen – das heißt, sie müssen dazu beitragen, das Abwehrsystem zu stärken und den Urschmerz (die Wahrheit) zurückzuhalten. Sofern der Psychologe also nicht ziemlich abwehrlos ist, ist es unwahrscheinlich, daß er eine Betrachtungsweise übernehmen wird, die darauf aufbaut, daß keine Abwehrmechanismen vorhanden sind und die Menschen sich dem totalen Urschmerz aussetzen. Wollte man versuchen, einen Psychologen mit einem guten Abwehrsystem dazu zu bringen, eine Reihe neuer Ideen über Individuen zu übernehmen, wäre es ungefähr so, wie wenn man versuchte, einem Patienten seine irrealen Ideen auszureden, ihm seinen Urschmerz auszureden.

Im großen und ganzen hat sich die Psychotherapie bisher mit Interpretation befaßt. Das läßt darauf schließen, daß Psychologen über einen ganz besonderen Schatz von Wahrheiten über das menschliche Dasein verfügen. Weder glaube ich, daß es solche universalen Wahrheiten gibt, die ein Mensch einem anderen *übermitteln* kann. Psychische Probleme können meiner Ansicht nach nur von innen nach außen, nicht von außen nach innen gelöst werden. Niemand kann einem anderen sagen, welche Bedeutung seine Akte haben.

Und wenn ein Patient zu fühlen vermag, dann bin ich überzeugt, daß alle Kurven, Tests, Diagramme und Schemata, die wir aufgestellt haben, um das menschliche Verhalten zu verstehen, unnötig sind, denn sie scheinen nur die symbolischen Handlungen der Menschen zu symbolisieren. Ich schlage vor, daß wir davon Abstand nehmen, das zu analysieren und zu behandeln, was irreal ist, und *gleich zu dem übergehen, was real ist.*

Ich finde es bedauerlich, daß Psychologen so viel Zeit darauf verwandt haben, ihre Beschreibungen des menschlichen Verhaltens (der Tricks und Kniffe) zu vervollkommnen, weil sie glauben, daß eine solche Vervollkommnung Aufschlüsse über das menschliche Verhalten erbringen wird. Aber Beschreibungen bieten keine Lösungen. Sie erklären das Warum nicht; wie ausführlich die Beschreibung auch sein mag, sie bringt uns der Lösung keinen Schritt näher.

Nachdem der Leser nun so weit gekommen ist, wird er sich vielleicht fragen, wer die Primärtherapie richtig durchführen kann. Unsere Erfahrungen mit der Ausbildung von Psychologen im Institut für Primärtherapie lassen erkennen, daß nur jemand, der die Therapie durchgemacht hat, sie praktizieren kann. Denn wer den ganzen Prozeß durchlaufen hat, hat die beste Möglichkeit gehabt, die Techniken und ihre Wirkung zu begreifen. Zweitens, und das ist wichtiger, darf kein signifikanter, blockierter Urschmerz da sein, wenn Aussicht bestehen soll, erfolgreiche Arbeit bei einem Patienten zu leisten. Jemand, der psychisch nicht gesund ist, übt vielleicht zu viel Kontrolle aus und steuert den Patienten von seinem Urschmerz weg. Oder wenn er selbst seinen eigenen Urschmerz zurückhält, dann zögert er vielleicht gerade in dem Augenblick, da der Patient einen Anstoß braucht, um an den Rand eines Urerlebnisses zu gelangen. Ein neurotischer Primärtherapeut, der sich als ›Fachmann‹ aufspielt, wird den Patienten vielleicht mit Einsichten oder Fachausdrücken bombardieren. Wenn er möchte, daß der Patient ihn gern hat, ist er vielleicht nicht imstande, das Abwehrsystem des Patienten anzugreifen. Was immer er tut, er darf den Patienten nicht seiner Gefühle berauben. Das geschieht nämlich leicht; ich erinnere mich, daß ich zu der Zeit, als ich selbst noch nicht viel Erfahrung mit Urerlebnissen hatte, zu einem jungen Mann sagte, der über die Tragödie seines Lebens jammerte: »Sie sind doch erst zwanzig; Sie haben ja noch ein ganzes Leben vor sich.« Damit beraubte ich ihn des Bedürfnisses, die Tragödie seiner bisherigen zwanzig Jahre zu empfinden.

Ein Primärtherapeut darf keinen Abwehrmechanismus haben. Er muß es zulassen, daß aus seinen Patienten ein entsetzlicher Urschmerz hervorbricht, und das kann er nicht, wenn er selbst noch eine Abwehr (gegen Schmerz) hat. In diesem Fall wird der Therapeut automatisch versucht sein, einen Patienten zu beruhigen und ihm gut zuzureden, wenn genau das Gegenteil nötig sein mag. Ich glaube nicht, daß Patienten überhaupt beruhigt werden wollen. Sie brauchen jemanden, der sie sein läßt, was sie sind – selbst wenn das bedeutet, daß sie unglücklich sind!

Ein irrealer Therapeut wird vielleicht unwissentlich seinen Patienten zwingen, seine Irrealität zu akzeptieren. Sein Prestige und seine Position repräsentieren für den Patienten Realität; selbst wenn er monatelang kaum mit seinem Patienten spricht, wird seine Unzugänglichkeit oft als ein übliches Verfahren akzeptiert. Wenn der Therapeut kühl und unnahbar ist, wird der Patient wieder um Warmherzigkeit kämpfen; ist der Therapeut intellektuell dominierend, wird implizit erwartet, daß sich der Patient dem Intellekt unterwerfen muß. Der Patient sollte sich dem Therapeuten gegenüber auf keine bestimmte Weise verhalten müssen; er darf nie fühlen, daß der Therapeut Bedürfnisse hat, die er bewußt oder unbewußt befriedigen muß.

Wie steht es mit den beruflichen Qualifikationen eines Primärtherapeuten? Er muß etwas von Physiologie und Neurologie verstehen, damit er nicht einen organischen Gehirnschaden als etwas Psychisches behandelt. Er muß Verständnis für wissenschaftliche Methodologie haben und wissen, worin ein Beweis besteht. Er muß lernen, nicht abstrakt über das zu spekulieren, was in den Menschen vorgeht, sondern muß aufgeschlossen genug sein, um den Patienten *ihm sagen* zu lassen, was real ist.

Er muß sowohl sensibel als auch auffassungsfähig sein. Das bedeutet natürlich, daß er seinen ganzen Urschmerz empfunden hat. Dadurch wird es ihm automatisch möglich, andere zu verstehen. Wenn er den Rhythmus seines eigenen Lebens spürt, wird er imstande sein, die Zusammenhanglosigkeit bei anderen zu spüren. Er wird fühlen können und daher wissen, wenn ein anderer nicht fühlen kann. Kurz, er wird Eigenschaften haben, die viele von uns in den ersten Lebensjahren eingebüßt haben: Ehrlichkeit, Offenheit, Güte und Warmherzigkeit.

Ich glaube nicht, daß ein Neurotiker (ein nichtfühlender Mensch), wie viele theoretische Kenntnisse er auch besitzt, einem neurotischen Patienten ehrlich helfen kann. Er kann es nicht wissen, wann der Patient das Fühlen blockiert oder wann er es zum Ausdruck bringt, wenn er (der Therapeut) das Fühlen blockiert. Neurotisch zu sein bedeutet, nicht in der Gegenwart zu leben. Der Primärtherapeut muß jede Sekunde bei seinem Patienten sein. Er muß es spüren, wenn das Gefühl im Aufsteigen ist, und wissen, wie man ihm weiterhilft. Das kann er nicht, wenn er sich komplizierte Erklärungen für seinen Patienten ausdenkt.

Wie irreal der Therapeut ist, mag bestimmen, wie real der Patient werden kann, genau wie es weitgehend von der Irrealität eines Elternteils abhängt, wie real ein Kind wird. Nicht nur darauf kommt es an, was der Therapeut tut, sondern auch darauf, was er ist!

Es gibt bestimmte primärtherapeutische Techniken, doch diese Techniken sind zwecklos in der Hand eines Neurotikers, selbst wenn der Betreffende viel von Physiologie, Soziologie und psychologischen Theorien weiß.

Der Primärtherapeut hat es nicht mit einem ›analytischen‹ Patienten mit Überich-Schwächen zu tun und auch nicht mit einem ›existentiellen‹ Patienten mit einer Lebenskrise; er befaßt sich, kurz gesagt, nicht mit Kategorien oder theoretischen Typen.

Wenn ein Patient zur Therapie kommt, wissen wir, daß er gewöhnlich unrealistisch handelt. Wir halten es nicht für nötig, diese Handlungen zu klassifizieren oder etwas anderes aus ihnen zu machen – z. B. mangelhafte psychosexuelle Identifikation. Der Primärtherapeut behandelt nicht einen Zwangsneurotiker oder Hysteriker; er behandelt einen Menschen, der auf eine bestimmte Weise seine Gefühle verbirgt. Womit er sie verbirgt, interessiert den Therapeuten höchstens beiläufig; er befaßt sich allein mit der zugrunde liegenden Realität. Das Mißliche für den neurotischen Patienten ist, daß er sein Leben lang irreale Dinge getan hat und das vermutlich bei der Wahl eines Therapeuten fortsetzt. Er sucht sich unter Umständen Pseudopsychotherapien und Pseudopsychotherapeuten aus, um *so zu tun*, als werde er gesund ohne Urschmerz, der, wie er im Grunde seines Herzens weiß, notwendig ist, um wirklich gesund zu werden. Die Therapie ist allzuoft wie sein sonstiges Leben – symbolisch *für* das einzig Wahre, aber *nicht* das einzig Wahre. Er beteiligt sich vielleicht an Traumanalyse und besonderen Gruppentherapien, die von Laien geleitet werden. Allzuoft mag der Neurotiker, der zeit seines Lebens in Eile ist, zu ›Schnell‹-Therapien neigen – Wochenendseminare, sechswöchiges Sensitivity Training oder Selbsterfahrungsprogramme. Häufig sind diese Programme darauf ausgerichtet, *aus* den Teilnehmern neue Menschen zu machen, während das Problem meiner Ansicht nach darin besteht, sie *zu* dem zu machen, was sie sind.

Eingang und Ausgang der therapeutischen Praxisräume zu trennen, ist ein Vermächtnis aus der Frühzeit der Psychoanalyse. Die Tatsache, daß kein Patient einen anderen sieht, hat vielleicht in Verbindung damit, daß im Sprechzimmer keine Uhren vorhanden sind, dazu geführt, daß der Therapie etwas Gespenstisches anhaftet und der Patient den Eindruck gewinnt, Gemütskrankheiten seien gewissermaßen schmählich und geheimzuhalten.

Tatsächlich verläßt der Patient das Sprechzimmer des Arztes oft mit geröteten Augen und zerzaustem Haar, aber ich sehe keinen Grund, warum andere Patienten diese Realität nicht auch sehen sollen. Wenn der Patient beim Weggehen wütend und deprimiert ist, warum es verbergen? Die Patienten berichten sogar oft, daß es ihnen geholfen habe, wenn sie andere sahen, die das Sprechzimmer in Erregung verließen. Auf diese Weise erfahren sie, daß hinter den geschlossenen Türen zum Fühlen ermutigt und nicht davor zurückgeschreckt wird.

Man kann sich fragen, warum es bei den normalen Therapeuten nicht oft spontan zu Urerlebnissen kommt. Ein wichtiger Grund könnte sein, daß ein überlasteter Therapeut sich wahrscheinlich nicht die Zeit nehmen wird, die erforderlich ist, damit ein einzelner Patient zu einem tiefen Gefühlserlebnis gelangt. Oft mag der Patient gerade im Begriff sein, zu etwas Wichtigem zu kommen, wenn die fünfzig Minuten um sind und er gehen muß. In einer

Gesellschaft mit dem Wahlspruch ›Zeit ist Geld‹ ist es oft schwierig, jemanden zu finden, der genug Zeit hat, um etwas gründlich zu tun. Primärtherapeutische Patienten erwähnen übereinstimmend, wie entspannend es sei zu wissen, daß sie in der Drei-Wochen-Periode der einzige Patient in Einzeltherapie sind und nur ihre Gefühle das Ende der Sitzung bestimmen.

Zeit ist nicht die einzige Erwägung. Wenn etwas Ungewöhnliches in der konventionellen Therapie geschieht, zum Beispiel ein beginnendes Urerlebnis, wird der Therapeut allzuoft versuchen, das Ereignis irgendeiner vorher ersonnenen theoretischen Interpretation anzupassen, statt die Natur ihren Lauf nehmen zu lassen. Der Primärtherapeut muß bereit sein, fast ebensosehr die Beherrschung zu verlieren wie sein Patient. Er muß es zulassen, daß die Ereignisse sich ereignen, für die er nicht sofort eine Erklärung parat hat. Außerdem wird dieses ungewöhnliche Ereignis wahrscheinlich nicht im Zusammenhang mit der *Psycho*therapie geschehen, bei der nur die Seele des Patienten beteiligt ist. (Man bedenke nur die schlichte Tatsache, daß der Patient auf dem Fußboden liegt und nicht auf einem Stuhl sitzt.) Auch der Therapeut muß bereit sein, sich aus seinem Sessel zu erheben und herumzugehen.

Wenn der Therapeut den Versuch aufgeben könnte, seinen Patienten zu ›verstehen‹, dann würde er vielleicht Zeit haben, eine wichtige Entdeckung zu machen: *Es gibt nichts zu verstehen.* Der Patient, der seinen Urschmerz fühlt, wird ihn ohne Hilfe ganz verstehen. Zu viele von uns Fachleuten sind zu sehr daran interessiert, recht zu haben, zu beweisen, daß unsere Theorien stimmen, und haben unsere Patienten zu fest an die Kandare genommen. Damit soll nicht gesagt sein, daß Theorie nicht wichtig sei; wir rufen Tag für Tag Urerlebnisse hervor, weil wir eine Theorie haben, die uns leitet. Aber die Theorie sollte sich aus der Beobachtung ergeben.

Ich halte es für möglich, daß in absehbarer Zeit ein großer Durchbruch in der Behandlung psychischer Krankheiten erzielt werden wird. Nachdem die Primärtherapie erst relativ kurze Zeit angewandt wurde, sehe ich keinen Grund, warum wir noch länger in einem Zeitalter der Angst leben müssen.

Da wir die Mitarbeit und Hilfe der Fachleute für Psychohygiene brauchen, sei eine Warnung ausgesprochen: Man hüte sich davor, die Primärtheorie in Theorien einzubauen, mit denen Therapeuten im Laufe der Jahre vertraut wurden. Wenn eine frühe Terminologie angewandt wird, um Urerlebnisse zu erklären, und die Primärtheorie mit etwas verglichen wird, was jemand vor Jahrzehnten sagte, dann bedeutet das, sich an dem neurotischen Kampf zu beteiligen, etwas Neuem einen alten Sinn zu verleihen. Obwohl die Primärtheorie Ähnlichkeit mit vielen unterschiedlichen Methoden hat, möchte ich doch bitten, daß sie unter Verwendung ihrer eigenen Termini für das, was sie ist, untersucht werde.

Natürlich glaube ich, daß es eine Wahrheit gibt – eine Realität. Die Voraussagbarkeit der primärtherapeutischen Technik läßt mich annehmen, daß das Urschmerzprinzip eine der großen Wahrheiten sein mag, die das menschliche Verhalten diktiert. Allem Anschein nach gibt es eine Reihe Gesetze, die das menschliche Verhalten und insbesondere neurotische Prozesse regeln und nicht weniger exakt sind als die Gesetze der Naturwissenschaften. Es gibt nicht zahlreiche Erklärungen für die Schwerkraft, und es sollte auch nicht tausenderlei Betrachtungsweisen geben, wie die Neurose zu erklären ist. Ich kann nicht einsehen, daß es eine große Zahl psychologischer Theorien geben soll, von denen jede gleich stichhaltig ist und jede etwas Wichtiges und Wahres beisteuert. Wenn eine Theorie stichhaltig ist, und ich glaube, daß die primärtheoretischen Begriffe stichhaltig sind, dann sind andere Betrachtungsweisen eben nicht stichhaltig. Wenn ich sage, daß Neurose das symbolische Ausagieren verborgener Gefühle ist und wir die Neurose dadurch beseitigen können, daß die Gefühle freigelegt werden, und wenn wir Gefühle freilegen und durchweg und voraussagbar das neurotische Ausagieren beseitigen, dann beweisen wir damit unsere Hypothesen. Ich glaube, der Grund, warum es so viele Betrachtungsweisen der Neurose gibt, ist, daß wir keine *voraussagenden* Theorien aufgestellt haben.

Daß es keine unbegrenzten Möglichkeiten gibt, das Verhalten zu erklären, mag manche Leute abstoßen. Nach liberaler Tradition glauben wir, daß jedes Ding zwei Seiten hat und niemand allein im Besitz *der* Wahrheit sein kann. Die Leute werden die physikalischen Gesetze nicht in Zweifel ziehen, die ihnen Elektrizität ins Haus liefern, aber sie möchten vielleicht glauben, daß der Mensch zu kompliziert sei, um von naturwissenschaftlichen Gesetzen gesteuert zu werden. Eine Lösung zu akzeptieren bedeutet, den Kampf um die Wahrheit aufzugeben. Wir scheinen uns im Kampf wohler zu fühlen.

Manche von uns ziehen das neurotische Wolkenkuckucksheim vor, wo nichts absolut wahr sein kann, weil es uns von anderen persönlichen Wahrheiten entfernen kann, die so weh tun. Der Neurotiker ist persönlich daran interessiert, die Wahrheit zu verleugnen, und das müssen wir in Kauf nehmen, wenn wir behaupten, eine Wahrheit sei gefunden worden. Die Wahrheit zu finden heißt, Freiheit zu finden. Es bedeutet, die neurotische Wahlfreiheit zu eliminieren, die nicht mehr ist als rationalisierte Anarchie. Der Neurotiker, der möchte, daß es ihm freisteht, alle Seiten zu sehen, kann oft nicht glauben, daß er auch direkt zu dem gelangen kann, was wahr ist – nicht *meine* Wahrheit, sondern *seine*. Er muß nur die Reise in sein Inneres antreten, das sehr viel näher ist als Indien.

Wissenschaft ist das Streben nach Wahrheit, was nicht von vornherein ausschließt, daß sie gefunden wird. Allzuoft haben wir in den Sozialwissenschaften uns mit statistischen statt mit menschlichen Wahrheiten begnügt und Fälle gesammelt, um unseren Standpunkt zu ›beweisen‹, während wissenschaftliche Wahrheit, wie mir scheint, letztlich auf Voraussagbarkeit beruht – bewirken, daß Heilung *eintritt*, nicht einfach theoretische Grundprinzipien aufstellen, um später zu *erklären*, warum sich der Zustand eines Patienten bei dieser oder jener Therapie besserte.

Wir brauchen noch sehr viel weitere Forschungen über die Primärtheorie und Primärtherapie und planen, diese durchzuführen. Indes sind die bisherigen Ergebnisse vielversprechend genug, um mich zu überzeugen, daß die Primärtherapie bei den Patienten anhaltende Wirkungen hervorrufen wird, weil sie nicht mehr und nicht weniger bedeutet, als die Person zu dem zu machen, was sie schon ist. Sobald das geschieht, kann der Betreffende sich nicht mehr in seine Irrealität zurückziehen, selbst wenn er wollte. Nach der Primärtherapie wieder der Neurose zu verfallen, würde darauf hinauslaufen, daß man die Körpergröße einbüßt, die man erlangt hat, den Bart verliert, der schließlich gewachsen ist, oder daß die Brüste wieder auf den Umfang zusammenschrumpfen, den sie vor der Therapie hatten – unwahrscheinliche Geschehnisse und ein wichtiger Hinweis darauf, daß wir nicht eine Geisteskrankheit heilen, sondern eine psychophysische.

Meine größte Hoffnung ist, daß Fachleute eine revolutionäre Betrachtungsweise der Neurose in Betracht ziehen und vielleicht einsehen werden, daß jetzt fast ein Jahrhundert der Psychotherapie vergangen ist, ohne daß ein signifikanter Fortschritt bei Geisteskrankheiten erzielt wurde. Ich glaube, wir müssen uns darüber klar werden, daß Flickwerkmethoden, um ein irreales System zu beseitigen, nicht erfolgreich sein können und es niemals waren.

Dem leidenden Neurotiker, der vielleicht glaubt, die Primärtherapie sei zu umwerfend oder zu schwierig, um sie durchzumachen, möchte ich nur sagen, daß die herkulische Aufgabe darin besteht, zu sein, was man nicht ist. Man selbst zu sein ist das Allereinfachste.

ANHANG

Anweisungen für neue primärtherapeutische Patienten

Damit die Primärtherapie zum Erfolg führt, ist es notwendig, daß Sie die nachstehenden einfachen Anweisungen ohne jede Abweichung befolgen:

1. Achtundvierzig Stunden vor Beginn der Therapie stellen Sie das Rauchen und den Genuß alkoholischer Getränke ein. Dazu gehören auch Bier und Wein.
2. Nehmen Sie keinerlei Medikamente wie Aspirin, Schlaftabletten, Beruhigungsmittel, stimmungshebende Mittel, Stimulantien oder irgendwelche Drogen, die Ihren Zustand beeinflussen könnten. Vier oder fünf Tage vor Beginn der Therapie setzen Sie für die gesamte Dauer der Behandlung alle Medikamente ab.
3. Sie wissen bereits, was Sie tun, um Spannung zu mildern. Hören Sie auf, das zu tun! Das bedeutet, zwanghaftes Essen und Zwischenmahlzeiten aufzugeben, nicht mehr Nägel zu kauen, dauernd beschäftigt und in Trab zu sein, zu lange zu schlafen usw.
4. Die letzten vierundzwanzig Stunden vor der Therapie müssen Sie völlig allein sein, am besten in einem Hotelzimmer in der Nähe der Praxis. Telefonieren Sie nicht, besuchen Sie keine Freunde, sehen Sie nicht fern und gehen Sie nicht ins Kino. In dieser Zeit sollen Sie nicht abgelenkt werden. Gehen Sie am Nachmittag vor dem Beginn der Therapie ins Hotel und versuchen Sie, Ihr Zimmer nicht vor dem Termin am nächsten Tag zu verlassen, zu dem Sie bestellt sind.
5. Wenn Sie zur Primärtherapie kommen, tun Sie genau, was der Therapeut sagt. Keinesfalls werden Sie irgendwie Schaden nehmen. Es werden keine Kniffe angewandt noch irgendwelche Aussagen gemacht, um eine besondere Wirkung zu erzielen. Diese Therapie hat nichts mit Zen, Hypnose oder der Anwendung irgendwelcher Medikationen zu tun. Sie beruht auf soliden wissenschaftlichen Prinzipien und ist bereits erfolgreich bei vielen Patienten angewandt worden, die die Behandlung durchgemacht haben.
6. Die Anfangsphase der Therapie dauert ungefähr drei Wochen. Sie sollten in dieser Zeit nicht arbeiten oder am Unterricht teilnehmen. Im allgemeinen ist das die ganze Einzelbehandlung, die Sie brauchen, abgesehen von einer gelegentlichen zusätzlichen Stunde dann und wann. In den ersten ein oder zwei Wochen werden Sie täglich ungefähr zwei Stunden behandelt. Sie können

sich jeden Tag so viel Zeit lassen, wie Sie brauchen, denn das Ende der Sitzungen ist nicht festgelegt. In der dritten Woche werden Sie je nach Ihrem Bedarf mehrmals behandelt.

7. Nach der dritten Woche werden Sie einer postprimären Gruppe zugeteilt, die aus Leuten besteht, die die Behandlung hinter sich haben. Diese Gruppen treffen sich wöchentlich ein- oder zweimal. Die Beteiligung an der Gruppe ist eine Mußvorschrift, denn die Gruppen sind ein integraler Teil des therapeutischen Plans. Sie sollten sich darauf einrichten, mehrere Monate lang daran teilzunehmen. Danach ist die Therapie beendet.

Danksagungen

Für ihre Unterstützung bei der Vorbereitung dieses Buches möchte ich meiner Forschungsassistentin Karol Markley sowie Ann Farnell Blow danken, die beim Redigieren behilflich war. Dank schulde ich auch meinen Kindern Ricky und Ellen, die das ihre taten, damit ich in der Kindererziehung konsequent blieb. Sie lehrten mich, was es bedeutet, ›real‹ zu sein. Auch Tony Velie möchte ich danken, deren Mitwirkung bei der Herausgabe des Buches unschätzbar war. Doch nur durch einen Menschen wurde das Buch wirklich ermöglicht: meine Frau Vivian, deren Tätigkeit als Ausbildungsleiterin im Institut für Primärtherapie dazu beitrug, viele entscheidende theoretische Gedanken zu klären und weiterzuentwickeln.

Die Urschrei- oder Primärtherapie sollte von niemandem praktiziert werden, der dazu nicht qualifiziert ist. Als qualifiziert gilt nur, wer durch ein Zeugnis vom Institut für Primärtherapie in Los Angeles als Primärtherapeut anerkannt ist.

Arthur Janov

Arthur Janov, zunächst Psychotherapeut Freudscher Richtung, entwickelte 1967 seine als revolutionär geltende Primärtherapie. Sein erstes Buch, »Der Urschrei«, war ein internationaler Bestseller. Seither hat Janov eine Reihe von vielbeachteten Büchern geschrieben. In seinen Instituten in Los Angeles und New York behandelt Janov Patienten aus vielen Teilen der Welt und bildet Therapeuten aus vielen Ländern aus.

Psychologie

Dirk Blasius
Der verwaltete Wahnsinn
Band 6726

Ernest Borneman
Die Ur-Szene
Band 6711

Hilde Bruch
Der goldene Käfig
Band 6744

Hans Jürgen Eysenck
Neurose ist heilbar
Band 6713

Anna Freud/
Thesi Bergmann
Kranke Kinder
Band 6363

Georg Groddeck
Das Buch vom Es
Band 6367

Erna M. Johansen
Betrogene Kinder
Band 6622

Theodore Lidz
Familie und psycho-
soziale Entwicklung
Band 6763

Margaret S. Mahler/
Fred Pine/Anni Bergmann
Die psychische Geburt des
Menschen
Band 6731

Erich Neumann
Kulturentwicklung
und Religion
Band 6388

Nosrat Peseschkian
Psychotherapie des
Alltagslebens
Band 1855
Der Kaufmann
und der Papagei
Band 3300
Positive Familien-
therapie
Band 6761
Auf der Suche nach Sinn
Band 6770

Psychologie

Jean Piaget/
Bärbel Inhelder
Die Psychologie des Kindes
Band 6339

Theodor Reik
Hören mit dem dritten Ohr
Band 6766
Der unbekannte Mörder
Band 6767
Aus Leiden Freuden
Masochismus und Gesellschaft
Band 6768

Gitta Sereny
Ein Kind mordet – Der Fall Mary Bell
Band 6721

A. C. Robin Skynner
Die Familie. Schicksal und Chance
Band 6729

Stuart Sutherland
Die seelische Krise
Band 6720

Thomas S. Szasz
Die Fabrikation des Wahnsinns
Band 6321

Thomas S. Szasz
Psychiatrie
Band 6389
Recht, Freiheit und Psychiatrie
Band 6722
Schizophrenie
Band 6743

Claire Wesley/
Frank Wesley
Die Psychologie der Geschlechter
Band 6728

Rainer Winkel
Pädagogische Psychiatrie für Eltern, Lehrer und Erzieher
Band 6709

Lew S. Wygotski
Denken und Sprechen
Band 6350

Reader zum Funk-Kolleg Pädagogische Psychologie
Band 6113: Entwicklung und Sozialisation
Band 6114: Lernen und Instruktion

Funk-Kolleg Pädagogische Psychologie
Band 6115/Band 6116

Fischer Taschenbuch Verlag

Wilhelm Reich

Wilhelm Reich wurde 1897 in Dobrzcynica, Galizien, geboren. 1920 trat er in die Wiener Psychoanalytische Gesellschaft ein. 1928 Fachwissenschaftlicher Leiter der sozialistischen Gesellschaft für Sexualberatung und Sexualforschung in Wien. Nach Auseinandersetzungen mit der Komintern, den Austromarxisten und der KPD auf der einen Seite, mit der Schule Sigmund Freuds auf der anderen, wurde er 1934 aus der kommunistischen Partei und aus der Internationalen Psychoanalytischen Vereinigung ausgeschlossen. Nach seiner Emigration in die USA entdeckte er 1938–1940 die ›Orgon-Energie‹, an deren Erforschung er bis zu seinem Tod 1957 arbeitete.